Un diable d'homm

Petite Bibliothèque Payot/Voyageurs 130

Fawn Brodie
Un diable d'homme
Sir Richard Burton
ou le démon de l'aventure

Traduit de l'anglais
par Gérard Piloquet

Préface de Michel Le Bris

Titre original :

*THE DEVIL DRIVES.
A LIFE OF SIR RICHARD BURTON*
(New York, Norton and Co.)

Série dirigée
par Michel Le Bris

© 1967, Fawn M. Brodie.
© 1992, pour la traduction française, Éditions Phébus.
© 1993, pour l'édition de poche, Éditions Payot,
106 bd Saint-Germain, Paris VIe

QUAND SATAN CONDUIT LE BAL...

Cet homme restera à jamais une énigme. « Une âme plus vaste que l'univers, disait de lui Swinburne, et qui traverse tel un dieu le champ clos de la vie. » Le premier d'une longue série d'Anglais tombés fous amoureux de l'Arabie : Doughty, T.E. Lawrence, Philby, Thesiger, Gavin Young – auxquels il conviendrait d'ajouter quelques femmes, lady Stanhope, Gertrude Bell, Freya Stark. Un des cinq grands découvreurs anglais de l'Afrique, avec Livingstone, Stanley, Baker et Speke. Qu'il dépasse, de très loin, par ses observations. « Aucun d'entre eux n'avait sa curiosité, ses connaissances, ses dons pour les langues et son aisance de plume », souligne très justement Fawn Brodie. Le public du temps retint surtout l'aventurier, ses incroyables exploits, sa folle témérité, comment il pénétra seul, déguisé en Arabe, dans La Mecque et Médine, toutes deux interdites, son équipée à Harar, sa quête des sources du Nil, et cette fureur, en lui, qui toujours le précipitait un peu plus loin, vers « l'inconnu immense ». C'est oublier qu'il fut d'abord un savant, d'une fabuleuse érudition : dans les domaines qui furent les siens, aucun homme de son temps n'accumulât un savoir comparable. A ce titre, il serait plutôt à ranger aux côtés d'un Darwin, d'un Lyell, d'un Frazer. Sans conteste un linguiste génial, qui parlait pas moins de quarante langues ou dialectes. Le grand pionnier de l'anthropologie culturelle. Un traducteur hors pair, à qui l'on doit une somptueuse édition des Mille et Une Nuits. *Un superbe écrivain, auteur de quarante-trois récits de voyage* [1], *sans parler de multiples grammaires et lexiques de dialectes indiens ou africains. Un poète, dont la* Kasidah *a été par certains comparée aux* Robâ'iyât *d'Omar Khayyâm. Un archéologue, qui le premier eût l'intuition de l'origine hittite des inscriptions de la pierre de Hamath. Un conteur extraordinaire, selon tous les témoins, dès qu'il s'agissait d'évoquer les fastes et les horreurs de l'Orient. Un précurseur d'Havelock Ellis et de Freud, fasciné par les pratiques et les perversions sexuelles de toutes les époques et civilisations, qui accumula sur le sujet une immense bibliothèque. Un éditeur (clandestin) de textes érotiques – à une époque où le moindre écrit licencieux vous expédiait droit en prison. En même temps, un soldat intrépide, avide de gloire et de combats, auteur d'un manuel révolutionnaire d'entraînement à la baïonnette. Un redoutable escrimeur, le meilleur d'Angleterre disait-on. Un diplomate qui sema bien souvent la panique au Foreign Office. Un espion, génie du déguisement. Un chercheur d'or et un spéculateur effréné. Un maître soufi et un voyou de bas étage. Un géant. Que l'on dirait sorti tout droit de la Renaissance, à la fois savant universel, philosophe et conquistador. Giordano Bruno, Paracelse et Pizarre en un seul homme.*

En même temps quelque chose en lui toujours échappe. Il est vrai qu'au retour de chaque expédition il semblait prendre un malin plaisir à scandaliser la bonne société londonienne. Un portrait de lui, peint par sir Frederick Leighton le représente, puissant et brutal, le teint cuivré, le visage barré d'une lourde moustache, le regard dominateur : un oiseau de proie, dans une société rétrécie qui n'appréciait les animaux qu'en cage. « La mâchoire d'un démon et le front d'un Dieu », s'ex-

---

1. On s'en rend mal compte en France, car ne sont publiés de lui que des textes mutilés. Ainsi son *Pèlerinage à La Mecque*, peut-être son chef-d'œuvre, qui dans l'édition Dover du centenaire fait neuf cents pages serrées se trouve-t-il réduit en France (G. Watelet éd., 1991) à cent cinquante pages à peine – dont pas une ligne, d'ailleurs, n'est de Burton, puisqu'il s'agit en fait de la reprise d'un condensé rédigé au début du siècle par un brave instituteur et publiée à l'époque par Hachette dans sa « Bibliothèque des chemins de fer ». L'écrivain Burton, tout comme l'anthropologue, reste encore à découvrir.

tasiait Swinburne qui lui vouait un véritable culte. « Pas la moindre gentillesse dans le regard. Ses mâchoires puissantes, son menton dur lui donnent l'air capable du pire », ajoutait Frank Harris. *L'odeur de soufre qui partout le précédait n'était pas pour lui déplaire – n'avait-il pas envisagé un jour d'écrire une « biographie de Satan »? Assassin, brute sadique, dépravé, homosexuel, et même cannibale, les bruits les plus fous couraient dans Londres, qu'il ne prenait même pas la peine de démentir – pire : qu'il entretenait. « Sachez, monsieur l'abbé, que je suis fier de pouvoir affirmer que j'ai commis tous les péchés du Décalogue », répondit-il un jour à un jeune prêtre qui s'inquiétait en public de savoir s'il avait vraiment tué un jeune bédouin près de La Mecque. Ou bien il racontait pendant une heure, à un public effaré, comment il avait presque fendu en deux un cavalier d'un coup de sabre, « en sorte qu'une des moitiés battait contre la selle ». A son ami l'inquiétant pervers Fred Hankey qui regrettait, en lui montrant un livre relié en peau de femme, que celle-ci eût été prélevée sur un cadavre, ce qui lui ôtait quelque peu de sa douceur, il avait promis du même air détaché qu'il ne manquerait pas, lors d'un prochain voyage au royaume d'Abomey, de faire écorcher vivante, tout exprès pour lui, une des naturelles du pays. On ne compte plus les mots terribles qu'il lançait dans les salons. Par défi, évidemment – même s'il était en fin de compte le seul à en souffrir. Il est vrai qu'il haïssait l'Angleterre, jusqu'au point de la folie furieuse – « les fonctionnaires anglais, les préjugés anglais, la raideur anglaise, la bêtise anglaise, l'ignorance anglaise ». L'Angleterre, enrageait-il, qui toujours le ligotait, quoi qu'il fasse. L'Angleterre, « le seul pays où il ne s'était jamais senti chez lui ».*

Une énigme. Croit-on le saisir par tel aspect de sa personnalité qu'aussitôt il s'esquive, comme s'il se dissimulait sous la multiplicité de ses masques. Au point que l'on peut se demander si le travestissement, qui lui permit d'accomplir quelques-uns de ses plus étonnants exploits, ne renvoyait pas chez lui aux profondeurs les plus secrètes de sa psyché. Essaie-t-il de s'en défendre – « je n'arrive pas à me persuader que de grands événements puissent sortir de l'imposture, dont la nature même procède de la faiblesse : le zèle, l'enthousiasme, le fanatisme, qui sont par nature forts et belliqueux, expliquent mieux l'action de l'homme sur l'homme » —, qu'aussitôt il nuance : « *D'un autre côté, il est impossible d'ignorer les joies pernicieuses de la fraude et de la duperie, le plaisir incessant que prennent certains esprits à savourer les raffinements de l'existence et à jouer un rôle jusqu'à ce que, par habitude, ce rôle soit devenu chez eux une seconde nature.* » Depuis ses seize ans, à Naples, où il se déguisa en croque-mort pour participer à la collecte et à l'enterrement des cadavres putréfiés des victimes du choléra, combien de déguisements, en Inde, en Arabie, en Égypte, en Somalie ? Négociant persan, médecin hindou, marchand arabe, derviche initié, rien ne dit qu'il fut moins lui-même, dans ces rôles, que consul, époux attentionné, ou soldat de l'Empire — nous avons même quelques raisons de penser le contraire. Ce don extravagant des langues, qui lui permettait de se familiariser avec n'importe quel idiome en moins de deux mois, ne renvoie-t-il pas au même talent à se dissimuler, à se fondre dans une autre personnalité, une autre culture, jusqu'à en pénétrer les plus fines structures ? Son génie de la traduction — car il faut parler véritablement de génie : sa version des Mille et Une Nuits n'a pas été à ce jour dépassée — « s'expliquerait » par ce désir d'aller vers l'autre (vers un autre lui-même ?), par ce besoin d'interpréter tous les rôles en endossant à chaque fois des habits neufs. Et l'on se trouve pris de vertige si l'on songe, arrivé à ce point, que ses écrits les plus intimes, les plus originaux, où il disait son âme sans retenue, furent publiés... sous un pseudonyme. Pour Burton plus que pour tout autre en son siècle, « je » était bel et bien « un autre ». Et même plusieurs...

Les voyages, dit-on, forment la jeunesse. Changent les idées. Font changer de peau. Sur ce chapitre au moins, le jeune Burton fut gâté. Son père, dont la carrière militaire avait été brisée par son refus de témoigner contre le reine Caroline lors de son procès pour adultère, s'était imposé un semi-exil, en France d'abord, puis en Italie : quatorze déménagements *en dix ans, après un séjour de neuf ans au manoir de Beauséjour, près de Tours! Libéré de la tutelle paternelle, et de la grisaille d'Oxford qu'on prétendait lui imposer, loin de songer à se calmer, il accélère au contraire sa course : tour à tour l'Inde, la Perse, Goa, la côte de Malabar, l'Égypte, La Mecque, Médine, Harar, la Crimée, Zanzibar, l'Afrique Centrale, la Prairie américaine, Salt Lake City, Fernando Poo, le Cameroun, le Congo, le Dahomey (ici nommé Abomey), le Brésil, le Paraguay, la Syrie, l'Écosse, l'Islande, l'Inde et l'Égypte de nouveau. En bravant des périls insensés, tout en trouvant le temps de rédiger un bon millier de pages par an. Rien, dirait-on, ne peut l'arrêter, ni les chaînes de montagne, ni les fleuves en furie, ni les peuplades sauvages, et pas plus les fièvres ou les blessures : une galaxie en expansion illimitée. Comme si une force le traversait, parfois, qu'il ne comprenait pas, capable de soulever des mondes, une force qui terrifiait également amis et ennemis – mais qu'elle l'abandonnât, et il n'était plus qu'un pantin, une enveloppe vide, sans plus de prise sur les choses. Il traversera ainsi de terribles dépressions, où on le croit perdu – ou bien, laissant là ses travaux, il se lance dans d'étranges dérives rimbaldiennes, divague sur des mines d'or chimériques, se rêve prospecteur : « mieux vaut l'or que la géographie », griffonne-t-il un jour avant de disparaître. C'est un clochard « amaigri, l'œil égaré, en loques, [...] l'air d'un forçat que l'on vient de relâcher, [un homme] fini, désabusé » que les autorités britanniques retrouvent ainsi en 1868, dans un bouge crasseux, à Lima, pour lui annoncer qu'il vient d'obtenir un poste de consul à Damas – son vieux rêve. Aussitôt le tigre se réveille, et rugit : c'est le « Burton terrible », luciférien comme à ses plus beaux jours, qui rentre en Angleterre, bagages faits... après un détour de quelques mois au Paraguay, pour s'immerger dans la plus terrible guerre qui jamais déchira l'Amérique du Sud (le pays y perdra les quatre cinquièmes de sa population). Comme s'il avait eu besoin de se plonger dans cette furie sanglante pour retrouver sa démesure. Une énigme vivante...*

Les gens sérieux, c'est-à-dire sédentaires, s'accordent généralement pour assurer que nous ne sommes rien d'autre que le produit de nos contextes, de nos conditionnements sociaux, de nos habitudes. Et en effet : né dans un certain milieu, nous en héritons peu ou prou les manières, les goûts et les dégoûts. Métier, famille, fortune nous confortent ensuite dans l'idée que nous pouvons nous faire de nous-mêmes. Et pareillement lois, usages, religion, état de société, font de nous, à l'usage, des citoyens honnêtes, des époux vertueux, des femmes exemplaires. Mais que reste-t-il de nous-mêmes quand tout vient à manquer ? Quand tout s'effondre, ou change : état de société, langue, coutumes, contextes ? Que reste-t-il, quand l'errance sans fin vous a rongé, usé jusqu'à la trame, dépouillé de tous ces oripeaux que vous preniez pour votre « identité » ? Rien, aurait sans doute répondu Burton en ricanant. Rien que l'Autre en soi, rien qu'une force aveugle, indifférente, qui palpite en chacun comme elle palpite au cœur du monde, occupée à une seule chose : vivre. Et prête à tout, pour cela ! Cette expérience de l'Autre, du démon intime, du double, du jumeau, du continent noir, Burton l'éprouva, dit-il, avec une insupportable intensité à plusieurs reprises, dans des moments d'extrême péril – et c'est cet Autre, croyons-nous, qu'il traqua toute sa vie, comme voyageur et comme savant.

Avant tout, il se voulait anthropologue, « entendant par là que tout ce qui se rapportait à l'homme et à la femme était de son domaine », écrira J.S. Cotton à sa mort. L'être humain est la seule énigme qui véritablement l'obsède, le continent qu'il explore inlassablement, dont il tente de dresser la carte. On l'a accusé, et encore aujourd'hui, des pires crimes, traité de « raciste hystérique », ou vu en lui un fasciste, un nazi, que sais-je ? Et sans doute partageait-il bien des préjugés de son époque, dont il ne s'agit pas de l'excuser. Mais là n'est pas l'essentiel. « Peindre du noir, du noir [...] sans faire de sentimentalisme ni tomber dans le romanesque » : l'Afrique que décrit Burton est en effet épouvantable. Un continent de cauchemar, « mélange d'horreur et d'inhumanité, de bestialité et de férocité aveugle » où s'entre-tuent des brutes assoiffées de sang. Jamais avant lui on n'avait décrit avec une telle précision les rites de castration, de circoncision, d'excision du clitoris, de scarification, de sacrifices humains, les mille et une manières inventées par l'homme pour tuer, torturer, avilir, faire souffrir, rendre fou — et conjurer sa peur. Mais qu'on l'accuse pour cela de racisme l'aurait à coup sûr plongé dans une fureur noire. Les racistes, pour lui, étaient « les autres » : les explorateurs qui ne voyaient rien, ou ne voulaient pas voir, s'enfuyaient en courant, n'apprenaient pas la langue et, comme Livingstone, voulaient croire en la mission « civilisatrice » de la race blanche. N'était-ce pas, cela, le vrai racisme, ignorer l'autre — autrement dit, vouloir jusqu'au bout ignorer l'autre en soi ? Car cette Afrique folle, cette Afrique des ténèbres, cette Afrique qu'il veut dire « avec sa terrible franchise », Burton est le seul en son siècle à oser s'y plonger, à s'immerger en elle, à en apprendre les langues et les usages, à se laisser peu à peu envahir par elle, jusqu'à la découvrir déjà là, en lui. Car sa conviction profonde était que rien de ce qui est inhumain n'est étranger à l'homme — que cette Afrique-là, au fond, ne nous était pas étrangère.

*Burton, en somme, est par avance le Marlow d'*Au cœur des ténèbres *de Conrad, remontant le fleuve, épouvanté, à la recherche de l'énigmatique Kurtz : « Non, ils n'étaient pas inhumains. Voilà : voyez-vous, c'était le pire de tout — ce soupçon qu'ils n'étaient pas inhumains. » Marlow, mais surtout Kurtz : « le* wilderness [1] *très tôt l'avait trouvé, et avait tiré une terrible vengeance, après sa fantastique invasion. Il lui avait murmuré, je crois, des choses sur lui-même qu'il ne savait pas, des choses dont il n'avait pas eu l'idée avant de prendre conseil de cette immense solitude — et le murmure s'était montré d'une fascination irrésistible ». Burton, n'est lui-même rien d'autre que cette « âme qui luttait à l'aveugle avec elle-même »...*

Son intuition centrale, qui rejoint celle de Freud, était que la clé de ce continent noir, en chaque être humain, était la

---

1. Le traducteur français écrit « brousse sauvage ». En fait Conrad entend par ce mot, qui n'a pas d'équivalent français, la sauvagerie tapie au cœur du monde.

sexualité. De là son obstination à réunir la plus vaste bibliothèque possible de textes érotiques, à dresser la carte de toutes les pratiques amoureuses, de toutes les déviations, de toutes les perversions, si besoin était en payant de sa personne, comme lors de son enquête (qui lui sera reprochée jusqu'à sa mort) sur les bordels homosexuels de Karachi – mais, en cette affaire, qui peut juger, objectait-il, dès lors que ce qui est norme ici se trouve ailleurs dénoncé comme perversion? De là son obstination, aussi, malgré la censure, les menaces de saisie, les risques d'emprisonnement, à traduire et publier les grands textes érotiques, le Kamasutra, *la* Priapée, *et à faire connaître à travers les* Mille et Une Nuits *ou le* Jardin parfumé, *l'ars amoris de l'Orient, seul capable, pensait-il, de libérer l'Occident chrétien de son tourment – et particulièrement cette Angleterre maudite, « si corsetée dans l'indécence de sa décence ».*

Mais il était dit que nous ne connaîtrions jamais toute l'étendue de l'œuvre de Burton. Le bûcher auquel le promettait son siècle, il devait le connaître dès le lendemain de sa mort. Ce Jardin parfumé *qu'il voulait son chef-d'œuvre, sur lequel il avait travaillé tant d'années, devait partir au feu. Et avec lui des milliers de pages, tous ses carnets intimes. « Pour le salut de son âme », expliqua sa veuve, « et la préservation de sa postérité ».*

Ce qui n'éclaire certes pas l'énigme... mais dut bien faire ricaner le démon en sa tombe.

MICHEL LE BRIS

Pour Bernard

REMERCIEMENTS

Richard Burton a publié quarante-trois volumes relatant ses explorations et ses voyages. Il est l'auteur de deux ouvrages de poésie, d'une centaine d'articles et de cent quarante-trois pages d'autobiographie. Il a de plus adapté en seize tomes les *Mille et Une Nuits*, traduit six volumes de littérature portugaise, deux de poésie latine et quatre de contes populaires – napolitains, africains et hindous –, qui tous sont accompagnés d'abondantes annotations révélatrices de son caractère. Ajoutées à la biographie écrite par sa femme, ces œuvres constituent l'essentiel des références sur lesquelles on puisse s'appuyer pour retracer l'existence de Burton. Mais des documents de première importance sont aussi disséminés çà et là.

Bien que lady Burton eût fait brûler la quasi-totalité des carnets et journaux de son mari après le décès de celui-ci, et fait brûler aussi tout ce qui à ses yeux risquait de donner lieu à de fâcheuses interprétations, un nombre surprenant d'écrits rédigés de la main de Burton a cependant échappé à la destruction. Jusqu'à ce jour, cinq importants fonds de manuscrits n'ont quasiment pas été fouillés par ses biographes. Le Royal Anthropological Institute de Londres, qui abrite l'immense bibliothèque ayant appartenu à Burton, possède des coupures de presse, des lettres et des cartons de documents rassemblés par lui en vue de composer ses futurs ouvrages, et aussi un certain nombre de ses manuscrits. Le Pr A.H. Christie, directeur de l'Institut, ainsi que

Mlle B.J. Kirkpatrick, bibliothécaire, m'ont prodigué durant mon séjour à Londres d'extraordinaires égards, me procurant toutes les photocopies dont je pouvais avoir besoin et me faisant profiter de l'immense connaissance qu'ils avaient eux-mêmes de l'auteur. C'est la bibliothèque du Trinity College de Cambridge qui possède la plus importante collection de lettres de Burton — une quarantaine au total — toutes adressées à lord Houghton (Monckton Milnes), pour lui narrer en langage cru telle ou telle anecdote. M.A. Halcrow, le bibliothécaire de ce collège, m'a fort courtoisement remis des duplicata de cette correspondance et accordé l'autorisation d'en citer des extraits. La bibliothèque Henry E. Huntington de San Marino (Californie) possède de nombreuses lettres de Richard et Isabel Burton datées de 1885 à 1892, et aussi divers textes inédits. Permission de consulter ces documents et d'en reproduire des extraits m'a ici encore été accordée par Mary Isabel Fry, la bibliothécaire.

Il existe par ailleurs deux importants fonds privés, qui respectivement sont la propriété de M. Edwards H. Metcalf, de San Marino (Californie) et de M. Quentin Keynes, de Londres. J'ai pu consulter grâce à l'obligeance de M. Metcalf de multiples lettres envoyées à Burton, la correspondance échangée par lady Burton et Leonard Smithers, ainsi que de nombreuses lettres écrites par Burton lui-même. Pour sa part, M. Keynes a eu l'immense générosité de me laisser consulter les manuscrits de Burton qu'il possède et en extraire bon nombre de citations. Il détient beaucoup de documents qui jusqu'à une époque récente étaient la propriété des héritiers de lady Burton, parmi lesquels d'abondantes missives de son mari et plusieurs lettres de John Speke, à la fin desquelles Burton a griffonné l'essentiel de ce qu'il se proposait d'écrire en réponse. Il s'agit là de documents fort intéressants datant des premières années du séjour de Burton en Inde, et on trouve encore dans ce fonds diverses pièces qui mettent en lumière quasiment toutes les périodes de son existence. C'est grâce à l'obligeance de M. Keynes que j'ai pu résoudre certaines énigmes et infiniment mieux comprendre divers épisodes qui ont profondément marqué l'existence de Burton. A M. Keynes je suis également redevable d'une mémorable soirée passée en sa compagnie et en celle de M. et Mme Alexander Maitland, au cours de laquelle nous sommes allés au cimetière de Mortlake voir la tombe tarabiscotée de Burton.

M. Maitland, qui compose une biographie de John Hanning Speke, a éclairci pour moi diverses imprécisions se rapportant à la mort de ce dernier et m'a remis le duplicata d'une importante lettre de lui. Mme Dorothy Middleton, adjointe d'édition à la Royal Geographic Society, a fort aimablement fait mettre à ma disposition de nombreuses lettres extrêmement révélatrices écrites de la main de Burton et de Speke (ces lettres sont aujourd'hui archivées par la Royal Geographic Society). De plus, elle m'a appris bien des choses sur Speke et sa famille. Mlle P.J. Willets, attachée au service des manuscrits du British Museum, a bien voulu me consacrer tout le temps voulu pour me faire consulter dix-huit pages d'un texte rédigé par Burton (et proprement illisible), et pour m'en tirer des photocopies. Découverte à vrai dire exceptionnelle, comme il apparaîtra par la suite, puisqu'un examen attentif de ces feuillets révélera qu'il s'agit là du carnet de voyage rédigé au jour le jour par Burton à bord du navire qui le transporta aux États-Unis en 1860. Ce sont les seules pages qu'il nous reste des journaux qu'à sa mort il tenait depuis quarante années. Pendant un certain temps, Norman Penzer, l'un des biographes de Burton, fut en possession de l'un des journaux, daté de 1876, mais ce document devait être détruit durant la Seconde Guerre mondiale dans l'incendie qui ravagea la demeure londonienne des Penzer. Pour sa part, Mlle Willets a fait en sorte que soit mis à ma disposition le journal manuscrit de sir Charles Napier.

M. Stanley Sutton, bibliothécaire de l'India Office (Bureau des Affaires indiennes), a fort obligeamment entrepris la recherche des rapports de renseignements établis par Burton à la demande de sir Charles Napier, qui était alors son supérieur hiérarchique. Ces rapports ont considérablement porté ombrage à la carrière de Burton dans l'armée des Indes.

Quand il apparut que ces comptes rendus ne figuraient pas à l'inventaire des archives de l'India Office, M. Sutton demanda à M. P.M. Joshi, directeur du Bombay Record Office de Delhi, d'effectuer les mêmes recherches dans son propre fonds. Cette seconde recherche n'ayant abouti à rien, une troisième fut entreprise à mon bénéfice par Muhammad Sadulla, conservateur des archives gouvernementales du Pakistan occidental à Lahore. Malheureusement, cette ultime tentative se solda elle aussi par un échec, et tout indique manifestement que le manuscrit a été détruit, ainsi que le suppose Norman Penzer.

Je voudrais également exprimer ma gratitude à M. Philip Van Doren Stern, grâce à qui j'ai pu me procurer la quasi-totalité des ouvrages de Burton. L'un d'eux, *First Footsteps in East Africa*, contenait les deux pages, rédigées en latin, de l'Appendice IV, dans lequel l'auteur traite de l'infibulation, appendice que les éditeurs avaient refusé de faire figurer dans la première publication, et que jusqu'à une date récente on croyait perdu. Je remercie également M. Jim Hatch de l'hospitalité qu'il m'a accordée au Caire, et aussi de son aide précieuse, tout comme je suis reconnaissante à M. Gordon Waterfield, qui a publié l'édition 1966 de *First Footsteps in East Africa*, de m'avoir autorisée à consulter les épreuves de l'ouvrage dès avant sa publication. Mlle J. Hermann m'a permis d'examiner les livres et les souvenirs laissés par Burton et qui sont aujourd'hui la propriété de la bibliothèque Dulwich. Des égards tout particuliers m'ont été témoignés par lady Margaret Keynes, par M. Robert G. Sawers, de Routledge et Kegan Paul Ltd., par les professeurs A.S. Tritton et Michael Howard, de l'université de Londres, par David Wheeler, de la BBC, par M. Jerrold Cooper, M. Dale L. Morgan et le Dr Edward Shapiro. Le Dr Ralf Greenson, professeur de clinique psychiatrique à l'université de Californie à Los Angeles, ainsi que le Dr Nathan Leites, de l'université de Chicago, ont l'un et l'autre lu en détail mon manuscrit et m'ont été d'un secours inappréciable en m'apportant des précisions cliniques sur divers aspects implexes de la personnalité de Burton. A cet égard, une aide de premier plan m'est encore venue des docteurs Lewis J. Fielding et Maimon Leavitt.

A l'occasion d'un Noël, mon fils aîné, Richard Brodie, a mis sa guitare en gage pour m'acheter une lettre de Burton à laquelle je tiens énormément. Pamela Brodie a trouvé pour moi une histoire du Nil très particulière et, tout comme Bruce Brodie, elle a dû subir avec sa bienveillance coutumière tous les inconvénients liés au fait que sa mère passait son temps à écrire. Mon mari, Bernard Brodie, a enduré dans la bonne humeur les interminables propos que je lui ai tenus sur Burton, et plus tard examiné le manuscrit avec la pertinence qui est la sienne pour me faire part de son pertinent jugement et de ses critiques.

On a écrit dix biographies de sir Richard Burton et deux de lady Burton. Si cet ouvrage traite au premier plan de Richard Burton, accessoirement il y sera partout question de son épouse. Et si, de temps à autre, Isabel Burton semble constituer sans nécessité l'essentiel de la substance d'un chapitre, c'est que cette femme était dotée d'une personnalité exceptionnelle, et que le couple Burton était à bien des égards tout à fait hors du commun. C'est aussi qu'Isabel avait le don inné de faire librement état de ce qu'elle ressentait, alors qu'au contraire Richard était secret. Et ce qu'elle ressentait constitue souvent le seul indice qui puisse nous éclairer sur la véritable nature des sentiments de son époux.

FAWN M. BRODIE

Pacific Palisades,
Californie
Janvier 1967

I

LE DÉMON DE L'AVENTURE

« Pourquoi ? » me suis-je demandé au moment de partir dans un tronc d'arbre évidé. Nous étions à quelque quinze cents kilomètres en amont de l'estuaire du fleuve, et les perspectives de retour étaient bien minces. « Pourquoi ? Mais bougre d'idiot ! C'est le démon de l'aventure. » Voilà la seule réponse qui m'est venue [1].

Alors qu'en 1863 Richard Francis Burton séjourne au royaume d'Abomey et s'apprête à explorer le cours inférieur du Congo, c'est en ces termes qu'il écrit à Monckton Milnes. Se demandant pourquoi il a risqué sa vie et mis en péril sa santé à seule fin de pénétrer les forêts inconnues de l'Afrique centrale, il se pose de nouveau la question qui l'a tourmenté lors de ses précédents voyages. Et sa réponse, « le démon de l'aventure », explique non seulement ses découvertes géographiques, mais encore son existence mouvementée. L'impétuosité de son démon intérieur, son irrépressible bougeotte et son extraordinaire courage stupéfiaient pareillement ses amis et son épouse, tout comme plus tard ils stupéfieront ses biographes.

De plus, bien que Burton se gaussât de toutes les formes de la superstition religieuse – du fétichisme des cannibales fang aux services funèbres de l'Église d'Angleterre – il ressentait une véritable fascination pour tout ce qui en son temps

1. Lettre de Burton à Monckton Milnes (Lord Houghton), datée du 31 mai 1863. Fonds lord Houghton, bibliothèque du Trinity College, Cambridge.

avait odeur de soufre. Il avait même envisagé un jour d'écrire une biographie de Satan. « Il est intéressant de relever, en Orient comme en Occident, le plaisir que prend le conteur à décrire vauriens et bandits, alors que dans son récit les hommes et les femmes de bien sont pour la plupart ternes et dépourvus de tout pittoresque, fait-il observer. C'est donc que Satan est le véritable héros du Paradis perdu, et qu'en comparaison, Dieu et l'homme sont des plus ordinaires. Méphistophélès est de bien meilleure compagnie que Faust et Marguerite. » [1]

D'ailleurs, les traits du visage de Burton évoquent pour ses contemporains ceux d'un être luciférien. « La mâchoire d'un démon et le front d'un dieu », dira de lui Swinburne. « Il tirait fierté de son air diabolique, car en vérité il avait quelque chose d'un Satan » [2], écrira pour sa part le comte de Dunraven.

Mais l'attrait que ressentait Burton pour tout ce qui touchait au satanisme n'était qu'un aspect de lui-même, car ses préoccupations étaient celles d'un authentique personnage de la Renaissance. Soldat, explorateur, ethnologue, archéologue, poète, traducteur, il compte aussi parmi les deux ou trois grands linguistes de son temps et s'est intéressé à la médecine, à la botanique, à la zoologie et à la géologie. Il était de plus excellent escrimeur et avait d'extraordinaires talents de conteur.

« Ma principale obsession, c'est de découvrir » [3], écrit-il. Et dans un monde où désormais il reste bien peu de choses à explorer, il cherche à percer les quelques énigmes encore

---

1. *A Plain and Literal Translation of the Arabian Night's Entertainments, etc.*, 10 vol., Bénarès, 1885, édité par la Kama Shastra Society au bénéfice exclusif de ses souscripteurs, IX, 135 *n*. Dans la suite du texte, l'ouvrage sera mentionné sous l'appellation française de *Mille et Une Nuits*, sauf dans les notes lorsque celles-ci renvoient à tel ou tel volume ou numéro de page de l'adaptation anglaise de Burton. En quel cas nous conserverons aux *Nuits* leur titre anglais : *Arabian Nights*.
2. Arthur Symons, *Dramatis Personæ*, Indianapolis, 1923, 251; comte de Dunraven, *Past Times and Pastimes*, Londres, 1922, I, 178.
3. Avant-propos de la traduction de *Carmina of Gaius Valerius Catullus* par Richard Burton. Édition à compte d'auteur, 1894.

irrésolues. Ainsi s'introduit-il à grand risque dans les villes saintes de La Mecque et de Médine, dont il donne des descriptions détaillées. Il est le premier Européen à entrer dans la cité musulmane interdite de Harar, en Somalie, où tout intrus infidèle est mis à mort. Puis il se met en tête de dissiper un mystère qui jadis attisa la curiosité d'Alexandre, de César et de Napoléon, « le plus grand secret géographique depuis la découverte de l'Amérique », celui des sources du Nil Blanc. Au prix de rudes efforts il réussit à découvrir avec Hanning Speke le lac Tanganyika, mais manque de peu le lac Victoria, échec qui dégénérera en brouille, puis se conclura par une tragédie.

Pourtant, ce qui passionnait véritablement Burton, ce n'était pas tant la découverte géographique que ce qui était caché, insaisissable et fatalement insoupçonnable en l'homme. Ce que ses compatriotes victoriens qualifiaient de malsain, de bestial ou de satanique, Burton le considérait avec un détachement quasiment clinique. A cet égard, il appartient bien davantage à notre époque qu'à la sienne. Mais il était le captif d'un siècle où peu d'hommes appréciaient à leur juste mesure la portée de ses dons. Il était ligoté, paralysé par les pruderies de son époque, admiré exclusivement pour ses exploits les plus voyants, et d'une façon générale on réprouvait chez lui une curiosité aussi prodigieuse que pénétrante.

Alors que depuis des années il daubait sur « l'indécence de la décence », sur le conformisme et l'hypocrisie de son époque, il s'était mis en tête de prodiguer à l'Occident la sagesse amoureuse de l'Orient, où l'*ars amoris* était accepté avec le plus grand naturel et atteignait à l'exaltation religieuse. Précurseur de Havelock Ellis et de Sigmund Freud, il a conçu avant l'heure bon nombre de leurs visions. Il a traduit sans rien en expurger les *Mille et Une Nuits* et assorti sa traduction de notes ethnologiques et de commentaires qui font des seize volumes de l'ouvrage une véritable somme. Il a bravé la persécution et l'emprisonnement pour avoir fait imprimer clandestinement plusieurs adaptations de récits érotiques orientaux, et la mort le surprendra alors qu'il travaillera à la version anglaise de l'un d'eux, *The Scented Garden of the Cheikh Nefzawi*.

Ses autres écrits sont d'une prodigieuse abondance et leur contenu d'une extraordinaire diversité. Son œuvre l'inscrit dans trois constellations d'hommes exceptionnels. Il compte parmi les explorateurs britanniques de première grandeur, à l'égal de David Livingstone, Henry Stanley, Samuel Baker et John Hanning Speke. Il appartient à ce groupe de savants britanniques de génie, dont bon nombre n'étaient que des « amateurs » – Charles Darwin, Francis Galton, Charles Lyell, James Frazer, Flinders Petrie, Arthur Evans, Archibald Henry Sayce et Thomas Huxley – qui ont repoussé les frontières du savoir humain par une explosion de glorieuses découvertes. Enfin, Burton était un écrivain de grand talent.

« Il n'aimait rien tant que se parer de l'appellation d'anthropologue », écrira de lui à sa mort J.S. Cotton dans *Academy*, Burton « entendant par là que tout ce qui se rapportait à l'homme et à la femme était de son domaine. Il se refusait à rien voir dans l'être humain qui fût vulgaire ou sale, et il osait décrire noir sur blanc (dans ses œuvres à tirage limité), les fruits de son expérience exceptionnelle... Sa force de caractère marquait de son empreinte tout ce qu'il affirmait ou écrivait... Il ne déguisait rien, ne claironnait jamais... Mais pour ceux qu'il accueillait dans le cercle de ses intimes, l'homme était plus grand encore que ses actes ou ses écrits. » [1]

Sauf lorsqu'il se trouvait au milieu de ses meilleurs amis, raconte sa femme, « il lançait ses piquants comme un porc-épic » [2]. Mais les réunions de cette nature étaient fort nombreuses si l'on en juge par la surprenante multiplicité de ses compatriotes et contemporains qui, évoquant leurs souvenirs, consacrent parfois plusieurs pages à une seule et unique soirée passée en sa compagnie. S'il avait au premier abord été rebuté par son « attitude glaciale », Bram Stoker écrit de Burton que

---

1. *Academy*, obituaire, 25 octobre 1890, 365.
2. Isabel Burton, *Life of Captain Sir Richard F. Burton*, 2 vol., Londres, 1906, II, 257. Dans la suite du texte, cet ouvrage sera simplement mentionné sous le titre *Life*.

« lorsqu'il parlait, c'était comme si son imagination fertile se débridait sans retenue ». Et lord Redesdale relève que « ce qu'il [Burton] aimait par-dessus tout, c'était étonner, et que pour le pur plaisir de le faire il n'eût pas hésité à violenter la Vérité sortant nue de son puits »[1]. Un jour qu'un jeune ecclésiastique lui demande s'il est vrai qu'il a tué un homme près de La Mecque, Burton lui répond malicieusement : « Monsieur l'abbé, je suis fier de pouvoir affirmer que j'ai commis tous les péchés du Décalogue. » Pourtant, il arrivait à Burton d'être piqué au vif par les retentissements des rumeurs qui circulaient sur son propre compte. Ayant surpris, lors d'une soirée où il y avait foule, ce propos d'une dame : « Voilà cet infâme capitaine Burton. Je serais ravie si on m'apprenait qu'il est atteint d'un mal pernicieux », il se tourne vers elle. « Madame, lui dit-il avec gravité, sachez que de toute mon existence je n'ai jamais rien fait qui soit aussi vil que le vœu révoltant que vous venez d'exprimer. »[2]

Maria-Louise Ouida[3], romancière à la mode qui fut sa contemporaine, écrit de Burton qu'« il ressemblait à Othello et vivait comme les trois mousquetaires réunis en un seul »[4]. Et Frank Harris, auteur d'un remarquable essai sur Burton, inclura cet essai dans ses *Contemporary Portraits*, à côté de ceux de Carlyle, de Whistler, de Swinburne, de Rodin et d'Anatole France, tant la stature du personnage le subjugue. C'est en ces termes qu'il rapporte l'impression que lui a faite Burton lorsqu'il l'a rencontré pour la première fois à l'occasion d'une réception londonienne :

> « Burton portait l'habit de soirée et pourtant, lorsqu'il fit volte-face au moment des présentations, il y avait en lui

1. Bram Stoker, *Personal Reminiscences of Henry Irving*, 2 vol., Londres, 1906, I, 360-1; Lord Redesdale (Algernon Bertram Freeman-Mitford), *Memories*, 2 vol., Londres, 1915, II, 562-4.
2. Anecdotes rapportées par Thomas Wright dans *Life of Sir Richard Burton*, 2 vol., Londres, 1906, II, 166, 48.
3. Nom de plume de Louise La Ramée (1840-1908), romancière anglaise fixée en Italie, et dont l'œuvre, souvent édifiante et moralisatrice, est considérable. *(NdT)*
4. « Richard Burton », *Fortnightly Review*, LXXIX, 1040, 1er juin 1906.

quelque chose d'indompté. Il était de haute taille, un mètre quatre-vingt-deux, peut-être, et avait de larges épaules carrées. En dépit de ses soixante ans, il avait un port de jeune homme et le geste vif. Son visage était tanné, couvert de cicatrices, et la lourde moustache qu'il portait, sans barbe, lui donnait l'allure d'un boxeur. Ses yeux noirs – des yeux autoritaires, agressifs – pas la moindre gentillesse dans le regard, ses mâchoires puissantes, son menton dur, proéminent, lui donnaient l'air d'un homme capable du pire [...].

» Burton s'est déridé, mis à parler, comme seul il savait le faire, de Damas et de l'Orient immémorial, de l'Inde et des raffinements de sa population, de l'Afrique, où aujourd'hui l'homme vit de façon tout aussi primitive que voilà vingt mille ans... Burton était un conteur encyclopédique. Il connaissait étonnamment bien la poésie et la prose anglaises. Il avait un curieux attachement pour les *formules à l'emporte-pièce du parler saxon*, [...] pour tous les mots sortis bruts de la matrice du quotidien.

» Une histoire de lynchage le fascinait, un *crime passionnel* * [1] l'exaltait, le rendait intarissable, faisait de lui un merveilleux conteur qui savait mêler aux élans du pathos la truculence, user de toute une pyrotechnie pour enchanter une soirée.

» Sa curiosité intellectuelle était étonnamment vaste et, dirais-je, plus profonde qu'exclusivement spéculative. Il pouvait aussi bien parler de philosophie hindoue que des dépravations sexuelles de certaines peuplades noires, écouter jusqu'au petit matin la description qu'on lui faisait de supplices chinois et d'auto-mutilations telles que les pratiquent les Russes. Professant une admiration religieuse pour toute forme de grandeur, ce qui l'émerveillait chez l'homme, c'étaient ses faiblesses et ses outrances, et non pas ce qui en lui rappelait que Dieu l'avait fait à Son image.

» Au tréfonds de lui-même gisait l'insondable tristesse de

---

1. En français dans le texte, comme tous les mots et expressions suivis d'un astérisque (*). *(NdT)*

ne pas croire... Jusqu'au rire de Burton, ample résonance de toute sa poitrine, avait quelque chose d'un peu mélancolique. »[1]

Ne s'étant point privé de dénigrer les autres du temps de sa jeunesse, puis d'égratigner bon nombre d'œuvres littéraires lorsqu'il avait pris de l'âge, Burton s'était fait quantité d'ennemis. Il n'avait pas hésité à fustiger le rédacteur en chef de la *Pall Mall Gazette*, l'accusant de débiter de « malveillantes inepties », pas plus qu'à démolir la réputation d'un auteur en écrivant dans une critique qu'« on a soigneusement expurgé ce livre pour en ôter tout ce qu'il contenait de valable ». De la même façon, il s'en était pris au rédacteur en chef de l'*Edinburgh Review*, Henry Reeve, le traitant de « faiseur et de vieux ronchon dont le caractère aigri n'a d'égal que son ignoble jalousie du succès des autres »[2]. Mais la plus grande part de cette volée de bois vert n'était qu'une réplique aux attaques venimeuses portées contre ses *Mille et Une Nuits*. La publication de cet ouvrage lui avait valu la réputation de « faire autorité... sur tout ce qui se rapporte à l'élément bestial de l'homme », et on l'avait qualifié d'« homme qui connaît trente-cinq parlers et dialectes, et tout spécialement celui de la pornographie ». Pour Henry Reeve, les *Nuits* étaient « l'un des ouvrages les plus indécents qu'on eût écrits en langue anglaise [...] un indicible agglomérat d'immondices ».

Le mariage de Burton ne sera en rien moins pittoresque que ses explorations. Ses amis et biographes se partageaient en deux clans âprement opposés : ceux qui admiraient et ceux qui détestaient sa femme. Isabel appartenait à l'aristocratie de confession catholique et romaine. Dans sa jeunesse elle avait été fort belle, et durant toute sa vie elle conservera

---

1. *Contemporary Portraits*, New York, 1920, 180-2. Voir aussi *My Life and Loves*, de Frank Harris, New York, 1963, 616-21.
2. On aura une idée de la vivacité des attaques portées par Burton en se rapportant au vol. VII de *Supplemental Nights to the Book of the Thousand Night and a Night*, Londres, 1886-8. Voir VII, 401-2, 444, et aussi l'*Athenæum* du 23 octobre 1875.

fierté, indépendance d'esprit et inclination prononcée pour le romanesque. « Ses relations avec son mari tenaient plus du poème que du mariage ordinaire », écrit son premier biographe, W.H. Wilkins. Quant à Maria-Louise Ouida, qui avait autant d'affection pour l'un que pour l'autre, elle affirmait que leur union était « un mariage d'amour au sens le plus absolu du terme »[1].

La nièce de Burton, Georgiana Stisted, auteur d'une exubérante biographie de son oncle, tient pour sa part ce mariage pour « une grave imprudence ». Et John Payne, traducteur lui aussi des *Nuits*, et à ce titre rival de Burton, confiera à un autre biographe, Thomas Wright, qu'Isabel « était responsable d'une bonne part des ennuis de son mari [...] incapable de faire la part entre le vrai et le faux [...] et que jamais Burton et elle ne s'étaient compris ». Lord Redesdale écrit pour sa part que Burton était un mari modèle et que son épouse l'adorait, mais il estime par ailleurs que le snobisme d'Isabel a grandement nui à la carrière de Richard au temps où celui-ci était en poste diplomatique à l'étranger. D'autres encore ont jugé Isabel peu vive d'esprit, infatuée d'elle-même, superstitieuse et d'une dévotion de bigote. Quant à Swinburne, qui au début voit en elle « la meilleure des épouses », il changera totalement d'opinion et la vilipendera durement après le décès de Burton[2].

Rendue mal à l'aise par l'engouement qu'affichait son mari pour la littérature érotique, Isabel ne cessait de le presser de mettre un terme à sa traduction de *The Scented Garden* et de se consacrer à ses propres mémoires. « Demain j'en aurai terminé, finit-il par lui déclarer, et je te promets qu'ensuite je n'écrirai plus jamais un seul livre sur ce sujet-là. Je m'en tiendrai à notre biographie. » Le lendemain, il était mort.

1. W.H. Wilkins, *The Romance of Isabel Lady Burton*, 2 vol., Londres, 1897, II, 720 ; M.L. Ouida, « Richard Burton », *Fortnightly Review*, LXXIX, 1042, 1ᵉʳ juin 1906.

2. Georgiana Stisted, *The True Life of Captain Sir Richard F. Burton*, Londres, 1897, 275 ; Thomas Wright, *Life of John Payne*, Londres, 1919, 143 ; Lord Redesdale, *Memories*, I, 574, 563-4 ; *The Swinburne Letters*, éditées par Cecil Y. Lang, 6 vol., Yale University Press, 1959, II, 336.

Dans les quinze jours suivants, Isabel Burton aura détruit par le feu le manuscrit du *Jardin*. « Avec affliction, piété, redoutant et tremblant, écrira-t-elle, j'ai brûlé les feuillets les uns après les autres jusqu'à ce que la totalité des volumes fût consumée. »[1]

Plus tard elle entreprendra d'écrire la biographie de son époux, qu'elle présentera sous les traits « du plus pur, du plus raffiné, du plus pudique des hommes... qui eussent jamais vécu ». Et d'ajouter : « S'il est une chose à laquelle je me sente parfaitement apte, c'est bien à lever le voile [pour révéler] l'homme secret. » Par la suite, elle livrera aux flammes, dans leur quasi-totalité, les journaux et notes remplis par son mari durant quarante-cinq ans.

Burton avait tenu deux ensembles de journaux. Dans les uns il avait consigné en détail ses voyages, enrichissant son texte de digressions anthropologiques, de résumés d'ouvrages qu'il avait lus, d'impressions qui avaient été les siennes lors de conversations avec bon nombre de gens jouissant d'une grande influence en Angleterre. L'autre ensemble était constitué de ses carnets intimes, qu'il tenait continuellement sous clé. A en juger par les quelques fragments préservés par sa femme à des fins de citations, et aussi par les nombreux feuillets préservés qui aujourd'hui sont la propriété du British Museum, on a de bonnes raisons de croire que c'est à ces carnets que Burton confiait ses misères, ses chagrins, ses humiliations... et tout autant ses exaltations. De rares documents et bon nombre de lettres ont cependant échappé à l'incinération. Ainsi la perte n'a-t-elle pas été totale. Elle n'en demeure pas moins irréparable. Songeons au gâchis qui eût été à déplorer si la veuve de Boswell s'était pareillement avisée de faire un autodafé à Malahide Castle !

On peut voir aujourd'hui à la National Portrait Gallery une superbe huile peinte en 1876 par sir Frederick Leighton et représentant Richard Burton. Portrait puissant – puissant comme l'était le modèle – et qui met en valeur le teint cuivré,

---

1. Lettre d'Isabel Burton au *Morning Post*, 19 juin 1891.

la grosse barbe et la moustache fournie, la dureté du regard. Burton est exposé en bonne compagnie, dans la même salle que Matthew Arnold, Charles Dickens, John Ruskin et Dante Gabriel Rossetti. Au-dessus de lui, Charles Lyell, le géologue britannique dont la dépouille repose dans l'abbaye de Westminster. De l'autre côté de la salle trône le séduisant portrait des trois sœurs Brontë, exécuté par leur frère, Patrick Branwell Brontë. Burton semble regarder fixement Ruskin, dont les candides yeux bleus et l'attitude bienveillante contrastent vivement avec le regard sévère de son vis-à-vis. C'est par un curieux paradoxe que Burton semble dévisager un homme qui, à l'exemple d'Isabel, fit lui aussi brûler des pièces laissées par un défunt. Exécuteur testamentaire du peintre J.M.W. Turner, en 1857 Ruskin avait découvert, lors de l'inventaire des biens du disparu, plusieurs toiles représentant des marins et des filles publiques sur les docks de Londres, et il les avait livrées aux flammes.

Isabel n'en ignorait rien. « Les exécuteurs testamentaires de Turner ont brûlé quelques-unes de ses dernières œuvres dans des circonstances identiques, afin de ne pas ternir la réputation du peintre alors à son zénith, écrit-elle. J'ai agi pour le même motif. »[1] Mais si cette incinération assurait à Isabel l'avantage sur tous les autres biographes de Richard Burton, elle n'en soulignait pas moins que la véritable nature du « démon » qui avait rongé son mari lui échappait complètement, en même temps qu'elle rendait suspect tout ce qu'elle a pu écrire à propos du défunt, et plus particulièrement le portrait qu'elle nous a laissé de « l'homme secret ».

---

1. *Life*, II, 442. Ici, Isabel Burton se justifie d'avoir brûlé *The Scented Garden*. Jamais elle ne reconnaîtra publiquement avoir jeté au feu les journaux et carnets de notes de son époux.

II

LES MOINDRES VÉTILLES

> *Quels tours étranges nous joue la mémoire, qui souvent noie dans une brume de rêve les faits les plus importants de la vie d'un homme et préserve religieusement les moindres vétilles.*
>
> Sind Revisited [1]

Dans ses livres, Richard Burton apporte une profusion de détails sur tout, sauf sur les êtres qui lui sont le plus profondément attachés. On le voit s'émerveiller des étoiles du désert au-dessus de La Mecque, fustiger la stupidité des généraux britanniques en Crimée, s'indigner de la mutilation infligée à de jeunes Soudanais qui ensuite seront vendus comme eunuques à Zanzibar et clamer haut et clair la pureté du *Kamasutra*. Mais sur les milliers de pages de cette prose bien vivante, parmi lesquelles cent quarante-trois seulement sont autobiographiques, c'est tout juste s'il en consacre trois à sa mère, à peine davantage à son père, et s'il y fait vaguement allusion à sa femme. Les anecdotes qu'il rapporte à propos de sa mère sont écrites sur le ton de la désinvolture, sans émotion apparente. La première, et probablement la plus significative, est le récit d'une trahison. On ignore qui a bien pu lui raconter cette histoire, et combien de fois on la lui a répétée lors de son enfance. Mais toujours est-il qu'à l'âge de cinquante-cinq ans, lorsque Burton en vient à mentionner sa mère dans ses écrits, la première chose dont il se souvient et qu'il consigne, c'est qu'il a été spolié, par son fait, de quatre-vingt mille livres.

Ce legs lui venait de son grand-père, Richard Baker, pro-

---

1. *Sind Revisited*, 2 vol., Londres, 1877, I, 257.

priétaire terrien aisé qui vivait avec sa femme Sarah sur son domaine de Barnham House, dans le Hertfordshire. Baker avait richement doté ses trois filles lorsqu'elles s'étaient mariées, et il entendait tout d'abord partager le reste de sa fortune entre celles-ci et le fils unique, Richard Baker Jr, qu'il avait eu de sa première épouse. Mais ce jeune homme indélicat et dévoyé lui avait fait essuyer bien des déboires, et après que sa fille Martha lui avait donné un premier petit-fils, prénommé lui aussi Richard, Baker avait sérieusement envisagé de déshériter Richard Junior au profit du nouveau-né.

Richard Francis Burton naît le 19 mars 1821 à Torquay [1]. On le fait baptiser à Elstree, et pendant un certain temps l'enfant vit dans la demeure de ses grands-parents. Il n'a pas encore un an lorsque ses parents vont s'installer en France, d'où ils reviendront de temps à autre avec lui pour faire des séjours prolongés en Angleterre. Les premiers souvenirs qui lui reviennent, raconte Burton, datent de l'époque où, « à Barnham House, on le faisait descendre après le dîner pour lui faire manger des groseilles blanches, assis sur les genoux d'un grand bonhomme qui avait des cheveux jaunes et des yeux bleus ». Le grand-père était très fier de la chevelure de Richard – poil de carotte à la naissance, il ne deviendra brun que beaucoup plus tard – et aussi de sa précocité. « J'étais voué au misérable état d'enfant prodige, écrira-t-il avec humour, en sorte qu'on m'a fait commencer le latin à trois ans et le grec à quatre. » Au fur et à mesure que les relations se détériorent entre Richard Baker Junior et son père, celui-ci reporte de plus en plus son affection sur l'enfant. Ce dernier a trois ans et demi lorsque la crise atteint à son point de tension le plus extrême. A cette époque, Martha Burton revient

---

[1]. Burton croyait faussement qu'il était né à Barnham House. Le registre des baptêmes d'Elstree montre que c'est à Torquay qu'il est venu au monde. Le baptême de sa sœur Maria est enregistré à Elstree à la date du 18 mars 1823, et aussi celui de son frère Edward, à la date du 31 août 1824. Thomas Wright, *Life of Sir Richard Burton*, I, 37-8, et *Torquay Directory*, 23 mars 1921.

de nouveau séjourner à Barnham House, cette fois pour y mettre au monde et faire baptiser le frère de Richard, Edward. Mais Burton ne nous donne de ces événements qu'un récit tronqué, en pointillé, comme s'il avait hâte d'effacer au plus vite ce souvenir :

« Ma mère avait pour demi-frère un hurluberlu [...] Richard Baker deuxième du nom [...] Avocat, il avait refusé une charge de juge en Australie, et il a fini ses jours comme fabricant de savon. Elle lui était follement attachée, et elle a fait tout son possible pour retarder la signature du testament de mon grand-père, au préjudice de son propre enfant. Le jour où mon grand-père s'est rendu en calèche chez MM. Dandy & Dandy, ses hommes de loi, à l'effet de signer ce testament [en ma faveur] il est tombé raide mort, terrassé par un arrêt du cœur, en descendant de voiture. Le document n'étant pas signé, les biens ont été partagés. Ils vaudraient maintenant la somme d'un demi-million de livres. »[1]

Richard Baker Junior reçut donc sa part d'héritage, dont il ne tarda guère à se faire déposséder par un aigrefin de nationalité française, le baron Thierry, qui par la suite s'improvisera roi d'un îlot des mers du Sud et connaîtra une fin en tout point burtonienne puisqu'il périra sous la dent de ses sujets cannibales. Cela mis à part, nous ne savons rien de la jeunesse de Baker, deuxième du nom, mais il convient de relever que si le substantif « hurluberlu » semble s'appliquer avec une flagrante pertinence à ce demi-frère auquel la mère de Burton était « follement attachée », c'est de ce même substantif qu'elle désignera aussi de plus en plus fréquemment son fils. Que cette fascination inavouée de Martha Baker pour l'inclinaison de son aîné à la délinquance ait pu jouer un rôle dans l'attrait persistant de son fils par le « défendu », c'est ce que nous verrons en examinant la vie de Burton.

1. Extrait d'une notice biographique de Burton résumant sa vie jusqu'en 1848. Cité par Isabel Burton, *Life*, I, 16.

La seconde anecdote rapportée à propos de sa mère, Burton la fait précéder du récit de ce qu'était sa conduite d'« hurluberlu » au temps où, petit garçon, il vivait en France. « Je n'avais que trois façons de concevoir les choses, écrit-il. D'ordinaire, lorsqu'on interdit à un enfant de manger le sucre ou de laper la crème, ou bien il obéit ou bien il fait tout le contraire. Moi, je me plaçais face au sucre et à la crème et je me posais très sérieusement la question : Ai-je le courage de ne pas y toucher ? Et quand j'avais la certitude de pouvoir tenir bon, alors, pour me récompenser d'avoir tant de force de caractère, je m'empressais de vider le sucrier, et parfois aussi le pot de crème. »[1] S'il faut en croire ce qu'il rapporte de ses jeunes années en France, son frère et lui étaient de « parfaits chenapans » qui passaient leur temps à faire le coup de poing avec les gamins des rues, à rouler les maîtres qui les rudoyaient, à faire enrager et à rosser les domestiques, à persifler les vieux concierges, qui les couvraient d'imprécations et leur promettaient la guillotine.

« Notre père et notre mère n'avaient pas la moindre idée sur la façon de s'y prendre avec leurs enfants, écrit-il. Cela faisait penser à l'histoire de la poule qui a couvé des canetons. Façon de nous donner une leçon de morale et de nous apprendre à dominer nos instincts et nous contraindre à l'abnégation, un jour elle nous conduisit devant la vitrine de Mme Fisterre. Attendant notre heure, nous louchions sur toutes ces délices, et plus particulièrement sur un plateau de chaussons aux pommes.

» – Bon, maintenant on s'en va, mes chéris, nous dit-elle ; il faut que les enfants apprennent à se priver, ça leur forme le caractère.

» Les yeux fous, la bouche en feu, nous regardions notre mère-la-vertu. Et puis, n'y tenant plus, nous fîmes voler en éclats la vitrine à coups de poings pour nous emparer du plateau de chaussons aux pommes et nous esbigner à toutes

---

1. Cité dans *Life*, I, 20-1.

jambes, laissant là notre pauvre maman, plus triste encore mais aussi plus avertie, payer les dégâts commis par sa progéniture sans foi ni loi.

» Parlant de guillotine, notre maître a pris un jour la décision peu judicieuse, à l'occasion d'une sortie scolaire, de nous faire assister à l'exécution d'une femme qui avait assassiné sa petite famille en usant de poison, mais à la condition que nous regardions ailleurs au moment où le couperet s'abattrait. Mais bien entendu, à cet instant précis (et du fait même de cette injonction) tous les cous se sont tendus et tous les yeux ouverts en grand pour voir, et le résultat, c'est que durant une semaine toute l'école a joué à la guillotine, fort heureusement sans qu'on eût à déplorer d'accident grave. » [1]

L'évocation de ces vieux souvenirs, où pêle-mêle se juxtaposent tentation, interdits, bris de vitrine, empoisonnement et décapitation, et qui tous sont liés à sa mère, n'est pas moins remarquable que le ton désinvolte que Burton adopte pour les raconter, et que la hâte avec laquelle il s'acquitte de la description de ce qui peut fort bien avoir été le plus effroyable spectacle de sa vie. Pas une traînée de sang dans ces évocations – ni sur ses poings, comme il a dû en couler si véritablement il a brisé la vitrine de la pâtisserie de Mme Fisterre, ni le moindre jaillissement écarlate au moment où la tête de la femme décapitée a roulé dans le panier. Dès le plus jeune âge, Burton avait appris à se dissocier de ses angoisses en s'imposant de jouer un rôle d'observateur, commuant ainsi l'horreur en exaltation et parvenant même à commuer l'exécution capitale d'une « maman » en une manière de jeu.

Georgiana Stisted, la nièce de Burton, nous dépeint la mère de celui-ci sous les traits d'une « femme douce, gentille, dévouée à l'extrême [et menant] une existence inoffensive. Grande, gracieuse, séduisante, elle avait les extrémités fines, délicates, et de somptueux et abondants cheveux bruns ». Burton, lui,

[1]. Rapporté dans *Life*, I, 22.

n'use pour décrire sa mère que des adjectifs « frêle », « délicate », « casanière », et avant son mariage les qualificatifs par lesquels il désignera les femmes britanniques seront le plus communément ceux d'« hystériques », d'« hypernerveuses », de « mélancoliques » et de « civilisées jusqu'au bout des ongles », cette dernière formulation étant invariablement employée par lui dans une acception péjorative. Georgiana écrit encore que Burton « adorait sa mère et pensait que rien, sur la terre comme au ciel, n'était trop beau pour elle ». Martha Burton avait épousé un homme quelque peu imbu de sa personne, et visiblement elle s'était murée dans une réputation de gentillesse et de générosité. Qu'elle en fût venue à tirer un secret plaisir de l'indiscipline ouverte – celle de son demi-frère, d'abord, puis celle de son fils aîné – n'a donc rien pour surprendre.

Dans l'un de ses premiers récits de voyage en Inde, Burton rapporte que du temps de son enfance il était tourmenté par de répétitifs cauchemars. « Vous est-il jamais arrivé, écrit-il, alors que votre gouvernante vient de vous livrer aux horreurs d'une immense chambre obscure, de voir un visage grimaçant s'avancer vers vous, surgi du lointain apex du vaste cône d'ombre qui s'étend devant vos yeux clos, [...] s'avancer vers vous petit à petit, mais inexorablement jusqu'à ce que, et en dépit de tous vos efforts pour le chasser, ses traits monstrueux soient si proches des vôtres que vous pouvez les sentir. Et alors, quasiment tout soudain ou presque, cela recule, s'éloigne de vous, se réduit à rien, mais les cavités orbitales noires persistent, et cela disparaît brusquement pour revenir à la charge, accompagné de tout son cortège de terreurs ? »[1]

Dans ce même livre, Burton rapporte son étonnement alors que, jeune soldat en Inde, il constate « la passion dévorante » dont les jeunes mères hindoues entourent leurs enfants, comportement qu'il oppose à celui des mères britanniques dans un passage remarquable, en cela qu'il ne s'agit pas

---

1. *Scinde; or, The Unhappy Valley*, 2 vol., Londres, 1851, II, 188.

seulement d'un morceau d'ethnologie comparée, mais aussi d'un poignant témoignage personnel :

« Pour une mère hindoue l'enfant est tout. Dès lors qu'elle le met au monde elle ne le quitte plus, ni de jour ni de nuit. Si elle est pauvre, elle travaille, mais ne se déplace pas d'un pas sans le soutenir contre sa hanche; si elle est riche, elle passe sa vie à le tenir dans son giron... Quand l'enfant est malade, elle jeûne, le veille, s'impose toutes les pénitences imaginables. Jamais elle ne lui parle ou bien ne parle de lui sans implorer le ciel de faire descendre sur lui sa clémence. Et cet amour intense ne se dément pas lorsque l'enfant cesse d'être un jouet. C'est là le grand ressort de la conduite maternelle à l'égard de l'enfant tout au long de l'existence. Pas étonnant si en Orient un fils n'aimant pas sa mère est un oiseau rare. Pas étonnant non plus si ces gens, lorsqu'ils sont portés à la violence, commencent toujours par couvrir d'injures les mères des autres. »

Alors que dans la civilisation occidentale, poursuit-il, « les parents ont bien d'autres préoccupations – chercher à s'enrichir, s'adonner aux plaisirs – durant la petite enfance de leur progéniture. Dans les premiers âges, pénibles, de son existence, un garçon est consigné dans la chambre d'enfants, où on le laisse s'occuper comme il le peut avec les petits. Puis il grandit et on l'exile, au pensionnat, et ensuite au collège [...] Entre parents et enfants, la communauté des intérêts et des opinions est fort réduite. Il s'ensuit qu'un grand lien fait défaut ».

« Rien n'étonne tant les Hindous que cette apparente absence d'affection entre parents et enfants européens », écrira plus loin Burton [1]. Ayant relevé que chez les peuplades primitives la plupart des jeunes mères allaitent leurs enfants jusque

---

1. *Scinde; or, The Unhappy Valley*, I, 248-9; *Vikram and the Vampire, or Tales of Hindu Devilry*, Londres, 1870, 295 n.

dans leur deuxième, voire leur troisième année, il voit là une pratique des plus saines et grandement profitable à leur progéniture. A Médine, il sera le témoin d'une touchante scène lors de laquelle une femme voyageant dans la caravane des pèlerins retrouve là ses deux fils. « Le plus jeune sanglotait bruyamment de joie en courant tout autour du chameau qui portait sa mère. Il se haussait sur la pointe des pieds tandis qu'elle se ployait le plus possible, mais en vain, pour l'embrasser, et que le frère aîné, maussade, regardait sans bouger. Il est vrai qu'en pareilles occasions, ajoute-t-il, les Arabes font montre de bien plus de cœur que tous les autres peuples orientaux de ma connaissance. » [1]

Gardons-nous cependant de prendre pour argent comptant les insinuations nostalgiques de Burton, qui volontiers nous ferait croire qu'il fut un enfant délaissé, privé de tout, et quasiment poussé en permanence à la révolte parce qu'il se sent mal aimé. Nous le verrons, à l'exception d'une année pénible de pensionnat en Angleterre alors qu'il avait neuf ans, Burton vécut avec sa mère jusqu'à l'âge de dix-neuf ans. De plus, entre dix et dix-neuf ans, ce fut un précepteur qui l'instruisit à domicile, en sorte que la présence maternelle ne lui fit presque jamais défaut. Et quand enfin, selon sa nièce, il dut quitter le foyer familial pour aller à l'université, ce fut pour sa mère « comme si soudain le soleil disparaissait ». [2]

Que Burton ait eu, lui, le sentiment d'être dépossédé, grugé, peu assuré de l'affection de sa mère, cela ne fait aucun doute, et il semble bien que très précocement ce sentiment-là se traduise dans sa conduite par un type d'insubordination particulier :

---

[1]. *Personal Narrative of a Pilgrimage to El-Medinah and Meccah*, 3 vol., Londres, 1855-6, I, 287. Toutes les citations figurant dans le présent ouvrage sont tirées de l'édition commémorative publiée en 2 vol. par Isabel Burton, Londres, 1893.
[2]. Georgiana Stisted, *op. cit.*, 22.

« A l'exemple de la plupart des garçons doués d'une forte imagination et de sentiments à fleur de peau, je mentais effrontément et sans rougir. J'en étais venu à trouver grotesque que mon honneur puisse en quelque façon être subordonné à la déclaration de la vérité, je considérais qu'il était parfaitement impertinent de m'interroger, jamais je n'ai pu concevoir qu'il pût y avoir une quelconque turpitude morale dans le fait de mentir, à moins qu'on ne le fasse par crainte des conséquences encourues si l'on dit la vérité, ou à l'effet de rejeter la faute sur quelqu'un d'autre. Ce sentiment a été le mien pendant bien des années et enfin, comme il arrive fort souvent, du jour où j'ai compris que le mensonge était méprisable, les choses ont pris un tour totalement opposé, à savoir que j'ai adopté la fâcheuse habitude de dire scrupuleusement la vérité, qu'il fût opportun ou non de la dire. »[1]

A vrai dire, Burton ne cessa jamais tout à fait de mentir. Quand il sera adulte, il s'attribuera des meurtres et des pratiques de cannibalisme totalement inventés. Il mentait pour faire scandale, pour amuser, et au premier chef pour attirer et retenir l'attention de son public. Et, dans un sens plus profond, du fait que ses affabulations rendaient toute réalité plus relative, cela aboutissait aussi à lui rendre moins pénibles les vérités qu'il ne pouvait supporter de regarder bien en face. Jeune homme, il avait commencé par observer comment s'y prenaient les autres pour mentir, et dans ses écrits il analyse ce phénomène avec beaucoup de perspicacité. Les habitants du Sind, dans le nord de l'Inde, déclare-t-il, considèrent que « si une vérité n'est pas bonne à dire, il est dans la nature humaine de mentir... Ils dupent parce qu'ils

---

1. Lorsque Isabel Burton éditera ce texte de son mari, elle introduira ici cette note très caractéristique : « A partir de ce jour il devint un homme en tout point digne de foi, incorruptible et qui jamais ne se départait de sa " dignité ". Un homme dont l'honneur et l'intégrité, du berceau à la tombe, furent au-dessus de tout soupçon. » Isabel Burton, *Life of Captain Sir Richard F. Burton*, I, 21 n.

redoutent la vérité. Ils se vantent dans l'espoir d'accréditer par des *dires* ce qu'ils se savent incapables d'accomplir par des *faits* ». [1]

« Un homme est avant tout ce que sa mère a fait de lui » [2], déclarera-t-il sur la fin de ses jours. Quoi qu'il en soit, sa propre mère a très certainement été pour lui le premier et le plus important des publics, et si ses mensonges d'enfant n'avaient sans doute pour objet que d'impressionner par des « dires » à défaut de pouvoir le faire par des « actes », il semble bien que très tôt Burton ait pris l'habitude d'amuser sa mère en se prêtant des aventures totalement abracadabrantes. Ainsi s'établit vraisemblablement entre eux une secrète connivence. Dans la relation de son voyage à La Mecque, il aura cette phrase à propos d'une jeune Arabe qui affectionne son fils : « Comme toutes les mères, c'était le vaurien de la famille qu'elle chérissait. » [3]

Une troisième anecdote rapportée par Burton (il avait quinze ans au moment des faits évoqués) montre que dans l'adolescence il n'a rien perdu des habitudes corruptrices d'indiscipline que lui a laissées prendre sa mère quand il était enfant. Un Irlandais vivant à la Jamaïque était venu, à l'exemple des Burton, passer l'hiver à Pau, et un soir cet homme avait proposé aux deux garçons de leur faire boire tout ce qu'il leur plairait. « Edward, qui ne se sentait pas très bien, fut anormalement sobre, écrit Burton, en sorte que pour ne rien laisser perdre, moi j'ai bu pour deux. » Il revient chez lui blanc comme un linge, l'œil fixe, et sa mère se demande s'il n'a pas contracté le choléra. « Mais d'autres symptômes l'intriguaient, écrit Burton. Aussi alla-t-elle chercher mon père, qui vint près du lit, examina attentivement son fils et héritier pendant une bonne minute. Cet animal-là est pris de boisson ! déclara-t-il ; et il tourna les talons. »

---

1. *Sindh, and the Races that Inhabit the Valley of the Indus*, Londres, 1851, 197; *Scinde; or, The Unhappy Valley*, I, 269.
2. Lors d'une allocution prononcée le 23 juin 1887 à Trieste en l'honneur de la reine Victoria, *Life*, II, 342.
3. *Pilgrimage to El-Medinah and Meccah*, II, 239.

Sa mère réagit tout d'abord en déversant un torrent de larmes, puis subrepticement lui glisse de l'argent de poche, et enfin tente de restaurer un semblant d'autorité en lui interdisant, de toute évidence fort mal à propos, de lire un livre « osé ». Elle « me donna une pièce de cinq francs, raconte-t-il, en me faisant promettre d'être bien sage dans l'avenir et de ne pas lire les *Lettres à son fils* de lord Chesterfield, ouvrage qu'elle avait en sainte horreur. Il va sans dire que les cinq francs furent vite engloutis sitôt que je repris ce qu'il est populairement convenu d'appeler du poil de la bête ». [1] Quant au livre de lord Chesterfield, on peut tenir pour assuré que Burton le lut sur-le-champ.

Le contraste entre le mépris affiché par son père et la compassion que lui témoigne sa mère lors de cette mésaventure restera profondément gravé dans son souvenir, puisqu'à l'âge de cinquante-cinq ans il rappellera cette anecdote, et que de nouveau il y fera allusion à soixante-trois ans lorsque, traduisant les *Mille et Une Nuits*, il tombera sur ce passage du texte étrangement comparable à sa propre mésaventure : un jeune Arabe, Nour-ad-Din, rentre un jour chez lui après s'être enivré de vin. Le constatant, son père lui demande ce qui l'a mis en pareil état, mais la mère, protectrice, s'interpose en toute hâte. « C'est sûrement l'air du jardin qui lui a donné la migraine », affirme-t-elle. Mais le père n'est pas dupe et réprimande vertement le jeune homme. « Toute la scène est traitée avec une criante vérité, écrira Burton dans une note infrapaginale : la mère affectionnée trouve des excuses à son fils tandis que le père, moins enclin à fermer les yeux, ne veut rien entendre de ces excuses. Un père européen eût probablement proféré quelque chose du genre : Cet animal-là est pris de boisson ! » [2]

C'est cependant avec amertume que Burton évoque dans ses écrits une dernière fois sa mère, ou plus précisément évoque le jour où, âgé de dix-neuf ans, il dut se séparer d'elle

---

1. Cité dans *Life*, I, 58.
2. *Arabian Nights*, VIII, 287 *n.*

en Italie pour aller faire ses études à Oxford. « La rupture se produisit vers le milieu de l'été, sans effusions excessives. Les Italiens s'étonnaient grandement de l'attitude stoïque de cette mère britannique qui se montrait capable, après quinze années de vie commune, de se séparer si aisément de ses enfants au prix d'une dernière étreinte larmoyante et en arrosant de ses pleurs son bifteck. Dans les familles italiennes, rien de plus commun que de se jurer les uns les autres, entre frères et sœurs, de ne pas se marier si on les sépare. »[1] Si, après tant d'années de vie familiale, Burton juge bien superficiel le chagrin de sa mère lors de leur séparation, c'est très certainement qu'au fil des jours elle lui a prodigué tout autant de tendresse qu'elle ne lui a témoigné d'indifférence. En tout cas, raconte sa nièce, lui aussi jurait en bien des occasions de ne jamais se marier.

Comme nous allons le voir, Burton passera deux années à Oxford, et ensuite sept années en Inde, d'où il reviendra à l'âge de vingt-huit ans. Il fera alors un bref séjour en Angleterre, puis se rendra en France, où sa mère et sa sœur le rejoindront. Quant à son père, à l'exception des courtes visites qu'il fera à son fils, il préférera continuer à vivre en Italie. Ce curieux accommodement persistera durant quatre ans. C'est alors, en 1853, que Burton s'en ira explorer ce qu'il appelait « la ville-mère de l'islam », celle dans laquelle ne pouvait pénétrer quiconque n'était pas de confession musulmane. Sa mère décédera avant son retour. Sept ans plus tard, il ne sera toujours pas marié. Il approche alors de la quarantaine.

De souche tout à la fois anglaise, irlandaise et peut-être aussi française, Joseph Netterville Burton, le père de Richard, se proclamait étroitement apparenté à l'aristocratie britannique, à défaut de compter parmi ses représentants authentiques. « Partisan inconditionnel des York », sir Edward Bur-

---

1. Cité dans *Life*, I, 65-6.

ton avait été jadis fait chevalier par Edouard IV, et plus tard Jacques Ier avait élevé Thomas Burton à la dignité de baronnet. Cependant, il existait une lacune dans l'ascendance des Burton antérieurement à l'année 1750, et il convenait de remonter à 1712 pour rétablir la continuité avec une lignée se prévalant de la dignité nobiliaire de baronnet. Le grand-père de Richard Burton était fils d'un pasteur anglais émigré en Irlande, et qui avait épousé là une jeune fille de souche irlandaise, voire franco-irlandaise. Le fils né de cette union, Joseph, avait grandi dans un domaine d'Irlande (que plus tard Burton qualifiera d'« indigent et ingrat »), domaine qu'il avait quitté à l'âge de dix-sept ans pour entrer dans l'armée, dans les rangs de laquelle il s'était élevé au grade de lieutenant-colonel, ce qui laisse à entendre qu'il jouissait d'une très honnête aisance, puisqu'à cette époque il était d'usage, pour un officier, d'acheter son brevet.

Lorsque Burton évoque son père dans ses mémoires, il s'empresse de relever qu'on « le considérait comme un homme qui en imposait, surtout lorsqu'il portait l'uniforme, et qui jusque dans la rue attirait sur lui l'attention ». Et d'ajouter : « Ce qui frappait surtout, c'était son allure de Romain. Il était de taille moyenne, avait des cheveux bruns, le teint lustré, un grand nez et des yeux noirs, perçants. » On notera que Burton ressemblait fort à cette description qu'il donne de son père, alors qu'à l'en croire, depuis sa plus tendre enfance il était convaincu d'être laid, à la différence de son père et de son frère cadet.

« Comme il arrive d'ordinaire aux hommes beaux, écrit-il de son père, il épousera une femme très ordinaire, et... les enfants, comme le veut le on-dit, s'attachèrent surtout à leur mère. Nos parents, poursuit-il, décidèrent bien peu judicieusement de combattre toute vanité chez leur progéniture en nous rappelant continuellement combien nous étions laids. J'avais le nez en trompette, me disait-on. C'était pour moi une véritable croix à porter, un perpétuel accablement. Tout ce que j'avais d'acceptable dans le visage, m'affirmait-on, c'étaient mes dents. En raison de son teint de pêche, Maria avait reçu le surnom de Blousabella. Et même Edward – dont les traits étaient parfaits, au point que souvent les Français s'arrêtaient dans la rue pour le regarder en l'appelant *le Petit Napoléon* * – s'entendait répéter à n'en plus finir que *Naissance n'est point prestance.* »

Bien que de nombreux portraits et photographies soient là pour attester de ce que son rude et mâle visage, en dépit de toute sa dureté, était aussi pourvu d'une vigoureuse beauté, tout indique que Burton n'aimait pas sa physionomie. Il se fera pousser la moustache, plus tard la barbe, et de l'une comme de l'autre il modifiera fréquemment et la longueur, et la forme, et la taille, comme pour accuser le déplaisir persistant que lui valent ses traits, ou, plus encore, l'entièreté de sa personne. A vingt et un ans, lorsque, jeune officier, il partira pour l'Inde, il se rasera le crâne (pour garder la tête fraîche, affirmera-t-il) et portera une perruque. Et à cinquante-cinq ans il fera cette requête à sir Frederick Leighton, le peintre qui le portraiture : « De grâce, surtout ne m'enlaidissez pas. » [1]

Pourtant, jamais Burton ne s'est conduit comme un individu qu'incommode sa laideur. Et il est fort possible que le fait de ne pas aimer son visage ait été lié au désir ardent de se dissocier de son père, tant sous ce rapport que d'une façon beaucoup plus générale. Car, comme son père, il attirait lui aussi l'attention lorsqu'il marchait dans la rue, non point, certes, pour la perfection de ses traits, mais bien plutôt à cause de son port et de sa stature, qui sortaient tous deux de l'ordinaire, ainsi que pour l'originalité flagrante de sa physionomie et de son expression. La jeune Laura Friswell (elle était alors âgée de neuf ans) voyait en lui « un affreux bandit prêt à tout », et Harold Nicolson gardera toujours le souvenir de « ses yeux de panthère aux aguets » qui l'avaient frappé dans son enfance. « Sa présence dans la salle d'un club suffisait à rapetisser tous les autres membres », écrit Maria-Louise Ouida. Et Arthur Symons, poète et critique, déclare qu'il

---

1. Cité dans *Life*, I, 596.

émanait de Burton « une effrayante animalité, un air de férocité contrainte, une diabolique fascination ».[1]

Selon Georgiana Stisted, Burton déclarait volontiers que « son père était le plus moral des hommes qu'il eût jamais connus », et que souvent il ajoutait, du ton tranchant qui était le sien : « Magnifique, de pouvoir se sentir fier de ses parents ! » Bon nombre de ses biographes ont cité cette phrase pour preuve de l'authentique orgueil qu'inspiraient à Burton ses père et mère. Seulement, nul ne pouvant témoigner de l'intonation dont il usait pour tenir ce propos, bien malin qui pourrait jurer si, ce disant, il exprimait réellement de la fierté ou bien sous-entendait ironiquement tout le contraire. « Un homme éminemment moral », écrit Burton de son père, tout en s'empressant d'ajouter que si ce dernier avait un sens trop aigu de la moralité pour se montrer dans une salle de jeu, il n'en était pas moins enclin à tout risquer à la Bourse, « tant il était enclin à spéculer et à faire preuve de témérité là où d'autres eussent été plus prudents. [Mais] heureusement il ne pouvait toucher aux biens de sa femme, poursuit-il, sinon il les eût promptement dilapidés. Pourtant, vers la fin de sa vie, il déplorera fréquemment de ne pouvoir user de l'argent de son épouse pour amasser une énorme fortune. »

Si donc nous nous fions au témoignage de son fils, Joseph Burton n'avait pas grand-chose, exception faite de sa prestance, qui fût digne d'admiration. Son grade dans l'armée, nous l'avons vu, prouvait simplement qu'il avait eu les moyens de l'acquérir. En outre, sa carrière militaire avait été brutalement interrompue par une attitude que son fils ne parvenait pas à expliquer. En 1820, alors qu'il était en garnison à Gênes avec un contingent de troupes britanniques, il s'était trouvé mêlé à une intrigue visant à la dissolution du mariage de George IV et de la reine Caroline, qui à cette époque séjournait elle aussi en Italie. Selon des rumeurs qui s'étaient pro-

---

1. Laura Hain Friswell Myall, *In the Sixties and Seventies*, Boston, 1906, 44 ; Harold Nicolson, *Portrait of a Diplomatist*, Boston, 1930, 59 ; M.L. Ouida, « Richard Burton », *Fortnightly Review*, LXXIX, 1041, 1906 ; Arthur Symons, *Dramatis Personae*, 262.

pagées jusqu'à Londres, la souveraine aurait eu un amant italien et le roi, se saisissant de ce prétexte pour divorcer, avait fait juger pour adultère son épouse par la Chambre des lords. Bien entendu, cette affaire avait amplement défrayé la chronique de l'époque. En tout état de cause, plusieurs officiers britanniques appartenant à la garnison d'Italie avaient reçu l'ordre de témoigner contre la reine. Joseph Burton était du nombre. Convaincu – comme l'étaient la plupart de ses compatriotes – de l'innocence de l'accusée (elle sera d'ailleurs acquittée [1]), il avait refusé de témoigner contre elle. Le duc de Wellington, alors Premier Ministre et ennemi juré de la reine, s'était alors vengé de Burton en le faisant mettre en demi-solde. Par la suite, c'est à tout le moins ce que le fils savait de l'histoire, « il avait perdu tout lien avec l'armée ». Au lieu de tenter quoi que ce fût pour sauver sa carrière, Joseph Burton avait résolu de tirer du même coup un trait sur l'Angleterre. Cela s'était passé en 1821, l'année de la naissance de Richard.

Les excellents souvenirs qu'il avait gardés de l'Europe méridionale avaient poussé Joseph Burton à s'installer sur le continent, et tout d'abord dans le centre de la France, où la table était bonne, la nécessité de sauver les apparences moins pressante, et où il pourrait vivre honorablement, bien qu'en parasite, des rentes que procurait au couple l'héritage de sa femme. Les Burton étaient donc allés séjourner à Tours. Richard n'était alors âgé que de quelques mois. Jamais plus son père n'exercerait une quelconque activité.

Du milieu tourangeau dans lequel ses parents s'étaient intégrés, Richard fera plus tard cette description témoignant d'un sens aigu des réalités :

« Il y avait là environ deux cents familles anglaises... une oasis anglo-saxonne dans un désert de continentalité. Ils [les Anglais] s'accrochaient à leur culte parce que c'était leur

---

1. Voir *Trial of Queen Caroline, consort of George IV, for Adulterous Intercourse with Bartolomo Bergami*, Londres, 1820.

culte, et parce qu'ils en savaient à peu près autant de leurs voisins catholiques qu'en savait des Hindous l'Anglais moyen... Restons patriotes avant tout. En ces temps-là, tout Anglais qui refusait de se battre en duel avec un Français était frappé d'ostracisme par ses compatriotes. Quant aux jeunes Anglaises qui se laissaient courtiser par un étranger, on les traitait avec le même mépris que les Anglais vivant dans un pays africain réservent aux blanches qui laissent un nègre leur faire des avances. » [1]

Les Burton habitaient un petit château du nom de Beauséjour, sur la rive droite de la Loire. La propriété comportait un jardin, des vignobles, et on y jouissait d'une vue incomparable. Plus tard, Burton écrira dans un long poème intitulé *The Kasidah* :

> *Que l'éclat du soleil au temps de mon enfance,*
> *La douceur de la brise et nos joyeux ébats,*
> *Au bord de la rivière égayaient ces jours-là,*
> *Au temps de mon enfance.*

Il y avait des chevaux et des chiens, on allait chasser l'escargot, pique-niquer, à proximité abondaient les boutiques, comme celle de Mme Fisterre, qui faisait de si délectables chaussons aux pommes. Dans les environs, les vieux et imposants châteaux des rois de France et de la haute noblesse se succédaient tout au long du fleuve. Avec de tels monuments pour embraser son imagination, il n'est pas étonnant que l'enfant eût prêté une oreille émerveillée à la légende entretenue par la famille, selon laquelle les Burton descendaient du Roi-Soleil en personne.

Rares sont ceux qui dans leur prime jeunesse ne se sont pas pris à rêver qu'ils ont pour ancêtre un monarque, et que seul un fâcheux aléa du destin les a fait naître de parents roturiers. Si tenace est cette affabulation qu'en Europe d'in-

---

1. Cité dans *Life*, I, 17-18.

nombrables familles (et aussi plus d'une en Amérique) se flattent d'avoir du sang bleu dans les veines. Or, la généalogie des Burton est étonnamment explicite, sauf précisément pour l'époque où se serait produit l'inévitable « péché ». N'affirmait-on pas que Louis XIV avait eu un fils (que jamais il ne reconnaîtra) de la comtesse de Montmorency? Et que l'enfant, Louis le Jeune, aurait été instruit dans la religion des huguenots, car le roi, craignant pour la vie de son fils, l'aurait disait-on fait émigrer clandestinement en Irlande avec la complicité d'une certaine lady Primrose, qui ensuite l'avait adopté? Ainsi le bambin royal aurait grandi à Armagh, sous le nom de Drelincourt Young, puis plus tard pris femme et engendré Sarah Young, qui, elle, fut indiscutablement l'arrière-grand-mère paternelle de Richard Burton.

Lui-même croyait dur comme fer en cette histoire, et il relèvera que le portrait de son aïeule met en évidence « les traits propres aux Burton, ce visage piriforme dont les caractéristiques s'observent avec le plus de netteté chez Louis-Philippe ». Quant à Isabel, elle arrangeait à sa façon l'histoire en affirmant – ce qu'aucun document ne confirme – que Louis XIV s'était uni à la comtesse par « un mariage morganatique », mais Richard n'était en rien affligé par cette tache qui ternissait la légitimité de son lignage. A sir Bernard Burke, avec qui un jour il en parlait – et qui s'étonnait de ce que Burton, du fait de son apparentement à bon nombre de familles illustres, pût se désoler de ce qui, « dans le meilleur des cas, n'était qu'une descendance morganatique » – il fera cette réponse : « Bah! Tout bien pesé, j'aime encore mieux être le bâtard d'un roi que le fils d'un honnête homme. »[1]

Joseph Netterville Burton est à n'en pas douter un honnête homme, et qui jouit du respect et de la considération de la colonie anglaise de Tours. Durant toute l'enfance de son fils il se satisfait fort bien, pour occuper son temps, de chasser

---

[1]. Le fonds Quentin Keynes contient deux documents généalogiques, l'un de la main de Richard Burton, l'autre de celle de son épouse. Il est amusant de relever comment cette dernière a quelque peu falsifié les données par souci de respectabilité. Voir aussi *Life*, I, 24, 397.

le sanglier en forêt, d'assister à des réceptions, de s'adonner à la chimie et de boire en compagnie d'Italiens et d'Irlandais qui comme lui s'étaient expatriés, et dont il prisait tout particulièrement la compagnie. Il se bat de pied ferme, mais en pure perte, pour discipliner ses fils. Rien, dans la notice autobiographique que composera Richard dans les dernières années de sa vie, ne témoigne d'une quelconque affection mutuelle entre père et fils. Tout au contraire, celui-ci exprime le regret d'avoir été continuellement en butte à l'« incompréhension, [...] aux réprimandes, aux menaces et à l'habituelle brutalité de son père ». Plus tard, c'est en la reprenant totalement à son compte qu'il citera cette phrase de John Locke : « Les coups représentent le pire, et par là même le dernier des moyens à utiliser pour corriger les enfants. » [1] Durant toute cette période, seule Miss Morgan, la gouvernante, « nous parlait comme à des êtres doués de raison », écrira-t-il.

Jamais il ne pardonnera à son père ce mode d'éducation. Et tout ce que son père aimait, si tout d'abord il s'efforce de le copier, ensuite il le prendra en horreur. En Inde, il tirera toutes les espèces de gibier ou peu s'en faut, mais bientôt renoncera avec dégoût à aucune forme de chasse, à l'exception de la chasse au faucon, celle qu'il continuera de pratiquer le plus longtemps, sans doute parce que c'était l'oiseau et non point lui qui se chargeait de la mise à mort. Alors que son père, superstitieux et hypocondriaque, croyait dur comme fer en la panacée dont le premier venu lui vantait les vertus, Richard s'intéressera avec le plus grand sérieux aux progrès de la science médicale (son frère cadet deviendra médecin) et il n'affichera que mépris pour les charlatans de tout acabit, fussent-ils diplômés par la faculté. Alors que le père gaspillait son temps, dilapidait son argent, et sur la fin de ses jours se complaisait dans une inactivité quasiment totale, le fils sera un véritable bourreau de travail, au point de ne pas même savoir, durant de longues périodes, s'accorder le moindre

---

1. *Supplemental Nights*, VII, 9 *n*.

répit. Ce qui en dit long aussi, c'est que lorsque Burton choisira un pseudonyme pour publier certains de ses poèmes, il prendra celui de Baker, nom de jeune fille de sa mère.

Et pourtant, c'est à son père qu'il s'identifiera pleinement le jour où il prendra l'une des plus grandes décisions de son existence, celle, parfaitement ferme et mûrie, d'embrasser la carrière militaire. En vérité, cette décision allait tout à l'opposé des vœux de son père, qui avec une singulière opiniâtreté souhaitait voir son fils aîné devenir homme d'église. Richard ne sera pas le seul à ressentir l'attrait de l'uniforme, puisque Edward sera chirurgien militaire, et que Maria épousera un général de corps d'armée.

Quand enfin Richard Burton aura gagné l'Inde, en tenue d'officier, c'est avec une égale curiosité qu'il observera les conduites paternelles et maternelles vis-à-vis des enfants. Mais en 1847 aussi – il a alors vingt-six ans – il entreprendra, à Bombay, de traduire en anglais les charmantes *Fables* de Pilpay, et ce sera là pour lui comme un avant-goût des grandes traductions de ses années plus tardives. Si l'on examine aujourd'hui, à l'Institut anthropologique de Londres, le manuscrit toujours inédit de cette œuvre – rédigé en pattes de mouche, et dont les passages clés sont soulignés à l'encre noire –, on constate que ce récit, première œuvre littéraire sérieuse de Burton, s'ouvre sur l'histoire d'un père et de ses deux fils. « Hélas, se lamente le radjah Tchandra-Saïn, quatre qualités sont réunies chez mes fils, à savoir la jeunesse, la santé, l'orgueil et l'ignorance... et chacune d'elles suffit à mener un homme à la ruine et aux dissipations les plus extrêmes. » Et dans l'histoire, les choses commencent à tourner mal dès lors que les fils – ainsi que le traduit et souligne Burton – se tiennent irrespectueusement en la présence de leur père.

III

L'EMPREINTE DE LA FRANCE

Dans la vie, mes infortunes sont venues de ce que je n'étais pas français.

Lettre à John Payne, 19 janvier 1884 [1]

Richard a neuf ans lorsque ses parents quittent Tours. La raison de ce départ est obscure, et pour lui elle le restera toujours. Il ne cessera de rappeler que dans cette ville son père avait vécu heureux et que l'existence y était « gaie et plaisante ». Il ne peut pas savoir que ce départ n'est que le début d'une continuelle errance – quatorze déménagements en dix ans –, qui jusqu'à la fin de ses jours va le marquer d'une façon toute particulière. Bien sûr, Richard est « follement ravi » d'échapper à l'école et aux maîtres, mais la peine que lui cause ce premier déracinement transparaîtra clairement plus tard dans ses mémoires.

Voyager en famille lui fait éprouver « une grave affliction », déclarera-t-il, car il faut pour cela remettre en état de vieilles voitures, entasser tout un bric-à-brac dans d'innombrables contenants et vendre à l'encan, à de cupides inconnus, tout ce qu'on ne peut emporter. Puis vient le voyage proprement dit, « au long des vieilles et interminables routes de France, bordées de rangées parallèles de peupliers qui se rejoignent en un point évanescent, quelque part dans le lointain ». Les auberges sont exiguës, indigentes, leurs chambres glaciales et leurs draps moites. Il y faut inexorablement patienter deux heures avant de se faire servir le souper. Burton gardera gravé dans sa mémoire le souvenir de ses parents échangeant de vifs propos avec des tenancières âpres au gain, et aussi de

1. Citée par Thomas Wright dans *Life of Sir Richard Burton*, II, 71.

cette phrase que leur lance l'une d'entre elles, campée devant eux, mains aux hanches : « Quand on n'est pas assez riche pour voyager, on reste chez soi. »[1]

A bien des égards cette année 1830 est rude. La France est en effervescence. Une révolution chasse du trône Charles X, et une épidémie de choléra accable le pays. La fuite éperdue des Burton n'a pas de destination précise. Elle s'achève à Chartres, lorsque la mère de Richard tombe gravement malade et qu'on fait appel à la grand-mère Baker pour secourir la famille clouée sur place. Voilà donc cette robuste Écossaise – elle a en horreur les Français et ne manque jamais, lorsqu'elle traverse la Manche, de « se boucher les narines » et de citer à qui veut l'entendre cette phrase de Cooper qui lui tient particulièrement à cœur : « Ô Angleterre, je t'aime encore malgré tous tes défauts ! » – qui vient secourir toute la maisonnée pour rapatrier tout son monde vers Brighton. Le nez aspergé de camphre pour prévenir la contagion, les enfants Burton traversent Paris en voiture, les yeux écarquillés à la vue des trous creusés dans les murs par les projectiles et des squelettes de maisons calcinés.

De retour en Angleterre, pour la première fois Joseph Burton semble songer sérieusement à faire donner une éducation britannique à ses enfants. Lui qui pourtant a passé toute sa jeunesse en Irlande n'a plus maintenant pour ambition que d'élever ses rejetons comme il est d'usage de le faire dans la classe sociale de laquelle il se réclame : ce sera donc Eton et Oxford, ou Eton et Cambridge. Rien d'autre. Pour préparer l'admission de ses fils à Eton, son choix se porte sur un obscur établissement de Richmond que dirige le révérend Charles Delafosse. Richard admettra plus tard qu'en théorie cette décision est judicieuse. « En Angleterre, si on veut que les garçons réussissent dans la vie, il est indispensable de leur faire suivre une filière bien particulière. D'abord le cours préparatoire, puis Eton et Oxford, avec, éventuellement un

---

[1]. Sauf mention particulière, toutes les citations figurant dans ce chapitre sont extraites de l'ouvrage biographique d'Isabel Burton, *Life*, II, 75.

petit séjour en France, en Italie et en Allemagne... histoire de constater que l'Angleterre n'est pas le monde entier. » Mais ce que Joseph Burton n'a pas soupçonné, c'est l'influence considérable, écrasante, que déjà la France exerce sur ses fils.

Car dès l'instant où ils débarquent, ils se prennent à détester l'Angleterre. La mer froide et grisâtre, l'air enfumé de Brighton les insupportent :

« Tout semblait si exigu, si riquiqui, si mesquin, le contraste entre les maisonnettes abritant une seule famille et les grands édifices de Tours et de Paris était attristant. Nous ne pouvions pas supporter la nourriture fruste, à demi cuite, et à nous qui avions pris l'habitude de l'excellent bordeaux qu'on boit en France, le porto, le sherry et la bière faisaient l'effet de remèdes de cheval. Le pain, rien que de la mie qui s'effrite et de la croûte, ne nous semblait pas cuit, et le lait avait un goût de craie délayée dans de l'eau. »

Le régime du pensionnat leur rend les choses franchement exécrables. « Pudding qui vous colle aux dents... », viande « carbonisée mais pas cuite à l'intérieur, filandreuse, tendineuse », servie avec des patates dures comme de la grenaille et d'abominables carottes, et le samedi « une tourte spéciale, faite de tous les rogatons et graillons de la semaine ». M. Delafosse, le directeur, « n'est pas davantage fait pour enseigner que le grand khan Cham de Tartarie, écrira Burton. Au lieu d'apprendre quoi que ce soit dans cette école, mon frère et moi avons oublié quasiment tout ce que nous savions, surtout en français. Ce que nous y avons principalement acquis, c'est une certaine facilité à nous servir de nos poings, et d'une façon plus générale, des manières de voyous. » Cet établissement demeure pour lui une vision de « cauchemar », la « fabrique » de Charles Dickens.

« Ma sœur Maria, écrira-t-il, affirmait que j'étais un petit garçon fluet, secret, avec des traits délicats et de grands yeux noirs [...] extrêmement orgueilleux, susceptible, timide, nerveux, affectueux et enclin à la mélancolie. » L'institution britannique le rend hargneux, maussade, prêt à tout. « Je n'arrêtais pas de me quereller. Il m'est arrivé d'avoir jusqu'à trente-deux affaires d'honneur à régler. » Pour finir, raconte-t-il, « c'est moi qui me faisais battre comme plâtre, au point que les servantes, lorsqu'elles me lavaient le samedi soir, ne manquaient pas de s'exclamer : Ah, le maudit gamin! Regardez-moi ça! Il est couvert de bleus! » Edward « se battait autant que moi, raconte-t-il encore. Seulement, il était plus jeune et plus pacifique ». Songeant aux conséquences des brutalités qui s'exerçaient au pensionnat, il écrira beaucoup plus tard avec beaucoup de pertinence : « Après quelques mois d'épreuve, ce genre d'éducation a pour effet d'apprendre aux garçons à mépriser leur mère et leurs sœurs et à n'avoir d'admiration que pour les durs à cuire. Et cela, non seulement en Angleterre, mais en tout lieu où pour la première fois un garçon est soustrait au pouvoir des jupons. Il ne sait plus quoi inventer pour montrer qu'il est un homme. »

L'école préparatoire de Richmond n'était sans doute pas pire que d'autres, et si Richard y était resté, s'il y avait appris à s'accommoder des brimades sadiques et répétées en prenant les choses du bon côté, il eût probablement trouvé plus acceptable sa seconde année d'internat et fût entré à Eton en temps voulu. Mais une grave épidémie de rougeole avait sévi dans l'établissement, et plusieurs élèves en étaient morts. Aussi Richard et son frère avaient-ils été renvoyés temporairement chez eux. Effrayée par la mine cadavérique de l'aîné de ses neveux, la tante Georgina avait alors pressé les parents de retirer les deux garçons du pensionnat. Elle n'eut guère de mal à convaincre Joseph Burton, à qui l'Angleterre déplaisait aussi franchement qu'à ses fils, de s'expatrier à nouveau. « Il se désolait de ne plus pouvoir chasser et tirer le sanglier dans les forêts françaises, écrit Richard, et il se disait qu'il en avait assez fait comme ça pour donner à ses rejetons une éducation qui tournait si mal. Il résolut donc de nous emmener à l'étranger et, pour nous faire instruire, de s'en remettre aux bons soins d'un précepteur et d'une gouvernante. »

Burton estimera plus tard que cette décision paternelle

était en soi une fatale erreur. « Un homme qui emmène à l'étranger sa famille pour y vivre durant des années doit s'attendre à perdre tous les amis qui pourraient lui être utiles le jour où il souhaitera que ses enfants fassent leurs débuts dans la vie. L'état de la société en Angleterre est si compliqué, si artificiel, que ceux qui sont destinés à se faire un chemin dans le monde, et plus particulièrement dans les carrières de l'État, doivent être rompus à cela depuis leur prime jeunesse. C'est en passant nécessairement par Eton et Cambridge qu'on se prépare à devenir officier ou haut fonctionnaire. Plus on est Anglais, et jusqu'à la coupe des cheveux, mieux cela vaut. » Mais pour l'instant toute la famille s'embarque à destination de la France, et les deux frères, libérés, sont aux anges. « Nous poussions des cris et des hurlements, nous dansions de joie. Nous menacions du poing les blanches falaises [de Douvres] en formulant à haute voix le vœu de ne jamais plus les revoir. Nous avons ainsi acclamé la France et conspué l'Angleterre – sur laquelle *le soleil ne se couche... ni ne se lève jamais* – jusqu'au moment où le matelot qui hissait le pavillon national s'est mis à nous regarder comme si nous étions des petits monstres. »

Cette épidémie de rougeole constitue probablement l'accident le plus lourd de conséquences dans la vie de Burton. « Du fait qu'on nous avait emmenés à l'étranger, écrira-t-il, nous n'avons jamais pleinement compris la société anglaise, et celle-ci ne nous a jamais compris non plus. » Et de déclarer aussi, en une autre occasion : « L'Angleterre est le seul pays où je ne me suis jamais senti chez moi. »

Mais toutes ces années passées en France ne feront pas pour autant de Burton un Français. C'est partagé entre deux pays qu'il grandira, dépourvu de tout sens véritable d'une identité nationale, avec le sentiment, ainsi qu'il le dira lui-même, d'être « un enfant perdu, un animal égaré... un éclat de lumière sans foyer ». Pourtant, il avait appris qu'on peut échapper à ses hantises, et que plus tard Burton ait invariablement cherché son salut dans la fuite – de préférence vers un pays étranger – chaque fois que la vie lui semblait insupportable, n'a rien qui puisse surprendre, surtout si l'on considère que son propre père, perpétuel errant, lui avait en quelque sorte montré l'exemple.

A leur grande déconvenue, les enfants Burton découvrent pourtant que traverser la Manche n'est pas synonyme de revenir chez soi, car au lieu de regagner Tours, ils s'arrêtent à Orléans, « horrible trou », puis descendent le cours de la Loire jusqu'à Blois, où s'est fixée une colonie britannique d'une certaine importance. Mais la vieille ville bâtie autour du château royal ne semble guère l'avoir enchanté. « Décrire une colonie, notera-t-il, c'est les décrire toutes. » Seul Beauséjour semble avoir à tout jamais conquis son cœur. Bien des années après, lorsqu'il sera sur le point d'entreprendre la rédaction de ses mémoires, il ira revoir le petit manoir, heureux de le retrouver aussi beau que jadis et de couper au désenchantement qui d'ordinaire assombrit les excursions dans le passé.

C'est à Blois que pour la première fois Richard décèle chez ses parents, non sans malaise, les signes avant-coureurs de la sénilité.

« Notre père et notre mère s'acheminaient imperceptiblement vers la catégorie des invalides qui se complaisent dans leurs misères, tels ces gens qui n'ont rien d'autre à faire dans la vie, sinon être malades... Ils essayaient tout ce qu'on peut bien trouver de remèdes et de poudres de perlimpinpin, et ils s'empressaient de répondre à toutes les annonces-réclames... Ils entretenaient une sorte de rivalité avec d'autres invalides. Rien ne les vexait plus que de s'entendre dire qu'ils étaient en bonne santé, et que s'ils avaient dû travailler dur de leurs mains en Angleterre pour y exercer un métier, ils eussent été malades une fois par an et non pas une fois par mois. L'homéopathie leur faisait grand bien, et aussi l'hydrothérapie. De même que les cures de raisins et les remèdes-miracles inventés par n'importe qui, les cures de jeûne et autres inepties. »

Une crise ouverte éclate à Blois lorsque le chef de famille décide d'aller vivre en Italie. La grand-mère Baker est justement là, en visite, et elle élève le ton pour accuser, sans prendre de gants, son gendre de « vouloir tuer sa femme » pour aller de nouveau vivre avec son ancienne maîtresse. Richard, qui en a appris davantage sur cette bisbille qu'il n'aurait dû lui en arriver aux oreilles, donne de cette fameuse maîtresse une description quelque peu équivoque. Il s'agissait, écrira-t-il, d'« une jeune Sicilienne qui touchait les sous de l'Anglais et s'empressait de les dilapider de peur qu'on ne les lui réclame ». On expédie grand-mère Baker en Angleterre et le couple gagne alors l'Italie, mais par petites étapes, sans hâte, ce qui laisse à penser, quel qu'ait été l'obscur objet de cette démarche, que Joseph Burton a désormais fait de la pérégrination une manière d'être. Chaque arrêt se révèle détestable. Lyon? « Un repaire de voleurs. » Livourne? « Le quartier général du brigandage. » A Pise, on séjourne du mauvais côté de l'Arno. A Sienne, la colonie des Anglais expatriés est faite de gens « qui fuient la justice, la société, ou de criminels ». Quant à Rome, c'est « une porcherie ».

Mais à côté de ces souvenirs grinçants – encore que les enfants ne fassent probablement que répercuter les perpétuelles récriminations de leurs parents – Burton exprime aussi l'excitation et le plaisir que lui procurent d'innombrables découvertes. Car s'il juge que Sienne est « l'un des lieux les plus ternes qui soient sous les cieux », en revanche il adore Pérouse. Il se métamorphose en « catalogue artistique ambulant » à Florence, et à Rome va d'église en palais, de ruine en ruine, avec « une ardeur toute particulière ». Il apprend également à nager, danser, tirer au fusil, et à disputer les yeux bandés deux parties d'échecs à la fois. De plus il apprend le dessin, pour lequel il fait preuve d'un tel talent que plus tard il illustrera lui-même ses relations de voyage. Mais si Edward montre de solides dispositions pour la musique, Richard, lui, cessera bientôt de prendre ses leçons de violon. Dans un violent accès de colère, il cassera son instrument sur la tête de son maître qui lui reproche ses fausses notes.

En revanche il se passionne pour l'escrime. Conjuguant habilement les avantages des deux écoles française et napolitaine, il deviendra plus tard l'un des plus éminents tireurs d'Europe. « L'escrime, affirmera-t-il, a été le grand réconfort de mon existence. » A quinze ans il fait le projet d'écrire un ouvrage sur le sabre, mais c'est quarante ans plus tard, en 1876, qu'il composera un manuel d'apprentissage en cinquante-neuf pages, intitulé *A New System of Sword Exercise for Infantry* (« Nouvelle Méthode pratique de sabre à l'usage de l'infanterie »), dans lequel il exposera une méthode totalement originale de tir au sabre. Il sera alors tant fasciné par le sabre et sa symbolique qu'il rédigera aussi un texte de trois cents pages, *The Book of the Sword* (« le Livre du sabre »), ouvrage érudit, précieux, mystique parfois, dans lequel il fera du sabre « un don de Dieu... l'un des trésors que prodigue le ciel... un créateur autant qu'un destructeur... la clé du paradis et de l'enfer »[1].

Mais pour le jeune garçon qu'il est encore, l'escrime n'est qu'une activité ludique. Un jour qu'Edward et lui se livrent à un assaut de fleuret sans avoir mis de masque, la lame de Richard (sans nul doute mouchetée) pénètre dans la gorge de son jeune frère. « Il s'en fallut de peu qu'il perdît la luette, écrit Burton, ce qui me chagrina fort. » Ce souvenir reviendra sans doute le hanter plus tard quand Edward, devenu entretemps chirurgien militaire à Ceylan, subira une blessure au crâne qui le rendra gâteux et le privera de la parole pour le reste de ses jours. Cependant lorsque Richard entreprendra d'écrire ses mémoires, depuis bien longtemps il se sera accommodé des malheurs de son frère, et quand il parlera de lui ce sera toujours avec une grande tendresse.

En revanche, c'est tout juste si dans ses souvenirs autobiographiques il mentionne l'existence de sa sœur Maria, se bornant à rappeler qu'il lui emprunta un jour ses économies

---

1. *The Book of the Sword*, Londres, 1884, XI.

pour s'acheter en cachette un écrin contenant des pistolets. Pourtant, il est manifeste que les trois enfants se serraient les coudes et se soutenaient les uns les autres pour compenser le manque d'affection et d'échanges dû à un perpétuel changement de milieu et de pays. « Tout le monde sait bien dans la famille, écrira, pince-sans-rire, la nièce de Richard, que les Burton ne s'entendent qu'entre eux. »

Tandis qu'ils séjournaient ici et là sur le continent, des gouvernantes venaient d'Angleterre s'occuper des enfants Burton, et pour la plupart elles repartaient promptement sitôt qu'elles découvraient, si l'on en croit Richard, quelle tâche « absolument impossible » serait la leur. Les deux garçons, âgés respectivement de dix et sept ans, furent ensuite confiés à un précepteur, en l'occurrence un diplômé d'Oxford du nom de H.R. DuPré, personnage « d'aspect malcommode, tel que sorti d'une caricature de John Bull », front fuyant et grosses lèvres, « désireux de voir un peu comment on vivait sur le continent, et pas mécontent de voir ça de plus près tout en se faisant gratifier d'un salaire ». Richard l'avait pris en grippe dès le premier instant. DuPré avait reçu l'autorisation de donner le fouet à ses élèves, et il ne s'en privait pas. Cette autorisation, on la lui renouvellera pendant neuf ans, mais les châtiments corporels seront de moins en moins fréquents au fur et à mesure que les garçons apprendront à faire usage de leurs poings. Ainsi, aux corrections que lui avait administrées son père, puis à celles qu'il avait reçues plus tard en Angleterre lors de son séjour à l'école préparatoire, s'ajoutaient maintenant pour Richard celles que lui infligeait son précepteur anglais. Rien d'étonnant, donc, s'il en vint ultérieurement à associer son pays natal à l'idée de châtiment.

Pourquoi DuPré décida-t-il de séjourner si longtemps en la compagnie des Burton? Mystère. Et pourquoi les parents s'obstinèrent-ils à garder près d'eux un homme que les deux fils exécraient? Mystère encore. A l'époque où Richard atteignit l'âge de dix-huit ans, il ne craignait plus le moins du monde DuPré, et celui-ci n'enseignait plus rien à ses élèves. « Nous étions totalement venus à bout de notre précepteur, écrira-t-il, et nous jetions nos livres par la fenêtre s'il s'avisait de vouloir nous donner une leçon de grec ou de latin. » Cependant, ces années-là laisseront sur l'esprit de Richard l'empreinte d'un cosmopolitisme précoce et lui rendront familières tant la peinture et l'architecture que la géographie européennes. Il en retirera une compréhension intime du comportement social d'une bonne moitié de la province italienne et française, et aussi une connaissance inhabituellement précise – due pour une bonne part à des étudiants en médecine italiens – en matière de sexualité. Mais ses extraordinaires dispositions, dont témoignent sa vivacité d'esprit et sa prodigieuse curiosité, sont quasiment ruinées par l'indiscipline et le dilettantisme dont il fait preuve tout au long de ses années d'apprentissage scolaire.

Ce qui sauve Burton, ce qui indique la direction que plus tard prendra sa carrière, c'est l'extraordinaire don qui est le sien pour les langues. A Tours, il a promptement appris à parler un français irréprochable, et plus tard, lorsque ses parents sont allés vivre à Pau, il a sans peine assimilé phonétiquement le béarnais, parler du sud-ouest procédant d'un mélange de français, d'espagnol et de provençal, et aussi l'italien dans l'Italie du nord, ainsi que des bribes de grec vernaculaire à Marseille. Lors du séjour prolongé de ses parents à Naples, il a si bien appris à maîtriser le dialecte napolitain que plus tard il signera la meilleure traduction en anglais du *Pentamerone*, de Giovanni Battista Basile, recueil de contes populaires de la même veine que ceux de Boccace. Plus tard encore il apprendra l'espagnol, et très convenablement à parler le portugais.

Durant son adolescence, Burton n'a de cesse qu'il ne s'ouvre sur le monde extérieur. C'est avec enthousiasme et avidité qu'il entend comprendre les autres et se faire comprendre d'eux. Et les efforts qu'il déploie pour apprendre une nouvelle langue, un nouveau dialecte, lui attirent inévitablement sympathie et témoignages d'admiration. « Les gens de la campagne sont aux anges lorsqu'on s'adresse à eux dans leur baragouin, écrit-il. Rien ne gagne davantage

le cœur d'un homme que de lui parler dans son patois. »
Alors que ses parents se claquemurent dans leur état souffreteux et leurs rituels d'expatriés, au contraire leur fils est prêt à adopter d'autres manières de vivre et à rechercher de nouvelles amitiés. Non seulement il s'est fort bien accommodé de déménagements successifs, mais de plus il a appris à jauger une ville inconnue sans préjugés ni appréhension. Et c'est au cours de ces années-là qu'il adopte pour devise : *Omne solum forti patria* (« A l'homme de caractère tout sol est une patrie »).

Tour à tour il s'intègre dans les cercles d'Anglais émigrés, puis prend ses distances, s'adonne le plus possible à des amitiés fugaces, s'amourache d'une kyrielle de jeunes filles britanniques, et à l'occasion d'une Italienne. Le moment venu, Edward en fera tout autant. Les demoiselles sont étroitement tenues à l'œil par leurs parents, et de ces grandes amours il n'adviendra pas grand-chose, mais dans ses textes autobiographiques, Burton les évoquera sur le ton du regret. Naples lui est particulièrement chère. C'est la moins guindée des villes italiennes... et aussi le théâtre de ses plus fumantes escapades d'adolescent. Là, le logement est fastueux, la domesticité coûte une bouchée de pain, et ses parents jouissent d'une certaine position sociale, grâce aux relations, renouées de façon inattendue, qu'ils entretiennent avec des gens attachés à la cour de Frédéric II, roi de Naples, lequel, nonobstant sa réputation de méchanceté et de fourberie, tolère dans son entourage des Anglais, et est tenu par la colonie britannique pour un homme plutôt débonnaire.

Richard explore toute la péninsule de Sorrento, fait mainte et mainte escalade sur les pentes fuligineuses du Vésuve. Vingt minutes pour atteindre le cratère et quatre pour en redescendre. « On n'arrivait pas à croire qu'il était possible de courir à pareille allure », écrira-t-il. Un jour il tente de descendre dans le cratère perpétuellement fumant et il faut le hisser de force pour le faire remonter. Un autre, pendant une éruption, et alors que le flot de lave dévale jusqu'à la mer, son frère et lui s'élancent en sautillant sur la coulée, brûlant leurs bottes et raillant leurs copains qui n'osent les suivre.

C'est également à Naples qu'Edward et lui, leurs couteaux glissés sous la ceinture, se rendent dans un quartier de prostituées pour y dépenser leur argent de poche en régalant le voisinage. « Quelle orgie! écrit-il avec complaisance. Mais nous n'étions que trop heureux de rentrer chez nous sans une égratignure, avant le jour, pour nous faire ouvrir la porte par la bonne italienne. » Bien qu'ils n'aient respectivement que quinze et à peine douze ans, les frères s'amourachent de deux « sirènes » à qui ils envoient des lettres enflammées. Mais leur mère découvre leur courrier et, comprenant que les correspondantes, à en juger par la teneur de leurs réponses, sont des filles publiques, elle manque faire une attaque. « Il en est résulté une effroyable commotion, écrit Burton. Notre père et son chien de garde, DuPré, ont voulu nous punir comme il convenait en nous donnant du fouet, mais nous avons escaladé chacun une cheminée, jusqu'au sommet, si bien qu'ils n'ont pas pu nous suivre, et nous avons refusé de redescendre avant que le crime soit pardonné. » C'est cette histoire, commente Burton avec humour, qui a « dégoûté de Naples notre père et l'a poussé à rechercher un lieu où l'air soit d'une plus grande pureté morale » [1].

Aussi la famille repart-elle vers le nord pour retraverser la frontière française. Mais avant son départ une grave épidémie de choléra s'est propagée dans la ville, fauchant jusqu'à treize cents victimes en une seule journée. Le fléau sème une peur panique, on n'ose sortir de chez soi, et une rumeur se répand, selon laquelle il ne s'agirait pas du choléra, mais d'un empoisonnement massif dont le gouvernement serait en partie responsable. Plusieurs médecins sont assassinés et la foule se rassemble sur la place de la halle, menaçant de passer à l'émeute. C'est alors, s'il faut en croire le récit de Burton, que « le roi en personne arrive sur les lieux dans un phaéton,

---

1. Francis Hitchman, qui avait puisé dans les mémoires de Burton lorsqu'il composait la biographie de ce dernier, tronqua radicalement ce passage, qu'Isabel au contraire laissa intact. Voir *Life*, I, 52.

saute à terre tout seul, dit aux citoyens de rentrer leurs armes ridicules et de lui montrer où se trouvent les vivres empoisonnés. Après quoi, s'asseyant sur un banc, il en mange autant que son estomac peut en contenir. Même les *lazzaroni* ne peuvent rien devant pareil héroïsme, et on l'acclame, on lui fait une ovation à n'en plus finir ».

Richard juge que le roi s'est conduit magnifiquement. Pour marquer le mépris que lui inspirent la frayeur et la couardise de ses parents – et peut-être aussi pour dissiper sa propre angoisse de la mort en accomplissant un acte de courage ostentatoire –, il décide de faire quelque chose de spectaculaire. Et comme à l'habitude il entraîne Edward, qui sera tout à la fois son complice et son témoin. Sachant que les cadavres des pauvres sont entassés nuitamment dans des charrettes et transportés hors de la ville pour être jetés dans une fosse commune, il persuade un serviteur italien de lui procurer deux blouses de croque-morts, que les deux garçons revêtent avant de se glisser dehors et de se faire passer pour les aides de ceux qui sont chargés de la sinistre besogne. C'est la première fois que Richard Burton opère sous un déguisement – il le fera de multiples fois par la suite – et il se peut fort bien que cette nuit-là fût la plus atroce de son adolescence.

« Il y avait à l'extérieur de Naples une grande plaine où l'on avait creusé des fosses qui ressemblaient à des silos ou aux granges souterraines de l'Algérie et de l'Afrique du Nord. Ces fosses étaient entourées de murs de pierres, et recouvertes par une énorme dalle percée d'une ouverture juste assez grande pour laisser passer un corps. Dans ces charniers on jetait les cadavres des miséreux, après les avoir dépouillés des guenilles qui leur servaient de linceul. Noirs et raidis, on les précipitait par l'ouverture comme des charognes, au-dessus du tas putrescent, et la décomposition donnait naissance à une sorte de flamme d'un bleu blafard, qui sur les bords de la fosse éclairait un magma de chairs corrompues que seul eût pu décrire Dante. »

Ce fut là une courageuse et macabre aventure, en tout point digne de celles que vivra plus tard Burton à La Mecque et en Afrique, et c'est à cinquante-cinq ans qu'il la contera avec une sombre délectation, comme sans doute il avait dû la conter à ses parents horrifiés au temps où il venait d'avoir ses quinze ans.

IV

OXFORD

Le plus remarquable, s'agissant de la famille Burton, c'est qu'elle ait conservé son intégrité jusqu'à ce que Richard soit âgé de dix-neuf ans. Mais en 1840, « les choses étaient mûres, écrit-il, pour que la rupture fût consommée. En bon Irlandais, notre père avait connu un parfait bonheur tant qu'il avait été le seul homme de la maisonnée, mais la présence de jeunes mâles l'irritait. Son caractère s'était à tout jamais aigri. Il ne pouvait plus nous rosser à coups de canne, mais il savait se rendre fort déplaisant en se servant de sa langue. » Étant donné que leur instruction ne s'inscrivait dans aucune structure pédagogique normale et qu'ils ne fréquentaient aucun établissement d'enseignement, les deux garçons étaient continuellement à la maison. « Nous n'étions pas des pensionnaires faciles », reconnaîtra Burton.

C'est à Pise – où ce dernier fréquente pour quelque temps l'université – que la famille passera le dernier hiver précédant son éclatement. C'est là que son frère et lui se lient d'amitié avec un groupe d'étudiants en médecine italiens, ne tardent guère à s'initier tant à l'opium qu'à l'alcool, et aussi, de temps en temps, à faire dans les rues du tapage nocturne et attirer l'attention de la police. Une rixe à laquelle ils sont mêlés provoque un soir une descente inopinée. « C'est moi qui avais les plus longues jambes, et je pus m'échapper », écrit Burton. Mais Edward atterrit en prison. Quand leur père, le visage de marbre, vint récupérer son rejeton, ce fut pour trouver celui-ci en train de distribuer à la ronde aux autres prisonniers le gin contenu dans sa flasque de poche. C'est alors que Joseph Burton semble enfin comprendre qu'il est temps pour lui de renoncer à son rôle d'éducateur. Cette fois, annonce-t-il, la coupe déborde, et ses enfants iront à l'école en Angleterre. Richard le supplie de l'expédier à l'université de Toulouse. Mais le père est inflexible. Pour Richard, ce sera Oxford, et pour Edward, Cambridge. L'un et l'autre rentreront ensuite dans le clergé. Voilà donc une affaire réglée.

A l'automne, les deux garçons partent pour « les frimas et les rigueurs du nord », en jetant « des regards nostalgiques sur le charmant pays que pendant dix ans nous n'allions plus revoir »[1]. Ils ne sont pas sitôt retournés en Angleterre que leurs vieux ressentiments se ravivent avec une violence accrue. « Tout nous semblait petit, laid, mesquin, écrit Burton. Seuls les visages des femmes faisaient exception à cette règle générale de hideur... Les infimes bouts de jardins n'étaient que des bandelettes, comme si on les avait débités à l'aune... Et partout régnait une netteté, une propreté féroces qui nous remettait en mémoire l'histoire de ce vieux stoïcien crachant à la face du maître parce que c'était l'endroit le plus mal tenu de la maison. » Seuls les bâtiments massifs et gracieux d'Oxford le réconcilient quelque peu avec son pays et l'incitent à y rester, bien que les petites maisons agglutinées alentour, et qu'on dirait de carton-pâte, lui rappellent « des nids d'hirondelles accrochés sur le mur d'un palais ».

Inscrit au Trinity College, il s'attire tout de suite une réputation d'irrévérence et d'indiscipline. En aucun cas, estime-t-il, l'aura de l'université ne doit donner prétexte à « la sentimentalité, la sensiblerie ou l'esthétisme ». Les barrettes et les toges des professeurs lui semblent tout bonnement absurdes, les dortoirs sont à ses yeux des terriers, le fromage qu'on sert au réfectoire du plâtre et les repas tout juste bons pour des cannibales. L'impressionnante moustache qu'il arbore – « elle faisait envie à tous les garçons du voisinage » –

---

1. Sauf mention particulière, toutes les citations de ce chapitre sont tirées des mémoires de Burton, tels que publiés par Isabel Burton, *Life*. Voir I, 75-90.

l'oppose aux visages glabres de ses condisciples, et quand, dans l'heure même qui suit son arrivée, l'un des élèves d'une classe supérieure s'avise d'en rire, Burton le provoque en duel. Cette attitude qui n'eût étonné personne à Bonn ou Heidelberg est accueillie à Oxford avec une totale incompréhension. S'ensuivent des explications circonstanciées; morose, il doit se résigner à renoncer, convaincu, dit-il, d'avoir affaire à des épiciers.

Il est à vrai dire contraire au règlement de l'université de porter la moustache, et il faut que la direction du collège lui en signifie formellement l'ordre, par la voie hiérarchique, pour que Burton se décide à la raser. Cette exhibition de pilosité agressive n'est que l'un des multiples actes de rébellion ouverte, qu'il finira par payer cher. Mais bientôt c'est contre les professeurs qu'il s'insurge, et non plus contre ses camarades, car peu d'entre eux, depuis qu'ils sont au fait de sa réputation de boxeur et d'escrimeur, s'aviseraient de le provoquer. Il mesure maintenant son mètre quatre-vingt-cinq, et déjà sa carrure, sa tête massive et ses traits anguleux recèlent cette dureté d'aspect dont jamais plus il ne se départira dans l'avenir. C'était « sans nul doute un lutteur implacable », dira de lui l'une de ses relations. Ses copains l'appelaient Dick la Brute, et cela non pas simplement parce qu'il se conduisait comme une brute, mais pour lui décerner une manière de « compliment badin », car c'était là faire allusion à deux fameux pugilistes de l'époque, que l'on connaissait respectivement sous les sobriquets de « Vieille brute » et de « Jeune brute », qualificatifs que leur avait valus leur façon de combattre [1].

A Oxford, Burton apprend vite ce qui lui a échappé lorsqu'il avait neuf ans, à savoir que tout jeune Anglais « commence par sauter dans la couverture avant d'y faire sauter les autres ». Mais comme il se soumet avec bonne humeur aux traditionnelles brimades, d'emblée il se fait accepter, aimer de ses camarades, qui vantent avec respect sa faculté de boire comme

1. Article de *Sporting Truth*, non signé. Cité par *Life*, I, 181.

un trou et d'inventer mille et un canulars. Il est capable de tenir sur ses jambes assez longtemps, et jusqu'à une heure assez avancée, pour mettre au lit les Gallois. Il introduit en fraude des sarbacanes dans l'établissement pour abattre en vol les freux qui tournoient au-dessus des professeurs alors que ces derniers jouent aux boules. Une nuit, il s'aide d'une corde pour descendre dans le jardin du principal du Balliol College, arrache les plus jolies fleurs de ses plates-bandes et les remplace par « d'énormes soucis aux couleurs gueulardes », ce qui lui fera écrire avec délectation que « l'attitude du vieux birbe, quand il vit cela le lendemain matin, avait de quoi vous réjouir le cœur à tout jamais ».

Sa réputation de joyeux drille et de boute-en-train lui vaut bientôt de multiples invitations en ville, et plus particulièrement dans la demeure du duc de Brunswick, où on le présente à divers érudits – Thomas Arnold, John Henry Newman, Benjamin Jowett – comptant parmi les plus respectés d'Oxford. Seul Newman l'impressionnera grandement. Mais il gardera plus tard beaucoup d'admiration pour l'immensité de la culture classique de ces sommités intellectuelles, et pour la rigueur de pensée sous-tendue par leurs connaissances.

C'est aussi à Oxford que pour la première fois il noue des amitiés qu'il entretiendra durant toute son existence, parmi lesquelles Archibald Maclaren, le maître d'armes, et le révérend Thomas Short, son directeur d'études, lequel ferme volontiers les yeux sur les infractions à la discipline commises par son élève. Mais le meilleur ami de Burton, c'est son condisciple Alfred Bates Richards, un solide gaillard tout en muscles capable de lui en imposer à la boxe, mais qui jamais ne réussira à le vaincre au fleuret ou au sabre. Plus tard, lorsque Richards sera devenu rédacteur en chef du *Morning Advertiser*, il aura cette phrase lumineuse pour décrire Burton : du temps d'Oxford, écrirat-il, « quels que fussent son intelligence et son caractère fantasque, quelle que fût la faveur dont il jouissait auprès de ses condisciples, je suis sûr que nul n'entrevoyait sa future grandeur, ni non plus ne soupçonnait quel trésor nous avions parmi nous ». [1]

Pourtant, Burton n'était pas de ceux qui prennent des gants pour se faire valoir. Il préférait, comme le note Francis Galton, « carrément s'habiller en loup, afin de passer pour pis qu'à vrai dire il n'était » [2]. Il avait pour seule ambition, eût-on dit, de se faire une réputation d'extravagance, d'excentricité, ce qui sans doute procédait du discret penchant de sa mère pour tout ce qui bravait les convenances, et de l'irascibilité caustique de son père, irascibilité qu'il tenait bien à tort pour du mépris, et à laquelle il opposait aussi du mépris. En outre, n'ayant pas fréquenté de véritable école, Burton n'avait jamais eu l'occasion de rivaliser de connaissances avec d'autres garçons de son âge. Convaincu d'être le meilleur, certes, il l'était. Mais il n'en avait pas la preuve. Sa seule certitude, c'était d'avoir reçu une piètre instruction, et les professeurs d'Oxford en tombaient volontiers d'accord.

Dès le premier instant, le père de Richard avait insisté pour que son fils fît une demande de bourse. Celui-ci s'exécute, mais sa demande est rejetée. Pourtant, par un de ces embrouillaminis du destin comme il y en aura si souvent dans la vie de Burton, ce qui motive ce rejet, c'est la supériorité même de ses connaissances et de ses aptitudes, et non pas une insuffisance notoire. Car c'est paradoxalement en grec et en latin, là où précisément il est très fort, que les enseignants de l'université le jugent médiocre. Or, non seulement il lit et traduit le grec classique, mais il s'exprime passablement bien en grec moderne, langue que lui ont apprise des marchands grecs au temps où ses parents séjournaient à Marseille. Et durant l'examen, il ne peut résister à la tentation d'en faire la preuve : « Manifestement le démon s'empara de moi pour me faire m'exprimer en grec vernaculaire, en accentuant les toniques, comme on le faisait et comme on le fait

---

1. Alfred Bates Richards, *A Short Sketch of the Career of Captain Richard F. Burton... by an Old Oxonian*, Londres, 1880. Texte réédité avec quelques ajouts en 1886, et repris en grande partie par *Life*, II, 4-15.
2. Francis Galton, *Memories of my Life*, Londres 1908, 202.

toujours à Athènes. » Mais les examinateurs, bien loin d'être impressionnés par ses aptitudes linguistiques, ne voient là que grossières erreurs de prononciation.

Ensuite, quand on lui demande de converser en « latin romain... le vrai latin » et non pas en ce latin anachronique anglicisé – séquelle de la vieille distinction établie entre protestants et catholiques – qu'on enseigne exclusivement en Grande-Bretagne et que les Anglais sont seuls à comprendre, les professeurs se gaussent carrément de lui. DuPré aurait dû le mettre en garde contre pareille bévue, or apparemment il ne l'a pas fait, ou alors, dans l'hypothèse contraire, Burton s'est bien gardé de suivre son conseil. A moins qu'il n'eût pris un malin plaisir, lors de l'examen, à ridiculiser ostensiblement le latin anglicisé. Plus tard, tous les établissements d'enseignement britanniques adopteront la prononciation du latin romain, mais pour le moment Burton n'obtient pas sa bourse, laquelle est attribuée à un étudiant beaucoup moins fort que lui, mais qui, comme ne manque pas de le noter avec mépris Burton, vous « tournait un chœur d'Eschyle en vers de mirliton ». Cet heureux candidat est le premier des nombreux rivaux qui dans la vie de Burton emporteront un prix que lui-même mérite et cet échec fera naître en lui une fureur dont les conséquences, en dépit de leur absence d'éclat, seront dévastatrices.

Amer, inconsolable, il décide de ne pas même essayer de décrocher la mention Très bien. « Je ne voulais pas commencer ma vie par un fiasco », écrira-t-il pour se justifier. Fort de cette leçon, jamais plus il ne tentera, dans les disciplines classiques, de se mesurer à des esprits quelconques ou médiocres. Au contraire, il s'engagera hors des sentiers battus. Mais pour l'instant le bilan est fâcheux : il a déçu son père, qui avait « tout misé » sur la bourse, et lui-même s'est mis délibérément dans une position de vaincu, car écrire « Assurément le démon s'empara de moi pour me faire m'exprimer en grec vernaculaire », c'est quasiment accréditer la toute-puissance de sa psychologie d'échec. Certes, l'immense respect qu'il voue à Oxford demeure – tout comme demeure sans doute celui qu'il voue à son père – mais sa défaite lui reste sur le cœur.

De voir autour de lui les fils de la noblesse – ils se distinguent de leurs condisciples par les huppes dorées qui ornent leurs chapeaux-boule – glaner les prix de façon presque automatique, n'est pas fait pour arranger les choses. « Avec un vernis d'humanités, juste ce qu'il en faut à un roturier pour décrocher un examen ordinaire, écrit-il, les huppes dorées s'en tirent avec une mention T.B., et on va jusqu'à affirmer que bon nombre d'entre eux ont eu leur diplôme en recopiant leurs livres. A de notables exceptions près, poursuit-il, Oxford était un foyer de flagornerie et de léchage de bottes. » Et de conclure en faisant sien ce jugement répandu à l'époque : « un lieu où se fabriquent des élites passablement ignares ».

Bien que recalé dans la discipline où il est le plus doué, Burton ne se détourne pas de l'apprentissage des langues. Par contre il choisit d'en assimiler une – l'arabe – que rien ne rattache aux parlers européens. A Oxford, un étudiant n'était pas autorisé à suivre les cours d'arabe s'il n'avait préalablement obtenu sa licence en lettres classiques. Et quand Burton demande conseil à celui qui aurait pu l'aider (en l'occurrence, le titulaire de la chaire d'arabe), il s'entend répondre que « le rôle d'un professeur est d'instruire une classe et non pas un individu ». Devant le refus qui lui est fait de suivre les cours de la langue qu'il a choisie, Burton, plus résolu que jamais, se met à l'apprendre tout seul. Un jour, le voyant écrire ses caractères de gauche à droite, un arabisant secourable dont il fait la connaissance à l'occasion d'un souper en ville, Don Pascual de Gayangos, lui fera remarquer sa cocasse erreur et lui montrera comment copier l'alphabet arabe.

Ce langage tout neuf prend une grande importance dans la vie de Burton, car son apprentissage stimule ses ambitions en même temps qu'il adoucit la blessure infligée à son orgueil. Peut-être convient-il aussi de voir là un fantasme commun à ceux qui essuient un échec scolaire ou universitaire, à savoir l'envie de prendre leur revanche en battant les professeurs sur leur propre terrain. Tenu pour quantité négligeable par les érudits, il se jurait bien d'être un jour le plus grand de tous. Les lauriers du latin et du grec, c'est aux redoutables Jowett et Newman qu'il les laisserait [1]. Mais en arabe il excellerait... tout comme du temps de son enfance il avait excellé en provençal et en béarnais. Et le fait est que de cette crise par laquelle le faisait passer son échec allait naître un arabisant d'immense talent, dont le nom allait éclipser celui de tous les autres et rester attaché à la traduction et à la propagation de la littérature orientale.

Outre la rancœur qu'il nourrit pour les professeurs de langues qui l'avaient examiné, Burton en est aussi venu à vomir leurs méthodes d'enseignement. Il juge « ridicule » leur philologie, et il les accuse de ne pas faire appel aux facultés de raisonnement des élèves. Négligeant délibérément les centaines de procédés dont on usait communément pour transcrire littéralement l'arabe en caractères latins, il invente une méthode d'apprentissage linguistique totalement de son cru. Il apprend comme le fait un enfant, écrira-t-il, purement de mémoire, mais en usant de tous les artifices possibles. Cette méthode, qui vraisemblablement n'est pas l'aboutissement d'un plan consciemment mûri, et dont il s'est doté du temps où il apprenait çà et là les parlers du midi de l'Europe, Burton va tant la perfectionner à Oxford, et plus tard en Inde, que par la suite il sera capable d'assimiler en deux mois une langue inconnue.

« Je me munis tout simplement d'une grammaire et d'un livre de vocabulaire, recopiai les formes et les mots qui, je le savais, étaient absolument nécessaires, puis les appris par cœur en m'aidant des feuillets que j'avais toujours en poche pour les consulter durant la journée à mes moments perdus. Jamais je ne travaillais plus d'un quart d'heure d'affilée, car passé ce temps-là le cerveau perd de sa vivacité. Après avoir appris sans peine trois cents mots environ par semaine, je

1. Peu de temps avant sa mort, Burton s'attaquera sérieusement à la traduction de poésies latines, mais essentiellement à celle de poèmes tenus pour trop inconvenants pour le bon goût des Britanniques.

parcourais quelque ouvrage de lecture facile (l'un des évangiles est ce qu'on trouve de plus accessible), et j'y soulignais tous les mots dont je souhaitais me souvenir, afin de relire mes crayonnages au moins une fois par jour. Une fois mon livre terminé, alors j'étudiais attentivement les détails grammaticaux, puis je passais à un autre ouvrage dont le sujet me passionnait. A ce moment-là, les vannes de la langue m'étaient pour ainsi dire ouvertes, et les progrès allaient bon train. Lorsqu'il m'arrivait de tomber sur un son qui m'était inconnu – 'aïn, en arabe, par exemple –, alors j'habituais ma langue à le formuler en le répétant des milliers de fois par jour. Quand je lisais, c'était invariablement à haute voix, afin de mémoriser d'oreille les différents sons. J'adorais les caractères les plus compliqués, aussi bien en chinois qu'en cunéiforme, car je sentais qu'ils s'imprimaient d'eux-mêmes sur l'œil, et plus fortement, que les sempiternelles lettres romaines... Chaque fois que je conversais avec quelqu'un dans une langue que j'étais en train d'apprendre, je me donnais la peine de répéter en silence les mots que je venais d'entendre, et d'apprendre de cette façon-là les particularités de la prononciation et de l'accent tonique. »

Burton ne tarde guère à saisir qu'entre « apprendre » une langue et la maîtriser il y a un abîme. Et ce n'est certainement pas en deux mois que s'ouvrent les vannes de l'arabe, dont il entreprend l'étude à Oxford. Cependant, lorsqu'il va rejoindre ses parents en Allemagne, à l'époque des vacances, il a quelque chose de consistant à étaler devant son père pour compenser l'échec essuyé en concourant pour l'octroi d'une bourse. C'est à Heidelberg qu'il lui confesse le peu de goût qu'il a de poursuivre ses études à Oxford, et qu'il lui demande de l'autoriser à entrer dans l'armée, ou encore, « à défaut, d'émigrer au Canada ou en Australie ». Quant à Edward, qui pour sa part est las de l'ecclésiastique sans humour qui le fait préparer l'entrée à l'université, il préférerait mille fois être « deuxième classe » dans l'armée, jure-t-il, plutôt que boursier de Cambridge.

Mais leur père, écrit Burton, est inflexible. « Il pensait toujours à cette bourse. » Aussi Richard retourne-t-il à Oxford, mais « bien contre mon gré, raconte-t-il, et comme mon père refusait de me retirer de l'université, je résolus de m'en retirer tout seul ». Il comptait parmi ses amis les trois fils d'un colonel dans l'armée des Indes, qui tous voulaient s'engager dans l'armée de Bombay et l'incitaient à faire comme eux. A l'époque, la Compagnie britannique des Indes orientales étendait progressivement son empire sur l'Inde septentrionale et sur le Sind (l'actuel Pakistan). Là-bas on se battait, et là-bas, la chance aidant, on pouvait se couvrir de gloire. C'est donc là-bas que Burton veut aller. A tout prix.

Aussi manigance-t-il pour se faire exclure temporairement d'Oxford. Exclure et non pas expulser. Car la distinction est grande, ainsi qu'il prend grand soin de l'expliquer : « Le premier cas peut se produire à la suite de la moindre inconduite, le second sous-entend qu'il y a eu manquement à l'honneur. » Mijotant son coup, Burton organise des soirées qui tournent de plus en plus à la beuverie, fait circuler des caricatures des doyens des différents collèges, des parodies de cours magistraux, des épigrammes et d'imaginaires épitaphes. Mais rien n'advient. En désespoir de cause, et au total mépris du règlement, lequel interdit aux élèves de première année de participer à une course attelée, il persuade plusieurs de ses camarades de faire avec lui une sortie dans un cabriolet, et « alors qu'ils auraient dû se confiner dans une salle pour suivre le cours ressassé du directeur d'études, ils filaient à travers la campagne à la vitesse de douze milles à l'heure ».

Convoqué le lendemain devant les dignitaires du collège, Burton fait valoir que les élèves de son année sont traités comme des enfants. « La confiance engendre la confiance », affirme-t-il, et faire une course n'est pas contrevenir à la morale, mais donner la preuve de sa maturité. Le plaidoyer est sans nul doute éloquent, mais la direction estime que « commettre un crime et proclamer celui-ci action vertueuse », c'est témoigner d'une outrecuidance sur laquelle on ne saurait fermer les yeux. Les coupables sont tous exclus à titre temporaire. Sauf Burton qui, lui, est expulsé définitivement.

Pour quitter Oxford en beauté, les jeunes gens louent un cabriolet attelé en tandem dans lequel ils entassent leurs affaires, et en manière d'adieux celui qui tient les rênes fait passer au trot le cheval de flèche sur les plus beaux parterres de fleurs, cependant que Burton s'époumone dans une trompette, adressant çà et là un baiser à une boutiquière. En voyant ainsi s'éloigner dans la grand-rue, en direction de l'allée de la Reine, ces joyeux lurons, rares sont les spectateurs qui pourraient deviner que dans la bande l'un d'eux, du nom de Richard Burton, enrage véritablement. « Telle était ma fureur, écrira-t-il sans ambages dans ses mémoires, que je ressentais pleinement toute la pertinence de ces vers :

> *Je te quitte, Oxford que tant j'abhorre,*
> *Toi la sainte, la pécheresse, la savante,*
> *Toi l'infatuée, la suffisante...* »

Lorsque à Londres il salue ses tantes, qui l'affectionnent, il ne peut tout de go se résoudre à leur dire la vérité. Aussi leur raconte-t-il qu'on lui accorde des vacances parce qu'il a obtenu « deux fois la mention très bien et les félicitations du jury ». Le croyant sur parole, elles le régalent d'un excellent dîner pour fêter l'événement. Mais leur joie tourne court quand à la fin de la soirée il leur révèle la vérité, et à leur déception vient s'ajouter le sentiment d'avoir été grugées. Cela ne fait qu'ajouter au malaise de Richard, qui fait grand cas de leur affection. Quant au fidèle Edward, il est à présent inscrit à Cambridge, et il ne tardera guère à suivre l'exemple de son frère, mais avec moins de panache.

Huit ans plus tard, en 1850, alors qu'au terme d'une crise survenue lors d'un séjour en Inde, il se remettra gravement en question, Richard Burton retournera à Oxford, aux prises une fois de plus, à vingt-neuf ans, avec l'obligation lancinante de décider de ce qu'il va faire de sa vie. « Tel le fils prodigue, écrit-il, je retrouvai l'Alma Mater, à demi résolu à reprendre mes études et à obtenir ma licence. Mais l'idée m'en venait trop tard. Je me consacrais désormais à l'étude de l'Orient et j'avais commencé à écrire des livres. » A cette phrase, Isabel ajoutera une note infrapaginale formulée avec la désarmante naïveté qui lui est propre, mais qui, une fois n'est pas coutume, ne manque pas d'une certaine profondeur, en établissant, sans doute fortuitement, un lien entre Oxford et le père de Burton : « Que de fois l'ai-je entendu dire qu'il regrettait de ne l'avoir pas fait, et je peux témoigner qu'au fond de son cœur il aimait Oxford, mais que ne pouvant obéir à son père, il avait jusqu'au bout mené la vie pour laquelle il était le mieux fait. »

V

L'INDE : LA VÉRITÉ ET LA FICTION

> *J'ai aimé... oh que oui, j'ai aimé ! Que je dise*
> *Le charme fatal auquel j'ai succombé !*
> *Sa silhouette ? La pousse ondulante du tamaris.*
> *Ses seins ? Les fruits mûrissants du cacaoyer.*
>
> *Noirs, ses yeux ; de jais, ses cheveux ;*
> *La douceur du lotus éclairait son visage ;*
> *Les rubis de ses lèvres emprisonnaient des fleurs*
> *De jasmin, que nacrait la rosée du printemps.*
>
> Stone Talk [1]

Durant la jeunesse de Burton le pouvoir britannique en Inde s'était étendu vers le nord, pieuvre géante dont les tentacules s'étaient saisis des défilés de Bolan et de Khaïbar pour s'immiscer dans les montagnes de l'Afghanistan. D'ordinaire, les officiers de l'armée au service de la Compagnie des Indes orientales signaient des traités avec les émirs des territoires conquis, d'où ils retiraient ensuite leurs forces vives pour n'y laisser qu'une garnison symbolique – composée pour partie de militaires anglais et pour partie de recrues indiennes – en même temps qu'un gouverneur civil chargé de lever l'impôt et de faire appliquer la loi telle qu'entendue en Grande-Bretagne. Nul ne s'attendait, en Angleterre comme en Inde, à la tuerie de janvier 1842.

Regroupant des forces dont on était bien loin d'avoir soupçonné l'importance, les Afghans menaçaient Kaboul. Le général W.G.K. Elphinstone (devenu à présent un tantinet gâteux, il avait été garçon d'honneur lors du mariage des

---

1. C'est sous le pseudonyme de Frank Baker que Burton publiera en 1865 ce poème de 121 pages. L'extrait cité ici est tiré de la réimpression effectuée à l'initiative de la Bibliothèque de l'État de Californie sous le titre *Occasional Papers N° 24*, San Francisco, Novembre 1940, 10.

parents Burton) considéra qu'il convenait d'évacuer le pays, et plus de seize mille hommes, femmes et enfants (sept cents soldats britanniques, quatre mille soldats hindous et douze mille civils) durent en conséquence fuir la ville, sous d'effroyables tempêtes de neige. Bon nombre des fuyards périrent de froid dans les grands cols, les autres furent capturés ou massacrés, et un seul et unique rescapé réussit à gagner Djalalabad pour témoigner des faits. En Grande-Bretagne, où l'on avait suivi avec orgueil et complaisance l'extension de l'Empire en Inde, l'opinion publique criait vengeance, et on entreprit de recruter à tout va pour grossir les rangs de l'Armée des Indes. Cette crise, qui survenait peu de temps après que Burton eut été renvoyé d'Oxford, favorisait grandement ses desseins, puisqu'à présent Joseph Burton ne pouvait plus guère que capituler devant la résolution de son fils. Usant de ses relations, il lui procura, pour la somme de cinq cents livres, une commission d'officier dans l'armée de Bombay.

Tout aussitôt Richard se détourna de ce qui était devenu la toute dernière de ses passions – l'astrologie et les ouvrages d'occultisme – pour se plonger dans l'étude de l'hindoustani – le plus important et le plus répandu des dialectes hindi – en travaillant sous la direction de Duncan Forbes, orientaliste de grand savoir attaché au King's College de Londres. « En Inde, il existe deux voies pour obtenir de l'avancement », écrira-t-il. La première, c'est de « récolter une blessure, abattre un ou deux naturels du pays ou faire quelque chose de suffisamment excentrique pour que votre nom puisse se glisser dans une dépêche. L'autre, qui consiste en l'étude des langues, est rude et tortueuse, mais il suffit de la parcourir d'un pas égal, sans jamais s'en écarter, et tôt ou tard vous en viendrez à bénéficier d'une *nomination*. » Quant à la troisième voie, celle que vous ouvrent certaines influences, il la tenait en grand mépris. Bien que son père comptât diverses relations en Inde (parmi lesquelles un général et un juge de Calcutta), Burton était bien décidé à ne pas flagorner. « C'est en faisant ce qu'il aime à faire qu'un homme prouve sa valeur »[1], affirme-t-il. Formule hardie, certes, mais peu faite pour lui attirer des sympathies dans l'état-major.

Le 28 octobre 1842, le *John Knox*, qui transporte l'enseigne Burton et quantité d'officiers et d'hommes de troupe, manœuvre dans le port de Bombay pour accoster.

– Et Djalalabad, quelles nouvelles? crie du bord un soldat en direction du quai.

En entendant la réponse, écrit Burton avec humour, « tous les espoirs s'effondrent... La campagne était terminée... Ghouzni était tombée, les prisonniers avaient été relâchés, et toute chance de me voir nommé commandant en chef dans l'année à venir était ruinée. »[2]

Les premières journées qu'il passe à Bombay ne sont que désenchantement. Toute la poésie de l'Orient semble s'y résoudre en indigence, en immondices et en puanteur. Les rues ne sont que cloaques, et jusqu'à la flèche de la cathédrale bâtie naguère par les Portugais lui fait l'effet d'être « défigurée, rongée comme par la gangrène ». Le spectacle des indigènes singeant les Européens en se vêtant comme eux le choque, et en voyant un *sipahi* accoutré d'une tenue écarlate et bleue, c'est tout juste s'il ne revient pas à bord du *John Knox*, écrit-il en déplorant l'abandon du costume hindou, fait d'une veste de coton blanc, d'une manière de jupe-culotte harmonieusement teinte et tombant jusqu'aux chevilles, et de mules de toile aux vives couleurs.

L'envie d'être un peu seul le taraude – cette envie si difficile à satisfaire pour les Européens expatriés dans les pays du lointain Orient. Après quelques nuits passées dans un hôtel, où des pensionnaires, dont seule une mince cloison de tissu le sépare, se pochardent et passent leur temps assis dans des

1. *Falconry in the Valley of the Indus*, Londres, 1852, 95; *Life*, I, 95.
2. Extrait de *Life*, I, 99. Plus tard, Burton apprendra avec beaucoup de rancœur que les officiers de l'armée de Bombay (celle-ci dépendait bien davantage de la Compagnie britannique des Indes orientales, laquelle détenait des pouvoirs quasiment gouvernementaux, que de l'armée régulière) faisaient l'objet d'une âpre discrimination par rapport à leurs collègues d'active, et qu'ils n'avaient que fort peu de chance, quels que fussent leurs états de service, de monter dans la hiérarchie au-delà du grade de capitaine.

fauteuils à brailler des gravelures, il n'en peut plus tant la fureur le possède. Pour retrouver un peu d'intimité, il fuit l'établissement, et c'est en marchant le long du rivage qu'il tombe sur le lieu où les Hindous dressent leurs bûchers funéraires. Le rituel le fascine, et il ne peut détourner les yeux de ces têtes et de ces membres qu'il voit grésiller dans les flammes. Un peu plus tard, un chirurgien militaire compréhensif le logera dans un hôpital, à proximité de la mer. En dépit des lézards et des perchals, ou rats géants, qui infestent les locaux, et aussi de l'odeur de chair grillée qui flotte dans l'air lorsque le vent tourne, cet hôpital lui est un havre. Les malades (mais certains le sont-ils véritablement?) y mènent « une vie de bâton de chaise et font les quatre cents coups », s'il faut l'en croire, et, ravis d'initier le nouveau venu à « toutes les sottises possibles », ils lui « font connaître divers aspects de la société indigène que mieux vaut passer sous silence ».

A Baroda, où par la suite il sera envoyé en garnison avec le *18th Native Infantry* (« 18ᵉ d'Infanterie coloniale »), il constatera que l'officier britannique moyen vit plutôt bien, puisqu'il dispose « d'un cheval ou deux, d'une partie de maison, d'un mess agréable, de bière à gogo », qu'il est invité « à autant de parties de chasse qu'il peut en faire, et de temps à autre à un bal où trente-deux cavaliers s'empressent autour de trois dames, ou encore à un souper en ville lorsqu'il manque un bouche-trou ». Les officiers subalternes ont tous au moins trois domestiques, dont l'un se tient derrière son maître durant les repas, enturbanné et vêtu d'une somptueuse livrée, prêt à coiffer les verres d'un couvercle d'argent pour en éloigner les insectes. « Mais certains [officiers] ont suffisamment de fatuité pour en vouloir davantage, écrit Burton, et j'étais de ces idiots-là. » [1]

La plupart des Anglais qui réchappaient aux fièvres et supportaient le climat de l'Inde tombaient, au bout d'un an ou deux, dans le fatalisme, l'ennui ou la débauche. Mais sept

---

1. *Life*, I, 101, 102, 138; *Falconry in the Valley of the Indus*, 95.

années de service ne retireront rien à Burton de ses ambitions ni de sa curiosité pour l'exotisme. A peine a-t-il posé le pied sur le quai de Bombay que déjà il se met en quête d'un professeur de langue hindoue, qu'il trouve par excellence en la personne de Dosabhaï Sohrabdji, vénérable prêtre zoroastrien à barbe blanche qui décèle d'emblée le génie linguistique du jeune enseigne capable, affirmera-t-il, « d'apprendre n'importe quelle langue en courant ». Quant à l'élève, il déclarera bien des années plus tard : « Nous sommes restés amis, le vieillard et moi, jusqu'à la fin de ses jours. »

Imbus de leur sentiment de supériorité, les autres officiers tiennent les indigènes pour des « négros », des sauvages, et dès lors qu'un Européen s'avise d'apprendre leur langue, ils voient nécessairement en lui un excentrique, pour ne pas dire un individu dont mieux vaut se méfier. « Dans le 18e Régiment, écrit Burton, il n'existait pas un seul officier subalterne qui ne se crût capable de gouverner un million d'Hindous. » Depuis son enfance il sait l'incompréhension, l'animosité et le mépris que professe toute communauté d'individus à l'endroit de l'étranger qui ne parle pas sa langue, et il ne supporte pas davantage cet ostracisme en Asie qu'il ne l'a naguère supporté en France. « Je me suis lancé dans mes études avec une sorte de frénésie, dira-t-il plus tard. Je m'efforçais de conserver intact le petit fonds d'arabe que j'avais acquis à Oxford, et je consacrais douze heures chaque jour à me colleter furieusement avec l'hindoustan. »[1]

Cinq mois après son arrivée à Baroda, en avril 1843, il obtient une permission pour se soumettre à un examen officiel. C'est ainsi qu'à Bombay il se retrouve devant le général de division Vans-Kennedy, orientaliste distingué qui connaît à fond l'hindoustani, le persan, et aussi le gujarati, le sanscrit et l'arabe. Préférant la société des Hindous, le général occupe dans un quartier miséreux un bungalow délabré et vit au milieu d'une collection incomparable de livres et de manuscrits. En examinateur exigeant, il demande à Burton et aux

1. Extrait de *Life*, I, 101, 107.

onze autres officiers présents de traduire des extraits de deux ouvrages ainsi qu'un échantillon d'écriture indigène, de soutenir une conversation et d'écrire un article en hindoustani. Sur les douze candidats, Burton se tire bon premier de l'épreuve, emportant du même coup le respect et l'amitié de Vans-Kennedy. Et c'est en qualité d'officier-interprète de son régiment qu'il rejoint sa première affectation.

Aussitôt il se plonge dans l'étude du gujarati, langue que parlent les Parsi, tout en commençant à prendre des leçons élémentaires de sanscrit. Sept mois plus tard le voilà de nouveau devant Vans-Kennedy, pour qui il nourrit à présent une admiration comme jamais il n'en a vouée à son père, et de nouveau il se classe premier de l'épreuve. Mais il a eu pour rival – et il a devancé – l'un des meilleurs linguistes de l'armée de Bombay, le lieutenant C.P. Rigby, qui plus tard comptera parmi ses ennemis les plus implacables. Dans le cours de l'année suivante il est encore premier, devant six autres concurrents, cette fois en mahrati. Tout se passe comme si aucun examen ne pouvait effacer de sa mémoire son échec d'Oxford. Chaque fois qu'il se présente devant Vans-Kennedy, l'amitié des deux hommes se fortifie. De plus en plus Burton s'identifie à ce général érudit, et comme lui il se met à entasser livres et manuscrits consacrés à l'Orient, et aussi à tant se mêler aux indigènes que les autres officiers de sa garnison ne tardent guère à lui attribuer le qualificatif de « nègre blanc ».

Il assimile les parlers de l'Inde comme d'autres s'adonnent à la boisson, se grisant du sentiment de les maîtriser et de l'euphorie d'en déverrouiller les mystères. Vers la fin de l'année 1844, il s'attaque au persan, puis un peu plus tard, sur sa lancée, au sindi, au panjabi, au telougou, au pashtou, au moultani, à l'arménien et au turc. Sans doute les mystères des parlers ne sont-ils pour lui que des substituts à d'autres mystères, plus primitifs. Il semble bien que les langues étrangères lui servent en quelque sorte d'exutoire libidinal, et cela d'autant plus qu'il a grandi sans avoir véritablement eu de langue maternelle. Nous en voulons pour preuve cette curieuse définition qu'il donne des idiomes arabes, qu'il finira par chérir entre tous : « Une femme fidèle qui suit l'esprit et donne naissance à sa progéniture. »[1] Par la suite il comptera parmi les deux ou trois plus grands linguistes de son temps et finira par maîtriser vingt-neuf langues, et suffisamment de dialectes pour porter ce chiffre à plus de quarante[2].

A Baroda, un peu par facétie, mais certainement aussi dans un dessein des plus sérieux, Burton hébergeait des singes de différents âges et de différentes espèces, afin de tenter de déchiffrer le mystère de leur langage à eux. Leur décernant les titres de docteur, d'aumônier, de secrétaire et d'aide de camp, il leur a attribué des tabourets et des bols pour qu'ils puissent manger à table. Ses serviteurs les traitaient obséquieusement, et c'était lui qui faisait régner l'ordre à l'aide d'un martinet. Il avait parmi ses pensionnaires une guenon « minuscule, très belle, avec du poil soyeux, qu'il appelait sa femme et à qui il mettait des perles aux oreilles », rapportera Isabel. Il avait fini par renoncer à l'étude de la communication simienne pour entreprendre celle d'un autre langage humain, mais il n'en avait pas moins constitué un vocabulaire comportant une soixantaine de sons. Malheureusement ces notes seront détruites en 1861, à Londres, lors de l'incendie d'un entrepôt[3].

Burton ne s'attachait guère aux langues qu'il apprenait. Sitôt qu'il en possédait une nouvelle, il s'en rassasiait, et, tel

1. *Pilgrimage to El-Medinah and Meccah*, II, 100.
2. Norman M. Penzer, *An Annotated Bibliography of Sir Richard Burton*, Londres, 1923, 7. Voir aussi W.N. Evans, « Serendipity », *Psychoanalytic Quarterly*, XXXII, 1963, 165-79. L'auteur analyse dans cet article le cas d'un linguiste dont l'attitude devant les langues étrangères (étude passionnée finissant par engendrer de la lassitude, puis la recherche effrénée d'un nouveau langage à assimiler) s'apparente étrangement à celle de Burton. Ajoutons que ce linguiste était affligé d'impuissance sexuelle.
3. Isabel Burton a rapporté cette expérimentation de façon détaillée dans *Life*, I, 160. En procédant par enregistrements systématiques, des zoologistes contemporains ont identifié trente « mots » différents chez des singes du Japon, vingt-deux chez les gorilles d'Afrique et de quinze à vingt chez les singes hurleurs de l'Amérique tropicale. Le résumé de ces différentes études a été fait dans le *New York Times Magazine* du 29 mars 1964, 14 sq., par Marston Bates, un zoologiste de l'université du Michigan.

un amant volage, passait à la suivante. Bien qu'il consacrât des heures et des heures à en venir à ses fins, ses conquêtes n'étaient pour lui ni des exutoires ni des substituts à son appétit de vivre, car il jouissait de tout ce que l'Inde avait à offrir, des plaisirs routiniers aux joies plus secrètes, du respectable au prohibé. S'il n'avait conquis la langue, jamais on ne lui eût ouvert si aisément les portes, et jamais non plus il n'eût vécu tant d'aventures. « En ce temps-là, écrit-il, les gens sensés qui allaient séjourner en Inde se livraient à l'une ou l'autre de ces activités : ou bien ils chassaient, ou bien ils étudiaient les parlers du pays. » Au début, lui-même tire le perdreau, le bison, le sanglier, le guépard, voire le tigre, mais il en vient vite à réprouver toute activité sportive de cette nature. « L'un de ses plus profonds remords, nous narre sa femme, c'est d'avoir tiré sur un singe », car l'animal « gémissait comme un enfant (là, c'est Burton qui raconte), et jamais je ne pourrai l'oublier ». [1] Alors il se contente d'assister en spectateur aux divertissements populaires du pays : combats opposant des éléphants à des tigres, ou des tigres à des buffles. Il tente de chevaucher des alligators, prend des leçons d'un charmeur de serpents. Il apprend des sipahi leurs méthodes de lutte et de monte, supérieures selon lui à celles des Anglais. En retour, il enseigne aux troupes indigènes placées sous son commandement à perfectionner leur habileté dans le maniement du sabre.

Il trouve insupportables les concerts, parties de billard et pique-niques guindés qu'organise la bonne société britannique. Les Anglaises qui vivent en Inde, écrit-il, donnent fréquemment et « fanatiquement dans le pharisaïsme et l'idée fixe », submergeant leur époux de discours édifiants sur l'immortalité de l'âme et la conduite qu'il convient à un chrétien d'adopter en terre païenne. Hommes et femmes, écrit-il encore, « considéraient les barbares qui les entouraient (et qui bien souvent valaient beaucoup mieux qu'eux) comme des fagots bons pour le feu. » [2]

1. *Life*, I, 110, 599.
2. Cité dans *Life*, I, 132, 103.

Cependant, les aventures amoureuses clandestines sont monnaie courante parmi les Britanniques. « L'Inde était pour le sigisbée un champ de manœuvres idéal, écrit-il, où les maris étaient occupés de dix heures du matin à cinq heures du soir dans leurs bureaux ou à la recette, ce qui laissait le terrain libre et de belles occasions à leurs subalternes sans attaches. » Quant à lui, il a davantage de goût pour des proies plus exotiques. Durant les sept années qu'il passe en Inde il a au moins trois liaisons, mais jamais avec l'une de ces Anglaises donnant « fanatiquement dans le pharisaïsme et l'idée fixe ». Sur ces amours, il ne laisse que de brefs et fragmentaires détails, et dans un cas c'est délibérément qu'il déguise les choses. Sa première liaison – il admet avec une étonnante franchise avoir eu pour maîtresse une indigène de Baroda – ne lui inspirera que ces propos laconiques, et pour ainsi dire dépourvus de toute sentimentalité :

« A cette époque la *bibi* (la femme blanche) était rare en Inde, ce qui avait pour effet de consacrer le triomphe de la *boubou* (sa sœur de couleur). Je constatais dans le régiment que plus ou moins tous les officiers prenaient une compagne parmi ces dernières. Nous, les célibataires, faisions bien entendu la même chose. Mais je dus endurer les protestations du *Padre* portugais qui avait pris sur lui d'assurer le salut de mon âme et se conduisait avec moi comme une poule avec le poussin qu'elle a couvé. J'eus une magnifique occasion d'étudier le pour et le contre de ce système... La *boubou* est on ne peut plus indispensable à qui veut apprendre, car elle lui enseigne non seulement la grammaire hindoustani, mais aussi la syntaxe de la vie indigène. Elle s'occupe de sa maison, ne le laisse jamais épargner son argent, ni non plus, autant qu'il est possible, le dilapider. Elle fait régner la discipline sur la domesticité. Elle a une recette infaillible pour ne pas avoir d'enfant, tout particulièrement si son maintien en fonction repose sur une entente préalable de cette nature. Elle le soigne s'il est malade, et c'est la meilleure infirmière qui soit.

Et comme il n'est pas bon pour un homme de vivre seul, elle lui procure une manière de foyer. » [1]

Environ quarante ans plus tard, faisant allusion à l'art de faire l'amour aux Hindoues, il rappellera combien les soldats anglais s'y prenaient de façon rudimentaire. « C'est avec mépris que la femme hindoue, écrira-t-il, compare [les Européens] aux coqs de son village. Et il en résulte qu'aucun étranger n'a jamais été véritablement aimé par une indigène. » Et il ajoute : « [...] alors que des milliers d'Européens ont vécu durant des années en concubinage avec des *naturelles du pays* et ont eu des enfants avec elles, jamais elles ne les ont aimés – en tout cas, jamais je ne l'ai entendu dire. » La raison qu'il donne de cet échec total – laquelle raison, fondée ou non, revient pour lui à reconnaître avec mélancolie ses propres manques – c'est que les Européens ignorent tout des méthodes érotiques qui, en Inde, constituent une partie essentielle de l'éducation. Les Hindous, affirmera-t-il, étaient particulièrement doués pour l'*ismac*, ou prolongation volontaire de l'acte d'amour. « L'essence de l'art de se retenir, c'est d'éviter l'hypertension musculaire et d'occuper l'esprit : à cet effet les Hindous boivent des sorbets, mâchent du bétel, fument, même, tandis qu'ils se livrent au coït », car, ajoutera-t-il, la femme Hindoue « ne peut être satisfaite – eu égard à sa naturelle froideur qu'accroît sans nul doute un régime à base de légumes et l'absence de toute consommation de stimulants – en moins de vingt minutes. » [2] De ces lignes on ne peut que déduire, et sans risque d'erreur, que Burton ne s'est jamais senti aimé lui non plus par sa *boubou*, que ce sentiment de ne pas aboutir engendrait chez lui un certain malaise, et que s'il en allait ainsi, il ne pouvait s'en prendre qu'à lui-même.

---

1. Cité dans *Life*, I, 135.
2. *Ananga Ranga (Stage of the Bodiless One) or, the Hindu Art of Love*, traduit et commenté par Richard Burton et F.F. Arbuthnot. Sur l'édition à compte d'auteur, 1885, seules figurent les initiales (dont l'ordre est inversé) A.F.F. et B.F.R. 41 *n.*; *Arabian Nights*, V, 76 *n.*

Sa deuxième histoire d'amour — à vrai dire, elle tenait davantage de l'aventure débridée que de la liaison sérieuse — eut pour cadre Panjim, dans le territoire de Goa, non loin de l'hôpital où en 1846 Burton séjourna pendant quelque temps à l'occasion d'un congé de maladie. Cette idylle, il la narre comme si elle était advenue à un autre — un lieutenant britannique dont il ne mentionne pas le nom —, mais la description qu'il donne de cet officier laisse assez clairement à entendre qu'il s'agit bien d'un autoportrait. Qu'on en juge, puisqu'il dépeint le lieutenant en question sous les traits d'« un monsieur bien élevé et fort instruit », capable de « parler dans sa propre langue à chaque individu noyé dans une foule », d'un monsieur dont la foi « était celle de tous les hommes », qui « psalmodiait le Coran, et que les circoncis tenaient pour une sorte de saint ».

Alors que cet officier, raconte Burton, s'était rendu à la bibliothèque du couvent de Santa-Monaca, non loin de l'hôpital, pour y chercher de quoi lire, il eut le coup de foudre en voyant la jeune nonne chargée d'enseigner le latin, « une jolie petite blonde aux grands yeux noirs qui souriait pudiquement, et dotée d'un amour de silhouette ». Feignant de s'enquérir sur la possibilité de faire entrer sa sœur dans ledit couvent, le lieutenant fait souvent visite à la prieure, afin de profiter de l'occasion pour courtiser subrepticement la maîtresse de latin. Et c'est sans grand effort qu'il persuade la jolie nonne de fuir ce couvent qu'elle déteste. Tous deux préméditent une évasion nocturne.

Le soir convenu, le lieutenant ancre à peu de distance de la côte une embarcation dont il confie la garde à un guide portugais, Salvador. Portant une vêture de mahométan et le visage noirci, il se dirige précautionneusement vers le mur d'enceinte du couvent, en compagnie d'un homme de main du nom de Khodabad, dont il a requis les services. Pendant ce temps la jeune nonne a drogué ses gardiennes en mélangeant à leur tabac à priser des graines de datura, et dans le noir elle attend que les deux hommes viennent ouvrir le portail à l'aide d'un passe-partout. Mais tout à sa hâte du moment, l'officier se trompe de tournant et se retrouve par mégarde dans la cellule de la sous-prieure, assoupie dans l'obscurité, et que sans plus tarder Khodabad, exultant, saisit à bras-le-corps et enlève triomphalement. Le lieutenant s'attarde quelque peu, se glisse hors de la cellule, en referme la porte, traverse le jardin, verrouille de l'extérieur le portail, dont il jette la clé, puis se précipite vers l'endroit où il doit retrouver Khodabad et son bien-aimé butin. On imagine aisément son épouvante et sa répulsion lorsque, à la place des grands yeux noirs et de la jolie bouche en bouton de rose qu'il appelle de tous ses vœux, il ne voit que deux billes jaunâtres dont l'éclat furibond le glace d'effroi, et de grosses lèvres noires, que tout d'abord l'effarement a closes, et qui maintenant crient, vocifèrent et déchaînent sur lui des imprécations effrénées.

— Mais quelle horreur, Khodabad ! se récrie l'officier. Qu'allons-nous faire de cette sorcière ?

— On lui coupe la gorge, répond le vaurien.

— Non, ça ne sert à rien. On lui attache les bras, on la bâillonne avec ton mouchoir, et on la laisse là... Vite ! Ne perdons pas un instant !

Et les deux complices prennent la fuite.

Ce récit, c'est tout Burton lorsqu'à l'heure du digestif il est au mieux de sa verve. Il inclura l'histoire dans son *Goa and the Blue Mountains* comme si elle lui avait été narrée par Salvador, le guide portugais. Mais sa nièce affirme que le lieutenant en question était bel et bien Burton, et deux biographes au moins, Hugh J. Schonfield et Byron Farwell, sont catégoriquement du même avis. De fait, la tentation étant trop forte, et par là même irrésistible, il était bien dans ses manières, pour en venir à ses fins, de braver pareil interdit et de commettre un acte aussi grandement répréhensible aux yeux de la morale établie. Rappelons-nous aussi qu'il conclut le dernier de ses quatre livres sur l'Inde en faisant observer combien il était aisé, en Orient, « d'enchevêtrer inextricablement vérité et fiction »[1].

Nulle part dans la vie de Richard Burton il n'est plus difficile de démêler le vrai du fictif que lorsqu'on évoque sa troisième aventure amoureuse, qui à la différence des deux autres, prit le caractère d'une grande passion. C'est dans *Scinde; or, The Unhappy Valley* qu'il décrit de façon détaillée sa première rencontre avec une Persane d'une grande beauté. Non loin de Karachi, écrit-il, prenant quelque repos alors que la caravane avait fait halte, se tenait « une adorable personne dont les traits étaient sculptés dans le marbre, comme ceux des Grecs antiques. Elle avait le front italien, noble et pensif, les yeux profonds et veloutés d'une Andalouse, et la silhouette aérienne, gracile, du genre de celles dont Mahomet, s'il faut en croire nos poètes, peuple le paradis des hommes ». Burton s'arrête tout net pour composer une épître d'amour, qu'il fait remettre à la destinataire, sous sa tente, par un jeune esclave qu'il a soudoyé. Par le ton comme par le style, le madrigal fait étrangement songer aux *Mille et Une Nuits* :

« Le bouton de rose de mon cœur s'est ouvert, épanoui aux rais de ces yeux de soleil, et la fine toile de lin de mon âme a reçu dans l'extase la nitescence déversée par ce front si pareil à la lune. Mais pauvre de moi! Dans le jardin le rossignol s'est tu... Et il a baisé la flèche que l'arc du Destin a décochée pour qu'elle se plante au cœur de sa félicité. Et il a levé les yeux vers la tombe qui sans plus tarder va les accueillir, lui et sa douleur... »

Elle lui répond avec froideur, lui demandant s'il sait quelque chose de l'art de guérir, et s'il possède quelque remède européen. « Je vais mettre à vos pieds ce que nous, les médecins du Féringhestan [terme qui, en Inde, désigne l'Europe], tenons pour l'Élixir de vie. » Et le voilà qui dans l'instant se met à mixtionner sur un petit feu du gin, du sucre blanc en poudre

---

1. *Falconry in the Valley of the Indus*, 87.

et de l'eau de Cologne. La potion magique est alors dûment administrée à la belle, mais avant même qu'elle puisse se prononcer sur ses effets thérapeutiques elle est happée par la poigne de l'individu qui la chaperonne, et tout ce que le soupirant voit désormais d'elle, c'est son « visage treillissé » derrière la bourka et son corps enseveli sous les oripeaux tandis qu'elle se hisse sur son chameau pour disparaître dans la nuit [1].

Burton ne nous en dit pas plus, et n'eût été le récit extravagant et romanesque écrit par sa nièce, nous ne saurions rien de la suite de l'histoire. Georgiana, qui a le don de recourir à tous les clichés en usage à l'époque victorienne, nous donne de cet épisode galant cette version empreinte d'un vibrant romanesque :

« Séparé de ses parents et amis par des milliers de milles, le tendre soldat-érudit consacrait toutes les forces de son cœur affectionné et de son imagination ardente à sa bien-aimée aux yeux de velours et aux cheveux d'ébène. Jamais encore il n'avait aimé ainsi. Jamais non plus il ne connaîtrait pareil amour. Quant à elle, elle le révérait; mais ce ravissement n'allait pas durer. Il voulait l'épouser et la ramener en Angleterre pour y vivre avec elle au milieu des siens, car elle était aussi bonne que belle, mais c'était compter sans les méchefs que nous prépare sournoisement l'adversité pour nous frapper ou nous séparer de l'être aimé, dès lors que pour un temps nous la bravons en osant être heureux. Ainsi la mort la faucha dans la fleur de sa jeunesse, la lui ravissant alors qu'ils vivaient les plus belles heures de leur rêve d'amour. Cette fin prématurée le plongea dans un amer et persistant chagrin. Des années plus tard, quand il raconta cette histoire, sa sœur devina tout de suite qu'il lui était à peine supportable d'évoquer cette séparation atroce, et que le plus affectueux témoignage de compassion le meurtrissait comme si on lui remettait à vif une vieille plaie. Du jour où mourut celle qui avait

---

1. *Scinde; or, The Unhappy Valley*, I, 74-8.

été son plus grand amour, il fut sujet à des accès de mélancolie. » [1]

On serait volontiers enclin à prêter ces lignes aux embellissements apportés à l'histoire par l'imagination débordante et quelque peu puérile de Georgiana, n'était l'existence d'un recueil de vers écrits de la main de Burton, dans lequel figure un long lamento passionné s'inspirant d'une affaire de meurtre perpétré contre une jeune Hindoue. Le poème nous dépeint la fin de la victime, tuée par du poison, la mise à mort de son meurtrier par le poète, et la lugubre scène du bûcher sur lequel est brûlé le corps de la jeune fille. Bien que fort peu de poèmes dus à Burton aient été conservés, et que ceux qu'il a voulu publier soient signés de toute une gamme de pseudonymes, il reste qu'invariablement c'est sa poésie bien plus que sa prose qui nous renseigne sur l'homme et sur les remous intérieurs qui l'agitent. Dans le poème en question, on est frappé par l'intensité des sentiments exprimés, même si les détails purement narratifs ne servent qu'à déguiser ce qui est véritablement autobiographique dans le récit, et aussi à brouiller les pistes en épaississant le mystère. Après avoir décrit « le corps gracieux et juvénile que je soulevais dans mes bras », Burton poursuit :

> *Je n'avais point songé que la main de la mort*
> *De si tôt suspendrait son souffle parfumé...*
> *Ni non plus que sa main tiède, son beau visage*
> *Reposeraient sur la pierre froide de la tombe*
> *Me laissant errer seul, infortuné,*
> *Par les chemins harassants de la vie, seul...*
> *Encore adieu ma bien-aimée,*
> *Toi mon premier, mon seul amour, adieu*
> *Les tourments du poison répandent*
> *Alentour de mon âme les ténèbres de la mort...* [2]

1. *The True Life of Captain Sir Richard F. Burton*, 43-4.
2. Ce poème figure parmi les premiers dans le remarquable journal poétique de Burton que vient récemment d'acquérir M. Quentin Keynes. Sur

Quand on juxtapose les fragments de la mosaïque, il apparaît avec de plus en plus d'évidence que le souvenir de cette jeune fille a hanté Burton jusque dans les dernières années de sa vie. A la lumière de ce poème, les vers cités au début de ce chapitre, qui à première vue n'appellent aucune déduction particulière, n'en prennent pas moins une signification totalement neuve. Ils s'intègrent dans *Stone Talk*, long poème satirique et bien souvent obscur que publie Burton en 1865 sous le pseudonyme de Frank Baker. Le narrateur qu'il fait parler dans ce poème décrit la « déesse », objet de sa passion, sous les traits d'une veuve de paria, et à la mort de cette femme il est changé en pierre, sans doute parce qu'il a trahi un serment.

Durant les dernières années de sa vie, Burton témoignera dans ses écrits d'une affection toute particulière pour les Persans : « La talentueuse race iranienne, la plus noble et la plus belle, au physique, de toutes celles qu'il m'a été donné de connaître, a exercé sur l'histoire du monde une somme d'influence qu'on n'a pas encore pleinement reconnue », et à son opinion le farsi est « le plus riche et le plus séduisant des langages orientaux ».[1] Longtemps après son séjour en Inde, il reviendra en compagnie d'Isabel faire une manière de pèlerinage dans la région de Karachi, où il retrouvera bien des lieux dont le souvenir n'avait cessé de l'obséder. Dans le livre qu'il publiera à la suite de ce voyage, *Sind Revisited*, c'est sa propre et brève rencontre de jadis avec la jeune Persane qu'il narrera dans toute sa fraîcheur, donnant ainsi l'impression au lecteur que les faits rapportés viennent tout

---

ce carnet est portée la date 1847. L'écriture correspond à celle de ses « Fables de Pilpay » conservées au Royal Anthropological Institute, et qui sont à peu près de la même époque. Les poèmes plus tardifs figurant dans ce recueil sont d'une écriture quelque peu différente, et de moins en moins lisibles. Plus courts, et pour une bonne part inachevés, ils font allusion à d'autres amours. Il y est question, par exemple, d'une « blonde Margaret qu'on chérit et courtise en vain. » Les dernières pages ont toutes été arrachées, très vraisemblablement par Isabel Burton.

1. *Arabian Nights*, X, 127.

juste de se produire, alors qu'ils sont advenus lorsqu'il avait vingt-six ans. Il republiera aussi un poème d'amour qui autrefois l'avait tant enchanté qu'il l'avait traduit pour l'inclure dans *Scinde; or, The Unhappy Valley*, édité en 1851. Ce texte aussi constitue sans doute un fragment d'autobiographie:

> *Ma bien-aimée est tourterelle,*
> *Et elle a la splendeur du paon.*
> *Svelte comme houri, vaporeuse est sa grâce,*
> *Et ses enlacements ceux du volubilis.*
> *Mon cœur s'est consumé en de secrets désirs*
> *Pour elle, ainsi qu'un faon se languit de sa mère.*
> *Et quand âcre au palais m'était le goût de vivre,*
> *Parfois le ménestrel apportait sa guitare*
> *En tenant dans sa main un gage de l'aimée;*
> *Alors mon cœur fané, comme un arbre au printemps*
> *Bourgeonnait. J'ouvrais les courtines de sa demeure*
> *Et rampais, accoutré de hardes de quêteux.*
> *Arbre clamant sa joie avant que de fleurir,*
> *Mon cœur éclatait d'allégresse,*
> *Et en lui s'effaçaient de longs mois de tourments.* [1]

---

1. *Scinde; or, The Unhappy Valley*, II, 203-4; *Sind Revisited*, II, 168.

VI

LE SIND

> *En Inde, l'existence est elle aussi précaire; qui peut dire si tôt ou tard une fièvre ou une balle ne va pas le livrer aux chacals? Aussi sommes-nous sans doute un peu trop impatients de « vivre tant qu'on est en état de le faire ».*
>
> Scinde; or, The Unhappy Valley

A l'exception de son père, nul homme n'aura infléchi si irrévocablement le cours de l'existence de Richard Burton que ne le fit sir Charles Napier, l'homme qui avait conquis le Sind. C'était en effet cet Écossais au profil aquilin et au tempérament emporté qui en 1843 avait combattu, lors de deux grandes batailles, soixante mille indigènes, en avait tué dix mille, fait captifs neuf princes régnants, avait soumis ou rallié quatre cents potentats et annexé pour la reine plus de cent trente mille kilomètres carrés de territoires situés dans le nord de l'Inde. Se cherchant querelle les uns les autres, incapables de s'unir pour faire front, armés de fusils à mèche ne valant guère mieux que ceux qu'on fabriquait au seizième siècle, les Sindiens et les Balouches n'avaient pas été en mesure d'opposer une résistance organisée, et Napier, dans le message envoyé à Londres pour signifier sa victoire, n'avait usé que d'un seul mot latin, resté célèbre : *peccavi* (« j'ai péché »), formulation qui suggère clairement la matérialité de la violation commise.

Sir Charles passait aux yeux de tous pour un excentrique. Il avait jadis scandalisé son aristocratique famille en regagnant l'Angleterre, au terme d'une longue campagne en Grèce, avec les deux petites filles qu'il avait eues d'une Hellène. Très attaché aux bambines, il avait alors épousé une femme de quinze ans son aînée, afin que celle-ci les élevât. Il était maintenant dans la soixantaine et ne faisait pas mystère de ce qu'il n'avait accepté de commander en Inde qu'à dessein de gagner suffisamment d'argent pour constituer une dot avantageuse à ses filles et les bien marier. Superbe stratège, ses conquêtes n'avaient jamais entraîné qu'un minimum de pertes dans les rangs de l'armée britannique, et il avait aussi fait la preuve de ses qualités de pacificateur en instituant un sage mode d'administration et de gouvernement dans une région périodiquement mise au pillage par les tribus montagnardes, et vouée à l'impéritie depuis des générations. Il avait fait de Karachi un port ouvert aux navires de gros tonnage et régularisé le cours du capricieux Indus en apportant des améliorations au très ancien système de canaux d'irrigation acheminant les eaux du fleuve vers le désert. Il avait aboli l'esclavage, mis un terme au brigandage, et fait de son mieux pour porter un coup d'arrêt aux pratiques usuraires et aux taxations qui asservissaient les pauvres.

La coutume, généralisée, consistant à châtier par la mutilation, le révoltait. « Quant à la femme, écrivait-il, à la moindre querelle le mari sort son couteau et la voilà privée de son nez. Encore doit-elle s'estimer heureuse si ses lèvres et ses oreilles ne s'en vont pas du même coup. »[1] Invariablement on tranchait la main droite des voleurs, et il était d'usage chez les Doumki — une tribu pillarde et farouche vivant dans les montagnes — de mettre à mort les femmes et d'amputer de leurs deux mains tous les enfants des villages qu'ils saccageaient. Conformément à la loi islamique, c'était la parenté de la victime qui fixait le mode de châtiment du meurtrier. D'ordinaire, l'affaire se réglait par le paiement d'amendes vite englouties par les fonctionnaires d'une administration corrompue. Napier avait substitué aux pratiques légales en usage chez les musulmans et les Hindous un système reposant sur une police et une judicature semblables à celles de la Grande-Bretagne, système qui plus tard sera adopté par la totalité de l'Inde.

1. William Napier, *Life and Opinions of General Sir Charles Napier*, 4 vol., Londres, 1857, II, 132.

C'est à son journal – dont le texte (non expurgé) que conserve le British Museum compte parmi les documents les moins édulcorés des archives anglo-indiennes – qu'il confie son indignation, sa tristesse, et aussi les accommodements qu'il trouve avec sa conscience intransigeante, car à la différence de la plupart des conquérants, il s'interroge scrupuleusement sur le bien-fondé de la conquête. « Tout le système du gouvernement de l'Inde est édifié pour légitimer le vol et la spoliation, non pour l'annexion, non pour le bien de la multitude, non pour la justice! » écrit-il le 2 avril 1846, déplorant tous les massacres qui n'ont eu pour objet que « de donner au négoce un avantage sur la concurrence et de soutenir le pouvoir détenu par des crétins. » Mais par ailleurs c'est en toute candeur qu'il confesse le plaisir que lui donnent la victoire au combat et le gouvernement des hommes. « On dit de moi que j'aime la guerre, et c'est vrai. Je l'aime comme un homme aime à jouer même s'il perd... » Ce conflit opposant le plaisir de vaincre et de dominer à ce qu'il appelle « l'infernale besogne » de la guerre surgit souvent dans les pages de son journal. « Je n'ai aucune cruauté d'intention sur la conscience », écrit-il le 4 août 1845. Lors de son dernier séjour en Inde, il souffre d'incessantes douleurs abdominales dues à l'ulcère gastrique qui plus tard provoquera sa mort, et il écrit à son frère qu'il donnerait cher pour être comme les cancrelats, puisque, d'après ce qu'il a lu sur les expériences conduites par un biologiste, ces insectes peuvent encore cavaler partout, « heureux comme des princes, après qu'on a pratiqué l'ablation de leur système digestif pour le remplacer par une boulette d'ouate ».[1]

C'est en 1844, lorsque le 18ᵉ d'Infanterie coloniale est envoyé dans le Sind, que pour la première fois Burton a pour chef suprême sir Charles Napier. A l'époque, on s'attend que la guerre contre les tribus montagnardes dure une dizaine d'an-

---

1. *Ibid.*, III, 409-10, 152; IV, 363. L'extrait du journal en date du 4 août 1845 figure dans le document original conservé par le British Museum.

nées, et nul ne peut dire avec certitude si les émirs vaincus ou ralliés ne vont pas se retourner par vengeance contre le conquérant, comme en Afghanistan. Plusieurs mois s'écoulent avant que le vieux soldat ne soit mis au fait des aptitudes linguistiques extraordinaires de Burton, et qu'il ne commence d'en tirer parti à des fins de renseignement. Isabel écrira plus tard que son mari a été pendant cinq ans officier de renseignement sous les ordres de Napier, mais cette période d'activité n'a pas pu excéder deux ans et huit mois, de janvier 1844 à septembre 1846, encore que durant une partie de cette période il ait exercé les fonctions d'ingénieur topographe dans le corps du Génie de Bombay, sous les ordres du capitaine Walter Scott.

Burton a fait la connaissance de Scott à bord du *Sémiramis*, qui les transportait de Bombay à Karachi. Il n'avait pas quitté sans un pincement de cœur la paisible beauté de Gujarat, ses merveilleux banians et ses figuiers géants, en comparaison desquels, affirmait-il, les chênes et les ormes d'Angleterre ressemblaient à des nains. Il s'était attaché aux villages ceinturés de luxuriantes haies d'épineux, au-dessus desquels s'élevaient les fumerolles bleuâtres de la bouse séchée se consumant dans les foyers, et habitué aux jacassements des singes et à l'odeur omniprésente du cari. Seule la saison des pluies, « mortelle période qui vous donne des envies suicidaires », le rebutait. Partir au Sind, c'était pour Burton tourner le dos à un mess agréable, et laisser derrière soi bon nombre d'amis, et aussi son « épouse morganatique ». Alors que le navire prenait terre en approchant Karachi, il n'avait vu qu'une côte basse et sablonneuse, « blonde comme une moustache d'Écossais, un aveuglant désert à la surface duquel jouait une chaleur aussi visible que palpable ». Tel avait été son premier aperçu de la Petite Égypte, de cette « vallée du malheur » dont il savait qu'elle était accablée par la chaleur, les tempêtes de sable, le choléra et les crues annuelles de l'Indus, qu'à l'époque on n'avait guère les moyens de contenir. Sept années auront passé quand plus tard il relatera ce voyage dans son livre intitulé *Scinde; or, The Unhappy Valley*, et pourtant, son récit sera encore empreint du sentiment de mélancolie qui l'étreint à la vue de cette côte.

Le capitaine Scott allait se rendre dans le nord pour surveiller les travaux de réfection du système hydraulique destiné à l'irrigation du bassin de l'Indus. Il était le neveu du célèbre romancier écossais Walter Scott, à qui il ressemblait beaucoup. Bel homme comme son oncle, il avait les mêmes yeux bleu clair, les mêmes cheveux et la même barbe d'un blond cuivré. Burton trouve en lui un admirable causeur, qui de plus est doué d'un humour caustique, narquois, et affectionnant la littérature et l'histoire. « Jamais il ne prononçait une parole désagréable ni ne faisait quoi que ce fût de déplaisant », écrira-t-il beaucoup plus tard. Au total, Burton travaillera épisodiquement durant plusieurs années sous le commandement de Scott. « Pas une seule fois nous n'eûmes des opinions divergentes, et moins encore de mots blessants. Et quand il mourut à Berlin en 1875, je ressentis sa disparition comme s'il s'agissait de celle d'un proche. »[1] A l'inverse, tout prouve aussi que Scott prisait fort les multiples dispositions naturelles et l'esprit décapant de Burton.

Mais avant d'être versé dans l'état-major de Scott, Burton séjournera neuf mois à Gharra, un cantonnement situé dans une région littorale désertique, à une soixantaine de kilomètres au sud de Karachi. Là, son activité consistera essentiellement à servir d'interprète devant le tribunal militaire. Le pays était plat, poussiéreux, aride, « tout juste en mesure de produire suffisamment d'épines, de salsolacées et de palmiers urticants pour nourrir une douzaine de chameaux », et Burton le qualifie d'« enfer miltonien où le monde luit et miroite, boucane, suffoque jusqu'à ce que la terre pèle, s'effrite, se crevasse et se boursoufle ».[2] A quelque distance vers l'intérieur poussent des forêts de bambous, de tamaris, de mimosas et de peupliers, et aussi des étendues de laiche, d'herbe et de graminées, qui à la saison sèche brûlent en

---

1. Cité dans *Life*, I, 140. On trouvera dans cette biographie de nombreux détails sur les années passées par Burton en Inde (voir I, 92-151).
2. *Scinde; or, The Unhappy Valley*, I, 34; *Sind Revisited*, II, 281-2.

vastes nappes de flammes qui cernent aussi bien les naturels du pays que les Britanniques. Ce n'est pas sans raison, découvre-t-il, que « la forêt en feu » a toujours été en Inde l'un des thèmes favoris des Muses. « On mange de la poussière, on respire de la poussière, on ne pense plus qu'à la poussière », écrira un siècle plus tard T.E. Lawrence lors de son affectation à Karachi [1].

Karachi, l'Alexandrie de cette Jeune Égypte, Karachi destinée à devenir le grand port actif du Pakistan moderne, était alors une bourgade de six mille habitants, pour la plupart des musulmans, « un ramas de cahutes de pisé, basses et misérables, et de hautes maisons de pisé surmontées de terrasses en pisé, faites de murs aveugles en pisé, entourées d'une enceinte en pisé et bâties sur un soubassement de pierres recouvert de pisé ». Le pisé, mélange de terre argileuse délayée avec de la paille, remplissait honnêtement ses fonctions jusqu'à la saison des pluies, époque où il fondait « comme glace dans une salle de bal londonienne ». De temps à autre, c'était toute la maison qui s'écroulait sur ses infortunés occupants. C'est ainsi que Burton est blessé au pied et coupe de justesse à l'ensevelissement lorsque, après plusieurs journées de pluie, sa case s'effondre autour de lui.

A la différence de Baroda, où la présence anglaise était plus ancienne, Burton perçoit ici la rancœur haineuse de la population. A Karachi, dont l'occupation ne date que de 1839, les jeunes gens continuent de crier des injures aux étrangers, et tant les pêcheurs sindiens, nus jusqu'à la ceinture et vêtus seulement d'une manière de caleçon indigo, que leurs femmes – pour la plupart dévoilées, portant d'amples pantalons de couleur et des corselets brodés – conspuent les visages blancs des Britanniques. Les conditions d'hygiène, observe Burton, sont encore plus déplorables qu'à Bombay. Les odeurs de poisson crevé, de cadavres de chameaux en décomposition et d'immondices déversées dans les rues, alternent avec les sen-

---

1. Jean B. Villars, *T.E. Lawrence, or the Search for the Absolute*, Londres, 1955, 330.

teurs de drogues et d'épices qui s'échappent du bazar « comme d'une momie qu'on vient d'embaumer ». A moins d'une cinquantaine de toises du camp britannique de Gharra « on laisse les corps de cinquante chameaux se putréfier [...] et empester l'air, écrit-il, comme s'il était vraiment indispensable d'ac croître la part de la mort. A demi engourdis après s'être voracement repus, les chacals se traînent hors des ignobles réfectoires qui sont les leurs dans les entrailles des cadavres. Encore quelques jours et on ne verra plus que des carcasses parfaitement nettoyées, comme jamais carabin zélé ne pourra récurer un squelette ».

Au début, Burton est si accablé qu'il abandonne l'étude de la langue sind pour entreprendre celle du mahrati, espérant qu'on va lui attribuer une autre affectation. Mais une fois versé dans l'état-major de Scott il se remet avec entrain à la langue du pays. En moins d'un an il possède sur le bout des doigts le sindi et le persan, et aussi un peu de panjabi. Il finit par se faire aux quarante-neuf degrés de chaleur qui règnent pendant l'été, et par aimer les nuits du désert et le voile estompant l'âpreté des lointains, à l'heure où le ciel tourne au « bleu le plus profond, le plus pur et le plus limpide », quand la lune « déverse des flots d'argent sur le monde inférieur »[1].

Napier rêve de faire rouler les eaux de l'Indus « comme un enfant dans une poussette ». En conséquence, il donne l'ordre de procéder au curage des vieux canaux envasés, s'efforce de mettre un terme à l'exploitation des paysans assujettis par les potentats indigènes à l'impôt sur l'eau d'irrigation, et ouvre à la culture de nouvelles surfaces, accordant aux Hindous qui acceptent de venir mettre en valeur ces terres nouvellement irriguées deux années de loyer gratuit et un bail à ferme de quatorze ans. C'est là une politique avisée, perspicace, mais la Compagnie des Indes britanniques orientales, qui espérait bien que le Sind serait pour elle une poule aux œufs d'or, juge excessif le coût de l'opération. Napier ne tarde

---

1. *Scinde; or, The Unhappy Valley*, I, 29-30, 147, 152, 217.

guère à s'empoigner furieusement avec les directeurs de la compagnie, « une galaxie de singes »[1], dira-t-il d'eux, qui de leur côté font tout ce qu'ils peuvent pour qu'il prenne le plus tôt possible sa retraite en Angleterre.

Burton apprend en peu de temps les rudiments de l'arpentage et juge que les méthodes dont il use sont supérieures à celles des Sindiens, qui ont tracé leurs canaux « avec des ficelles de coton et se sont fiés à leur œil pour [apprécier] les élévations et les dépressions du terrain ». L'imposant Indus, dont les caprices apportaient la vie et la mort comme le faisait le Nil en Égypte, était le troisième cours d'eau que voyait Burton. Du temps de son enfance il avait contemplé avec un mélange de crainte et d'admiration la Loire en crue. A Oxford, il avait appris à faire de l'aviron sur la Tamise et compté, avant son renvoi, parmi les membres de l'équipe de l'université. Mais avec ses quinze cents kilomètres de cours et un lit d'une largeur variant de mille à quinze cents mètres, l'Indus – « dont les eaux boueuses et gonflées, abondant en courants giratoires et en formidables rapides, charriaient perfidement des troncs d'arbres, déplaçaient les bancs de grève et s'enflaient en de violentes crues » – était le premier grand fleuve qu'il avait l'occasion de voir, et bientôt il eut à cœur de l'apprivoiser. En enseignant aux indigènes la manière d'user adéquatement de l'eau, il apprendra beaucoup de choses sur les coutumes du pays, et par la suite n'ignorera rien du pernicieux système de taxation imposé par les émirs.

Le soir, il prend son repas avec les six officiers du mess des géomètres. Tous sont jeunes, insouciants, et volontiers farceurs. « On nous prenait pour des tout-fous, écrit-il, encore qu'il ne m'apparaisse pas que nous fussions plus exubérants que nos voisins. »[2] Pendant quelque temps ils s'engouent de coqs de combat, et Burton possède son propre champion, un étique volatile de basse-cour qui se révèle féroce lutteur. Quand finalement le coq succombe lors d'un combat, Burton

---

[1]. William Napier, *op. cit.*, III, 277; Charles Napier, Journal manuscrit, conservé au British Museum, 1ᵉʳ janvier 1846.
[2]. *Life*, I, 144.

lui fait une sépulture à côté de la case qu'il habite, se livrant à un cérémonial qui aura pour conséquence d'accréditer une fâcheuse rumeur : c'est un enfant qu'il aurait mis en terre.

Burton rapportera dans ses écrits deux des canulars particulièrement artificieux auxquels il se livre à cette époque, et qui l'un comme l'autre sont fort révélateurs puisqu'ils montrent qu'il garde une dent contre les universitaires et les ecclésiastiques, et que l'envie de les humilier le tenaille toujours. En ce temps-là, nombreux étaient les chrétiens qui croyaient que les « dix tribus perdues d'Israël » avaient erré pour se fixer quelque part dans l'Asie centrale, et qu'un jour on les redécouvrirait. Et lorsque les Britanniques soumettent dans le Brahouistan une obscure tribu prétendument dotée de traits « sémitiques », il n'en faut pas plus pour que circule le bruit qu'il s'agit là de descendants des fameux Hébreux disparus. Burton, qui est allé voir de près cette tribu, recopie alors un vieux glossaire et une vieille grammaire hébraïques, ajoute çà et là quelques « désinences barbares » et met le tout sous les yeux de « divers savants », lesquels exultent : ils détiennent la preuve qu'on a « enfin retrouvé les manquants ». Et Burton commente : « Pendant neuf jours la découverte fit claironner la Présidence »[1], et seules les exhortations de Walter Scott le retiennent de rendre public son tortueux canular.

Même chose à Sehwan – le site passe pour avoir jadis abrité le campement d'Alexandre le Grand – où Burton ne ressent que mépris pour les nombreux collectionneurs d'antiquités qu'il voit creuser le sol. Sachant fort bien que d'ores et déjà les indigènes contrefont des pièces de monnaie pour les vendre aux trop crédules Britanniques – à cette époque, l'archéologie n'est encore qu'un aimable passe-temps, et, sauf dans les pays scandinaves, elle fait sourire jusqu'au monde savant –, Burton veut ridiculiser l'ignorance de ses compatriotes. « Partout les amateurs d'antiquités font preuve de la même naïveté », écrira-

---

1. Appellation des corps constitués administrant les comptoirs britanniques de l'Inde. *(NdT)*

t-il dans son premier livre [1]. Il use d'une jarre de peu de prix sur laquelle sont reproduits des personnages étrusques, la brise en menus tessons qu'il expose au feu et à l'acide, puis qu'il enterre à l'insu de tout le monde dans le site fouillé. Les collectionneurs sont aux anges : les fragments de poterie qu'ils exhibent ne sont-ils pas la preuve que le Sind est le berceau de la civilisation étrusque ?

Burton reconnaîtra piteusement les deux mystifications. « On ne me l'a jamais pardonné. Mais à présent je m'en repens par le sac et la cendre », écrira-t-il en 1877, lorsqu'il évoquera ces « mauvaises blagues ». Car alors il fouillera lui aussi, et avec passion, les ruines étrusques en Italie, et il en sera venu à grandement respecter la jeune et bouillonnante discipline qu'est l'archéologie [2]. En effet, durant les années qu'il passe en Inde, à un moment donné il cesse de s'en prendre puérilement à tout ce qui fait autorité dans le champ de la connaissance pour commencer à se tailler lui-même une solide réputation d'érudit. Ce bond vers la maturité, deux hommes en sont pour une bonne part responsables. Le premier, c'est Walter Scott, à qui plus tard il dédiera l'un de ses livres sur le Sind. L'autre est un jeune chirurgien, le Dr John Steinhäuser, fin dialectologue et amateur éclairé de littérature orientale, qui sera le premier à confirmer Burton dans son idée de traduire *in extenso* les *Mille et Une Nuits*.

Rasséréné par la confiance que lui témoignent les deux hommes, Burton enrichit sa collection de livres et de manuscrits, se met à tenir scrupuleusement un journal et à envisager très sérieusement d'écrire des livres sur l'Inde. Sa conviction d'avoir quelque chose d'absolument original à dire est fortement stimulée par les missions de renseignement que désormais lui confie sir Charles Napier. Burton, comme tout l'état-major, admire son supérieur autant qu'il le craint, en sorte qu'il épouse bon nombre de ses idées fixes, et en particulier

---

1. *Goa and the Blue Mountains; or, Six Months of Sick Leave*, Londres, 1851, 316. Voir aussi Geoffrey Bibby, *The Testimony of the Spade*, New York, 1956, 201.
2. Voir *Sind Revisited*, I, 192-3; *Life*, I, 146.

la préférence qu'il accorde aux militaires sur les civils en matière de gouvernement et d'administration des races indigènes. C'est avec une affection sincère qu'il évoquera par la suite Napier dans ses écrits, tout en demeurant suffisamment critique pour percer à jour ses faiblesses et relever « son étrange incontinence de langage et son besoin obstiné d'avoir raison à tout prix, [lesquels] lui vaudront une armée d'ennemis irréductibles et pleins de rancœur ». Ce sont là des propos qui pourraient parfaitement s'appliquer à Burton lui-même [1].

Dès lors qu'éclatent ouvertement les dissensions qui opposent Napier au général James Outram, le jeune héros de la guerre du Sind qui jouit d'une belle popularité, la querelle divise en deux clans les Britanniques de l'Inde. C'est à son journal que Napier confie sa rage, traitant Outram de « maudit gredin » et de « fils de pute [qui répand] mensonges fielleux et basses calomnies » [2].

Burton prend loyalement parti pour son chef en écrivant au *Karachee Advertiser*, feuille locale qu'on dirait de nos jours « confidentielle » et qui œuvre à la défense de Napier. « Dans ma jeunesse, écrira-t-il à Leonard Smithers bien des années plus tard, j'ai servi sous les ordres de sir Charles Napier, et l'exemple de sa carrière m'a appris à ne jamais garder le silence quand la presse exige des réponses. » [3]

Dans son journal, Napier ne mentionne pas nommément Burton, mais il fait indirectement allusion à la fatidique mission qui se soldera par une catastrophe pour son jeune et avisé lieutenant. En Inde, il était d'usage pour les officiers de renseignement britanniques d'obtenir leurs informations en rétribuant des indigènes. Mais Burton avait décidé de passer outre à cette coutume et d'opérer lui-même sous un déguisement. Le visage teint au henné, portant une longue

---

1. Voir le compte rendu par Burton de l'ouvrage de William Napier dans *Academy*, 6 février 1886, 85.
2. Charles Napier, Journal manuscrit, 4 et 6 août 1845.
3. Lettre de Burton à Leonard Smithers en date du 8 août 1888, Bibliothèque Huntington.

perruque et une fausse barbe, vêtu d'un costume indigène coûteux, il se rendait dans les bazars des différentes villes du Sind en se faisant passer pour Mirza Abdullah, originaire de Bandar Bouchir, sur le golfe Persique, riche marchand venu vendre des étoffes de prix, des calicots et des mousselines, et qui avait pris la précaution de se munir aussi de bijoux, afin de pouvoir « s'en défaire en cas d'imprévu ». Pour expliquer son accent, il affirmait être moitié arabe et moitié persan. Parfois il louait une échoppe qu'il garnissait « de dattes suintantes, de visqueuse mélasse, de pétun, de gingembre, d'huile rance et d'odorantes confiseries », et pendant des jours il se tenait là, sur le marché, posant mille questions et prêtant l'oreille à tout ce qui se racontait. Il lui arrivait de s'entretenir avec des religieux et de faire une partie d'échecs avec quelque étudiant en théologie, tout comme de fumer l'opium et de boire du *bhang* avec les drogués. Il avait observé que le bhang, breuvage toxique tiré du chanvre indien, provoquait des effets variables d'un consommateur à l'autre, et c'est ainsi qu'il décrit ceux qu'il ressent lui-même : « Cela vous fait soupçonner partout la traîtrise, et voir derrière les actes les plus simples les intentions les plus tortueuses et les plus infâmes. Vos pensées deviennent extravagantes, incohérentes, votre imagination s'emballe frénétiquement. Et si vous êtes poète vous serez plongé dans un état d'esprit admirablement propice à la composition... de strophes absurdes. »[1]

Le soir venu, s'il entendait quelque part le son de la musique et de la danse, il entrait sans avoir été invité, avec pour seule introduction « un turban irréprochable et des courbettes polies ». Durant la journée, on le laissait librement entrer dans les maisons pour y exhiber ses étoffes, et en un rien de temps il avait ainsi disposé de tout un butin d'histoires et de scandales domestiques, et aussi de détails sur ce qu'il se passait dans les harems. « Les fonctionnaires européens postés en Inde ont rarement l'occasion – en admettant qu'ils l'aient jamais – de voir quoi que ce soit sous son véritable éclairage,

---

1. *Scinde; or, The Unhappy Valley*, I, 263.

tant est épais le voile que tendent devant leurs yeux l'appréhension, la duplicité, les préjugés et les superstitions des indigènes. De plus, les blancs mènent une existence si différente de celle des gens de couleur que des centaines d'entre eux s'acquittent de ce qu'ils appellent leur *temps d'exil* sans assister une seule fois à une fête organisée à l'occasion d'une circoncision, d'un mariage ou d'une sépulture. » Mais sous son déguisement, Burton faisait bien plus que remplir astucieusement une tâche de renseignement. Car au plein sens du terme il pouvait ainsi entrer dans le personnage qu'il s'était composé par l'imagination, et trouver prétexte à le faire par un détour minutieusement conçu qui non seulement exigeait du courage et un certain talent de comédien – facultés dont il était abondamment pourvu –, mais aussi procédait de ce vif attrait pour l'interdit qui était le sien depuis sa plus tendre enfance. Mirza Abdullah, écrit-il avec complaisance « fut invité d'innombrables fois, pressenti par plus d'un père et gagna – ou eut quelque raison de penser qu'il en était ainsi – quelques cœurs ». [1]

Il révèle à Napier bien des choses qui l'étonnent, et il suffit de comparer ce que le général consigne dans son journal en 1844 et 1845 aux livres de Burton sur le Sind pour juger du retentissement de ces révélations. En effet, Burton semble bien avoir été le premier à faire observer à sir Charles – qui a toutes les peines du monde à le croire – que bien qu'il ait signé diverses condamnations à mort d'hommes fortunés convaincus de meurtre, c'est d'ordinaire de pauvres hères qu'on a pendus à leur place. Burton a d'ailleurs interrogé lui-même un misérable *badal* ayant accepté d'être exécuté pour un crime de sang qu'il n'avait pas commis, et il lui a demandé les raisons de cette attitude.

« Sahib! lui a répondu l'homme. Toute ma vie j'ai été pauvre. J'ai eu le ventre vide. Ma femme et mes enfants n'ont jamais mangé à leur faim. C'est le destin, mais je n'en peux plus. On me donne deux cent cinquante roupies. Avec cin-

---

1. *Falconry in the Valley of the Indus*, 99, 101.

quante je vais m'acheter du bon manger et m'en gaver avant de quitter le monde. Le reste, je le laisserai à ma famille. Qu'est-ce qui peut m'arriver de plus heureux, Sahib ? »[1]

Burton livre aussi à Napier des détails sur un certain nombre de crimes domestiques qu'il est singulièrement malaisé de poursuivre. « Ici, il n'est qu'un crime que je ne puisse supprimer, écrit dans son journal sir Charles en 1844, c'est la mise à mort d'une épouse ! Ils pensent qu'il est répréhensible de tuer un chat ou un chien, mais j'en ai fait pendre au moins six qui avaient tué leur femme. A la moindre querelle ils la taillent en pièces... Il y a trois jours, une jeune femme a été soupçonnée d'avoir été infidèle à son époux. Elle avait dix-sept ans, et lui, treize. L'oncle de cette jeune femme a tué l'amant présumé, et son père l'a conduite sur le devant de la maison... en tordant d'une main ses longs cheveux et en l'obligeant à se tenir sur la pointe des pieds pour que son propre frère puisse lui trancher la tête ! Et cela au grand jour. Je les ferai tous pendre. »

Il semble bien que ce soit aussi Burton qui apporte à Napier la preuve que l'infanticide est largement répandu, plus particulièrement parmi les émirs, qui mettent à mort les filles dont ils ne veulent pas. Napier avoue ne pas savoir comment s'y prendre pour mettre fin à cette odieuse pratique. « Ils commencent par donner à leurs odalisques ou à leurs femmes une potion abortive, et s'il n'en résulte aucun effet ils coupent l'enfant en morceaux, à coups de sabre... A Kouchk, on tue les filles qui ne trouvent pas mari assez vite... Je ne peux rien pour empêcher cela. »[2] Burton relève que chez les Toda, dans les monts de Goa, où la polyandrie est de règle, on noie les petites filles en bas âge dans du lait ou on les fait piétiner

---

1. A ce propos, voir la note de Burton dans *Arabian Nights*, V, 249, et dans *Sind Revisited*, I, 315. C'est en reprenant divers passages de *Scinde; or, The Unhappy Valley* pour les reprendre dans *Sind Revisited*, que Burton a écrit cette anecdote dans la marge de son propre exemplaire du livre, lequel se trouve actuellement au Royal Anthropological Institute. Voir I, 270.

2. William Napier, *op. cit.*, III, 132, 139.

par des buffles jusqu'à ce que mort s'ensuive, et que chez les Balouches on tue les filles en leur faisant absorber de l'opium.[1]

Napier est si consterné par les rapports de Burton qu'il l'envoie parcourir tout le Sind en compagnie du capitaine Walter Scott. Ayant revêtu le costume indigène, mais davantage pour se garder des chiens qui grondent que pour se déguiser, ils inspectent toutes les vieilles citadelles des émirs, cherchant à déceler des signes avant-coureurs de rébellion. On les accueille diversement. L'un des émirs les traite fastueusement et invite Burton à une chasse au faucon. D'autres les raillent, les conspuent. On les taxe de « corbeaux en costume de plumes de perroquets, [de] cadavres se repaissant de cadavres ». A Sehwan une danseuse hétaïre, furieuse de voir Burton et Scott ne faire aucun cas de ses avances, les suit en ameutant tout le voisinage. « Chiens de Francs! Infidèles! vocifère-t-elle. Tout ce que vous savez faire, c'est piller la terre. Comme des sauterelles! Un vrai fléau! » Mais Burton, qui sait remarquablement user de quolibets, la fait taire en lui retournant une bordée d'injures à l'orientale, qu'elle est stupéfaite d'entendre proférer par un Anglais :

« Va te faire tondre, traînée! Que ton nez tombe, bouffeuse de porc! Que les ramasseurs d'ordures vident leurs charges sur ta charogne de veuve! Repoussoir! »

« On a laissé cette dame épancher sa colère en poussant un interminable hurlement », relate-t-il dans son journal. Et il ajoute, non sans amertume : « Tout, dans ce lieu, semble nous haïr. »[2]

Lors de ce périple, Burton et Scott n'ont pour seule sauvegarde, leurs bras exceptés, que la réputation de Napier, que tout le Sind connaît sous l'appellation de « frère du diable ». Cela suffit. Ils regagnent Karachi sains et saufs, en sorte que sir Charles peut écrire avec justesse que deux ans après qu'il a conquis le Sind, un Anglais peut s'y promener n'importe

---

1. *Goa and the Blue Mountains*, 347; *Sindh, and the Races that Inhabit the Valley of the Indus*, Londres, 1851, 244.
2. *Scinde; or, The Unhappy Valley*, II, 220-1. Ce texte semble pour une bonne part avoir été repris tel quel du journal de Burton.

où sans escorte militaire. Les troubles qui éclatent en 1846, après bien des signes avant-coureurs, comme le note Burton, n'ont pas été fomentés par les Sindiens, mais par leurs farouches voisins, les Sikhs.

Napier et Burton avaient bien des choses en commun (une probité à toute épreuve, un faible pour la vitupération et la chicane, et des sentiments contrastés à propos du rôle des militaires en Inde), mais les ressemblances s'arrêtaient là. D'une façon générale, Burton se complaisait dans l'exploration et la description, même si la rapine, le mensonge et la corruption, généralisés dans cette civilisation orientale, ne manquaient jamais de l'indigner. Mais il ne se berçait pas d'utopies. Alors que Napier pensait qu'il était de son devoir absolu de changer les choses, de les amender, et avant tout d'angliciser. C'était, fondamentalement, un brave soldat britannique, un homme sans détours et sans tourments de l'âme (on imagine mal Burton écrivant, comme son supérieur : « Jamais dans ma vie je n'ai fait de chagrin à une femme. J'ai séché de mes baisers bien des larmes, mais jamais je n'en ai causé une seule »[1]) et qui pas un instant ne doutait de la supériorité du mode de vie britannique. Sauf quand il s'entretient avec ceux qui l'instruisent dans les parlers de l'Inde, Burton a plus d'une occasion de se rendre compte, lorsqu'il se déplace pour traiter avec des Hindous, que partout s'ourdit le complot, œuvre la fourberie. Il en vient aussi à constater qu'avec sa franchise habituelle, Napier en vient aisément à ses fins lorsqu'il négocie quelque accord avec les indigènes. Et Burton pense « comme lady Hester Stanhope que parmi les Anglais nul n'est en mesure de séduire davantage les Orientaux, ni de mener avec eux une transaction plus efficacement que ne peut le faire un brave, honnête, résolu et sincère officier de marine de la vieille école ». [2]

Mais si Burton approuve Napier d'avoir aboli l'esclavage, il considère pourtant – du fait qu'il a entendu se lamenter

---

1. William Napier, *op. cit.*, III, 331.
2. *Scinde; or, The Unhappy Valley*, II, 6.

plus d'un ancien affranchi, voué à la disette depuis que son maître l'a chassé – que cette mesure aurait dû être mise en œuvre plus graduellement. Il désapprouve en revanche l'application de la peine capitale aux hommes qui ont tué leur épouse adultère, et Napier en viendra à commuer ce châtiment en peine d'emprisonnement. Mais c'est toujours le réalisme, bien plus que la compassion, qui meut Burton, et il juge tout naturel de conseiller à Napier de continuer à exécuter les assassins en les plaçant dans un tube de canon pour les pulvériser comme de la grenaille plutôt que de les pendre, puisque pour tout musulman, ne pas être congrûment inhumé revient à perdre tout espoir d'aller au paradis. Aussi Burton préconise-t-il, pour prévenir la criminalité, d'incinérer les corps des musulmans qu'on a pendus, et aussi de flageller les pauvres et d'infliger des amendes aux riches, châtiments qui à ses yeux porteront en Inde des effets plus prononcés que l'emprisonnement. A cet égard, on sera sans doute tenté de voir en Burton un homme d'une brutalité révoltante, mais pareil jugement sera quelque peu nuancé si l'on se reporte aux descriptions qu'il donne, en note, des punitions traditionnellement infligées en Orient, et plus particulièrement de l'écorchement : « On commence par lever la peau de la plante du pied, et ensuite on dépouille en remontant, jusqu'à ce que le supplicié expire. »[1]

Bien que proscrite par Mahomet, l'homosexualité est monnaie courante parmi les musulmans, et cette pratique choque fort Napier, alors que Burton la juge – à la fin de sa vie tout du moins – avec bonhomie et détachement : dans le Sind, écrira-t-il, « ce vice est tout au plus considéré comme une peccadille dont le nom fleurit dans tous les livres facétieux [...] Chez les Afghans, qui voyagent beaucoup pour faire du négoce à vaste échelle, chaque caravane est accompagnée de jeunes garçons et d'adolescents quasiment accoutrés comme des filles, portant de longues tresses, les yeux cernés de khôl, les joues rougies au fard et les ongles des mains et des pieds

---

1. *Ibid.*, II, 70 *n.*

peints au henné [...] On les appelle *kouch-i-safari*, ce qui signifie : les femmes du voyage », et ils sont cause de « mortification perpétuelle » pour les Persanes. S'il faut en croire diverses rumeurs, plusieurs bordels homosexuels de Karachi seraient des lieux de perdition pour les soldats britanniques, et Napier, qui s'en inquiète fort, demande à Burton d'essayer de savoir ce qu'il en est au juste. Le rapport de son enquête vaudra à Burton tant de calomnies et d'humiliations qu'il attendra quarante ans, ce qui n'a rien pour étonner, avant de se résoudre à évoquer cette affaire, qu'il ne fera qu'effleurer au chapitre qu'il consacre à la pédérastie dans le dixième volume des *Nuits*.

En 1845, écrira-t-il, on apprit à Napier « que Karachi n'abritait pas moins de trois lupanars dans lesquels non point des femmes, mais des adolescents et des eunuques (les premiers exigeant presque le double du tarif) faisaient commerce de leurs privautés [...] Étant donné que j'étais le seul officier britannique à parler le sindi, on me demanda indirectement de faire une enquête afin de rendre compte de ce qu'il en était, et j'entrepris cette tâche à la condition expresse que mon rapport ne fût point porté à la connaissance du gouvernement de Bombay, les partisans de la politique tracée par le conquérant sachant fort bien que celui-ci ne ferait preuve que de bien peu de bienveillance, de justice et de pitié ». Habilement déguisé, il passe « bon nombre de nuits dans la ville, où [il] fréquente tous les lieux de stupre pour recueillir le plus possible de détails, lesquels sont dûment portés à la connaissance de la résidence du gouverneur ».

Burton décrit toujours de façon très explicite ce qu'il observe, et le rapport qu'il établit ne fait manifestement pas exception à la règle. Il mentionne le fait que les adolescents ont davantage de succès que les eunuques auprès de la clientèle, et cela, explique-t-il, « parce qu'on peut user du scrotum d'un jeune garçon non mutilé à la façon d'une bride pour diriger les mouvements de l'animal » [1]. Venant de Burton, le rapport ne

1. « Terminal Essay », qui constitue la section sur l'homosexualité, dans *Arabian Nights*, X.

scandalise pas Napier, et c'est là un détail important qu'il convient de garder en mémoire. Car à la différence de ce que pensent et penseront plus tard beaucoup d'autres, Napier ne considère pas que visiter un bordel masculin sous-entende automatiquement qu'on s'y livre à la débauche, ou bien qu'écrire sur « le vice » soit la preuve qu'on soit « vicieux » et dépravé. Mais il fait immédiatement fermer les établissements de plaisir et note dans son journal qu'il a assaini la moralité publique dans la région « en abattant les bêtes ignobles qui, vêtues en femmes, exerçaient au grand jour leur commerce », et que parmi leurs principaux clients comptaient les émirs eux-mêmes, comme le prouvait l'examen de leurs livres de dépenses. [1] Napier classe le rapport de Burton dans ses dossiers secrets, et nul n'en aura connaissance durant les deux années suivantes. [2]

Pendant ce temps des troubles éclatent au Panjab, où les turbulents Sikhs déclarent quasiment la guerre aux Britanniques, qui en représailles ne tardent pas à répliquer en envahissant le pays. Burton, qui est détaché à l'état-major du capitaine Walter Scott, déclare à son supérieur qu'il lui est pénible de rester éternellement « soldat au petit pied », et il démissionne pour rejoindre son corps et combattre. Il rallie donc le 18e d'Infanterie coloniale à Rohri, pour faire avec lui la longue marche sur Bahawalpur. Mais la guerre est finie et le Panjab conquis avant même que Burton puisse gagner le champ de bataille. Sur le morne chemin du retour, les officiers ne cessent de se chercher querelle les uns les autres, tant les rend amers le fait d'avoir perdu si belle occasion de glaner gloire et avancement. Henry Corsellis, le colonel de Burton, est de ceux qui les premiers font un esclandre. Un soir que Burton amuse ses camarades de mess en improvisant

1. William Napier, *op. cit.*, IV, 28.
2. Sur l'exemplaire de *Scinde; or, The Unhappy Valley* que possédait Charles Napier (l'ouvrage fait maintenant partie des collections de la bibliothèque Huntington), on lit en marge un certain nombre de commentaires de sa main, allant de l'approbation totale (« une description capitale ») à la contrariété (« connerie pure et simple ») et l'irritation (« se fout du monde, ce corniaud »). Voir I, 199; II, 125.

des bouts-rimés sur leurs noms, il prend grand soin, connaissant la susceptibilité de son supérieur, de passer le sien sous silence. Mais Corsellis exige de Burton qu'il compose quelques vers sur lui. « Fort bien, mon colonel, déclare-t-il, en ce cas, je vais vous écrire une épitaphe. » Et il a bientôt fait de produire ce distique :

> Hic jacet *Corsellis (sa dépouille, s'entend) :*
> *L'âme du colonel est, je crois, chez Satan.*

Corsellis prend très mal la chose, et les deux hommes en viennent à échanger de fâcheux propos. Burton ne s'étendra pas sur cette affaire, qu'il résumera en une phrase : « C'est peut-être la partie de ma vie sur laquelle mon esprit s'attarde avec le moins de satisfaction. »[1]

Juillet 1846 apporte au Sind le choléra. Soixante mille indigènes et quatre cents soldats britanniques périssent. Burton, qui contracte la maladie au mois de septembre, est effroyablement abattu. Quand il recouvre quelque peu la santé, il demande un congé pour aller en convalescence à l'hôpital militaire d'Ootacamund, près de Ponnani, dans les monts Neilgherry. L'endroit se situe sur la côte occidentale de l'Inde, au sud de Bombay. On lui octroie un congé de deux ans, ce qui laisse à supposer que l'infection l'a passablement éprouvé. Le 20 février 1847, c'est « malade et patraque, las et grincheux »[2] qu'il s'embarque pour Bombay. A Ootacamund il recouvre peu à peu ses forces, mais contracte aussitôt une autre affection, qu'il qualifie d'ophtalmie rhumatismale, laquelle lui rend toute lecture impossible, calamité qui pour Burton est l'équivalent de la surdité pour un musicien. Un régime sévère, l'enfermement en chambre noire, les vésicatoires et toute une gamme de déplaisants remèdes – l'un d'eux, un onguent à base de citrate, le rend presque aveugle – ne font qu'empirer le mal. Enfin les choses finissent par s'arranger, l'ophtalmie rétro-

---

1. Rapporté dans *Life*, I, 147.
2. *Goa and the Blue Mountains*, 1.

cède et il se plonge dans l'étude de nouvelles langues – cette fois il s'agit du télougou et du portugais – tout en continuant à perfectionner son arabe et son persan. L'apprentissage des langues lui permet, déclare-t-il, d'élever une barrière entre lui et les gens qui l'ennuient, et de se rendre « indépendant de la société ».

Il visite un peu la région en prenant suffisamment de notes pour composer un livre, que plus tard il publiera sous le titre de *Goa and the Blue Mountains* et, nous l'avons vu, il quitte à la hâte les lieux au bout de six mois – alors que permission lui a été accordée d'y séjourner deux ans – conséquence vraisemblable de la tentative d'enlèvement de la jolie nonne qu'il a rencontrée au couvent de Santa-Monaca. Il séjourne à Bombay suffisamment longtemps pour passer, le 15 octobre 1847, un examen officiel de persan, se classer premier parmi trente autres candidats, avec les félicitations spéciales du jury, et remporter le prix de mille roupies attribué par le Conseil des établissements britanniques en Inde.

C'est donc l'esprit ragaillardi que Burton retrouve dans le Sind, où Scott a fait le nécessaire pour qu'il reprenne sa place dans son état-major, ses vieux amis du corps des géomètres. Mais entre-temps un changement d'importance s'est produit : le général Napier s'est démis de ses fonctions et s'apprête à regagner l'Angleterre. C'est au début du mois de juillet qu'il a pris cette décision. « J'ai donné ma démission, écrit-il dans son journal. Ma femme est quasiment mourante. Je l'ai veillée dix-sept jours et dix-sept nuits. Elle ne peut rester ici davantage [...] Emily est alitée [...] avec une dizaine de sangsues sur la tête et sans pouvoir dormir autrement qu'en prenant de l'opium [...] Je suis un homme paralysé par les femmes et les enfants, comme un canard en gelée. » [1]

Souffrant encore de ses troubles ophtalmiques, Burton ne peut reprendre ses travaux d'arpentage. « Mon retour au quartier général des géomètres fut une calamité pour mes cama-

---

1. William Napier, *op. cit.*, IV, 73-4.

rades, écrit-il. Mes yeux m'interdisaient tout travail régulier, et c'étaient mes amis qui devaient faire ma part de besogne. » Mais durant ce qu'il appelle ses répits indolores il reprend sa cadence frénétique pour améliorer son sindi et son arabe, apprenant de mémoire le quart du Coran et s'initiant au soufisme, doctrine mystique née à l'intérieur de l'islam, particulièrement répandue en Perse et prônant l'extase par la contemplation. Il se soumet à tous les rituels de jeûne, de prière et de méditation requis, et on l'ordonne officiellement maître soufi. C'est apparemment au cours de cette période qu'il s'éprend de la mystérieuse Persane dont les charmes affleurent dans sa poésie et dont la mort, nous l'avons vu, le plongent dans le désespoir.

L'année 1847 apporte également la preuve de sa première activité originale d'érudit. Il commence en effet à traduire les charmantes *Fables* de Pilpay, l'Ésope indien [1]. Il rédige aussi deux communications basées sur ses études linguistiques dans le Sind, et aussi deux études (à vrai dire, il s'agit de brefs documents ethnologiques) sur les habitants de la région [2]. On y trouve des descriptions du costume, de la religion, du caractère et de l'instruction propres aux Sindiens, avec, çà et là, de ces élans de vivacité teintée de dogmatisme qu'on retrouvera plus tard dans tous les écrits de Burton. « Les Balouches, affirme-t-il,

1. Chose curieuse, cette première en date des traductions de Burton (cent pages de manuscrit) a échappé en 1861 à l'incendie de l'entrepôt de Grindlay, puis aux incinérations de sa femme et de sa belle-sœur, aux bombardements de Londres durant la Seconde Guerre mondiale, et même, plus récemment, à l'inondation du sous-sol de la bibliothèque Kensington. Toujours inédit, le manuscrit est actuellement détenu par le Royal Anthropological Institute de Londres.

2. Intitulés respectivement « Notes and Remarks on Dr Dorn's Chrestomathy of the Pushtu or Affghan Language » et « A Grammar of the Játaki or Belohcki Dialect », ces écrits scientifiques furent publiés en janvier 1849 dans l'édition de Bombay du *Royal Asiatic Society Journal* (III, n° 12, 58-69, 84-125). Quant à « Brief Notes relative to the Division of Time, and Articles of Cultivation in Sind », ainsi que « Notes relative to the Population of Sind, and the Customs, Language, and Literature of the People », ils furent publiés dans *Bombay Government Records*, N° XVII, Nouvelle série, II, 1855, 613-36, 637-57, 1855.

seraient plus volontiers aptes à couper un mouton en deux qu'à s'instruire dans toutes les sciences jamais étudiées a Bagdad ou Bokhara », et le Sindien moyen est « notoirement couard, sans vergogne, porté à s'intoxiquer, sale de sa personne et immoral à l'extrême ». Les « femmes hindoues » trouvent davantage grâce à ses yeux, puisqu'il dit d'elles qu'elles « semblent aimer l'intrigue amoureuse [...] possèdent amplement leur part de beauté et ne s'adonnent que rarement, pour ne pas dire jamais, à la prostitution ». Il propose un répertoire des provisions de bouche et des vêtements qui seraient utiles aux soldats britanniques et expose en quelques mots les propriétés des drogues – alcool, opium, *maajoun* et *tadhal* – avec lesquelles les indigènes ont coutume de s'intoxiquer.

Quant à ses deux communications de nature ethnologique – l'une d'entre elles a été écrite en collaboration avec le chirurgien J.E. Stocks –, il les soumet au gouvernement britannique en Inde, en vue d'une éventuelle publication, les 31 décembre 1847 et 2 mars 1848. La réception des documents précipite à Bombay une crise qui plus tard amènera Burton à quitter l'Inde. En effet, le successeur de Napier – à moins qu'il ne s'agisse d'un officier placé sous son commandement – a perfidement retiré des dossiers secrets le rapport sur les bordels de Karachi, rédigé deux années auparavant, pour l'envoyer à Bombay sous le même pli que les inoffensives études traitant des us et coutumes des Sindiens. Les documents étaient accompagnés d'une note recommandant le renvoi de Burton des cadres de l'armée. Plus tard, celui-ci ne désignera pas nommément son ennemi, et on ne peut que prêter cette malveillance soit au colonel Corsellis, soit à son supérieur le général Auchmuty. Quoi qu'il en ait été, Burton commentera cette affaire de façon quelque peu sibylline :

« Mais le *Frère du diable* quitta bientôt le Sind en laissant dans son bureau mon malheureux compte rendu, et celui-ci fut acheminé à Bombay avec divers autres rapports, pour y produire le résultat prévu. Un ami attaché au Secrétariat m'apprit que l'un des successeurs de sir Charles Napier avait officiellement demandé ma mise à pied expéditive. » [1]

Burton n'est pas congédié. Il n'aurait guère été de bonne politique de renvoyer un homme qui n'a fait que remplir la mission de renseignement que ses supérieurs lui ont confiée, et à Bombay quelqu'un a certainement dû plaider sa cause. Mais sa réputation en Inde n'en est pas moins ruinée, et cela, il en a la preuve depuis déjà quelque temps. Dans l'intervalle, en avril 1848, a éclaté la deuxième guerre contre les Sikhs, et les Britanniques ont essuyé de lourdes pertes. Cette fois encore Burton tente de gagner le théâtre des opérations, ainsi qu'il l'écrit le 14 novembre 1848 à sa cousine Sarah Burton :

« Je vais garder cette lettre ouverte pendant dix à douze jours encore, car mon destin va se jouer durant ce temps-là. Une furieuse affaire a éclaté dans le Multan et le Panjab et j'ai fait une demande auprès du commandant en chef pour partir là-bas avec lui dans son état-major. Encore quelques jours et la décision sera prise... je ne m'en inquiète pas trop. J'ai beau souffrir encore un peu de ma vieille affection (mon

---

[1] « Terminal Essay », *Arabian Nights*, x, 205. L'original de ce fatidique rapport semble à tout jamais perdu. M. Stanley Sutton, directeur de l'India Office Library (bibliothèque du Bureau des affaires indiennes), a eu l'extrême obligeance de faire effectuer à ma demande des recherches dans les archives du Bureau, et aussi de demander au Dr P.M. Joshi, directeur des Archives de Bombay à Delhi, de procéder lui aussi à des vérifications au sein de ses propres services. Mais les deux démarches ont été infructueuses. Le Dr Joshi pense qu'en 1936 le fameux rapport a pu être envoyé au Pakistan occidental, en même temps que bon nombre d'autres archives. Mr Mian Mohammed Sadullah, conservateur des archives gouvernementales du Pakistan occidental à Lahore, a pour sa part procédé à des recherches tout aussi vaines. Dans le répertoire des œuvres inédites de Burton dressé par Minnie Grace Plowman après la mort de l'auteur, figure le titre « Sind-Karachi ». Peut-être s'agissait-il là d'un duplicata du rapport sur les bordels de Karachi. S'il en était ainsi, le document a très certainement été brûlé par Isabel Burton ou par sa sœur. Voir Norman M. Penzer, *An Annotated Bibliography of Sir Richard Francis Burton*, 183, 198.

ophtalmie) je ne veux pas laisser passer une occasion pareille. » [1]

C'est plus tard que Burton relatera, dans une notice autobiographique, cet épisode de son existence :

« J'ai sollicité dans les termes les plus implorants un poste d'interprète pour accompagner la force [combattante]. J'avais passé des examens dans six langues indigènes, et par ailleurs j'en avais étudié d'autres, y compris le multani [la langue de l'ennemi sikh], et pourtant le secrétaire du général Auchmuty m'a écrit que ma requête ne pouvait aboutir, étant donné qu'on avait déjà pourvu le poste et choisi le lieutenant XYZ, lequel a été reçu [seulement] en hindoustani. Cette ultime infortune m'a accablé. J'avais passé en Inde sept ans à travailler comme un forçat. J'avais été volontaire pour y accomplir toutes les tâches et m'étais préparé à toutes les éventualités. L'ophtalmie rhumatismale qui avait quasiment disparu lorsque j'espérais qu'on me désignerait pour cette marche vers le nord, est revenue à la charge avec une violence redoublée, et je ne pouvais plus espérer m'en guérir autrement qu'en regagnant l'Europe. Malade, abattu, pleurant de rage ou presque, j'ai fait mes adieux à mes amis et camarades du Sind. » [2]

Quand il a pris connaissance de l'accablante nouvelle, il n'avait pas encore posté la lettre à sa cousine Sarah. En sorte que le 25 novembre 1848 il y ajoute quelques papiers scellés, ainsi que ce post-scriptum, lequel dissimule à peu près tout ce qu'il peut bien ressentir : « Je ne prendrai pas part à l'offensive dans le Multan, étant donné qu'on a rappelé le général avec qui je pensais aller là-bas. Aie l'obligeance de bien vouloir faire parvenir à mon père les documents ci-inclus. J'ai hésité à les lui envoyer directement en Italie, car ils contiennent des papiers de quelque importance. »

1. Conservée dans la famille, cette lettre a été publiée par Thomas Wright. Voir *Life of Sir Richard Burton*, I, 84-7.
2. Cité dans *Life*, I, 162.

Ces « papiers de quelque importance », Burton a dû avoir le plus grand mal à les écrire. Car il ne lui était guère facile d'expliquer à quiconque, et moins encore à ses parents, le naufrage de sa carrière militaire. Sa mère est malade, et manifestement bouleversée par la mort de sa propre sœur [1]. Quant à son père, rappelons-le, c'était « un homme éminemment moral ».

La discrète odeur de soufre – que Burton a fait naître et qu'il abhorre – continuera de flotter partout en Inde autour de lui, et toute sa vie durant on colportera sur son compte « des choses pas très jolies » [2]. Il aura beau vanter la séduction des femmes de l'Orient par des centaines de phrases affectionnées, rien n'y fera. Il convient pourtant de rappeler que si, à cette époque, l'homosexualité était vraisemblablement aussi répandue en Angleterre que de nos jours, nul ne se serait avisé d'en rien écrire, si ce n'est pour dénoncer ce péché haïssable, et que l'idée même de donner une description clinique de cette pratique choquait profondément les Anglais. Ce n'est qu'en 1884 que Burton songera à écrire sur l'homosexualité dans le dessein d'être publié (fût-ce à compte d'auteur). Mais la documentation qu'il amassera pour rédiger le courageux essai sur la pédérastie qu'il fera figurer dans le « Terminal Essay » de ses *Mille et Une Nuits* traduit très certainement ce qu'il a vécu en Inde. On a en effet l'impression qu'il a tout gardé en mémoire, jusqu'à cette troublante histoire recueillie en Perse, et qu'il intégrera dans l'ouvrage : « Selon la loi musulmane, quiconque est convaincu de sodomie est condamné à mort, mais là encore toute la difficulté est d'établir la matérialité des faits. A Chiraz, on m'a rapporté l'histoire d'un pieux musulman qui avait exécuté publiquement son fils. » [3]

Burton quitte le Sind le 13 mai 1849. A Bombay, son état

---

1. C'est de son père que Burton tient cette nouvelle. Voir Thomas Wright, *Life of Sir Richard Burton*, I, 84, 87.
2. Maria-Louise Ouida, « Richard Burton », *Fortnightly Review*, LXXIX, 1044, 1ᵉʳ juin 1906.
3. *Arabian Nights*, V, 160 *n.*

de santé empire, au point d'inquiéter ses amis hindous. « Il est écrit que tes jours sont comptés, alors écoute nos conseils et rentre chez toi pour y mourir », lui disent-ils. Hâve, à demi aveugle et accablé comme seul peut l'être un homme qu'écrase le sentiment de son échec et de sa faute, il s'embarque pour l'Angleterre, en compagnie de son serviteur hindou, sur l'*Eliza*, un brick en teck vieux de soixante ans. Peu de temps après l'appareillage de Bombay, Burton est si certain de ne jamais arriver vivant à Londres qu'il écrit à sa mère une lettre d'adieu.

VII

PREMIERS ÉCRITS

> *Il faut savoir que ce sont là les effets du chanvre et des livres, dans les régions de l'imagination, dans l'univers scriptural... étrange lieu où les hommes sont généreux, les femmes constantes, les jeunes avisés et les vieux bienveillants.*
>
> Scinde; or, The Unhappy Valley

Le temps et l'éloignement, qui souvent guérissent les maux que fait naître le sentiment d'avoir failli, ont exercé un peu de leurs pouvoirs magiques durant la traversée, et quand Burton arrive à Londres sur la fin de l'automne 1849, flanqué du domestique musulman enturbanné qui a pris soin de lui depuis le départ de Bombay, il est amaigri et défait, certes, mais sans pour autant donner l'impression d'être au plus mal. Après avoir rendu visite à quelques parents il repart pour Pise, où son père et sa mère vivent de façon plus ou moins permanente. Sept ans se sont écoulés depuis qu'il leur a fait ses adieux en Angleterre, et il ne nous dit rien de son retour de fils prodigue impécunieux. Plus tard, lorsqu'il reviendra de son voyage à La Mecque, il décrira ainsi ce que lui font ressentir ses retrouvailles avec « l'agitation » de la civilisation européenne : « L'air des cités vous suffoque, et l'attitude accablée, mortuaire des citoyens, vous hante comme une vision de jugement dernier. »[1]

Sa sœur Maria – elle a fait en 1845 un excellent mariage en épousant un général de corps d'armée, sir William Stisted, à qui elle a donné deux filles – est elle aussi en Italie, où elle

---

1. *Pilgrimage to El-Medinah and Meccah*, I, 151. Étant donné que ce texte a été écrit par Burton avant son retour de La Mecque, il est manifeste qu'il fait ici référence à son arrivée en Europe après son long séjour en Inde.

a préféré rester auprès de ses parents plutôt que de suivre son mari en Inde. Tout de suite Maria s'emploie à aider son frère à se réadapter, et quand il regagne l'Angleterre elle y revient avec lui. Georgiana, la nièce de Burton, n'a pas encore quatre ans, mais elle se souviendra parfaitement de la traversée des Alpes dans une voiture attelée, en compagnie de sa mère, de son oncle Richard, d'une domestique anglaise et d'« un Oriental haut en couleur, mais renfrogné, du nom d'Allahdad ». Son oncle, qu'elle décrira plus tard sous les traits d'un « bel homme, grand et large d'épaules », est plus souvent hors de la voiture que dedans, et de temps à autre il lui donne à sucer de la neige, lui affirmant que c'est du sucre.

Peu après, madame Burton vient rejoindre ses enfants en Angleterre. Allahdad est alors rembarqué pour Bombay et Richard se retrouve entouré exclusivement de femmes. Pendant quelque temps il caresse l'idée de retourner à Oxford, mais la perspective de côtoyer là-bas les blancs-becs du Trinity College lui est aussi insupportable que celle de retomber sous la coupe de professeurs autoritaires. Aussi préfère-t-il s'essayer à l'écriture. Entre-temps, s'il faut en croire Georgiana Stisted, il s'éprend d'une de ses jolies cousines, Elizabeth Stisted, jeune fille « vive, aimable et bien dotée », laquelle épouserait volontiers Burton, si ses parents ne jugeaient assez piètres les perspectives d'avenir du prétendant et ne s'opposaient à l'alliance. Humilié, amer – même si « son affection pour la cousine manque de l'intensité de l'amour qu'il avait voué à la jeune morte du Sind », ainsi que l'affirme sa nièce –, Burton retraverse la Manche pour gagner Boulogne, où sa mère et sa sœur, alarmées par son abattement, ne tardent guère à le suivre.[1]

Pendant quatre années – entre vingt-neuf et trente-deux ans – Burton sera le seul mâle au milieu de deux femmes et de deux fillettes qui l'adorent. Edward, qui à présent est

---

1. Georgiana Stisted, « Reminiscences of Sir Richard Burton », *Temple Bar*, Juillet 1891, 335-342; *The True Life of Captain Sir Richard F. Burton*, 58.

devenu chirurgien-major à Ceylan, viendra de temps à autre en Angleterre, à l'occasion d'une permission, et de son côté Joseph Burton, que tourmente son asthme et qui semble avoir abdiqué tout à coup ses prérogatives de chef de famille en faveur de son fils aîné, arrivera lui aussi de Pise, peu fréquemment, pour passer quelque temps avec les siens. « L'air vif ne convenait pas à son affection », écrira euphémiquement Georgiana. Quant à la mère de Burton, « elle est devenue quasiment impotente, mais à la différence de la plupart des personnes qui ne peuvent se mouvoir que péniblement, elle prodigue des trésors d'affection et son dévouement est inépuisable ». On ne peut guère imaginer plus bel agencement de vertus pour faire d'une mère possessive un tyran domestique.

Pendant ce temps, Maria s'emploie à régenter son frère, à freiner ses « excentricités vestimentaires » et remédier à la « rusticité de ses façons ». En 1851, elle se fait portraiturer avec lui, et le peintre français, François Jacquand, représente Burton sous les traits d'un homme jeune, au visage de beau ténébreux, portant une invraisemblable moustache noire qui lui retombe de part et d'autre du menton. N'étaient leurs grands yeux, le frère et la sœur ne se ressemblent pas. A côté de lui, Maria paraît frêle, toute menue, et elle n'a rien de cette expression fiévreuse et résolue qui le caractérise. La brosse de l'artiste a saisi la tendresse qui les unit, et le plus remarquable, c'est que Burton, qui jamais ne consacrera une ligne de ses écrits à sa sœur, ait pu se laisser convaincre de se prêter de bonne grâce aux séances de pose requises par l'exécution d'un portrait qui si manifestement témoigne de leur mutuelle affection. Georgiana laisse à entendre dans son livre que sa mère a œuvré avec opiniâtreté pour persuader Burton de se marier, tout en ajoutant qu'« avec le bon sens qui lui était propre elle encourageait les plus prometteuses, et uniquement les plus prometteuses, des affaires de cœur de son frère ». En pareilles circonstances, le plus invraisemblable, durant ces quatre années, eût été que Burton se décidât à se marier. Aussi se garde-t-il bien de le faire.

Pendant ce temps, il écrit fiévreusement. D'avoir retrouvé la santé a ravivé en lui toutes ses ambitions, mais n'a rien fait pour atténuer la hargne qu'il nourrit à l'endroit de la Compagnie britannique des Indes orientales. Son premier écrit consiste en un virulent pamphlet, qu'il eût assurément mieux fait de garder sous le boisseau, et dont la nature ne nous est indirectement connue que par des allusions contenues dans des textes postérieurs. De toute évidence, Burton déballe tout ce qu'il a sur le cœur et crache ses quatre vérités à la direction de la Compagnie, à savoir ce que les Hindous pensent réellement des Britanniques, qui à leurs yeux ne sont « ni courageux, ni astucieux, ni généreux, ni civilisés, ni quoi que ce soit sinon de fieffés gredins... » Et Burton d'ajouter que « tous les fonctionnaires de Sa Majesté se font acheter, [...] que leur attitude est éminemment choquante... et qu'ils ne sont que de répugnants parjures [...] Les Hindous, déclare encore Burton, préparent en Orient une Saint-Barthélemy » et attendent impatiemment l'heure où « l'immonde envahisseur » sera chassé de l'Inde [...] pressentiment que viendra pleinement corroborer la révolte des Cipayes en 1857 [1].

« Inutile de dire, écrit Burton, que tout le monde refusa de publier [ce texte] et qu'on me fit bien des menaces. » S'il avait été non point un officier de l'armée, mais un entreprenant journaliste, et s'il avait publié son pamphlet dans la presse britannique, on l'eût probablement applaudi, car en Angleterre plus d'un esprit avisé portait de très sévères jugements sur la « John Company » (appellation populaire de la Compagnie des Indes). Mais Burton contrevenait à une règle fondamentale pour un militaire, l'obligation de réserve, et c'était

---

1. Cette citation n'est pas tirée du pamphlet dont il est question ici, mais de *Pilgrimage to El-Medinah and Meccah*, I, 38. Dans une note infrapaginale, Burton y mentionne que les sentiments ainsi exprimés sont identiques à ceux du « rapport beaucoup plus cinglant » envoyé par lui en 1852 au collège des directeurs de la Compagnie. Rapport, ajoute-t-il, qu'on m'a fait « dûment payer ».

à ses supérieurs qu'il s'en prenait. Jamais on ne le lui pardonnera.

En moins de deux ans il écrira sur sa lancée quatre ouvrages traitant de l'Inde – soit 1 503 pages au total – qui tous seront publiés en 1851 et 1852. Intitulé *Goa and The Blue Mountains* (« Goa et les montagnes bleues »), le premier consiste essentiellement en une description des divers peuples habitant Goa : Hindous de la côte de Malabar et montagnards toda, chez lesquels la polyandrie était encore généralisée. Le livre, quelque peu décousu – on sent que l'auteur se fait la main – n'a aucun succès. Mais déjà on devine qu'il est l'œuvre d'un observateur scrupuleux que passionne l'étrange, et qui de plus a le talent d'en faire partager la saveur par une écriture rigoureuse, que tempère un humour grâce auquel jamais l'auteur ne tombe dans le vulgaire ou le sensationnel. A Malabar, écrit-il, « il est d'usage, pour les femmes vertueuses de la tribu des Tiyar, d'exposer la totalité de leur personne au-dessus de la taille, alors que la coutume oblige les créatures légères à se vêtir tout le corps ». Lorsque les Anglaises engagent une domestique tiyar, poursuit-il, elles tentent de les convaincre d'« adopter un costume un peu moins naturel », mais ce louable dessein « a généralement les mêmes effets que si on proposait à une Anglaise de faire l'inverse »[1].

Plus ambitieux que *Goa*, son *Scinde; or, The Unhappy Valley* (« la Vallée du malheur ») est avant tout une relation de voyage rédigée à l'aide des notes prises par Burton lors de son périple dans le nord du Sind en compagnie du capitaine Walter Scott. Le troisième ouvrage, intitulé *Sindh, and the Races that Inhabit the Valley of the Indus*[2] (« Le Sind et les Races de la vallée de l'Indus »), consiste en une substantielle étude ethnologique écrite à une époque où l'anthropologie culturelle était encore une discipline si jeune qu'elle ne pouvait ni mesurer ses découvertes à aucun corps de savoir antérieurement constitué, ni juger de sa propre valeur épis-

---

1. *Goa and the Blue Mountains*, 222.
2. L'orthographe des noms propres chez Burton est souvent capricieuse. C'est ainsi qu'il écrit le mot Sind de quatre façons différentes.

mologique [1]. Le quatrième livre écrit par Burton, *Falconry in the Valley of the Indus*, est un bref traité de chasse au faucon (assorti de composantes ethnographiques) dont le principal intérêt tient pour nous aux notes autobiographiques contenues dans son appendice.

La rédaction de ces livres – veut-il, en les publiant, prendre une revanche à présent que sa carrière est brisée, sa réputation ternie ? – l'oblige à revenir sur sept années qui dans sa vie auront beaucoup compté. D'aucuns verront là une manière de thérapie, mais il reste qu'à la lecture des textes on voit bien rarement Burton se remettre en question ou exprimer des regrets. Et quand il lui arrive de le faire, c'est de façon détournée, absconse et volontiers hermétique. Ainsi, lorsqu'il parle des orientalistes britanniques en Inde – et là, il faut véritablement lire entre les lignes pour comprendre que c'est lui-même qu'il décrit –, il les compare à des « gamins qui finissent par tout vouloir essayer. Ils ont trop lu. Ils ont trop écrit. Ils sont un rien trop malins... et monstrueusement sûrs d'eux-mêmes. Leur vanité les a poussés à renier leur nationalité. De Britanniques ils se sont faits Grecs pour se mesurer aux Grecs sur le terrain de la friponnerie. Et lamentablement ils ont toujours échoué. » Plus tard, il aura ce propos attristé : « Les naturels de l'Inde, j'en suis convaincu, ne peuvent avoir de respect pour l'Européen qui partage familièrement leurs mœurs, ou plus particulièrement imite leurs coutumes, leurs manières d'être et de se vêtir. Les pantalons serrés [des soldats britanniques], leur voix autoritaire, leur attitude de petits seigneurs et le charabia d'hindoustani qu'ils infligent aux indigènes... pèsent plus lourd que la compréhension et la sincérité, l'intelligence et le courage. » [2]

Toute sa vie Burton a lutté contre l'inauthentique, le

---

1. L'abbé J.A. Dubois, missionnaire français qui avait séjourné en Inde de 1792 à 1823, avait lui aussi écrit une étude d'égal mérite, intitulée *Us et Coutumes des Hindous*. Traduit en anglais par Henry K. Beauchamp en 1897 (sous le titre de *Hindu Manners, Customs and Ceremonies*), cet ouvrage compte parmi les grands précurseurs de l'anthropologie culturelle moderne.

2. *Scinde; or, The Unhappy Valley*, II, 7; *Pilgrimage to El-Medinah and Meccah*, I, 40.

contrefait, et, bien qu'il soit passé maître en l'art de se déguiser (et aussi de dissimuler lorsqu'il parle à la première personne), jamais il ne travestit la vérité lorsqu'il décrit les us et coutumes des indigènes. Là, il est la véracité même. Tout se passe, dirait-on, comme s'il ressentait la nécessité de s'en tenir à l'exactitude des faits rapportés, de crainte d'être pris en flagrant délit de mauvaise foi ou d'accommoder à sa façon la vérité, comme il lui arrivera souvent de le faire devant un public conquis. Aussi ne nous fait-il grâce de rien, accumulant appendices et notes en bas de page (son gros ouvrage sur le Sind ne compte pas moins de cinq appendices et 599 notes), comme pour prouver qu'un auteur n'est pas un homme dont on puisse mettre en doute l'intégrité.

Bien qu'il fasse de son mieux pour purger ses livres de toute considération de nature politique, il ne peut se défendre d'égratigner de temps à autre l'impérialisme britannique. « Chaque fois que madame Britannia s'apprête à enfreindre le huitième commandement, écrit-il, alors elle fait preuve d'une grande piété, n'en finissant plus de s'extasier sur l'aube triomphale du christianisme, le doigt de la Providence, la propagation de la civilisation et les infinis bienfaits qu'elle prodigue aux barbares en les autorisant à devenir ses sujets et à lui verser des rentes. » Il ose même formuler noir sur blanc la grande crainte inavouée qui est celle de tout officier de l'armée de Bombay quelque peu conscient des réalités : « Chacun sait que si les peuples de l'Inde pouvaient s'entendre, ne serait-ce que pour une seule journée, nous serions chassés de leur pays comme poussière devant une trombe. »[1]

Mais le grand dessein de Burton est syncrétique. Il est de rapprocher l'Orient de l'Occident, et, là où il excelle, c'est quand il examine les influences exercées par telle ou telle civilisation sur telle autre, celle de l'islam sur l'hindouisme, par exemple, ou du catholicisme portugais sur la mentalité indienne, ou encore de la culture indienne sur les valeurs

---

1. *Scinde; or, The Unhappy Valley*, I, 182; *Goa and the Blue Mountains*, 158.

britanniques traditionnelles. Ses meilleurs récits sont bien souvent l'illustration de la banale incompréhension qui creuse un fossé culturel entre deux races. L'histoire du colonel britannique et du Sindien qui se noie en est un bon exemple. Voyant un indigène se débattre dans le courant d'une rivière, le colonel donne l'ordre aux hommes qui travaillent sur la berge de secourir celui qui va bientôt couler. Mais comme nul ne fait un mouvement pour sauter à l'eau, il les frappe de sa houssine, alors qu'en leur proposant une roupie, nous dit Burton, ils se seraient immédiatement précipités dans le courant. Mais les Sindiens se sauvent pour échapper aux coups de fouet, et le colonel est obligé de plonger pour sauver l'homme qui se noie. Sitôt que celui-ci a repris pied sur la rive, au lieu de se répandre en remerciements, il tient au colonel ce propos : « Puisque tu as préservé ma vie, Sahib, que vas-tu me donner à présent ? » Furieux, l'Anglais a un haut-le-corps et refuse de faire la charité à l'indigène, qui maintenant lui vocifère des injures. L'histoire s'achève à l'instant où l'officier, indigné, fouette à tout va le pauvre bougre dont il vient de sauver l'existence [1].

C'est avec beaucoup de finesse que Burton explique comment le très ancien hindouisme a pénétré et modifié l'islam militant lorsque cette religion toute neuve a conquis une partie de l'Inde. Les Hindous qui se sont faits musulmans, déclare-t-il, « considéraient, comme en général le font ceux qui ne peuvent vivre sans foi, que mieux valait croire trop que ne pas croire assez ». Bien souvent un lieu saint islamique est venu se superposer à un lieu saint hindouiste, et nul ne s'est avisé d'en faire disparaître les vieux symboles sexuels, yonis et lingams, les premiers consistant en des cavités, naturelles ou artificielles, creusées dans le rocher, les seconds en des représentations phalliques sculptées dans la pierre et placées sur les rives des étangs. Cependant, Burton n'ose encore décrire dans le détail les pratiques rituelles liées au culte du lingam. « Vous attendez de moi que je m'étende un peu sur ces pierres

---

1. *Falconry in the Valley of the Indus*, 54.

érigées, barbouillées de rouge... Il me faut placer sur mes lèvres le sceau du silence, à mon grand regret. » Et sur ce chapitre il n'en dit guère plus, sinon que, lorsque les Hindoues sont enceintes, on les mène dans quelque lieu consacré pour les y faire asseoir sur tel ou tel lingam bien particulier, dans l'espoir que le fœtus qu'elles portent, s'il est de sexe féminin, soit miraculeusement changé en garçon.

Si Burton se révèle observateur plus impartial et détaché que les autres officiers britanniques en Inde, c'est probablement parce qu'il a mis un terme à toute pratique religieuse, et aussi parce qu'il déplore la christianisation des indigènes. A Goa, où, dit-il, c'est à la terreur de l'Inquisition qu'il convient d'attribuer la grande majorité des conversions, ceux qui étaient jadis de bons hindouistes et de bons musulmans sont devenus de mauvais chrétiens, notoirement malhonnêtes et toxicomanes. Et ce qu'ont entrepris les frères portugais, leurs successeurs européens n'ont rien fait pour l'améliorer. Les Todas, écrit-il, qui autrefois formaient un peuple noble et incapable de gueuserie, sont devenus « d'inlassables et invétérés mendiants... moralement ruinés par la collision qui les a mis au contact des Européens... et dont la chasteté, la sobriété et la tempérance se sont effondrées devant la grande tentation [exercée par] les roupies, les objets de luxe apportés de l'étranger et les boissons fortes »[1].

La plupart des biographes de Burton ont abusivement écrit de lui qu'il préférait l'islam au christianisme. A vrai dire, il fait preuve de la même sévérité lorsqu'il s'en prend à ce que, dans une religion comme dans l'autre, il tient pour des superstitions et des niaiseries. Et bien que pendant un certain temps il se soit plongé dans le soufisme, jamais il ne s'est laissé tenter par le mysticisme. Au contraire, c'est avec une vive curiosité qu'il a observé les fanatiques soufis se proclamer divins lorsque s'achevait leur période initiatique, et c'est alors qu'il a jugé qu'il existait d'évidentes affinités entre les outrances

---

1. *Goa and the Blue Mountains*, 162, 351. Voir aussi *Sindh, and the Races... of the Indus*, 333, 406; *Scinde; or, The Unhappy Valley*, I, 120-1.

du mysticisme et le dérangement d'esprit. Il relève l'identité des méthodes de guérison des thaumaturges hindous (l'imposition des mains sur les parties douloureuses du corps du malade), et de celles qui sont depuis peu à la mode en Europe, où triomphe le mesmérisme. Plus tard, il s'initiera à l'hypnotisme et s'entendra admirablement à provoquer l'état de transe.

Toutes les reliques, sans exception, l'enchantent, et il adore rattacher les miracles à quelque phénomène banal qui les explique. « User de supercherie, écrit-il, est d'une façon générale fort commode à tous ceux qui ne ménagent pas leur peine pour enjoliver et promulguer le miracle : ceux qui savent les choses sont ou bien suffisamment rusés pour se taire, suffisamment roublards pour faire semblant d'y croire, ou suffisamment veules pour ne pas risquer de se discréditer ou de passer pour des menteurs en clamant la vérité. » En dépit de ces subtilités, Burton n'en est pas moins ravi par les croyances populaires, dont il se gausse gentiment. Il a recueilli et il résume dans ses livres sur le Sind de multiples contes dont il raille l'absurdité, comme pour excuser la fascination qu'ils exercent sur son esprit. Par la suite, avec une plus grande maturité de regard, il les traduira dans leur entièreté pour les publier avec une affection visible, et sans plus se chercher de fausses excuses.

Dans ses livres sur l'Inde comme dans ceux qu'il écrira ultérieurement, Burton, de par son style, dresse un certain nombre de barrières entre lui-même et son lecteur. Il est volontiers profus, brouillon, semant partout des allusions, véritable chaos qui obstrue le sentier qu'il ne se donne pas même la peine de dégager par quelque explication. Parfois aussi il est tout simplement verbeux, collectionnant et exhibant des mots polysyllabiques ou tombés en désuétude comme s'il s'agissait d'affiquets. Ce qui, dans le premier chapitre de *Scinde; or, The Unhappy Valley*, nous vaut, entre autres mignardises, « triduau », « cataleptique », « coquecigrue », « gravéolent », « sesquipédalien », « agnomen », « confabuler », « succédané », « vatication », « cachinnatoire » et « vellication ». Néanmoins, comme l'a relevé Alan Moorehead, Burton « écrit d'instinct. Il est aussi à l'aise avec sa plume que d'autres le sont en faisant la conversation. Comparaisons, mots d'esprit, traits d'imagination, hypothèses scientifiques et théories explicatives de l'histoire lui viennent tout naturellement, comme en un irrépressible bouillonnement. Le langage est johnsonien [1], le ton tour à tour ironique, exubérant, pédantesque, rhétoricien, et à l'occasion franchement sarcastique ». [2]

D'une façon générale, la critique fait un accueil aimable, gentil, à ses ouvrages sur l'Inde. Gentillet, plutôt, un rien condescendant et dépourvu de finesse. L'influent rédacteur en chef de l'*Athenæum* qualifie *Goa and the Blue Mountains* « tout à la fois de bon et de mauvais livre » et estime qu'il faudrait en brûler le tiers et récrire les deux autres. Dans la même revue, *Scinde; or, The Unhappy Valley* vaut à Burton la mention « habile, intelligent, tapageur », mais le critique désapprouve les « opinions extrémistes » formulées dans ce qui à ses yeux n'en est pas moins « le meilleur ouvrage sur le Sind ». Mais quand Burton réplique avec vivacité dans *Falconry in the Valley of the Indus*, le rédacteur en chef de l'*Athenæum* prend la mouche et parle de l'habitude, prise par Burton, de vivre parmi les indigènes, en des termes qui frisent la diffamation. [3]

La plupart des critiques ne savent pas très bien que penser de Burton. Ils citent de vastes passages de ses textes, mais la plus grande partie de l'œuvre, de par son caractère si particulier, les effarouche ou les déconcerte tant qu'ils se gardent bien de formuler les louanges que mérite l'auteur. Ils se sentent plus à l'aise avec les minces et prudents ouvrages publiés antérieurement sur le Sind, celui de James Burnes, par exemple (*Narrative of a Visit to the Courte of Sinde at*

---

1. Nous dirions « académique » : Samuel Johnson a, au milieu du XVIIIe siècle, dans son *Dictionnaire de la langue anglaise*, codifié la syntaxe. (*NdT*)
2. Richard Burton, *The Lake Regions of Central Africa*, 2 vol., New York, 1961, édité avec un avant-propos d'Alan Moorehead, XI.
3. *Athenæum*, 19 avril 1851, 423-5; 25 octobre 1851, 1111-12; 17 juillet 1852, 765-6.

Hyderabad on the Indus, Édimbourg, 1839), ou encore celui de T. Postans (*Personal Observations on Sindh : the Manners and Customs of its Inhabitants*, Londres, 1843). Tandis que Burton, lui, ainsi que l'a récemment souligné W.G. Archer, écrit avec l'aisance et le détachement des grands anthropologues du vingtième siècle. Il écrit comme le feront Malinowski dans *la Vie sexuelle des sauvages de Mélanésie*, Geoffrey Gorer dans *Un village de l'Himalaya*, ou encore Verrier Elwin dans *les Baïga*, « ouvrages qui décrivent jusque dans le détail la place qu'occupe la vie sexuelle dans l'existence villageoise. Dans l'Inde de 1845, nul n'avait encore procédé de cette façon. Burton a découvert la sexualité indienne ». [1]

Les livres de Burton ne se bornent pas à nous apprendre l'histoire du Sind et les caractéristiques distinctives des Pathans, des Sindiens, des Djats, des Balouches, des Kouadjeh, des Mohanas et des sept castes d'Hindous. Ils nous parlent aussi d'irrigation, d'impôts, de criminalité, d'éducation, des drogues et de la corruption de la fonction publique. Mais cette abondance de faits s'efface devant la somme extraordinaire d'informations que nous livre Burton sur les superstitions et les pratiques entourant la naissance et l'allaitement, sur les cérémonies de la circoncision, de la puberté et du mariage, sur les châtiments appliqués en cas d'adultère et sur les rites compliqués de la mort. Burton effleure même le chapitre des pratiques en usage dans la couche conjugale. Aux yeux des praticiens hindous avec qui il s'est entretenu, « le phénomène le plus remarquable, écrit-il, c'est que nous [les Européens] ignorons tout des aphrodisiaques, alors qu'il n'existe quasiment pas un seul ouvrage de médecine orientale qui ne consacre une bonne partie de ses pages à l'examen d'une question qu'en Asie tout médecin est appelé à entendre évoquer dix fois par jour » [2]. Et c'est d'une plume allègre qu'il nous entretient de l'ouvrage de Sayyid Hassan Ali intitulé

1. *The Kama Sutra of Vatsyayana*, traduit par sir Richard Burton et F.F. Arbuthnot, édité avec une préface de W.G. Archer et une introduction de K.M. Panikkar, Londres, 1963, 17.
2. *Sindh, and the Races... of the Indus*, 146-7.

Lawful Enjoyment of Women (« les Plaisirs licites des dames »), l'un des innombrables « livres de mariées » que les Européens jugent pornographiques alors qu'en Inde et en Chine on les distribue, dans les milieux instruits, gratuitement, à tous les couples de promis. Burton avait lu ces textes avec autant de considération que d'intérêt, et une conviction – augmentée, peut-être, par les échecs de sa propre existence, ou parce qu'il avait lui-même tâté de toute la variété des plaisirs offerts sur le marché des faveurs – était née en lui, à savoir qu'existait en Orient un réservoir de connaissances érotiques que l'Occident, et plus particulièrement l'Angleterre, endiguait frénétiquement par un barrage de fausse pudeur et de vertu outragée. Les vannes de ce barrage-là, un jour il les ouvrirait.

VIII

BURTON SONGE A PRENDRE FEMME

> *Le premier baiser que donne le marié équivaut à cent quatre-vingts années de vénération. Il lui épargne aussi les tourments de la tombe, fait qu'une lumière se répand sur la fosse où il est enseveli, et lui procure le ministère de quatre-vingts anges.*
>
> « *Des bienfaits du mariage pour le mahométan* » [1]

Burton était revenu de l'Inde convaincu que le célibat était « un absolu fléau » [2] et durant les quatre années suivantes il n'avait cessé de mener, s'il faut en croire sa sœur, « une profusion d'*affaires de cœur* * [...] Il fit bien des tentatives, écrit-elle, pour épouser une femme vertueuse et s'établir benoîtement avant d'avoir atteint la trentaine ». Mais il ne s'attachait, poursuit-elle, qu'à « des femmes élégantes et bien tournées, ne regardant pas même celles qui n'étaient pas avantagées par la nature. Chez lui, l'amour du beau avait presque pris l'ampleur d'un culte ». Il haïssait tout particulièrement les femmes laides qui avaient pris de l'âge, à commencer par la chambrière de sa mère, une Française du nom d'Eulalie, laquelle, écrira-t-il, « nous aigrissait les heures et nous fanait le teint » [3].

Nous avons déjà dit combien Burton avait aimé Elizabeth Stisted. C'est à elle qu'il a dédié son premier livre, « en témoignage de gratitude et d'affection ». Isabel déclarera plus tard que Richard avait failli « se marier deux fois avant de

---

1. *Ibid.*, 160.
2. *Ibid.*, 401.
3. Rapporté dans *Life*, I, 53 ; voir aussi Georgiana Stisted, *The True Life of Captain Sir Richard F. Burton*, 58-9 ; « Reminiscences of Sir Richard Burton », *Temple Bar*, juillet 1891, 335-42.

[l']épouser », faisant allusion à deux aventures qu'il a eues à Boulogne; d'abord « un flirt très poussé avec une fille très jolie, et aussi très facile, qui avait une mère sortie d'un milieu petit-bourgeois et vraiment quelconque », et ensuite « une liaison très sérieuse » avec une cousine éloignée, Louisa, qui par la suite deviendra Mme Louisa Segrave. Selon Thomas Wright, cette dernière était d'une grande beauté, et Burton l'eût probablement épousée « s'il n'avait eu des perspectives d'avenir aussi médiocres »[1]. Dans *Stone Talk* le poème en quelque sorte autobiographique qu'il écrira quatre ans après son mariage, Burton consacrera cette stance à l'évocation d'une certaine Louise, ce qui sans doute ne manquera pas de peiner Isabel :

J'aimais. Oh! que j'ai donc brûlé d'amour pour elle.
Parfois c'est tout votre passé qui vous rappelle
Combien ces heures-là en sa chère présence
Vous comblaient de bonheur. Et puis, l'âpre indigence
Et le maudit orgueil un jour se sont ligués
Pour m'emporter loin d'elle, hélas, et me pousser,
Avide, à conquérir tout à la fois renom,
Opulence babiole, gloire de brimborion!

Georgiana Stisted affirme que c'était par douzaines que les jeunes filles de Boulogne s'éprenaient de Richard, et que dans la mesure où les mères les y autorisaient, elles se jetaient sans vergogne à son cou. Il était plus mûr que la majorité de leurs cavaliers, de son aspect comme de son maintien irradiait la virilité, et déjà son passé en Inde faisait de lui un personnage quelque peu légendaire. Mais Burton n'était guère en faveur auprès des dames anglaises fortunées soucieuses de bien marier leurs filles, à qui bien souvent elles avaient fait traverser la Manche — surtout si celles-ci ne s'étaient point fait épouser quand pour la première fois elles

---

1. *Life of Sir Richard Burton*, I, 95. Pour ce qui est des déclarations d'Isabel, se reporter à *Life*, I, 167, 249, 393.

avaient « fréquenté » – à dessein de leur faire apprendre le français et de se perfectionner dans l'art de prendre au filet un prétendant convenable. Les critères du choix maternel, qui dans les faits se traduisaient par l'élimination ou l'éviction des rebelles, des excentriques, des mal nantis et des candidats doués d'une intelligence supérieure à la moyenne, rétrécissaient considérablement le terrain de chasse, au point que les malheureuses demoiselles, fortement chaperonnées, désespéraient de jamais en venir à leurs fins, virtuellement recluses qu'elles étaient, de par le poids des usages, les dispositions de la loi, et bien souvent les rigueurs de l'existence claustrale qu'on leur faisait mener, dans une prison dont les parents détenaient la clé. Les mères britanniques ne voyaient en Burton qu'un simple lieutenant de l'armée de Bombay, en demi-solde, qui plus est, désagréablement anti-anglais, poursuivi par de louches rumeurs à propos d'ennuis plus ou moins inavouables qu'il aurait eus en Inde, quelque chose en rapport avec sa manie de se mêler aux indigènes... ou pis encore. Si elles avaient lu ses livres – ce qui bien entendu n'était pas le cas – elles eussent été bien davantage inquiètes. Par-dessus tout, ce qu'elles ne pouvaient lui pardonner, c'était de ne pas entrer dans leur marivaudage ni faire l'effort de se montrer galant avec elles ou avec leurs filles. Mais Burton, que l'ignorance irritait fort, à moins qu'elle ne fût rachetée par la beauté, offensait inutilement leur vanité. Leur bavardage l'ennuyait-il, il ouvrait un livre ou quittait la pièce sans plus de cérémonie. Et quand un jour une dame qui lui déplaît lui demande s'il nourrit quelque intention à l'égard de sa fille, il lui répond tout à trac: « Hélas non, Madame! Vous n'y songez pas! »[1]

Comme la plupart des êtres qui délibérément se montrent grossiers et prennent plaisir à scandaliser, il n'en est pas moins meurtri, abasourdi, quand par riposte on lui témoigne de l'indifférence ou du mépris. Par exemple, il s'indigne lorsque divers membres de la faction anglaise la plus en vue

---

1. *Life*, I, 168.

à Boulogne traversent la rue pour l'éviter, et aussi quand une dame de ses compatriotes déclare avec véhémence qu'« elle ne voudrait ni ne pourrait se trouver dans la même pièce que ce Burton ». Ces choses-là le rendaient si susceptible, écrit Georgiana, que « nous avions pris pour habitude, en parlant de lui, de dire que le plus misérable des insectes peut vous faire saigner »[1].

Des années plus tard, Burton rendra aux matrones britanniques la monnaie de leurs pièces en des lignes d'une féroce causticité. Mais à Boulogne il semble avoir fini par s'accommoder de l'ineptie et du snobisme ambiants et, à peine remis d'une déception, par se mettre en chasse d'une nouvelle conquête. Sitôt qu'il voit une jolie fille il n'hésite pas à lier connaissance avec elle, ou pour le moins à la couver des yeux. Pareille attitude porte toujours ses fruits, et Burton le sait. Mais le plus extraordinaire, c'est que six années s'écouleront avant qu'il ne sache l'effet produit par son regard sur l'une de ses premières rencontres, celle qui deviendra sa femme.

Un jour de septembre 1850, c'est en se promenant sur les remparts de Boulogne qu'il croise une grande jeune fille aux yeux bleus. Ses cheveux d'un brun cuivré lui donnent un port de reine. Vêtue comme sa sœur, qui marche près d'elle, d'une tenue de collégienne, elle semble plus jeune que son âge – dix-neuf ans – mais tout en elle donne à penser qu'elle n'en fait qu'à sa tête, et cela frappe grandement Burton. Il se sent d'autant plus libre de la fixer dans les yeux que les jeunes filles ne sont pas accompagnées. Son regard s'attarde sur elle. Un regard ardent, pénétrant, audacieux, insistant, interrogateur. Un regard exigeant réponse. Des années plus tard, d'autres personnes, qui elles aussi auront été scrutées de la même façon, chercheront l'expression exacte – des yeux magnétiques, terribles, brûlants, des yeux de bête sauvage, les yeux froids d'un serpent qui va mordre – pour désigner l'effet produit sur elles par Burton. Quant à Isabel, elle écrit

---

1. *The True Life of Captain Sir Richard F. Burton*, 63.

simplement : « Il m'a regardée comme s'il lisait clairement en moi, et il s'est éloigné. J'étais totalement magnétisée, et quand il a été à quelque distance, je me suis tournée vers ma sœur pour lui chuchoter : C'est cet homme-là qui m'épousera. »

« La vision qui se présentait à mon cerveau désengourdi [...] déclarera-t-elle, était haute de cinq pieds onze pouces, large d'épaules, élancée, musculeuse ; il avait les cheveux très bruns, et des sourcils noirs, bien dessinés, spirituels, le teint hâlé, des traits d'Arabe, taillés à la serpe, une bouche et un menton volontaires, disparaissant presque sous une énorme moustache noire... Son expression était hardie, fière, un peu mélancolique, et quand il souriait, on eût dit que son sourire lui faisait mal, et c'était avec un mépris teinté d'impatience qu'il contemplait les choses en général. Il portait une courte pelisse noire et tenait sur l'épaule une canne, comme s'il montait la garde. »

Le lendemain ils se revoient au même endroit, et à son adresse il griffonne à la craie sur un mur : « Puis-je vous parler ? » Puis il laisse là le bout de craie, qu'Isabel ramasse pour écrire juste au-dessous : « Non, ma mère serait mécontente. » Puis elle s'éloigne. « Ma mère l'a découvert, ajoute-t-elle, et de fait elle a pris la chose fort mal, si bien qu'ensuite on nous a tenues prisonnières avec beaucoup plus de sévérité qu'auparavant. »

Tel fut l'extraordinaire début sans paroles d'une des grandes idylles de l'époque victorienne que les archives nous permettent aisément de suivre pas à pas. Peu de temps après, elle le rencontre de nouveau alors qu'il se promène en compagnie de sa cousine Louisa, qui fort aimablement les présente l'un à l'autre. Et quand Isabel entend pour la première fois prononcer le nom de Burton, de nouveau elle voit là un signe du destin, car quelques années plus tôt à Stonymoore Wood, une aimable et diserte gitane, appartenant à une tribu ayant adopté le nom de Burton, lui a prédit l'avenir avec une inhabituelle précision et annoncé que Burton serait un jour son nom de femme mariée :

« – Tu traverseras la mer et tu seras sans le savoir dans la même ville que ton Destin. Tous les obstacles se dresseront entre vous, et les événements s'acharneront tellement contre vous qu'il vous faudra tout votre courage, toutes vos forces et toute votre intelligence pour les surmonter... Tu porteras le nom de notre tribu, et tu seras fière. Tu seras comme nous, mais bien au-dessus de nous. Toute ta vie sera faite de voyages, de changements et d'aventures. Une seule âme en deux corps, dans la vie comme dans la mort. Et jamais séparés bien longtemps. Montre ça à l'homme que tu prendras pour époux.

» Sur le moment je ne pensais à rien d'autre. Mais je l'ai regardé à la dérobée et j'ai croisé ses yeux de gitan [...] des yeux qui vous transpercent, vous glacent, voient à travers vous [...] le seul homme de ma connaissance, et qui n'était pas gitan, doté de cette particularité. Et de nouveau j'étais dans tous mes états. Il a dû me croire complètement stupide, car c'est à peine si j'ai pu prononcer un mot. »

A la lecture de ce récit d'Isabel – on notera par ailleurs que c'est elle, et elle exclusivement, qui rapporte les détails de la cour que lui fera Burton – il apparaît clairement que si elle a dix-neuf ans et si elle s'éprend immédiatement de lui, elle n'en est pas moins paralysée par la frayeur, incapable de prononcer une parole. Elle a beau reprocher à sa mère de lui interdire tout rendez-vous avec Burton, c'est Isabel – et cela transparaît entre les lignes de sa narration – qui en réalité se dérobe au face-à-face.

« Je n'avais pas essayé d'attirer son attention, mais au bout d'un certain temps, chaque fois qu'il venait se promener là où nous avions l'habitude de le faire, je m'inventais promptement n'importe quelle excuse pour faire un aller et retour de plus, en sorte que j'étais à même de l'observer quand il ne me regardait pas. Sa voix grave, quand je pouvais en saisir les intonations, me semblait si douce, si mélodieuse, que j'en demeurais envoûtée, comme quand il m'arrive d'écouter la musique des gitans. Jamais je ne manquais une occasion de l'observer à son insu. Je rougissais et pâlissais sans raison apparente, passais par des chauds et froids, étais prise de vertiges, de malaises, de tremblements, et c'est tout juste si mes genoux ne se dérobaient pas sous moi. Ma mère a fait venir un médecin... il m'a prescrit une pilule que j'ai jetée au feu... »

Pendant ce temps, Richard comblait d'égards sa cousine, et Isabel connaissait les affres de la jalousie. « J'étais frappée par les flèches de la Destinée, mais je n'avais pas le moindre espoir (moi qui n'étais qu'une collégienne ingrate) de faire faseyer les voiles de la somptueuse créature de qui il était fort épris. » Pourtant, Burton envoie à Isabel un billet, qu'elle garde précieusement dans son corsage, mais il ne lui arrive qu'une seule fois de lui parler avec sérieux et de la toucher, à l'occasion d'un bal donné par sa cousine. « Richard était là, comme une étoile parmi des chandelles, écrit-elle. C'était la Nuit des nuits. Il m'a fait valser une fois et m'a parlé à diverses reprises. J'ai gardé l'écharpe sur laquelle il avait posé le bras pour m'entourer la taille, et aussi mes gants, que ses mains avaient serrés. Jamais plus je ne les ai portés depuis. »

Pendant deux ans Isabel continuera de fuir ce qu'elle appelle sa Destinée. « Il m'était impossible de me mettre en avant ou d'attirer délibérément son attention. C'eût été impudique et peu digne. » Et quand sa famille se décide à regagner Londres, elle entend disparaître sans faire le moindre adieu. « De le voir n'aurait abouti qu'à me meurtrir davantage, si bien que je m'en suis abstenue. » Quand elle embarque sur la malle à destination de Douvres, « souffrante, malade et purifiée », elle s'emmitoufle dans une couverture et se cache dans une chaloupe de sauvetage pour se lamenter tout son soûl. Burton ignorera tout des tourments qu'il a causés. Mais Isabel s'en souviendra et les évoquera, tant dans son journal que dans la biographie de son mari [1]. Ce qu'il faut en retenir, c'est qu'elle se livre à un remarquable et un peu théâtral délayage de ses sentiments intimes, alors que dans ses écrits, phénomène tout aussi remarquable, Burton ne fera jamais la moindre allusion à un quelconque état d'âme. Des deux, c'est elle qui vécut le grand amour, pas lui. Quant à savoir s'il a réellement partagé cette passion, à cet égard, on ne peut que formuler des hypothèses...

Isabel Arundell était la descendante de James Everard Arundell, le plus jeune des fils du baron Henry Arundell, sixième du nom (1694-1746). Parmi ses ancêtres comptaient sir Thomas Arundell, lequel avait épousé Margaret, sœur de Catherine Howard, sixième épouse de Henry VIII. Sir Thomas, qui pour un certain temps avait occupé les fonctions de Chancelier de l'infortunée reine, avait ensuite été décapité sur Tower Hill. Son petit-fils, Thomas Arundell, s'étant attiré les bonnes grâces de Jacques Ier, était devenu le premier baron de Wardour [2]. Bien que le père d'Isabel, Henry Raymond Arundell, fût « dans le négoce », puisqu'il était établi marchand de vin dans Mount Street, mais sans pour autant être suffisamment fortuné pour doter convenablement sa fille aînée (et préférée), Isabel n'en gardera pas moins durant toute sa vie de femme le sentiment d'appartenir à une classe supé-

---

1. Le récit le plus complet de ce début d'idylle a été fait par W.H. Wilkins, *op. cit.* Il se fonde sur les manuscrits autobiographiques d'Isabel, qui par ailleurs mentionne les mêmes faits dans la biographie de son mari dont elle est l'auteur. Les passages cités ci-dessus sont extraits de Wilkins, I, 22, 53-6, 60, et à *Life*, I, 166-8.

2. Le baron Arundell combattra dans les armées de Rodolphe II, empereur d'Allemagne. En récompense, Rodolphe le fera comte du Saint Empire romain germanique et décrétera que « tous ses enfants et leurs descendants mâles et femelles jouiraient à tout jamais de ce titre », dont la reine Élisabeth Ire et Jacques Ier refuseront l'un comme l'autre de reconnaître la validité. En revanche, Jacques II l'accréditera. En sorte que beaucoup d'Arundell useront du titre de comte ou de comtesse lorsqu'ils voyageront sur le continent. Ce qui explique pourquoi Isabel Burton se fera en toute légitimité appeler comtesse Isabel d'Arundell (de Wardour) lorsqu'elle sera reçue par l'aristocratie européenne. W.H. Wilkins, *op. cit.*, I, 4-6.

rieure. Elle était la filleule du dixième baron de Wardour et, à ce titre, elle avait ses entrées au château de Wardour. Sa mère, Eliza Gerard, était sœur de lord Robert Gerard of Garswood. « Dès notre enfance, écrira Isabel, nous étions des messieurs et des dames, des gens du monde. »

Autre fait d'importance presque égale, elle était catholique, ce qui ajoutait encore chez elle à la conscience de ne pas appartenir au commun des mortels, car les catholiques ne constituaient qu'une infime minorité de l'aristocratie britannique ne se mélangeant que fort peu à la vaste majorité des protestants. C'était Thomas Arundel (1353-1414) qui en sa qualité d'archevêque de Canterbury avait signé, durant la révolte de Lollard, l'acte condamnant au bûcher un certain nombre d'hérétiques, et Philip Howard, premier comte d'Arundel (1557-1595), avait été emprisonné dans la tour de Londres, convaincu d'avoir conspiré contre Élisabeth Ire. Bien qu'il ne semblât point exister de liens héréditaires entre les Arundel et les Arundell, le fait que toutes les grandes familles catholiques étaient soupçonnées de comploter contre la Couronne avait suffi pour que Henry Arundell, troisième baron de Wardour, fût incarcéré dans la Tour en 1678, à l'époque des frénétiques persécutions contre les catholiques provoquées par Titus Oates [1]. Libéré par le roi catholique Jacques II, lord Henry avait été admis dans le conseil privé du roi le 17 août 1683.

Après la révolution qui en 1688 avait mis fin au règne de Jacques II les catholiques avaient été exclus pour cent quarante ans des affaires publiques, jusqu'à la promulgation, en 1829, du *Catholic Emancipation Act*, loi qui leur avait restitué de plein droit leurs capacités. Deux ans plus tard naissait Isabel Arundell, d'un père et d'une mère qui garderaient toujours présent à l'esprit le vieux temps de la proscription. De plus, un anti-catholicisme latent persistait toujours en Angleterre, prêt à se réveiller, et des troubles éclateront en

---

1. Celui-ci, à la fin du XVIIe siècle avait prétendu détenir la preuve d'une conspiration des papistes. *(NdT)*

1850 — l'année où Richard et Isabel se rencontrent — lorsque le pape tentera de faire attribuer aux évêques anglais le titre de métropolitains, ce qui provoquera une crise gouvernementale et incitera la populace à mettre à sac les magasins des catholiques et à brûler Pie IX en effigie.

De dix à seize ans, Isabel avait été pensionnaire au couvent des moniales de New Hall, à Chelmsford. D'une extrême piété, elle fera preuve plus tard d'une ingénuité de jugement qui ne laissera pas d'amuser et de stupéfier son mari, et aussi de convictions si inébranlables qu'il ne pourra que battre en retraite, mi-indigné, mi-admiratif. Elle avait appris à Boulogne que Richard n'était pas de confession catholique, et c'est avec tristesse qu'en lisant avidement ses livres elle avait pu constater qu'il était même anti-papiste, et à vrai dire mauvais chrétien à tous les sens du terme. « Je me suis demandée, écrit-elle, si je pourrais tout sacrifier pour Richard, et j'ai compris que la seule chose que je ne sacrifierais jamais pour lui, c'était Dieu, car je sentais que si j'étais un homme, je préférerais encore abandonner mon poste au chaud de la bataille et passer à l'ennemi, plutôt que de renoncer à mon Dieu. » Il convient pourtant de se demander si ce n'est pas avec une manière de soulagement qu'elle découvre dans sa propre vie cette incomplétude que représente l'hérésie — ou plutôt l'agnosticisme — de Burton, car la nature ambiguë des liens qui attachent Isabel à ses parents l'a préparée à l'idée que le mariage est une nécessaire renonciation à des objets d'affection familiers qu'on sacralise, et que s'unir à un homme, c'est en quelque sorte « passer à l'ennemi ».

Son père, « un petit blond d'allure juvénile », écrit-elle, s'est marié deux fois. Sa première épouse est décédée peu après la naissance d'un enfant mâle, et Isabel est l'aînée des enfants du second lit. « Mon père m'adorait et me gâtait de façon absurde, déclare-t-elle. Ma mère m'aimait beaucoup elle aussi, mais elle était sévère... par principe, c'était le fils de son mari qu'elle gâtait. » Bien qu'Isabel ne cesse de protester de l'affection débordante qu'elle nourrissait pour sa mère, tout laisse à penser qu'elle la craignait et qu'elle supportait mal la rude discipline que celle-ci lui imposait. « Quand je souhaitais bonne nuit à ma mère, écrit-elle, c'était toujours avec l'impression que peut-être je ne la reverrais plus. »[1] Or, les angoisses et terreurs nocturnes de cette nature déguisent souvent chez les petites filles quelque désir refoulé.

Pourtant, des liens étroits les unissent l'une à l'autre. Sa mère lui offre le 20 mars 1854 un exemplaire du *Tancrède* de Disraeli, sur lequel elle écrit : « Pour Isabel Arundell, de la part de sa mère affectionnée. » Et pour sa part Isabel termine fidèlement toutes les lettres qu'elle envoie à sa mère par la formule : « votre fille qui vous est profondément attachée ». Dans les dernières années de sa vie elle dépeindra sans détour sa mère sous les traits d'« une femme qui aimait les biens de ce monde et avait la tête sous le bonnet, emportée, sectaire, d'une sévérité spartiate avec la première moitié de sa progéniture. Nous tremblions devant elle, mais nous l'adorions, et jamais nous ne nous sommes remis de sa mort en 1872 ».[2]

Isabel a donc grandi entre un demi-frère qui est son aîné de presque quatre ans – et que manifestement sa mère lui préférait – et toute une succession de frères et de sœurs. « Ils avaient huit enfants, grands et petits, écrit-elle de ses parents. C'est dire que certains n'avaient vécu que le temps de recevoir le baptême, que d'autres étaient restés en vie durant quelques années, et que d'autres encore étaient devenus adultes. » Cette curieuse imprécision laisse à penser qu'elle a vu tant de grossesses, de naissances et de décès – le dernier enfant est mort à Boulogne alors qu'elle avait vingt ans – qu'il lui était probablement trop douloureux d'en faire le décompte. Sur les onze enfants de la famille, deux de ses sœurs seulement lui survivront. « Mes quatre frères que j'adorais sont morts en bas âge, écrira-t-elle, à la suite de malencontreux accidents. »[3]

1. Les précédentes citations sont tirées de W.H. Wilkins, *op. cit.*, I, 16-17, 57.
2. *Life*, I, 332 n. Cet exemplaire de *Tancrède* offert à Isabel par sa mère est conservé au Royal Anthropological Institute.
3. Isabel Burton, *A.E.I., Arabia, Egypt, India, a Narrative of Travel*, Londres, 1879, 5.

Dans le journal qu'elle tient à Boulogne, elle laisse percer les réticences que lui inspire l'idée de se marier. « La vocation de mon sexe, écrit-elle, est d'élever des sots et de tenir le compte de la petite bière. » Shakespeare avait fait dire à Iago : « Faire téter des sots et tenir le compte de la petite bière », et la paraphrase d'Isabel dénote une surprenante amertume de la part d'une jeune fille façonnée par une société qui exige des femmes qu'elles tiennent le rôle domestique qu'on attend d'elles tout en étant pour l'époux une compagne affectionnée. Les ambitions secrètes d'Isabel ne la portent assurément pas à se satisfaire des joies de la maternité. Elle rêve tout bonnement d'être un homme, « un grand général ou un grand homme d'État, d'avoir voyagé partout, d'avoir tout vu, tout appris, tout fait; en un mot : d'être l'Homme dont tout le monde parle! ». Le jour de ses fiançailles, elle confie à son journal son espoir d'avoir « un homme enfant » et non pas des enfants, et quand plus tard il se révélera que la maternité lui est refusée, elle parlera de cet état des choses, à ses amies tout du moins, avec autant de soulagement que de regret.

Isabel ne nous dit rien de ses années de pensionnat au couvent, se bornant à souligner combien elle était heureuse de retrouver le foyer familial lorsqu'elle avait seize ans, et de pouvoir vagabonder sur les chemins de campagne sans être flanquée d'une surveillante. Elle aime Furze Hall, la propriété sans prétention, mais superbe, dans laquelle vivent les siens près d'Ingatestone, dans l'Essex. Elle aime ses écuries, son chenil, sa bibliothèque, sa petite chapelle. Mais Isabel se croit laide, grosse, et elle consterne sa mère en se complaisant dans ses rêves d'aventure et de vie audacieuse. En dépit des interdictions elle va voir les gitans qui campent dans les environs, leur procurant des remèdes et prenant leur défense lorsqu'on les accuse de chapardages ou de rapines. C'est là qu'elle confie ses secrets à Hagar Burton, la voyante dont les prédictions horoscopiques vont jouer dans son existence un si curieux rôle. Quand ses parents vont habiter Londres pour qu'elle y trouve un bon parti, elle pleure à chaudes larmes en faisant ses adieux aux « domestiques, aux fermiers et aux humbles amis » qu'elle connaît depuis son enfance. Et quand elle doit se séparer de ses animaux familiers, tout se passe comme si elle voulait encore ajouter à sa peine puisqu'elle « fait un grand feu » dans lequel elle brûle tout ce qu'elle ne voudrait pas voir profané par d'autres mains. Cette purification par le feu préfigure étrangement ce qu'il adviendra par la suite.

A son premier bal, elle redoute d'être exhibée comme une marchandise offerte à l'examen d'éventuels prétendants, mais à son propre étonnement on la juge jolie, originale et pour tout dire séduisante. Bientôt elle prend goût à « danser comme une folle » et à « surmonter toutes les fatigues ». Transportée par l'éclat et la gaieté de l'aristocratie catholique, suffisamment réduite pour qu'y règnent la chaleur et la convivialité d'une grande famille, elle n'en observe pas moins attentivement les tactiques et intrigues des mères qui ont une fille à marier, et elle perçoit clairement combien le décorum et l'apparente sérénité masquent la vanité, le trompe-l'œil et la jalousie. A la grande déception de sa mère, elle éconduit tout de go divers prétendants, qu'elle taxe de « mannequins articulés... de créatures asexuées », et elle fait la fine bouche quand on lui présente des hommes que seraient bien loin de repousser des filles de ducs. La saison s'achève à la fin de juillet, Isabel n'est toujours pas mariée et les Arundell, qui ont dépensé en pure perte beaucoup d'argent, partent pour Boulogne, où leurs filles pourront apprendre le français et où la vie est moins onéreuse qu'en Angleterre.

C'est à cette époque qu'Isabel décrit dans son journal l'homme de ses rêves. Mais tel que reproduit dans l'autobiographie qu'elle écrira plus tard, ce portrait ressemble tellement à celui de Richard Burton qu'on peut tenir pour certain qu'elle a retouché l'original pour la circonstance.

« A l'exemple de Dieu, qui a retiré à Adam une côte pour en faire une femme, je fais la même chose en puisant dans le chaos de mes pensées pour former un homme à partir de moi [...] Mon idéal, c'est environ six pieds de taille, et pas une once de graisse. Des épaules larges, musclées. Un coffre puissant. Fort et viril comme un Hercule. Il a des cheveux bruns, le teint foncé, un front intelligent, des sourcils sagaces, de merveilleux grands yeux noirs — de ces yeux dont on n'ose pas détacher les siens — et de longs cils. C'est un soldat et c'est un *homme*; il est habitué à commander et à se faire obéir [...] Dans tous les sens du terme, c'est un homme du monde [...] et il est bien entendu anglais. Sa religion est comme la mienne, tolérante, libérale, généreuse [...] Seul un homme pareil sera mon mari. Ce mythe de mon enfance — car mythe il y a — vient tout de suite après Dieu dans mes affections. Et je regarde l'étoile dont Hagar la gitane m'a dit qu'elle était celle de ma destinée [...] Mais si je rencontre un homme de cette sorte et si ensuite je découvre qu'il n'est pas pour moi, alors je ne me marierai jamais [...] Je me ferai sœur de la charité de Saint-Vincent-de-Paul. » [1]

On le voit, Isabel est une pure sentimentale. Elle vit accrochée à un mythe, sachant fort bien qu'il s'agit là d'un mythe, et de ce mythe elle fait délibérément une cuirasse qui la rend invulnérable. Et c'est alors qu'elle vient de définir cet idéal, rempart derrière lequel elle se garde d'un mariage de convenance, qu'elle tombe précisément sur l'incarnation de cet idéal, sur cet inconnu brun, musclé, de haute taille, ce soldat-aventurier qui lui semble l'essence même de la masculinité, et qui miraculeusement porte le nom qui, elle le sait, sera un jour le sien, comme il est inscrit dans les étoiles. « Heureuse celle qui rencontre d'emblée, écrit-elle, l'homme qui va guider sa vie, celui qu'elle va aimer à tout jamais. » Et elle ajoute avec perspicacité : « La solitude finit par rendre certaines femmes maniaques, et il leur devient plus difficile de vivre en la compagnie d'un homme que de l'épouser. » Nous ne savons pas quand Isabel Arundell a appris ce qui

---

1. W.H. Wilkins, *op. cit.*, I, 38-39.

distingue la vie conjugale de la compagnie d'un homme, ni non plus si c'est là l'expression des réticences qu'elle oppose au mariage, ou si par inadvertance elle fait allusion aux difficultés qui surgissent après coup dans un couple. Mais ce que nous savons, c'est que cette jeune fille, qui à vingt ans croit que la femme est vouée à « élever des sots et tenir le compte de la petite bière », et qui s'est toujours bercée dans l'idée que l'existence eût été pour elle autrement grandiose si elle avait été un homme, n'est pas prête à se satisfaire du train-train de la vie conjugale. Aussi Richard Burton restera-t-il à ses yeux, pour quatre années encore, l'amant de ses rêves, celui qu'elle chérira, gardera en elle, et dont surtout elle usera comme d'un rempart pour se défendre d'en épouser un autre.

Durant ce temps, de puissants facteurs sont à l'œuvre pour empêcher Richard de se marier lui aussi. D'après sa nièce, qui ne fait probablement que rapporter les souvenirs de sa propre mère, les quatre années qu'il passe à Boulogne opèrent sur lui l'effet d'un dressage et le changent en un fils et un frère modèle. « Les aspérités de sa prime jeunesse avaient toutes été rabotées. Merveilleusement disposé à prendre en patience les petits désagréments de la vie, jamais il ne grognait ni n'élevait la voix lorsque la maisonnée – la famille ne roulait pas sur l'or – grinçait sur ses gonds. » Mais visiblement il doit prendre sur lui pour faire preuve de tant de docilité. « Même lorsqu'il souffrait d'un accès de mélancolie... il réussissait d'ordinaire à faire un héroïque effort pour cacher le plus gros de son accablement. Mais sitôt que sa naturelle bonne humeur avait repris le dessus, il divertissait sans relâche, de ses mots d'esprit, ses amis et connaissances, jusqu'à ce qu'enfin, emporté par l'hilarité générale, il se déchaînât bruyamment, et nul n'aurait pu imaginer alors qu'il lui était jamais arrivé de s'affliger de quoi que ce fût. »

Pourtant, Burton résume d'une phrase féroce toute cette

période : « Quatre ans d'efféminement européen »[1], écrit-il. Cela tient-il essentiellement au tenace embargo jeté sur lui par sa mère, aux subtiles dissuasions opposées par sa sœur à ses velléités de mariage, au souvenir des « douces, graciles et apaisantes » Orientales qu'il a connues ? Ou tout simplement à ce qu'il n'arrive pas à rassurer ses parents sur son propre avenir ? En tout cas, il n'est guère surprenant que lorsque la seule et unique fois où il mentionne ces quatre ans, il use d'une formulation – ainsi qu'il le fera à diverses reprises en évoquant sa mère – quasiment synonyme de castration.

A Boulogne, il a pourtant plus d'une occasion de se frotter à l'univers masculin. Il fait de l'escrime sous la direction d'une des plus fines lames d'Europe, M. Constantin, et décroche le titre envié de maître d'armes. Un jour, un colonel britannique du nom d'Arthur Schuldham le voit tirer à Boulogne contre le fameux escrimeur français. D'un geste théâtral, Burton refuse le masque qu'on lui tend, puis tient le public en haleine, livrant assaut après assaut – sept au total – désarmant chaque fois son opposant qui, lui, est masqué, tout en ne se faisant lui-même toucher qu'une seule fois au cou. Énervé par la bravoure ostentatoire et aussi par le savoir-faire de son élève, le Français finira par abandonner en déclarant qu'il s'est sûrement démis le poignet [2].

Aigri par le peu de succès de ses livres sur l'Inde, aigri aussi sans aucun doute par l'impasse de ses affaires de cœur, il s'attaque à la rédaction d'un autre sujet qui, espère-t-il, donnera un nouveau départ à sa carrière militaire. Ainsi prend corps son *Complete System of Bayonet Exercise*, brochure de trente-six pages conçue pour révolutionner l'entraînement au combat à la baïonnette dans l'armée britannique. Sa méthode a pour objet de perfectionner l'art de tuer. Bien que la baïonnette ait été inventée à la fin du dix-septième siècle, tout ce qu'on apprend aux soldats britanniques, c'est

1. *Pilgrimage to El-Medinah and Meccah*, I, 141. Pour les observations de Georgiana Stisted, voir *The True Life of Captain Sir Richard F. Burton*, 63-4.
2. *Ibid.*, 58, 67.

à fixer la lame au canon et à l'en retirer, mais pratiquement pas à se servir de l'arme dans les combats au corps à corps L'opuscule de Burton sera lu très attentivement par les officiers des armées étrangères, et les Allemands en achèteront un grand nombre d'exemplaires. Mais en Grande-Bretagne on lui reproche purement et simplement d'avoir pris l'initiative d'écrire l'ouvrage.

Bien des années plus tard, après que la guerre de Crimée aura fait la preuve que le soldat britannique est incapable de se servir congrûment d'une baïonnette, le War Office saisira toute l'importance de la brochure de Burton et la fera réimprimer, avec quelques modifications, pour la transformer en un manuel d'instruction à l'usage des hommes de troupe. Et en marque de discret remerciement, le Trésor fera parvenir à l'auteur une lettre accompagnée d'un bon du Trésor d'une valeur d'un shilling, à tirer sur la Banque d'Angleterre pour services rendus à la Couronne. Ce sera l'unique témoignage de reconnaissance qu'il recevra en récompense d'un travail qui a révolutionné tout ce qu'on avait écrit jusque-là sur la question [1]. Pour bien marquer le peu de cas qu'il fait de cette récompense, Burton se rend au War Office réclamer son shilling. Il ne l'a pas reçu des mains d'un haut fonctionnaire confondu que déjà il s'empresse de regagner la rue pour le donner au premier clochard venu.

– L'bon Dieu y vous donnera tout Son amour, lui déclare l'homme.

– Ce n'est pas tout à fait ce que j'attends de lui, répond Burton.

Si bien que la publication de son opuscule lui vaut au moins une occasion de plus de s'indigner devant ses amis, en leur contant avec délectation cette bonne histoire, de l'in-

---

1. Norman M. Penzer écrira en 1923 : « Il y a encore une dizaine d'années, il était impossible de trouver un seul ouvrage sur le sujet qui ne s'inspirât pas de celui de Burton. » *An Annotated Bibliography of Sir Richard Francis Burton*, 42. Curieusement, cette brochure consacrée au maniement de la baïonnette compte aujourd'hui parmi les écrits de Burton qu'il est le plus difficile de se procurer.

gratitude d'un monde qui se refuse à lui reconnaître ses mérites.

Quelques mois avant la parution du *Complete System of Bayonet Exercise*, Burton se met à considérer sérieusement un projet qu'il avait conçu du temps qu'il séjournait en Inde : celui de pénétrer dans la ville de La Mecque, interdite sous peine de mort à tout non-musulman. Plusieurs Européens, une poignée au total, sont déjà entrés dans l'enceinte de la ville, mais seul un arabisant suisse, Johann Ludwig Burckhart, a décrit en détail les lieux saints. Burton est bien décidé à s'introduire dans La Mecque et dans Médine, et à écrire ensuite une relation de son voyage. « Suprêmement lassé du *progrès* et de la *civilisation*, déclare-t-il, curieux de voir de mes yeux ce que d'autres se satisfont d'*entendre de leurs oreilles*, à savoir la vie musulmane telle qu'on peut l'observer de l'intérieur dans un pays mahométan, et n'ayant de cesse, pour dire la vérité, que je ne fusse en état de fouler du pied quelque mystérieux endroit que nul touriste en vacances n'a encore décrit, mesuré, croqué et photographié, je résolus de reprendre mon vieux personnage de vagabond persan, de derviche, et de tenter le coup. » [1]

Durant l'automne 1852, Burton se rend à Londres avec un plan bien précis en tête, dans l'espoir de s'y procurer les autorisations et le patronage nécessaires. Divers membres de la Royal Geographical Society, qui ont jugé à leur juste valeur les livres écrits par Burton sur le Sind, sont éminemment séduits par son idée de voyage à La Mecque. Le président, sir Roderick I. Murchison, et aussi le Dr Norton Shaw, qui toute sa vie durant nourrira de l'amitié pour Burton, accompagnent celui-ci lorsqu'il est reçu en privé par le président du collège des directeurs de la Compagnie des Indes orientales, sir James Hogg, et ils appuient chaleureusement la requête de leur protégé, qui sollicite une permission de trois ans pour aller voir de près les deux villes en opérant sous un déguisement.

1. *Pilgrimage to El-Medinah and Meccah*, I, 2.

Burton espère aussi explorer la région située à l'est de La Mecque, et faire disparaître des cartes britanniques « l'énorme tache blanche » que constitue l'Arabie centrale et orientale. Il se propose donc de traverser tout droit la péninsule, en suivant l'un des deux itinéraires Médine-Mascate ou La Mecque-Makallah.

Hogg, qui garde sur le cœur les attaques portées en 1851 par son visiteur contre la piètre administration de la Compagnie – il n'avait rien oublié de « mon habitude fort peu politique d'asséner des vérités politiques », écrit Burton – est assurément peu porté à faire preuve de libéralité vis-à-vis de ce jeune lieutenant dont l'impertinence lui est odieuse. Mais étant donné que celui-ci a le soutien du général Montieth, du colonel William Sykes et du colonel P. Yorke, il lui accorde en maugréant une permission d'un an, non pas pour accomplir officiellement une mission d'exploration, mais tout bonnement à l'effet de « poursuivre ses études d'arabe dans les pays où il est le plus facile d'apprendre la langue ». Mais aussi il le met en garde, lui rappelant que toutes les explorations dans cette région n'ont abouti qu'à « un enchaînement de fatalités ». Cela revient à refuser le patronage du Bureau des Affaires indiennes, mais laisse à Burton les mains libres, et comme la Royal Geographical Society a promis de lui accorder un subside, il est pleinement satisfait. Mais le temps presse, car le congé qu'on lui a accordé est d'un an et non pas de trois, comme il l'a demandé. Il lui faut donc remettre à jour son arabe, se rompre aux exigences compliquées du savoir-vivre et des usages de la société islamique, et aussi reconditionner ses réflexes afin de se mouvoir, de penser, de s'alimenter et de s'acquitter de toutes les fonctions corporelles non plus comme un « Franc », mais comme un Arabe.

Tous ses amis qui connaissaient quelque peu l'Arabie savent que Burton devrait aussi se faire circoncire. Manifestement, il s'est depuis longtemps fait à cette idée, car ses ouvrages sur l'Inde révèlent que c'est avec beaucoup de curiosité qu'il a assisté aux cérémonies accompagnant la conversion d'un Hindou devenu mahométan. Le rituel, il en connaît tous les détails : les ablutions, le vêtement noir que revêt l'impétrant, la joyeuse procession dans les rues, durant laquelle on jette des piécettes sur le converti, et pour finir la circoncision elle-même. « La circoncision des adultes n'entraîne d'ordinaire aucun dommage, écrit-il. Mais la guérison exige une période d'au moins six semaines. »[1]

Celui qu'à Londres on connaît sous l'identité de Richard Burton se laisse pousser la barbe, se rase le crâne et s'efface sans tapage du décor. Le 3 avril 1853, il est prêt à partir. Se rendre à La Mecque, c'est pour lui s'échapper de « quatre ans d'efféminement européen ». C'est aussi renouer avec les vieilles délices du travestissement. Et bien qu'il voie en ce voyage un moyen de fuir sa famille tout autant que la civilisation, la rupture avec la première sera illusoire. Car entreprendre ce voyage à La Mecque « cité mère de l'islam », pour reprendre ses propres termes, c'est remettre à plus tard sa quête d'épouse et réaffirmer son vieil attrait pour le défendu. En somme, c'est un peu sa mère qui a eu le dernier mot.

---

1. *Sindh, and the Races... of the Indus*, 358, 413.

IX

LE VAGABOND PATENTÉ

*L'homme veut voyager, et il faut qu'il le fasse,
ou alors il va mourir.*

Pilgrimage to El-Medinah and Meccah

Dès lors qu'un homme en vient à prendre l'habitude de se déguiser, c'est qu'il n'est pas bien dans sa peau. Burton a toujours été pris d'engouements épisodiques pour le déguisement, mais en bon acteur, il a aussi toujours dominé son rôle. A cet égard, il a plus d'une fois frôlé l'imposture, franchi le point où l'homme s'efface derrière son travestissement, mais jamais il ne s'est laissé duper jusqu'à perdre tout recul par rapport au subterfuge. « Je n'arrive pas à me persuader que de grands événements puissent sortir de l'imposture, dont la nature même procède de la faiblesse : le zèle, l'enthousiasme, le fanatisme, qui sont par nature forts et belliqueux, expliquent mieux l'action anormale de l'homme sur l'homme. D'un autre côté, il est impossible d'ignorer les joies précieuses de la fraude et de la duperie, le plaisir incessant que prennent certains esprits à savourer les raffinements de l'existence et à jouer un rôle jusqu'à ce que, par habitude, ce rôle soit devenu chez eux une seconde nature. »[1]

Chaque fois que Burton recourait à un déguisement, c'était invariablement parce qu'il devait faire face à une situation dangereuse, et, même après qu'il aura cessé de recourir à cette pratique, au cours de ses explorations, il continuera d'entretenir avec la mort une manière d'idylle intermittente.

---

1. *The City of the Saints and Across the Rocky Mountains to California*, Londres, 1861, 491. Voir aussi Dr Ralph Greenson, « The Struggle Against Identification », *Journal of the American Psychoanalytic Association*, II, 200-217, avril 1954.

En prenant la décision de pénétrer dans La Mecque et dans Médine, il choisissait deux lieux saints soigneusement défendus contre toute violation, et protégés par un peuple volontiers enclin à la violence. En l'an 629, Mahomet avait déclaré La Mecque interdite aux incroyants. Depuis des siècles l'interdiction était rigoureusement respectée, et bien des chrétiens et des juifs qu'on avait découvert dans les murs de la ville y avaient été empalés ou crucifiés – les deux dernières exécutions dataient de 1845 – en châtiment de leur curiosité. Bien que selon la loi de 1853 on offrît aux infidèles, « par trois fois, le choix entre la circoncision et la mort », sa stricte application s'était quelque peu relâchée, et Burton était persuadé que si un sujet britannique était pris et traduit devant un tribunal, on se contenterait de l'expulser. Le plus à craindre, c'était de recevoir dans le ventre un coup de couteau anonyme au moment où la supercherie était découverte.

Contrairement à ce que certains croient, Burton n'est pas le premier infidèle qui ait pénétré dans La Mecque. Bon nombre d'autres – des hommes, s'entend, non-musulmans ou « temporairement convertis » – avaient réussi à le faire avant lui, et Burton a eu la grande honnêteté de mentionner, en appendice à ses propres livres, le périple de ces prédécesseurs, voire de citer *in extenso* leur relation. Dès 1503, un voyageur italien du nom de Ludovico de Varthema, qui pour un certain temps avait embrassé la foi islamique, avait visité La Mecque et fait pièces de la fable, fort répandue à l'époque, selon laquelle la bière de Mahomet flottait dans les airs, suspendue au-dessus du sol par la vertu d'un gigantesque aimant. Au début du dix-huitième siècle, l'Anglais Joseph Pitts, capturé en mer par des pirates barbaresques, avait été vendu comme esclave et, son maître l'ayant converti de force, emmené en pèlerinage aux lieux saints. Pitts, qui en se cachant mangeait la chair du porc et tenait le Prophète pour « un maudit imposteur », réussit plus tard à s'échapper et à regagner l'Angleterre, où il narra son aventure dans un livre plein de verve. Vint le tour de Giovanni Fanati, originaire de Ferrare, lequel avait déserté l'armée italienne pour se soustraire à une peine d'emprisonnement. S'étant converti en Albanie, Fanati avait séduit la favorite d'un général turc, puis fui en Égypte, d'où il s'était rendu à La Mecque. Plus tard il avait relaté ses trahisons et ses pillages dans des mémoires où Burton ne voyait « aucune franchise, mais rien que de l'insensibilité ».

En 1807, un géologue et botaniste espagnol, Domingo Badia y Leblich, s'était lui aussi rendu à La Mecque, en se faisant passer pour un riche musulman lettré, et grâce à sa parfaite connaissance de la langue arabe, il avait pu désarmer toutes les méfiances. Le dernier en date des voyageurs européens qui eût visité les lieux saints était le Suisse Johann L. Burckhart, « découvreur » de Petra et explorateur des sources du Niger. En 1813, il avait remonté le cours du Nil jusqu'à Dar Mahass, puis traversé le désert de Nubie et la mer Rouge pour se rendre à La Mecque et à Médine, où il avait contracté la maladie qui devait l'emporter quatre ans plus tard au Caire. Burckhart n'a donc nullement été décapité dans une mosquée après avoir été convaincu d'avoir « écrit la formule de l'islam, en marque d'aversion, sur la plante de ses pieds » comme on l'affirme dans le monde musulman. Fort heureusement, avant sa mort il avait envoyé son manuscrit à ses commanditaires de Londres, qui le firent publier en quatre volumes. Jamais encore personne n'avait écrit relation de voyage plus détaillée et plus exacte [1].

---

1. Ces différents voyages sont fidèlement résumés dans *Pilgrimage to El-Medinah and Meccah*, Appendices IV, V, VI; R.H. Kiernan, *The Unveiling of Arabia*, Londres, 1937, 54-161; David G. Hogarth, *The Penetration of Arabia*, Cambridge, 1904; et aussi Penzer, *An Annotated Bibliography of Sir Richard Francis Burton*, 46-8. D'autres encore ont pénétré dans La Mecque. Citons Vincent Leblanc (1568); Johann Wild qui publia un livre sur sa captivité dans la ville sainte en 1604; Ulrich Seetzen, botaniste et arabisant allemand qui se rendit à La Mecque déguisé en médecin, mais fut tué sur le chemin du retour; le français Roches (1841-42) et le suédois George A. Wallin (1845, mais sa relation de voyage ne sera communiquée à la Royal Geographic Society qu'en 1852). Après Burton en viendront d'autres : l'anglais Keane (1877-78); l'allemand Snouck Hurgronje (il passera cinq mois dans la ville de La Mecque); et Archibald Wavell (1908). Et d'autres Européens encore, anonymes ou renégats. Le célèbre explorateur H. St. John Philby vivra lui aussi cinq mois dans La Mecque, après s'être converti à l'islam pour la circonstance (voir son livre, *The Heart of Arabia*, 1922.) Aujour-

Burton espère surpasser la prouesse de Burckhart en traversant de part en part, c'est-à-dire d'ouest en est, la péninsule arabique. Il ne sait pas encore qu'il s'agit là d'un des déserts les plus inhospitaliers de la planète, et dont la plus grande partie n'a pas été explorée, serait-ce par les bédouins. En 1818, un Anglais, G.F. Sadlier, a fait la traversée d'est en ouest, mais si ingrats sont les sols, si hostiles les nomades, que nul autre Européen ne tentera de franchir ce désert, dans un sens ou dans l'autre, avant 1918. Ce sera alors H. St. John Philby qui réussira – « poussé par l'inextinguible soif de pénétrer les replis de cette Arabie désertique », langage qui rappelle étrangement celui de Burton – la remarquable exploration de la région centrale de la péninsule et dressera la carte de ce qu'il appelait « le plus grand espace vide en dehors des calottes polaires ». Et de conclure son expédition par cette phrase : « J'en ai fait suffisamment pour mettre mon âme au repos, libérée de son long servage. »[1]

Cependant, la première des idées fixes de Burton est de pénétrer le mystère de la vie familiale des Arabes. Pour en venir à cette fin, il décide de se faire passer tout à la fois pour derviche et médecin. Le derviche, écrit-il, était un « vagabond patenté » dont on respectait l'austérité, et que partout on accueillait chez soi. Quel que fût son âge, son rang social ou son appartenance confessionnelle, un homme pouvait jouer pendant quelque temps ce rôle de moine mendiant et voyager en toute sûreté, sans serviteurs et sans armes. « Si le danger devenait imminent, explique Burton, il lui suffisait de feindre le dérangement d'esprit pour écarter tout danger, [car] en Orient les fous – comme en Occident les gens notoirement excentriques – ont le droit de dire ou de faire tout ce qu'il leur passe par la tête. »

Au rôle de derviche, Burton ajoute celui, « infiniment sédui-

---

d'hui, les règlements frappant les infidèles sont toujours appliqués avec la même vigueur dans la ville sainte. A ce sujet, voir Christina P. Grant, *Syrian Desert Caravans, Travel and Exploration*, New York, 1938, 233.

1. *The Empty Quarter, Being a Description of the Great South Desert of Arabia*, New York, 1933, XVII.

sant », de médecin, car, explique-t-il, c'est la meilleure façon qui soit de « voir les gens de près, et plus particulièrement le beau sexe, dont les Européens ne connaissent que les pires spécimens ». Depuis sa jeunesse, affirme-t-il encore, il a toujours été « amateur de savoir médical et mystique » et il sait parfaitement que la médecine orientale consiste pour une bonne part en remèdes magiques, en charmes et incantations, en ingestion de simples et en administration d'aphrodisiaques. Aussi emporte-t-il dans ses bagages du calomel, des pilules d'aloès et des cachets à la cannelle, et aussi un miroir magique, persuadé de faire moins de mal à sa pratique que « la plupart des jeunes chirurgiens diplômés qui commencent par *se faire la main* sur le troupier britannique ». Sa meilleure thérapeutique, estime-t-il, ce sera l'hypnose.

Du jour où il s'embarque sur le vapeur *Bengal*, le 14 avril 1853 – tête rasée, longue barbe, épiderme teinté au brou de noix, amples vêtements à l'orientale –, Mirza Abdullah (littéralement : le serviteur d'Allah) joue son rôle à la perfection. L'épreuve préliminaire a lieu lors du débarquement à Alexandrie, où les mendiants l'observent sans aménité, puis se détournent de lui. Seul l'un d'eux, parmi les plus jeunes, se donne la peine de tendre la main en sollicitant un « Bakchich ! » pleurnichard, mais en entendant l'arrivant repousser sa requête d'un méprisant *mafich !* – terme qui signifie « je suis sans un » –, le gaillard hausse les épaules et n'insiste pas, convaincu, raconte Burton, ravi, « que la toison recouvrait bien le mouton »[1].

Apprenant en Égypte que les Persans, à La Mecque, sont souvent malmenés, car on les y tient pour schismatiques et les accuse de jeter des immondices sur la sainte Ka'ba, il modifie un peu sa généalogie et reprend son ancien rôle de Pathan (Hindou d'ascendance afghane). Durant les quatre premières semaines qui suivent son débarquement, il séjourne à Alexandrie, dans un petit pavillon mis à sa disposition par un certain John Larking, qui naguère a hébergé Burckhart et lui

---

1. *Pilgrimage to El-Medinah and Meccah*, I, 15, 13, 8.

est venu en aide. Larking est des rares personnes que Burton a mises dans le secret. Là, il perfectionne son arabe et discrètement fait savoir alentour qu'il exerce l'art de la médecine. Au bout de quinze jours il a plus de malades qu'il ne peut en recevoir, et on lui a proposé une jeune fille en mariage.

Certes, Burton ne peut se conduire avec sa « clientèle » féminine comme le ferait un praticien moderne (aucun Égyptien ne tolérerait qu'un médecin examine sa femme, celle-ci serait-elle à l'article de la mort, alors qu'elle est en couches), mais il n'en a pas moins plus d'une occasion de satisfaire sa curiosité pour ce qui se passe dans les harems. « Dans l'art de duper, affirme-t-il, l'homme ne vient pas à la cheville de la femme », mais il estime pourtant que les épouses arabes ont le meilleur caractère du monde et sont plus douées que leurs maris pour les plaisirs de l'amour. Un harem, écrit-il sans ajouter le moindre commentaire, « ressemble souvent à un foyer européen composé d'un homme, de sa mère et de sa femme ». Rares sont les musulmans qui ont les moyens d'entretenir les quatre épouses que lui accorde le Prophète, mais tous considèrent que quatre est le nombre idéal. « Prends une femme, lui a-t-on dit, et elle se tiendra pour ton égale, te répondra et *se donnera des airs*. Prends-en deux, elles se chamailleront à n'en plus finir et rendront ta maison invivable. Trois ne te feront pas une compagnie, car deux d'entre elles manigranceront toujours quelque chose contre la plus gentille pour lui empoisonner l'existence. Mais quatre, voilà l'affaire : elles pourront se quereller et se rabibocher tout leur soûl, et leur mari jouira d'une paix relative. Mais de par la loi le mahométan est tenu de traiter toutes ses femmes de la même façon... » [1]

Lorsqu'il demande ses passeports pour sortir d'Égypte, Mirza Abdullah doit essuyer des affronts, endurer des retardements qu'il n'aurait jamais connus s'il était resté Richard Burton. Le jour où, dans une rue, un Anglais l'insulte vertement

---

1. *Arabian Nights*, III, 212 *n*; et *Pilgrimage to El-Medinah and Meccah*, I, 175 *n*; II, 91.

parce qu'il lui a touché le coude par inadvertance, il pardonne à son compatriote, « considérant que c'était là complimenter son déguisement ». Mais il apprend aussi à traiter de « barbares accomplis » les Britanniques vivant en Égypte et se convainc que tous les musulmans qui leur servent de domestiques les détestent du fond du cœur.

Il remonte pour la première fois le Nil en se rendant d'Alexandrie au Caire, sans se douter encore que des années plus tard la recherche des sources de ce fleuve lui vaudra tant d'angoisses et de souffrances. En effet, dans la narration qu'il fait de ce bref voyage, c'est en vain qu'on cherche toute allusion à ce qui, par la suite, deviendra pour lui une véritable obsession. Pour l'instant, il est avant tout fort désillusionné. « Je trouvais le paysage plus qu'insipide, écrira-t-il. J'avais l'impression de retrouver le Sind... même voile de l'atmosphère au petit matin, même lumière aveuglante à midi, même vent brûlant, mêmes nuages de chaleur, même embrasement et même éclat du ciel au coucher du soleil et au crépuscule, mêmes trombes de poussière et mêmes *démons* de sable balayant la plaine tels des géants, mêmes eaux limoneuses... »

Subitement il se sent seul tandis qu'à l'écart il fume, égrène les pierres de son chapelet en psalmodiant à haute voix, dans « une attitude de piété forcenée », ou bien mâchonne son pain frotté d'ail. Mais dès avant la fin du voyage il s'est fait des amis musulmans qui vont lui montrer une bonne partie du Caire, où il va séjourner durant plusieurs semaines pour étudier la grammaire arabe et la théologie musulmane sous l'égide d'un vieux lettré, cheikh Mohammed, de qui il apprend, entre autres choses, qu'il est fort dangereux de prendre des notes. « D'où te vient cette diablerie? lui demande avec inquiétude le vieillard. Tu l'as sûrement apprise dans le pays des Francs. Repens-toi! » Aussi va-t-il maintenant consigner ses observations de façon subreptice, d'une écriture en pattes de mouche quasiment indéchiffrable. Et de ces notes sur Le Caire surgira un lumineux portrait de la ville plurimillénaire.

Burton est au Caire tandis que s'écoule le ramadan, mois durant lequel tout musulman est tenu de ne pas manger ni boire, et « même de ne pas avaler de propos délibéré sa salive » entre le lever et le coucher du soleil. La chaleur desséchante du mois de juin fait de la ville un tourbillonnement de grogne et de violences. La nuit venue, les venelles sont envahies d'une cohue qui retrouve sa bonne humeur, se détend, s'empiffre de pâtisseries et de graines grillées, étanche sa soif en buvant des jus de fruits et du café. Les pages que rédigera Burton à partir de ses notes nous décriront tour à tour les mendiants proposant aux gogos de vagues plans de La Mecque contre les piécettes qui couvriront les frais de leur futur pèlerinage, les prostituées « dont la seule marque de pudeur consiste en leur *bourka*, le voile qui leur couvre la face », les porteurs d'eau qui vont criant « Eau fraîche! Eau fraîche! Réjouis-toi l'âme de citronnade! » et d'âniers qui frappent leur animal en le traitant « de maquereau, de juif, de chrétien, de fils de pute borgne dont le lot est de subir un éternel châtiment ». Par-dessus le tumulte on entend la voix du muezzin – « Faites vos prières! Gagnez votre salut! Mieux vaut faire ses dévotions que dormir! » – appelant du haut d'un minaret les fidèles à se recueillir.

Muni d'une lampe à huile faiblarde, Burton explore de nuit les quartiers paisibles du Caire. « Pas une seule ligne droite, écrit-il. Les hauts murs aveugles de la grande mosquée penchent au-dessus de leurs massifs arcs-boutants, les frêles minarets semblent sur le point de basculer devant vous pour vous couper le passage [...] et les énormes gâbles tenir debout par la simple vertu du mortier. » L'impression de dépaysement est encore accentuée par « la forme gracieuse et ployée des palmiers, sur les cimes desquels, ondulant dans la fraîche brise nocturne, la lune fait miroiter de scintillants reflets ». Il relève ce que le dessin architectural des mosquées – particularité qui les apparente aux temples « triangulaires » hindous – comporte de phallique, et il voit là « un inconscient renouveau des formes dont on use depuis le fond des âges pour sacraliser par le symbolisme les dieux de la génération et de la création ». Ce constat, pourtant si inattendu de la part d'un militaire britannique du dix-neuvième siècle, n'a pourtant rien d'original, se hâte-t-il d'ajouter, puisqu'il précisera pour ses lecteurs qu'il fait en cela référence aux écrits d'un savant français, d'Hancarville, lequel a répertorié les emblèmes phalliques qu'on observe dans le culte de divers peuples [1]. Ce n'est là qu'une des multiples preuves de l'érudition de Burton, dont les connaissances sont de plus en plus vastes, et aussi de son constant souci de citer les travaux sur lesquels il s'appuie.

Burton jouit pleinement du *kaïf*, terme arabe intraduisible désignant la voluptueuse détente que procure le chanvre qu'on a fumé, et aussi de ce qu'il appelle l'art de « savourer une existence animale, le plaisir passif qu'apportent les sens, l'agréable langueur et la rêverie paisible qui en Orient remplacent la vie trépidante, intense et passionnée de l'Europe ». Les Arabes, dit-il, « accèdent aisément à une volupté inconnue dans les régions septentrionales, où le bonheur est placé sous la juridiction de pouvoirs mentaux et physiques... où on ne gagne sa chienne de vie qu'à la sueur de son front, et où l'air moite et frisquet exige, faute de mieux, un perpétuel énervement, de l'exercice, du changement, de l'aventure ou de la dissipation ».

Au Caire, il continue de pratiquer la médecine, et après avoir guéri – par hypnose assortie d'un puissant cathartique – de jeunes femmes esclaves qui ont la fâcheuse habitude de ronfler en dormant (ce qui réduit leur prix de vente sur le marché), il se trouve à la tête d'un florissant commerce. Mais il vit toujours seul, en marge de la société européenne, et il ressent une envie folle d'adresser la parole aux Anglais de passage. Un jour qu'il vient d'assister à un mariage arménien, dans ses notes il écrit qu'« après la tristesse et l'uniformité de la société musulmane, rien ne pouvait le réjouir davantage que le visage sans voile d'une jolie femme » [2].

---

1. Pierre François Hugues d'Hancarville, *Recherches sur l'origine, l'esprit et les progrès des arts de la Grèce; sur leurs connections avec les arts et la religion des plus anciens peuples connus...*, Londres, 1785. Voir aussi *Pilgrimage to El-Medinah and Meccah*, I, 32, 72, 81, 84, 89, 92, 210.
2. *Ibid.*, I, 9, 123.

Durant ce séjour cairote, il se lie d'amitié avec un musulman né en Russie, Hadji Ouali, venu s'établir avec sa famille à Alexandrie pour y faire du négoce, et qui se trouve momentanément au Caire parce qu'il a intenté un procès à quelqu'un. Ce bel homme d'entre deux âges a connu le monde et ses usages, et il apprend beaucoup à Burton sur l'Égypte. Un soir, ils font la connaissance au caravansérail d'un certain Ali agha, capitaine dans l'armée albanaise, lequel arrache quasiment les pistolets que porte Burton pour les examiner de plus près. Burton ne bronche pas. Mais quelques jours plus tard, ils se rencontrent de nouveau tous les trois dans la chambre d'Ali agha, et l'Albanais lui cherche querelle. Burton le repousse violemment, tout en le retenant pour lui éviter de se fracasser le crâne contre le sol de pierre. Impressionné par la poigne de Burton, le capitaine fait alors preuve d'amabilité et propose à son visiteur de boire en sa compagnie.

Bientôt les voilà amis, et Ali agha demande au « docteur hindou un peu de poison qui ne trahit pas pour calmer un ennemi pénible ». Burton l'oblige en lui pesant cinq grains de calomel absolument inoffensif, et les deux hommes continuent à vider tasse d'arak sur tasse d'arak. Finalement Hadji Ouali, qui en bon musulman réprouve toute consommation de boisson alcoolique, verrouille la porte, scandalisé, menaçant d'appeler la police. Non content de cela, l'Albanais se lève et, mal assuré sur ses jambes, propose à Burton de se joindre à lui pour aller chercher une troupe de danseuses. Sentant venir la bagarre, Burton fait de son mieux pour l'en dissuader, mais à cet instant Ali agha se précipite hors de la pièce pour se répandre en imprécations dans la galerie du caravansérail. « Maudits Égyptiens! hurle-t-il. Fils de Pharaon! Race de chiens! »

Forçant une porte d'un coup d'épaule, il s'introduit dans une chambre où sommeillent deux couples. Éveillée par le langage ordurier d'Ali agha, l'une des femmes « réplique par une volée de vitupérations », et le capitaine prend la fuite en descendant l'escalier, au bas duquel il trébuche sur le corps endormi du gardien de nuit. Rendu fou de rage et assassin, l'Albanais s'en prend à présent au portier, qu'il roue de coups, mais il fait tant de tapage qu'il réveille son serviteur, qui, avec l'aide du « docteur » Mirza Abdullah, réussit à ramener dans sa chambre le braillard. « A Oxford, écrira Burton, aucun étudiant gallois ne m'a jamais causé tant d'ennuis en pareilles circonstances. »

Au milieu de la matinée du lendemain, alors que se répand la rumeur de la rixe après boire, Burton constate que sa réputation de médecin hindou à qui on peut se fier s'est tout bonnement envolée. « Tu ferais mieux de partir tout de suite en pèlerinage, lui conseille Hadji Ouali. Et avec le vieux lettré celui-ci accompagne Burton pour lui faire ses adieux à l'une des portes de la ville. " Le vagabond patenté " entreprend alors " sur la méchante selle de bois d'un dromadaire de la pire sorte ", le voyage de cent quarante kilomètres à travers le désert qui va le conduire à Suez. Je ne dirai pas, déclare-t-il, que je n'ai pas ressenti un pincement au cœur en voyant leurs visages d'honnêtes gens et leurs silhouettes se fondre dans le lointain. »

Bien que Burton ait maintes fois tâté de la vie dans le désert lorsqu'il séjournait dans le Sind, il supporte mal l'implacabilité de la hamada égyptienne :

« Alentour, telles des laisses de sable déposées par le courant, sur lesquelles chaque souffle de vent imprime sa trace en vagues compactes, des rochers battus qui sont comme des ossatures de montagnes et des plaines arides, ininterrompues, sur lesquelles celui qui chemine est assailli par l'idée que l'éclatement d'une outre, ou encore une blessure au sabot d'un chameau seraient synonymes de mort atroce – une terre exsangue infestée de bêtes sauvages et d'hommes plus sauvages encore – une région où chaque source, en guise d'avertissement, vous murmure de boire et de vous éloigner sans tarder [...] Le cœur vous bondit dans la poitrine à la pensée d'opposer vos misérables forces à la puissance de la nature et de sortir vainqueur de l'épreuve. C'est ce qui explique le proverbe arabe : *Voyager c'est vaincre*. Plus encore que sur l'océan, dans le désert la mort est omniprésente : le péril qui vous guette, celui de vous faire détrousser ou de naufrager loin de tout ne réside pas dans la multitude. Il est là où, comme le disent les Perses, *la mort est une fête*. »

Pourtant, alors que le soleil le brûle comme un souffle de fournaise et que le simoun – qu'il qualifie de « vent vénéneux » – le caresse « comme un lion à l'haleine de feu », il trouve le moyen, sur son dromadaire, de faire la course avec le premier bédouin qui le met au défi de le battre. « Ça, c'est une épreuve d'homme ! »[1].

Ville sordide, répugnante, regorgeant de pèlerins. C'est l'impression que lui fait Suez. Le logis qu'il y trouve lui répugne, cependant il le décrit avec l'humour qui colore toutes ses relations de voyage. « Les murs de nos chambres étaient luisants de crasse, des toiles d'araignées empoussiérées s'accrochaient à tous les chevrons, des armées de cancrelats, de fourmis et de mouches noircissaient le plancher qu'encombraient nos affaires entassées pêle-mêle [...] Et voilà qu'une chèvre curieuse, bientôt suivie d'un baudet inquisiteur, entrent furtivement dans la chambrée, constatent que celle-ci est occupée par des locataires et se retirent avec dignité. »

Il entend continuer son voyage pourvu de vêtements de rechange, d'une petite tente, d'une outre en peau de chèvre, d'un tapis de tribu tissé en Perse, d'un oreiller et d'une couverture, d'un drap pouvant faire usage de moustiquaire et d'une vaste ombrelle de coton « d'un jaune éclatant faisant songer à un souci géant ». Elizabeth Stisted lui a fait présent d'un « nécessaire d'ouvrages de dame », à savoir un rouleau de toile, des aiguilles, du fil et des boutons. Il s'est également muni d'un filtre de poche pour assainir l'eau infecte avant de la boire, de pistolets, d'un poignard, d'un encrier de cuivre et d'un porte-plume, d'un *tasbih* ou chapelet monté en collier, d'une ceinture porte-monnaie, d'un coffret à pharmacie et

1. *Ibid.*, I, 143, 149.

d'un étui pectoral soigneusement exécuté, afin d'y cacher ses notes. Il a aussi emporté des crayons et du papier à croquer, avec l'intention de fractionner ses dessins en petits morceaux qu'il dissimulera dans des fioles de médicaments vides. Dans l'espoir d'être à même de faire des observations géographiques, il transporte une boussole et un sextant, dont il devra se débarrasser dès le début du voyage, après que Mohammed, son jeune et méfiant serviteur, aura découvert l'instrument et quasiment persuadé ses compagnons de pèlerinage que Burton est un espion. Il lui en coûtera beaucoup de se séparer de ce sextant, sans lequel il ne pourra guère apporter de précisions supplémentaires aux renseignements de nature géographique recueillis par Burckhart. En s'aidant de sa seule boussole, il sera en effet incapable de percer le mystère de la latitude de Médine, que l'on continuera d'ignorer jusqu'au début du vingtième siècle.

Burton s'est muni de quatre-vingts livres en pièces d'or et d'argent qu'il a cachées dans des boîtes et un peu partout sur lui. Quand des brigands nomades fouillent les bagages d'un voyageur et n'y trouvent pas d'argent, explique-t-il, alors « ils lui palpent tout le corps, et si sa ceinture porte-monnaie est vide ils sont volontiers tentés de l'éventrer, persuadés qu'il doit avoir inventé un moyen particulièrement ingénieux de dissimuler ce qu'il transporte de précieux ».

Le 11 juillet 1853, Burton embarque à Suez sur *The Golden Wire*, vapeur à deux mâts – cinquante tonneaux, mais ni compas, ni loch, ni carte, ni amarres de rechange à bord – qui va faire route vers le sud pour le mener à Yenbo. Bien que le bateau ne puisse transporter que soixante passagers, quatre-vingt-dix-sept personnes s'entassent sur le pont, se bousculant pour se faire un peu de place au milieu des monceaux de bagages. Armés de dagues meurtrières, de jeunes maghrébins féroces, venus pieds nus des déserts proches de Tripoli et de Tunis, cherchent querelle aux autres pèlerins pour conquérir un peu plus d'espace. Un Syrien tente alors de rétablir l'ordre, mais il sort de la mêlée avec la moitié de la barbe en moins, une entaille au front, et sur une cuisse des traces de morsures. En un rien de temps cinq hommes sont en sang et sérieusement blessés. L'échauffourée s'apaise, mais pour reprendre de plus belle, et cette fois le groupe des maghrébins, tel un essaim de frelons, tente d'accaparer l'arrière, là où se tient Burton. Se saisissant d'un gourdin, il cogne allègrement tout autour de lui. Finalement, il lance contre les assaillants une jarre à eau en terre cuite pesant ses cent livres, ainsi que son pesant berceau de bois. Trempés, vilainement esquintés, les maghrébins battent en retraite, se concertent rapidement et sollicitent la paix.

Ce voyage de douze jours en mer Rouge devient un cauchemar aux heures où le soleil est haut dans le ciel. Alors les pèlerins acagnardés, à demi frappés d'hébétude, doivent endurer les morsures du vent de sable qui leur cuit la peau comme le souffle ardent d'un four à chaux, ne revenant à la vie qu'avec le crépuscule, lorsqu'ils font cuire leur frugale pitance, composée de riz et d'oignons, dans de petits caissons de bois garnis d'argile et de sable. Fort avant dans la nuit, on chante et on se raconte des histoires. Alors qu'il patauge pour aller à terre lorsque le bateau relâche à Marsa Mahar, Burton ressent une vive douleur dans le gros orteil, duquel il retire ce qui lui semble être un bout d'épine. Il s'agit à vrai dire d'une spicule d'oursin. Bientôt la piqûre s'envenime, s'infecte sérieusement, et à Yenbo (que Burton orthographie Yambu), il constate qu'il ne peut plus marcher sans ressentir une très vive douleur. Or, il lui reste à parcourir, en huit jours, deux cents kilomètres environ pour gagner Médine, en affrontant un vent du désert qu'il comparera plus tard à « l'haleine d'un volcan ». Loin de se laisser décourager, il loue un chameau bâté d'un *chougdoug* (grande couffe dans laquelle on transporte d'ordinaire les enfants et les vieillards), hisse à l'intérieur sa massive charpente et part avec la caravane.

Il s'est fait maintenant de nombreux amis, et deux serviteurs sont attachés à sa personne : Cheikh Nour, un jeune musulman hindou, et l'effronté, l'opportuniste mais aussi l'indispensable Mohammed, dont les parents vivent à La Mecque et qui de lui-même s'est mis au service de Burton en échange de sa nourriture. Tous les deux lui font la cuisine, écartent de lui les mendiants et mettent de l'ordre dans son fourniment. Chaque soir ils lui servent son riz bouilli accompagné de beurre rance et d'oignons frits, et pour dessert de la pâte de dattes. Afin de varier un peu le menu, il leur demande parfois de lui faire une fricassée de sauterelles, plat qui selon lui a le même goût que la crevette un rien avariée. Bientôt ses provisions de thé, de café, de tabac, de dattes et d'huile d'olive sont presque épuisées. Ce sont ses serviteurs et ses compagnons de voyage – qu'avec la curiosité d'un ethnographe il interroge de façon systématique, mais en s'efforçant de le faire avec désinvolture – qui en ont consommé la plus grande partie. La nuit venue, il gribouille ses notes dans sa petite tente, s'aidant d'un ingénieux dispositif consistant en un fil fixé à son carnet et qui lui guide la main tandis qu'il écrit dans le noir. L'un de ses amis de fraîche date, Cheikh Hamid as-Samman, se propose de l'héberger à Médine. Un autre, Cheikh Massoud – il appelle Burton « Père la Moustache » – lui révèle d'innombrables us et coutumes nomades. Burton est ravi : ce qu'il découvre de la vie des bédouins, que dans son esprit il assimile à la liberté, la propreté de l'esprit, l'accomplissement de la virilité, lui semble éminemment préférable à la condition des artisans et boutiquiers musulmans des villes. « Comparé à l'existence dans le désert affranchie de toute entrave, le travail manuel témoigne indubitablement d'une dégénérescence morale et physique, affirme-t-il. Ni le métier à tisser ni la lime ne préservent les bons usages et les qualités chevaleresques comme le font le sabre et la lance. » [1]

Son admiration est sérieusement mise à l'épreuve lorsque des bandits nomades attaquent la caravane au passage d'un col. « Ils s'étaient confortablement installés sur l'éminence du coupe-gorge, écrit-il, et ils nous ont tiré dessus en prenant tous leurs aises. » Bien que l'embuscade se solde par la mort de douze pèlerins et de nombreux chameaux, il se bornera à

---

1. *Ibid.*, I, 173, 24, 127; II, 10.

la résumer laconiquement et à la qualifier d'« affaire douteuse ».

Des années plus tard à Londres, on se répétera de bouche à oreille et on tiendra pour acquis que Burton, ayant été convaincu d'imposture par un jeune Arabe un jour où il avait oublié de s'accroupir pour uriner, comme le veut la coutume chez les musulmans, avait dû tuer celui-ci pour sauver sa propre vie. Lorsqu'en 1871 lord Redesdale lui rappellera cette affaire à Damas, Burton lui fera cette réponse quelque peu sibylline : « C'est vrai, on raconte qu'il en est mort. » Et à Bram Stoker, qui lui aussi voudra tirer cette affaire au clair en 1886, il déclarera : « Le désert a ses lois, et là – surtout en Orient – tuer n'est pas un délit bien grave. Mais bon, que pouvais-je faire d'autre ? C'était lui ou moi. » En avoue-t-il, comme en bien d'autres occasions, bien plus qu'il n'en a fait ? Sans doute, puisque avant de mourir il clamera que toute cette histoire, ce « scandale absurde »[1], sont totalement fabriqués.

Avant d'arriver à Médine, la caravane doit franchir une redoutable barrière de basalte noir, si escarpée que pour l'escalader on a taillé jadis une volée de degrés dans la pierre. Les chameaux gravissent à pas feutrés, au prix d'efforts pénibles, ces marches – les *moudarraj* – puis s'engagent dans un défilé de lave sombre. Burton constate maintenant que les bêtes forcent l'allure sans qu'on les y contraigne par des coups, et que les pèlerins gardent bizarrement le silence.

– Des pillards en vue ? demande-t-il.

– Non, lui dit Mohammed, ils marchent avec leurs yeux. Ils sentent que bientôt ils verront le bercail.

Et tout à coup on aperçoit les jardins, les vergers et les minarets de la ville sainte, à moins d'une lieue en contrebas. Alors les pèlerins font halte pour prier et réciter leurs actions de grâce : « Ô Allah ! Voici le *harim* (le sanctuaire) de Ton

---

1. Redesdale, *Memories*, II, 572 ; Bram Stoker, *Personal Reminiscences of Henry Irving*, I, 359. A propos du démenti apporté par Burton, voir l'analyse de ses notes par Kenneth Walker dans *Love, War and Fancy*, Londres, 1964, 260.

apôtre. Protège-nous des feux de l'enfer et accorde-nous un havre pour nous abriter du châtiment éternel! Ouvre-nous les portes de Ta miséricorde, que nous puissions entrer en Terre de félicité! [...] Puisses-Tu vivre à tout jamais, Toi le Prophète par excellence! [...] Vivre dans l'ombre du bonheur durant les heures de la nuit et la durée du jour, cependant que l'oiseau du tamaris (la colombe) gémit comme la mère qui n'a point enfanté... » Et sous le coup de l'émotion et de la poésie de l'instant, écrit Burton : « pendant quelques minutes je sentis monter en moi une exaltation égale à celle des autres ».

A Médine, il passe un mois dans la demeure de Cheikh Hamid. Mais son pied est toujours vilainement enflé, et c'est à dos d'âne qu'il visite les multiples lieux saints, sans se soucier autrement du spectacle cocasse que donne sa grande carcasse juchée à cru et oscillant sur son petit bourricot boitant bas et auquel manque une oreille. La mosquée du Prophète lui semble « piteuse, clinquante. [Il la compare à] un musée exhibant de méchants objets d'art, une boutique de brocante encombrée de fanfreluches qui ne servent à rien, et décorée avec une misérable splendeur ». Il est stupéfait d'apprendre que les cent vingt gardes qui veillent sur l'édifice ont tous été émasculés, et non moins stupéfait lorsqu'on lui dit que certains de ces êtres « retranchés du genre humain » n'en sont pas moins mariés. Il aura quelque peine à se faire expliquer concrètement la nature de ces unions, et il ne publiera ce qu'il en apprend que bien des années plus tard.

En visitant le lieu de sépulture de Fatimah, la fille préférée de Mahomet, qui passe pour avoir été vierge, bien qu'elle eût mis au monde deux fils, il réfléchit sur l'omniprésence de cette croyance en une vierge mère dans l'univers des religions. Il est également stupéfait de l'affliction que fait naître chez les pèlerins ce tombeau de Fatimah, stupéfait de voir là des hommes « sangloter en silence comme des enfants... », pousser des cris suraigus de femmes hystériques sans rien faire pour dissimuler un chagrin si brutal, si effroyable, et en même temps si vrai et si authentique que je ne savais trop quelle attitude observer.

Son pied se refuse à guérir, mais il n'en décide pas moins de continuer son voyage jusqu'à La Mecque, et il ne se tient plus de joie lorsque Cheikh Hamid lui annonce qu'il pourra quitter Médine avec une caravane qui va suivre le darb el-Charqui, ou piste de l'intérieur, et non pas la route côtière. Aucun Européen n'a encore pris cet itinéraire, pratiquement dépourvu de points d'eau, à l'exception des quelques puits creusés au huitième siècle sur ordre de Zoubida, l'épouse de Haroun al-Rashid. La piste court d'abord au sud-est, puis s'oriente au sud pour traverser le champ de lave de Harra et longer le haut plateau du Nedjd Hedjaz. La caravane quitte Médine le 31 août 1853, et quasiment aussitôt Burton s'avise de la féroce ingratitude du paysage. La terre est littéralement « scalpée, écorchée, peuplée seulement d'échos », écrit-il. Les rares puits sont gardés par des soldats qui exigent des voyageurs une fortune pour les laisser boire quelques gorgées d'eau croupie. Des ossements de chevaux, de chameaux et d'ânes morts de chaleur et d'épuisement balisent la piste. Certains cadavres sont encore frais, que des mendiants dilacèrent pour en faire cuire et dévorer toutes les parties mangeables. Ces mêmes mendiants qui ne cessent de harceler les autres pèlerins, espérant leur soutirer suffisamment de piécettes pour se désaltérer.

Un jour, Burton est le témoin d'une rixe opposant un Turc à un Arabe. Le Turc l'emporte sur son adversaire en lui portant un coup qui manque le tuer. Cette nuit-là, l'Arabe se glisse dans la tente de son vainqueur et l'éventre d'un coup de poignard. Le blessé n'a toujours pas perdu connaissance quand on l'enveloppe dans sa couverture pour le laisser mourir dans une fosse vaguement creusée pour la circonstance. « Il est impossible, écrit-il, de contempler, d'imaginer sans horreur une fin pareille, la soif torturante provoquée par la blessure, le soleil brûlant qui échauffe le cerveau jusqu'à la déraison, et aussi – pis que tout, car ces bêtes n'attendent pas que la mort ait fait son œuvre – les attaques du chacal et du vautour. »[1]

On voyage surtout de nuit. Les hommes se disputent âprement pour savoir qui précédera qui sur la piste, et les « formes énormes et indécises des dromadaires aux pieds spongieux » prennent des allures fantomatiques à la clarté faiblarde des torches qui flamboient. De temps à autre un épineux accroche un *chougdoug* et le fait choir sur le sol, ce qui provoque un hurlement de terreur chez celui ou celle qui l'occupe. Dans le défilé de la Mort, lieu idéal pour tendre une embuscade, un coup de feu claque et le dromadaire qui précède celui de Burton s'écroule, frappé d'une balle en plein cœur. Toute la caravane est bientôt prise de panique, car d'autres bêtes sont tuées, mais un groupe de courageux Wahhabites s'élance à flanc de colline et met en déroute les pillards.

A peu de distance de La Mecque la caravane fait halte à Al-Zaribah. On y tond le crâne des hommes, qui tous se purifient par de l'eau lustrale, se parfument et se vêtent du costume que se doit de porter tout pèlerin : une simple tenue de coton à raies et franges rouges. Les femmes remplacent leurs voiles un rien provocants par un horrible masque de feuilles de palmier séchées. On interdit à tout le monde de tuer quoi que ce soit de vivant – mouche, pou, brin d'herbe – et de se couvrir la tête en toutes circonstances.

La caravane entre dans La Mecque après la tombée du jour, et ce sont des cris – « Les lieux saints ! Les lieux saints ! » – mêlés aux pleurs bruyants des femmes, qui avertissent Burton de ce que le voyage s'achève. Il passe la nuit chez la famille de son serviteur Mohammed, et dès l'aube se hâte de gagner la grande mosquée et la sainte Ka'ba, « nombril du monde » et cœur de « la mère des cités ».

« Enfin il était là, le bout de mon long et harassant pèlerinage. Là était l'accomplissement de bien des années de projets et d'espoirs. Ce qui avait été une nébuleuse chimère

---

1. *Pilgrimage to El-Medinah and Meccah*, II, 128.

entrait maintenant de plain-pied dans l'énorme catafalque, donnant à son lugubre poêle un charme tout particulier. Ici, point de ces gigantesques fragments de haute antiquité, comme en Égypte, ni non plus de vestiges d'une gracieuse et harmonieuse beauté, comme en Grèce et en Italie. Pourtant j'avais devant les yeux quelque chose d'étrange, d'unique – et rares sont ceux qui ont pu poser les yeux sur le célèbre sanctuaire! Je peux véritablement affirmer que de tous les fidèles qui s'agrippent en pleurant à la chape de brocart ou pressent leur cœur palpitant contre la Pierre sacrée, aucun n'a ressenti encore une émotion plus profonde que le hadji venu de l'extrême nord. C'était comme si toutes les légendes poétiques de l'Arabie disaient vrai, comme si la housse noire recouvrant la Ka'ba était agitée, ondulait, non pas sous l'effet de la petite brise matinale, mais par la vertu d'un battement d'ailes des anges. Mais si je dois humblement confesser la vérité, je dirai que le sentiment d'intense exaltation religieuse était celui des autres, et que pour ma part l'euphorie que j'éprouvais était celle de l'orgueil comblé. »

Burton découvre que la Ka'ba – le cube – consiste en un édifice carré, aveugle, situé au centre de l'immense cour de la grande mosquée, pourvu d'une seule porte d'entrée percée à deux mètres au-dessus du sol, et couverte de la *kiswa*, vaste chapeau de brocart noir orné de fragments de sourates brodés au fil d'or. Scellée à l'extérieur dans l'angle sud-est de la Ka'ba se trouve la fameuse Pierre noire, qui selon les musulmans était blanche lorsque l'archange Gabriel la remit à Abraham, et qu'ont noircie les péchés des pèlerins venus la baiser. A vrai dire, il s'agit d'une idole païenne antérieure de plusieurs siècles à Mahomet, et la Ka'ba, plusieurs fois reconstruite, était probablement à l'origine un temple consacré à Saturne. Abolissant le culte de toute idole à La Mecque, le Prophète n'a conservé que celle-ci, qu'il a intégrée dans le cœur même de sa religion.

Au moment où Burton arrive aux lieux saints, pas le moindre emplacement qui ne soit occupé par des pèlerins en sueur et en larmes. Certains sont prostrés sur le sol dallé, pris de frénésie mystique. Un Africain se dandine d'un pied sur l'autre en oscillant, « tel un éléphant que la chaîne rend furieux ». Burton fait sept fois le tour de la Ka'ba en récitant les prières voulues. Ensuite, épaulé par Mohammed et ses amis, il se fraie un passage à travers la foule pour s'approcher de l'édifice. « Après avoir alors atteint la pierre, raconte-t-il, nous l'avons monopolisée à notre usage pendant au moins dix minutes. Tout en la baisant et en me frottant les mains et le front contre elle, j'ai pu l'observer très attentivement, et je me suis retiré persuadé qu'il s'agit d'un aérolithe. »

Lors d'une seconde visite il mesure la Pierre à l'aide d'un ruban gradué, et par une succession judicieuse de marches et d'arrêts il réussit à prendre les dimensions de tout ce qui l'intéresse dans la grande mosquée. Il va boire l'eau de la fontaine sacrée Zemzem, cette même eau, dit-on, qui fut autrefois puisée par Agar pour désaltérer Ismaël, le fils qu'elle avait eu d'Abraham, père mythique du peuple arabe. Cette eau provoque la nausée, la diarrhée et des furoncles, rapporte Burton, mais dans tout l'islam on la vend pour ses propriétés miraculeuses et on en asperge les yeux des mourants pour leur garantir l'entrée au paradis. Pour ne pas être en reste, Burton en remplit un flacon pour lui, qu'Isabel conservera, même après qu'il sera mort.

Vient ensuite la sainte marche au mont Arafat, la montagne de Miséricorde, où selon la tradition l'archange Gabriel aurait enseigné la prière à Adam. De La Mecque, il faut six heures à dos de chameau pour gagner cette éminence désolée, laide, haute d'une soixantaine de mètres. La chaleur est insupportable, comme l'est la puanteur qui se dégage du camp des cinquante mille pèlerins entassés au pied de la hauteur. Tandis qu'il chemine sur le chemin de pierraille, Burton voit cinq hommes mourir à côté du passage. « Chacun d'eux s'est mis soudain à chanceler, puis est tombé d'un coup, comme frappé par une balle, et après quelques convulsions l'homme gisait, aussi inerte que le marbre », écrit-il. Son pied est boursouflé et le soleil brûle son crâne rasé. Retiré sous sa tente cette nuit-là, il est forcé de changer d'emplacement pour s'éloigner d'un groupe de fossoyeurs qui veulent enterrer « un petit tas de cadavres » à un mètre ou deux de l'endroit où il s'était installé pour dormir.

Mais c'est sans dégoût ni indignation qu'il décrit cette atmosphère de pestilence, d'incommodité et de tragédie. Pour lui, tout cela fait partie du grand spectacle, et il se refuse à faire le dégoûté, de crainte d'être ainsi dépossédé de l'exaltation qu'il ressent et de l'extraordinaire représentation dont il est le témoin. Tandis que le lendemain il écoute le sermon prêché sur le sommet du mont Arafat, ses yeux tombent sur une magnifique jeune femme de La Mecque – peau safranée, silhouette comme « les Arabes les aiment, svelte, gracile, souple, ainsi que doit l'être une silhouette féminine ». Il la fixe longuement et, sentant qu'elle est objet d'admiration, elle écarte un tout petit peu son voile, suffisamment pour découvrir sa bouche que cerne une fossette et son menton rond. « Elle m'a souri imperceptiblement, raconte-t-il, et elle s'est détournée. Le pèlerin était dans l'extase. » Burton tente alors de pousser son avantage, mais au moment où s'achève le sermon la foule se débande en une cohue qui dévale le flanc de la montagne, et en un rien de temps il la perd des yeux.

Le lendemain il se rend à Mouna pour accomplir le rituel consistant à jeter sept pierres sur le monument au Diable, en souvenir d'Abraham qui, affirme-t-on, a jadis chassé en ce même lieu, à coups de cailloux, le Malin qui lui barrait le passage. Le monument est érigé dans une gorge étroite, où des milliers de chameaux et d'ânes se pressent les uns contre les autres. Soudain le baudet que monte Burton fait une chute et le cavalier, précipité sous un dromadaire qui blatère et menace de le fouler, doit sortir son couteau pour frapper à coups répétés le ventre de la bête. Le dromadaire finit par se ruer en avant, sauvant ainsi Burton d'un effroyable piétinement.

Tout musulman est tenu s'il en a les moyens d'acquérir un mouton ou un chameau, de le conduire auprès d'une roche lisse située à proximité de l'akabah de Mouna, et là, de lui tenir la tête orientée vers la Ka'ba et de lui trancher la gorge. Burton est fort satisfait de pouvoir assister à cette cérémonie. La chair des animaux sacrifiés est immédiatement abandonnée aux mendiants, qui découpent dans les cadavres les meilleurs morceaux et laissent les autres sur la carcasse. « Littéralement, la terre était empuantie, écrit Burton. Cinq ou six mille bêtes avaient été abattues et dépecées dans cette cuvette. Je laisse le soin au lecteur d'imaginer le reste. »

Burton est bien décidé à ne pas quitter La Mecque sans s'être introduit dans l'intérieur de la Ka'ba, et à cet effet il a enjoint à ses serviteurs de le prévenir lorsque les lieux saints seraient relativement déserts. Cependant, après son retour à La Mecque, il n'en est pas moins sur le qui-vive lorsque Mohammed fait irruption dans sa chambre. « Lève-toi, Effendi! Habille-toi et suis-moi! » lui crie le jeune homme. Pendant un instant la peur noue la gorge de Burton. « Ça y est, on soupçonne la vérité », se dit-il. Mais Mohammed veut simplement lui signifier que la Ka'ba est vide, et Burton presse le pas pour se rendre à la grande mosquée, où deux solides gardiens le hissent pour le faire passer par l'unique ouverture et le descendre à l'intérieur du lieu sacré. Là, on lui fait abruptement décliner son identité et on lui pose différentes questions. Mais il se tire de l'épreuve, ainsi qu'il l'a fait bien des fois au cours du pèlerinage, sans la moindre difficulté. « Mais, alors que je contemplais les murs aveugles, les factionnaires qui gardaient l'entrée, et au-dessous d'eux la foule des fanatiques surexcités, et considérant qui j'étais, je ne cacherai pas, écrit-il, que j'avais le sentiment d'être un rat pris au piège... je suais à grosses gouttes, et j'avais la chair de poule en songeant à ce que cela devait être quand les lieux étaient envahis d'une multitude de fanatiques se bousculant et s'écrasant les uns les autres. » Pendant qu'il récite les prières de rigueur, il dessine effrontément au crayon, sur son *ihram* blanc, le plan au sol de l'édifice, bien qu'il sache parfaitement que « s'il était découvert rien ne pourrait lui épargner les lames promptement sorties des fanatiques enragés » [1].

Après cela, tout n'est plus que décours. Il dispose désormais d'assez de notes pour composer deux gros volumes. Il a côtoyé des musulmans de toutes sortes, et ce qu'il a appris sur les seuls bédouins lui fournira amplement matière à écrire une étude ethnographique. Il s'est arrêté devant tout ce que les deux villes saintes comptaient de lieux sacrés, dont il a mesuré ou estimé les dimensions, et qu'il a croqués, tout cela à ses risques et périls, et ce n'est pas peu dire. Ces six jours qu'il vient de passer à La Mecque, il en sera récompensé au-delà de ses plus folles espérances. Mais pour l'instant il ne lui reste quasiment rien. Il n'a plus un sou, et tous ceux auprès de qui il se renseigne sur la possibilité de voyager vers l'est en traversant le désert lui répondent que pareil projet n'est que folie et ne peut que le conduire à une mort certaine. « Je commençais maintenant à avoir hâte de quitter La Mecque, écrira-t-il. J'y avais tout fait et tout vu... »

---

1. *Ibid.*, II, 206-9. Dans *Life*, Isabel Burton relatera ces faits de façon quelque peu différente. Voir I, 177.

X

BRISER LE MALÉFICE

> *Comme celle des poètes, la gent des voyageurs est quasiment toujours mue par l'emportement des passions.*
>
> Narrative of a Trip to Harar [1]

Tout à la joie d'avoir bouclé son pèlerinage, Burton ne va pas tarder à constater qu'il répugne à quitter le monde arabe, et qu'il n'a guère envie non plus de se dépouiller à tout jamais de son déguisement. Il est vrai qu'à Djeddah, où il passe dix jours en attendant de s'embarquer pour Suez, il serait imprudent de sa part de révéler sa véritable identité. Seul le vice-consul de Grande-Bretagne apprend de sa bouche qu'il est citoyen britannique :

« On m'a laissé battre la semelle un bon bout de temps devant la porte du Grand Homme, et j'ai entendu quelqu'un dire : Qu'il attende, ce sale moricaud ! Habitué depuis longtemps à prendre patience, j'ai donc attendu, et quand le consul a consenti à me recevoir je lui ai tendu un bout de papier, comme s'il s'agissait d'un billet à ordre. J'avais écrit dessus : *Faites comme si vous ne me reconnaissiez pas. Mon nom est Dick Burton, mais je ne suis pas encore tiré d'affaire. Procurez-moi de l'argent. Je le rembourserai en vous le faisant parvenir de Londres. Et faites comme si de rien n'était.* Mais bien souvent par la suite il envoya quelqu'un me chercher, la nuit venue, et sitôt que j'étais en sûreté chez lui, il me témoignait une généreuse hospitalité. » [2]

1. *Royal Geographical Society Journal*, 1855, XXV, 138.
2. Rapporté dans *Life*, II, 178-9.

Avant de s'embarquer sur le *Dwarka*, il semble bien que Burton, probablement par inadvertance, trahisse ses origines à son serviteur Mohammed, qui dès le lendemain lui réclame avec froideur ses gages, dilapide une bonne partie de l'argent de son maître en faisant provision de céréales avec lesquelles il disparaît. Le jeune homme, révélera Cheikh Nour à Burton, s'en est allé profondément offensé.

— Maintenant je comprends, avait-il déclaré, le maître est un sahib de l'Inde. Il s'est bien moqué de nous.

Quand Burton embarque, il est toujours déguisé, mais c'est vêtu d'un costume anglais qu'il ressort de sa cabine, et aucun de ses anciens compagnons de voyage ne le reconnaît. De retour au Caire, il ne peut cependant résister à l'envie de revêtir ses amples habits arabes, et suffisamment longtemps, pour juger de l'effet produit sur les officiers anglais de l'hôtel Shepherd. Plusieurs d'entre eux sont en train de bavarder en fumant sur la véranda. Burton s'approche pour marcher de long en large, tout près d'eux, en adoptant l'ample démarche des bédouins.

— Voyez-moi cet effronté de moricaud! Recommence voir si tu veux mon pied au cul! lance l'un des officiers que vient de frôler Burton du bas de son burnous.

Alors le bédouin fait volte-face.

— Dis donc, Hawkins, en voilà une façon d'accueillir un copain qu'on n'a pas vu depuis deux ans!

— Merde! Mais c'est Dick la Fripouille! se récrie Hawkins.

Et tout le monde d'entourer Burton.

Au lieu de regagner l'Angleterre, où il est certain d'être reçu à bras ouverts par les membres de la Royal Geographical Society, sésame qui lui ouvrirait toutes les portes, il préfère rester au Caire jusqu'au mois de novembre 1853 pour y passer les dernières semaines de la permission que lui a accordée l'armée. C'est là qu'il entreprend d'écrire la relation de son pèlerinage. Et tandis qu'il rédige, il semble ne pouvoir faire autrement que de continuer à vivre pour une bonne part comme un arabe. T.E. Lawrence, qui au siècle suivant sera l'émule de Burton, écrira ces lignes pour dire combien il lui sera difficile de se partager entre l'un et l'autre univers : « En ce qui me concerne, l'effort que j'ai dû soutenir pendant ces années-là pour vivre en me vêtant comme les Arabes et pour assimiler les fondements de leur pensée m'a dépossédé de ce qui en moi était anglais et fait regarder l'Occident et ses conventions avec des yeux neufs. Tout s'est effacé dans mon esprit. En même temps, il m'était impossible de me mettre dans la peau d'un Arabe. Ce n'était là pour moi qu'un faux-semblant. Il est simple de faire d'un homme un infidèle, mais le convertir à une autre foi est une tout autre affaire. J'avais abandonné une forme sans avoir pour autant pris l'autre [...] et je me sentais totalement perdu dans l'existence. » Lawrence parle ensuite de son « esprit de raison » contemplant avec mépris son propre corps en se « demandant ce que faisait cette futile carcasse et pourquoi elle le faisait. Parfois ces deux entités conversaient dans le vide, ajoute-t-il, et alors la folie était toute proche, car je crois qu'elle guette l'homme capable de voir d'emblée les choses au travers des voiles de deux coutumes, de deux éducations et de deux milieux sociaux ».

Jamais Burton n'est enclin à faire sur lui-même des révélations de cette nature, et son *Pilgrimage to El-Medinah and Meccah*, écrit au Caire et à Bombay en onze mois, est délibérément plus impersonnel que *les Sept Piliers de la sagesse*. Là où Lawrence s'attendrit, s'abandonne à la poésie, Burton va droit au fait, sans prendre de détours. Là où le premier s'interroge sur ses états d'âme, s'attarde sur un sujet plutôt que sur un autre, le second fait preuve d'une véritable obsession pour l'énumération et la description systématique de ce qu'il a vu et enregistré. Les deux hommes écriront en se servant de leurs notes et de leur journal, mais donneront l'impression d'avoir la faculté de tout revivre en souvenir. Tous les deux sont érudits, soldats, aventuriers, et tous les deux ont le talent de nous dépeindre les sites et les hommes qu'ils ont observés. Mais Lawrence composera un lumineux autoportrait qui mettra à nu ses faiblesses, alors que Burton demeurera secret et ne décrira que ce qu'il a appris du monde arabe.

Lorsque Lawrence dira des Arabes que « la souffrance était pour eux un dissolutif, un cathartique, une esthétique, presque, qu'il leur fallait loyalement endurer tant qu'ils en réchappaient », on peut tenir pour certain, à la lumière de ce qu'on sait de sa personnalité, que c'est alors de lui qu'il parlera. Les généralisations de Burton ont souvent les mêmes envolées, mais en laissant infiniment moins percer son caractère. Pourtant, lorsqu'il écrit que « comme celle des poètes, la gent des voyageurs est quasiment toujours mue par l'emportement des passions », on ne peut se méprendre sur la cible que vise sa flèche. Burton est infiniment moins proche des Arabes que ne le sera Lawrence, et l'attitude qu'il observe à l'endroit des femmes arabes le distingue davantage encore de son successeur. Car de ces femmes Lawrence ne dit rien. Il ne les voit pas. C'est à peine s'il fait allusion au dégoût que lui inspire la « viande peinturlurée » des prostituées, alors qu'il exprime son admiration pour le « corps fin et délié » des jeunes hommes. Dans tout le monde méditerranéen, écrit-il, « la femme est devenue une machine à faire de l'exercice musculaire, tandis que l'homme ne peut assouvir les exigences de son esprit que parmi ses pairs ».

Au contraire, Burton rappelle sans cesse combien il a goûté la présence des femmes arabes chaque fois qu'il a entrevu un joli visage ou une gracieuse silhouette. « Que de fois ne suis-je pas resté étendu pendant des heures, sans dormir, écrit-il, pour écouter le bavardage des jeunes bédouines, dont les intonations me chantaient aux oreilles comme une musique. » [1] De plus, il professe un grand respect pour le beau sexe en

---

1. *First Footsteps in East Africa; or, An Exploration of Harar*, Londres, 1856, 118. Voir aussi T.E. Lawrence, *Seven Pillars of Wisdom*, New York, 1935, 30-3, 508. En réponse à une question de Norman Penzer sur l'exactitude des faits rapportés par Burton dans son *Pilgrimage*, le colonel Lawrence déclara le livre « absolument précis dans le moindre détail », ajoutant qu'à ses yeux il s'agissait là d'« un ouvrage tout à fait remarquable et des plus précieux pour un géographe ou pour quiconque s'intéresse à l'Orient ». *An Annotated Bibliography of Sir Richard Francis Burton*, 7.

tant que tel : « [...] dans les périodes difficiles, les femmes, écrit-il, laissant là leur faiblesse et leur frivolité habituelles, deviennent les compagnes et le soutien de l'homme [...] Là, entre ces deux extrêmes que sont la férocité et la sentimentalité, le sexe faible, remédiant à sa grande lacune, à savoir la force qui lui fait défaut, s'élève par le courage, tant physique que moral. »[1] Il est intarissable lorsqu'il expose par le menu le quotidien des harems, bien que John Gardiner Wilkinson, à qui l'éditeur du *Pilgrimage* avait remis le manuscrit de l'ouvrage, ait supprimé du texte une bonne partie de ses descriptions les plus vivantes, qui selon lui ne sont que de « déplaisantes ordures »[2].

Néanmoins, pour Burton comme pour Lawrence, le charme particulier du monde arabe semble être de nature essentiellement masculine. « L'islam, fait-il observer, semble avoir délibérément desserré les liens entre les sexes pour resserrer ceux qui unissent l'homme à l'homme. »[3] Et son insatiable appétit d'exploration, que son séjour à La Mecque n'a fait qu'exacerber, le mettra souvent, au cours des années suivantes, au contact de soldats-explorateurs, parmi lesquels certains, peut-être, seront des homosexuels torturés, à l'exemple de Lawrence, tandis que d'autres, comme lui et pour autant qu'on le sache, se satisferont de brèves rencontres avec des prostituées ou de complaisantes filles du pays. Dans son premier livre sur l'Afrique, Burton fait allusivement référence à ce genre d'aventure, à l'occasion de ce bref et peu explicite passage : « Voyez, mon cher L[umsden], écrit-il, comme le voyage peut vous encanailler un homme. Telle est la conséquence naturelle de se voir contraint, partout où la destinée vous abandonne pour un mois, de trouver une *âme sœur* ou une beauté *à visage lunaire*. »[4] L'autre conséquence naturelle

1. *Pilgrimage to El-Medinah and Meccah*, II, 93-4.
2. Ce fait nous est révélé dans l'introduction de Stanley Lane-Poole à l'édition de *Pilgrimage to El-Medinah and Meccah*, 1914, par la Standard Library. Dans *Arabian Nights*, Burton reprendra en notes infrapaginales ces passages gommés par Wilkinson.
3. *First Footsteps in East Africa*, 38.
4. *Ibid.*, 130.

de cet encanaillement, c'est qu'à un moment ou à un autre Burton contractera la syphilis, ce qui explique vraisemblablement pourquoi son attitude vis-à-vis des Égyptiennes, jusque-là chaleureuse, se fera passablement venimeuse. En tout état de cause, il ne se guérira pas de sa maladie avant que celle-ci n'atteigne, s'il faut en croire le rapport du médecin militaire qui l'examinera plus tard à Aden, le stade secondaire [1].

Burton rassemble des notes sur l'homosexualité au Proche-Orient avec la même assiduité qu'il a mise à regrouper des renseignements sur la vie dans les harems. Dès lors que quelque chose est formellement prohibé, il se sent tenu de le décrire, même si plus de trente années doivent s'écouler avant qu'il ne s'aide de ses notes pour publier divers ouvrages sur ces deux sujets. Durant ces années-là, tout se passe comme s'il avait mis ses passions en veilleuse pour ne plus se consacrer qu'à satisfaire son appétit d'apprendre, comme si les élans impétueux qu'il eût ordinairement versés dans quelque aventure amoureuse débordaient, tel un grand fleuve, pour inonder momentanément des milliers d'arpents de terre vierge et féconde. A cet égard, on songe immanquablement à ce que Freud écrit de Léonard de Vinci, qui selon lui « transmuait

---

1. Se reporter à l'édition de *First Foosteps in East Africa* par Gordon Waterfield, Londres, 1966, où l'auteur de l'ouvrage cite (p. 260) le rapport médical officiel concernant les blessures reçues par Burton à Berbera en 1855. La quantité de notes prises par Burton sur la syphilis dans le dernier essai d'*Arabian Nights* permet de mesurer à quel point on était ignorant, scientifiquement parlant, sur la syphilis, même dans les années quatre-vingt. « La syphilis varie grandement avec le climat, écrit-il. En Perse, on dit qu'elle se propage en dehors de tout contact. En Abyssinie elle est souvent fatale et en Égypte on la soigne rapidement par des bains de sable et des onguents soufrés. » Voir x, 90 *n.* Les bains de sable (qui consistent à enterrer le malade jusqu'au cou dans le désert) ont pour résultat d'élever la température du corps à la façon d'une forte fièvre. On pensait aussi que le paludisme – plus tard, Burton le contractera en Afrique – avait pour effet de guérir la syphilis. Voir C.C. Dennie, *History of Syphilis*, 1962, et William A. Pusey, *History of Syphilis*, 1933. Ainsi que me l'a fait observer le Dr Edward Shapiro, on ne savait à peu près rien de la syphilis à l'époque de Burton, principalement du fait que « parmi les gens pieux on tenait cette maladie pour la juste sanction de la débauche ».

sa passion en curiosité. Alors il s'appliquait à étudier avec la persistance, la fermeté et la profondeur de la passion... »[1].

Quand sa permission tire à sa fin, Burton s'embarque pour Bombay. Sur le bateau, il porte toujours l'ample burnous et se coiffe du chèche vert qui établit aux yeux de tous sa qualité de hadji et consacre le succès de son pèlerinage à La Mecque. Se méprenant sur l'appartenance raciale de Burton, James Grant Lumsden, membre du Conseil de Bombay qui lui aussi est à bord, déclare à l'un de ses compagnons de voyage : « Vous avez vu le visage de cet Arabe ? Il respire la finesse et l'intelligence ! » Burton, chez qui la vanité est toujours prompte à faire surface, décline alors son identité et les deux hommes se lient bientôt d'amitié. C'est chez Lumsden que logera Burton pour achever l'écriture de son *Pilgrimage*, et pour la première fois depuis le départ de Napier il évoluera en Inde au milieu d'un réseau de relations influentes. Par l'entregent de Lumsden, il s'attire la protection de Mountstuart Elphinstone, le gouverneur de Bombay, protection sans laquelle il lui serait impossible d'entreprendre un second pèlerinage étrangement semblable au premier.

Il existe en effet une autre ville sainte, et dans laquelle nul Européen n'a jamais réussi à s'introduire. C'est Harar. Bastion de la culture et de la propagation de la foi islamique, la capitale religieuse de la Somalie est aussi le grand marché aux esclaves de l'Afrique orientale. Selon une vieille croyance, la cité sera dépossédée de son indépendance et tombera aux mains des Francs exécrés dès lors qu'un infidèle réussira à y pénétrer de façon sacrilège. Même les nomades des tribus avoisinantes n'en franchissent les portes que fort rarement, tant ils craignent de finir leurs jours dans les répugnants cachots de l'émir. « Je ne pouvais réprimer la curiosité que je ressentais pour cette cité mystérieuse », racontera-t-il, et il échafaude soigneusement des plans pour transgresser l'inter-

---

1. Sigmund Freud, *Leonardo da Vinci, a Study in Psychosexuality*, Modern Library, 20.

dit et « briser le maléfice »[1]. La promptitude avec laquelle ce projet fait suite à son voyage aux lieux saints laisse à entendre que l'exultation qu'il a ressentie après s'être introduit dans Médine et dans La Mecque a été de courte durée, qu'il ne se leurre pas sur la portée d'un exploit accompli « en attendant mieux ». Sans doute songe-t-il aussi qu'en allant à La Mecque il n'a pas choisi « le bon endroit », puisque d'autres y étaient allés avant lui.

Le plus surprenant, c'est qu'il se prépare à partir pour la Somalie alors même que son *Pilgrimage* est sur le point d'être publié à Londres, affichant ainsi un ostentatoire mépris pour les lauriers qu'à juste titre il pourrait recueillir en Angleterre. En effet, la presse anglaise a d'ores et déjà appris son exploit, lequel a fait sensation. Dans son journal, Isabel Arundell note ce commentaire, tout à la fois admiratif et peiné : « Richard est revenu de La Mecque auréolé de gloire. Mais au lieu de rentrer ici il est parti rejoindre son régiment à Bombay. Je me réjouis de ces honneurs. Dieu en soit loué! Mais moi je vis seule et sans amour. » Plus tard, quand elle aura pris connaissance, en lisant les journaux, des nouveaux projets de Burton, c'est en ces termes qu'elle épanchera sa mélancolie : « Maintenant Richard est parti pour Harar. C'est une expédition suicidaire, ou tout au moins des plus dangereuses, et je suis pleine de mauvais pressentiments. Reviendra-t-il un jour en Angleterre? Comme tout cela est étrange, et comme pourtant je continue de faire confiance au destin! »[2]

Quand sont enfin publiés les trois tomes de *Pilgrimage to El-Medinah and Meccah*, entre l'été 1855 et le printemps 1856, la presse britannique n'a d'attention que pour la guerre de Crimée. Pourtant, les trois ouvrages de Burton suscitent une abondante critique et lui valent des louanges auxquelles ne l'avaient pas habitué ses titres sur l'Inde. « Il a composé un livre qui juxtapose des caractéristiques jugées d'ordinaire assez peu compatibles, déclare l'*Athenæum* du 28 juillet 1855 [...]

---

1. « Narrative of a Trip to Harar », *Royal Geographical Society Journal*, 1855, XXV, 137.
2. W.H. Wilkins, *op. cit.*, 72-3.

le vieux fonds de sagesse orientale [...] le ton vivant et familier d'un contemporain [...] et l'aventure débridée. » En réalité, Burton avait écrit un classique [1]. Mis à part *les Sept Piliers de la sagesse*, le seul autre livre qui se puisse comparer au *Pilgrimage* est l'œuvre de Charles M. Doughty, *Travels in Arabia Deserta*, publié en 1888. Jeune géologue et archéologue, Doughty vivra deux ans — de 1876 à 1878 — avec les bédouins de la péninsule. Chrétien convaincu, il ne tentera jamais d'aller à La Mecque. Qui plus est, il réprouvera le subterfuge adopté par Burton dans le but de se faire passer pour mahométan et refusera avec agacement de lire son *Pilgrimage*. Doughty subira d'horribles épreuves, sera victime de la cruauté des Arabes et ne sauvera sa peau que d'extrême justesse. Mais bien que son style assez pédant et compassé fasse un peu démodé de nos jours et s'orne de tous les artifices ampoulés de l'époque élisabéthaine, le portrait qu'il brosse de l'Arabie demeure d'une extraordinaire vérité. Il reste que Doughty n'a ni l'humour de Burton ni sa connaissance profonde de la pensée arabe, des us et coutumes orientaux, ni non plus sa curiosité ethnographique [2].

Si Burton voulait tenter d'entrer seul dans Harar, déguisé en marchand musulman, il n'en songeait pas moins à s'entourer de plusieurs officiers britanniques qui simultanément entreprendraient d'explorer la Somalie, pays qui à l'époque était en grande partie inconnu. Quelques missionnaires, rares, s'y étaient pourtant établis, mais seul le lieutenant de vaisseau

---

1. La publication du *Pilgrimage* de Burton avait été précédée de celle de deux lettres de descriptions plutôt austères qu'il avait adressées à la Royal Geographical Society. Voir « Journey to Medina, with Route from Yamba », *Royal Geographical Society Journal*, 1854, XXIV, 208-25 ; et « A Journey from El-Medina to Mecca », *Royal Geographical Society Journal*, 1855, XXV, 136-50.

2. Exaspéré d'apprendre que Doughty s'était refusé à lire *Pilgrimage*, Burton répliquera — dans une peu généreuse critique de *Travels in Arabia Deserta* publiée par *Academy* — qu'il [Doughty] eût mieux fait de le lire, car « cela lui aurait évité bien des inexactitudes ». Et si Doughty avait subi tant d'épreuves, laissait-il encore à entendre, il ne pouvait s'en prendre qu'à lui-même, puisqu'en terre d'Islam mieux vaut ne pas claironner qu'on est chrétien. *Academy*, 28 juillet 1888, 47-8.

Cruttendon avait systématiquement exploré les régions littorales en 1848. Burton espérait pénétrer dans l'intérieur et gagner Harar à partir de Berbera, puis obliquer vers le sud-est, à travers la corne orientale, pour terminer son voyage par une étude approfondie de Zanzibar. Aussi obtint-il que soient détachés avec lui trois officiers capables de l'armée des Indes orientales, à savoir respectivement le lieutenant G.E. Herne, géomètre et géographe, le lieutenant William Stroyan et l'aide-chirurgien J.E. Stocks. Les deux derniers étaient des amis de longue date, dont Burton avait fait la connaissance du temps où il était lui-même affecté au corps de géomètres du Sind. Mais Stocks meurt d'apoplexie peu de temps avant le départ de l'Inde, et Burton le remplace par un jeune volontaire qui lui est totalement inconnu : le lieutenant John Hanning Speke, du 46e régiment d'infanterie coloniale du Bengale.

John Speke est le fils de William Speke et de Georgina Elizabeth Hanning. Le couple jouit d'une relative aisance et possède, à proximité d'Ilminster, dans le Somerset, le domaine de Jordans. Les Speke appartiennent à la meilleure société et John peut se prévaloir de plusieurs ancêtres membres du Parlement. Second de quatre fils, il est né le 4 mai 1827. Enfant, il détestait l'école, préférant de beaucoup, comme il le dira plus tard, « dénicher les nids ». A dix-sept ans il est parti pour l'Inde, où l'a suivi un an plus tard le plus jeune de ses frères, Edward. Tous deux ont combattu lors des campagnes du Panjab [1]. John Speke est un passionné de chasse, sport qu'il pratique non seulement pour tuer, mais aussi pour collectionner, disséquer et faire empailler. Il prend grand soin d'expédier à ses parents, pour qu'ils les lui gardent, des échantillons de toutes les têtes et de toutes les fourrures d'animaux qui manquent au musée d'histoire naturelle qu'il

---

1. Speke avait également deux sœurs, Sophia Murdock et Matilda Pine-Coffin, et aussi deux autres frères, ainsi qu'on l'a dit dans le texte. Ses sœurs ont rédigé deux « Histoires de la famille Speke », qui actuellement sont conservées dans les archives de la Royal Geographical Society. Son frère aîné étant décédé sans laisser d'héritier, le domaine est devenu propriété du plus jeune des frères, Benjamin, car Edward avait été tué le 15 septembre 1858 lors de la révolte des Cipayes.

a constitué pour son plaisir et son usage personnels dans la propriété familiale. Ayant épuisé la faune de l'Inde, il a pris pour habitude, durant ses permissions, de franchir les cols de l'Himalaya avant même que la neige n'eût fondu, pour aller chercher au Tibet de nouveaux spécimens. Là, sans instruments, il a appris l'essentiel de la cartographie et s'est doté, comme l'écrira Burton, d'« un *œil de terrain* exceptionnellement exercé, comme on n'en rencontre guère d'ordinaire, même chez les géomètres de métier »[1]. C'est un marcheur hors pair, infatigable, et un superbe fusil. Il exulte quand la chasse est bonne. Quand elle est mauvaise, Speke est exécrable. Écrite en Angleterre aussi bien qu'en Afrique, sa correspondance privée – aujourd'hui conservée par la Royal Geographical Society – abonde en témoignages de mauvaise humeur lorsque le tableau de chasse n'est pas ce qu'il avait souhaité. Le fait est, admettra-t-il sans déguiser dans son second livre, « que j'étais bien davantage sportif et voyageur que soldat, et que je n'ai aimé mon métier que lorsqu'il me donnait l'occasion de me battre sportivement »[2].

Burton ne va pas tarder à relever, non sans quelque consternation, que Speke se délecte tout particulièrement des embryons retirés du ventre des femelles pleines qu'il a abattues, pratique que les Africains réprouvent hautement, mais que jamais Speke ne reconnaîtra ouvertement dans ses écrits. Tout au plus y fera-t-il indirectement allusion de la façon suivante : « Un jour où je tirais le koudou et avais abattu une femelle, je demandai à mon traqueur indigène, lequel était marié, de lui ouvrir la matrice pour voir le fœtus. Mais il s'y refusa, horrifié, craignant que la vue du faon, se gravant dans son esprit, n'exerçât une influence sur les futures grossesses de son épouse... »[3]

A l'occasion d'une permission, Speke était revenu à Aden

1. *Zanzibar; City, Island, and Coast*, 2 vol., Londres, 1872, II, 377.
2. John H. Speke, *What Led to the Discovery of the Source of the Nile*, Edimbourg, 1864, 151.
3. Voir le *Zanzibar* de Burton, II, 378, et la relation de Speke dans le *Blackwood's Magazine* de novembre 1859, 575.

dans l'espoir d'en rapporter une collection de trophées de chasse aussi fournie que celles qu'il avait constituées en Inde et au Tibet. Mais le résident britannique lui avait catégoriquement interdit de chasser seul et conseillé de s'intégrer dans l'équipe de Burton. Il était alors âgé de vingt-sept ans et avait pour lui ce que Burton – de six ans son aîné – qualifie de « simplicité de façons presque enfantine »[1].

Solidement charpenté (il mesurait six pieds), nerveux, tout en muscles, les cheveux « de la couleur d'une crinière de lion », comme le disaient les indigènes, d'emblée il avait été conquis par Burton et s'était glissé dans le rôle du jeune frère en adoration devant son aîné, ce qui ne pouvait que flatter le plus mûr des deux hommes, qui avait l'impression d'entraîner de nouveau son cadet Edward à sa suite.

Au cours de son existence, Burton s'entourera ainsi de divers jeunes gens, pour la plupart de caractère posé, intelligents, aiguillonnés par l'esprit d'aventure, dépourvus d'attaches, mais incapables d'agir par eux-mêmes. Certains suivront Burton dans ses explorations, d'autres collaboreront à l'écriture de ses livres, et plusieurs lui rendront de vibrants hommages après sa mort. Mais Speke n'est pas de ceux-là. Avec lui on n'a pas affaire à un second ordinaire. Son caractère taciturne et son apparente bonne nature cèlent un bouillonnement de passions et une ambition démesurée. Rien d'étonnant si ses rapports avec Burton s'envenimeront pour s'achever de façon très pénible.

Dans cette aventure en Somalie, Speke a le désavantage d'être un nouveau venu parmi de vieux amis, et d'être aussi le remplaçant au pied levé du lieutenant Stocks, que Burton appelait « le favori universel ». Speke ne parle pas l'arabe, et en dépit des dix années qu'il a passées en Inde il n'a qu'une vague connaissance de l'hindoustani, langue qui ne l'intéresse guère. Cependant, Burton lui confie une mission importante : l'exploration de l'oued Nogal, dont le bassin, dit-on, serait aurifère. Herne et Stroyan sont affectés à Berbera, avec pour

---

1. *Zanzibar*, II, 381.

directives d'explorer les massifs côtiers et de prendre des notes sur le négoce des esclaves et les échanges commerciaux. Il se réserve d'entrer seul dans Harar, espérant bien être de retour sur la côte et y retrouver ses compagnons aux environs du 15 janvier 1855 [1].

Le 29 octobre 1854, Burton revêt ses habits arabes et s'embarque sur le petit vapeur qui fait régulièrement la traversée entre Aden et Zeila, où il passe un mois à prendre des notes sur les coutumes somaliennes et à préparer son voyage. C'est pour lui une agréable détente. Les naturels du pays ne sont pas gens compliqués, et si ses fusils les impressionnent – « des armes de poltron, avec lesquelles le plus couard peut assassiner le plus brave », disent-ils –, ils tiennent l'habileté à la lance, au poignard et au bâton pour une preuve plus authentique de qualités viriles. Burton se mesure ardemment à leurs champions. « J'acquis bientôt la réputation d'être l'homme le plus fort de Zeila, écrit-il non sans complaisance. C'est peut-être le moyen le plus aisé de s'attirer le respect d'un peuple de barbares qui honorent le corps et ne voient en l'esprit que simple fourberie. » Car si ses observations sont d'ordinaire judicieuses, il lui arrive aussi de stigmatiser d'une épithète toute une tribu. Des Danakil, par exemple, dont les grandes caravanes viennent à Zeila faire du commerce, il écrira qu'ils sont « aussi sauvages que des orangs-outans et que leurs femmes ne sont bonnes qu'à donner la bastonnade au bétail ».

Burton part pour Harar dans un groupe composé de neuf personnes, parmi lesquelles deux femmes – il leur donne les noms de Shéhérazade et de Dinarzade, qu'il emprunte aux *Mille et Une Nuits* – dont le courage et l'endurance le stupéfient. Le guide et chef du groupe, un ancien policier musul-

---

[1]. Le résident britannique à Aden, sir James Outram, vieil ennemi de sir Charles Napier, avait formellement refusé à Burton la permission que celui-ci avait sollicitée d'explorer une vaste région de la Somalie, et, par ailleurs considérablement bridé ses projets. Burton se vengera de lui par la suite en écrivant dans *First Footsteps in East Africa* qu'à Aden « la vie s'englue dans d'ignobles querelles... et [que] là, en un mot, la marche des idées marque totalement le pas », p. 38-9.

man d'Aden, est un personnage douteux. Burton, qui l'a surnommé « Fin des Temps », le supporte uniquement parce qu'il est un véritable recueil de proverbes. En revanche, il maudit sa « prodigieuse fripouillerie [...] ses intrigues à n'en plus finir, sa couardise et sa cupidité ». Fin des Temps lui sert d'interprète lorsqu'il converse avec les nomades somaliens, qu'il juge « doux, bons vivants et aimants », moins sectaires et méfiants que les bédouins de l'Arabie, et aussi plus diserts. Néanmoins, il leur arrive de se livrer à des atrocités. Ainsi un guerrier somali, à l'effet de se parer de la plume d'autruche tant convoitée proclamant qu'il a tué un ennemi, ne trouve-t-il rien de mieux que d'éventrer d'un coup de lance une femme enceinte, considérant que par là même il a mis fin aux jours d'un enfant mâle. Et Burton nous dit son abomination lorsqu'on lui rapporte qu'une échauffourée entre deux caravanes d'esclaves allant d'Abyssinie à Tadjoura s'est soldée par la mutilation de « cent pauvres gamins et plus ».

Les nomades somali, littéralement captivés par Burton, lui proposent de s'intégrer dans l'une ou l'autre de leurs tribus, et de le pourvoir abondamment en épouses. « En règle générale, les femmes somali préfèrent les *amourettes* * avec des étrangers, écrit-il en donnant un clin d'œil à son lecteur, [et cela] en vertu du proverbe arabe bien connu selon lequel *Le nouveau venu vous remplit l'œil*. » Avec leurs grands yeux en amande, leur vaste front et leur teint sombre, les femmes lui rappellent les peintures de l'Égypte antique. Elles sont attirantes tant qu'elles restent jeunes, déclare-t-il, mais « quand vient pour elles le temps de la vieillesse elles ne font pas exception à la hideuse décrépitude orientale »[1].

Il les dit prolifiques, mais mauvaises mères, que leurs enfants n'aiment ni ne respectent, et aussi de « tempérament froid, conséquence de causes naturelles autant qu'artificielles ». C'est là une allusion voilée à la pratique barbare de l'infibulation, dont pour la première fois Burton entend parler, bien qu'il sache depuis longtemps qu'en islam on procède à l'excision

---

1. *First Footsteps in East Africa*, 15 *n*, 42, 74, 119.

du clitoris chez les petites filles. « Les musulmans croient que ce rite a été inventé par Sarah, écrit-il, qui par jalousie mutila de cette façon Agar, et qui ensuite reçut l'ordre d'Allah de se faire mutiler semblablement. La pratique est aujourd'hui généralisée... et pas un Arabe n'épouserait une femme qui ne se soit point *gardée pure* de cette façon-là. »[1]

Mais en Somalie il est d'usage de prendre une « précaution » supplémentaire pour garantir la virginité en découpant à vif le bord des grandes lèvres et en les cousant l'une à l'autre à l'aide d'une lanière de cuir ou de crin de cheval. Cette opération que pratiquent de vieilles matrones est cause d'indicibles souffrances et de fréquentes infections chez les petites filles de neuf à dix ans, qui restent cousues jusqu'au soir de leurs noces, ce qui ne fait rien pour banaliser la défloraison. Le mari, rapporte Burton, « accroît sa puissance physique par un régime alimentaire approprié, [et] quand il s'alitera avec la jeune épousée, il s'activera à faire sauter le verrou avec son sabre d'amour ». Mais d'ordinaire il n'y réussit pas, ajoute Burton, et alors il se munit d'un couteau. Après la consommation du mariage, si le jeune époux en vient à douter de la fidélité de sa jeune femme, il aura tout loisir de « recoudre l'ouverture des parties honteuses, mais une femme quelque peu avisée rompra aisément la suture et la rétablira une fois qu'elle aura satisfait ses désirs ».

Burton décrit minutieusement cette pratique dans un appendice de *First Footsteps in East Africa* (« Premiers pas en Afrique orientale »), rédigé en latin, comme l'a fait Gibbon dans ses notes infrapaginales les plus crues, se fondant sur le présupposé que pour les Britanniques tout ce qui est écrit en cette langue ne saurait avoir le moindre caractère pornographique. De la même façon, nul n'a élevé de protestation lorsqu'en 1799 W.G. Browne a décrit superficiellement la pratique de l'infibulation, en assortissant son texte de notes en latin dans *Travels in Africa, Egypt and Syria from the Year 1792 to 1798*. Intitulé « Brève description de diverses

1. *Arabian Nights*, v, 279 *n.*

coutumes particulières », l'appendice de Burton ne se borne pas à traiter de l'infibulation, mais passe aussi en revue les mille et une manières de pratiquer l'adultère et décrit une position affectionnée par les Somali durant l'acte sexuel. Le tout écrit en toute liberté d'esprit. Et Burton d'ajouter allègrement, après avoir exposé les différents signes par lesquels une femme mariée peut faire comprendre sans mot dire qu'elle est consentante : « *Si rideat femina, gaudet Venus...* » Autrement dit : Si la femme rit, Vénus s'en donne à cœur joie.

C'en sera trop pour l'éditeur de Burton, qui au dernier moment coupera le texte de son propre chef. Il supprimera l'appendice en question pour le remplacer par une page vide sur laquelle figurera cette seule et unique phrase : « On a jugé indispensable d'omettre cet appendice. »[1]

Vingt ans plus tard Burton reviendra sur cette question de la clitoridectomie et de l'infibulation, à laquelle il consacrera dans les *Mille et Une Nuits* une longue note quelque peu clinique en bas de page. Mais alors sa verve se sera envolée, et il se fera l'avocat de l'exérèse clitoridienne en usant des arguments qui sont aujourd'hui ceux de bon nombre de musulmans, à savoir que cette opération, « complémentaire de la circoncision chez l'homme, égalise par une réduction identique, la sensibilité des organes génitaux. Une femme dont le clitoris n'a pas été excisé parvient à l'orgasme vénérien

---

1. Cependant, il existe au moins un exemplaire de l'ouvrage – que j'ai eu la bonne fortune d'acquérir et qui, autant que je sache, est unique – comportant deux pages consacrées à cette question jugée scabreuse. Ce qui a échappé aux yeux pourtant perçants du méticuleux biographe de Burton, Norman P. Penzer. C'est de cet exemplaire qu'est tirée la substance des lignes qui précèdent. L'appendice supprimé était censé occuper les pages 593 à 598 de l'ouvrage. L'exemplaire que je possède inclut les pages 593 à 595. Ayant lu quelque part que M. Gordon Waterfield allait publier une nouvelle édition de *First Footsteps in East Africa*, je lui ai fait parvenir la photocopie de ces pages, qu'il a fait traduire du latin pour les inclure dans l'appendice n° 2 de l'ouvrage, sous le titre « Excision et infibulation ». En 1893, lorsque Leonard Smithers s'apprêtait à publier l'édition commémorative des principales œuvres de Burton, il avait adressé à Isabel les lignes suivantes : « ...avez-vous découvert quelque chose de l'appendice qui fait défaut ? » Mais manifestement elle n'avait rien trouvé ou rien voulu trouver de tel. Cette lettre de Smithers se trouve aujourd'hui dans le fonds Edwards Metcalf.

beaucoup plus promptement et fréquemment qu'un homme circoncis, et la trop grande fréquence de l'acte sexuel risque de lui ruiner la santé ». Ce qui ne fait que traduire la conviction de Burton, pour qui les femmes, dans les pays chauds, sont plus promptes que les hommes à s'émouvoir sexuellement. Il n'en réprouve pas moins cette pratique de l'infibulation. « Tout en diminuant la chaleur de la passion, écrit-il, elle accroît la licence et nourrit un dévergondage de l'esprit bien plus pernicieusement que les excès charnels, puisqu'il s'accompagne d'une froide et cruelle indifférence et d'un goût particulier pour les artifices stimulant la luxure. » Burton ne nous dit pas si ces précisions relèvent du on-dit et lui ont été rapportées par ses interlocuteurs arabes, ou s'il s'agit de constatations qu'il a été personnellement amené à faire lors de rapports intimes avec des femmes [1].

Le chemin de Harar traverse la contrée du lion et de l'éléphant, et pour la première fois Burton s'émerveille de voir une faune qui porterait au septième ciel un chasseur impénitent tel que John Speke. Bien qu'il tire l'éléphant et déplore de n'avoir vu qu'un seul et unique lion, que le groupe de ses compagnons de voyage met en fuite à la tombée de la nuit, il s'étend bien davantage sur l'étonnement que lui procure la vue des termitières coniques de plus de trois mètres; étonnement plus vif que celui provoqué par une quelconque espèce animale de Somalie.

La blancheur de son visage est partout objet d'attention.

---

1. *Arabian Nights*, V, 279 *n*. La psychanalyste Marie Bonaparte, qui en 1941 a conduit une étude approfondie sur la clitoridectomie en Egypte, conteste le bien-fondé de ces croyances populaires, et aussi une bonne part du jugement porté sur cette question par le corps médical. Faisant observer qu'« à cet égard des hommes de toutes races peuvent être trompés par leurs femmes », elle conclut – en se fondant sur une vaste enquête menée à l'hôpital du Caire et sur les multiples patientes qu'elle a traitées – que l'excision répondait essentiellement, à l'origine, au désir de « féminiser ou vaginaliser » la femme en la dépossédant du plaisir qu'elle tire de la masturbation clitoridienne. Marie Bonaparte croit cependant que cette mutilation – qu'elle juge cruelle et sadique – n'a pas atteint au but qu'elle visait (*La Psychanalyse et les Sciences sociales*, 1950, II, 67-83).

On le soupçonne d'être Turc, ce qui ne laisse pas d'être fort inquiétant dans ce pays où le Turc a la réputation d'être rapace et fourbe. Il regrette amèrement de ne pas s'être muni d'un flacon de brou de noix. « A Harar, ta peau blanche, tu vas voir comme ils vont te l'arranger », lui déclare un indigène. Et un Arabe de le mettre en garde : « Une fois coupée, une tête, ça repousse pas comme une rose. »[1] A Sagharrah, ses compagnons refusent de continuer à marcher en sa compagnie, et il a le plus grand mal à persuader deux d'entre eux, plus courageux que les autres, de faire avec lui les trente derniers kilomètres. C'est alors qu'il juge moins dangereux d'entrer dans Harar en qualité d'Anglais que de présumé Turc. N'ayant sur lui aucun papier qui puisse établir sa véritable identité, il compose une lettre (prétendument signée du représentant de Sa Majesté à Aden) destinée au redoutable émir, dans laquelle il se dit mandaté auprès de lui pour lui proposer de nouer de cordiales relations avec l'Angleterre. Cette décision de quitter son déguisement, assortie de faux et usage de faux, lui sauvera probablement la vie.

En apercevant Harar – une ligne sombre sur une lointaine éminence, tout à l'opposé des villes saintes d'Arabie, d'une blancheur aveuglante – il est grandement déçu. « Rien de remarquable, sauf deux minarets gris, d'architecture grossière : beaucoup auraient hésité à exposer trois vies pour remporter un prix aussi misérable. » Mais à l'idée que « nul n'a jamais réussi à s'introduire dans ce tas de pierres », il éperonne fiévreusement sa mule.

Alors qu'il va franchir la porte de la ville, on le somme de laisser là ses armes, et après qu'il s'est chaudement querellé avec les gardes « dans des langues inintelligibles pour tout un chacun », on finit par le conduire, toujours armé, auprès de l'émir Sultan Ahmed ben Sultan Aboubakr. De vieux fusils à mèche et des fers à entraver les captifs décorent la salle chaulée dans laquelle il est reçu. Agé d'environ vingt-

---

1. « Narrative of a Trip to Harar », *Royal Geographical Society Journal*, 1855, XXV, 137; *First Footsteps in East Africa*, 240.

cinq ans, l'émir est assis sur un banc, entouré de coussins. Son visage cireux s'orne d'une barbiche et il porte une ample robe rouge bordée de fourrure blanche. Sur sa tête, un foulard blanc enroulé autour d'un fez de velours conique et très pointu. Sous un coussin, un sabre, que l'on n'a pas pris la peine de cacher totalement. Burton a appris que l'émir est malade. Il le soupçonne immédiatement d'être tuberculeux.

« La paix soit avec toi », déclare-t-il en faisant tout son possible pour saluer l'émir le plus naturellement du monde, et dans son arabe le plus châtié. Puis il décline son identité. L'émir lui répond par quelques paroles aimables, souriant.

« Je dois vous avouer, mon cher Lumsden, que ce sourire me soulagea grandement », écrit Burton. Quelques instants après qu'il a fait don à l'émir d'un revolver à barillet, il répète son numéro devant le vizir qui, lui, ne semble pas prendre l'histoire pour argent comptant, mais conduit pourtant le visiteur à ses appartements. Burton s'y retire « perclus de fatigue et profondément charmé par la *poésie* * de la situation. Je me trouvais sous le toit d'un prince fanatique qui d'un mot pouvait vous condamner à mort, au milieu de gens haïssant les étrangers. J'étais le seul Européen qui eût franchi leur seuil inhospitalier, le fatal instrument de leur future déliquescence. »

Burton est dans Harar, mais rien moins qu'assuré d'en pouvoir sortir. Constamment épié, mis dans l'impossibilité de prendre la moindre note, il n'en passe pas moins dix jours qui lui sont éminemment profitables, ce qui prouve une fois de plus combien, face au danger, sa curiosité demeure prodigieusement en éveil. Des érudits de la cité, il en apprend beaucoup sur l'histoire de Harar, et pour sa part il fait si forte impression sur eux qu'ils parlent favorablement de lui à l'émir. « C'est une des nombreuses occasions dans lesquelles, au cours d'un long séjour en Orient, j'ai eu de bonnes raisons d'être reconnaissant aux lettrés, dont l'influence sur le peuple, lorsqu'elle n'obéit pas au sectarisme, est assurément des meilleures », écrira-t-il.

Harar, ville « de sainteté, d'érudition et de fanatisme », est le centre de la propagation de la foi islamique. Là sont instruits les prosélytes qui s'en iront prêcher la bonne parole dans les lointains royaumes. Et pourtant la ville est misérable. Elle ne s'étend guère que de quinze cents mètres en longueur, la moitié en largeur, et dans ses venelles sordides s'accumulent d'énormes tas de détritus. Partout y pullulent les *ouadad*, ces moines itinérants qui ont appris par cœur suffisamment de sourates pour en imposer aux ignorants et gagnent leur quotidien en vendant des remèdes-miracles, et aussi des amulettes pour écarter le mauvais œil [1].

Burton s'alimente de viande de bœuf bouillie, de galettes de houlque et de bananes vertes. Il admire la beauté des femmes, qui ne portent pas le voile, se vêtent de jupes de couleur indigo ou chocolat et portent gracieusement sur la tête une coiffe d'étoffe bleu pâle. Elles se maquillent les yeux au khôl, se teintent les mains et les pieds au henné. Mais les jours passent et on ne lui a toujours pas accordé la permission de partir. Burton s'inquiète de plus en plus. Discrètement, il fait courir le bruit qu'il peut faire venir d'Aden des remèdes qui guériront l'émir de son mal, et le vizir de sa « bronchite chronique ». Pour finir, un messager venu de la côte apprend à l'émir que deux autres Anglais attendent impatiemment à Berbera d'avoir des nouvelles de leur « frère » parti pour Harar. Ce qui décide le jeune potentat, c'est la crainte que lui inspire la puissance britannique, et plus encore celle de voir Harar cesser d'être la plaque tournante et le principal relais caravanier du lucratif négoce des esclaves. Aussi, le 13 janvier 1855, donne-t-il l'ordre de faire ouvrir les portes à son « dangereux hôte ». Burton et ses deux compagnons remontent sur leurs mules.

« Subitement ma faiblesse et mes malaises me quittèrent,

---

1. *Ibid.*, 303, 360. Alors qu'il passait par Harar un siècle plus tard, J. Spencer Trimingham constatait que le portrait des *ouadad* brossé par Burton conservait toute son actualité. Voir son *Islam in Ethiopia*, Oxford University Press, 1952, 216. Dans son ouvrage intitulé *A Pastoral Democracy*, Oxford, 1961, le Dr Ioan Myrddin estime que *First Footsteps in East Africa* « demeure la meilleure description d'ensemble du peuplement de la Somalie septentrionale ». Voir p. 32.

écrit-il, tant la joie est une puissante drogue ! [...] Et tandis que nous franchissions les portes en donnant bruyamment du salamalec aux gardes accroupis dans le poste autour du feu, tout le poids de mon inquiétude et de mon angoisse tombait de moi comme une chape de plomb. »

Mais de la même façon qu'après l'aventure de La Mecque, l'exaltation d'avoir pénétré dans les lieux saints et d'avoir pu en ressortir sain et sauf est bientôt suivie d'un sentiment de langueur et de désenchantement.

« Sur le dos de ma mule, j'avais tout le temps de me dire que le succès est chose bien insipide. Alors que l'échec stimule l'inspiration de l'homme, la réussite lui dicte une morne leçon en lui rappelant que toute gloire

N'est qu'ombre insaisissable.

» Que de vérité dans cette parole, surenchérit Burton. Oui, *le mécompte est le sel de la vie*, le salubre principe amer qui fortifie l'esprit le contraint à de nouveaux dépassements et n'en donne que plus de prix à ce qu'on obtient. »

Mais « ce voile de mélancolie s'est bientôt dissipé, raconte-t-il. La matinée était splendide [...] La rosée faisait étinceler de gros diamants sur les caféiers, les oiseaux s'égosillaient dans les buissons proches du chemin – bref, jamais la nature ne m'avait montré un visage d'une si authentique beauté. » [1]

---

1. *First Footsteps in East Africa*, 364-65.

XI

PREMIERS PAS VERS LE NIL

> *Les chevaux s'élancèrent jusqu'à la cime du ciel, et puis, plongeant tête première, ils mirent le monde en feu. D'abord brûlèrent les plus hautes montagnes, Ida et Hélicon, où séjournent les Muses, puis le Parnasse, et enfin l'Olympe, qui perce le ciel. Dévalant leurs pentes, l'incendie accourut vers les basses vallées et les sombres contrées sylvestres, jusqu'à ce que tout fût embrasé. Les sources se changèrent en vapeur, les fleuves s'étrécirent. C'est alors, dit-on, que le Nil s'enfuit pour se cacher la tête. Et il la cache toujours.*
>
> « *L'histoire de Phaéton racontée par Edith Hamilton* »

A Sagharrah, où les gens du village ont entendu dire que Burton avait été jeté en prison, puni de bastonnade et exécuté à Harar, Burton est accueilli avec « des clameurs de joie », et on se précipite pour annoncer son miraculeux retour à ses anciens compagnons de voyage qui avaient refusé de pousser plus avant à ses côtés. Shéhérazade et Dinarzade se trémoussent de plaisir, et jusqu'à Fin des Temps partage l'allégresse générale, puisque, prêt à fondre en larmes, il lui baise la main. Pour revigorer ses mules étiques qui ont grand besoin d'engraisser quelque peu avant d'entreprendre le voyage de retour, il passe une semaine à Welensi, où, avec l'aide d'un Somali qui parle arabe, a étudié à Harar, et qui de plus se pique de bien connaître la grammaire, il compose un glossaire en langue harari.

Il recueille ainsi un millier de mots et conclut que ce parler s'apparente davantage à l'amharique – langue sémitique devenue officielle en Éthiopie – qu'à l'arabe. Tel que reproduit dans l'un des appendices de *First Footsteps in East Africa*, ce vocabulaire est bien plus qu'un simple dictionnaire à l'usage des touristes, et rares sont les mots de quelque importance qui n'y sont pas répertoriés. On y trouve par exemple l'équivalent lexical, en harari, de substantifs tels que honte, silence, malice, vengeance, ou encore baiser, amour, renommée et rêve. Burton découvre que le sens du mot « s'éprendre » varie selon qu'il s'applique à un homme ou à une femme. Comme on peut s'y attendre, il ne néglige rien du vocabulaire anatomique. Tous les noms des organes figurent dans son glossaire, en même temps que les vocables désignant la circoncision, l'eunuque, la courtisane ou l'adultère.

Ayant achevé la composition de ce recueil, il se décide à partir vers la côte, désormais impatient de retrouver ses camarades, car il a peu de chances d'être en temps voulu au rendez-vous fixé pour le 15 janvier 1855. Après avoir traversé la savane du Marar, il juge préférable de laisser la plus grande partie de ses gens continuer le voyage sans forcer la marche, tandis que lui-même coupera à travers le désert. Muni pour toutes provisions de quelques biscuits, de limettes, de bouts de sucre et d'une bouteille d'eau, il part avec trois compagnons, qui en manière de préparation au voyage ont bu suffisamment de lait pour se distendre l'estomac.

Ce raccourci est pure folie. Dans le désert, la température diurne atteint 49 degrés, et il s'en faut de peu que l'impétuosité de Burton ne mette un terme à quatre vies humaines :

« Le démon de la soif nous talonnait sans répit [...] le soleil nous dévorait la cervelle, nous étions à tout instant le jouet de mirages [...] Je ne cessais de voir devant moi de l'eau – de l'eau calme et profonde au creux d'une source ombreuse, de l'eau glacée jaillissant de rochers pour retomber en cascade, de l'eau de lacs limpides m'invitant à me plonger en eux [...] Alors j'ouvrais les yeux et je voyais la plaine écrasée sous la chaleur, un ciel de ce bleu métallique, sempiternel, que tant affectionnent le peintre et le poète, et qui pour nous était si vide et si implacable [...] Quelques heures de plus et la petite bande eût servi de pâture aux bêtes du désert. C'est un oiseau qui nous a sauvés. Nous venions de passer trente-six heures sans boire et nous n'en pouvions plus. Nous savions désormais qu'il ne nous restait plus qu'à endurer la pire des agonies. La brève aube des tropiques allait poindre. En levant les yeux, j'ai vu un *katta* – une grouse des sables dont le vol rappelle celui du pigeon – se diriger vers une hauteur toute proche. Ces oiseaux-là doivent s'abreuver au moins une fois par jour [...]

– Regardez! Un katta! ai-je hurlé. »

A une centaine de mètres l'oiseau se posa. Les quatre hommes se précipitèrent et trouvèrent là une petite source cachée dans les herbes. « Depuis lors, jamais plus je n'ai tiré sur un *katta* »[1], écrit-il.

Ne marchant que durant la nuit, aiguillonnant leurs mules jusqu'au sang et passant à l'écart de villages hostiles, ils font en cinq jours le voyage des monts Girki à Berbera, exploit qui laisse incrédules les indigènes. Stroyan et Herne lui ménagent « un joyeux accueil, [lui donnent] un plat de riz et un verre d'eau-de-vie » ce qui compense amplement, écrit-il, « les privations et les fatigues passées ». En regagnant Aden, où ils arrivent le 9 février 1855, les trois amis essuient une violente tempête.

Speke les y rejoint environ deux semaines plus tard, rapportant une quantité invraisemblable de peaux, de plumes et de crânes provenant du gibier qu'il a tué: hyènes, gazelles, antilopes, oies d'Égypte, pigeons et sarcelles. Cependant, il n'a pas réussi à atteindre le principal cours d'eau du bassin du Nogal, échec qu'il met sur le compte de Mohammed Soumounter (Sammatar, dans l'orthographe de Burton), l'*abban*, ou protecteur, dont il a loué les services à Aden. Engagé en qualité de guide, l'homme, clame-t-il, n'a fait que le tromper,

---

1. Publié par Isabel Burton dans *Life*, I, 214-15, ce récit est tiré de l'original du journal de son mari. Dans *First Footsteps in East Africa*, celui-ci raconte l'histoire de façon plus austère et ne dit rien de cet épisode du *katta*. Lorsqu'il fera l'exposé de son voyage devant la Royal Geographical Society, il minimisera la rudesse de cette traversée du désert. « Une aventure banale et inhabituellement éprouvante », déclarera-t-il. Voir *Royal Geographical Society Journal*, 1855, XXV, 148.

le voler, l'escroquer et l'empêcher de se livrer à toute exploration sérieuse. « C'était une fripouille, écrira Speke avec hargne, de qui je n'ai jamais pu obtenir un mot de vrai. Je ne voyais en lui qu'un animal démoniaquement déguisé. Le tuer d'un coup de fusil m'aurait grandement soulagé, car honnêtement je désespérais de rien produire de bon sur son esprit. » [1]

Burton, qui jusque-là ne connaît de Speke que le côté docile et accommodant de son caractère, s'indigne de l'attitude de l'abban, qu'il fait traduire en justice, comme a maintes fois menacé de le faire Speke lors de son expédition. Soumounter est condamné à une peine d'emprisonnement de deux mois et à une amende de deux cents roupies. En outre, il est à tout jamais interdit de séjour à Aden, et avec lui toute sa famille. Pourtant, si Burton voue une solide rancune à Soumounter, il n'en ressent pas moins un certain mépris pour la naïveté de Speke, incapable de mener à bien la mission qui lui a été confiée. Burton sait fort bien qu'en Afrique il est d'usage de tirer le plus d'argent possible des étrangers, mais d'autre part il en veut à Speke de se justifier en se disant incapable de se faire comprendre des indigènes. Certes, Burton estime que Speke ne fait que bredouiller l'hindoustani, mais cette langue était le seul moyen de communication dont disposaient l'interprète de Speke et l'abban, et tout s'est terminé par un fiasco.

A son grand regret, Burton apprend bientôt que l'incarcération de Soumounter cause beaucoup de rancœur parmi les chefs indigènes de Somalie. Ce qu'il ne peut deviner, c'est que dans l'avenir Speke, au retour de toutes ses expéditions, accusera toujours quelqu'un de l'avoir grugé et escroqué. Burton en personne fera les frais de ces accusations, et aussi John Petherick, le consul de Grande-Bretagne à Khartoum, dont la réputation en sera gravement compromise.

Speke avait tenu son journal, que Burton publiera en

---

1. *What Led to the Discovery of the Source of the Nile*, 88. Voir aussi *First Footsteps in East Africa*, 500.

appendice à *First Footsteps in East Africa*, et la présentation que celui-ci en fait témoigne de la profonde déception qu'il ressent pour son collaborateur. En effet, le titre qu'il donne à ces feuilles de route – « Journal et observations consignées par le lieutenant Speke lors d'une tentative d'exploration de l'oued Nogal » – est quelque peu condescendant. En outre, et bien qu'il ne change en rien la forme de la narration au jour le jour, il récrit le journal à la troisième personne, ce qui laisse à entendre que Speke est incapable de rédiger correctement, alors que d'une façon générale il conduit son récit d'une plume qui n'a rien de besogneux. Enfin, décochant un trait dont le moins qu'on puisse dire est qu'il manque de complaisance, il écrit que « les jours de Speke n'ont jamais été en péril, même si celui-ci a été retardé, persécuté par son *protecteur*, s'il a failli être pris à partie et frôlé de près bon nombre de dangers »[1]. En 1856, Speke sera furieux lorsqu'il constatera combien son journal a été trituré par Burton, mais il n'en soufflera mot. Plus tard seulement Burton comprendra quelle blessure d'orgueil il a infligée à son collaborateur.

De retour à Aden, Burton a pris connaissance de lettres l'avisant de la mort de sa mère. La cause de ce décès nous est inconnue. Georgiana Stisted se borne à nous dire qu'en s'installant à Bath dans la maison où « sa douce et aimable existence » allait s'achever, sa tante aurait pressenti qu'elle allait y finir ses jours. « Ici je sens la mort », avait-elle déclaré avec tristesse. Richard est toujours en possession du cadeau qu'il lui destine et dont il a fait l'acquisition à La Mecque. Cadeau étrange et symbolique, puisqu'il s'agit d'« un coussin rouge, en forme de saucisse, et orné de turquoises montées sur des anneaux ». On dit que la turquoise, écrira-t-il plus tard, « si elle est portée en anneau, augmente la lactation d'une femme qui nourrit au sein son enfant, ce qui explique

---

1. *Ibid.*, 502.

pourquoi on met au bétail des colliers de pierres bleues ». Plus tard il fera présent du coussin à sa sœur [1].

Au lieu de regagner Londres pour faire acte de présence, ne serait-ce que pour peu de temps, auprès de son père et de sa sœur à l'occasion de ce deuil, il continue de séjourner dans le morne port du désert pour y revoir à la hâte les notes de son journal, desquelles il veut tirer un nouveau livre. S'attarde-t-il sur les observations qu'il a consignées le 18 décembre 1854, jour de la mort de sa mère? La réponse à cette question relève de la conjoncture. Avec son habituel sentimentalisme, sa nièce écrit que ce jour-là la fièvre le rendit terriblement malade. Or, une lecture attentive du récit de Burton montre que s'il a bien été souffrant, c'est parfaitement rétabli et dans d'excellentes dispositions d'esprit qu'il est arrivé à Agjogsi le 18 décembre. « Les habitants sont venus en masse pour nous voir, écrit-il, et les femmes poussaient des cris d'émerveillement. Je me suis approché de la plus jolie et j'ai tiré un coup de fusil au-dessus de sa tête en manière de salut. »

Pourtant, lorsqu'il racontera dans son livre les événements du 18 décembre, il introduira dans son texte cette courte et sombre anecdote funèbre : « Les gardiens des vaches nous avaient dit de nous méfier des lions. Mais la veille une petite fille avait été déchiquetée et tirée hors de sa tente [par un lion], et on ne put satisfaire au rite musulman des funérailles qu'en enterrant une seule de ses jambes. » Passant ensuite aux croyances nourries par les indigènes à propos des lions, il poursuit : « Les gens croient par superstition que le roi des animaux n'attaquera jamais un voyageur isolé, parce que, disent-ils, c'est un voyageur de ce genre qui a tué la mère de tous les lions. » [2] Ainsi, c'est bel et bien une mort qu'il relate dans ses écrits à cette même date, ou plutôt une mise à mort, et qui plus est celle d'une mère, détour par lequel il

---

[1]. Georgiana Stisted, *The True Life of Captain Sir Richard F. Burton*, 164, 412; *Supplemental Nights*, VI, 326 *n*.
[2]. *First Footsteps in East Africa*, 234-6. Voir aussi Georgiana Stisted, *The True Life of Captain Sir Richard F. Burton*, 159.

s'approche plus près qu'il ne le fera jamais, dans ses écrits, de la mention explicite du décès de sa propre mère. On relèvera que c'est dans le même contexte qu'il prête à « un voyageur isolé », comme lui, la responsabilité de cette mise à mort.

Écrit à la hâte, *First Footsteps in East Africa* est un livre de moindre importance que le *Pilgrimage to El-Medinah and Meccah*. Son titre lui-même prête à confusion, puisqu'il laisse à entendre que Harar n'était pas le principal centre d'intérêt de Burton en Afrique, et que toute l'expédition n'avait été qu'un coup d'essai, un prélude à quelque autre entreprise plus conséquente. C'est le sous-titre – « Une exploration de Harar » – qui à vrai dire résume le corps de l'ouvrage. Mais avant que Burton ait fini de l'écrire il a déjà en tête un autre voyage, dont l'ampleur va réduire la portée du précédent, qui de ce fait, ne représentera plus que les « premiers pas » d'une beaucoup plus vaste aventure africaine. A présent il lui tarde en effet de repartir vers le cours supérieur du grand fleuve qui fertilise l'Égypte, et dont la tête, toujours cachée, n'a encore rien livré en 1855 du mystère qui jadis a inspiré aux poètes grecs la légende de Phaéton, dont le fougueux attelage embrasa les montagnes et précipita le Nil effarouché vers un secret refuge.

Quinze mois auparavant, à l'hôtel Shepherd du Caire, Burton a écouté Johann Ludwig Krapf, un missionnaire allemand revenant de l'Afrique orientale, parler « du Nil Blanc, du Kilimandjaro et des monts de la Lune ». Ces histoires, a-t-il écrit le 16 novembre 1853 au Dr Norton Shaw, « lui rappellent un certain di Lunatico » (entendons par là que ce ne sont à son avis qu'élucubrations de dérangé mental). Mais il n'en a pas moins eu l'intention, a-t-il précisé à son correspondant, d'interroger Krapf « sur ce qui avait été fait réellement et sur ce qu'il restait à faire »[1]. A Harar, il s'est également renseigné

1. L'original de cette lettre a été versé dans les archives de la Royal Geographical Society. Dans son étude intitulée « Burton and Speke Centenary » (*The Geographical Journal*, septembre 1957, CXXIII, 414), Dorothy Middleton en cite quelques extraits.

sur le Nil et on lui a parlé d'une piste traversant tout le continent, de la Somalie à l'Atlantique. Ces informations, il entend les exploiter immédiatement, avant même de retourner à Londres ou en Inde. « Mon succès à Harar m'a enhardi, écrit-il à Norton Shaw le 25 février 1855, et j'ai sollicité une seconde année de permission [...] Le Nil Blanc doit se trouver de ce côté-là, cela ne paraît guère douteux. Et vous apprendrez avec plaisir qu'une route traverse toute l'Afrique pour aboutir à l'Atlantique. J'en ai eu connaissance à Harar... » La lettre, pleine d'entrain, respire la conviction de réussir. Burton déclare à Shaw qu'il ne s'attend pas à rencontrer beaucoup de difficultés si ce n'est de la part des autorités militaires britanniques d'Aden : « Les ennuis nous viendront surtout de ces casse-c... Cela mis à part, l'affaire de l'*Expédition somalienne* se présente fort bien... » Cette lettre de première importance révèle ce qui a longtemps échappé aux biographes de Burton, à savoir que dans son esprit ce deuxième voyage en Somalie serait bien plus qu'« une nouvelle expédition menée en direction du Nil, en passant par Harar, et sur une échelle plus vaste et plus imposante (ainsi qu'il l'écrira après l'échec de la dite expédition), mais bel et bien une entreprise délibérément vouée à découvrir ce qu'il appelle éloquemment, dans *First Footsteps in East Africa*, les " prudes fontaines " [1], autrement dit les sources du grand fleuve telles que désignées dans une mythologie plurimillénaire fascinante par bien des aspects, et en particulier par le caractère résolument féminin de son symbolisme. Remontant à la plus haute antiquité, l'une des légendes nilotiques les plus connues veut que le fleuve jaillisse de deux grandes fontaines. Selon une autre légende presque aussi ancienne, la vraie source serait constituée par deux immenses lacs. Des récits arabes situent l'origine du Nil dans des montagnes perpétuellement enneigées, ou encore dans des montagnes de cristal où les rayons solaires sont si brûlants qu'ils consument l'infortuné voyageur. Un conte,

---

1. Lettre de Burton à Norton Shaw en date du 25 février 1855, Royal Geographical Society; *First Footsteps in East Africa*, 312 *n.*

arabe lui aussi, fait sortir le Nil des bouches de quatre-vingt-cinq statues de bronze érigées sous Am Kam, roi d'Égypte, pour décorer le palais qu'il possède sur le mont Goumr', massif légendaire situé au sud de l'équateur. Induit en erreur par ses géographes, Alexandre le Grand aurait, dit-on, pris le majestueux Indus, né de la fonte des neiges, pour le cours supérieur du Nil, révélation qu'il aurait immédiatement transmise à sa mère en lui écrivant une lettre toute affaire cessante... et qu'il se serait empressé de biffer en se rendant compte qu'il se fourvoyait totalement. Et s'il faut en croire Lucain, Jules César se disait prêt à renoncer à n'importe quelle bataille pour voir « les sources premières du Nil »[1].

Alexandre et Jules César avaient l'un comme l'autre ordonné des expéditions vers le cours supérieur du Nil, mais toutes avaient dû rebrousser chemin, comme devront le faire par la suite, jusqu'à l'époque de Burton, les autres expéditions, devant de formidables cataractes ou les immenses marécages du Soudan. A ces difficultés s'ajoutaient la chaleur, les fièvres et l'hostilité des tribus indigènes de l'intérieur. Au fil des siècles, nul n'avait rien pu ajouter à la carte dressée par Ptolémée, sur laquelle figurent deux grands lacs qu'un marchand grec du nom de Diogène aurait vus, disait-on, au cours du premier siècle de notre ère.

Au dix-septième siècle, deux jésuites portugais qui parcouraient les vastes étendues de l'Éthiopie pour y faire des prosélytes avaient affirmé avoir vu le Nil jaillir de deux sources. Accompagné de l'empereur d'Éthiopie, qu'il avait converti, le père Paéz écrivait en effet le 21 avril 1613, alors qu'il séjournait dans la province de Sakala : « Tandis que j'observais les environs avec une grande attention, je découvris deux fontaines circulaires, dont l'une pouvait avoir deux pieds de diamètre. Leur vue me combla d'un plaisir que je ne saurais exprimer si je considère que c'était là ce que Cyrus, Cambyse,

---

1. Voir Henry M. Stanley, *In Darkest Africa*, 2 vol., New York, 1890, II, 302-5; et James Bruce, *Travels to Discover the Source of the Nile in the Years 1768, 1769, 1770, 1771, 1772, and 1773*, 5 vol., Edimbourg, 1890, III, 609.

Alexandre et Jules César avaient si ardemment et si vainement souhaité voir de leurs yeux. » Le P. Lobo, qui passera par ce même lieu en 1622, donnera de ces sources la description suivante : « Deux trous d'environ deux pieds de diamètre chacun et distants l'un de l'autre d'un jet de pierre. » Les indigènes venaient chaque année y sacrifier une vache, disant qu'il s'agissait là des déversoirs, incommensurablement profonds, d'un immense lac souterrain. Enchanté par ces différentes fabulations, Samuel Johnson les avait traduites du français et avait tiré beaucoup de prestige de leur vulgarisation [1].

Accablé par la mort de sa jeune épouse, un géant écossais taciturne, James Bruce, s'était embarqué en 1768 pour aller voir de plus près ce qu'en Angleterre on qualifie désormais de prudes fontaines. Il avait remonté le Nil jusqu'à Assouan, traversé le désert oriental pour longer le littoral de la mer Rouge, puis obliqué vers l'intérieur pour gagner Gondar, ville qui à l'époque était le siège du gouvernement éthiopien. C'est de là qu'il était reparti pour les fameuses fontaines, à une centaine de kilomètres au sud du lac Tana. Le 14 novembre 1770, son guide lui avait désigné le lieu sacré : « Tu vois la butte verte, là-bas ? Regarde-la bien, parce que dans le milieu, c'est mouillé, et c'est là que se trouvent les deux fontaines du Nil. » Se débarrassant de ses chaussures, Bruce avait dévalé une pente, chutant deux fois, tant était grande sa précipitation. « Après cela je gagnai l'îlot de verdure, lequel avait la forme d'un retable naturel, et je demeurai là, transporté, à contempler la plus importante des fontaines qui sourd au milieu de cet endroit. Il est plus aisé d'imaginer que de décrire mon état d'esprit... alors que je me trouvais dans ce lieu qui avait bravé le génie, l'in-

---

1. Père Jeronimo Lobo, *A Short Relation of the River Nile*, Londres, 1673, et *Voyage historique en Abyssinie*, Paris, 1728, traduit en anglais par Samuel Johnson, Londres, 1789, 110-11, 209-10. Dans ses *Voyages pour découvrir les sources du Nil*, James Bruce situe en 1618 plutôt qu'en 1613 la visite du père Paéz (voir III, 618), dont la relation de voyage avait été rapportée par un autre missionnaire jésuite, le père Kercher.

dustrie et la curiosité des anciens comme des modernes pendant près de trois mille ans [...] Je n'étais qu'un modeste citoyen britannique, mais là, en moi-même, je triomphais de rois et de leurs armées. »

Comme Burton, Bruce était un solide gaillard, d'allure très masculine, et de surcroît fort cultivé et doué pour les langues. Il avait perdu sa mère lorsqu'il avait trois ans, et à six on l'avait séparé de sa belle-mère pour l'envoyer à Londres, où son éducation avait été faite par des précepteurs. La troisième perte qui l'avait profondément affligé avait été celle de sa jeune femme, emportée trois mois après le mariage par la tuberculose, alors qu'elle venait à peine de constater qu'elle portait un enfant. On devine que la démarche de Bruce était étroitement liée à ces deuils. Pareillement, le décès de la mère de Burton sera certainement pour quelque chose dans la soudaine fièvre qui le poussera à explorer le cours supérieur du Nil. Pareillement encore, la lecture des journaux de David Livingstone nous laisse à supposer que la mort de sa femme sera subtilement corrélée à la recherche éperdue, obsessive – et vaine – des sources du grand fleuve, laquelle ne s'achèvera qu'avec la mort de l'explorateur en Afrique.

La relation de James Bruce, dans laquelle il raconte la découverte de ce qu'il croyait être les véritables sources du Nil, comporte un passage remarquable. C'est celui dans lequel il décrit le désenchantement qu'il ne tarde guère à ressentir. On retrouve là un abattement semblable à celui qui étreint Burton après qu'il a quitté Harar. Encore que Bruce soit plus enclin à s'interroger sur lui-même. « Je sentais le découragement me gagner promptement, écrit-il. Je revoyais le splendide tableau de mon pays natal, où la Tweed, la Clyde et l'Annan jaillissent d'une seule colline [...] Telle était ma morosité que je commençais à me demander si cette quête des sources du Nil n'était pas tout bonnement une poursuite effrénée de quelque évanescente chimère :

> *Qu'est Hécube pour lui, et qu'est-il pour Hécube,*
> *Faut-il donc qu'il la pleure ?*

La peine et l'abattement me submergeaient maintenant comme un torrent. Un peu détendu, mais pas revigoré, par un sommeil agité, intermittent, je quittai mon lit en souffrant mille morts. » [1]

Bruce eût été bien davantage découragé s'il avait su que ses deux fontaines n'étaient que la source du Nil Bleu, lequel, bien qu'il apporte environ les six septièmes des eaux du fleuve, n'est cependant que le puissant tributaire du Nil Blanc, dont l'origine se situe à plus de quinze cents kilomètres de là. Pourtant, Bruce redoute qu'il puisse en être ainsi, et c'est probablement pourquoi il se refuse à désigner le Nil Blanc autrement que par son nom indigène, l'*Abiad*. Et c'est avec toute la passion d'un homme se portant garant de la chasteté de sa promise qu'il se gausse des allégations des PP. Lobo et Paéz, quand ils affirment avoir vu ses prudes fontaines.

Écrite en cinq tomes, la relation de ses voyages connaît un grand succès en Angleterre. Mais il est mauvaisement pris à partie par les géographes britanniques, et sa réputation souffre encore davantage lorsque Samuel Johnson, agacé de le voir traiter de menteur le P. Lobo, accuse Bruce de se laisser emporter par des élans de romantisme qui le poussent à raconter des inepties, voire à inventer purement et simplement ce qu'il écrit. Tout le monde pouffe lorsqu'il raconte qu'en certaines régions de l'Afrique les indigènes découpent des morceaux de viande sur l'échine de bêtes vivantes pour les manger crus, puis recousent la peau, appliquent de l'argile sur la plaie et renvoient l'animal à la pâture. (Burton confirmera cette pratique, qu'on lui rapportera à lui aussi, mais il en donnera une description quelque peu différente puisque selon lui il s'agirait là d'un rituel religieux.)

En revanche, les géographes français ont toujours considéré que les observations de Bruce étaient exactes, et il faudra attendre l'époque où Burton entreprendra de dissiper l'énigme des sources du Nil – quatre-vingt-cinq ans après que Bruce aura quitté l'Éthiopie – pour que les géographes britanniques

---

1. *Travels to Discover the Source of the Nile*, III, 596-7, 640-1.

commencent enfin à reconnaître l'exactitude des descriptions de l'Écossais. Le cours du Nil Bleu est alors assez bien figuré sur les cartes, mais le cours supérieur du Nil Blanc demeure nimbé de mystère, et nul ne peut dire si véritablement le fleuve a une source, ou bien deux. Cette indétermination préoccupe de plus en plus Burton, ainsi qu'il le narre dans *First Footsteps in East Africa*. Et c'est sans ambages qu'il se dit convaincu du bien-fondé des découvertes du P. Lobo et du P. Paéz, dont il salue le courage. Mais s'il dénonce la vanité de Bruce, son pédantisme, nulle part il ne conteste la validité de ses observations. Et bien qu'il s'efforce de faire croire à son lecteur que toute cette histoire de prudes fontaines le porte volontiers à rire en coin, il est manifeste que ce qu'il se propose de faire, c'est de partir de Harar pour gagner le cœur de l'Éthiopie christianisée, territoire que jadis Bruce a exploré, et où il entend bien voir de ses propres yeux ce qu'il en est.

Il n'est guère facile d'obtenir autorisations et subsides. Tout au long de l'hiver 1854-1855 la guerre de Crimée n'a entraîné que des revers pour les troupes britanniques, et le prestige de la Grande-Bretagne s'en ressent durement. Les officiers au service de la Compagnie des Indes orientales sont de plus en plus nombreux à se mettre en congé pour s'engager volontairement dans l'armée régulière. Burton, qui sent depuis le début que cette guerre est « pour l'Angleterre une totale calamité », n'a pas la moindre envie de renoncer à sa nouvelle passion, et il parvient à obtenir de ses supérieurs, qui se font tirer l'oreille, la permission de partir en expédition « prolongée vers le Nil en passant par Harar ». Il est donc grandement réconforté lorsqu'il reçoit à Aden un message du jeune émir souffrant, lequel lui réclame plaintivement des remèdes et lui garantit la protection de tout citoyen britannique qui serait amené à se rendre dans la ville sainte.

Vers la mi-avril Burton campe à proximité de Berbera, sur un éperon rocheux dominant la mer Rouge. Sont là aussi

Stroyan, Speke, Herne, et une troupe de quarante-deux hommes – Égyptiens, Nubiens et Arabes – bien pourvue en chameaux et en vivres. Burton attend que lui arrivent de Londres tous les instruments d'arpentage et de relevés topographiques qu'il a commandés. Aussi ne peut-il partir, comme il l'espérait, vers l'intérieur en même temps qu'une caravane qui va traverser l'Ogaden. Ce retard prive la troupe d'une escorte amie et l'expose aux tracasseries et à l'hostilité des chefs de tribus de la région. Ils ne pardonnent pas aux Britanniques l'emprisonnement de Mohammed Soumounter, et ils en veulent à Burton, qui récemment a décidé qu'en aucun cas il n'engagerait un abban. De plus, ces chefs de tribus craignent que les Anglais ne soient venus chez eux espionner pour le compte du gouvernement britannique, lequel voit d'un mauvais œil, ils ne l'ignorent pas, leur florissant trafic d'esclaves. Mais Burton sait que depuis trente ans aucun Anglais n'a été molesté à Berbera. Aussi ne s'inquiète-t-il pas outre mesure et se contente-t-il de poster la nuit deux sentinelles pour monter la garde.

Le 19 avril 1955 à la tombée de la nuit, trois inconnus rôdent à l'extérieur du camp. Burton les interroge longuement après que ses hommes ont déchaîné leurs imprécations en tirant quelques coups de sommation. Mais il les relâche. Vers deux heures du matin il est éveillé par les cris des indigènes de sa troupe et par « la ruée d'hommes [se précipitant] comme une bourrasque ». C'était « comme si le monde approchait de sa fin », écrira pour sa part Speke. Burton et Herne partagent une vaste tente prolongée par un auvent. Speke et Stroyan dorment de part et d'autre, chacun dans une tente de plus petites dimensions. Herne sort dans la nuit pour savoir ce qui se passe et déclare à son retour que les sentinelles indigènes ont pris la fuite et que les forces adverses sont considérables. A ce moment-là, Speke vient rejoindre Herne et Burton à l'intérieur de leur tente, et par une ouverture ils tirent en faisant de leur mieux pour viser dans l'obscurité, tout en esquivant autant qu'il est possible les javelots et les pesants poignards effilés que les assaillants leur jettent dans les jambes. Chacun des trois officiers ne dispose que de son sabre et d'un revolver. Stroyan n'a pas donné signe de vie.

Peu de temps après, les indigènes réussissent à coucher en partie la tente, contraignant ainsi les occupants à en sortir s'ils ne veulent pas s'empêtrer dans les plis de la toile. Atteint immédiatement par plusieurs jets de pierres, Speke veut se réfugier à l'intérieur, mais Burton l'arrête vertement.

– Ne reculez surtout pas! fait-il. Sinon, ils vont croire qu'on bat en retraite!

Neuf ans plus tard, quand Speke racontera ce combat nocturne, il sera encore piqué au vif par le souvenir de cette injonction de Burton. « Dépité en constatant qu'on me reprochait ma façon de me battre, écrira-t-il, je me portai hardiment vers le front pour tirer à bout portant sur le premier qui se présenta devant moi. » Les trois hommes s'élancent ensuite en avant, brandissant leurs sabres pour faire place nette au milieu des corps nus qui convergent tout autour. Speke est terrassé par un coup de gourdin qui le frappe en pleine poitrine.

« En un rien de temps je fus à terre, submergé par une dizaine de Somali qui s'étaient jetés sur moi. Celui sur lequel je voulais tirer m'arracha le pistolet de la main, et je fus pris de frissons en voyant ce que ce gredin s'apprêtait à faire. J'avais l'impression que mes cheveux se dressaient sur ma tête. Ne sachant qui étaient mes opposants, je craignais qu'ils n'appartinssent à une tribu appelée Issa, dont il est notoire que les membres ne se contentent pas de se battre avec férocité, mais tirent aussi plaisir des atroces mutilations qu'ils infligent. Indicible fut mon soulagement quand je constatai que mes pires craintes étaient dépourvues de fondement. A vrai dire, ils s'assuraient de ce que je ne portais pas, à la façon arabe, un poignard entre les jambes dans le dessein de blesser un ennemi alors qu'on me croyait désormais inoffensif. »

Burton, qui pendant ce temps a cru voir le corps de Stroyan étendu sur le sable à quelque distance, s'est élancé comme un forcené dans cette direction, esquivant une bonne douzaine de gourdins somali. L'un des hommes de sa troupe qui, lui, n'a pas pris la fuite avec les autres, tente de lui venir en aide, mais Burton, croyant avoir affaire à un ennemi, fait volte-face pour l'étriper. L'homme hurle pour se faire reconnaître et Burton interrompt son geste. Au même instant un assaillant lui lance un javelot, dont la pointe lui transperce une joue, lui brise quatre molaires et lui lèse une partie du palais avant de ressortir par la joue opposée. Mais à la faveur de l'obscurité et de la mêlée il parvient à s'échapper pour gagner le rivage. Là, défaillant de douleur et affaibli par l'hémorragie, il n'en réussit pas moins à envoyer un indigène bienveillant chercher du secours à bord d'un bateau ancré dans le port. Un bateau dont il a convié à dîner la veille le capitaine et l'équipage, que fort heureusement il a persuadés d'attendre là, au mouillage, le lever du jour pour mettre à la voile. Pour l'instant, c'est en vain que Burton, le javelot toujours fiché entre les maxillaires, cherche ses trois compagnons.

Les marins venus au secours des officiers britanniques finissent par retrouver Burton, qu'ils ramènent à leur bord, où l'un d'eux lui retire le javelot qui l'a meurtri et étanche le sang qui coule de sa plaie. Au petit jour, Herne arrive à son tour. Par miracle il n'est pas blessé, mais simplement endolori par les coups de gourdin que lui ont assenés les Somali. Un peu plus tard on retrouve Speke, que les assaillants ont retenu prisonnier toute la nuit en le forçant à les regarder danser autour des tentes pour fêter leur victoire. Un Somali lui a demandé en hindoustani s'il était musulman ou chrétien, ajoutant que s'il était « nazaréen » il serait mis à mort. Persuadé de ne pas vivre un instant de plus, Speke a reconnu son appartenance à l'église chrétienne, mais le sauvage s'est alors moqué de lui et l'a laissé là.

Un peu plus tard, l'un des indigènes qui l'avaient capturé

s'est mis, par manière de jeu féroce, à le supplicier en le piquant un peu partout à coups de javelot, posément, comme on perce un ballot de coton. D'autres se sont ensuite joints à lui. Alors qu'un fer venait de lui traverser la cuisse de part en part – et, comme l'écrit Burton, qu'il « sentait venir la mort » – Speke a réussi à se jeter sur ses adversaires et à les frapper à coups de poings. Décontenancés pour un bref instant, les indigènes se sont écartés et leur prisonnier a pu s'enfuir. « J'étais quasiment dévêtu et nu-pieds, racontera-t-il, mais je courais comme un feu de broussailles, sur les galets de la plage, en direction de la mer. » Louvoyant et se gardant des javelots, il est parvenu à gagner le rivage et à se débarrasser de ses liens en les coupant avec ses dents. Là, les marins l'ont trouvé, blessé de onze coups de javelot.

Les Anglais ont tué quatre ou cinq indigènes, mais c'est là une bien coûteuse victoire, car Stroyan a perdu la vie. En retrouvant son cadavre, l'équipage du bateau a constaté que des javelots lui avaient percé le cœur et l'abdomen, que sa tête était effroyablement éclatée, et qu'on l'avait roué de coups avant de l'achever. Burton est bouleversé. Voilà maintenant treize ans qu'il a épousé la carrière militaire, mais c'est la première fois qu'il se sent d'une certaine façon responsable de la mort d'un ami. « Ce fut la plus douloureuse des afflictions qui nous advint, écrira-t-il. Nous avions vécu ensemble comme des frères. » [1]

Pendant ce temps-là, le parti de guerre a emporté les fusils, le tabac et les vêtements, n'abandonnant sur le terrain que les livres et le matériel lourd. Burton fait rapporter sur le bateau tout ce qui est récupérable et donne l'ordre de brûler le superflu. Puis ce qu'il reste de l'expédition regagne Aden,

---

1. Burton raconte cette affaire dans *First Footsteps in East Africa*, et Speke dans *What Led to the Discovery of the Source of the Nile* (plus particulièrement aux pages 132 à 140). Dans son livre, Speke reproche à Burton de ne pas avoir engagé un abban, ce qui, selon lui, eût épargné « bien des déboires à l'expédition » (p. 112 *n*). En lisant ce texte, Burton écrira dans une marge de l'exemplaire qu'il possède de l'ouvrage de Speke : « Pas un mot de vrai. » Cet exemplaire est aujourd'hui au Royal Anthropological Institute.

broyant du noir. D'après le rapport, récemment découvert par Gordon Waterfield, du médecin militaire qui examine Burton, les blessures que celui-ci a reçues sont graves, et, ajoute le texte, « comme il [Burton] a souffert il y a peu de temps d'une syphilis secondaire, [il] doit immédiatement regagner l'Europe, car il ne serait pas judicieux de le laisser séjourner à Aden à l'approche de la saison chaude »[1].

Avant son départ, Burton presse ses supérieurs de solliciter de la marine britannique qu'elle procède au blocus de la côte somalienne jusqu'à ce que l'assassin de Stroyan soit livré à la justice, et le pillage des biens britanniques compensé par le versement de dommages-intérêts. Le préjudice, selon lui, se monte à 13 800 roupies, soit environ 1 380 livres sterling. Les autorités britanniques d'Aden retiennent l'idée d'un blocus, et, prétextant du meurtre de Stroyan à Berbera, elles mettront fin au commerce des esclaves. Quelque temps après, l'indigène qui s'était orné de la plume d'autruche pour s'attribuer l'honneur d'avoir tué Stroyan sera déféré devant une juridiction britannique. Mais le résident à Aden, le lieutenant-colonel Playfair, refusera d'exiger la moindre somme en dédommagement du pillage, et il en viendra même à reprocher à Burton son laisser-aller. « En mon absence les autorités ont nommé une commission d'enquête, écrit-il, et elles ont cocassement découvert que c'était nous et non pas les autres qui étaient fautifs. Lord Dalhousie, l'admirable homme politique qui à cette époque gouvernait l'ensemble des Indes britanniques, leur a donné raison. Il m'est arrivé à moi aussi de penser la même chose. »

Ainsi donc, les « premiers pas vers le Nil » s'achèvent par un désastre. « J'aurais bien fait de ficher la paix à tout le monde », écrira-t-il amèrement dans son journal[2]. Pour l'ins-

---

1. Voir l'édition, publiée par Gordon Waterfield en 1966, de *First Footsteps in East Africa*, 260.
2. *Life*, I, 219. Gordon Waterfield, dont les travaux ont révélé bien des aspects de Burton jusque-là ignorés ou passés sous silence, a examiné avec une extrême attention, dans son introduction à *First Footsteps in East Africa*, cette question du « laisser-aller » reproché à Burton. Il en conclut

tant, il chasse le Nil de son esprit et prend la résolution – faut-il voir là un acte de pénitence? – de partir se battre en Crimée, en tant que volontaire, sitôt qu'il sera guéri de ses blessures.

que si le fait de ne faire garder le camp que par deux sentinelles seulement semble quelque peu irresponsable, Burton en venait fréquemment à ses fins en faisant de l'esbroufe et se gardait soigneusement de montrer aux indigènes qu'il les redoutait. Waterfield ajoute que les supérieurs de Burton étaient persuadés qu'il avait fait preuve d'imprudence, ce qu'ils ne lui pardonneront jamais.

XII

LA CRIMÉE

Burton quitte Aden pour Londres en mai 1855. Ses blessures guérissent promptement, mais toute sa vie durant il portera sur la joue gauche une vilaine cicatrice qui donnera un air sinistre à son visage. En revanche, il se remet mal de son état de mélancolie et va voir son père à Bath, puis sa sœur à Boulogne. Il trouve là son frère, venu de Ceylan passer en Europe une permission. Edward s'est passionné pour la chasse. Il est devenu le meilleur fusil de son régiment et ne parle plus que de ses exploits – il a abattu nombre d'éléphants, de guépards, de panthères –, lesquels ridiculisent les histoires de chasse au sanglier que leur racontait leur père. Mais Richard, qui a lui aussi tiré le tigre en Inde, et tué l'éléphant en Somalie, mais sans rien trouver de bien savoureux dans sa chair, ne se montre ni enthousiasmé ni impressionné par les prouesses de son frère.

Dans des circonstances normales, Burton serait congratulé comme un héros, et cela d'autant plus qu'à présent les deux premiers tomes de son *Pilgrimage* ont été publiés et encensés par la critique. Sitôt que la guérison de sa joue a été suffisamment avancée pour qu'il pût prendre la parole en public, il a fait lecture, le 11 juin 1855, d'une communication sur son séjour à Harar devant la Société royale de géographie. Mais la Grande-Bretagne ne songe plus qu'aux horreurs de la guerre de Crimée, et la presse britannique est toute pleine d'accusations portées contre l'impéritie des généraux, en particulier sous la plume du très influent William Howard Russell, l'éditorialiste du *Times*. « Cette guerre me parut une occasion de recouvrer mes esprits, écrira Burton, et dès que ma santé me le permit, je m'adonnai à la tâche ingrate de me faire incorporer comme engagé volontaire. »[1] Ne voyons là aucun humour noir : à cette époque, la guerre avait encore du panache, et jusqu'aux comptes rendus en provenance du front étaient impuissants à faire retomber en lui la fièvre patriotique qui promettait, entre autres choses, de porter remède à sa morosité.

L'expression « tâche ingrate » n'a rien non plus d'excessif, si l'on songe que parmi les officiers de l'armée britannique régulière les préjugés nourris contre leurs collègues du service des Indes orientales étaient monnaie courante. Fils de duc et ayant à son actif peu de chose d'autre qui pût expliquer son haut grade, le commandant en chef, lord Raglan, considère que pour un officier il est indispensable d'avoir de la naissance, et il est partisan résolu du système d'acquisition des brevets et des commissions, grâce auquel les aristocrates fortunés peuvent acheter le commandement de régiments alors que d'autres, de moindre extraction, seraient assurément meilleurs soldats. Raglan lui-même – dans toute l'histoire britannique, il restera sans doute le plus inepte des généraux ayant commandé en chef – n'a encore jamais, avant cette guerre, été à la tête d'un bataillon en campagne ni mené ses troupes à la bataille, et il a passé bien des années en demi-retraite et demi-solde. Lord Cardigan – celui qui fera charger dans la mauvaise direction la fameuse Brigade légère – a théoriquement fait ses deux ans réglementaires en Inde. A vrai dire, il n'a passé en tout et pour tout, entre 1836 et 1838, que quatre semaines à la tête de ses Dragons, et le reste de son temps à se

1. Isabel Burton, *Life*, I, 226. La citation est tirée d'un bref récit écrit par Burton sur son séjour en Crimée, et intitulé « With Beatson's Horse ». La plupart des faits narrés dans ce chapitre proviennent de ce texte très court.

divertir au Caire, à Rome et à Paris. Il n'est pas de bon ton de servir en Inde, et on coupe aisément à cette obligation en se mettant en demi-solde, autrement dit en permission de longue durée, le temps qu'il faut pour que se présente l'occasion de racheter une commission à un officier qui part en retraite ou d'acquérir une charge de rang supérieur. Cardigan, qui passait pour un sot, avait acheté entre trente-cinq et quarante mille livres le brevet de lieutenant-colonel qui l'avait placé à la tête de la Brigade légère.

Raglan a une aversion toute particulière pour les officiers qui ont été au service de la Compagnie britannique des Indes orientales, et il a donné les directives voulues lorsqu'en 1854 il a été nommé commandant en chef pour les dissuader de s'intégrer dans le corps expéditionnaire. Parmi ceux qui sont passés outre, aucun ne s'est vu confier un commandement dans la cavalerie. C'est dire que dès le début des hostilités Raglan a délibérément écarté les seuls officiers sachant se battre. Ainsi que le fait observer Cecil Woodham-Smith dans le portrait dévastateur qu'il brosse des chefs militaires engagés dans ce conflit, les collaborateurs dont Raglan s'est entouré et sur lesquels il s'appuie sont pour la plupart des incapables qui n'ont pas la moindre expérience du combat, ni non plus de véritable formation militaire.

Tout cela, les officiers « indiens » l'ont sur le cœur. Par exemple, le colonel et ami sous les ordres duquel Burton va servir en Crimée – W.F. Beatson, un rude soldat de fortune ayant son franc-parler et totalisant à son actif quinze années de service dans l'armée du Bengale et quinze autres à la tête de régiments de cavalerie de divers princes hindous – avait remporté vingt batailles, été cité quatorze fois à l'ordre de la nation par différents gouverneurs britanniques de l'Inde, mais quand il avait proposé ses services à lord Raglan, sa candidature n'avait pas été retenue. Lord Lucan l'avait lui aussi éconduit, et c'était finalement le général James Scarlett, de la Brigade lourde, qui l'avait intégré dans son état-major. Ainsi Beatson avait-il pu démontrer ses qualités hors de pair en plus d'un combat décisif. Néanmoins, Raglan continuait de lui refuser tout rang officiel [1].

Constatant que les forces de cavalerie étaient effroyablement dégarnies, Beatson a sollicité l'autorisation de former des unités irrégulières recrutées parmi les intrépides cavaliers musulmans des provinces turques. Féroces guerriers, ces fameux bachi-bouzouks détestaient en effet les Russes, mais leur indiscipline était notoire, et ils avaient la réputation de torturer et mutiler leurs ennemis. Raglan a refusé de donner suite à cette proposition. Comme l'écrira Burton, « lord Raglan ne pouvait supporter l'idée de commander à des hommes qui avaient enlevé des Bulgares et fait griller des Russes [...] c'était contraire à toutes les traditions. Il n'y avait pas de supplétifs à Waterloo, et l'idée était choquante, parce qu'inconnue des vieilles barbes et allant à l'encontre de toutes les idées reçues ». [2]

Burton n'est pas encore en Crimée lorsque survient l'horrible hiver 1854-1855, le premier de la guerre. Le choléra, la dysenterie et les fièvres paludéennes ont fait d'innombrables victimes dans les rangs des armées française et britannique, puis le gel et les privations sont encore venus accroître les souffrances du corps expéditionnaire et les pertes en vies humaines. A l'impéritie sur le terrain, se sont ajoutées les incroyables négligences du gouvernement britannique. Comme l'a fait observer Winston Churchill dans son *Histoire des peuples de langue anglaise*, « les soldats de Raglan n'avaient ni moyens de transport ni ambulances, et des milliers [d'entre eux] périrent de froid et de disette parce qu'il se trouva que le gouvernement du pays le mieux mécanisé du monde ne fit rien pour faciliter l'acheminement de ravitaillement et de vivres en construisant huit kilomètres de voie ferrée entre le port de Balaklava et le campement ».

« A présent, jamais je ne pourrai rentrer en Angleterre.

---

1. Voir Cecil Woodham-Smith, *The Reason Why*, Londres, 1963, 21-2, 140, 225; et Christopher Hibbert, *The Destruction of Lord Raglan*, Boston, 1961, 137.
2. Lettre au journal le *Times*, 6 décembre 1855; et *Life*, I, 238.

On m'y lapiderait », a déclaré Raglan à l'un de ses officiers d'ordonnance au cours du printemps [1].

Mais le 18 juin il commet une folie encore plus impardonnable en envoyant à la mort plusieurs milliers de jeunes recrues qu'il lance à l'assaut de la formidable forteresse de Sébastopol. Il mourra sous sa tente, brisé, peu de jours après le désastre, et quelques années plus tard, Burton composera à sa mémoire cette épitaphe plutôt apitoyée : « Avec son *courage à l'antique*, son excessive courtoisie héritée d'un autre âge et sa crainte obsessive de rien faire qui pût porter préjudice à l'*Entente cordiale*, lord Raglan était exactement le contraire de celui qu'il eût fallu... Excellent homme au demeurant, mais placé dans d'extraordinaires circonstances par la sottise de ses amis de haute naissance, le sort aura voulu que ce fût lui, pour un temps, qui ruinât le prestige de l'Angleterre. » [2]

C'est le général James Simpson — pendant un certain temps il a servi en Inde — qui est devenu commandant en chef du corps expéditionnaire. Burton, qui avait été placé temporairement sous ses ordres à Sakhar, dans le Sind, professait pour lui un certain mépris que partageait le général Napier, mais bien qu'il le traitât de « pauvre vieux » et d'« incapable », la nomination de son ancien supérieur lui a fait espérer l'attribution d'un bon poste, et sitôt que sa blessure à la joue a été guérie, il est parti pour Balaklava, où il a débarqué en juillet 1855. Son frère Edward l'y a suivi très peu de temps après. John Hanning Speke, dont les blessures, s'il faut en croire Burton, « s'étaient refermées comme des éraflures dans du latex » [3], s'était lui aussi enrôlé volontairement et avait été versé dans le Contingent turc, où il servirait jusqu'à la fin du conflit en février 1856.

Mais Simpson n'attribue aucun poste à Burton, qui alors demande à combattre sous les ordres du général Beatson. Ce dernier, qui a l'appui du ministre de la Guerre, a fini par

1. Propos cité par Cecil Woodham-Smith dans *The Reason Why*, 275.
2. Rapporté dans *Life*, I, 228.
3. *First Footsteps in East Africa*, 457 n.

obtenir un commandement autonome, et aussi la permission de lever un contingent de quatre mille bachi-bouzouks pour leur faire faire leurs classes à proximité des Dardanelles. Beatson a de l'amitié pour Burton, qui l'impressionne par son passé et par sa connaissance de la langue turque. Il fait de lui son chef d'état-major. C'est là une fonction importante. Aussi Burton est-il, c'est bien normal, passablement courroucé lorsqu'on lui refuse un galon supplémentaire. « Le premier blanc-bec venu ayant grade de capitaine peut se faire rappeler du front [...] et de cette façon-là passer commandant avant un capitaine qui a quinze ans de service », écrit-il avec amertume au Dr Norton Shaw [1]. Les Britanniques de Constantinople se gaussent de Beatson et de son resplendissant uniforme, lequel tient debout tout seul, dit-on, tant il est chamarré de ganses au fil d'or. Mais Burton estime qu'il est tout à fait légitime que son supérieur se vête ainsi, puisque sa tenue lui donne de l'ascendant sur des gens habitués à juger les autres sur la splendeur de leur mise. D'ailleurs, lui-même ne tardera pas à porter un uniforme tapageur.

Mais il est quelque peu affolé en constatant la vanité des efforts déployés par Beatson pour discipliner ses troupes. Les hommes ne se présentent pas à l'appel ou à l'exercice, et sitôt qu'ils s'ennuient, ils désertent. Quand ils ont bu, les Albanais ont une façon bien à eux de se provoquer en combat singulier : chacun des deux adversaires tient d'une main un pistolet armé, et de l'autre un verre de *raki*. « Le premier qui d'une lampée a vidé son verre avait le droit de tirer, écrira Burton, et généralement le canardage était mortel. » A Constantinople, chaque fois qu'il est commis un vol, un viol, on impute la chose aux bachi-bouzouks de Beatson. Burton impose l'exercice et le maniement d'armes quotidien, institue des cours d'équitation pour les officiers d'infanterie et fait de son mieux pour mettre un terme aux duels et aux exactions. Mais il ne peut rien pour modérer Beatson, qui est mauvais coucheur et se querelle à n'en plus finir avec Skene, le consul de

---

1. Archives de la Royal Geographical Society.

Grande-Bretagne, et avec le général de brigade Neil chaque fois que l'un ou l'autre font faire une enquête sur les délits commis par ses hommes. Bien que Burton manque lui aussi de diplomatie et s'emporte aisément, il est atterré par l'impertinence des dépêches officielles envoyées par Beatson et déplore que celui-ci ne fasse rien pour se concilier les bonnes grâces de la presse de Constantinople. Et quand un jour, dans une lettre adressée à une haute personnalité britannique, Beatson provoque implicitement celui-ci en duel en proposant « des pistolets pour deux et du café pour un seul », Burton, prenant pour prétexte la nécessité de remettre au propre le texte, supprime purement et simplement ce désastreux passage. « Mon général ne m'en a même pas remercié », écrira-t-il.

Et puis, c'est avec une indignation croissante qu'il est témoin des tactiques choisies par le commandement britannique et de l'inutile sacrifice des courageux soldats qu'on fait charger contre des défenses imprenables : « Le fiasco, notera-t-il avec causticité, résultait de la nomination, pour ainsi dire de règle, de chefs militaires totalement incapables. Le simple soldat qui avait osé dire devant lord Raglan que ses camarades et lui étaient prêts à tenter de prendre d'assaut Sébastopol sous le commandement de leurs officiers, à la condition que les *généraux* ne se mêlent pas de l'affaire, avait parfaitement raison. »[1]

Brûlant d'engager dans l'action ses propres supplétifs, vers la fin du mois de juillet il va trouver lord Stratford Redcliffe, le tout-puissant ambassadeur de Grande-Bretagne, et il lui expose le plan qu'il a conçu pour faire desserrer par ses hommes l'étau qui étreint Kars, forteresse médiévale arménienne que tiennent quinze mille Turcs commandés par des officiers français et britanniques, et que depuis plusieurs mois assiègent et menacent à présent de famine les Russes. Burton décrit en détail le projet de l'attaque, laquelle mobilisera, assure-t-il, « deux mille six cent quarante sabres fin prêts à

---

1. Cité dans *Life*, I, 241.

marcher » ainsi que les véhicules nécessaires au charroi des approvisionnements.

D'ordinaire courtois et chaleureux, lord Stratford peut aussi extérioriser une indignation et une distance calculées lorsque pareille attitude favorise ses desseins. Les Affaires étrangères lui ayant déjà fait savoir qu'à Londres on désapprouvait toute initiative militaire de ce genre, il se comporte avec Burton comme il le fait avec ses secrétaires. Après l'avoir traité d'« âne bâté » et de « sale petit morveux », rapporte Burton, il lui déclare tout de go : « Monsieur, vous êtes le personnage le plus effronté de toute l'armée de Bombay! »

Sachant quelle réputation est celle de Stratford, Burton laisse passer l'orage sans broncher. Pour sa part, lord Stratford sait parfaitement que ses explorations ont valu à Burton un certain prestige, et finalement il se radoucit pour conclure l'entretien en ces termes : « Bien entendu vous serez des nôtres au souper, n'est-ce pas? » Cependant, Burton gardera de ce tête-à-tête un souvenir désagréable, et il prendra plus tard sa revanche en dépeignant l'ambassadeur sous les traits d'« un vieillard velléitaire, guindé, atrabilaire [...] un homme qui avait passé toute son existence en Orient sans apprendre un traître mot de turc, de persan ou d'arabe [...] et qui s'était acquis un grand renom en Europe principalement parce qu'il vivait ailleurs ».

Aucun secours ne sera envoyé à Kars. En novembre 1855, les assiégés à demi morts de faim y exhument des cadavres de chevaux pour les dévorer. Le 23 novembre, la place forte finira par se rendre aux Russes [1]. Pendant ce temps, les bachi-

---

1. Rapporté dans *Life*, I, 242, 234-5. Voir aussi Humphry Sandwith, *A Narrative of the Siege of Kars*, Londres, 1856, 300. Dans une lettre ouverte à l'*Athenæum* en date du 25 août 1888, Stanley Lane-Poole démentira les allégations de Burton en laissant implicitement entendre que Stratford avait bel et bien voulu tenter d'envoyer des renforts à Kars. Burton élèvera une vive réplique, que publiera *Academy* dans son numéro du 1er septembre 1888 (p. 137), taxant les propos de Lane-Poole de « stupides, dénués de tout fondement et dérisoires ». Burton reconnaît néanmoins dans cette réponse datée du 26 août que la responsabilité de cette affaire retombe sur les Affaires étrangères bien davantage que sur lord Stratford. Voir aussi la

bouzouks restent cantonnés près des Dardanelles. En septembre, au terme d'une offensive générale lancée sur Sébastopol par les troupes françaises et britanniques, les Russes évacueront la forteresse, n'y laissant dans l'hôpital que leurs soldats à l'agonie. « On a décrit maintes fois les horreurs de la guerre », écrira William Howard Russell après s'être rendu sur les lieux le 12 septembre, mais le spectacle de « l'hôpital de Sébastopol dépasse en abomination ce qu'on a vu de plus effroyable et de plus révoltant »[1].

De cela, Burton ne verra rien. Il n'a passé qu'une semaine sur le front peu après son arrivée en Crimée, et il n'aura pas l'occasion de retourner en première ligne. A la fin du mois de septembre, lord Stratford le convoquera pour lui demander s'il accepte d'accomplir une mission de renseignement consistant à établir la liaison avec Schamyl, « le bandit du Caucase », chef des tribus du Daghestan qui luttent pour se libérer de la tutelle russe. Burton est tout d'abord séduit par l'entreprise, mais quand on lui apprend qu'il devra traverser seul une partie du territoire russe sans avoir reçu mission de promettre aux rebelles des fonds, des armes ou des troupes, il décline la proposition. « Sans cela [sans apporter cette garantie], écrit-il, Schamyl me prendra à tout coup pour un espion, et mes chances de regagner Constantinople seront des plus réduites. »[2]

Quand, après cet entretien avec l'ambassadeur, Burton revient au campement des Dardanelles, la garnison est en pleine effervescence. Durant son absence, des bachi-bouzouks se sont violemment empoignés avec des soldats français et la rixe, échauffant les esprits et s'enflant d'elle-même, a dégénéré en un véritable état de siège. Les réguliers turcs ont mis en batterie des pièces d'artillerie tout autour du camp, et dans le port trois navires de guerre ont pointé leurs canons sur

---

critique, signée de Burton et publiée par *Academy* (24 novembre 1888, p. 329-30), de la biographie de lord Stratford par Stanley Lane-Poole.

1. William Howard Russell, *The War from the Death of Lord Raglan to the Evacuation of the Crimea*, Londres, 1856, 181. Dépêche du 12 septembre 1855.

2. Cité dans *Life*, I, 244.

le contingent auquel appartient Burton. Prudents, les boutiquiers des alentours ont fermé leurs volets pour prendre la fuite. Beatson et Burton parviennent à ramener le calme parmi leurs hommes sans qu'un seul coup de feu soit tiré, et le pacha militaire turc finit par faire rentrer ses troupes dans leurs casernements. Mais l'alerte scelle le sort de Beatson. A la faveur de l'enquête qui est ouverte, tous ceux avec qui il a eu maille à partir trouvent là une belle occasion de lui régler son compte, et le 28 septembre il est remplacé par le général de division Richard Smith.

Bien que William Howard Russell, dans une dépêche envoyée au *Times*, prenne la défense des bachi-bouzouks, Burton a la franchise de reconnaître que « l'armée fait de nous un ramas de bandits et d'irrécupérables sauvages ». D'une fidélité indéfectible à son supérieur hiérarchique, il tente d'obtenir des autres officiers des déclarations écrites par lesquelles ils témoignent des qualités militaires et de la valeur de Beatson, mais tout ce qu'il y gagne, c'est d'être accusé de fomenter une mutinerie contre le général Smith. Quand enfin Beatson démissionne pour regagner l'Angleterre, couvert d'opprobre, Burton, se solidarisant avec lui, s'embarque peu de temps après pour Londres, le 18 octobre 1855. Officier « brouillon et turbulent », sera-t-il mentionné sur le rapport établi par le commandement pour résumer ses états de services en Crimée [1].

De retour à Londres, Burton envoie le 6 décembre 1855 une lettre au *Times* pour « rendre tardivement justice » au « bon soldat victime d'une vindicte officielle imméritée » qu'est à ses yeux son chef. Et il témoigne en faveur de Beatson quand celui-ci, à qui on a retiré le droit de porter l'uniforme, est traîné devant une juridiction civile sous l'inculpation d'avoir diffamé celui qui est à l'origine de sa destitution : Skene, le consul de Grande-Bretagne. Le tribunal fait reproche à Burton d'avoir pris parti pour Beatson contre le général Smith. Mais après avoir délibéré sur le fond de l'affaire, le

1. *Zanzibar*, I, 5; et *Life*, I, 247.

jury se rangera à l'avis des conseillers juridiques du Foreign Office et déboutera Skene de sa plainte, attendu que la diffamation dont le plaignant avait fait l'objet n'avait aucun caractère public, et que l'accusation était par là même dénuée de fondement. Ce jugement vaudra à Beatson d'être pleinement réhabilité par la presse et de rétablir sa réputation auprès de ses compatriotes.

Il est étrange qu'un écrivain aussi prolifique que Burton n'ait jamais écrit de livre sur ce qu'il a vécu en Crimée, alors que le séjour qu'il y fit – bien qu'il n'eût duré que quatre mois – a été pour lui si riche en événements lourds de retentissements psychologiques. Faut-il expliquer cette réserve par les obligations qu'il a contractées vis-à-vis de l'armée, et qu'il contractera par la suite vis-à-vis des Affaires étrangères? Toujours est-il qu'il ne laissera sur cette période de sa vie qu'un texte de vingt-trois pages, que publiera une trentaine d'années plus tard Francis Hitchman, et que reprendra Isabel Burton dans la biographie de son mari. Il s'agit d'un récit superficiel, anecdotique, comportant çà et là des coups de patte contre la stupidité de cette guerre dont l'histoire retiendra, tout comme lui, qu'elle n'aura pas réglé grand-chose. Mais pour la première fois Burton exprime dans un écrit son patriotisme et ses sentiments anti-français. Il reste que ce texte fait preuve d'une grande irrévérence, laquelle eût probablement valu à Burton d'être exclu de l'armée s'il s'était avisé de le publier dès son retour à Londres.

Il est fort dommage qu'à l'époque il n'ait pas eu les mêmes libertés qu'un journaliste. Nous ne savons rien des carnets qu'il a tenus durant ces quelques mois. Qu'après sa mort ces carnets aient été détruits par sa femme nous dépossède assurément d'un document de première main sur la guerre de Crimée, d'un document écrit par un homme toujours prompt à dénoncer la sottise et l'ineptie. D'autre part, s'il avait écrit un livre, gageons qu'il se fût agi d'un récapitulatif des revers britanniques, et aussi des siens, et que sur ces derniers il n'eût pas autrement souhaité s'étendre, pas plus qu'il n'eût souhaité attirer sur lui la hargne des chefs de l'armée des Indes en montant en épingle l'impéritie du commandement.

La Crimée aura été pour Burton une manière de cilice, un intermède, un hiatus entre deux quêtes. Cet intermède a pour principal mérite de mettre en évidence le fait que ses qualités d'officier d'état-major, quelles qu'elles fussent, étaient bien loin d'égaler ses dons pour l'exploration et son attrait pour l'érudition. On le soupçonne aisément d'avoir laissé sa fidélité à un supérieur qu'il affectionnait particulièrement prendre le pas sur le devoir d'obéissance dépassionnée auquel était tenu le soldat. Tout laisse à penser qu'il s'est vite lassé de la guerre. Et il apparaît d'évidence que cet homme capable de se passionner pour le moindre trait de l'existence tribale — et aussi pour les armes et la belligérance de peuplades lointaines — était peu porté à décrire dans le détail les tueries massives dont l'Europe était coutumière.

XIII

LA PROMESSE

> *Pour moi, il y a trois sortes de mariages :
> d'abord, l'ambition des biens de ce monde,
> autrement dit, le mariage dicté par l'envie
> d'acquérir de la fortune, un titre, des
> domaines, un rang social; ensuite, l'amour...
> une chaumière et deux cœurs, comme on dit;
> enfin, et c'est là mon idéal, être une compagne
> et une épouse, voyager ensemble, vivre une
> vie aventureuse, dangereuse, voir et ap-
> prendre, le tout magnifié par l'amour. C'est
> cela que je cherche.* L'amour n'y manquerait
> pas ! *
>
> Confidence d'Isabel Burton
> à son journal intime [1].

« Maudit soit le cœur ! Alors que j'ai tout pour être heureuse, je me languis de lui, de cette moitié de moi-même qui comblerait ce vide, car j'ai le sentiment de ne pas être achevée [...] Dieu m'a donné un cœur ardent, une imagination vive, de fortes passions [...] Si au moins j'étais sûre de mourir à quarante ans et de garder jusque-là jeunesse, santé, esprit et belle tournure, il me réjouirait davantage de rester telle que je suis. Je ne puis me dissocier de toute pensée de Richard [...] Quelle piètre compagne je serais pour un autre homme. »

Ainsi donc, Isabel Arundell déverse dans son journal le trop-plein de ses états d'âme, alors que ses parents la pressent de choisir un parti. Ce qui est remarquable dans les extraits – malheureusement non datés – de ce journal qu'après sa mort publiera sa sœur et biographe, c'est bien entendu leur coloration romanesque, mais aussi la lucidité dont Isabel, par

---

1. Tous les textes du journal d'Isabel Burton cités dans ce chapitre sont tirés de W.H. Wilkins, *op. cit.*, I, 65-9, 81-8, 95, 97, 112.

éclairs, fait preuve vis-à-vis d'elle-même. « Je ne pourrais pas vivre comme un légume dans un champ, écrit-elle. Je ne me vois pas du tout portant tablier blanc, munie de mon trousseau de clés, morigénant mes bonnes, faisant le compte des œufs et du beurre, aux côtés d'un mari brave mais ventripotent (je déteste les hommes corpulents!) [...] J'aimerais mieux le pain sec, les privations, la peine et la crainte qu'il arrive quelque chose à celui que j'aime. Ah, si je pouvais partir pour la bataille avec le mari de mon choix, m'occuper de lui sous sa tente, le suivre sous le feu de dix mille mousquets! Je serais sa compagne dans l'épreuve et le souci, je soignerais ses blessures, travaillerais pour lui dans sa tente, lui préparerais ses repas quand il défaillerait, lui ferais son lit quand il serait épuisé, serais l'ange gardien de son bien-être [...] exquise félicité que les mots sont impuissants à décrire [...] Pourquoi faut-il que des femmes douées d'esprit, d'intelligence et de volonté soient nécessairement vouées à tenir les comptes de la maisonnée? Cela me rend malade et jamais je n'accepterai de le faire. »

Cependant, en dépit de tant de détermination et de ferveur, elle n'a pas suffisamment de hardiesse pour chercher à voir Richard lorsqu'il revient blessé de Somalie, et elle n'ose non plus, avant qu'il ne reparte pour la Crimée, lui envoyer quelques mots pour le féliciter du succès de ses voyages à La Mecque et à Harar. Elle se satisfait, semble-t-il, de le révérer comme une idole pieusement conservée dans quelque secret sanctuaire. Une idole inaccessible, et donc inoffensive. « Malheur à qui n'a pas d'imagination, si ses vœux ne sont pas comblés! » écrit-elle. Et d'ajouter sans déguiser : « Les miens ne le sont pas, alors je me réfugie dans l'illusion. »

Mais Isabel n'a rien d'une passive. Nullement résignée à se lamenter dans la solitude, elle tente en vain de se faire engager en qualité d'infirmière pour aller sur le front de Crimée, et cela, plusieurs mois avant que Burton ne décide de s'engager volontairement lui aussi. « J'ai écrit je ne sais combien de fois à Florence Nightingale, confie-t-elle à son journal, mais le commissaire aux armées m'a répondu que j'étais trop jeune, manquais d'expérience et ne faisais pas l'affaire. » Aussi organise-t-elle une sorte de comité d'aide sociale regroupant cent cinquante jeunes filles, dans le but d'assister les familles indigentes dont les hommes se battent en Crimée. Le comité fait des collectes à leur profit – pour sa part, Isabel recueille une centaine de guinées en dix jours –, leur distribue vivres, vêtements, argent pour acquitter leur loyer, trouve du travail aux femmes et contribue aux frais de scolarisation des enfants. « Je connais la misère de Londres, écrit-elle, et ce que j'ai vu en faisant mes tournées donnerait matière à des descriptions dignes des *Mystères de Paris* ou d'un roman populiste. »

Burton revient de Constantinople en décembre 1855, très peu de temps après la fin du conflit. Durant l'hiver l'un et l'autre sont à Londres. « Cette année la saison est fort gaie, écrit Isabel. La guerre est finie et tout le monde s'en réjouit. » Pourtant, leurs chemins ne se croisent pas. En juin 1856, Isabel se rend aux courses d'Ascot. Elle roule seule, lentement, dans son tilbury, au milieu d'une foule dense, lorsqu'une gitane s'élance vers elle et ouvre la porte de la voiture. C'est Hagar Burton, celle qui naguère a établi l'horoscope de la jeune fille :

– Alors, ça y est, t'es devenue Mme Burton? lui demande la diseuse de bonne aventure.

– Plût à Dieu qu'il en ait été ainsi, répond Isabel.

– Patience, fait la gitane. Ça ne va plus tarder.

« Jamais je ne l'ai revue, écrira Isabel, mais deux mois plus tard j'étais fiancée à Richard Burton. »

C'est inopinément qu'ils se retrouvent, tout comme c'était par hasard qu'à Boulogne ils s'étaient rencontrés. Et l'un comme l'autre verront dans ces retrouvailles fortuites un coup de pouce du destin. Isabel s'est rendue ce jour-là au jardin botanique en compagnie de sa sœur. Nous sommes en août, et dans l'après-midi il fait chaud. En contournant un massif d'arbustes elle se trouve face à face avec celui qui l'a fait danser quatre ans auparavant. Il a maintenant le visage profondément marqué par sa cicatrice et se promène avec celle qui fut son amour de jeunesse, sa cousine Louisa, mariée à présent.

« Nous nous sommes arrêtés net pour nous serrer la main et nous poser l'un l'autre mille questions sur ce que nous étions devenus durant ces quatre années, et tous les souvenirs que j'avais gardés de Boulogne, tous mes sentiments datant de cette époque-là et qui s'étaient assoupis, mais pas éteints, me sont revenus. »

Isabel tient à la main un exemplaire du *Tancrède* de Disraeli. Et quand Richard s'enquiert du jugement qu'elle porte sur l'ouvrage, elle lui répond avec feu : « C'est un livre que j'adore. » Rien ne pourrait piquer davantage la curiosité et l'amour-propre de Burton. *Tancrède* est le livre à la mode et son auteur, Benjamin Disraeli, membre du Parlement, y raconte l'histoire d'un jeune Anglais qui, déçu par son pays, part pour le Proche-Orient afin de tenter d'y trouver, dans l'univers sémite, la solution aux grands mystères de la philosophie. L'ouvrage procède pour une part du voyage accompli par Disraeli en Syrie et en Palestine, durant lequel, à l'exemple de Burton, il a vécu sous la tente des nomades et partagé avec ravissement leur existence. Depuis un certain temps déjà Burton ressent beaucoup d'intérêt pour Disraeli, dont il envie la réussite. Plus tard, il écrira sur lui un opuscule où se mêleront l'admiration et l'acrimonie, mais qui aura le mérite de bien mettre en relief ce que les deux hommes ont en commun. L'un comme l'autre font un peu figure d'étrangers aux yeux de leurs compatriotes, Burton parce qu'il a été élevé en France, Disraeli parce qu'il est d'origine juive, stigmate que son baptême et sa conversion au protestantisme du temps de son adolescence ont quelque peu atténué, mais pas fait disparaître. Tous les deux ont une bonne plume, de l'esprit, de la morgue, une fine intelligence, et tous les deux supportent les conséquences de leur supériorité.

S'il faut en croire Isabel, Burton lui « explique » *Tancrède*. Il lui serait difficile de ne pas voir combien l'exotisme la fascine, l'enthousiasme. Peut-être se rend-il compte aussi que durant ces années elle a mûri. Il lui demande à brûle-pourpoint si elle vient souvent au jardin botanique. Tous les jours de onze à treize heures, lui répond-elle avec une hardiesse qui ressemble fort à une invite. Puis ils bavardent pendant une heure.

« Lorsque je suis revenue à la maison, écrira-t-elle dans son journal, j'avais l'esprit plein d'émerveillement et du sentiment que quelque chose allait arriver. J'avais peur et j'étais troublée. »

Il y a de quoi. L'illusion est soudain devenue réalité, le rêve présence vivante, et de celles qui vous brûlent si on les approche de trop près. Pourtant, cette fois, finies les puériles dérobades : le lendemain elle retourne au jardin botanique. Burton, seul, l'y attend en composant un poème. Et chaque jour durant les deux semaines qui suivent ils se retrouvent au même endroit. Presque aussitôt il lui a dévoilé le projet de sa grande et nouvelle aventure : en octobre, il sera parti pour l'Afrique, en compagnie de John Hanning Speke et du Dr John Steinhäuser, dans l'espoir d'y découvrir la véritable source du grand Nil. Il a d'ores et déjà le soutien de la Royal Geographical Society et des Affaires étrangères. Ce ministère lui a accordé une aide financière de mille livres, et la Compagnie des Indes orientales un congé de deux ans, à pleine solde. Son intention est de gagner d'abord la grande mer d'Ujiji, lac dont on ne connaît ni l'origine, ni la superficie, ni les dimensions, et représenté sur la carte de la société royale sous la forme d'une grosse tache bleue oblongue.

Chaque fois qu'il regarde le visage rayonnant d'Isabel et lit en lui l'adoration, la tendresse et l'éblouissement, il voit là comme une invite pressante à se déclarer, et l'émotion qui était naguère la sienne à Boulogne afflue de nouveau en lui. Peut-être l'imminence de son prochain départ hâte-t-elle le rythme de son pouls et favorise-t-elle en eux l'expression d'une audace qu'ils n'ont point coutume de manifester.

« Au bout de quinze jours, écrit Isabel, il a entouré ma taille de son bras et appliqué sa joue contre la mienne.

» – Pourriez-vous faire quelque chose d'aussi peu réjouissant que de tirer un trait sur la civilisation ? m'a-t-il demandé. Et si j'obtiens le consulat de Damas, m'épouseriez-vous pour aller vivre là-bas ? Ne me répondez pas tout de suite, parce que ce que je vous propose risque de bouleverser toute votre existence... ce serait comme renoncer aux vôtres, à toutes vos habitudes, et vivre une vie du genre de celle que lady Hester Stanhope a vécue. Je vous en crois capable, mais réfléchissez. »

Isabel en demeure sans voix.

« Exactement comme si la lune faisait la culbute en me disant : ça fait un bout de temps que tu me réclames, alors me voilà.

» Burton est quelque peu déconcerté par ce silence :

» – Pardonnez-moi, fait-il. Je n'aurais pas dû en demander tant.

» Enfin j'ai retrouvé ma voix :

» – Je n'ai pas besoin d'y réfléchir, lui ai-je dit. J'y réfléchis depuis six ans, depuis la première fois que je vous ai vu à Boulogne. Chaque matin, chaque soir, j'ai prié pour vous. Je vous ai suivi pas à pas. J'ai tout lu de ce que vous avez écrit, et j'aimerais mille fois mieux partager avec vous un croûton de pain sous une tente qu'être la reine de l'univers. Alors maintenant je vous le dis : Oui! *OUI!* OUI!

» J'aurais enduré six années d'attente de plus pour connaître ce jour-là, pour vivre un moment pareil. Toutes mes afflictions s'effaçaient d'un coup. Tout ce qu'on a bien pu écrire ou dire à propos du premier baiser n'est que camelote en comparaison de la réalité. Autant essayer de décrire l'éternité. Je lui ai tout dit des six années que je venais de passer depuis notre première rencontre, et tout ce que j'avais souffert. De retour chez moi, je me suis agenouillée pour prier, et c'est toute mon âme qui était submergée de joie et de gratitude... J'ai enfin rencontré, je le sens, le maître capable de m'asservir. »[1]

Plus tard, elle lui montre l'horoscope établi pour elle des années auparavant par Hagar Burton. En dépit de son attrait pour les sciences exactes et le rationalisme, les phénomènes occultes entretiennent chez lui une véritable superstition. Aussi est-il fort impressionné par la prédiction de cette gitane qui naguère affirma qu'Isabel épouserait un Burton. Des années après, dans une lettre adressée à J. Pincherle, qui lui avait dédié une traduction en roumain du *Cantique des Cantiques*, il écrira ceci : « Il y a dans la brumeuse Angleterre une importante famille de gitans qui a jadis adopté notre nom de famille. Je suis encore en excellents termes avec plusieurs de ces gens bizarres. Une vieille diseuse de bonne aventure nommée Hagar Burton a même joué dans une certaine période de ma vie un rôle qui n'a pas peu contribué à en déterminer le cours. »[2] Cette histoire d'horoscope ne fait à vrai dire qu'inaugurer une longue série de phénomènes que Burton tiendra pour quasiment miraculeux (télépathie, hypnotisme à grande distance) et qu'Isabel rapportera en toute bonne foi et avec délectation dans la biographie de son mari.

Dans la famille Burton, d'aucuns affirmeront qu'il s'est résolu au mariage sans passion, capitulant, en quelque sorte, devant les assiduités dont il faisait l'objet. Le fait est qu'à peine fiancé il s'empresse de disparaître pour trois ans, à la recherche des sources du Nil. Mais ce projet d'exploration a été mûri des mois avant sa rencontre avec Isabel au jardin botanique, et l'alternative devant laquelle il se trouve alors placé est des plus simples : ou bien il accomplit en Afrique ce qu'il croit être son destin, ou bien il y renonce pour épouser Isabel et l'emmener en Inde, où sa solde ne sera que de trois cent cinquante livres, auxquelles s'ajoutera la rente d'un

---

[1]. A titre de comparaison, on se reportera de cet extrait de journal cité par Wilkins (I, 83-8) au texte d'Isabel Burton dans *Life* (I, 250).
[2]. *Gypsy Lore Society Journal*, et nécrologie de Burton reproduite dans *Life*, I, 251-2.

modeste héritage. Alors que s'il revient d'Afrique après avoir découvert où le Nil prend sa source, il a toutes les raisons d'attendre une récompense d'un gouvernement soucieux de se montrer généreux à l'endroit de ses explorateurs. Isabel est de naissance aristocratique, mais n'a pas de dot. Une personne de son rang ne déchoirait pas si son mari occupait les fonctions de consul de Grande-Bretagne à Damas, cette charge ne lui vaudrait-elle annuellement que six cents livres. Burton est seul dans la vie. Sa mère est décédée, son frère est reparti pour Ceylan et sa sœur se consacre à son époux et à ses filles. Sans doute trouve-t-il touchante, voire flatteuse, cette adulation dont il fait l'objet depuis six ans. Jamais de toute son existence on ne lui a voué tant d'amour.

Avant son départ, Isabel lui fait présent d'une médaille gravée à l'image de la Sainte-Vierge, ainsi que d'une chaînette d'or, afin qu'il les porte au cou durant son voyage.

– Gardez la chaîne, lui dit-il, là-bas on vous couperait le cou pour s'emparer d'une chose pareille.

Elle lui offre, à la place, une chaîne d'acier. Toute sa vie Burton portera la médaille.

Pourtant c'est à une déesse particulière – la Renommée – qu'il voue le plus profond attachement. Une déesse pour qui il écrit avant de partir un poème lourd de tous les attributs allégoriques de la mère consolatrice ravie par la mort. Il en donne une copie à Isabel et une autre – mais cela, Isabel l'ignore – à Louisa, sa rivale de naguère [1]. En voici le texte :

> *Je porte en moi ton image, ô Renommée,*
> *Dans un cœur digne d'être pour toi un sanctuaire;*
> *D'aucuns sont gratifiés de mille et une aubaines.*
> *Un seul vœu fut le mien :*
> *Celui d'être honoré un jour de ton sourire,*
> *De gîter un instant blotti contre ton sein,*
> *Et puis de dire adieu, les yeux clos, à la vie,*

---

1. C'est à tout le moins ce que rapporte Thomas Wright dans *Life of Sir Richard Burton*, I, 147.

> *Et prendre un éternel repos.*
> *Mais voilà qu'une main glorieuse me fait signe*
> *De sortir à présent du sombre désespoir,*
> *Qu'une éclatante voix m'ordonne :*
> > *« Va bravement, et ose !*
> *Et si tu veux laisser trace bien plus profonde*
> *Sur cette terre, alors, détourne-toi*
> *Des futiles regrets et trouve en toi la grâce*
> > *De mourir en silence. »*
> *Son doigt me désignait une horrible contrée*
> *Où tout souffle s'éteint... terre, mer, air;*
> *Et de nouveau résonnent ses glorieux accents :*
> > *« Va m'attendre là-bas. »*
> *Je n'entendrai plus d'autre son.*
> *Nulle autre pensée ne hantera mon cœur.*
> *Est-ce là pécher ? « Pardonnez-moi, Seigneur,*
> > *Vous m'avez ainsi fait. »* [1]

Dans le récit qu'elle donne de cette période durant laquelle ils ne cessent de se voir, Isabel ne cache rien de son impatience et de son ardeur. Mais à vrai dire, tout laisse à penser que les sentiments qu'inspire Burton dans la famille Arundell sont pour le moins partagés. Isabel raconte en effet qu'elle a invité Richard à venir chez elle, et que dans un premier temps « il fascinait, amusait et choquait gentiment ma mère, mais magnétisait totalement mon père et tous mes frères et sœurs. Je ne sais ce qu'il a en lui, disait mon père, mais je n'arrive pas à le chasser de mes pensées. Toutes les nuits je rêve de lui ». Pourtant, le jour où Isabel déclare « avec ravissement » à sa mère qu'elle a trouvé « l'homme de sa vie », qu'elle se languit de lui et que jamais elle ne pourra se satisfaire d'un autre, Mme Arundell fait à sa fille cette réplique théâtrale : « C'est le seul, tu m'entends, le seul que je ne consentirai jamais à te laisser épouser. Plutôt te voir dans un cercueil ! » Bien qu'Isabel ait à présent vingt-cinq ans,

---

1. W.H. Wilkins, *op. cit.*, I, 86.

qu'elle soit plus décidée et plus capable que la plupart de ses amies de son âge, il n'en faut pas davantage pour lui inspirer de la frayeur et garder bouche close. Craignant de se faire « envoyer promener », et assurée par avance de ce que toutes les lettres que lui enverra Richard seront ouvertes ou ne lui seront pas remises, elle ne dit à personne que lui et elle ont pris l'engagement réciproque de se marier. Et pendant ce temps, elle se tait chaque fois que sa mère, avec mépris et acerbité, fait observer avec hauteur que jamais elle n'a « rencontré » Burton dans une soirée comme il faut.

— Si tu l'épouses, lance un jour Mme Arundell, ce n'est même pas pour un plat de lentilles que tu vendras ta dignité, mais pour de la petite bière.[1]

Cependant, Burton n'est plus, comme au temps de Boulogne, un simple demi-solde de l'armée des Indes orientales dont la réputation est quelque peu entachée. Il s'est maintenant fait un nom dans les cercles scientifiques, s'est acquis la faveur des journalistes les plus connus et on l'accueille dans les grandes familles d'Angleterre. Monckton Milnes (lord Houghton), qui prend plaisir dans la compagnie des savants, érudits, hommes d'esprit et personnalités quelque peu excentriques, est devenu pour Burton une manière de protecteur, puisqu'il a obtenu des Affaires étrangères qu'elles soutiennent financièrement son expédition, et que Burton compte fréquemment parmi les hôtes de ses déjeuners, dont tout Londres parle. Mais Isabel n'a jamais osé dire à sa mère, comme elle finira par le faire trois ans plus tard, que si elle n'a jamais l'occasion de rencontrer Richard dans la bonne société, c'est tout bonnement parce qu'il trouve insupportablement fastidieux et infatué le milieu « comme il faut » que fréquentent ses parents. A vrai dire, la seule raison qu'elle ait de plaider la cause de Richard auprès des siens, la seule chose qu'il ait à se faire pardonner, c'est de ne pas appartenir à la religion catholique. Aussi s'en console-t-elle en rêvant de le convertir. Elle en fait son affaire, se dit-elle. Tout viendra en son temps.

1. Burton ale dans le texte. Cité par W.H. Wilkins, *op. cit.*, I, 333.

Mais c'est aussi une excuse qu'elle se donne pour faire traîner les choses en longueur. Car il est manifeste que, tout autant que Burton, elle souhaite ne rien précipiter.

Dans son journal, plus d'une fois Isabel témoigne d'une profonde méfiance à l'égard du mariage. « De la vie conjugale, écrit-elle à l'époque, j'en sais assez long. J'ai vu des hommes totalement injustes, égoïstes, méprisants. J'ai toujours pensé que jamais je ne pourrais subir un affront de la part d'un homme sans lui en vouloir à tout jamais. » Cette méfiance est assortie chez elle d'un sentiment de dédain généralisé à l'endroit des jeunes gens de sa connaissance, que pour la plupart elle juge efféminés. « J'ai toujours vu en eux des êtres appartenant à mon propre sexe », déclare-t-elle. A ses yeux, Richard est tout à l'opposé. « Il est l'amalgame d'un hors-la-loi et d'un gentleman », confie-t-elle à son journal. Et de poursuivre, avec une ingénuité qu'à notre époque on jugerait passée de mode, par cette franche et désarmante confession :

« Je révère l'ambition [...] J'entends par là les hommes qui ont la volonté et le pouvoir de changer la face des choses. Je voudrais être un homme. Si je l'étais, je serais Richard Burton. Mais comme je suis une femme, c'est l'épouse de Richard Burton que je souhaiterais devenir. Je l'aime totalement, passionnément, dévotement. Il n'y a dans mon cœur point de vide : à tout jamais ce cœur battra paisiblement pour lui. » [1]

Richard a prévenu Isabel : il se peut qu'il parte précipitamment. Elle ne sait pas encore qu'il a pour habitude de se dispenser de faire ses adieux. Un jour d'octobre, elle lui annonce au cours de l'après-midi que le soir elle ira voir un spectacle avec sa famille. Burton semble nerveux. Il lui promet de la retrouver au théâtre s'il le peut, et dans tous les cas de lui faire visite chez elle le lendemain. Le cherchant des yeux

---

1. Par la suite, Isabel réitérera ce propos, sans presque y rien changer, dans une lettre à sa mère datée du mois d'octobre 1859. A titre de comparaison, voir *Life*, I, 335 et W.H. Wilkins, *op. cit.*, i, 91, 112, qui reproduit les extraits du journal d'où est tirée la précédente citation.

dans la salle ce soir-là, elle est certaine de le voir dans une loge, du côté opposé, et elle lui fait joyeusement un signe de la main. Mais il se volatilise. D'un coup d'œil à sa montre, Isabel constate qu'il est dix heures trente. C'est elle qui maintenant est nerveuse. Pendant la nuit elle rêve qu'il l'enlace en lui disant adieu.

« – Je pars, ma pauvre enfant, le moment est venu et me voilà parti. Mais je reviendrai... je serai de retour dans moins de trois ans. C'est inscrit dans ta destinée.
» Et il m'a dit en déposant une lettre sur la table :
» – C'est pour ta sœur... pas pour toi. »

S'éveillant en sursaut, elle se précipite en larmes dans la chambre de celui de ses frères qui est son confident :

« – Richard est parti pour l'Afrique, lui dit-elle entre deux sanglots, et pendant trois ans je ne vais plus le voir.
» – Mais non, c'est idiot, lui répond le garçon. Tu as fait un cauchemar, c'est tout. C'est le homard que tu as mangé hier soir qui te fait ça. Tu m'as dit toi-même qu'il allait venir demain. »

Le jour suivant arrive une lettre destinée à sa sœur, Blanche, par laquelle Burton demande à celle-ci de faire savoir sans brusquer les choses autour d'elle qu'il est bel et bien parti pour l'Afrique. Isabel fait un bref calcul et n'y comprend rien. « Il n'a pu quitter son logement londonien qu'après dix heures trente hier soir (quand je l'ai vu au théâtre) et son bateau a appareillé de Southampton à deux heures du matin (quand je l'ai vu dans ma chambre) », écrit-elle. Cela ne peut s'expliquer que par l'effet de quelque sortilège : Burton a des pouvoirs magiques, elle en est maintenant certaine. Alors elle lui écrit une longue épître, la première, dans laquelle elle essaie de tout récapituler.

La lettre envoyée à Blanche par Richard en contient une autre, destinée à Isabel, qui l'enfermera dans un médaillon et la portera accrochée au cou par une chaînette. Durant des mois de mauvais rêves la tourmenteront dans son sommeil. Elle le voit revenir d'Afrique, mais il ne lui parle plus. Ce même rêve se reproduit sans cesse, et souvent elle s'éveille en constatant que ses larmes ont humecté l'oreiller. Tant d'angoisse ne peut qu'occulter ce qu'elle redoute, la terrible crainte de ce qu'il fera lorsqu'il reviendra, la crainte qu'il lui parlera comme seul un homme peut parler à sa femme lors de la consommation du mariage... et de songer à l'étreinte physique la remplit de terreur.

Aussi continue-t-elle de vivre, satisfaite, presque, avec ses fantasmes désormais exacerbés. Et si, durant les trois premiers mois de l'absence de Richard, elle ne reçoit que deux lettres de lui (alors qu'elle lui en a envoyé une vingtaine), elle se cuirasse contre de futures déceptions, comme en témoigne cette phrase de son journal qui résume en quelque sorte, et de façon prophétique, ce que sera plus tard leur existence à deux :

« Cette incertitude, il faut que je la surmonte résolument. Je dois faire en sorte que mon amour pour lui ne soit pas soumis au moindre de ses actes, car c'est un homme étrange, un homme pas comme les autres. »

XIV

LE CHOC DE L'AFRIQUE

> *Partir pour un lointain voyage dans des contrées inconnues compte, me semble-t-il, parmi les plus heureux moments de l'existence. En se libérant d'un seul sursaut des entraves de l'habitude, de la chape de plomb de la routine, de la tunique des égards et de l'esclavage du chez-soi, l'homme se sent tout à coup inondé de bonheur. Dans ses veines le sang circule aussi prestement que du temps de son enfance... De nouveau point l'aube de la vie...*
>
> Journal, 2 décembre 1856 [1]

La plupart des grands explorateurs dont le nom demeure attaché au cours supérieur du Nil ont ressenti un jour ou l'autre le besoin pour ainsi dire compulsif d'expliquer l'attrait magique exercé sur eux par leurs expéditions en Afrique. Parti de Bombay pour gagner la côte du continent noir, au contraire, Burton confie à son journal que ce qu'il ressent, c'est à la fois la joie de s'échapper de son chez-soi – l'Angleterre – et l'exaltation de l'enfance retrouvée. Des années s'écouleront avant qu'il ne laisse clairement à entendre que son incessante quête des prudes fontaines confinait chez lui à une véritable folie. Stanley, qui à la génération suivante dissipera bien des mystères de la géographie africaine, parlera, lui, de la « parfaite indépendance » d'esprit qui était la sienne en Afrique :

« Il [l'esprit] n'y est pas réprimé par la peur, le ridicule ou le sarcasme [...], mais il s'y enorgueillit de soi-même, se magni-

---

1. Selon Burton, ces lignes sont tirées telles quelles de son journal (*Zanzibar*, I, 16-17), ce qu'Isabel Burton confirme, bien que le texte qu'elle reproduit soit quelque peu différent. Ainsi, l'expression « l'esclavage du chez-soi » devient sous sa plume « l'esclavage de la civilisation » (*Life*, I, 258).

fie librement [...] Pour un esprit prompt, pareille liberté change imperceptiblement toute la personnalité de l'homme. » [1]

David Livingstone – qui après la mort de sa jeune et intrépide épouse en Afrique centrale, voyagera presque toujours seul, avec le succès que l'on sait, et mènera l'existence fruste d'un Robinson Crusoé – essaiera d'expliquer en ces termes à Stanley, après que celui-ci l'aura rejoint et secouru de justesse en 1871, les raisons qui toute sa vie durant l'ont poussé à explorer : « Ces voyages, je le sais, m'ont dépossédé de beaucoup de bonheur. Tout s'est passé comme si j'étais fait pour être un éternel exilé. Mais c'est là l'œuvre de Dieu... Je me tiens à l'écart de la perpétuelle précipitation du monde civilisé, et je crois discerner clairement ce qu'il adviendra de ce monde plus tard. C'est ce qui, me semble-t-il, me fait comprendre pourquoi j'ai pris de la distance, continuellement partagé entre la réprobation indignée et l'incompréhension, pour user ma vie et mes forces en errant çà et là. » [2]

Sir Samuel Baker, qui découvrit le lac Albert et crut pendant un certain temps qu'il s'agissait du « berceau » et de la seule et unique origine de « tout » le Nil, décrit ainsi son état d'esprit la nuit qui précéda sa découverte : « C'est à peine si je pus dormir. Depuis des années je m'évertuais à atteindre les sources du Nil. Au cours de ce pénible voyage je me voyais continuellement échouer dans mon entreprise chaque fois que je rêvais la nuit, mais cette fois, après tant d'épreuves et de persévérance, je sentis que la coupe était à portée de mes lèvres et que j'allais boire à la mystérieuse fontaine avant que le soleil se fût à nouveau couché. » [3] Pour tous ces hommes, il semble bien que la fuite vers le cœur de l'Afrique s'apparente à un retour, sinon vers le berceau au sens propre du

1. Cette citation est tirée du journal rédigé par sir Henry Morton Stanley en Afrique (1876), et reproduite dans son *Autobiography*, Londres, 1912, 533.
2. George Seaver, *David Livingstone : His Life and Letters*, Londres, 1957, 583, 594.
3. Cité par Alan Moorehead, *The White Nile*, 91-2.

terme, mais à tout le moins vers l'enfance. Les cauchemars infantiles qu'ils font procèdent cependant du réel, car aucun de ces voyageurs ne pouvait faire fi de la constante éventualité d'une traîtrise ou d'une attaque meurtrière.

D'entre tous les grands explorateurs, nul n'aura été si énigmatique et si peu enclin à se livrer que John Hanning Speke. Avant sa première et piteuse expédition en Somalie, il avait déclaré à Burton que, « lassé de l'existence, il lui était égal de se faire tuer en Afrique »[1]. A l'époque, Burton avait tenu cette confidence pour « une manière d'affectation fantasque ». Mais jamais par la suite il n'oubliera ce propos. A la différence des autres explorateurs, dont les écrits abondent quasiment toujours en symboles maternels, Speke qualifie le grand fleuve de « Père le Nil », et dans les rares occasions où il use d'un langage allégorique pour faire référence à ses explorations, il affiche une curieuse brutalité, mêlant à son récit des images de meurtre et de dépeçage. Avant sa seconde expédition dans le bassin supérieur du Nil, la plus importante, il écrira ces lignes au Dr Norton Shaw : « J'ai demandé à Petherick de venir passer quelques jours ici [...] [en lui disant] que nous pourrions prendre des dispositions pour *razzier* (le mot est souligné par Speke) l'Afrique ensemble, lui à partir du nord, et moi du sud. » Plus tard, à l'occasion d'une allocution prononcée à Taunton, dans le Somerset, il déclarera qu'il a « frappé le Nil à la tête en 1857 avant de descendre son cours jusqu'à la Méditerranée en 1863 »[2].

Quand, dans leurs ouvrages, il arrive à Burton et à Speke de parler l'un de l'autre, c'est avec tant de haine qu'il est difficile de se faire une idée sur la nature de l'amitié qui les liait au début de leur voyage vers le lac Tanganyika. Burton présentera Speke sous les traits d'un homme calme, courtois et attentionné, mais s'empressera d'ajouter qu'il avait en lui

1. *Zanzibar*, II, 382.
2. Cette lettre de Speke à Norton Shaw, en date du 28 octobre 1859, est aujourd'hui inventoriée dans les archives de la Royal Geographical Society. L'allocution prononcée par Speke à Taunton est en partie citée par Richard Burton dans *The Nile Basin*, 2 vol., Londres, 1864, I, 28.

« un fond d'infatuation immense, anormal, mais si soigneusement dissimulé que nul ne pouvait le soupçonner en dehors de ceux qui le connaissaient bien. Non seulement il soutenait qu'en toute occasion il avait réussi l'impossible, mais encore qu'aucun homme vivant n'eût pu faire mieux ». Pis encore, poursuivra Burton, il avait « pour habitude de garder pour lui ses pensées, de ruminer de vieux souvenirs qu'un soudain emportement mettait parfois en lumière. Il lui arrivait de vous garder rancune, pendant deux ans, peut-être, à propos d'un mot fortuit, alors qu'une simple phrase articulée à haute voix eût suffi à assainir la situation. Le résultat, bien entendu, c'était que tout pouvait prendre [chez lui] des proportions démesurées et se transformer en fabulation [...] J'avais donc un compagnon de voyage, mais pas un ami. Nous étions des étrangers l'un pour l'autre ».[1] Dans son journal, il note que Speke, tout en étant « énergique, courageux et persévérant », n'en est pas moins « faux et hargneux », et que lui-même aurait beaucoup mieux fait de voyager seul[2].

De son côté, Speke écrira avec aigreur au Dr Norton Shaw que Burton « est de ceux pour qui il est inconcevable d'avoir tort et qui ne reconnaissent jamais leurs erreurs, en sorte que, lorsque nous n'étions que tous les deux, converser devenait bien plus une scie qu'un plaisir [...] Que nous parlions de quoi que ce fût, il me rabrouait de façon si déplaisante que bien souvent je me retranchais en moi-même ». Speke laissera même à entendre qu'en Afrique Burton était « invivable », et plus tard il ira jusqu'à affirmer que celui-ci se « comportait comme une crapule »[3].

Selon Byron Farwell, les relations des deux hommes sont mauvaises avant même qu'ils ne partent pour l'Afrique : « Il semble bien que Speke détestait déjà Burton, mais qu'il dissimulait ses sentiments et s'efforçait de donner le change afin

---

1. *Zanzibar*, II, 382, 385; *The Lake Regions of Central Africa, A Picture of Exploration*, 2 vol., Londres, 1860, I, 25.
2. Cité dans *Life*, I, 315.
3. Lettres de Speke à Norton Shaw datées du 28 octobre 1859 et du 12 décembre 1860 (Archives de la Royal Geographical Society).

d'être de l'expédition. » Pourtant, bien des choses prouvent que tout au long de la première année qu'ils passent en Afrique des liens de camaraderie et d'affection mutuelle les unissent. Ils se soignent l'un l'autre à l'occasion de terribles accès de fièvre, de maladies infectieuses et de troubles ophtalmiques entraînant une provisoire cécité. Aux heures tièdes de la nuit, ils lisent ensemble Shakespeare. Dans les premiers temps, Speke, avec l'humilité d'un écolier, montre son journal à Burton pour qu'il en corrige le texte. Burton écrira qu'il voyageait avec Speke « comme [s'il était] son frère ». Sans doute, mais c'était, à n'en pas douter, lui qui jouait le rôle du frère aîné [1].

« Depuis que j'ai cessé de chasser, de collectionner, de faire de l'arpentage et de courir le monde sans but bien précis, écrit Speke au Dr Norton Shaw le 20 mai 1857 (il vient alors de passer six mois en compagnie de Burton), je me sens quasiment marié et instinctivement contraint de me consacrer corps et âme à la recherche géographique, de la même façon qu'auparavant le sport pour le sport constituait le point culminant de mon ambition. » « Marié », « consacrer corps et âme » sont des formulations suffisamment fortes et explicites pour laisser à penser que Speke est alors totalement enthousiasmé et captivé par l'expédition. Et pourtant, quatorze mois plus tard, il écrira à Shaw une lettre pleine d'amertume, dans laquelle il reprochera à Burton de manquer totalement d'esprit de coopération, se plaindra de ne rien avoir d'autre à chasser dans la brousse que l'éléphant, et, parlant de l'Afrique, dira d'elle qu'elle n'est qu'une « immense et absurde étendue de monotonie » [2]. Jamais intervalle de quatorze mois n'aura été si décisif dans la vie de Burton et Speke. Entre le 20 mai 1857 et le 2 juillet 1858, leur affection et leur compréhension

1. Farwell fonde pour une bonne part son jugement sur les lettres de Speke à C.P. Rigby publiées par Mme C.E.B. Russell dans *General Rigby, Zanzibar and the Slave Trade*, Londres, 1935. Mais ces lettres ont toutes été écrites après la brouille. Voir Byron Farwell, *Burton*, Londres, 1963, et Richard Burton, *The Nile Basin*, I, 6.
2. Ces lettres du 20 mai 1857 et du 2 juillet 1858 sont aujourd'hui la propriété de la Royal Geographical Society.

mutuelles se sont commuées en une haine dont les conséquences seront terribles.

C'est à Bombay – où les deux hommes ont dû se rendre afin que Speke soit autorisé par la hiérarchie militaire à prendre un congé de longue durée – que débute l'expédition. Le navire sur lequel ils ont embarqué appareille pour Zanzibar, où ils arrivent le 20 décembre 1856. Ils y font immédiatement visite au résident britannique, le lieutenant-colonel Atkins Hamerton. C'est à ce chaleureux Irlandais, excellent linguiste et orientaliste, que les Européens doivent de pouvoir vivre sur l'île dans des conditions acceptables. Très malade, Hamerton sait qu'il va mourir, mais il se refuse à rentrer en Angleterre pour y vivre ses derniers jours. Il apprend à ses deux hôtes que la sécheresse a provoqué la disette dans toute l'Afrique de l'Est et qu'il est dangereux de risquer une exploration dans l'intérieur. Et pour donner plus de poids à sa mise en garde, il les mène à la prison pour leur y montrer un détenu chargé de fers et enchaîné à un canon de telle sorte qu'il ne peut ni se tenir debout ni s'étendre à terre. Depuis dix ans l'homme est entravé de cette façon. Son crime, leur explique Hamerton, c'est d'avoir joué du tam-tam lors de la mise à mort cérémonielle d'un jeune explorateur français du nom de Maizan, que les Mazungera avaient capturé. Les indigènes avaient attaché leur prisonnier à un calebassier, puis l'avaient torturé, mutilé, et enfin décapité. Étant donné qu'on n'a jamais mis la main sur le meurtrier, c'est le joueur de tam-tam qui purge la sentence à sa place.

Burton devine aisément où Hamerton veut discrètement en venir. « En deux mots, écrira-t-il, le fond de toute l'affaire, c'était que je ferais mieux de repartir pour Bombay. Mais plutôt que d'y retourner je serais plus volontiers parti pour le lac d'Averne [les Enfers]. » [1]

Aidés par Hamerton, Burton et Speke se consacrent aux

1. *Zanzibar*, I, 37.

préparatifs d'une difficile expédition qui va durer deux ans. Ils poussent quelques reconnaissances le long de la côte, afin de définir le meilleur itinéraire pour gagner l'intérieur. Speke réalise un vieux rêve en chassant l'hippopotame dans l'embouchure du Pangani, mais ils frôlent de peu le désastre lorsqu'un mâle, d'un coup de dents, perce de deux trous le fond de leur embarcation. A Mombasa, ils interrogent le seul blanc qui vive dans la région côtière, le missionnaire protestant Johann Rebmann, qui en 1848, en compagnie de Johann Krapf, a été le premier Européen à voir le grandiose Kilimandjaro et à faire savoir que son pic était couvert de neiges éternelles. A l'époque, bien des géographes anglais avaient jugé grotesque l'idée qu'il pût y avoir de la neige à une latitude équatoriale, mais Burton admirait Rebmann, et cette visite qu'il lui rend est pour lui riche d'enseignements. Si Burton et Speke avaient gagné l'intérieur à partir de Mombasa, ils eussent sans doute, conjointement, découvert le lac Victoria, et leur existence à chacun eût pris un tout autre tour. Mais il en est allé autrement. Rebmann les met en garde : impossible de suivre cet itinéraire-là, car les Massaï pillent toute la région. Aussi se dirigent-ils vers le sud pour gagner l'embouchure du Pangani, où tous les deux tombent malades. Ictériques, débilités, en proie à des crises intermittentes de délire, ils sont contraints de revenir à Zanzibar.

Les retards s'ajoutent aux retards, et six mois s'écouleront avant le départ de l'expédition. Burton n'est pas en très bonne santé, mais il s'occupe à apprendre la langue souahélie et à prendre allègrement des notes sur tout ce qu'il observe. Il attend aussi que son vieil ami le Dr John Steinhäuser, à qui on a également accordé en Inde une permission de longue durée, vienne les rejoindre. Mais au dernier instant la permission est reportée à plus tard et Steinhäuser, qui tombe malade, renonce totalement à l'expédition. S'il avait accompagné les deux hommes, peut-être la rupture brutale des relations entre Burton et Speke aurait-elle pu être évitée.

Burton prend suffisamment de notes pour fournir la matière de deux volumes totalisant mille pages, et c'est de ces notes qu'il s'aidera plus tard pour brosser un portrait tout à fait remarquable de l'île de Zanzibar et de la zone côtière. Dans son ouvrage il décrira non seulement les traits géographiques et climatiques de cette région, sa flore, sa faune, sa politique, son mode de gouvernement, les caractères ethnologiques de ses tribus, mais encore la dégénérescence de certaines peuplades, leur brutalité, leur impitoyable violence, leurs conditions d'existence sordide et les maladies qui les rongent à l'état endémique. Bien qu'en 1845 le sultan de Zanzibar ait strictement interdit à ses sujets de vendre des esclaves à l'extérieur de ses territoires, autrement dit de les exporter, leur commerce intérieur demeure légal et continue de représenter le gros de l'économie insulaire, comme il en a été durant des siècles. Chaque année sur la côte on embarque entre vingt et quarante mille esclaves destinés à Zanzibar, sur des dows dont l'entrepont, le plus souvent, n'a guère que dix-huit pouces de hauteur, en y « entassant cinq pauvres bougres là où seuls peuvent en tenir deux et en leur donnant par jour une ration d'eau d'une pinte par tête ». Le tiers de ces captifs est retenu sur l'île pour remplacer ceux qui chaque année sont emportés par la maladie ou la malnutrition. Les autres sont renvoyés et revendus clandestinement en Arabie, en Égypte, en Turquie et en Perse, pays où l'on peut tirer vingt livres d'un esclave qui en a coûté deux à l'achat. Il est notoire que dans cette région du monde la marine britannique pourchasse les bateaux négriers avec beaucoup moins d'opiniâtreté que dans l'Atlantique. Burton rappellera qu'entre 1867 et 1869 la Royal Navy a libéré 2 645 esclaves dans les eaux de l'océan Indien, mais il estimera que 30 000 autres ont été transportés durant la même période vers les marchés à l'encan du Proche-Orient.

Il manque volontiers de complaisance pour ses compatriotes « sincères, mais victimes de contrevérités », qui en Angleterre font ardemment campagne pour l'abolition de l'esclavage. Il voit là une sensiblerie excessive, car selon lui bon nombre d'esclaves sont convenablement traités par leurs maîtres. Il fait observer par exemple qu'à la différence de ce qu'il se passe au Nouveau Monde, lorsqu'un enfant naît de l'union d'un maître et d'une femme esclave, cet enfant sera émancipé et traité à l'égal du propre fils du maître, à qui la loi interdit de revendre la mère. Mais il ne cherche en rien à déguiser les horreurs du marché aux esclaves de Zanzibar. Au tableau qu'il a sous les yeux il ajoute même diverses atrocités dont il n'a pas été le témoin direct, en particulier l'histoire de cet Espagnol qui, « découvrant qu'une de ses jeunes esclaves était sur le point de mourir d'hémorragie, l'avait fait recoudre en toute hâte pour l'expédier au bazar et tenter de l'y vendre ». Elle portait un enfant d'un autre esclave, ajoute-t-il, et elle savait qu'« à tout moment on pourrait vendre plus tard son enfant, en sorte qu'elle s'était soustraite aux douleurs de la maternité en se faisant avorter ».

En Inde, Burton n'avait rien vu qui approchât l'insalubrité et le manque total d'hygiène qu'il observe à Zanzibar. Le port est une puanteur, le littoral un cloaque. De temps en temps des cadavres flottent sur l'eau. On entasse des tonnes de porcelaines sur la plage, où ces mollusques se décomposent peu à peu, et des amoncellements de coprah, amande de coco rancie en plein air, répandent « une odeur qui provoque la nausée ». Étant donné qu'une partie du port découvre à marée basse, le plein de l'eau envahit périodiquement les étiers cheminant à travers les quartiers les plus miséreux, « répugnant labyrinthe, capricieuse arabesque de venelles, d'allées et d'impasses désordonnées, tantôt larges, tantôt étroites, tantôt encombrées de détritus ou étouffées sous des décombres »[1]. Le coefficient pluviométrique de deux à trois mètres par an ne contribue pas peu à la décomposition et à la pourriture. L'eau des puits est aussi fangeuse que celle des abreuvoirs en Angleterre.

Toujours curieux d'en apprendre davantage sur la pathologie, Burton consigne scrupuleusement ce qu'il observe des maladies qui sévissent à Zanzibar. Dysenterie, paludisme,

---

1. *Ibid.*, I, 457-8, 353, 464, 95-6.

hépatites et fièvre jaune y prélèvent chaque année un lourd tribut. Il estime que les affections uro-génitales frappent soixante-quinze pour cent de la population. La syphilis, rapporte-t-il, est fort répandue parmi les esclaves, et la gonorrhée « si commune que c'est tout juste si on la tient pour une maladie ». Au travers de ses notes sur la pathologie, on le voit se préoccuper de plus en plus des affections conduisant à l'impuissance sexuelle. S'il faut en croire les Arabes, « la sarcocèle et l'hydrocèle, et plus spécialement celles du testicule gauche, écrit-il, affligent les hommes de toutes conditions et sont dues au climat débilitant, à la satisfaction effrénée des désirs ou à une lésion externe. Ces maladies ne conduisent pas toujours à l'impuissance et à la stérilité. La tunica vaginalis [du testicule] peut alors, dit-on, tripler de volume... La collection séreuse est énorme. J'ai entendu dire que dans certains cas on ponctionne jusqu'à six pintes [près de sept litres] de liquide [...] on estime que vingt pour cent des habitants sont atteints d'éléphantiasis des bras, des jambes, et plus spécialement du scrotum, lequel descend souvent jusqu'aux genoux. »[1]

Dans son coffre à pharmacie, Burton ne dispose d'aucune médication efficace, exception faite de morphine et de quinine. Que ce dernier alcaloïde soit un préventif du paludisme est une découverte toute récente, mais Burton n'en a pas emporté suffisamment pour que sa provision lui soit d'une grande utilité. Il se réjouit de constater que la saignée, « cette forme scientifique de la mort subite », soit désormais abandonnée, et il affirme, non sans pertinence, que le cognac et le bouillon de bœuf valent largement l'huile de castor, les cataplasmes à la moutarde et l'acide prussique dilué. Bien qu'il en faille beaucoup pour le scandaliser, il bout de l'indignation d'un prophète de l'Ancien Testament au spectacle de certains Arabes de Zanzibar qu'il juge, à la différence de leurs coreligionnaires nomades, « mous, efféminés, dégénérés », asservis par « une polygamie excessive et une licence de mœurs débridée ».

---

1. *Ibid.*, I, 184-5.

Quant aux nègres, musulmans ou païens, il brosse d'eux un tableau encore plus outré.

Burton et Speke embarquent à Zanzibar pour gagner Kaolé, au sud de Bagamoyo, le 26 juin 1857. De là, ils se lancent dans une expédition qui va durer vingt et un mois et leur faire endurer toutes les épreuves que peut bien infliger l'Afrique. Ni l'un ni l'autre n'ont eu pour habitude de voyager avec plus d'un homme ou deux sous leurs ordres, sauf du temps où, en Inde, ils relevaient de la hiérarchie disciplinée de l'armée, et à présent il leur faut organiser, mettre sur pied de marche une importante caravane, qui comprendra cent trente hommes et trente ânes chargés de cotonnades, de fil de laiton et de pacotille, de vivres, de matériel, d'instruments de mesure et de munitions pour deux ans. Burton avait transporté en Afrique un canot démontable de douze mètres, avec lequel il espérait explorer le grand lac intérieur. C'était un canot baptisé *Louisa* – et non pas Isabel, ce qui vaut d'être relevé – avec lequel il avait d'ores et déjà remonté sur une certaine distance le cours du Pangani avant d'abandonner l'embarcation, bien à contrecœur, eu égard à son poids. Il reste qu'à présent chaque homme doit porter une charge de plus de trente kilos, à laquelle s'ajoutent la plupart du temps une arme de jet, un fusil à mèche, un coupe-choux, un poignard et un bouclier... sans compter quelques objets personnels. Tous les porteurs ont reçu d'avance une certaine somme, et à tous on a promis des gages pendant le voyage et une récompense au retour si leur conduite est jugée satisfaisante. Mais dès les premiers jours ou presque certains désertent. Il s'agit le plus souvent d'esclaves, ce qui n'a rien pour surprendre, même si Burton les rétribue et les traite à l'égal d'hommes libres. Bien avant la fin des deux ans d'expédition, tous les porteurs auront déserté ou tenté de le faire, à l'exception des serviteurs catholiques ramenés de Gao par Burton.

Ni lui ni Speke ne s'attendaient aux frayeurs et à l'incompréhension que manifestent quotidiennement leurs porteurs.

Les raisons du voyage semblent mystérieuses aux hommes qu'ils ont engagés, et tout autant à la succession de chefs indigènes dont ils traversent le territoire, et qui, les soupçonnant de sorcellerie ou leur prêtant des intentions de conquête, exigent d'eux des péages exorbitants. Ce mode de chantage met Burton hors de lui, et il regrette de ne pas avoir entrepris ce voyage seul, en se faisant passer pour un simple négociant en ivoire. Les ânes meurent l'un après l'autre, d'épuisement ou des suites des morsures de la mouche tsé-tsé – le dernier succombe sous les dents d'une hyène qui rôde – et Burton apprend à ses dépens qu'en Afrique « il n'est d'autre véhicule que l'homme, et que celui-ci est si impatient, si entêté, si méfiant et pusillanime qu'il faut satisfaire à tous ses caprices ». [1]

Au début, il confie la direction de ses porteurs à Saïd Ben Salem, un métis pour qui il nourrit beaucoup d'admiration, jusqu'au jour où il découvre que le gaillard dérobe tout ce qu'il peut chaque fois qu'il en a l'occasion. Aussi le remplace-t-il par Sidi Moubarak Bombay, un ancien esclave africain originaire d'Ouhiao. Bâti en force, d'une grande laideur, les incisives aiguës comme des crocs, Bombay est orgueilleux, revêche, souvent brutal, mais intelligent. Comme l'écrit Burton, « il a des principes et travaille comme une bête [...] [c'est un] serviteur qui se démène et un honnête homme ». Bombay parle un peu l'hindoustani et il est le seul de toute l'expédition avec qui Speke puisse converser, en dehors de Burton. Des années plus tard – après qu'il aura secondé tour à tour les deux hommes, puis Speke et Grant, et enfin Stanley –, Bombay sera le plus connu de tous les porteurs indigènes dont le nom demeure attaché à l'histoire de l'exploration africaine.

Le matériel consiste en une tente Rowtie, des cadres, des chaises, une table pliante, des moustiquaires et une batterie de cuisine, mais en une seule et unique tenue de rechange pour chacun des deux chefs de l'expédition. Bientôt leurs vêtements seront si usés, déchirés par les épines que l'un

---

1. *The Lake Regions of Central Africa*, I, 269.

comme l'autre seront forcés de les remplacer tant bien que mal par des pièces de couvertures taillées et cousues. Ils ont emporté des ouvrages scientifiques, des outils de charpentier, du matériel de pêche, du thé, du café, du sucre et « douze bouteilles de cognac (suivies plus tard par quatre autres douzaines) », qui leur seront rapportées de la côte. Et aussi un coffre contenant divers instruments de mesure : deux chronomètres, une montre à échappement, deux compas à prisme, un thermomètre à mercure, un gnomon, un pluviomètre, deux sextants, un baromètre, un pédomètre et deux thermomètres à alcool. Mais quand ils arriveront au lac Tanganyika, tout aura été perdu, à l'exception du thermomètre à mercure, lors des fréquents accidents survenus au passage des gués, et Speke et Burton devront estimer l'altitude du mieux qu'ils le pourront, c'est-à-dire en mesurant le degré d'ébullition de l'eau. Les spécimens végétaux et animaux qu'ils ont collectionnés, ainsi d'ailleurs qu'une partie de leurs journaux de marche, auront alors été emportés par le courant en même temps que le thé, le café, le sucre, l'outillage, un fusil de gros calibre et de grande valeur destiné à tirer l'éléphant, et leurs moules à balles. Une partie de leur matériel (et de leurs provisions, en particulier le cognac) sera remplacée par de nouveaux porteurs qu'ils feront venir de la côte, et ils se débrouilleront, en attendant, du mieux qu'ils le pourront. Mais leurs instruments, eux, sont perdus pour tout de bon, en sorte que leurs relevés topographiques seront fort approximatifs, et dans certains cas déplorablement inexacts.

Burton s'engage avec de graves appréhensions dans l'intérieur du continent noir. Les villages dans lesquels ils s'approvisionnent et recrutent des porteurs sont ornés de têtes d'ennemis fichées sur de grandes perches, et les indigènes nourrissent à leur égard une méfiance de tous les instants. Le jour où l'on apprend qu'un fils de chef a péri noyé après qu'un hippopotame a fait chavirer son bateau, un métis n'a pas mâché ses mots pour déclarer à Burton : « C'est la première calamité que votre présence a apportée dans le pays. »

« Dans la solitude et le silence du sombre Gouraya, écrit Burton, je me sentais le jouet du malheur. »[1]

Parcourue par les caravanes d'esclaves depuis son ouverture en 1825, la piste sinueuse de Kazeh (aujourd'hui Tabora, en Tanzanie centrale), traverse une région côtière sèche, latéritique et accidentée, où ne poussent que des broussailles et des baobabs rachitiques, entrecoupée çà et là de zones de forêt dense, étouffante, et de marigots bourbeux s'étendant sur un ou deux kilomètres, dans lesquels s'entrelacent d'innombrables racines, et où les hommes s'enfoncent jusqu'à la ceinture. Au sortir de ces marécages – de ces « putridités miasmiques », selon le qualificatif de Burton –, ils débouchent sur une superbe région boisée où l'air est pur, et où le mimosa, l'eucalyptus et les épineux abritent des hardes d'antilopes et de zèbres. Ils voient là du gibier de toutes espèces, des lions, des éléphants, des gnous, des hyènes, et Speke se renfrogne de plus en plus, car Burton refuse avec brusquerie de faire halte pour chasser, sauf si c'est à dessein de ravitailler en viande les porteurs. Puis ils franchissent une à une les trois chaînes des monts Ousagara, dont l'altitude atteint en certains endroits 1 750 m.

Burton et Speke sont l'un après l'autre terrassés par les fièvres. « Le changement d'existence, l'alternance de la chaleur moite et du froid humide, l'inutile fatigue de la marche et la pénible nécessité d'attendre que les ânes aient pris du repos avant de les rebâter [...] la fatigue d'esprit et le tracas causés par la perspective de l'échec imminent, tout cela commençait à m'éprouver grandement », écrit Burton. Sa fièvre empire, et à présent sa bouche se couvre d'ulcérations. Ses pieds enflent, au point qu'il ne peut plus marcher. L'insomnie, l'abattement le mettent au supplice. Et pour finir il est la proie de l'hallucination, a « l'étrange conviction d'un dédoublement de [sa] personnalité, l'impression constante d'être deux personnes qui presque toujours se contrarient l'une l'autre, s'opposent. Au cours de mes insomnies nocturnes,

---

1. *Ibid.*, I, 24.

racontera-t-il, d'horribles visions me hantaient, animaux de forme terrifiante, sorciers et vieilles harpies à qui la tête sortait de la poitrine ».

Les désertions de porteurs se multiplient, et les chapardages de cotonnades, de fil de laiton et de pacotille réduisent de façon inquiétante la réserve de marchandises. Le feu détruit la collection botanique qu'ils avaient constituée et à laquelle ils attachaient un grand prix, et il s'en faut de peu que la moisissure n'endommage irrémédiablement leurs précieux journaux. Enfin, ils sont trop malades l'un comme l'autre pour gendarmer leurs porteurs et, comme le raconte Burton, trop « éprouvés physiquement et moralement pour faire le moindre effort ». C'est tout juste s'ils peuvent se tenir sur leurs ânes. Aux fièvres s'ajoute la crainte des insectes. Longues de deux à trois centimètres et pourvues de mandibules suffisamment puissantes pour déchiqueter lézards et rats, les fourmis de Pismire infligent aux hommes des morsures aussi douloureuses que des piqûres d'aiguilles rougies au feu et font enrager les ânes. La tsé-tsé, qui provoque des infections mortelles chez l'animal, est capable de sucer le sang de l'homme à travers la toile d'un hamac. Des successions de fourmis blanches dévorent ombrelles et literie et creusent des galeries jusque dans l'argile dont usent les hommes pour se façonner des banquettes provisoires. Perce-oreilles, blattes, scorpions et mouches infestent les cases indigènes. Les moustiques sont omniprésents, et Burton, qui les soupçonne d'être pour quelque chose dans la manifestation des fièvres, fait entretenir des feux toute la nuit pour les éloigner tandis qu'il s'abrite soigneusement sous sa moustiquaire. Mais en dépit de ces précautions, Speke et lui contractent le paludisme tout autant que leurs porteurs.

Au bout de cent trente-quatre jours de marche, le 7 novembre 1857, l'expédition atteint Kazeh, à un millier de kilomètres de son point de départ, et c'est avec grand plaisir que Burton découvre qu'il s'agit là d'un village typiquement arabe, fait de coquettes maisons de terre dont les cours sont spacieuses, et que jouxtent d'agréables potagers.

Snay ben Emir, le chef du village, compte parmi les marchands d'esclaves et d'ivoire les plus prospères d'Afrique. De plus, ce personnage de haute taille, au visage émacié, est intelligent, cultivé, doué en outre d'une « merveilleuse mémoire, compréhensif et persuasif » tout autant que courageux, honorable et franc. Il accueille chaleureusement Burton et, mettant son point d'honneur à satisfaire aux usages de l'hospitalité arabe, fait abattre deux chèvres et deux bouvillons pour les bien traiter. « Contraste assurément frappant, écrit Burton, entre l'accueil à bras ouverts, la cordialité de cette race authentiquement noble, et la ladrerie des sauvages et cupides Africains – un cœur de chair après un cœur de pierre. »[1]

A propos de cette rencontre, Alan Moorehead écrira que Burton « retrouvait des gens de son espèce en ces hommes graves, courtois, barbus, portant turban et djellaba blanche, ces hommes bien élevés connaissant les usages, et que pas un seul instant il ne fut gêné par l'idée que la grande préoccupation de leur vie était d'acheminer vers la côte des troupeaux d'hommes, de femmes et d'enfants, et de faire vendre les rescapés sur les marchés aux esclaves de Mombasa et de Zanzibar ». Mais sur ce point, Moorehead commet l'une des rares erreurs qu'on puisse relever dans les deux ouvrages remarquables qu'il a écrits sur le haut Nil. Au contraire, Burton condamnait le commerce des esclaves, dont les conséquences pour l'Afrique lui paraissaient effroyables, et d'une façon générale il comparait les trafiquants arabes à « un vol de criquets s'abattant sur le pays ». En une seule génération, il s'en rendait parfaitement compte, la traite active des esclaves en Afrique orientale avait décimé la population, détruit des villages entiers et corrompu les Africains eux-mêmes, lesquels en étaient arrivés à se capturer les uns les autres à des fins lucratives. Ce commerce, écrira-t-il, « annihile quasiment tout ce que la nature humaine compte de sentiments nobles » et, venant s'ajouter

---

1. *Ibid.*, I, 84, 192-3, 325, 323.

aux dissensions sanglantes, a fait « du pays un gémissant désert » et « dégradé l'âme » de ses habitants [1]. Mais en Snay ben Emir il trouve un temporaire sauveur qui lui redonne suffisamment de vigueur pour continuer le harassant voyage, le fait bénéficier sans restriction de ce que lui ont appris quinze années de voyage sur la géographie et les mœurs de toute la région, et qui va même jusqu'à l'aider à constituer un glossaire dans chacun des trois dialectes africains qu'il connaît le mieux. Aussi Burton réussit-il — au prix de quel accommodement de sa conscience, nous n'en savons rien — à faire la part, chez son hôte, entre l'homme et l'entreprenant dépositaire d'un prospère négoce sur lequel, partout, depuis deux mille ans, les Arabes ferment les yeux.

Il ne fait aucun doute que Burton se sent des liens de parenté avec les Arabes, alors que les Africains le fascinent, mais lui inspirent une vive antipathie. Des tribus vivant sur la côte, il écrit qu'elles sont un ramassis « de menteurs tous plus rusés les uns que les autres », et qui vous grugent « sitôt que vous baissez votre garde en usant de franchise ». A ses yeux, les Wanyika ne sont qu'« une race de barbares dépourvue d'intérêt, d'ivrognes et de dépravés, de trouillards et de meurtriers, de braillards et de papoteurs, fainéants, cupides et dépensiers ». Les Ouagago ne sont pas mieux lotis, puisqu'il les dit « oisifs et débauchés », ajoutant qu'ils « passent leurs journées à se goinfrer et se soûler, et qu'ils mourraient sous le bâton plutôt que de sarcler la terre comme le font leurs femmes ».

Il y a là tous les accents d'une féroce haine raciale, mais Burton est avant tout un observateur attentif. Et de la saleté, des mutilations, de l'ignorance, de la paresse, de l'ivrognerie et de la violence, il est quotidiennement le témoin. Les indigènes vivent bel et bien dans des cases peuplées d'« une ménagerie de poules, de pigeons, de rats, et au mépris de toute pudeur », exactement comme le font les pauvres en Irlande,

---

1. Alan Moorehead, *The White Nile*, 34, et Burton, *The Lake Regions of Central Africa*, I, 97, 161, 194.

prend-il grand soin de préciser. Dans certaines tribus on brûle les sorcières, de la même façon, souligne-t-il encore, qu'on le faisait en Europe il n'y a pas si longtemps. Chez les Ouanyamouizi, écrit-il, quand un chef est frappé par la maladie, les membres de sa famille sont torturés par le grand sorcier jusqu'à ce que le malade meure ou guérisse. On mutile les épouses en leur enfonçant un pieu dans le vagin, et beaucoup sont mises à mort lorsqu'un chef décède. Dans plusieurs tribus, on tue ou vend à un marchand d'esclaves les enfants dont les incisives supérieures percent avant les inférieures, et quand naissent des jumeaux, souvent on les fait périr l'un et l'autre, sauf chez les Ouanyamouizi, où l'un d'eux est laissé en vie. Alors la mère enveloppe une gourde dans une peau de bête qu'elle place à côté du nourrisson épargné, et elle dépose de la nourriture dans cette gourde chaque fois qu'elle donne le sein à son enfant. Burton observe, parmi ses porteurs, le mépris dans lequel on tient la vie humaine. L'un d'eux achète un jour une petite esclave et découvre bientôt qu'elle ne peut suivre la caravane car elle a les pieds endoloris. Alors son maître décide de l'abandonner, mais auparavant il lui tranche la tête afin que personne d'autre ne s'approprie ce qui lui appartient.

C'est « le pire côté » des Africains que voit Burton, et il le reconnaît. Mais toujours il fait de son mieux pour consigner dans ses notes qualités et défauts des gens qu'il observe. Par exemple, il est aussi prompt à dénoncer chez les Arabes que chez les noirs le mensonge, la tromperie et l'ivrognerie. Et la beauté l'émeut immanquablement. Sur la côte, écrit-il, les jeunes métisses « ont un charme piquant, *un petit minois chiffonné**, une coquetterie, une grâce naturelle et un regard caressant qui, pour peu qu'elles prennent l'habitude d'en jouer, peuvent devenir un peu trop engageants ». Quant aux femmes Ouasagara, il trouve « remarquable la superbe tournure de leurs bras et de leurs jambes. Bien des races nègres et négroïdes, écrit-il encore, sont douées d'une éloquence spontanée que leur envierait n'importe quel brillant causeur [du monde] civilisé, et qui, à l'instar de la poésie, semble s'épanouir au mieux dans l'aube de la civilisation ».[1]

Comme le dit Moorehead, il est vrai que Burton n'a jamais été « gentil » pour les Africains. Mais Burton ne l'a jamais été pour aucun peuple. Il observe sans complaisance, avec un regard curieux, clinique. A l'exemple de la totalité de ses contemporains, il croit le nègre inférieur au blanc en revanche, et c'est là une singularité, il cherche à expliquer scientifiquement cette infériorité. Speke, pour sa part, croit dur comme fer que le nègre est inférieur. S'il est « condamné à être l'esclave de Sem et Japhet », écrit-il, c'est à cause de la malédiction biblique qui pèse sur les fils de Cham, explication que Burton qualifie de « grossière billevesée »[2], car d'après ce qu'il a pu observer de la torpeur d'esprit de certains Africains, c'est au climat et aux pathologies tropicales débilitantes qu'il attribue l'état d'abattement du nègre. Mais il écrit aussi qu'« on doit attribuer une bonne part de sa dépravation morale à l'œuvre exercée depuis des siècles par la traite ». L'esclave, selon lui, « ne peut que gruger, car ses seules forces sont la tromperie et la ruse ». A l'exemple de beaucoup d'observateurs, Burton est frappé par la vivacité d'esprit et l'intelligence des enfants africains, lesquels semblent se commuer, passée la puberté, en des êtres « manifestement incapables de progresser ». Pourquoi en effet, demande-t-il ouvertement, l'Afrique n'a-t-elle que « peu de traditions, pas d'annales et pas de ruines ? »[3]

Et en réponse à sa question il attribue la chose non seulement au climat, aux fièvres et à la traite, mais aussi à la licence des mœurs qu'il observe parmi les peuplades africaines.

1. *Ibid.*, II, 161-2, I, 35, 234; Zanzibar, II, 95.
2. Noté de la main de Burton sur l'exemplaire qu'il possède du *Journal of Discovery of the Source of the Nile*, Édimbourg, 1863, XIII et 546. Burton a tout d'abord écrit *Humbug* (« billevesée »), puis *Beastly humbug* (expression qui dans le texte pourrait avantageusement se traduire par « grossière connerie ») dans les marges de ces deux pages. Cet exemplaire appartient aujourd'hui à la bibliothèque du Royal Anthropological Institute.
3. *The Lake Regions of Central Africa*, II, 340, 372, 324; I, 106.

Tout d'abord, la description que donne Burton de l'Africain n'est pas celle d'un être inférieur, biologiquement parlant, mais celle d'un homme vivant dans une société plus primitive que la nôtre, et peu différent de ce qu'était l'Européen dans les siècles passés. Le fétichisme africain – qui à ses yeux repose essentiellement sur la sorcellerie et la crainte des démons – le fascine littéralement, et l'exposé qu'il en fait dans de nombreux chapitres constitue en soi un remarquable exemple d'ethnologie avant l'heure. Le fétichisme, dit-il, était à l'origine la religion de tous les peuples, « l'esprit infantile de l'humanité », et il l'assimile à « une systématisation de futiles terreurs comparables à celles de nos enfants, à la toute première manifestation de la foi, à la création d'une peur qui exclut l'amour »[1].

En dépit de sa sagacité et du recul qu'il prend pour observer les choses, il faut bien reconnaître que lorsqu'il décrit les Africains, il fait preuve d'une sévérité, de tours de phrases vindicatifs que l'on ne retrouve nulle part dans ses écrits consacrés à d'autres races. Au point qu'il faut se demander si, comme il arrive dans certains types de manifestations haineuses, cette attitude d'esprit ne cèle pas une certaine part d'envie. Envie, au premier chef – mais c'est à peine surprenant chez un homme aussi obsédé par le travail que Burton – de pouvoir comme les Africains se prélasser dans l'oisiveté. « Se satisfaisant de peu, l'homme de ces contrées en fait moins », écrit-il d'une plume quasiment nostalgique. Tant « il est vrai, poursuit-il, que partout au monde deux grandes catégories d'individus donnent l'impression de faire de l'existence un long farniente : les riches civilisés, qui ont tout, et les sauvages, qui ne possèdent à peu près rien »[2]. Et puis, il se pourrait fort bien que les traits venimeux qu'il décoche de temps à autre contre les Africains procèdent de l'envie que lui inspire leur proverbiale sexualité. La croyance selon laquelle les noirs, hommes et femmes, ont une vitalité sexuelle

---

1. *Zanzibar*, II, 84-5 et *The Lake Regions of Central Africa*, II, 340-60.
2. *Ibid.*, II, 92.

supérieure à celle des blancs est fort ancienne – dans sa traduction des *Mille et Une Nuits*, Burton la soulignera en rapportant des exemples d'érotisme débridé remontant au huitième siècle – et il prête une oreille complaisante à l'intarissable folklore qu'alimentent les emportements de l'amour. Plus encore : il y croit.

Voilà qui saute aux yeux non seulement à la lecture des notes infrapaginales des *Nuits*, mais aussi à celle des passages du manuscrit de son *Zanzibar*, jugées trop osées par son éditeur, et qui par inadvertance échapperont au feu et seront retrouvées dans sa bibliothèque. Les femmes arabes que consume « la passion la plus brûlante, écrit-il, s'abandonnent à leurs esclaves africains, dont les appâts leur sont irrésistibles. Leurs étreintes durent infiniment longtemps, jusqu'à une heure, dit-on, et ils sont capables d'accomplir l'acte deux fois dans la même nuit, leur tension musculaire égalant leur endurance [...] Mais d'autre part les hommes [arabes] négligent leurs épouses pour assouvir leur désir avec des négresses. [...] Cette préférence doit reposer sur quelque puissante raison. Je crois qu'il s'agit de l'*Augustia et concomitas partium* ».[1]

Il sera tout aussi explicite dans l'édition à compte d'auteur des *Mille et Une Nuits* :

« Les femmes débauchées préfèrent les nègres, eu égard à la taille de leurs parties. En Somalie, j'ai pris les dimensions du membre d'un homme, lequel, à l'état de repos, atteignait presque six pouces. C'est là une caractéristique de la race nègre et des animaux d'Afrique, le cheval par exemple, alors que le pur Arabe (l'humain comme l'animal) est à cet égard inférieur à la moyenne européenne [...] En outre, ces imposants organes n'accroissent pas proportionnellement leur

---

1. Burton a glissé de nombreux feuillets manuscrits dans son propre exemplaire d'*Abeokuta and the Cameroons Mountains. An Exploration*, 2 vol., Londres, 1863, lequel appartient désormais à la bibliothèque du Royal Anthropological Institute. En comparant ces feuillets au texte publié dans *Zanzibar*, on constate que l'extrait précité était destiné à paraître dans le Vol. I, pp. 379-80.

volume durant l'érection, en sorte que " la chose " dure beaucoup plus longtemps, ce qui ajoute grandement au plaisir de la femme. De mon temps, aucun musulman hindou qui se respectait n'aurait emmené ses femmes à Zanzibar, compte tenu de l'immense attrait et des énormes tentations qui les y guettaient çà et là. » [1]

Nous verrons que Burton, en dépit de sa manie de prendre des notes, d'effectuer des mensurations et de poser des questions à n'en plus finir, se mêlait véritablement, et à tous les sens du terme, aux Africains. Alors que pareille promiscuité provoquait chez Speke de la répugnance. Incapable de parler à quiconque, sauf à Burton et Sidi Bombay, du fait qu'il ne connaissait pas l'arabe, il était de ce fait tenu à l'écart de bon nombre de décisions, et aussi de presque tous les travaux ethnologiques de son compagnon de voyage. On ne peut donc que l'imaginer de plus en plus seul, de plus en plus méfiant, ruminant comme une hantise l'idée que Burton se dévoyait, et accumulant méthodiquement les « preuves » de cette sienne conviction pour en faire état lorsqu'il serait de retour en Angleterre.

Speke tenait pour sa part les Africains en grand mépris, et dans ses écrits il dénoncera leur fatalisme obstiné, leur « entêtement de mulet », ajoutant qu'ils ont « autant d'aversion pour le travail qu'un chat échaudé a en horreur l'eau froide ». La quasi-nudité des Africaines le scandalise. Et quand, lors de son second voyage, il sera un jour témoin d'une mésaventure parfaitement anecdotique (deux voleurs « dépouillèrent de leurs vêtements [deux femmes], en sorte que je croisai leurs victimes dans le plus simple appareil »),

---

1. *Arabian Nights*, I, 6 *n*. Ce qui appelle cette note dans le texte du premier conte de l'ouvrage (lequel définit le cadre où s'inscriront tous les contes suivants), c'est la description de la fureur du roi Chahriar et de son frère lorsqu'ils apprennent tous deux que leurs épouses les trompent, fureur exacerbée par le fait que les amants des deux infidèles sont des noirs. Seul un acte adultérin de cette nature, déclare implicitement Burton, peut pousser le roi à faire mettre à mort, avant de rencontrer Schéhérazade, plus d'un millier de jeunes filles pour assouvir sa fureur aveugle.

il est littéralement affolé : « Ce larcin m'était insupportable, écrira-t-il. Jamais je n'avais ressenti pareil bouleversement d'esprit quand on m'avait volé mes chèvres ou autre chose, mais après cet événement renversant je donnai ordre à mes hommes de tirer désormais à vue sur le premier voleur qui s'approcherait d'eux. »[1]

A trente-trois ans, Speke est freiné par ses principes, alors que Burton ne manque pas une occasion d'essayer drogues et narcotiques africains. Il est pudibond, abstème, et il réprouve la polygamie, tant chez les Africains que chez les Arabes. Ces gens « qui ont tant d'épouses, écrit-il avec componction, semblent avoir peu de goût pour la félicité domestique si digne d'intérêt et si belle [qui règne] dans nos foyers anglais », phrase qui fera gribouiller à Burton le mot *stupide* en regard du texte de Speke[2].

Mais si Speke semble avoir prisé la compagnie des jeunes Européennes rencontrées dans des soirées mondaines ou des bals[3], rien ne laisse à penser qu'il se soit jamais épris sérieusement d'une femme. Plusieurs lettres classées dans les archives de la Royal Geographical Society indiquent en revanche qu'il était plein de dévotion pour sa mère. Dans un passage du livre qui racontera sa deuxième exploration africaine, il rapportera que chaque nuit la reine Victoria – personnification onirique de sa mère – lui apparaissait pour lui dire de revenir en Angleterre. Au cours de cette même expédition, alors qu'il séjourne à la cour du roi Moutissa, à Buganda, la reine-mère lui offre deux de ses filles pour épouses. D'abord « stupéfait par cette atroce proposition », il prend

---

1. Speke, *What Led to the Discovery of the Source of the Nile*, 68, et *Blackwood's Magazine*, Vol. 86, 353. Septembre 1859; *Journal of the Discovery of the Source of the Nile*, 181.
2. Note marginale de Burton dans l'exemplaire qu'il possédait de *What Led to the Discovery of the Source of the Nile*, p. 296 (Bibliothèque du Royal Anthropological Institute).
3. Lettre rédigée par Speke alors qu'il se rendait en Afrique (1860), dans laquelle il décrit une soirée dansante à Madère. Citée par Dorothy Middleton, « Burton and Speke Centenary », *Geographical Journal*, CXXIII, 414, septembre 1957.

l'avis de Sidi Bombay, qui lui conseille d'accepter, ou à défaut, si aucune des deux ne lui plaît, de les refiler à l'un de ses hommes. Alors, écrit Speke, « je m'en suis allé avec mes deux magnifiques spécimens de l'histoire naturelle, mais j'aurais préféré qu'ils fussent princes, car j'aurais pu les ramener chez moi pour leur y faire donner une éducation anglaise ». Aussi renvoie-t-il sans plus tarder la cadette, qui n'a que douze ans, et fait-il présent de la plus âgée à son serviteur. Mais cette substitution d'époux indigne la jeune fille, qui plus tard s'échappera pour regagner la cour du roi Moutissa [1].

En revanche, dans ses livres Burton laisse entendre à mots couverts – et très probablement confiait de façon plus explicite à ses amis – qu'il n'a pas appris par ouï-dire ce qu'il sait de l'exubérance sexuelle des noires. Les femmes ouagogo, écrit-il, « sont bien disposées à l'égard des étrangers à peau claire, apparemment avec le plein consentement du mari ». A la différence de Speke, il prise fort la nudité des filles nubiles, qui selon lui « n'ont pas le moins du monde le sentiment d'être impudiques ». Dissertant de ce qui constitue la pudeur féminine, il estime avec pertinence que « c'est là une question à laquelle on ne peut en aucun cas répondre de façon catégorique, et que la vraie pudeur n'est pas proportionnelle à l'importance que prend la toilette. Ces splendides animaux domestiques, raconte-t-il encore, souriaient quand j'usais de mon meilleur kinyamouizi pour présenter mes devoirs au beau sexe, et le présent d'un peu de tabac me valait toujours une place dans le cercle des dévêtues ». [2]

Burton est l'éponge et Speke la pierre. Pour Burton, les indigènes sont un toxique et une passion. Parfois il ressent à leur endroit une certaine répugnance, mais il sent les choses, les observe et les consigne avec une minutie que Speke trouve incompréhensible. Peut-être le plus jeune des deux ressent-il aussi de l'indignation en constatant que ses solides qualités de Britannique ne pèsent pas lourd aux yeux de son aîné, qui

---

1. *Journal of the Discovery of the Source of the Nile*, 518, 361, 369.
2. *The Lake Regions of Central Africa*, I, 389.

au bout de six mois de voyage le tient non seulement pour un personnage sans intérêt, mais pour un sournois qui s'abrite hypocritement derrière de faux-semblants. S'il en est bien ainsi, alors c'est au premier chef l'Afrique qui va les séparer l'un de l'autre.

XV

LE TANGANYIKA

> *Tout n'est pas voué à disparaître, une bonne part de moi-même vaincra la tombe... les hommes sauront que ma main résolue fut la première à montrer [ces eaux-là]...*
>
> (Fragment d'un poème écrit par Richard Burton dans une marge de son journal rédigé sur le lac Tanganyika) [1].

Chose étonnante, les Arabes, qui progressivement avaient pénétré l'Afrique centrale depuis deux générations pour s'y livrer à la traite des noirs et au négoce de l'ivoire, n'avaient dressé aucune carte. Pas plus d'ailleurs qu'ils n'avaient retouché celles que les Portugais avaient commencé à établir en 1591, et dont les tracés variaient grandement de l'une à l'autre. Ce qu'on savait de la géographie continuait donc de se transmettre de bouche à oreille, avec toutes les erreurs dues à la complexité des parlers de tribus continuellement en guerre. A Kazeh, on confirme à Burton et Speke ce qu'ils tiennent déjà des Arabes de la côte, à savoir que dans l'intérieur existe non pas seulement un grand lac en forme de limace (celui dont un missionnaire, J. Erhardt, a tracé en 1856 les contours sur une carte que possède la Royal Geographical Society), mais plusieurs, dont deux très vastes, situés respectivement à l'ouest et au nord [2].

Mais pas même Snay ben Emir ne sait si le lac le plus septentrional communique avec une rivière. Burton pense que c'est un lac méridional – celui que les indigènes appellent

---

1. Cité dans *Life*, I, 304.
2. Le 24 juin 1858, Burton écrira à la Royal Geographical Society pour annoncer, avec raison, l'existence d'au moins quatre lacs : Nyanza, Chama, Ujiji et Oukiriwi (devenus respectivement les lacs Malowi, Kivu, Tanganyika et Victoria).

diversement mer d'Ujiji ou Tanganyika – qui véritablement donne naissance au Nil. Aussi prend-il la fatale décision de partir vers l'ouest.

La désertion massive des porteurs – qui pour beaucoup, après avoir reçu leur salaire à Kazeh, ont acheté des esclaves et, craignant que ceux-ci ne s'échappent, sont repartis vers la côte – met pratiquement Burton et Speke en demeure de recruter à nouveau toute leur équipe. Il leur faut pour cela cinq semaines (du 8 novembre au 14 décembre 1857). De Kazeh, les deux explorateurs se rendent à Mséné – lieu de « grosse débauche », écrit Burton – où ils s'attardent douze jours, tandis que leurs porteurs s'adonnent à la danse, à la boisson et aux plaisirs connexes. Un peu plus tard, à Kanjanjeri, Burton est de nouveau terrassé par les fièvres, qui cette fois le plongent dans un délire tourmenté. « Je voyais dans la brousse, prêtes à m'accueillir, ces sinistres et béantes portes que nul ne connaît », écrira-t-il. L'accès de paludisme provoque la paralysie de ses deux jambes. Ayant observé sur d'autres le cours de la maladie du temps qu'il était en Inde, il sait qu'il va redevenir ingambe au bout d'un certain temps. Aussi accepte-t-il son état avec une manière de fatalisme. « L'espoir est femme, disent les Arabes, et homme le désespoir. Si l'un de nous deux doit disparaître, espérons que l'autre va en réchapper pour regagner l'Angleterre et y faire connaître les résultats de l'exploration. »[1]

Fort heureusement, il ne sait pas que durant onze mois il va lui être impossible de marcher. Au début, il voyage à dos d'âne, peinant pour garder son équilibre. Mais après que le dernier âne aura péri, huit indigènes le transporteront dans un hamac suspendu à des perches. De plus, Speke et lui ont contracté une maladie oculaire, mais chez Speke l'infection rétinienne devient si aiguë qu'il est presque frappé de cécité lorsqu'ils gagnent l'Usagozi occidental. Pourtant ils continuent – le paralytique guidant l'aveugle –, suivent la piste qui serpente à travers les basses collines coniques de l'Ounyam-

---

1. *The Lake Regions of Central Africa*, I, 404.

ouizi passent à gué le Rusizi et l'Unguwé, tenaces, obstinés, bien près de renoncer tant ils sont accablés, mais ne se laissant pas abattre, et enfin, dans les premiers jours de février 1858, quand Burton aperçoit dans le lointain « les murailles bleu azur d'une falaise surmontée de cimes dorées », il sait qu'il n'est pas loin du lac. Le 13 février, ils gravissent un versant si rocheux et escarpé que l'âne de Speke meurt d'épuisement au cours de l'ascension. Du sommet, Burton, plein d'espoir, cherche à voir à travers les arbres.

« – Le rayon de lumière qu'on voit dessous, qu'est-ce que c'est ? demande-t-il.
» – D'après moi, ça ne peut être que de l'eau, lui répond Sidi Bombay.
» Consterné, je regardai. Ce que j'avais tant espéré voir se réduisait à bien peu de chose : une mer d'arbres et un généreux rayon de soleil faisant étinceler une petite étendue d'eau. Un peu prématurément, je déplorais la folie qui m'avait poussé à risquer ma vie et perdre ma santé pour une si piètre récompense, je maudissais l'exagération des Arabes, me proposant de repartir tout de suite et envisageant d'aller plus au nord explorer le lac Nyanza. Mais quand je me suis avancé de quelques toises, tout le paysage a soudainement explosé devant mon regard, m'emplissant d'admiration, de joie et d'incrédulité... Je savais que [pour vivre cet instant] j'en aurais enduré deux fois plus. »

Burton a sous les yeux le plus long – et, après le Baïkal, le plus profond – des lacs d'eau douce du monde. Lorsqu'il contemple ses eaux d'émeraude et de bleu tendre luisant sous le soleil, cernées par « des alignements parallèles et continus de monts d'une belle hauteur », il devine instantanément l'origine volcanique du relief. Speke et lui redescendent vers Ujiji, principal établissement et lieu de traite situé sur le lac (le village connaîtra une certaine célébrité après que Stanley y aura retrouvé et secouru Livingstone en 1871). Tandis qu'ils avancent au milieu des cases indigènes, dont la forme évoque celle de ruches, et qu'ils parcourent le marché, ils s'émerveillent de voir partout du lait frais, de la volaille, des œufs, des tomates, des topinambours et du plantain. Le lac grouille de crocodiles et de buffles d'eau, et l'éléphant abonde dans les forêts de bambous environnantes.

Méfiants, les indigènes ne veulent rien entendre lorsque Burton leur demande de l'aider à explorer la rive du lac, et Saïd ben Salem, qui considère le voyage terminé, refuse d'intervenir pour essayer de les faire changer d'avis. Entre-temps, l'état de santé de Burton n'a fait qu'empirer. « Pendant quinze jours je restai étendu sur le sol, écrit-il, n'ayant pas recouvré suffisamment de vue pour lire ou pour écrire, sauf durant de brèves périodes séparées par de longs intervalles, trop affaibli pour marcher et trop malade pour converser. » Speke, lui, va un peu mieux, et Burton l'envoie avec Sidi Bombay et trois hommes sur l'autre rive pour tenter de ramener le seul voilier qui soit à louer dans toute la région, un dhaw appartenant à un marchand d'esclaves arabe. Burton espère ainsi être en mesure d'explorer l'extrémité septentrionale du lac, d'où, leur a-t-on dit, une grande rivière coule en direction du nord. Speke ne revient qu'au bout de vingt-sept jours, durant lesquels Burton reste allongé sur son lit de camp, se remettant petit à petit, « rêvant de choses du passé, contemplant celles du présent », tirant plaisir de la beauté du lac et aussi, devine qui pourra, « des autres avantages que probablement je m'efforcerais en vain de décrire », pour citer les termes dont il use en relatant son séjour dans cet « Éden africain ». [1]

Speke est de retour le 29 mars 1858, « totalement rongé par la moisissure et porteur de sinistres nouvelles », ainsi qu'il l'écrira lui-même. En effet, il va falloir attendre trois mois pour louer le dhaw, et cela leur coûtera la somme de cinq cents thalers. Burton, à qui on avait affirmé qu'à tout instant il pourrait noliser le voilier, a peine à déguiser son exaspération. « J'étais amèrement déçu, écrira-t-il. Il [Speke] n'avait à proprement parler rien fichu. » Bien qu'à ses yeux

---

1. *Ibid.*, II, 42, 44, 85-90.

ce fiasco prouve une fois de plus que son compagnon de voyage est incapable de se débrouiller dans une langue étrangère et n'a aucun talent pour négocier, Burton doit vite se départir de sa violente rancœur, car Speke souffre d'une vilaine infection.

La chose a commencé par une affaire de rien du tout, lors de son voyage sur l'autre rive du lac, un soir où un bataillon de scarabées noirs avait envahi sa tente. Désespérant de pouvoir rejeter les insectes hors de son lit, il a fini par souffler sa chandelle et s'endormir. Mais peu après il était tiré de son sommeil par un coléoptère qui lui taraudait frénétiquement le conduit auditif, « comme un lapin creusant son terrier ».

« Alors, écrit-il, je lui piquai le dos avec la pointe d'un couteau, mais il en résulta plus de mal que de bien, car si au bout de quelques coups il se tint tranquille, la pointe me blessa aussi l'oreille, et si mauvaisement qu'une inflammation se déclara, suivie d'une inquiétante suppuration, et que toutes les glandes cléido-mastoïdiennes de cette région lésée, jusqu'à l'extrémité de la clavicule, enflèrent et firent saillie sous la peau [...] Je ne crois pas avoir jamais tant souffert de ma vie [...] Durant des mois la tumeur me rendit presque sourd et creusa une galerie entre l'orifice [le conduit auditif] et le nez, si bien que chaque fois que je me mouchais mon oreille émettait un sifflement si prononcé que ceux qui l'entendaient ne pouvaient s'empêcher de rire. Six ou sept mois après cet accident je retirais encore des bouts de scarabée – une patte, une aile, une partie de l'abdomen – en même temps que le cérumen lorsque je me curais l'oreille. » [1]

Pourtant, Speke a raconté au retour de son voyage ce que lui ont confirmé trois marchands d'esclaves arabes, à savoir qu'une grande rivière du nom de Rusizi sortait du lac pour couler vers le nord. « Je suis allé si près de l'endroit où elle

---

1. Ce récit de Speke a d'abord paru en septembre 1859 dans *Blackwood's Magazine* avant d'être repris dans *The Lake Regions of Central Africa*, II, 91-2 *n.*

sort, lui a affirmé un certain Cheikh Ahmed ben Saîlayyîn, que je voyais et sentais l'eau courir dans cette direction-là. » [1] Galvanisé par ces nouvelles, Burton entreprend de trouver lui-même des embarcations. Au terme d'un fastidieux marchandage, il finit par se procurer deux grandes pirogues grossièrement creusées dans des troncs d'arbres, prenant l'eau, longues respectivement de soixante et quarante pieds, affligées d'un faux-bord et qui se traînaient le long de la rive. Bien que Burton se fasse un souci d'encre, tant les provisions s'épuisent, il paie le prix exorbitant qu'exige Kannena, le chef de tribu propriétaire des pirogues, pour les louer en même temps que deux équipes de pagayeurs. « J'étais à tout prix résolu, en fussions-nous réduits au dénuement le plus total, à voir de plus près le mystérieux courant. »

Il « était encore si mal en point, écrira Speke, que quiconque l'aurait vu tenter de continuer aurait désespéré de le voir revenir un jour, [mais] il n'aurait pas supporté qu'on partît sans lui ». [2] Le 12 avril 1858, huit hommes, précautionneusement, le transportent dans son hamac pour l'installer à l'avant de la grande pirogue, d'où, réconforté, il regarde s'éloigner la rive tandis qu'au-dessus de sa tête flotte l'Union Jack. Les indigènes pagaient rythmiquement, accordant leurs mouvements aux cris monotones que scande l'un d'eux, auxquels ils répondent par un concert de hurlements. Plusieurs frappent un tam-tam ou font claquer par saccades des cornes d'animaux. Nul ne jette rien par-dessus bord, pas même le moindre détritus, de crainte d'attirer les crocodiles.

Après avoir traversé le lac d'est en ouest, ils se dirigent vers le nord, en serrant la rive peuplée par les Ouabembé qui, leur a-t-on dit, mangent la chair humaine, la charogne et la vermine. « Ils préfèrent l'homme cru, écrit sans ambages Burton, alors que les Ouadoé de la côte le font rôtir. » Il observe attentivement les Ouabembé – « pauvres diables noirs et rachitiques, pusillanimes et dégénérés [...] moins dangereux

---

1. *Blackwood's Magazine*, octobre 1859, Vol. 86, 351; *Royal Geographical Society Proceedings*, 1859, Vol. 29, 17.
2. *Blackwood's Magazine*, octobre 1859, Vol. 86, 391.

pour les vivants que pour les morts » –, se demandant si de leur côté ils ne l'observent pas tout aussi attentivement « avec le regard appréciateur du boucher ». L'expédition fait halte à Uvira, village qui n'est plus qu'à deux jours de pagaie de la rivière Rusizi. Là, Burton trouve trois Arabes qui lui affirment avoir voyagé jusqu'à l'extrémité septentrionale du lac, et à qui il pose une multitude de questions. Leurs réponses l'accablent. « Ils furent unanimes à me soutenir, écrira-t-il, et dans la foule qui nous entourait tout le monde me le confirma, que le Rusizi ne sortait pas du lac Tanganyika, mais au contraire qu'il y entrait. J'en étais malade. »

Alors Burton s'en prend coléreusement à Sidi Bombay, exige de savoir pourquoi à Ujiji, au retour de son court voyage sur l'autre rive du lac, Speke lui a raconté des histoires. Sidi Bombay se défend en affirmant que c'est Speke qui « n'a rien compris de ce que lui a dit Ahmed ben Saîlayyîn, lequel a bien parlé d'une rivière qui débouchait dans le lac, mais sûrement pas d'une rivière qui en sortait ». Burton interroge alors Sayfou, un indigène qui lui aussi lui a catégoriquement garanti que le lac donnait naissance à un cours d'eau. Mais Sayfou finit par avouer piteusement qu'il n'a jamais voyagé en bateau suffisamment loin vers le nord pour voir la chose de ses propres yeux. « Bref, écrit amèrement Burton, par une étrange coïncidence de duperie, on m'avait leurré. »[1]

Déçu, abattu, il n'en est pas moins résolu à pousser vers le nord pour aller voir la Rusizi. Mais ses piroguiers, se défiant des redoutables Ouavira – qui passent pour des cannibales encore plus dangereux que les Ouabembé – se refusent à poursuivre le voyage. Rien ne peut les décider à le faire, ni l'appât du gain, ni la cajolerie, ni la menace. De plus, Burton n'est pas en état d'user de sa faconde persuasive, sur laquelle il a toujours compté pour se sortir de situations difficiles, car sa langue est couverte d'ulcères, et si tuméfiée, si douloureuse, qu'il ne peut absolument plus parler.

---

1. *The Lake Regions of Central Africa*, II, 114, 118.

Les vivres étant quasiment épuisés, Speke et Burton décident que la seule chose à faire est de revenir à Ujiji. Ni l'un ni l'autre ne peuvent affirmer quoi que ce soit de précis à propos de la Rusizi, et dans les années qui vont suivre cette incertitude va ne faire qu'enfler, donner lieu à une interprétation déformée des faits et amener Burton à se raidir dans son attitude d'intransigeance aveugle, à nourrir de la rancœur, voire à commettre d'énormes bévues. Au cours du voyage de retour, une violente tempête les surprend sur le lac et manque envoyer par le fond leurs méchantes pirogues. Invoquant en gémissant les noms de leurs épouses et de leurs mères, les pagayeurs terrorisés réussissent à regagner la rive, où ils dorment allongés sur la terre boueuse. Au réveil, Burton constate que le campement est en ébullition. Valentin, son serviteur originaire de Gao, a tiré sur un maraudeur indigène pris de boisson, mais l'a manqué et a grièvement blessé l'un des hommes de Kannena. Burton a le plus grand mal à empêcher celui-ci de faire mettre à mort Valentin sur-le-champ, et il n'y parvient qu'au prix d'une généreuse compensation. On soigne le blessé du mieux que l'on peut, mais il finit par expirer et c'est Burton que Kannena tient pour responsable de l'accident.

L'expédition repart vers le sud, mais la pluie cingle les hommes, les fusils rouillent, les graines et la farine sont trempées, les excréments empuantissent les pirogues. Burton se tient sans mot dire sous la toile cirée qui le protège de la pluie, ne quittant pas de l'œil la petite esclave que Kannena a achetée durant le voyage, et qu'il craint de voir jetée par-dessus bord. Bizarrement, Speke et lui recouvrent un peu de leur santé au cours de ce terrible voyage de trente-trois jours. Speke est resté sourd, mais à présent il voit presque aussi clair qu'auparavant. Burton ne peut toujours pas marcher, mais ses mains, qui jusque-là étaient si gourdes qu'il ne pouvait tenir une plume, vont beaucoup mieux, en sorte qu'il s'est remis à écrire et à faire des croquis. « Peut-être l'esprit y a-t-il été pour quelque chose, racontera-t-il. Ma mission était maintenant remplie, et cette pensée dissipait le cuisant souci qui m'avait tant tourmenté à l'idée que d'un instant à l'autre tout pouvait échouer. »

Il n'a pas trouvé les prudes fontaines, et dorénavant il affirmera ne jamais les avoir vraiment cherchées, sauf durant la période, écrira-t-il, où des racontars l'ont « détourné des chemins de la raison ». [1]

Mais il est le premier Européen qui ait découvert le lac Tanganyika, « collecteur des eaux ». Ainsi qu'il le confiera un peu plus tard à son journal, avec un peu de mélancolie, « les hommes sauront que ma main résolue fut la première à montrer [ces eaux-là]... »

D'après ce que lui ont appris les indigènes, il estime que le lac a quatre cents kilomètres de long (en fait, il en a six cent cinquante). A l'aide de l'ébulliomètre, qui fonctionne plus ou moins bien, Speke en calcule l'altitude : cinq cent cinquante mètres. De son côté, Burton arrive au résultat légèrement supérieur de cinq cent soixante-quatre mètres (alors que l'altitude réelle est de huit cent trente-sept mètres). Ce qui étonne le plus Burton, c'est que, s'il faut en croire les indigènes, tous les cours d'eau coulant au nord et au sud se jettent dans le lac. Ces affirmations, auxquelles s'ajoute le fait que l'eau est un peu saumâtre, l'incitent à croire pendant quelque temps que le Tanganyika ne donne naissance à aucune rivière, et que c'est la pluie seule qui atténue la salinité de l'eau. Et sur ce point il n'est pas bien loin de la vérité, car le lac n'écoule son trop-plein, dans un seul et unique déversoir, que durant la saison pluvieuse. Alors ses eaux envahissent à l'ouest un immense marécage qui à son tour donne naissance à la rivière Lukaga, laquelle est si bien cachée que les indigènes eux-mêmes sont incapables de donner des précisions sur son cours. Il faudra attendre seize ans pour que soit levé ce mystère, ce qui ne compliquera pas peu l'existence de Burton.

C'est en 1875 seulement qu'on apprendra que ce qu'a découvert Burton est la source non pas du Nil, mais du majestueux

---

1. *Ibid.*, II, 117-18.

Congo. Mais cela ne le réjouira guère, et c'est laconiquement qu'il empruntera au journal de David Livingstone cette phrase : « Qui donc prendrait le risque de finir dans un chaudron de cannibales et d'être transformé en un noir, si ce n'est pour le grand et antique Nil ? »[1]

Revenus à Ujiji, les explorateurs découvrent que le peu scrupuleux Saïd ben Salem, qui manifestement espérait bien ne jamais les voir revenir, a « réduit à presque rien les vivres sur lesquels ils comptaient pour entreprendre le voyage de retour ». Il ne leur reste plus qu'à repartir les mains vides pour traverser une région où « la vie, c'est l'impedimenta », et où nul explorateur, sauf plus tard le débonnaire Livingstone, ne pourra jamais se tirer d'affaire en ne comptant pour se nourrir que sur les Africains. Burton est au désespoir. Mais le 22 mai, des coups de feu annoncent l'arrivée d'étrangers ; bientôt arrive à Ujiji la caravane transportant les vivres qu'il a réclamés des mois auparavant, et sur lesquels il ne compte plus depuis bien longtemps. Il trouve dans les ballots de précieuses lettres provenant de l'Inde, de l'Europe, de Zanzibar, et un gros paquet expédié par Isabel Arundell, contenant les articles de journaux et de périodiques qu'elle a découpés pour lui. Ce qui brise « un silence de mort qui a duré onze mois ».[2]

« Bien entendu, ils [les articles de presse] m'apportaient aussi une bien mauvaise nouvelle, celle de la révolte des Cipayes », écrit-il. En apprenant le massacre dont avaient été victimes en Inde militaires et civils anglais, c'est pour lui

1. Cité par Burton dans *Two Trips to Gorilla Land and the Cataracts of the Congo*, Londres, 1876, II, 188. Il écrira cette phrase avant de remonter en pirogue, à partir de son embouchure, le cours du Congo sur plus de quinze cents kilomètres. Le 21 mai 1872, Livingstone avait confié à son journal : « Je suis écrasé par la crainte de savoir que si ça se trouve c'est le Congo que j'ai suivi. Et qui s'aviserait de risquer de finir dans un chaudron de cannibales et d'être transformé pour cela en un homme noir ? » Cité par George Seaver dans *David Livingstone : His Life and Letters*, 606.
2. Extrait du journal de Burton cité dans *Life*, I, 305.

une piètre satisfaction que de se rappeler le signal d'alarme qu'il a tiré quelques années auparavant dans son *Pilgrimage to El-Medinah and Meccah*. Comme il est vraisemblable, c'est ce jour-là qu'il apprend encore que son frère Edward est en Inde, mais Burton ne dispose d'aucun moyen de savoir si celui-ci a été épargné. Le jeune frère de Speke, qui lui aussi se prénomme Edward et se trouve en Inde, a péri de blessures reçues lors de l'insurrection.

Les approvisionnements comportent des munitions de la pire qualité, et juste assez de cotonnades pour suffire aux opérations de troc durant le voyage de retour vers la côte. Burton est alors contraint de renoncer à son projet initial – l'exploration des deux tiers méridionaux du lac Tanganyika, puis regagner Zanzibar en passant par le lac Nyassa, situé plus au sud encore – car ses jambes sont toujours paralysées et il ne songe qu'à abréger le plus possible l'itinéraire à suivre pour regagner Zanzibar. Le 26 mai, l'expédition s'éloigne du lac pour la dernière fois. « Le charme du paysage était sans doute magnifié par l'idée que mes yeux ne se poseraient probablement jamais plus sur lui », écrira-t-il. [1]

Par l'effet de circonstances tout à fait fortuites, ils trouvent à Yombo d'autres porteurs venus de la côte avec des ballots de cotonnades supplémentaires, et aussi du courrier. Un courrier qui « comme d'ordinaire était rempli de mauvaises nouvelles, écrit Burton. Mon père était décédé à Bath le 6 septembre dernier, au terme d'une maladie de six mois, et on l'avait enterré le dix. Moi, je ne l'appris que le 18 juin de l'année suivante. Pareilles nouvelles affligent grandement le voyageur qui, fort décalé par rapport à la marche du monde, et incapable de jalonner ses changements progressifs [...] apaise ses appréhensions en se disant que chez lui on n'a déploré aucune disparition, et qui espère que les visages familiers s'éclaireront tous d'un sourire lors de son retour, tout comme ils s'étaient couverts de larmes quand il est parti ».

C'est la seconde fois que Burton perd l'un de ses parents

---

1. *The Lake Regions of Central Africa*, II, 156.

alors qu'il séjourne dans un pays lointain, sauvage, là où n'existe nul service postal, et il ne peut qu'éprouver ce sentiment d'incrédulité et d'abattement qui accompagne les afflictions tardives. Car son chagrin, semble-t-il, est bien réel, même si depuis longtemps le mépris a quelque peu atténué l'affection qu'il nourrissait pour son père. On notera cependant que lors de la publication de *The Lake Regions of Central Africa*, il ne fera pas figurer dans le texte ce qui, dans son carnet de route, se rapporte spécifiquement à son père, supprimant ainsi, une fois de plus, tout ce qui dans les pages de son livre aurait pu témoigner de son affection pour les siens. En revanche, Isabel citera ce passage du journal lorsque plus tard elle écrira la biographie de son mari. Plus tard aussi, lui-même parlera dans l'un de ses ouvrages de la fin d'un arbre de la forêt que frappe le grand âge, « vieillard lourdaud qui, ayant achevé le récit de ses ans, chute dans un fracas terrible, emportant avec lui un petit univers ». [1]

De retour à Kazeh, Burton décide de passer là plusieurs semaines, car la paralysie de ses jambes commence enfin à rétrocéder. Il espère, avec l'aide des Arabes qui l'ont amicalement traité lors de son premier passage, composer un glossaire des parlers indigènes et une description détaillée des tribus du nord, cela en prévision d'un autre voyage que Speke et lui, à cette époque, sont bien décidés à faire. Mais Speke est las de ces sempiternelles conversations avec les Arabes dans une langue qu'il ne comprend pas, si bien que l'impression qu'il ressent d'être laissé à l'écart, écrit Burton, « l'aigrit quelque peu ». Manifestement, les Arabes de Kazeh n'aiment pas Speke, et Burton déclarera plus tard en privé qu'il n'aurait pas pris le risque de laisser son compagnon seul dans le village, du fait que celui-ci se comportait comme la plupart des Anglais qui, ayant séjourné en Inde, « estiment qu'on leur doit la politesse et traitent

---

1. *The Highlands of Brazil*, 2 vol., Londres, 1869, I, 297. Voir aussi *Life*, I, 308, et *The Lake Regions of Central Africa*, II, 167.

comme un *négro* quiconque a la peau un peu plus foncée que la leur ». [1]

A présent, Speke est presque totalement guéri, et il souhaite vivement continuer à explorer le pays avant de regagner Zanzibar. Aussi presse-t-il Burton de repartir en direction du lac septentrional, qui selon les Arabes est encore plus vaste que le Tanganyika et ne se trouve qu'à seize journées de marche de Kazeh. Mais visiblement Burton s'y refuse avec obstination. Tout d'abord, Speke usera de termes courtois pour commenter ce refus : « Mon compagnon était fort malheureusement exténué, écrira-t-il, mais il accepta très gentiment d'attendre parmi les Arabes jusqu'à ce qu'il eût recouvré sa santé, cependant que je partirais seul. » Par la suite, il portera cependant sur Burton ce jugement beaucoup plus tranchant : « Il me déclara que nous en avions assez fait et qu'il n'en ferait pas davantage. » [2]

A vrai dire, les relations entre les deux hommes se sont à présent gravement détériorées, et Speke ne peut plus supporter Kazeh. Ce qu'il explique avec aigreur dans une lettre au Dr Norton Shaw :

« Burton n'a cessé d'être malade. Il n'endure pas davantage la rosée que le soleil [...] En fait de sport, le pays n'offre pas grand-chose. Il semble bien qu'on n'y trouve rien d'autre que l'éléphant. A force d'être chassés, ces animaux se tiennent maintenant à bonne distance des lieux de passage. Tout ce que j'ai pu chasser, exception faite de l'hippopotame à proximité de la côte, ce sont quelques antilopes et quelques pintades [...] Il n'y a strictement rien à écrire sur ce pays dépourvu d'intérêt. Rien qui vous change de ces étendues désertiques, de ces forêts, de ces plaines mornes et toutes semblables. Les

1. Cité dans *Life*, I, 290, 309.
2. La première citation est extraite du *Blackwood's Magazine*, octobre 1859, Vol. 86, 392; la seconde de *What Led to the Discovery of the Source of the Nile*, 251. James A. Grant rapportera plus tard ce propos qu'il tenait de Speke : « Usant d'un langage brutal, Burton m'a déclaré qu'il n'avait pas la moindre intention d'aller voir d'autres lacs. » Lettre adressée au *Times*, 28 octobre 1890.

gens sont partout les mêmes. Pour tout dire, le pays n'est qu'une vaste et stupide carte où tout est uniforme... »[1]

D'un autre côté, Burton n'est pas mécontent de voir Speke s'en aller. Le 24 juin 1858, il écrit à la Royal Geographical Society que « le capitaine Speke s'est proposé de lui-même de partir pour le lac Ukerewe, duquel les Arabes parlent abondamment ». Plus tard, lorsqu'il verra cette lettre reproduite dans le livre de Speke, Burton griffonnera dans une marge de son propre exemplaire : « Pour me débarrasser de lui ! » C'est donc à ce moment que Burton aura été amené à commettre la plus grave erreur de sa vie. Certes, il ne peut marcher, et cela explique pour une bonne part les choses. Mais par ailleurs il sous-estime les qualités de son compagnon, bien qu'il faille dire à la décharge de Burton que par deux fois déjà, lorsque Speke s'est séparé de lui pour voyager seul, il a manifestement failli à sa mission. Enfin, et c'est probablement là le facteur déterminant, si Burton a commis pareille erreur, c'est qu'il était d'abord ethnologue avant d'être explorateur. Là où Speke juge que les indigènes « sont partout les mêmes », Burton relève parmi les peuplades africaines une passionnante et infinie diversité.

Speke se met donc en route pour traverser, avec une surprenante facilité, d'immenses plateaux monotones. La brousse, çà et là, s'efface pour laisser place à des étendues fertiles où croissent le palmier, le manguier et le papyrus. Après seize jours de marche il arrive au bord d'un plan d'eau qui lui semble aussi vaste qu'une mer. Aux questions que Sidi Bombay pose à un indigène tenu pour celui qui a le plus voyagé et connaît le mieux le pays, ce dernier répond que cette mer, à sa connaissance « s'étend probablement jusqu'à l'extrémité du monde ». Dans le village, nul ne sait rien de ce qui se situe au nord par-delà l'horizon. Apparemment, jamais les naturels n'échangent ou ne communiquent avec l'extérieur,

---

1. Lettre de Speke au Dr Norton Shaw en date du 2 juillet 1858. Archives de la Royal Geographical Society.

pas même avec ceux d'en face, sur la rive occidentale. Speke procède à une mesure altimétrique et constate avec surprise que la surface du lac est considérablement plus élevée que celle du lac Tanganyika. Alors, à la faveur de cet éclair intuitif qui souvent accompagne les grandes découvertes, il conclut qu'il se tient « à la source même de ce puissant cours d'eau sur lequel Moïse accomplit jadis le premier de ses aventureux voyages – à la source du Nil », et que tout seul il a, lui, « résolu le problème que [...] les premiers monarques du monde ont eu pour ambition de démêler ». Il baptise alors le lac Nyanza « lac Victoria, du nom de notre gracieuse souveraine » et fête l'événement à la façon qui est la sienne, c'est-à-dire en faisant le coup de feu sur quelque animal sauvage, en l'occurrence sur les oies rouges qui nagent à la surface du lac. En revanche, et « à son grand regret », il manque un spécimen rare, quelque chose « d'entièrement noir à l'exception d'une petite touffe de poils blancs sous le maxillaire inférieur ». [1]

Au bout de trois jours Speke repart, jubilant, triomphant, tout à sa hâte d'annoncer sa découverte à Burton. Il est bien sûr impossible de savoir quelle réaction il attend de son compagnon de voyage lorsqu'il lui apprendra qu'il l'a dépossédé de « la plus haute récompense géographique depuis la découverte de l'Amérique ». Ni l'un ni l'autre ne relateront les propos échangés en la circonstance, devant une collation matinale. Mais Burton notera ces quelques lignes dans son journal :

« A la longue, Johnie [John Speke] a réussi. Son *voyage éclair* l'a conduit au lac du nord, dont les dimensions, a-t-il découvert, excèdent nos évaluations les plus optimistes. Nous n'avions pas commencé notre déjeuner qu'il m'annonçait l'étonnante nouvelle : il avait *découvert* la source du Nil Blanc. Inspiration, peut-être? [...] Ses raisons étaient peu convaincantes, de l'ordre de celles qu'avance la damoiselle

---

1. *Blackwood's Magazine*, septembre et octobre 1859, Vol. 86, 395-7, 412 n; *What Led to the Discovery of the Source of the Nile*, 309.

Lucetta lorsqu'elle justifie son penchant pour le *charmant gentilhomme*, sir Proteus...

Je n'ai d'autre raison que celle d'une femme...
Et si je le crois tel, c'est que je le crois tel.

» Le capitaine Burton m'a accueilli lorsque j'ai regagné la vieille maison [...] écrira Speke sans ajouter de commentaire. Je lui ai dit combien je regrettais qu'il ne m'eût pas accompagné, car en moi-même je tenais pour certain d'avoir découvert la source du Nil. Ce que bien entendu il a contesté, même après avoir entendu toutes les raisons que j'avais de croire qu'il en était bien ainsi. Par conséquent la question en est restée là. »

« Depuis cette date, Johnie n'était plus le même avec moi, écrit pour sa part Burton. Au bout de quelques jours, je compris parfaitement qu'il était impossible de dire le moindre mot du lac, du Nil et de sa *trouvaille* sans qu'il se vexât. Par une tacite entente nous évitions donc ce sujet, et je me serais bien gardé de le remettre sur le tapis si Johnie n'avait pas dénigré les résultats de mon expédition en affirmant des choses que pas un géographe ne saurait admettre, et en alléguant des raisons si minces et si piètres qu'aucun géographe non plus ne s'est encore donné la peine de les contredire. » [1]

L'expression *au bout de quelques jours* semble bien signifier que désormais c'est l'épreuve de force. Burton découvre à présent, et il en est probablement fort étonné, qu'il n'a plus pour compagnon de voyage un cadet admiratif et un peu gauche, mais un ambitieux rival qui n'a hâte de rentrer en Angleterre que pour recueillir, au préjudice de son aîné, des acclamations qu'il estime dues à lui seul. Et de son côté Speke découvre que non seulement Burton ne peut s'empêcher de considérer que son succès n'est dû qu'à une heureuse *trouvaille*, mais encore, Speke en est certain, qu'il tentera d'en

---

1. Voir *Life*, I, 312, où ces lignes sont tirées du journal de Burton, qui lui-même résumera cette affaire dans *The Lake Regions of Central Africa*, II, 209.

atténuer la portée lorsque tous deux auront regagné leur pays. De fait, Burton reconnaîtra qu'une « lumière neuve » aura éclairé « une question masquée par trois mille ans de ténèbres... [celle des] prudes fontaines du Nil Blanc », mais tout ce qu'il concédera, c'est que le lac septentrional n'est que « l'un des nourriciers » du grand fleuve [1]. Il ne peut en aucun cas s'agir du réservoir principal, affirmera-t-il. Et cela pour une raison bien simple : c'est entre octobre et juin que la mousson arrose abondamment les lacs Victoria et Tanganyika, alors que dans la région de Gondokoro le Nil est en décrue à partir de la fin du mois de janvier, et que son niveau remonte dès la fin du mois de mars. Ce phénomène déconcertera tous les géographes londoniens et comptera parmi les multiples arguments contraires qui seront opposés à Speke après son retour en Angleterre.

A présent Burton affirme, ainsi qu'il ne cessera de le faire par la suite, que Speke n'a vu qu'une partie du lac, que les indigènes lui ont raconté des histoires, que le Nil est certainement alimenté par plusieurs réservoirs (ce qui, plus tard, sera confirmé), et que la principale source du fleuve consiste vraisemblablement en une chaîne suffisamment élevée de montagnes enneigées – comme le sont, à l'est, le Kenya et le Kilimandjaro, ou encore les monts de la Lune à l'ouest – situées à la latitude de l'équateur, là où la saison pluvieuse coïncide bien davantage avec la période des crues du Nil. Speke soutiendra de façon catégorique que les monts de la Lune sont des chaînes falciformes situées à l'extrémité nord du lac Tanganyika, mais il leur attribuera une hauteur exagérée, et sur la carte qu'il dessinera il fera d'eux une formidable barrière dressée entre ce lac et ce qu'il prenait pour le cours supérieur du Nil [2].

N'acceptant pas d'être réduit à quia, Burton, sur sa propre carte, situera tout bonnement les monts de la Lune entre le lac baptisé Victoria par Speke et l'emplacement géographique,

---

[1]. « Sur *The Lake Regions of Central Equatorial Africa* de Burton », *Royal Geographical Society Journal*, 1859, XXIX, 20.
[2]. *Blackwood's Magazine*, septembre 1859, Vol. 86, 341.

connu, du haut Nil. Mais l'un comme l'autre se trompent quant à la véritable situation de ces montagnes de légende, bien que Burton soit plus près de la vérité que Speke. Il a raison d'accuser Speke de revendiquer la découverte des sources du Nil en ne se fondant que sur des preuves largement insuffisantes. Mais Speke est dans le vrai en déclarant que le Nil – et c'est là sa conviction – provient du lac Victoria. Gageons que Burton en est tout autant convaincu, si l'on en juge par l'inconsistance de la conduite qui sera plus tard la sienne.

Speke voudrait sans plus tarder repartir pour le lac Victoria, mais Burton s'y oppose. « Je suis beaucoup plus âgé que toi, Johnie, et je ne vais toujours pas mieux, lui dit-il [...] On va retourner en Angleterre, se remettre d'aplomb, faire le compte rendu de l'expédition, trouver d'autres fonds, revenir ici tous les deux et boucler le voyage. »[1] Ils ont tout juste assez de provisions pour regagner Zanzibar. C'est le début de la mousson et la permission de longue durée que leur a accordée l'armée arrive à expiration. Ils repartent donc de Kazeh le 6 septembre 1858, en compagnie de cent trente-deux hommes, indigènes et arabes. Bon nombre de leurs porteurs viennent d'être engagés. Ils ont exigé le double du salaire de leurs prédécesseurs, car rien ne leur garantit qu'ils trouveront une caravane pour refaire le chemin en sens inverse. Certains sont d'anciens déserteurs de l'équipe. Mais Burton n'a pas voulu reprendre les pires d'entre eux, ni ceux qui par le passé ont dévalisé l'expédition.

Les deux hommes garderont de ce voyage de retour le souvenir de quatre mois de cauchemar. Ils sont malades, et chacun se méfie de l'autre. A Hanga, Speke est piqué par des insectes que les indigènes qualifient de « petits fers ». La douleur qu'il ressent dans la partie droite du torse et au niveau de la rate est fulgurante. Il raconte un jour à Burton que la

---

1. *Life*, II, 424.

souffrance l'a éveillé, souffrance accompagnée d'un « horrible rêve, durant lequel il a vu des tigres, des léopards et d'autres bêtes sauvages portant tout un harnachement de crochets de fer, et qui le traînaient sur le sol avec l'impétuosité d'une trombe ». Puis de nouveau il est en proie à des spasmes, comme s'il était terrassé, écrira Burton, par une crise d'épilepsie ou d'hydrophobie. « Il était encore tourmenté par une armée de démons, de géants, de diables à tête léonine qui l'agrippaient avec une force surhumaine et lui dépouillaient les jambes, jusqu'aux chevilles, de leurs muscles et de leurs tendons. » Après un troisième accès, au cours duquel il aboie comme un chien enragé, épouvantant les indigènes, Speke, qui maintenant peut s'exprimer, réclame une plume et du papier pour « écrire à sa famille une lettre d'adieu incohérente. Il était en pleine crise ».

Burton le soigne du mieux qu'il le peut, ne le quitte pas un seul instant. Finalement la douleur rétrocède. « Dick, chuchote Speke, on a rengainé les poignards. »

Ce que Speke ignore, c'est que dans son délire il a déversé un torrent de griefs qui pour la première fois ont ouvert les yeux de Burton sur la rancœur qui bouillonne sous les abords placides et soumis de son compagnon de voyage. Il sait maintenant que Speke lui en veut d'avoir traité comme il l'a fait son journal tenu en Somalie, lui en veut d'avoir expédié à Calcutta, en même temps que les fourrures des animaux qu'il a tués, non pas les notes de Speke, mais les siennes propres. Il sait que Speke ressent toujours une douleur cuisante au souvenir de leur querelle de Berbera, persuadé que Burton a laissé entendre qu'il s'était lâchement conduit. Et surtout, il ne lui pardonne pas de l'avoir contredit lorsqu'il a revendiqué la découverte des sources du Nil.

Ce déballage montre combien, dès le départ, Speke attachait de prix à l'approbation et à l'admiration de son aîné. Et maintenant, alors que Speke est sûr d'avoir gagné la récompense suprême, il lui faut endurer le fait que Burton se refuse à lui reconnaître ce mérite. On voit que ce pénible dilemme, Speke l'a véritablement joué, extériorisé, par des rêves où les animaux que sa passion de chasseur le pousse à tuer, à posséder, se retournent à présent contre lui pour l'anéantir, où géants et démons l'immobilisent pour l'émasculer et lui arracher les jambes, ces instruments de marche qui l'ont porté vers le plus grand triomphe de sa vie [1].

Sitôt que Speke est en état de se faire transporter dans un hamac, ils repartent pour retraverser chaînes de montagnes, étendues d'eau croupissante et forêts miasmatiques. Le 30 janvier 1859, les porteurs hurlent de joie lorsqu'ils aperçoivent les premiers manguiers. Le 2 février, écrira Burton, « Johnie et moi avons aperçu la mer. Nous avons levé nos casquettes et poussé un hip, hip, hip, hourrah ! » A Konduchi « la liesse était immense. Les guerriers dansaient, tiraient des coups de feu, exultaient. Les jeunes hommes se pressaient tout autour de nous ; les femmes s'égosillaient en poussant des you-you [...] la foule nous contemplait en riant jusqu'à n'en plus pouvoir ». [2]

A Konduchi, il leur faut attendre qu'un bateau arrive de Zanzibar, et en ultime témoignage d'amitié Burton persuade Speke d'aller voir les ruines de Quiloa, la légendaire cité portuaire aux trois cents mosquées que Vasco de Gama aurait prise en 1502, et qui plus tard aurait été détruite lors d'affrontements entre Portugais et Arabes. Burton s'est entiché de l'histoire de Vasco de Gama, et des années après il traduira en anglais *les Lusiades,* l'épopée de Camões qui célèbre la découverte de la route des Indes par le grand navigateur. Mais l'insistance qu'il met à faire un détour par Quiloa, alors qu'une épidémie de choléra sévit dans la région, laisse à entendre qu'il est de moins en moins pressé de regagner Londres.

D'autant moins pressé qu'il tente de convaincre Speke de rester avec lui à Zanzibar – où il envisage d'obtenir de l'armée une prolongation de leur congé, et de solliciter des fonds

---

1. La partie la plus révélatrice de cette anecdote ne figure pas dans *The Lake Regions of Central Africa* (II, 235), mais est tirée de l'original du journal de Burton et reproduite par sa femme dans *Life,* I, 322-3.
2. *Life,* I, 326.

supplémentaires auprès du Foreign Office –, lui promettant de repartir le plus vite possible dans l'intérieur pour y explorer complètement le lac Victoria. Mais Speke sent bien, et il ne s'y trompe pas, que cet atermoiement est le seul moyen qu'il reste à Burton d'être associé à la découverte du lac, faute de quoi tout le mérite en reviendra à Speke. « Il prenait plaisir à me dire des choses méchantes et désagréables, racontera Burton, et il m'a déclaré que les expéditions étaient sans intérêt pour lui s'il n'en était pas le chef. » Alors Burton sombre dans ce qu'il qualifie de « totale dépression du corps et de l'esprit », ajoutant que « même l'effort de parler lui était trop pénible ». [1]

En leur absence, le lieutenant-colonel Hamerton est décédé, et le Bureau des Affaires indiennes l'a remplacé par le capitaine Christopher Rigby. Du temps où il séjournait en Inde, Burton s'était attiré la haine de ce rival en le battant haut la main lorsqu'ils avaient passé tous les deux des examens en différentes langues. Presque aussitôt Speke entre dans les bonnes grâces de Rigby, fonctionnaire intrigant, capable des pires malveillances, et qui d'ores et déjà a causé un grand préjudice à Burton. En effet, avant de partir pour l'intérieur, celui-ci avait fait un paquet de son énorme manuscrit sur Zanzibar et l'avait confié, en même temps qu'un autre paquet consistant en des relevés météorologiques, à un secrétaire du Bureau des Affaires indiennes du nom d'Apothecary Frost. Sur le paquet contenant le manuscrit sur Zanzibar figurait en toutes lettres le nom du destinataire londonien : le Dr Norton Shaw. Mais Hamerton était mort et le manuscrit n'avait pas été expédié en Angleterre. Rigby, qui était arrivé le 27 juillet 1858 pour prendre ses nouvelles fonctions, a envoyé en Inde, pour le soumettre à la censure militaire, le texte de Burton, très probablement après l'avoir lu. Offusqués par les critiques acerbes formulées dans le manuscrit à propos de la politique appliquée dans l'île par la Grande-Bretagne, les officiers de l'armée des Indes ont enfermé le paquet dans le coffre de la représentation à Bombay de la Royal Asiatic Society.

1. *Ibid.*, I, 327.

Quand Burton apprend (probablement dès son retour de Zanzibar) que seul le moins important des deux paquets a été délivré à la Royal Geographical Society, il est furieux. Il soupçonne Rigby de lui avoir fait un mauvais coup, mais n'a aucun moyen de le prouver. Huit années s'écouleront avant que le manuscrit remis entre les mains d'Apothecary Frost soit renvoyé de Bombay, contre toute attente, à Burton, et c'est alors seulement qu'il saura ce qu'il est advenu entre-temps de son texte [1]. « Au bout de peu de temps le consulat m'est devenu insupportable », écrit-il sur le moment. C'est le moins qu'on puisse dire. « Je parlais avec trop de liberté de la politique locale, et j'avais trop conscience de ce qui se passait pour être un compagnon agréable. » Pendant ce temps, Rigby fait savoir par écrit à Londres ce qu'il pense des deux explorateurs : « Speke est un brave garçon, jovial et résolu. Burton ne lui vient pas à la cheville, et ce qu'il a fait n'est rien en comparaison de ce qu'a fait Speke. Mais Burton va claironner à tout rompre et c'est à lui que va revenir tout le mérite d'avoir fait les découvertes. Speke travaille. Burton reste étendu sur le dos toute la journée et exploite les lumières des autres. » [2]

1. En février 1865, un certain W.E. Frere fit l'inventaire du coffre et y retrouva le manuscrit, qu'il expédia à Burton, aux bons soins de la Royal Geographical Society, destinataire dont le nom figurait sur l'envoi de Zanzibar. Frere était incapable d'expliquer comment le colis avait bien pu arriver là, mais supposait qu'il s'agissait d'un manuscrit envoyé par Burton au colonel Rigby, à Zanzibar, manuscrit dont on avait perdu la trace. « A cette époque, écrit Burton, la population blanche de Zanzibar avait en sainte horreur tout ce qu'on pouvait bien publier [à propos de l'île]. » Bizarre tournure, mais il lui était impossible de porter publiquement des accusations directes contre Rigby. Un autre manuscrit, dans lequel Burton relatait son séjour à Sa'adani et Kilwa, lui sera dérobé, très longtemps après, à Fernando Poo. Ce manuscrit sera lui aussi retrouvé, car alors qu'il avait disparu depuis six ans un colonel britannique en fera l'acquisition chez un libraire de Londres, puis l'oubliera par inadvertance dans l'antichambre de lord Derby. Reconnaissant l'écriture de Burton, lord Derby persuadera le colonel de le restituer à son propriétaire. « Qui dira que la destinée ne s'en est pas mêlée ? » écrira Burton. Et c'est en 1872, quinze ans plus tard, qu'il publiera les deux volumes de son *Zanzibar*. Pour plus de détails, se reporter à la préface de *Zanzibar* et à *Life*, I, 280 *n*.
2. Mme C.E.B. Russell, *General Rigby, Zanzibar and the Slave Trade*, 243 *n*.

Burton doit également résoudre un épineux problème : rétribuer et récompenser les Arabes et Africains qui les ont escortés, et qui à présent tendent la main pour réclamer leur dû. Hamerton avait promis aux porteurs de leur allouer une récompense prélevée sur les fonds publics s'ils apportaient à Burton leur pleine et entière collaboration (pour sa part, Saïd ben Salem avait reçu l'assurance, selon lui, de recevoir mille thalers et une montre en or), mais Rigby ne se sent pas tenu d'honorer les libéralités de son prédécesseur. Les mille livres attribuées par le Foreign Office sont depuis longtemps dépensées. Burton a personnellement engagé mille quatre cents livres pour couvrir une partie des frais de l'expédition, et Speke a promis de contribuer lui aussi aux dépenses lorsqu'ils seront de retour en Angleterre. Burton entend satisfaire aux revendications de tous les hommes qui l'ont honnêtement servi, mais il se refuse à récompenser Saïd ben Salem qui, affirme-t-il, a suffisamment chapardé pour se constituer un magot rondelet. Il se refuse aussi à rétribuer les déserteurs, parmi lesquels comptent quelques esclaves, estimant que la somme de trente thalers qu'ils ont reçue par avance suffit amplement, et qu'il tirerait d'eux moins que cela s'il les vendait sur le marché. Speke et Rigby l'observent sans mot dire, et manifestement l'approuvent. Mais sans le savoir, Burton prépare ainsi le terrain à bon nombre d'ennuis [1].

Le 22 mars 1859, Speke et lui embarquent sur la goélette *Dragon of Salem* à destination d'Aden. Là, Burton a un ami sûr, le Dr John Steinhäuser, qui après s'être entretenu avec

---

1. Speke, qui déjà ne songe plus qu'à repartir pour l'intérieur à la tête de sa propre expédition, redoute que les porteurs refusent alors de l'accompagner. « Il faudra que je les paie de ma poche si le gouvernement ne le fait pas », écrit-il dans une lettre adressée au Dr Norton Shaw. (Archives de la Royal Geographical Society.) Et sur le navire qui les amènera à Londres, il écrira à Rigby pour lui demander d'ouvrir officiellement une enquête. Une enquête qui minimiserait le rôle d'« informateur » qu'il a joué en dénonçant les agissements de Burton, mais qui en même temps permettrait « à la justice de suivre son cours ». (Lettre plus tardive de Speke, adressée le 1er décembre 1859 au sous-secrétaire d'État aux Affaires indiennes, citée par C.E.B. Russell dans *General Rigby, Zanzibar and the Slave Trade*, 252.)

Speke en privé vient le voir, inquiet, pour le mettre en garde contre les tracasseries que va lui causer son cadet lorsque tous deux seront de retour à Londres [1]. Pourtant, les deux explorateurs continuent d'échanger des politesses pour la forme et de donner l'impression d'être bons amis. Mais quand le H.M.S. *Furious* fait escale à Aden avant de repartir pour Londres et qu'à tous les deux on propose un passage sur le navire, Burton refuse. Le Dr Steinhäuser lui a conseillé de prolonger sa convalescence à Aden, car la fièvre lui colle à la peau « comme une tunique de Nessus », écrit Burton [2]. (Pertinente allégorie quand on connaît la suite, si l'on veut bien se rappeler que Nessus était un centaure qu'Héraclès avait blessé d'une flèche empoisonnée, et qu'ensuite Déjanire, son épouse, avait trempé la tunique de son mari dans le sang du centaure à l'agonie, lequel, avant de mourir, lui avait fait croire que ce sang était un philtre de fidélité. Mais la tunique empoisonnée consuma les chairs d'Héraclès et lui causa une douleur si insupportable qu'il finit par se tuer.)

Vient le moment d'échanger de brefs adieux.

— Je ne vais pas moisir ici, Johnie, déclare Burton. Je rentre le plus vite possible.

— *A bientôt, mon vieux*, lui répond Speke. *Et sois certain d'une chose : c'est que je n'irai pas voir la Royal Geographical Society avant que tu te manifestes pour que nous y allions ensemble. Pour cela, tu peux être tranquille.* [C'est Burton qui souligne.]

« Ce furent là nos derniers mots, écrit Burton. Jamais plus Johnie ne m'a adressé la parole. »

---

1. *Zanzibar*, II, 389-90.
2. *The Lake Regions of Central Africa*, II, 384.

XVI

TRAHISON ET DIATRIBES

A bord du *Furious*, Speke est immédiatement pris en main par Laurence Oliphant. Fortuné, gâté par l'existence, ce jeune Anglais qui a vu du pays a fait la connaissance de Burton à l'occasion d'un souper chez Monckton Milnes. Oliphant est tout à la fois journaliste au *Times* et au *Blackwood's*, et secrétaire de lord Elgin, avec qui il revient de Chine au terme d'une mission diplomatique. A vingt-neuf ans, il a déjà écrit plusieurs relations de voyage qui lui ont valu une certaine célébrité. Ce qu'alors on ne sait pas de lui, c'est que son enfance s'est déroulée dans le giron d'une mère effroyablement possessive et qu'il est enclin – ou que déjà il s'adonne, peut-être – à l'homosexualité. Son mariage tardif (il aura alors quarante-deux ans) sera au sens propre du terme « un mariage de purs esprits », et il déclarera par la suite, avec une belle ingénuité, que « dormir pendant douze ans en tenant dans ses bras sa belle et bien-aimée Alice lui aura appris à se dominer et à ne pas revendiquer ses droits de mari ». Plus tard encore, il s'exilera à Brockton, dans l'État de New York, pour y épouser le culte « fraternel » de Thomas Lake Harris, « mystique bisexuel », à qui il léguera la plus grande part de sa fortune. Mais il regagnera l'Angleterre, d'où il s'éloignera de nouveau, inculpé d'avoir moralement corrompu de jeunes garçons, pour aller passer le restant de ses jours, ou presque, en Extrême-Orient, en compagnie de sa deuxième épouse [1].

1. Philip Henderson, *The Life of Laurence Oliphant*, Londres, 1956, 13, 188, 254.

Pour l'instant, Oliphant exerce sur l'existence de Speke une influence décisive, et après leur arrivée à Londres il le persuade de ne pas attendre Burton douze jours de plus et de se rendre sans plus tarder chez sir Roderick Murchison, le président de la Royal Geographical Society, pour lui faire part de sa découverte et recueillir les fruits de ses mérites. « A bord du *Furious*, écrira plus tard Burton, il [Speke] s'exposa aux pires influences, et on le convainquit d'agir d'une manière que son sens moral n'a pu que fortement condamner après coup, pour autant, bien entendu, que ce même sens moral lui accordât jamais le pardon [...] Le jour même où il revint en Angleterre, le 9 mai 1859, Johnie se présentait à la Royal Geographical Society et mettait sur pied le projet d'une nouvelle exploration. » [1]

Speke, lui, voit les choses d'une autre façon. « Est-il besoin de le dire? écrit-il, sir Roderick se rangea immédiatement à mon opinion et, connaissant mon ardent désir de prouver au monde, par une véritable inspection de l'effluent, que le Victoria-Nyanza était bien la source du Nil, il se prévalut de ce que cette opinion éclairée ne manquerait pas de rehausser la gloire de l'Angleterre et de la société qu'il présidait, pour me dire : Speke, il faut que vous retourniez là-bas. » [2]

Speke donne une conférence devant la Société – « bien contre mon gré », écrit-il – et du jour au lendemain devient la coqueluche de toute la capitale. Burton, qui débarque le 21 mai, est consterné. « Le sol se dérobait sous mes pieds », écrira-t-il. Une somme de deux mille cinq cents livres a déjà été allouée à Speke pour qu'il organise une nouvelle expédition. Burton propose d'en lancer deux, à partir de deux points de la côte orientale, mais sa proposition est déclinée avec froideur. « Tout était réglé d'avance, et à mon préjudice, raconte-t-il. Mon compagnon se montrait désormais sous son vrai jour, se posait en rival vindicatif. » [3]

1. *Zanzibar*, II, 390; *Life*, I, 328.
2. *Journal of the Discovery of the Source of the Nile*, New York, 1864, 31.
3. *Zanzibar*, II, 391.

Le 23 mai, deux jours après son arrivée à Londres, la Royal Geographical Society lui décerne comme il se doit une médaille de Fondateur, mais au cours de l'allocution qu'il prononce pour l'occasion, sir Roderick Murchison fait à peine allusion à la découverte du lac Tanganyika. En revanche, il consacre la plus grande partie de son discours de deux heures à décrire en termes élogieux celle du Nyanza-Victoria. Abasourdi par le tour qu'a pris la séance, Burton, réussissant à se dominer, n'en tire pas moins un coup de chapeau à Speke lorsqu'il prononce à son tour quelques phrases de remerciements. « C'est au capitaine Speke, déclare-t-il, que sont dus les résultats géographiques que vous avez mentionnés en termes si élogieux. Alors que je m'employais à étudier l'histoire et l'ethnographie, les langues et particularités des gens, c'est au capitaine Speke qu'a incombé la tâche ardue consistant à relever avec précision la topographie et calculer notre position par l'observation astronomique − tâche que l'intrépide Livingstone lui-même jugeait parfois au-dessus de ses forces. »[1]

Speke n'aurait sans doute pas connu pareil triomphe si en privé il n'avait tenu des propos venimeux sur Burton. La nature de ses accusations apparaîtra au grand jour, plusieurs années après, à la lumière de la biographie d'Isabel Burton par W.H. Wilkins, et aussi des lettres qu'enverra Speke à Rigby, toujours en poste à Zanzibar. « Je suis certain, écrira-t-il, qu'à Zanzibar tout le monde sait que c'était moi le chef de l'expédition, et Burton le second. Si je n'avais pas été là, jamais il n'aurait enduré le voyage. » Plus tard encore il écrira à Rigby qu'il espérait que la publication dans *Blackwood's Magazine* de sa relation de voyage « aurait peut-être pour effet d'amener Burton à s'amender, et que pour le moins cette publication lui ferait passer la manie qu'il avait de gribouiller et délivrerait son âme du fardeau de ses multiples mensonges ».

Speke déclare au rédacteur en chef du *Blackwood's*, lequel

---

1. *Royal Geographical Society Proceedings*, 1858-9, III, 219; *Royal Geographical Society Journal*, 1859, XXIX, XCVII.

est un excellent ami d'Oliphant, qu'il aurait préféré « souffrir mille morts » plutôt que de laisser « un étranger enlever à l'Angleterre l'honneur de la découverte [des sources du Nil] ». Inutile d'être plus explicite : le trait fait clairement allusion à l'éducation « continentale » qu'a reçue Burton, et d'une façon plus générale à un comportement qui le « démarque » de ses compatriotes [1]. Il serait facile à Speke de faire discrètement état de la curiosité dont témoigne Burton des habitudes sexuelles des indigènes. D'autant plus facile que, dans ses écrits, Speke prend grand soin de se prévaloir de sa propre continence. Mais manifestement il attaque en sous-entendant des choses plus perverses. W.H. Wilkins, qui a consulté et Isabel Burton et sa sœur au moment où il préparait sa biographie, présentera l'affaire de la façon suivante : « Speke avait partout tenu toutes sortes de propos bien vilains – et que je crois contraires à la vérité – sur Burton. On n'avait que trop tendance à prendre pour argent comptant ces propos qui venaient s'ajouter à diverses autres rumeurs, que je crois tout autant contraires à la vérité. » Et là, le texte de Wilkins renvoie à une note en bas de page mentionnant l'enquête, menée par Burton à Karachi dans les maisons de tolérance pour homosexuels [2].

Agissant exactement comme il l'avait fait après l'expédition en Somalie – lorsqu'il avait fait jeter en prison son abban, qu'il accusait de malversation – Speke réitère la même accusation, mais cette fois contre Burton. « Ce n'est pas moi, clame-t-il, qui ai commis des exactions. C'est Burton. » Et de monter en épingle l'enquête de Rigby à Zanzibar (qu'il a lui-même occasionnée en agissant par la bande), rappelant que Burton n'avait pas remis aux porteurs la récompense officiellement promise par le colonel Hamerton. Rigby, qui pourtant a refusé de tenir l'engagement pris par son prédécesseur,

---

1. Lettres de Speke à Rigby datées respectivement du 6 octobre 1860 et du 12 mai 1861. Citées par C.E.B. Russell, *General Rigby, Zanzibar and the Slave Trade*, 235, 237 ; rubrique nécrologique publiée par le *Blackwood's Magazine*, après le décès de Speke, octobre 1864, Vol. 96, 514.
2. Wilkins, *op. cit.*, I, 144.

n'en avise pas moins le Bureau des Affaires indiennes de ce que Saïd ben Salem réclame ses mille thalers et sa montre en or. Et il ajoute que cette affaire ôte de son prestige au gouvernement britannique. L'accusation amorce un échange de lettres au vitriol avec Burton, qui est anéanti, le 14 janvier 1860, lorsqu'il reçoit un blâme du Bureau des Affaires indiennes; il comprend alors qu'il risque d'être mis en demeure de débourser la totalité de la somme due [1].

Cercle vicieux dont ni l'un ni l'autre ne sortent, Burton refusant d'accréditer ce qui pour Speke passe avant tout le reste, à savoir que le Nyanza-Victoria constitue bien la source du grand fleuve, qu'il n'est pas simplement « l'un des nourriciers du Nil Blanc »; Speke dérobant à Burton jusqu'aux honneurs auxquels sa qualité de chef de l'expédition lui donne droit. Mais Speke ne désarme pas et poursuit son attaque, accusant tout d'abord Burton d'avoir dupé les porteurs – alors que c'est lui le fautif – ensuite d'avoir affiché des manières homosexuelles, alors que lui-même est sans doute attiré, inconsciemment, par l'homosexualité. Pareille accusation constitue souvent un élément essentiel d'auto-défense chez ceux qui répriment leurs propres tendances, un moyen de se masquer une vérité insupportable. L'histoire de Speke montre qu'il n'a jamais ressenti la moindre affection pour une femme, à l'exception de sa mère. Il continuera d'entretenir avec Oliphant d'étroits liens d'amitié, et au printemps de l'année 1864, il passera avec lui plusieurs semaines en France, où il s'est rendu pour essayer de négocier avec le gouvernement français le financement de nouvelles explorations [2].

Jusqu'à ce que les accusations et les malveillances de son ancien compagnon de voyage lui aient causé un préjudice irréparable, Burton ne cherche à discréditer publiquement

---

1. Burton publiera intégralement cette correspondance avec Rigby dans l'appendice II de *The Lake Regions of Central Africa*. Des détails supplémentaires sur cette affaire sont donnés par Mme C.E.B. Russell, *General Rigby, Zanzibar and the Slave Trade*. Malheureusement Mme Russell (qui est la fille du colonel Rigby) ne publie pas intégralement cette correspondance, et elle le reconnaît elle-même, sans chercher à déguiser.
2. Philip Henderson, *The Life of Laurence Oliphant*, 125.

Speke ni en paroles ni dans ses écrits. C'est beaucoup plus tard que cette phrase lui viendra sous la plume : « Nul n'est moins enclin à pardonner, oserais-je dire, que l'homme qui en meurtrit un autre. » Mais si l'on examine attentivement la conduite de Burton dans les premiers mois qui suivent son retour, tout se passe comme s'il acceptait les coups bas qui lui sont portés. D'ailleurs, le fait même qu'il ait tardé à regagner Londres laissait la porte ouverte à toutes les traîtrises. Un instant il avait caressé l'idée d'affirmer que le Nil prenait bel et bien sa source dans le lac Tanganyika, mais il avait changé d'avis. « Avant de revenir en Angleterre, écrit-il, une voix sagace m'a soufflé à l'oreille : Affirme effrontément que tu as découvert les sources du Nil – Si c'est vrai, *tant mieux* *, si c'est faux, on n'y verra que du feu et il faudra un certain temps pour qu'on découvre la supercherie ! [1] » En retardant son retour, Burton a donné à Speke l'occasion de récolter aisément le maximum de gloire, peut-être parce que, dans le tréfonds de sa conscience, il considérait que celui-ci le méritait. Si Speke avait revendiqué sa découverte avec moins de certitude, s'il avait rendu hommage à Burton pour le rôle qu'il avait joué, et s'il l'avait invité à être de la prochaine expédition, toute l'Angleterre eût applaudi. Mais les choses étant ce qu'elles étaient, nombreux ont été ceux qui, par indignation, ont pris fait et cause pour Burton. Scientifiques et géographes ont bientôt formé deux clans ennemis, et la presse n'a guère tardé à s'emparer de leurs dissensions.

Bien qu'ils ne se soient pas adressé la parole depuis Aden, les deux hommes continuent de correspondre. Mais désormais Burton commence ses lettres non plus par « Mon cher Johnie », mais par « Mon cher Speke », puis par « Monsieur ». Au mois de novembre 1859, Burton finit par envoyer à Norton Shaw une missive contenant ces lignes : « Je ne tiens plus à maintenir la moindre relation, en privé comme en public, avec Speke. Mais en même temps je crains fort de ne pouvoir mentionner son nom sans qu'il en ait connaissance. » [2] Pour-

1. *Zanzibar*, II, 392, 321.
2. Archives de la Royal Geographical Society.

tant, les deux hommes échangent toujours des notes. Le fonds Quentin Keynes contient plusieurs lettres, découvertes depuis peu, adressées par Speke à Burton. Au bas de ces lettres Burton a griffonné le brouillon de sa réponse, laquelle montre que les relations épistolaires leur sont devenues (à Burton pour le moins) infiniment pénibles. Faisant preuve d'une authentique incompréhension, Speke envoie à Burton, le 1er février 1860, une lettre qui prouve clairement qu'il n'a pas mesuré l'effet produit sur son correspondant par son propre comportement vis-à-vis de lui : « ...vous semblez *désireux* de m'éviter », écrit-il. L'indifférence de Speke est encore fortifiée par la haute estime qu'il a de lui-même. « Tout ce que je puis dire, a-t-il écrit le 1er décembre au sous-secrétaire d'État aux Affaires indiennes, c'est que je n'ai jamais laissé l'inimitié se tourner en rancœur. » [1]

A cette trahison s'en est ajoutée une autre, moindre, sans doute, mais qui a mis Burton hors de lui : Speke a refusé de verser sa quote-part pour rembourser les dettes que tous deux ont contractées en Afrique. Et ce refus, il l'a motivé par deux raisons : d'abord il espérait qu'on pourrait persuader le Bureau des Affaires indiennes de fournir les fonds nécessaires (alors que Burton, et il voyait juste, était certain du contraire); ensuite parce qu'il reprochait à Burton de ne jamais l'avoir dédommagé du préjudice dont il avait été victime après l'expédition en Somalie. Burton s'était approprié tout à la fois son journal et ses collections, expliquait Speke, et il ne lui avait jamais proposé, comme il se devait de le faire, de lui remettre la moitié des droits d'auteur que lui avait valu la publication de *First Footsteps in East Africa* [2]. Burton, que l'expédition en Somalie avait également endetté, et à qui son livre n'avait rien rapporté (il l'avait écrit seul, de bout en bout, à l'exception de l'appendice), jugeait scandaleux que Speke pût réclamer la moitié des droits, bien que lui-même

1. Mme C.E.B. Russell, *General Rigby, Zanzibar and the Slave Trade*, 255.
2. Lettre de Speke à Burton datée du 17 janvier 1860. Fonds Quentin Keynes.

fût à présent très conscient d'avoir puisé dans le journal de l'autre. Mais il savait que la famille de Speke était fortunée, et que son compagnon de voyage disposait en propre de fonds considérables.

Burton a mis de sa poche mille quatre cents livres pour contribuer au financement de l'expédition, et il en réclame maintenant six cents à Speke. « Vous avez contracté la dette en Afrique sans émettre la moindre réserve, écrit Burton. Mais si alors je vous avais connu comme je vous connais aujourd'hui, je vous aurais demandé de signer une reconnaissance pour ce qui reste une dette *d'honneur* *. Bien fait pour moi si je paie le prix de ma naïveté. »[1] Il se peut fort bien que ces phrases amères, écrites par Burton à la fin d'une lettre de Speke, n'aient jamais été portées à la connaissance de celui-ci, mais le fait est que désormais les deux hommes cessent de correspondre, et Speke enverra une lettre à Norton Shaw pour lui dire que Burton lui a signifié, par écrit, qu'il lui « répugnait » de poursuivre toute correspondance relative à ces affaires d'argent. Peu après, le 10 février, Burton demandera à Shaw d'arbitrer leur différend[2].

Plusieurs personnes tenteront de réconcilier les deux hommes, entre autres Isabel Arundell, à qui Speke déclare : « Cela me fait beaucoup de peine et je ne comprends rien à ce qui s'est produit. Richard a été pour moi la gentillesse même. Il m'a soigné comme une mère soigne son fils et m'a appris un tas de choses. Je m'étais profondément attaché à lui, mais maintenant je ne pourrais plus revenir en arrière. »[3]

Or, les langues sont allées bon train et partout on sait que Speke doit de l'argent à Burton. « J'ai appris par ma mère qu'à Londres circulaient des rumeurs fort désobligeantes pour mon frère », écrit à Norton Shaw le cadet de Speke, Benja-

---

1. Fonds Quentin Keynes. Cette réponse écrite par Burton à la fin de la lettre de Speke est datée du 3 février 1860.
2. Lettre de Speke à Shaw en date du 6 février 1860. Fonds Quentin Keynes.
3. *Life*, I, 331.

min [1]. Une semaine avant de quitter Londres pour entreprendre sa deuxième expédition dans la région du haut Nil, Speke se décide à écrire à Burton, pour lui dire son regret de ne pouvoir lui remettre en personne les six cents livres, ajoutant qu'il a mandaté son frère Benjamin pour restituer la somme à sa place de la façon qui conviendra le mieux à Burton. Ce dernier lui répond par quelques lignes impersonnelles, l'avisant de ce qu'il va lui aussi quitter l'Angleterre et lui précisant le mode de versement qui lui agrée. Speke lui envoie alors un message d'adieu tout aussi impersonnel, exception faite de la première phrase, suffisamment poignante et révélatrice pour que nous la rapportions ici : « Il m'est impossible, écrit Speke, de quitter l'Angleterre en m'adressant à vous avec tant de froideur. » [2]

Mais cette attention, pour autant qu'il s'agisse bien de cela, n'amadoue en rien Burton, qui déverse sa bile dans son journal : « ...Je lui ai appris tout ce qu'il sait, sauf à chasser et à bredouiller quelques bribes d'anglo-hindoustani [...] et pour toute récompense, on se rit de moi, de l'argent que j'ai dépensé et de la cause pour laquelle j'ai tout sacrifié. » [3] Huit ans après la mort de Speke, il laissera percer son amertume de façon plus explicite dans *Zanzibar* :

« Nous lisions et relisions ensemble les quelques ouvrages – Shakespeare, Euclide et d'autres – qui constituaient mon indigente bibliothèque. C'est moi qui lui ai appris à faire des croquis sur le vif, et il me donnait à corriger la relation de nos aventures, qu'il consignait dans son journal. Par la force des choses, ces souvenirs me rappellent le distique arabe :

Jour après jour je lui enseignais le tir à l'arc,
Et quand son bras fut sûr, c'est sur moi qu'il tira. »

---

1. Lettre de Benjamin Speke au Dr Norton Shaw, datée du 21 août 1860. Fonds Quentin Keynes.
2. Lettre datée du 16 avril 1860. Fonds Quentin Keynes.
3. Cité dans *Life*, I, 316.

A la trahison de Speke vient s'ajouter pour Burton un tragique événement familial. Son frère Edward, que la révolte des Cipayes avait épargné et à qui on avait ensuite attribué un poste à Lakhnau, a été mis en congé de maladie et rapatrié en Angleterre, car il est atteint d'une affection mentale aiguë. Georgiana Stisted prétend que ce sont les Cinghalais qui, exaspérés de le voir massacrer gratuitement des animaux sauvages lors d'une expédition de chasse, lui auraient donné des coups sur la tête, et qu'une insolation n'aurait fait qu'empirer son état après son retour en Inde [1]. Mais quelle qu'en soit la cause, Edward est à présent affligé d'une psychopathie irrémédiable. L'un des premiers biographes de Burton, Thomas Wright, écrit que durant presque quarante ans Edward ne prononcera plus un seul mot. Selon ce qu'on racontera plus tard dans la famille, l'aphasique n'aurait rompu qu'une seule fois ce silence avant de mourir en 1895, le jour où l'un de ses cousins, médecin, aurait délibérément tenté de le faire parler en l'accusant, pour provoquer sa colère, de ne pas s'être acquitté d'une vieille dette. Alors Edward aurait relevé la tête et, répondu, au prix d'un effort qui le mettait à la torture : « Je t'ai remboursé, cousin. Souviens-toi, je t'ai donné un chèque. » [2] Curieux rappel des sempiternelles « dettes ou pas dettes » qui empoisonneront les jours de son illustre frère.

Il ne fait aucun doute que la maladie d'Edward retentit considérablement sur la conduite adoptée par Burton durant ses démêlés avec John Speke, pour qui il avait été « comme un frère » au temps de leur voyage en Afrique. Et ce qui chez lui pourrait passer pour de la passivité n'est peut-être rien d'autre qu'une grave dépression. Isabel Burton découvrira plus tard dans le journal de Burton ce poème composé à cette époque, et dont voici un fragment :

J'entends les sons que j'avais accoutumé d'entendre
Le rire de la joie, la plainte de la peine,

1. *The True Life of Captain Sir Richard F. Burton*, 163-4.
2. Thomas Wright, *Life of Sir Richard Burton*, I, 241.

> *Sons de l'enfance qui reviennent*
> *La Mort approche!...*
> *La récompense à tout jamais si chère*
> *Repose sur le sein de la Renommée.*
> *(Je n'ai fait que moitié) tandis que vit mon nom.*
> *Alors viens, Mort, approche!* [1]

« Je n'ai fait que moitié », sonne véritablement comme « la plainte de la peine », l'aveu de la défaite, du désespoir. Pour Isabel, ce poème a des effluences suicidaires. Mais à l'époque, c'est à elle que se raccroche Burton pour tenir bon et garder espoir.

Durant les deux ans et neuf mois qu'avait duré son absence, Burton, à ce qu'il semble, n'avait écrit que deux fois à Isabel. Au cours des vingt derniers mois elle n'avait eu aucune nouvelle de lui, et pourtant elle avait continué de lui envoyer tous les quinze jours une longue épître en forme de journal. Sa mère n'avait cessé de la railler, de dauber sur la négligence de Burton, d'affirmer à sa fille qu'il l'avait oubliée, ou alors que les chacals l'avaient dévoré. Pendant l'absence de l'explorateur, Isabel avait voyagé dans différents pays de l'Europe continentale en compagnie de sa sœur, Blanche, qui avait fait un beau mariage en devenant l'épouse d'un homme fortuné du nom de Smyth Pigott. En apparence, le voyage avait été marqué par diverses péripéties. Un général russe, puis un veuf américain qui affirmait posséder trois cent mille livres en or californien, avaient demandé la main d'Isabel. L'empereur d'Autriche leur avait accordé une audience privée, aux Pigott et à elle, et à cette occasion elle s'était flattée de rappeler à leur hôte impérial qu'il avait jadis fait danser Mme Arundell. Mais à vrai dire elle s'était sentie très seule. Un jour pourtant, à Pise, elle avait exulté en découvrant le nom de

---

1. *Life*, I, 332.

Burton gravé sur la tour penchée. Elle avait alors gravé le sien juste au-dessous.

Après son retour à Londres, elle avait appris par les journaux que Burton était à Zanzibar et qu'il allait probablement repartir pour l'intérieur de l'Afrique sans même revenir à Londres. « J'étais au désespoir, écrit-elle, et je me demandais si je n'allais pas entrer dans l'ordre des sœurs de la Charité », jusqu'au jour où elle avait reçu de Zanzibar une enveloppe à son nom, laquelle ne contenait pas de lettre, mais simplement un court poème intitulé *Pour Isabel* :

Pour Isabel

> *Ce front devant mes yeux levé*
> *Tel que sur un sanctuaire ;*
> *Ces yeux m'inondant de lumière ;*
> *Ces lèvres, ô vin sacramentel ;*
> *Cette voix dont le flux me semble*
> *Bercer mes rêves d'exilé.*

« Alors j'ai su que tout allait bien », écrit-elle.

Pourtant, quand elle lit dans la presse que Burton va bientôt revenir à Londres, ses vieilles appréhensions la tourmentent à nouveau. « J'éprouve un sentiment bizarre, d'appréhension, de malaise, d'étourdissement. Je meurs d'envie de le voir, et d'un autre côté je voudrais m'enfuir, confie-t-elle à son journal le 21 mai, de peur qu'après tant de souffrance et d'attente je doive en supporter davantage. »[1]

Le 22 mai, alors qu'elle est chez des amis, on sonne à la porte.

« Une voix qui me donna des frissons dans tout le corps montait dans l'escalier, et je l'ai entendue dire : Je souhaiterais avoir l'adresse de Mlle Arundell. La porte s'ouvrit, je me retournai, et jugez de ce que je ressentis en voyant entrer

---

1. *Ibid.*, I, 329 *n* ; W.H. Wilkins, *op. cit.*, I, 149.

Richard! Pendant quelque temps nous restâmes stupéfaits [...] Nous nous précipitâmes dans les bras l'un de l'autre. Je ne saurais décrire ma joie en cet instant-là. Il avait débarqué la veille, et en arrivant à Londres il était venu ici pour demander où j'habitais, où il me trouverait [...] Nous descendîmes, et Richard appela un fiacre, m'y fit monter et dit au cocher de nous mener – où il voudrait. Il m'entoura la taille de son bras et je posai la tête sur son épaule. J'étais complètement abasourdie, incapable de dire un mot ou de faire un mouvement, et je me sentais comme quelqu'un qui revient à soi après un évanouissement ou un rêve. Une impression de douleur aiguë [...] mais aussi de plénitude, comme cela doit se passer, je crois, pendant quelques instants après que l'âme a quitté le corps. Quand nous eûmes quelque peu retrouvé nos esprits, chacun de nous fouilla ses poches pour en sortir au même moment le portrait de l'autre et lui montrer qu'il l'avait toujours pieusement conservé [...]

» Jamais je n'oublierai l'état dans lequel était alors Richard. Il avait eu vingt et un accès de fièvre – avait été en partie paralysé et presque aveugle. Ce n'était plus qu'un squelette, sa peau d'un brun jaunâtre faisait des poches, les yeux lui sortaient des orbites et ses lèvres s'écartaient de ses dents [...] Jamais comme en cet instant je n'avais senti combien je l'aimais. Il revenait appauvri, découragé par les rebuffades des autorités et par toutes sortes d'ennuis. Mais il demeurait – aussi accablé fût-il par l'adversité – mon dieu sur terre et mon seigneur, et j'aurais pu m'agenouiller devant lui pour le révérer. Je me sentais immensément fière de lui. Je prenais plaisir à le regarder en me disant : Tu es à moi, et aucun homme au monde ne te ressemble en rien. » [1]

Cette ferveur qui l'emmitoufle est comme un antidote, un baume pour les meurtrissures de Burton. Et c'est peut-être sans rien exagérer qu'Isabel écrit : « Je crois que sans moi il serait mort. »

1. W.H. Wilkins, *op. cit.*, I, 149-51.

Cependant, ils ne s'épousent pas. Burton se rend à Douvres, où il passe plusieurs semaines avec sa sœur, et pendant ce temps Mme Arundell continue à contrarier les projets de sa fille en faisant feu de tout bois. Elle va même jusqu'à intercepter les lettres de Burton pour les détruire. Elle a pour cela deux maîtres arguments : « Ce n'est pas un catholique et il n'a pas d'argent. » Or, Burton a hérité de seize mille livres provenant du domaine familial, et, bien qu'il ait quelque peu rogné cette somme pour financer en partie son expédition au Tanganyika, il lui en reste assez pour en tirer une petite rente annuelle s'il n'engloutit pas son avoir dans d'autres aventures. De plus, il a promis de se marier selon le rite catholique et garanti par écrit que ses enfants seraient élevés dans cette religion.

En octobre 1859, Isabel envoie à sa mère, qui s'est absentée de Londres, une lettre où perce la passion : « Je suis surprise que vous pensiez l'un et l'autre qu'il s'agissait pour moi d'une toquade, vous qui admirez le talent, et mon père le courage et l'esprit d'aventure, alors que [chez Burton] tout est réuni. » Puis elle cite cette phrase admirative d'un journal dans lequel Burton a été qualifié de « personnage le plus intéressant du dix-neuvième siècle » avant de poursuivre : « Maintenant je suis prête à tout sacrifier, tout quitter pour suivre ses destinées, même si tous les deux me chassez – même si l'univers entier me proscrit [...] Et si vous ne me déshéritez pas, c'est à lui qu'ira ma part [...] Si vous me destiniez à un autre homme, je ne voudrais pas de lui [...] Et le jour où il [Burton] m'abandonnera (si cela devait se produire), alors j'entrerais tout de suite au couvent. » Comme toutes les autres lettres adressées à sa mère, celle-ci s'achève par « Votre enfant très affectionnée »[1].

Mais Mme Arundell demeure inflexible, et Burton propose à Isabel de l'enlever. Bien qu'elle ait vingt-huit ans et lui trente-sept, elle espère toujours obtenir le consentement de sa mère. Vivement contrarié, Burton déclare que les parents

---

1. *Life*, I, 333-6.

Arundell « ont reçu l'un et l'autre pour don la noble obstination de la mule », et il quitte l'Angleterre pour se rendre d'abord à Paris, où Maria a emmené son frère Edward, puis à Vichy, où il fait une cure, car il souffre d'un début de goutte.

Monckton Milnes rapporte que durant son séjour à Paris, Burton est allé voir Fred Hankey, jeune Anglais de réputation douteuse et acquéreur de bon nombre des ouvrages érotiques que Milnes, grand amateur, collectionne. S'il faut en croire James Pope-Hennessy, le biographe de Milnes, Hankey a des tendances sadiques qu'il assouvit par des pratiques sexuelles insolites. Edmond et Jules de Goncourt, qui lui rendront visite en 1862, affirment que son appartement est encombré de « tous les objets obscènes possibles » et imaginables. Non moins curieux de ces choses qu'il ne l'était au Caire, à La Mecque ou à Karachi, Burton s'est mis à la recherche de Hankey, qu'il a fini par trouver. « Depuis notre dernière rencontre, je l'ai vu, écrit-il à Milnes le 22 janvier 1860. Les *sœurs* sont plutôt décevantes – des Suissesses. Froides comme des crapauds et montagnardes jusqu'au bout des ongles. Aussi inaptes à la débauche qu'on peut l'être. Je l'ai dit à Hankey, et il m'a fait observer avec passablement de philosophie que les amateurs de cartes postales s'en contentaient amplement. » Hankey a fait lire un poème de Milnes à Burton, qui dit sans ambages à l'auteur ce qu'il en pensait : « J'ai beaucoup aimé toutes les strophes, sans exception. Mais je n'aime pas le titre. C'est destiné à un très petit nombre de lecteurs qui tirent tout à la fois plaisir de la rime et de la flagellation [...] Pourquoi ne pas l'intituler *Les Birchiades* ? »[1]

Au travers de cette anecdote transparaît clairement l'am-

---

1. De *birch*, bouleau, et par extension verges pour fouetter. (La désinence de ce mot-titre fait songer au poème épique de Camões, *les Lusiades*, que Burton traduira plus tard en anglais.) Cette lettre de Burton appartient à la bibliothèque du Trinity College de Cambridge (collection Houghton). Voir aussi James Pope-Hennessy, *Monckton Milnes: The Flight of Youth, 1851-1885*, Londres, 1951, 118-19, ainsi qu'Edmond et Jules de Goncourt, *Journal, Mémoires de la vie littéraire*, Monaco, 1956, v, 89-93, (1861-3).

bivalence de Burton : d'abord il poursuit l'innocence (la pieuse, opiniâtre et vertueuse Isabel), ensuite il recherche la compagnie d'hommes totalement pervertis. Hankey, nous apprend le journal des Goncourt, eût été capable de louer une chambre de la fenêtre de laquelle il pourrait assister à la pendaison d'une meurtrière, et d'y amener deux prostituées *pour leur faire des choses* * pendant l'exécution. De plus, cette visite de Burton à Hankey ne sera pas unique, puisqu'elle va marquer le début d'une réciproque amitié. Nous reviendrons sur cette ambivalence de Burton, qui toute sa vie semble avoir oscillé d'un pôle à l'autre, comme si d'avoir tâté de la cathode le renvoyait vers l'anode et vice versa.

De retour à Londres, Burton continue de faire à Isabel une cour assidue, mais de façon étonnamment discrète. Il ne la voit que chez elle ou chez des amis qui « facilitent et favorisent » leur idylle. Souvent Burton part pour Boulogne. « Ici je peux travailler, alors que je ne peux le faire ni à Londres ni à Paris », raconte-t-il à Milnes [1]. C'est en effet à Boulogne qu'il compose la plus grande partie des deux tomes de *The Lake Regions of Central Africa*. Rien d'étonnant si en pareilles circonstances il dédie l'ouvrage non pas à Isabel, mais à sa propre sœur, Maria.

A l'approche du printemps, le différend qui oppose Burton à Speke a pris un caractère public. Dès l'automne de l'année 1859 Speke s'est empressé de publier dans *Blackwood's Magazine* une série d'articles dans lesquels il relate sa découverte avec exaltation et conviction, réussissant du même coup à réduire le rôle de Burton à celui d'un scribouillard. Cependant il commet des erreurs qui vont exposer le défaut de sa cuirasse. D'abord, il affirme que le lac Victoria est tout entier compris entre le quatrième et le cinquième degré de latitude nord, alors que bon nombre de documents montrent que vingt ans auparavant une expédition en Égypte a remonté le cours du

---

1. Lettre du 22 janvier 1860. Bibliothèque du Trinity College.

fleuve jusqu'à une latitude de 3° 22′ nord sans jamais découvrir le moindre lac [1]. Ensuite, il déclare de façon péremptoire et totalement arbitraire que la rivière Kivira — il ne l'a jamais vue, mais selon les natifs elle coulerait d'ouest en est pour se jeter dans le lac — ressort de celui-ci et, selon toute probabilité, ne fait qu'un avec le Nil. Burton, qui lui aussi a entendu parler de ce cours d'eau par Sidi Bombay et par les Arabes de Kazeh, est absolument certain du contraire [2].

Enfin, Speke continue à se méprendre en affirmant que les chaînes relativement basses qui s'élèvent à proximité du lac Tanganyika sont bien les monts de la Lune. Alors que Burton, qui se fie à la légende selon laquelle ces monts seraient couverts de neiges éternelles, les situe beaucoup plus au nord-est. En fait, le Ruwenzori (appellation moderne des monts de la Lune, qui ne seront découverts qu'en 1889, lorsqu'une dissipation du plafond nuageux dévoilera à Henry Stanley leurs cimes enneigées culminant à 5 120 m) est situé au nord-ouest, quasiment sur l'équateur.

Dans un premier temps, Burton, de façon délibérée, n'a tenu aucun compte des allégations de Speke. Le 13 juin 1859, lors d'une séance de la Royal Geographical Society, il n'a pris la parole que pour exposer les aspects économiques de la région qu'il a parcourue, laissant le soin à son ami James M'Queen, qu'il a soigneusement chapitré, d'apporter la contradiction à son rival. Et dans une lettre publiée par le *Times* le 8 octobre de la même année, il a fait état de ce qu'était, selon lui, la géographie de l'Afrique centrale, en réduisant de façon subtile l'importance du lac Victoria, découvert par Speke. Il y a en Afrique centrale quatre grands lacs, a-t-il déclaré, lesquels sont « disposés selon un croissant ou un demi-cercle dont l'arc est orienté à l'ouest et la corde à l'est, faisant face à l'océan Indien ». Le plus méridional est le lac Nyassa, récemment découvert par David Livingstone.

1. Burton, *The Lake Regions of Central Africa*, II, 206.
2. *Ibid.*, II, 207. Sur la première carte envoyée par Speke à la Royal Geographical Society, la rivière Kivira est représentée comme un affluent du Nil.

Ce lac se déverse au sud. Le lac Tchama, le deuxième, a été décrit en 1798 par un voyageur portugais du nom de Lacerda, qui cependant ne l'a pas vu. (Il sera rebaptisé plus tard et prendra le nom de Bangwéoulou [1].) Le troisième, c'est le Tanganyika, et le quatrième le Nyanza-Victoria. Mais Burton se garde bien de parler du Nil.

De plus en plus irrité, Speke écrit en novembre au Dr Norton Shaw :

« Je ne puis m'empêcher de penser à l'importance prise par le fait que Burton n'a pas rappelé qu'à Kazeh nous étions droit au sud de Gondokoro, et que d'après tous les témoignages il existait une mer qui s'étendait tout d'une traite jusque-là.

» C'est vraiment une scie que de revenir sur une chose rebattue, et je ne tenterais à aucun prix de le faire si je n'étais pas absolument certain de pouvoir mettre mon lac en communication avec le Nil [...] Nous n'aurions jamais dû marcher vers l'ouest en quittant la ville de Kazeh, car la même distance que celle que nous avons parcourue pour aller à Ujiji et en revenir nous aurait fait atterrir à Gondokoro. » [2]

En affirmant que le lac Nyanza s'étend « tout d'une traite » jusqu'à Gondokoro, Speke se trompe d'environ six cents kilomètres, ainsi qu'il le constatera lui-même, à sa grande contrariété, en 1861. Et Burton ne se trompe pas en affirmant que Speke amplifie considérablement la surface de son lac, mais en revanche il commet une erreur en sens inverse, à savoir qu'il rapetisse le lac jusqu'à en faire un plan d'eau sans importance, alors que les longues conversations qu'il a eues avec les Arabes de Kazeh auraient dû lui ouvrir les yeux. Et lorsqu'en 1860 il publie *The Lake Regions of Central Africa*, n'importe quel lecteur doué d'un peu de clairvoyance se rend compte que Burton, partagé entre l'envie de se montrer géné-

---

1. En 1868, Livingstone le « découvrira » et le situera sur la carte.
2. Archives de la Royal Geographical Society.

reux et le besoin de céder à la colère en contredisant, adopte une attitude quelque peu ambiguë. Car s'il n'affirme nulle part que son lac à lui, le Tanganyika, pourrait fort bien constituer la source du Nil, il n'écarte pas non plus cette hypothèse.

Mais si le lecteur ne sait trop ce que pense Burton des sources du Nil, en revanche, il sait très exactement ce qu'il pense de Speke, car dans la préface de son livre il ne mâche pas ses mots :

« L'histoire de notre camaraderie est toute simple : étant donné qu'en 1855, à Berbera, il avait comme moi donné de sa personne et déboursé des fonds, je pensais qu'il était équitable de lui fournir l'occasion de faire une nouvelle tentative de pénétration en Afrique. Je n'avais pas d'autres raisons d'agir ainsi. Je n'attendais pas grand-chose de sa collaboration, il n'était pas doué pour les langues – il ne savait pas un mot de français ni d'arabe –, ce n'était pas un homme de science et il ne s'y entendait pas à effectuer des observations astronomiques précises [...] il n'était pas fait pour des activités autres que subalternes. Comment, dans ces conditions, ne pas m'indigner lorsque j'appris qu'après avoir quitté avant moi Aden pour rentrer en Angleterre – et alors que de lui-même il m'avait proposé de ne pas avertir avant mon retour la Société qui avait donné l'essor à notre expédition – il n'avait pas perdu de temps pour prendre les mesures qui lui garantiraient le droit de labourer seul le champ que j'avais défriché. » [1]

En appendice aux deux volumes de son livre, Burton publiera *in extenso* la correspondance qu'il a échangée avec le colonel Rigby à propos du paiement des porteurs arabes, révélant par là même le double jeu de Speke. Après cela, les amis respectifs des deux hommes ne pourront plus ignorer la profondeur du gouffre qui les sépare. Mais *The Lake Regions of Central Africa*

1. *The Lake Regions of Central Africa*, I, XIV-XV.

ne sortira pas des presses avant que Speke ne reparte, en avril 1860, pour entreprendre sa deuxième expédition, en sorte qu'il ne sera mis au fait de l'attaque de Burton qu'après son retour en Angleterre.

Speke a d'abord choisi pour compagnon de voyage un officier anglais né en Inde, du nom d'Edmund Smyth, qu'il décrit au Dr Norton Shaw dans les termes les plus flatteurs : « Un sportif accompli, écrit-il, [...] un gaillard qui sait où il met les pieds [...], beaucoup de cran et du genre à marcher en avant la tête haute [...], un homme cher à mon cœur et qui partage exactement mes habitudes. »[1] Mais il s'est trouvé qu'en définitive ce n'est pas Smyth qui a été choisi, mais un officier intelligent, calme et effacé, James Augustus Grant, lequel avait servi aux Indes dans le même régiment que Speke. « Ma mère, écrit Speke au Dr Shaw le 15 avril 1860, n'en finit plus de chanter les louanges de notre ami Grant et elle est infiniment ravie à l'idée que je vais avoir un si bon compagnon. » Grant, qui en toute circonstance garde sa placidité, écrira plus tard : « Pendant tout le temps qu'ont duré notre voyage et nos relations, jamais il n'y eut entre nous une ombre de jalousie, de méfiance ou même de mauvaise humeur. »[2]

Au mois de février 1861, Speke est à Kazeh, ainsi que Grant, lorsqu'il apprend, manifestement par l'intermédiaire de Rigby, ce que Burton a dit de lui dans *The Lake Regions*. Furieux, il écrit à son éditeur, William Blackwood. « Je ne puis tolérer cela plus longtemps. Ainsi donc j'aurais tiré à boulets rouges sur Burton [...] Grant est d'avis qu'on devrait pendre ce type-là, opinion, je dois le dire, à laquelle j'en suis arrivé moi aussi depuis longtemps. Il faut être un ignoble scélérat pour ne pas avoir déballé cela alors que j'étais en Angleterre, où nous avons séjourné lui et moi pendant tant de mois. Mais

---

1. Lettre de Speke au Dr Norton Shaw datée du 28 octobre 1859. Archives de la Royal Geographical Society.
2. Archives de la Royal Geographical Society. Voir aussi James Augustus Grant, *A Walk Across Africa*, Londres, 1864, IX, ouvrage qu'il dédiera à la mémoire de Speke.

comme il s'est armé d'une plume et non pas d'un pistolet, nous allons maintenant lui régler son compte de la même façon. »[1] On ne sait rien de la lettre qu'il envoie alors à Burton, et trois années s'écouleront avant que le public britannique ne prenne connaissance de la nouvelle attaque portée par Speke dans les pages de *What Led to the Discovery of the Source of the Nile*.

Alors que Speke et Grant étaient encore en Angleterre, où ils s'affairaient à monter leur expédition, visiblement Burton supportait de plus en plus mal la vie londonienne. Deux grandes expéditions seraient bientôt lancées, et il ne prendrait part ni à l'une ni à l'autre. D'ailleurs, David Livingstone – que la reine avait félicité en 1858 après les découvertes considérables qu'il avait faites dans le sud et le centre de l'Afrique, et qui avait reçu cinq mille livres pour retourner explorer la région du lac Nyassa – avait déjà quitté l'Angleterre. Son ouvrage, intitulé *Travels and Researches in South Africa*, avait connu un grand succès auprès du public. Speke et Grant allaient bientôt partir eux aussi, nantis d'une somme de deux mille cinq cents livres. Bien qu'il surpassât les trois hommes en matière de linguistique, d'ethnologie et de cartographie, Burton, lui, n'irait nulle part. Il n'envisageait pas même de se marier, eu égard aux craintes qu'entretenait chez Isabel l'attitude de sa mère, toujours hostile à leur union. Au mois d'avril, peu de temps après la mise sous presse de *The Lake Regions* et immédiatement avant le départ de Speke, semble-t-il, Burton quitte brusquement l'Angleterre.

Touchée par l'amertume qui le ronge, mais dont pourtant ni l'un ni l'autre ne soupçonne toute l'ampleur, Isabel raconte ce départ avec son habituelle propension à verser dans un mysticisme cocasse :

« En avril 1860, je me promenais un jour en compagnie de deux amies quand je fus saisie par un pincement de cœur qu'auparavant j'avais déjà connu. Je rentrai chez moi.

---

[1]. Lettre de Speke à Blackwood datée du 1er février 1861. Citée avec la permission d'Alexander Maitland.

» – Pendant quelque temps je ne vais plus voir Richard, dis-je à ma sœur.

» – Mais si, puisque tu vas le voir demain! me répondit-elle.

» – Non, je ne le verrai pas, lui déclarai-je. Je ne comprends pas ce qui se passe.

» On frappa à la porte pour me mettre dans la main un billet rédigé d'une écriture bien connue. Je savais ce qui m'attendait, et c'est avec une profonde inspiration que j'ouvris l'enveloppe. Il était parti et n'avait pu supporter le chagrin de me dire adieu. Il serait absent neuf mois, car il voulait aller à Salt Lake City. Ensuite il reviendrait voir si je m'étais décidée à choisir entre ma mère et lui, et il m'épouserait si moi je le voulais. Et si je ne me sentais pas le courage de prendre ce risque, alors il retournerait en Inde, et de là il entreprendrait d'autres explorations, mais cette fois il ne reviendrait plus en Angleterre. Il me restait neuf mois pour réfléchir. »

Le fait de prendre brutalement conscience de l'absurdité de ses perpétuels faux-fuyants la cloue sur place, chancelante. « Je restai longtemps alitée, écrit-elle, et en proie au délire. »[1]

---

1. *Life*, I, 337-8.

XVII

SALT LAKE CITY

> *L'homme est polygame de par sa nature, alors qu'en règle générale la femme est monogame, et polygame seulement quand elle est lasse de son amant. Car l'homme, on l'a dit avec raison, aime la femme, tandis que la femme aime pour l'amour de l'homme.*
>
> *Les* Mille et Une Nuits

Burton est parfois très secret, comme le découvrira Isabel avec tristesse, et il continuera de l'être même après leur mariage. Ainsi, il ne lui a pas fait part de son projet de se rendre dans les retranchements désertiques de l'ouest américain pour y voir de plus près cette Mecque des mormons qu'est Salt Lake City. Et manifestement il ne lui a rien révélé non plus de l'identité de celui qui pour une bonne part lui a mis cette idée de voyage en tête. On en apprend un peu plus sur ce personnage à la lecture des dix-huit pages manuscrites — seuls fragments des notes prises au jour le jour par Burton ayant échappé à la destruction par le feu — qui aujourd'hui sont la propriété du British Museum. Ces pages proviennent de deux journaux distincts, l'un destiné à la publication, l'autre constitué de considérations d'ordre intime [1]. Elles ont été écrites à bord du *S/S Canada* à partir du 21 avril 1860. Burton raconte dans ce texte qu'un ami à lui, avec lequel il a bu « tant et plus pendant quinze ans » lui écrit un

---

1. Ces fragments de journaux ont échappé à l'incinération grâce à Daisy Letchford Nicastro, qui vivait à Trieste sous le toit de Burton au moment de la mort de Richard. Une note accompagnant ces pages nous apprend que celles-ci ont été envoyées directement au British Museum par Mme Evelyn Lindenmann Letchford. Isabel Burton commentera ces deux fragments de journaux dans « Sir Richard Burton : an Explanation and Defense », *New Review*, novembre 1892, 569 *n.*

jour pour lui demander de « venir avec lui pour lever le coude dans toute l'Amérique », ajoutant : « Je vais boire des boissons alcooliques parfumées à la menthe, du cognac frappé, des whisky-skies, des gin-rhum-gnôle, des cocktails-sherry, des rhum-vin-gnôle, des rhum-salade, des foudroyants, des volubilis, et ce sera une expérience des plus intéressantes [...] Je voudrais voir si au bout de trois ou quatre mois je serai encore capable, comme toi, de boire et de manger autant que les aborigènes. »

« Alors j'ai dit oui », raconte Burton, qui ne livre pas le nom de cet ami ni non plus ne le décrit, sauf pour dire de lui que « d'une façon générale il règne sur les bouteilles, flacons [...], dames-jeannes, cruches et cruchons [...] » Pas plus les fragments de son journal que *The City of the Saints* – livre dans lequel il relate avec un grand luxe de détails son voyage en diligence de St. Joseph, dans le Missouri, à San Francisco – ne nous éclaire sur la présence d'un éventuel compagnon de voyage à bord du navire qui lui fait traverser l'Atlantique. Et la presse mormone, qui salue cordialement son arrivée à Salt Lake City, ne nous dit pas davantage s'il s'est fait accompagner par un autre officier. Seule figure dans ses colonnes le nom d'un Américain, le lieutenant J. Dana qui lui aussi avait pris place dans la diligence avec sa femme et sa fille [1].

Il existe là une lacune dans la relation de Burton. Car nous ignorons totalement ce qu'ont été ses activités entre le début du mois de mai et le 4 août 1860. Nous savons simplement qu'à Washington il a rendu visite au secrétaire d'État à la Guerre, John B. Floyd, afin d'obtenir de lui des lettres d'introduction destinées aux officiers commandant les garnisons des territoires de l'ouest, et aussi qu'il a entendu une allocution prononcée par un sénateur du Massachusetts du nom de Charles Summer. Plus tard, dans un autre ouvrage, il nous apprendra qu'il s'est promené dans « tous les États de la république anglo-américaine ». Ce n'est que dans *Zanzibar*,

---

1. *Deseret News*, 29 août 1860.

écrit douze ans après son périple aux États-Unis, qu'il finira par faire incidemment allusion à son compagnon de voyage et par révéler son identité. Il s'agit d'un excellent ami à lui, dont il a fait naguère la connaissance à Aden, John Steinhäuser. « Nous avons parcouru ensemble les États-Unis », se bornera-t-il à écrire sans plus donner le moindre détail [1]. Il est vraisemblable que Steinhäuser est allé le rejoindre quelque part en Amérique, et qu'ensuite il a regagné Aden avant que Burton ne quitte « les États-Unis » pour se rendre dans les territoires mormons et indiens. Quant à savoir pourquoi Burton ne parle pas de son ami dans *The City of the Saints*, mystère. Isabel, qui pourtant devait savoir que les deux hommes voyageaient ensemble, ne mentionne pas elle non plus le nom de Steinhäuser.

Mais si Burton ne révèle que tardivement, et comme en passant, l'identité de son compagnon de voyage, en revanche il continuera d'entretenir d'excellentes relations avec lui, et c'est à sa mémoire qu'il dédiera son *Zanzibar*, où dans un passage il ne déguise en rien ses sentiments :

« Jamais une pensée malveillante, et moins encore un mot inamical n'ont abîmé notre belle camaraderie [...] Quels que soient les bruits qui pouvaient bien courir, il était des rares qui ne se seraient pas abaissés à céder un iota de leur amitié, et dont l'estime n'était jamais si chaleureuse que lorsque le petit monde semblait s'être gélifié [...] Il est mort subitement, à Berne, d'apoplexie, alors qu'il traversait la Suisse pour regagner sa terre natale. A cette époque je voyageais au Brésil, et il me souvient d'avoir rêvé, à la date qui, je l'appris plus tard, était celle de sa mort, de la chute soudaine d'une dent sur le sol, suivie d'une effusion de sang. Pareil ami finit par faire partie de soi-même. Et je sens encore mon cœur se serrer tandis que ma main trace ces lignes. » [2]

---

1. *A Mission to Gelele, King of Dahome, etc.*, 2 vol., Londres, 1864, II, 186, 189 n, et *Zanzibar*, I, 14.
2. *Zanzibar*, I, 14-15.

Il est extrêmement rare que dans son œuvre Burton laisse percer semblable bouleversement affectif. Mais sa correspondance, et plus particulièrement les dix-huit pages de journal écrites à bord du *S/S Canada*, montrent que Burton s'attachait profondément, ne fût-ce que pour un temps, non seulement à des peuplades primitives, mais quasiment aussi à quiconque croisait son chemin. Dans ce qu'il reste de ce journal intime écrit d'une écriture si illisible qu'elle fait penser à un code, on voit combien il était enclin à se départir de toute réserve en présence d'inconnus, et combien aussi il passait fréquemment de l'intérêt et de l'affection prompte à l'aversion passagère.

C'est du ravissement qu'il ressent lorsqu'il s'éveille après la première nuit de mer et aperçoit « un joli visage [de femme] à l'opposite [...] auréolé d'un radieux éclat ». Celui de la femme de chambre qu'il voit par réflexion dans le miroir de sa cabine. Le commandant lui est tout de suite antipathique (« Le capitaine est un maudit f... de p... M'est avis qu'il ment comme il respire. ») Plus tard, quand il soupçonnera le commandant de se moquer de lui par derrière, il notera dans son journal : « Ce type, je le *déteste* » Pour fêter le 1er mai, on danse sur le pont, et à la faveur d'un heureux pile ou face il « gagne la plus adorable » des passagères... qu'il perd tout aussitôt, car cette fois c'est le commandant qui l'emporte. « J'en aurais pleuré tant j'étais vexé, écrit-il, mais j'espère avoir gardé bonne contenance. » Très vite il fait la connaissance d'un certain M. R..., qu'il juge « très bel homme, bien qu'il soit entre deux âges, et aussi très courtois ». Mais le 8 mai déjà Burton lui bat froid. **« *Je donnerais cher pour que la traversée soit finie* [c'est Burton qui souligne]. Imaginez-vous que ce salopard de R. est veuf et père de trois enfants, dont l'un est pratiquement adulte – comment ai-je bien pu lui trouver de l'attrait? Ce matin j'ai refusé de me promener avec lui [sur le pont] et il avait l'air déçu. »**

Ce journal nous révèle aussi quelque chose d'assez surprenant, à savoir que Burton craint grandement de passer pour ridicule. Ainsi, lorsqu'il se vêt d'un veston de popeline pour danser le premier mai; la femme de chambre lui déclare alors que le jour de son mariage, elle portait une robe coupée dans la même étoffe; la soirée de Burton en est tout bonnement gâchée. « Avec ma popeline j'avais l'air vraiment grotesque », écrit-il, tel un adolescent qu'un rien fait rougir. Quand plus tard le bateau touche à la Nouvelle-Écosse et que Burton fait un tour dans la ville de Halifax, c'est ainsi qu'il décrit la civilité des habitants : « Habitué que j'avais été, en ma qualité de passager d'un vapeur et de touriste, aux railleries et aux quolibets des femmes et des enfants [...] Je ne décelais sur aucune figure la moindre expression de mépris. »

Nulle part dans ces fragments de journal il n'est question d'Isabel Arundell. En revanche, il s'en dégage une certaine mélancolie. « Quel misanthrope je fais », écrit-il. Et plus loin, empruntant à ce qu'il appelle la « sagesse des lieux communs » la maxime : *Il faut manger pour vivre et non pas vivre pour manger*, il ajoute : « Un jeune homme a mieux à faire que manger une salade. Passé quarante ans il faut manger et vivre. Passé soixante, l'homme n'a plus d'autre plaisir dans la vie que la table. Quant aux autres engouements, entre soixante ou soixante-dix, tous lui sont pénibles. »

Trois mois plus tard, quand Burton prend la diligence à Saint Louis, dans le Missouri, pour entreprendre un long voyage à travers de vastes plaines poussiéreuses, depuis longtemps son abattement s'est dissipé. *The City of the Saints*, dont le ton ne peut que traduire celui de son journal, compte en effet parmi les ouvrages les plus enjoués de Burton. Jamais encore il n'a parcouru tant de distance en si peu de temps. Il passe trois semaines en diligence avant d'arriver, le 28 août 1860, à Salt Lake City où il va séjourner pendant trois autres semaines chez les mormons avant de repartir pour la Californie. A San Francisco, il embarquera le 15 novembre de la même année sur un vapeur qui va le transporter à Mexico, puis au Panama. Cependant, au cours de la centaine de jours qu'il passe dans l'ouest américain, il accumule suffisamment de substance pour composer ensuite un livre de sept cents pages. Plus encore, puisqu'il publiera une nouvelle édition d'un guide de voyage fort connu (*The Prairie Traveller, A Hand-book for Overland Expeditions*, de Randolph B. Marcy), auquel il ajoutera des notes infrapaginales fondées sur sa propre expérience [1].

La route que suit Burton pour se rendre dans l'ouest a vu passer bien d'autres voyageurs, et Burton a été précédé par tout un cortège de visiteurs distingués que la curiosité a poussés à venir voir de plus près l'empire polygame sur lequel règne Brigham Young. Jules Rémy, un botaniste français, est venu à Salt Lake City en 1855, en compagnie d'un naturaliste anglais du nom de Julius Brenchley, et ensemble ils ont écrit un livre plein de finesse sur la secte. Puis William Chandless a publié en 1857 un ouvrage dans lequel il ne cache pas sa sympathie pour les mormons, à qui deux ans plus tard Horace Greeley, rédacteur en chef du *New York Tribune*, consacrera bon nombre de colonnes de son journal. Burton vient à Salt Lake City en 1860. Mark Twain l'y suivra en 1861, puis Fritz Hugh Ludlow en 1864 et Ralph Waldo Emerson en 1871. Tous, excepté Emerson, écriront le récit de leur séjour chez les mormons. Mais aucun d'eux ne le fera avec autant de sagacité et de profondeur que Burton.

Les mormons posaient en Amérique un épineux problème, où tout un chacun condamnait leur polygamie. En 1857, le gouvernement fédéral était quasiment entré en guerre ouverte contre une armée de civils mormons, et depuis cette date il entretenait des effectifs à proximité de Salt Lake City. Depuis sa création, la secte avait presque continuellement connu la persécution, les représailles sanglantes et les tueries. Après la disparition de son fondateur, Joseph Smith, assassiné en

---

1. L'ouvrage de Marcy avait été publié à New York en 1859. L'édition revue et corrigée par Burton sortira à Londres en 1863.

1844 dans l'Illinois, toute la secte avait quitté Nauvoo (la ville riveraine du Mississipi où était érigé son temple) pour gagner le Grand Lac Salé. Là, sa prospérité avait dépassé les prédictions les plus outrées, puisque Brigham Young était quasiment souverain et régnait sur une immense région s'étendant des Rocheuses à la Sierra Nevada, et du territoire de l'Oregon au fleuve Colorado. Prosélytes militants, les mormons avaient converti, entre 1840 et 1860, trente mille personnes en Grande-Bretagne et en Scandinavie, qu'ils avaient convaincues de quitter leur pays pour émigrer et se fixer sur le territoire de Deseret. Le 4 septembre 1855, le *Times* avait estimé que trente à quarante mille mormons vivaient en Grande-Bretagne et considérait que leur religion, amalgame « de judaïsme, d'islamisme, de socialisme, de despotisme et de grossières superstitions [représentait] le phénomène le plus singulier des temps modernes ».

Burton porte presque autant d'intérêt aux Amérindiens qu'aux mormons. Son récit est entrecoupé de tableaux saisis sur le vif qu'en bon ethnologue il brosse des Indiens. On y trouve même un essai clinique sur l'art du scalp, une étude comparée du totémisme chez les Africains et les Indiens, et une description détaillée du langage gestuel de ces derniers, langage dont bien entendu il enrichit sur-le-champ sa collection de répertoires linguistiques. En même temps qu'il dépeint les villages sioux et dakota, il fait état de ses observations botaniques et géologiques, et il relate les côtés cocasses de la nature indienne. Rares sont les récits de voyages terrestres où l'on trouve une telle profusion, une telle précision dans l'exposé des traits ethnologiques des indigènes comparés à ceux d'autres races ou peuplades.

Le Peau-Rouge – qui n'est pas le moins du monde rouge, comme Burton le fait remarquer – lui rappelle « un Tatar ou un Afghan après une marche estivale », ou encore les Mongols qu'il a vus dans le nord de l'Inde, et il monte à cheval « comme un eunuque abyssin, à croire qu'il est né dessus et qu'on l'a élevé pour qu'il devienne partie de l'animal ». La pratique qu'il a observée chez les Sioux de « couper, ou plus habituellement d'arracher d'un coup de dents le bout du nez » de la femme adultère ne le surprend pas : il a vu la même chose dans l'Hindoustan [1].

Burton, et c'est bien dans son caractère, a une prédilection marquée pour le Peau-Rouge qui a été le moins au contact de l'homme blanc. Bien qu'il adore se déguiser pour fondre son identité dans le creuset d'une culture étrangère, le spectacle des emprunts que fait une société à une autre le dérange toujours, qu'il s'agisse des Hindous de Goa convertis au christianisme, des Africains se vêtant à l'européenne ou des montagnards des Rocheuses qui, écrit-il, « trahissent une remarquable aptitude à sombrer aisément dans la sauvagerie ». Les indigènes vivant à proximité des pistes que suivent les immigrants se changent selon lui en mendiants, en gredins, en voleurs de chevaux et en prostituées. « Je ne crois pas que l'Indien des plaines épousera un jour la religion chrétienne, déclare-t-il. Il faut d'abord l'humaniser, puis le civiliser, et enfin le christianiser; et, comme nous l'avons déjà dit, je doute fort qu'il survive à l'opération. » Il se refuse à décrire les naturels des Rocheuses sous des couleurs pittoresques. Pour lui, ce sont des êtres superstitieux, indolents, et des menteurs hors pairs. Pourtant, c'est avec un sentiment de sympathie qu'il dit « avoir entendu parler d'un homme qui avait fait cent vingt kilomètres à cheval – soixante pour gagner un campement, soixante pour en revenir – à seule fin de goûter aux douces délices du mensonge ». Constatant que les Peaux-Rouges, en dépit des directives données par le Bureau américain des Affaires indiennes, sont encore soudoyés et dupés par les affairistes blancs et que la pauvreté, la maladie et la corruption des mœurs affaiblissent rapidement les tribus, Burton prédit, à bon escient, que les blancs ne tarderont guère à éparpiller les Indiens dans les régions les moins hospitalières de l'Amérique, tout « comme en Europe le rat gris a chassé le rat noir ».

Quand la diligence, au sortir des gorges qui entaillent les

---

1. *The City of the Saints*, 68-9, 186, 143.

monts Wasatch, a fait une halte pour que les passagers puissent contempler, en contrebas, la grande vallée des Mormons, Burton en a eu le souffle coupé. « Cet admirable panorama fait de vert, d'azur et d'or, écrit-il, cette terre vierge qui semble sortir des mains de Dieu [...] La Suisse et l'Italie côte à côte [...] et puis, bornant au loin l'horizon, le Grand Lac Salé, telle une mer Morte encore à l'état d'innocence. » Burton était entouré d'immigrants mormons qui eux aussi regardaient le paysage et, à l'exemple des pèlerins qu'il avait vus découvrir Médine et La Mecque dans le lointain, ils pleuraient de joie, psalmodiaient et exultaient. « Rien d'étonnant si les enfants chantent, si les solides gaillards poussent des cris et des hourras, si les femmes éprouvées nerveusement, brisées par la fatigue et l'espoir sans cesse déçu, hurlent et défaillent, si l'ignorant croit naïvement que l'Esprit-Saint flotte dans l'atmosphère, et que la terre de Sion, qu'ils voient au sommet des montagnes, leur est un paradis plus proche que tout autre lieu sur terre. » [1]

Le 29 août 1860, Burton est reçu dans les règles par l'organe de presse des mormons, le *Deseret News*, et dans toute la ville on lui témoigne beaucoup d'égards. Durant les trois semaines de son séjour à Salt Lake City, il s'enquiert de tout ce qu'un voyageur de passage peut bien observer. Il s'entretient avec des croyants et des infidèles, assiste au culte des mormons, les regarde danser un soir de fête, relève les prix dans les boutiques, se promène dans les cimetières et lit une prodigieuse quantité d'ouvrages, mormons et anti-mormons [2] (de tous les auteurs qui ont écrit sur la secte, Burton est le seul à donner d'abondantes références bibliographiques... et aussi à citer des livres qu'il n'a absolument pas lus), et il s'entretient avec Brigham Young.

1. *Ibid.*, 240-1.
2. Je tiens de M. Dale L. Morgan que dans l'*Histoire* de Brigham Young, dont le manuscrit est déposé aux Archives historiques de l'Église de Jésus-Christ des Saints du Dernier Jour à Salt Lake City, on peut lire que Burton est venu prendre aux archives d'abondantes notes les 3, 11 et 13 septembre 1860.

En 1930, le neveu du lieutenant James J. Dana, qui avait fait avec Burton, en diligence, le long voyage vers l'ouest en compagnie de sa femme et de sa fille, écrira que dans la capitale des mormons Burton s'est singularisé par une rixe après boire. Mais cette allégation est une contre-vérité flagrante [1], bien que Burton ne fît pas mystère de son penchant pour le whisky – [dont le degré], écrit-il, se mesure dans l'ouest à la distance que peut parcourir en marchant celui qui en a tâté. Le directeur du *Deseret News* lui fait courtoisement ses adieux le 3 octobre 1860. « Autant que nous le sachions, écrit-il dans son quotidien, le capitaine Burton compte parmi les rares personnages distingués qui ont traversé l'Utah sans laisser derrière eux de mauvais *souvenirs* *. Le capitaine a vu l'Utah sans œillères. Nous lui souhaitons un excellent voyage. »

Bien entendu, la polygamie émoustille Burton, qui trouve plaisant de comparer les « harems » mormons à ceux de toute sorte qu'il a vus en Afrique et au Proche-Orient.

« Les détracteurs des mormons ont fait de leur foyer une géhenne de jalousie, de haine et de malveillance, un antre du meurtre et du suicide. On a dit la même chose du harem des mahométans. Je crois que l'un comme l'autre sont victimes d'assertions procédant de l'ignorance et de préjugés. Aussi incroyable que cela puisse paraître, la mentalité du nouveau continent est si supérieure à celle de l'ancien que des épouses rivales cohabitent en toute amitié. C'est le moment ou jamais de citer le proverbe : *Plus il y en a, mieux ça vaut*

---

1. Richard Walden Hale écrira en effet, dans son opuscule de 11 pages intitulé *Richard F. Burton, a Footnote to History*, Boston, 1930, que « Burton, lorsqu'il était pris de boisson, cherchait querelle pour un oui pour un non. A la suite d'une affaire de ce genre, ses amis s'employèrent à faire intervenir en sa faveur un évêque, John Lee, ainsi qu'Orson Pratt, Tom Kane et d'autres membres des Anges Vengeurs. C'est l'évêque (Lee) qui fit sortir Burton de prison ». Or, Kane n'était pas même mormon, Pratt était un digne « Apôtre » et John Lee vivait à l'époque dans un village perdu au sud des territoires de l'Utah. A ce propos, on consultera Juanita Brooks, *John D. Lee*, Glendale, Californie, 1962.

[...] En Angleterre, quantité de " foyers heureux ", j'en suis convaincu, connaissent bien davantage d'orages, en dépit du fait qu'ils sont monogames. »

Les mormones ne sont pas, comme beaucoup le croient, avilies et dégradées, mais au contraire, écrit-il, « infiniment jolies et attrayantes, particulièrement Mlle ***. C'est en vain que j'ai cherché ces dépendances servant de sérail où les femmes sont confinées comme du cheptel, ainsi que me l'avaient affirmé certains fabulateurs. Je n'ai guère tardé à constater que toutes leurs histoires n'étaient que racontars ». Il note aussi – est-ce là une affectueuse pique à Isabel? – que les Anglaises, « à qui on apprend très tôt et qui apprennent très vite à se tenir pour la fleur de la création », sont nettement moins belles que les femmes de l'Utah.

Burton fait état des arguments avancés par les mormons pour justifier « physiologiquement » la polygamie, à savoir que celle-ci supprime la prostitution, le concubinage, le célibat des femmes et l'infanticide. « La vieille fille est ici comme il serait souhaitable qu'elle le soit partout, une entité inconnue », et les mormons affirment, poursuit-il, que « dans l'état conjugal toute sensualité est proscrite en dehors des exigences de la procréation ». Ce qui fait de la polygamie, conclut-il avec un clin d'œil, pour le mâle tout du moins, « une indéniable nécessité ».

Analysant les raisons pour lesquelles les mormones acceptent aisément la polygamie, phénomène que d'aucuns trouvent inexplicable et que Burton, pour sa part, se garde bien d'attribuer simplement à « la promesse du paradis [ou à] la crainte de l'extinction », il oppose un certain type de femmes britanniques et américaines, « cajolées, gâtées, mises sur un piédestal inconfortable et contre nature; [le tout] aggravé par un tempérament éminemment nerveux, peu de jugeote, une frigidité constitutionnelle et une grande fragilité morale », à la femme mormone, épanouie par la vie domestique et la maternité, entourée d'autres femmes et d'une kyrielle d'enfants, et préférant à coup sûr la société féminine à celle des hommes. Et à l'appui de ses dires il cite in extenso le vaillant plaidoyer prononcé pour la défense de la polygamie par Mme Belinda Pratt, pour qui « la nature a donné à la femme une constitution différente de celle de l'homme, et dans un dessein tout autre », à savoir la maternité, et pour qui aussi la femme a besoin, « à intervalles réguliers, d'être exemptée de certains devoirs afin que son organisme se purifie et reste en bonne santé ». Mme Pratt partageait son époux avec six autres femmes et la maisonnée comptait au total vingt-cinq enfants. Burton admet que Belinda Pratt ne témoigne que de « peu de cœur ou d'affection naturelle », mais il applaudit à « la justesse de ses arguments physiologiques », laissant à entendre que beaucoup de femmes sont attirées par la religion mormone du fait que celle-ci exige des épouses moins d'assiduité sexuelle que le mariage monogamique [1].

On accusera plus tard Burton de se faire l'avocat de la polygamie (et Isabel s'en indignera), alors qu'il est très conscient de ce qui pèche dans la plupart des unions polygames conclues dans la cité des Saints. « Ce penchant égoïste du cœur qu'on appelle l'amour [...] s'efface pour laisser place à un attachement ménager paisible et dépassionné : avec le rassemblement domestique des mormons, le romanesque et la ferveur cessent d'être amour et liberté pour ne plus servir que la religion et l'Église. Étant donné qu'il est rare qu'une première épouse refuse d'en accepter une seconde qui est sa rivale, le *ménage à trois* * – dans l'acception mormone du terme – empêche que se tissent ces tendres liens qui ne peuvent se resserrer qu'à l'intérieur du couple. A ces liens privilégiés se substituent le bien-être domestique, l'affection, l'amitié circonspecte et la discipline au foyer. » Il en résulte, écrit Burton, une atmosphère particulière qui envahit Salt Lake City, et qu'il serait plus pertinent d'appeler « mélancolie ».

Il croit au contraire que la polygamie dans les sociétés islamiques repose sur la glorification du corps. Les musulmans « font de leur mieux pour prendre le contre-pied du

---

1. *The City of the Saints*, 254, 494, 524-534.

concept d'ascétisme inhérent à la chrétienté, écrit-il. Leur appétit de sensualité ne leur fait pas honte. Ce serait plutôt le contraire ». Tout en admettant que la polygamie serait « une douloureuse épreuve » pour les Européens, il rappelle qu'« en Orient, où la sexualité est beaucoup plus raffinée, où les petites filles ont quotidiennement sous les yeux le spectacle de la polygamie et où, pour obéir à des préceptes religieux, la femme est séparée de son époux durant tout le temps que durent la grossesse et la période d'allaitement [...] les choses sont tout à fait différentes et pèsent – pour autant qu'elles le fassent – comparativement moins lourd »[1].

La polygamie des mormons, fait-il observer, est fondamentalement puritaine. Leurs chefs religieux anathémisent la sensualité sous toutes ses formes et punissent très sévèrement l'adultère : de trois à vingt années d'emprisonnement assorties d'une amende comprise entre trois cents et mille dollars. « Je suis ici depuis à peu près une semaine et je baigne dans une odeur de sainteté, écrit-il le 7 septembre 1860 au Dr Norton Shaw. Et quelle sainteté! Partout des prophètes, des apôtres *et hoc genus omne.* »[2] Il notera dans son livre qu'« être soupçonné d'immoralité est [aux yeux des mormons] plus odieux que d'avoir la réputation d'être un tueur. Pour ce qui est de la pure moralité, dit-il encore, la communauté des mormons est sans doute plus rigoureuse que n'importe quelle autre communauté d'importance numérique égale ».

Lorsque Burton sollicite un entretien de Brigham Young, il se prévaut de la lettre d'introduction que lui a fait tenir Alfred Cumming, le gouverneur envoyé en poste dans l'Utah par le gouvernement fédéral, et qui est en bons termes avec le chef de l'Église mormone. Quand on fait entrer Burton dans le bureau de la Maison-Ruche occupé par Young, il s'étonne d'être mis en présence d'un interlocuteur qui semble aussi jeune. Young est âgé de cinquante-neuf ans, mais il en

1. *Arabian Nights*, X, 199-200; *The City of the Saints*, 523.
2. Comptes rendus de séances de la Royal Geographical Society, 1860, V, 1-2.

paraît quarante-cinq. Grâce à sa fantastique promptitude à saisir le moindre détail, Burton, lorsqu'il prend congé, se rappelle avec une absolue précision le visage, les mains, la chevelure, la vêture, les gestes de Young, sur lequel il porte ce jugement sagace : « La première impression laissée dans mon esprit par cette brève *séance* *, écrit-il, c'est que le Prophète n'est pas un homme ordinaire, et qu'il n'a ni la faiblesse ni la vanité de l'homme ordinaire sortant de l'ordinaire. » Ce qui le frappe chez son interlocuteur, c'est l'absence de sectarisme, de dogmatisme, de fanatisme, la froideur « en quelque sorte exsangue » de son attitude et le sentiment qu'il a de sa puissance : « Sa manière d'être est exempte de toute prétention, et il a depuis si longtemps l'habitude du pouvoir qu'il s'abstient totalement de le montrer. L'art avec lequel il gouverne la masse hétérogène d'éléments conflictuels réside en une volonté indomptable, le repli sur soi et une finesse d'esprit peu commune. »[1]

De son côté, Brigham Young semble favorablement impressionné par son visiteur, que plus tard il accompagne pour lui montrer la ville et ses environs. Et quand Burton lui demande si la communauté des mormons lui ferait bon accueil dans son bercail, c'est avec un pétillement de malice dans les yeux que Young lui répond : « Je crois savoir que vous avez déjà fait une expérience de ce genre, capitaine. » Ils gravissent l'escarpement situé au nord de la ville, et quand ils sont là-haut Young désigne à Burton les principaux édifices, et en particulier les maisons des notables ainsi que la sienne, une demeure à pignon dans laquelle il vit entouré de ses nombreuses épouses. Alors Burton lui déclare facétieusement qu'il a fait en célibataire un bien long chemin pour venir à Salt Lake City... tout cela pour y constater que toutes les femmes étaient accaparées par les hommes de son Église. « Tant d'eau, tant d'eau partout », poursuit-il sombrement en tendant la main vers le lac. « Et pas une goutte à boire! » Brigham Young rit de bon cœur,

---

1. *The City of the Saints*, 300, 293.

et peu après ils se séparent. Manifestement les deux hommes se tiennent l'un l'autre en grande estime [1].

Comparant Brigham Young à Joseph Smith, le fondateur de la secte mormone, Burton fait du premier « le saint Paul de la Nouvelle Dispensation : droit, sincère, [donnant] force, fermeté et consistance au fanatisme quelque peu désarticulé, turbulent et imprévoyant de M. Joseph Smith » [2]. Pour Burton, le caractère de ce dernier semble plus insaisissable. Lynché par la foule en 1844, Smith passait pour charlatan aux yeux de la plupart des auteurs n'appartenant pas à la secte des mormons. Rémy, par exemple, l'a traité tout bonnement « d'imposteur et de spéculateur », alors que Burton parle de lui d'une manière plus compréhensive et plus compatissante. Ayant lui-même commis plus d'une imposture, il savait quel plaisir on peut prendre à se déguiser et à se faire passer pour un autre. A cette différence près qu'il pouvait tout aussi aisément se défaire d'un déguisement que le vêtir. Chez lui, l'usurpation de personnalité répondait à un dessein précis. Tel un acteur, il dominait parfaitement son rôle. Reconnaissant qu'il prisait fort « les chères délices » que lui procurait le fait « de jouer au plus fin avec l'existence [et] d'interpréter un rôle jusqu'à ce que l'habitude fasse de ce rôle une seconde nature », Burton sent bien que le phénomène Smith ne s'explique pas seulement par l'imposture. Aussi dépeint-il le fondateur de la secte sous les traits d'« un homme exalté par sa ferveur et doué d'un génie fruste, [d'un homme] courageux d'une invincible persévérance, d'un grand savoir-faire, d'une foi ardente, d'une extraordinaire fermeté, et d'une remarquable aptitude à gouverner ses semblables ».

Burton ne tente pas d'expliquer la genèse du *Livre de Mor-*

1. Cette anecdote est relatée par Thomas Wright dans *Life of Sir Richard Burton*, I, 163-4. Monckton Milnes affirmait avoir entendu Burton raconter bien des histoires grivoises et impubliables à propos des mormons. Voir Wemyss Reid, *Life, Letters and Friendships of Richard Monckton Milnes*, 2 vol., Londres, 1891, II, 77. Milnes avait écrit pour l'*Edinburgh Review*, janvier 1862, 185-210, une critique très flatteuse de *The City of the Saints*.
2. Voir aussi Fawn M. Brodie, *No Man Knows My History : the Life of Joseph Smith, the Mormon Prophet*, New York, 1945; Londres, 1963.

mon, que l'on tient pour une traduction d'un texte gravé sur des plaques d'or qu'un ange aurait remises pour un certain temps à Joseph Smith, mais il ne tombe pas dans l'erreur (qu'à cette époque commettent tous les auteurs non mormons) de se rallier à la théorie selon laquelle il s'agirait d'une resucée d'un vieux manuscrit composé par le pasteur américain Salomon Spaulding. Burton comprend, à bon escient, qu'il est parfaitement illusoire de vouloir concilier les opinions professées par les mormons et par leurs détracteurs. « Les mormons affirment que s'ils tenaient leur prophète pour un imposteur, ils l'aimeraient quand même, lui témoigneraient du respect et le suivraient ici-bas jusque dans l'autre vie [...] [alors que] les Gentils, je le sais, ne l'accepteraient pas, même avec la caution d'un pur esprit venu de l'au-delà. »[1]

« Le capitaine Burton compte parmi nos plus distingués voyageurs, écrit un critique de l'*Athenæum* le 30 novembre 1861. Mais on l'aimerait davantage encore s'il avait un peu plus de foi et un peu moins de crédulité. » Pourtant, de tous ceux qui ont observé les mormons, Burton est l'un des moins crédules. Qu'il ait pris fait et cause pour les mormons alors qu'on les accuse d'avoir commis des atrocités[2] ne fait pas pour autant de lui leur défenseur inconditionnel. Au contraire, il fustige leur matérialisme, leur égalitarisme et il daube sur « leur mysticisme et leur merveilleux amour désincarné ». Et quand il déclare aux mormons que leur religion consiste essentiellement en un amalgame d'ésotérisme judaïque, de millénarisme, de transcendantalisme et de franc-maçonnerie auxquels se superposent certaines pratiques musulmanes, ils lui répondent que leur religion inclut toute vérité, « d'où

1. *The City of the Saints*, 491, 497.
2. A cette époque, les mormons accusaient les Indiens d'avoir en 1857 assassiné cent vingt immigrants qui se rendaient en Californie. Il fut prouvé plus tard que leurs détracteurs – qui soutenaient que plusieurs chefs mormons du sud de l'Utah avaient bel et bien ourdi et exécuté ce crime avec la complicité des Indiens – avaient vu juste. A ce propos, le lecteur pourra se reporter à l'étude magistrale de Juanita Brooks, *The Mountain Meadows Massacre*, Stanford University Press, 1950.

qu'elle puisse bien provenir. L'esprit de l'homme, conclut-il, se complaît dans les erreurs et les illusions dont il s'est convaincu, et ce en quoi il croit avec un fanatisme extrême, c'est à l'irrationnel et au surnaturel devant lesquels il a abdiqué sa propre raison »[1].

Burton quitte Salt Lake City le 20 septembre 1860 pour gagner la côte Pacifique. « La route est pleine d'Indiens et autres scélérats, écrit-il au Dr Norton Shaw, mais je me suis fait couper les cheveux si court que ça ne vaut pas le coup de me scalper. » A l'étape d'American Fork, il fait la connaissance de l'ex-garde du corps de Joseph Smith, Porter Rockwell, à qui une réputation d'assassin, quasiment mythique, a valu une grande célébrité. Ils bavardent, échangent des histoires, et chacun tente de prouver à l'autre qu'il est capable d'absorber davantage de gobelets de whisky que lui, boisson qu'à l'époque on désignait dans l'ouest sous l'appellation de *foudroyant*, de *strychnine* ou de *jus de tarentule*. Rockwell lui conseille de prendre par la route qui conduit directement à la côte – laquelle route, ajoute-t-il, est à peu près aussi faite pour voyager que « la peau de mes c... pour faire une poire à poudre » – et cela moins à cause des Indiens que des desperados de race blanche qui infestent ses abords.

Le voyage ne se déroule pas sans aventures. Le postillon de la diligence aperçoit des feux allumés par les Indiens et, craignant une embuscade, presse l'allure des chevaux pour arriver au plus vite à Egan's Station. Là, ils découvrent qu'il ne reste plus du relais qu'une souche de cheminée, car les « Gosh-Yutas » l'ont incendié pour venger les dix-sept membres de leur tribu qui ont été tués la semaine précédente. Les loups ont ensuite déchiqueté les cadavres et dispersé sur la neige les restes mutilés des victimes. Bien que Carson City offre au voyageur bien davantage de brutalités et de distractions que Salt Lake City – « Mes informateurs m'ont déclaré que bon

---

1. *The City of the Saints*, 438, 443.

an mal an il est de règle d'apprendre chaque matin au petit déjeuner qu'un homme a été tué » –, Burton ne s'y attarde que pendant trois jours.

Il regagne alors l'Angleterre en passant par le Panama. De ce voyage de retour, il ne relate presque rien. Il semble avoir hâte de rentrer au pays. Ce qu'il a vu chez les mormons ne lui a certainement pas ôté l'envie de se marier. Au contraire, la limpidité et le calme de leur vie domestique l'ont enchanté, tant ils contrastent avec le débraillé de bon nombre de relais situés hors de leur territoire. Le spectacle de ces chrétiens vivant à leur satisfaction avec plusieurs jolies femmes, souvent des Anglaises, qui plus est, l'ont sans doute conforté dans sa résolution d'en courtiser au moins une lui aussi.

XVIII

LES SEPT PREMIERS MOIS

> *Je me suis liée à un homme très particulier. J'ai demandé à Dieu d'accomplir une tâche difficile, celle de me livrer cet homme corps et âme.*
>
> Isabel Burton dans son livre d'Heures,
> 1861

Pendant l'absence de Richard, Isabel n'a jamais cessé de se préparer à une existence ardue et mouvementée. Elle a passé l'été dans une ferme où elle a appris à cuisiner, faire le ménage, s'occuper des poules et des chevaux, et aussi à traire les vaches. De retour à Londres, elle a littéralement supplié son ami le Dr George Bird de lui apprendre l'escrime.

– Mais pour quelle raison? lui a-t-il demandé avec stupéfaction.

– Pour défendre Richard quand on nous attaquera, lui et moi, dans la brousse.

Quand elle apprend que Burton est de retour à Londres, elle s'empresse de revenir de la campagne. Elle a en effet passé les vacances de Noël dans le Yorkshire, au château qu'y possèdent sir Clifford et lady Constable. La question de son mariage, raconte-t-elle, est alors très vite réglée :

« Dès que nous nous sommes revus et que nous avons un peu bavardé, il me dit :

» – Depuis cinq ans j'attends.

» Les trois premières années, il ne pouvait en être autrement [...] mais les deux dernières, si. Ce sont les préjugés injustes de ta mère qui nous ont gâché l'existence. A toi de juger si tu n'as pas déjà fait ton devoir en sacrifiant pour lui complaire deux des plus belles années de notre vie. Si cette fois tu me laisses pour de bon repartir, je ne reviendrai jamais plus, parce qu'alors je saurais que tu n'as pas la force de caractère que j'attends de ma femme. C'est maintenant ou jamais que tu dois prendre une décision et choisir entre ta mère et moi. Si c'est moi que tu choisis, on se marie et je reste. Sinon, je retourne en Inde, j'entreprends d'autres explorations et tu ne me reverras plus. Peux-tu me donner une réponse ?

» – Absolument, lui dis-je. Je t'épouse dans les trois semaines, envers et contre tout. » [1]

M. Arundell donne son consentement, et les frères et sœurs d'Isabel l'approuvent, car tous, sans nul doute, se rendent pleinement compte qu'elle a maintenant vingt-neuf ans et qu'elle risque de rester vieille fille. Mais Mme Arundell se contente de déclarer méchamment qu'elle n'assistera pas à la cérémonie nuptiale, et qu'elle ne donnera pas non plus à ses filles l'autorisation d'y assister. Plus tard, Burton dénoncera dans l'un de ses écrits « l'égoïsme et la cruauté abominables de la mère de famille anglaise, qui contrarie les ambitions conjugales de sa fille à seule fin de garder celle-ci près d'elle pour sa propre commodité » [2].

Craignant que la moindre contrariété ne provoque chez sa mère une attaque d'apoplexie, Isabel finit par décider que la cérémonie du mariage se déroulera presque secrètement, et qu'elle en avisera ses parents « en temps voulu ». Dans l'attente d'épouser Burton, elle prie et médite beaucoup, confiant à son livre d'Heures des sentiments qui sans doute inquiéteraient passablement Richard. « Je me suis liée à un homme très particulier, écrit-elle, et j'ai demandé à Dieu d'accomplir une tâche difficile, celle de me livrer cet homme corps et âme. C'est là une grande tâche, mais après dix ans et demi de prières Dieu a exaucé mes vœux. » Et en manière de consécration, puisqu'elle en est venue à ses fins, elle prend toute

1. W.H. Wilkins, *op. cit.*, I, 154-5, 158-9.
2. *Arabian Nights*, I, 212 *n.*

une série d'engagements vis-à-vis d'elle-même, qu'elle intitule : *Règles à suivre quand je serai sa femme*. Parmi les dix-sept préceptes qu'elle aligne, il en est beaucoup pour témoigner de ce qu'Isabel n'est pas aussi naïve que le craint sa mère. « Qu'il trouve en l'épouse ce que lui et beaucoup d'autres hommes s'imaginent ne pouvoir trouver que chez une maîtresse, écrit-elle. Ne précipite pas les choses, sinon il se lassera de toi [...] Cache ses défauts à *tout le monde* [...] Ne laisse jamais quiconque le dénigrer devant toi [...] Ne lui réponds jamais s'il te prend en faute, et ne lui fais jamais reproche quand il a tort, *surtout quand il le reconnaît* [...] Ne lui demande jamais de ne *pas* faire telle ou telle chose [...] Ne l'ennuie pas en lui parlant de religion [...] Cultive ta santé, ton esprit et tes nerfs, afin de combattre sa naturelle mélancolie [...] Ne laisse jamais rien se figer dans l'immobilisme, car rien ne le lasserait autant que la stagnation. » [1]

Le matin du 22 janvier 1861, jour de leur mariage, une calèche s'arrête à neuf heures devant la demeure londonienne des Arundell, qui ne savent pas que si leur fille sort, c'est pour se marier. « Je descendis l'escalier le cœur battant, écrit Isabel, après m'être agenouillée dans ma chambre, et je priai avec ferveur pour qu'ils [mes parents] me bénissent et pour que leur bénédiction me soit un signe du ciel. J'étais dans tous mes états, et c'était à peine si je tenais debout. Quand j'entrai [dans la chambre de mes parents], ma mère m'embrassa sur la joue en me disant : Au revoir, mon enfant. Dieu te bénisse. Puis je fis quelques pas et me mis à genoux près du lit, à côté de mon père, pour lui dire adieu. Dieu te bénisse, mon enfant, me dit-il en sortant la main du lit pour me la poser sur la tête. J'étais trop émue pour parler davantage, des larmes coulaient sur mon visage, et lorsque je sortis de la maison, il m'en souvient encore, sur le seuil je baisai la porte. » [2]

Au lieu d'aller voir des amis à la campagne, comme elle

---

1. W.H. Wilkins, *op. cit.*, I, 162-5.
2. *Life*, I, 342.

l'a dit à ses parents, elle se rend au domicile du Dr George Bird et de sa sœur Alice, qui lui ont promis de « jeter un voile de respectabilité sur son mariage ». Là, elle change sa tenue pour une robe chamois, une cape de dentelle et une coiffe blanche, puis, en la compagnie du médecin et de sa sœur, elle se rend à l'église catholique de Warwick Street. « Richard m'attendait sur le parvis, écrira-t-elle, et en entrant il trempa les doigts dans l'eau bénite et fit un *très grand* signe de croix. » Il ne porte pas d'habit de cérémonie, mais simplement une veste de chasse, nous raconte sa nièce, et « par bravade [il a] un cigare à la bouche pour cacher sa terrible nervosité » [1]. En tout et pour tout, huit personnes assistent à la cérémonie, y compris un greffier de justice, dont la présence est indispensable pour que soit juridiquement valable un mariage entre deux personnes de confessions différentes, et le prêtre qui bénit leur union, en l'occurrence le grand-vicaire Hearne.

Ensuite, au cours du banquet de noces, alors que Burton raconte l'échauffourée de Berbera qui lui a valu sa cicatrice à la joue, le Dr Bird, manquant quelque peu de tact, tente de l'agacer.

— Dites-moi, Burton, comment vous sentez-vous quand vous venez de tuer un homme?

— Oh, le mieux du monde, docteur! réplique-t-il en détachant bien ses mots. Et vous?

Au bout de quinze jours, Isabel ne peut plus cacher à sa mère qu'elle a épousé Burton, car deux de ses tantes ont rapporté à Mme Arundell qu'elles avaient vu sa fille « rentrer dans l'appartement d'un célibataire ». Affolée, la mère d'Isabel annonce alors à son mari, qui s'est absenté pour aller à la campagne, « qu'un affreux malheur est arrivé dans la famille ». Lassé de faire semblant de tout ignorer, Henry Arundell lui câble cette réponse : « Dieu soit loué, elle a épousé Dick Burton. » Puis il transmet à sa femme la lettre pleine d'élégance que lui a envoyée Burton le jour de son mariage :

1. Georgiana Stisted (*op. cit.*, 275) raconte au contraire qu'Isabel avait mis sa mère au fait de son mariage quelques jours auparavant.

« Mon cher beau-père,

» Je me suis conduit comme un bandit de grand chemin en épousant votre fille Isabel, en la présence d'un greffier [...] Je laisse à ma femme le soin d'écrire plus tard à sa mère.

» Il me reste à dire que pour ma part je n'ai de liens ou d'attaches d'aucune sorte, que le mariage s'est déroulé dans la plus stricte légalité, et qu'il est à tous égards *respectable*. Je ne sollicite aucune dot pour Isabel. Je suis en état de travailler pour gagner ma vie, et c'est à moi de faire en sorte qu'avec le temps vous n'ayez rien à regretter.

» Votre dévoué

» Richard F. Burton. »

Isabel écrira plus tard qu'à dater de ce jour-là sa mère approuva le mariage, « reçut Richard de la plus aimable façon », et leur demanda à tous deux de lui pardonner « d'avoir regimbé à la face de Dieu et d'avoir fait obstacle à ce qui désormais lui apparaissait comme une manifestation de Sa volonté [...] Il ne lui fallut guère de temps pour aimer Richard comme elle aimait ses propres fils ». [1] Georgiana Stisted donne un tout autre son de cloche, puisqu'elle affirme que Mme Arundell « n'accorda jamais son pardon à son gendre », et elle ajoute encore cette précision : « Peu de temps avant que je ne la voie pour la dernière fois, en réponse à une réflexion de sa fille, elle se récria, déclarant que Dick ne faisait pas partie de ses relations. » [2]

Possessives comme elles le sont, la sœur et la nièce de Burton ne sont pas moins consternées que Mme Arundell lorsqu'elles apprennent que Richard a épousé Isabel. Quand elle écrira avec passion, toutes griffes dehors, la biographie de son oncle, Georgiana – qui jamais ne s'est mariée – semblera rétrospectivement toucher le fond de l'indignation. « Quand je me remémore cette union, déclarera-t-elle, il m'ap-

---

1. *Life*, I, 343. Dans son livre, Isabel insère après ce passage la reproduction photographique de la lettre envoyée par Burton à M. Arundell.
2. Georgiana Stisted, *op. cit.*

paraît clairement que Burton a commis une imprudence aussi grave que lorsqu'il a envoyé Speke chercher tout seul le [lac] Victoria Nyanza. » Elle s'en prendra alors à Isabel, à qui elle reprochera son « fatal manque de tact et de jugement [...] sa piètre éducation par les bonnes sœurs [...] son cerveau prompt à s'exciter [...] et la déficience de sa faculté de raisonner » Georgiana jugera particulièrement insupportable son catholicisme, qu'Isabel ne cessait de mettre en avant. « Elle était de confession papiste, soit, mais elle n'avait pas besoin, écrira Georgiana, de se ranger dans le camp extrémiste ou dans le parti des jésuites, ni non plus de sombrer dans l'abysse de superstitions presque incroyables chez l'épouse de Burton. Il avait souvent l'air, oui, affreusement triste et las quand il l'entendait raconter pour la vingtième fois qu'un jour, alors qu'elle faisait un long voyage, elle avait laissé tomber de sa poche une médaille pieuse en maillechort, qui miraculeusement était revenue à sa propriétaire inconsolable. » Georgiana écrira aussi, dans une lettre adressée à Mme Lynn Linton, qu'Isabel était « futile et bigote », et que pour « Dick Burton, toute occasion de se distinguer s'était évanouie du jour où il avait épousé Mlle Arundell » [1].

Au début cependant, les deux familles taisent discrètement leur désolation et font bon accueil au couple. Mais ce sont les amis de Burton qui se réjouissent ouvertement de ce mariage, et non pas les proches parents, volontiers snobs, de l'un ou l'autre des époux. Par contre, Monckton Milnes donne en leur honneur une soirée, à laquelle il convie lord Palmerston, le Premier Ministre. Milnes, comme l'écrira Henry Adams, était « l'esprit le plus brillant de Londres, et il avait le pouvoir de faire la carrière d'un homme – de beaucoup d'hommes. Un mot de lui ouvrait les portes. Une invitation à sa table en ouvrait bien davantage. Derrière son masque de Falstaff et son rire de Silène se cachait une fine, vaste et immense intelligence que nul n'aurait contestée [...] il avait

---

1. *Ibid.*, 274-5, 309-11. Les lettres adressées par Georgiana Stisted à Mme Lynn Linton figurent aujourd'hui dans le fonds Quentin Keynes.

ses entrées partout, connaissait tout le monde, pouvait parler de n'importe quel sujet et avait l'oreille de ministres [...] C'était un lecteur vorace, un critique écouté, un connaisseur en peinture, mais avant tout c'était un homme du monde par vocation, et il aimait les contacts – voire les collisions – que suscitait la vie en société ».

Les relations de Milnes, écrira Isabel Burton, pas mécontente de prendre sa revanche, « réglèrent la question que posait notre situation. Lord Palmerston me donna le bras et nous présenta, Richard et moi, à beaucoup de gens que nous ne connaissions pas, et tout autour de nous se pressaient aussi des parents à moi. On m'invita à des réceptions et lady Russell, qui depuis peu était duchesse douairière, m'introduisit à la cour, *à présent que j'étais mariée* ». C'est là, pour les Burton, le début de toute une série de réceptions dans les grandes maisons de Londres. Le succès attirant le succès, on s'arracha *The Lake Regions of Central Africa*, alors qu'auparavant l'ouvrage s'était mal vendu. Bon nombre de critiques favorables accroissent sa diffusion. C'est l'évocation de cet ensemble d'événements heureux qui amènera plus tard Isabel à écrire que les sept premiers mois de leur mariage n'ont été que « félicité suprême et ininterrompue »[1].

En convolant, Isabel nourrissait à l'égard de Richard trois ambitions : faire de lui un homme puissant, respectable et un bon catholique. « Par ambition, confie-t-elle à son journal, certains entendent des titres, de l'opulence, des domaines. Pour moi, l'ambition, c'est la gloire, un nom, le pouvoir. »[2] Mais sans position sociale, point de pouvoir. Burton a vu fondre son héritage de seize mille livres, que ses explorations et de mauvais placements ont réduit à quatre mille. A présent il cherche à se faire attribuer un poste par les Affaires étrangères, espérant que s'il l'obtient, c'est à Damas qu'on l'enverra. Mais tout ce que lui apportent les démarches et interventions de ses amis et de ceux d'Isabel, c'est une charge

---

1. *Life*, I, 344.
2. W.H. Wilkins, *op. cit.*, I, 161.

consulaire à Fernando Poo, une île espagnole située au large de la côte d'Afrique occidentale. Toutes sortes de maladies sévissent dans ce minuscule territoire qui sert de base à la marine britannique, laquelle a reçu mission de mettre fin à la traite. Dans une lettre qu'il adresse à Milnes le 20 mars 1861, Burton compare le poste qu'on lui propose à une « miette gouvernementale » qu'il est prêt à accepter en attendant qu'on lui offre un jour « une vraie miche »[1].

Dans l'espoir de bénéficier de sa pension d'officier de l'armée indienne, Burton demande l'autorisation de continuer à percevoir sa demi-solde, comme l'a fait Rigby lorsqu'on l'a nommé à Zanzibar. C'est compter sans ses ennemis du Bureau des Affaires indiennes, qui n'ont pas oublié les critiques formulées en 1848 dans son mémoire, désapprouvent son altercation avec Rigby, et qui de plus lui gardent solidement rancune depuis qu'il a publié des lettres qui font passer plusieurs d'entre eux pour des imbéciles. Alors qu'en décembre 1856 il se rendait en Afrique avec Speke, il avait appris qu'à Djeddah des troubles ne tarderaient guère à éclater, et en conséquence il avait fortement préconisé le renforcement de la Royal Navy en mer Rouge, à l'effet d'assurer la protection des ressortissants britanniques de toute la région et aussi de porter un coup décisif au trafic des esclaves. Mais au lieu d'envoyer sa lettre à ses supérieurs hiérarchiques de Bombay, il l'avait adressée à la Royal Geographical Society. Ce qui lui avait valu un blâme pour avoir « failli à l'obligation de réserve et au respect dû à l'autorité » de laquelle il était le subordonné. Vingt mois après, quasiment tous les chrétiens de Djeddah étaient massacrés, et parmi eux le consul de Grande-Bretagne.

Or, dans *The Lake Regions of Central Africa*, Burton a fait figurer sa propre lettre de mise en garde, les remontrances que lui a faites la censure militaire, ainsi que les comptes rendus de presse publiés au lendemain du massacre. Le résul-

---

1. Lettre envoyée de Dovercourt, dans l'Essex, par Burton à Milnes. (Bibliothèque du Trinity College.)

tat, c'est qu'à présent, le Bureau des Affaires indiennes, en manière de représailles, le radie de la liste des effectifs de l'armée indienne. Et du même coup Isabel apprend ce qu'elle aura maintes et maintes fois l'occasion de se rappeler, à savoir que son mari paie cher son mépris du protocole et l'empressement qu'il met à publier ses démêlés fougueux avec la hiérarchie. Plusieurs biographes de Burton soutiendront que si on l'a radié des cadres de l'armée et privé de sa retraite, c'était en raison de son enquête dans les lieux de plaisir de Karachi. Mais c'est oublier que Burton avait la manie de faire enrager ses supérieurs. Voilà qui n'est guère prometteur quand on veut faire carrière dans la diplomatie, où la discrétion, pour ne pas dire la flagornerie, est la condition première de l'avancement.

Faire de Burton un homme respectable – seconde visée de sa femme – est une entreprise autrement ardue que de lui donner du pouvoir. A cet égard, on ne peut s'empêcher de penser qu'Isabel, compte tenu de la faculté enfantine qui est la sienne de s'illusionner et de prendre ses désirs pour des réalités, n'a nullement conscience de s'attaquer à un travail de Sisyphe. Car elle sait fort bien que son mari fréquente trois clubs, l'austère *Garrick*, le *Bohemian Arundel* et le *Beefsteak*, et que ce dernier est le lieu de rendez-vous de beaucoup de journalistes, tels George Augustus Sala (de l'*Illustrated London News*), sir Francis Burnand (du *Punch*), Edmund Yates (du *World*), William Russell (du *Times*) et Carlo Pellegrini (fort connu pour ses caricatures féroces de personnages célèbres, et Burton est du nombre, qu'il publie dans *Vanity Fair*). Plus tard, Burton fondera le *Cannibal Club*, délirant pastiche de la Royal Geographical Society. Tous ces clubs ont un certain prestige, et, à l'exception du premier, on y tolère l'excentricité.

Mais la compagnie que recherche le plus Burton durant les sept premiers mois de son mariage, c'est celle de Monckton Milnes. Et c'est au domicile londonien de Milnes et au manoir, du nom de Fryston, que celui-ci possède à la campagne, que Burton se rend le plus volontiers. Il a fait présent à Milnes de son passeport pour La Mecque et lui a dédié *The City of the Saints*. De douze ans son aîné, Milnes lui prodigue affection et hospitalité – il a publié dans l'*Edinburgh Review* une critique admirative de *The City of the Saints* –, et il compte Burton parmi ses amis intimes.

Monckton Milnes a fait de Fryston une véritable Mecque où se rassemblent poètes, beaux esprits, excentriques, journalistes et hommes politiques. Il y accueille les peintres et hommes de lettres à qui lady Palmerston ferme catégoriquement la porte de son salon – les Thomas Carlyle, Algernon Swinburne, William Thackeray, Coventry Patmore, Aubrey de Vere – et il met à leur disposition l'une des plus grandes bibliothèques privées du monde, laquelle est constituée de poèmes, de romans, de biographies, de mémoires et de critiques littéraires en quatre langues. A Fryston, écrit Isabel, « nous rencontrions tout ce qui vaut d'être connu, tant par le rang ou l'élégance que par la beauté ou l'esprit, et plus particulièrement tous les gens les plus talentueux du monde [...] Je revois encore Vambéry nous disant des contes hongrois, et aussi Burton, assis jambes croisées sur un coussin, récitant et lisant Omar Khayyâm alternativement en persan et en anglais, et psalmodiant l'appel à la prière du muezzin, *Allah hou Akhbar* ». [1] Milnes, à qui par une heureuse formule Carlyle a décerné le titre de « président perpétuel de la Compagnie Paradis et Géhenne associés », adore mettre en présence les uns des autres des convives que tout oppose, par exemple Burton et l'archevêque d'York.

Mais ce qu'Isabel ignore, c'est que la bibliothèque de Monckton Milnes contient aussi la plus grande collection de livres érotiques d'Angleterre, et que dans cette collection figurent de nombreux ouvrages traitant de la flagellation et des châtiments corporels infligés aux écoliers. Non seulement Milnes possède les œuvres complètes du marquis de Sade, mais aussi beaucoup de ses manuscrits. Une bonne part de sa collection d'œuvres pornographiques lui a été procurée par

---

1. *Life*, I, 347-8.

Fred Hankey, qui de Paris lui a fait parvenir maints et maints livres par la valise diplomatique. On ne saurait dire si Hankey a procuré autre chose que des recueils d'érotisme à Milnes, dont le biographe, James Pope-Hennessy, omet de soulever cette question et se borne à écrire que Milnes « était incapable d'aimer passionnément », mais « incapable [aussi] d'être foncièrement pervers ». Cependant, il lui prête ce propos : « Par moments j'ai l'impression que rien n'est réel sinon le mal et que rien n'est vrai sinon la souffrance. » [1] Pourtant Milnes est marié et apparemment fort satisfait de puiser dans la vie conjugale bien-être, stabilité et affection. Il est père de trois enfants et sa femme semble témoigner d'une innocence enjouée et « d'un irrésistible appétit de vivre ». Seuls ses amis les plus proches savent qu'elle est affligée de migraines et de neurasthénie.

Monckton Milnes conservera, au fil des ans, les lettres de Burton. Ces lettres sont aujourd'hui au Trinity College de Cambridge, et c'est ainsi que nous apprenons que Burton fréquentait, de temps à autre tout du moins, un petit groupe d'hommes tirant plaisir de pratiques qui eussent horrifié Isabel. C'est Milnes, nous l'avons dit, qui avait fait faire à Burton la connaissance de Fred Hankey au cours de l'été 1859. Par la suite, pendant bien des années Burton continuera de porter intérêt à cet homme qui se complaît dans le sadisme. « Rappelez-moi avec amour au bon souvenir de [...] Bellamy et Hankey », écrit-il à Milnes, de Fernando Poo, le 26 avril 1862. Et dans sa correspondance plus tardive on relève encore ces phrases : « [...] Quand nous nous reverrons [...] que devient Hankey? (29 mars 1863) Des nouvelles de Fred Hankey? (1871) Fred Hankey doit être bien bas, non? » Burton dédiera même son huitième volume des *Mille et Une Nuits* à la mémoire de Hankey :

« Mon cher Fred,
» Si *continuer* veut dire quelque chose, alors vous

---

1. James Pope-Hennessy, *Monckton Milnes; The Flight of Youth, 1851-1885*, 6, 133.

lirez ces lignes dans la lointaine terre des Esprits et vous verrez que votre vieil ami ne vous a pas oubliés, vous et Annie. »

Après avoir rendu visite à Hankey au cours du printemps de l'année 1862, Edmond et Jules de Goncourt le décrivent sous les traits d'un homme d'environ trente ans, grand et mince. Il a le teint basané, ajoutent-ils, et une attitude languide, efféminée, qui le fait ressembler à « un jeune prêtre émacié, extasié [...] servant la messe à un évêque sur une peinture d'autrefois [...] d'une politesse exquise [...] remarquable par sa gentillesse insigne et la douceur de ses façons ». Mais sa douceur se dissipe tout à coup lorsqu'il tend à ses visiteurs un ouvrage non relié, leur disant que la peau humaine – *une peau de jeune fille* *, précise-t-il – qui le recouvrira n'est pas encore tannée, car l'opération, très longue, demande six mois. « Ce n'est pas une peau de première qualité, ajoute Hankey, car elle n'a pas été prélevée sur une victime encore vivante. » Mais qu'à cela ne tienne, puisqu'un de ses amis, le Dr Barth, lui a promis de lui apporter « *une peau comme ça* [...] [prélevée] *pendant la vie* * » [1].

Or, le « docteur Barth » désigne très vraisemblablement Richard Burton, qui a promis à Hankey de lui rapporter du royaume d'Abomey – où il a prévu de se rendre en 1863 – la peau d'une des victimes mises à mort à l'occasion des sacrifices humains qu'on y pratique chaque année. Plus tard, nous y reviendrons, lorsque Burton aura vu suffisamment de cadavres encore chauds pour en avoir la nausée, il fera en sorte de ne pas tenir sa promesse. « Ce pauvre Hankey, écrira-t-il le 24 mars 1864 à Monckton Milnes, moi

---

1. Edmond et Jules de Goncourt, *Journal, mémoires de la vie littéraire*, V, 93. Citant une autre édition de ce journal, James Pope-Hennessy, *op. cit.*, p. 118, écrit : « Une peau comme ça [...] sur une *négresse vivante* *. » Les lettres dans lesquelles Burton s'enquiert de Hankey sont la propriété de la bibliothèque du Trinity College.

qui tenais tant à lui procurer une dépouille humaine [...],
je n'ai pas pu. » [1]

Dans son attitude, entrent une bonne part de vantardise
et un certain goût rabelaisien pour le scandale; cela s'explique
peut-être par l'assiduité avec laquelle il enregistre ou recueille,
à l'effet de composer ses livres, tout ce qui peut se rapporter
aux conduites humaines. Rien ne prouve cependant que Burton s'adonne de façon habituelle à des pratiques sado-masochistes. L'œuvre de Sade le révolte. « Je ne veux rien avoir
de commun avec [...] Justine, déclare-t-il à un ami qui l'invite
à traduire le livre en anglais. Le français du marquis de Sade
est passablement monstrueux, et au bout de quelques pages
je n'en pouvais plus, mais quel tollé ce serait [si l'œuvre était
traduite] tout crûment en anglo-saxon. » [2] Pourtant, il porte
à la flagellation un intérêt qui n'est pas seulement celui d'un
bibliophile, et durant toute sa vie la mutilation, ou pour
mieux dire la castration et l'excision exerceront sur lui une
véritable fascination. Thomas Wright rapporte une histoire
qui circule dans certains cercles un peu particuliers de
Londres, racontant comment Burton aurait été surpris dans
un harem turc (durant la guerre de Crimée, vraisemblablement), et qu'« on ne l'aurait laissé en sortir qu'après lui avoir
fait subir l'habituel et indescriptible châtiment ». Étant donné
qu'il s'agit là de la seule et unique rumeur qui a véritablement
agacé Burton, poursuit Wright, « nous pensons qu'il est de
notre devoir de déclarer que des indices suffisamment
concluants sont là pour prouver, qu'il se soit ou non immiscé
dans un harem, qu'assurément il en est ressorti sans rien
avoir perdu de son intégrité » [3].

---

1. Bibliothèque du Trinity College. Un médecin et explorateur allemand,
le Dr Heinrich Barth, a effectivement séjourné en Afrique centrale entre
1850 et 1854, et il publiera en 1857 un ouvrage intitulé *Travels and Discoveries in North and Central Africa*. Mais la correspondance de Burton
prouve que c'est bien à lui, et non à Barth, que Hankey fait allusion devant
les Goncourt.
2. Lettre de Burton à Leonard Smithers datée du 17 février 1889 (Bibliothèque Huntington).
3. *Life of Sir Richard Burton*, I, 141-2.

De tous ceux de ses amis à qui Monckton Milnes présente les Burton au cours de ces mois-là, nul n'est davantage impressionné par Richard qu'Algernon Charles Swinburne. Le poète – il est alors âgé de vingt-quatre ans et commence tout juste à imposer son talent – ne peut qu'être attiré par Burton, car le Proche-Orient exerce sur lui une véritable fascination. De plus, comme Burton, il n'a que mépris pour les religions européennes, et son érudition est quasiment comparable à celle de son aîné. Il apparaîtra aussi que la vitalité de Burton, son aura un peu méphistophélique, envoûtent littéralement Swinburne. Henry Adams, qui en avril 1861 est lui aussi convié à plus d'un des fameux déjeuners de Milnes, brossera plus tard, dans son livre intitulé *Education*, ce portrait du jeune poète dont la chevelure était d'un roux flamboyant : Il était aussi petit et pétillant de vie qu'« un oiseau des îles, grande crête, long bec, extrême vivacité, prompt à s'égosiller quand on disait un bon mot [...], tout le contraire de l'alouette ou du rossignol de chez nous. Il eût aisément pu passer pour un ara écarlate fourvoyé parmi des chouettes, mais la première impression se bornait là [...] C'est longtemps après que la conscience d'avoir rencontré un authentique génie se faisait jour dans l'esprit, et cette conscience finissait alors par dominer tout le reste ».

Burton, qui se tient pour un poète qui n'en est encore qu'à ses premières œuvres, est flatté par l'admiration que lui voue Swinburne, dont l'efféminement, d'emblée, ne le laisse pas insensible. Et Isabel perçoit tout de suite, comme le feraient à sa place la plupart des femmes, que la féminité n'exerce aucun attrait sur le jeune homme. Mais elle ne peut deviner ce que Burton, visiblement, a tout de suite décelé, à savoir que Swinburne est obsédé par la flagellation. A l'exemple de bon nombre de jeunes Anglais, c'est à Eton – où son maître parfumait par avance la salle dans laquelle il châtiait ses élèves – que Swinburne a découvert l'excitation sexuelle que procurent les coups de canne. « Ça, c'est ce que j'appelle un supplice véritablement exquis, racontera-t-il. Un jour, avant de m'administrer une correction dont j'ai gardé les marques pendant plus d'un mois [...], il a voulu que je m'inonde le visage d'eau de Cologne [...] C'était un maître assez bizarre. »[1] S'il faut en croire sir Edmund Gosse, admirateur et biographe de Swinburne, la morbide fascination exercée sur le poète par la flagellation a été encore exacerbée par les œuvres de Sade, qu'il a lues chez Monckton Milnes en 1861. Cette lecture l'a tant exalté qu'il a déclaré que le jour viendrait où on érigerait des statues du marquis dans toutes les villes, et qu'au pied de ces statues on accomplirait des sacrifices. Et c'est au cours de cet été-là qu'il s'est mis à fréquenter un établissement de St. John's Wood, où, pour une somme rondelette, deux femmes « acceptaient de châtier » les messieurs [2].

Les amis et biographes de Swinburne feront tous reproche à Milnes d'avoir initié le poète aux œuvres de Sade, et à Burton de l'avoir initié à l'alcool. Or, Burton n'a manifestement vu Swinburne que deux fois au cours de cet été de l'année 1861 : d'abord le 5 juin, à l'occasion d'un déjeuner entre hommes, et ensuite pendant trois ou quatre jours au mois d'août, alors qu'il séjournait à Fryston en compagnie d'Isabel. Il semble donc absurde de faire de lui le principal artisan de quinze années d'alcoolisme chronique, au bout desquelles Swinburne ne sera plus qu'une loque. Mais cet été-là marque le début d'une longue amitié réciproque. Plus tard, chaque fois que Burton reviendra en Angleterre, il ne manquera pas de se mettre en quête de Swinburne, et leurs beuveries deviendront mémorables. Luke Ionidès, qui passera en leur compagnie une soirée, racontera que Burton, voulant soutenir le frêle poète en l'entourant de son bras, l'envoya dinguer dans un escalier tandis que Swinburne, trop ivre pour réussir à monter dans un cabriolet, maugréait parce

---

1. Lettre de Swinburne à Milnes datée du 10 février 1863, *The Swinburne Letters*, éditées par Cecil Y. Lang, 6 vol., Yale University Press, 1959, I, 78.
2. Extrait d'un essai de Gosse publié dans la première édition de *The Swinburne Letters*, 1959, VI, 244. Se reporter aussi à la critique de Robert J. Clements sur l'édition des œuvres de Sade in *Saturday Review*, 11 septembre 1865, 46.

que les marches des voitures de ville étaient « de plus en plus hautes d'année en année » [1].

Tandis que leur amitié se consolidera, une fois au moins se produira entre eux quelque chose qui ne relèvera pas seulement de la soûlerie. Le 11 juillet 1865 en effet, immédiatement après le départ pour le Brésil de Burton (entre-temps, on lui aura attribué le poste de consul à Santos), Swinburne enverra ces lignes à Milnes :

« Étant donné que mon tentateur et spectateur de prédilection est parti pour Santos, j'espère revenir dans le droit chemin à présent que j'ai reçu une " sacrée bonne rossée " comme seul Rodin peut en administrer. Les puristes [du collège] de Rugby (me dit-on) dénoncent d'une façon générale le ménadisme [qui règne] à Eaton en juin et en juillet. C'est peut-être que nous retrouvons sans nous en rendre compte nos vieilles habitudes scolaires – et que nous les expions en recourant à de vieilles punitions tout autant scolaires. De celle-là je me souviendrai. Le capitaine n'y est pas allé de main morte. Sans doute suis-je en train de brandir le thyrse sous vos yeux. Toujours est-il que passé ce semestre j'ai l'intention d'être à tout jamais convenable... » [2]

« Pendant à peu près quinze ans et demi, Swinburne a versé dans l'alcoolisme chronique », écrit Cecil Y. Lang, l'éditeur de la correspondance du poète. Il était également masochiste. (Qu'il ait été ouvertement homosexuel, comme le veulent certaines allégations persistantes, cela, je n'en sais rien. [3]) Au cours de l'été 1861, Isabel ne le sait pas elle non plus. Dans la biographie qu'elle écrira de son mari et dans sa propre correspondance, de même que dans celle de Burton, tout indique que jusqu'à la mort de Richard – lorsque Swinburne et elle se fâchent – les relations entre le poète et Isabel ne sont cordiales qu'en apparence. Un jour pourtant, devant

---

1. *Transatlantic Review*, mars 1924, 24.
2. *The Swinburne Letters*, n° 78, I, 124.
3. *Ibid.*, I, XIX.

Milnes, elle accuse Swinburne d'intempérance. Milnes enverra alors au poète un billet pour le chapitrer, auquel Swinburne répliquera de la façon suivante :

« Quoi que vous ayez bien pu glaner (comment, je ne le dis pas) auprès de Mme Burton qui discrédite " ma tempérance, ma sobriété et ma chasteté ", comme dit le catéchisme [...] comment peut-elle croire en l'excellence de " Richard " tout en ne croyant pas qu'un autre que lui puisse avoir des vertus ? *En moi vous voyez les malheurs de la Vertu; en lui les prospérités du Vice.* * Il n'est en effet pas donné à tous ses cadets de *tenir tête à* * Burton... » [1]

Il se peut fort bien que dans le courant de l'été 1861 Isabel comprenne que ce ne sont pas les femmes, mais les hommes qui risquent d'accaparer l'affection de son mari. Environ trois ans plus tard, elle ne pourra pas ne pas être troublée par ce paragraphe d'un livre sur l'Afrique occidentale, dont Burton est l'auteur. Décrivant les indigènes d'Abeokuta, il écrit en effet

« Ici comme partout dans le monde et chez les espèces animales inférieures, le mâle est notablement supérieur à la femelle. L'organisme de cette dernière est fait de lignes douces, curvilignes, arrondies et gracieuses, mais monotones et sans intérêt. Alors que l'organisme du premier est remarquable par la variété de sa morphologie et de sa musculature. Dans cette région où tout le monde vit à demi dévêtu, l'extrême différence entre les sexes s'impose immédiatement au regard. Là où l'on voit vingt hommes de belle prestance, on ne trouve guère qu'une seule femme bien faite, mais ici comme partout ailleurs elle est inférieure à l'homme, de la même façon que la Vénus de la Villa Médicis est inférieure à l'Apollon du Belvédère. » [2]

1. *Ibid.*, I, n° 79, 125.
2. *Abeokuta and the Cameroons Mountains*, I, 110-11.

W.H. Wilkins, le biographe d'Isabel, déclare que le mariage a « stabilisé [Burton] [...], lui a donné un but dans l'existence, un être à aimer, et a plus que tout apporté un démenti aux rumeurs malveillantes qui circulaient à son propos »[1]. Et il semble bien que pour sa part Burton ait puisé satisfaction dans la ferveur enveloppante d'Isabel et qu'il ait fait de son mieux pour lui complaire. Il était peu enclin à la flatterie, et toute sa vie sa femme se souviendra avec émotion des rares compliments de son mari. L'évocation de l'un de ces compliments la ravissait tout particulièrement. Un jour qu'elle s'était élégamment vêtue d'une robe de bal et qu'elle s'apprêtait à descendre au rez-de-chaussée – c'était la première fois qu'elle donnait une réception chez elle –, Burton l'avait examinée d'un œil d'abord critique, puis il s'était tourné vers Mme Arundell pour lui dire en français : « *La jeune fille n'a rien à craindre **. »[2]

« Il s'épanchait volontiers quand nous étions seuls, écrira Isabel, mais c'était tout à fait un autre homme sitôt que quelqu'un entrait dans la pièce. » Peu de temps après leur mariage, ils s'étaient rendus à Worthing pour aller voir les parents d'Isabel, et pendant leur séjour chez eux Burton s'était absenté pour passer à Brighton une journée entière avec son cousin Samuel Burton. Mais dans le dernier train qu'il avait pris pour regagner Worthing, il s'était endormi pour ne se réveiller qu'une trentaine de kilomètres après la bonne gare. Au lieu d'attendre le lendemain matin, il s'était alors enquis de la direction à suivre, puis avait sorti sa boussole de sa poche et s'était lancé au pas de course à travers la campagne. A une heure du matin il était à Worthing, où l'attendait Isabel, folle d'inquiétude. Ce sont pareils souvenirs qui lui feront un jour écrire : « J'ai connu dans mon existence une

---

1. *Op. cit.*, I, 176.
2. *Ibid.*, I, 178.

vaste oasis de sept mois, et même si je n'en connais pas d'autre, cela valait d'être vécu. » [1]

Durant ces sept mois Burton apprend aussi à mesurer l'opiniâtreté de ceux qui entendent le rallier à la vraie foi, et en particulier celle des ecclésiastiques d'obédience catholique. Car il est apparu très vite que la détermination d'Isabel à capturer son âme se solderait par une souterraine et apparemment anodine partie d'échecs. Une partie qui allait se dérouler sur trente années de vie conjugale. De temps à autre Burton concède un pion – en portant au cou la médaille de la Sainte Vierge dont elle lui a fait présent, ou en y allant de sa larme lors d'une messe de minuit, ou encore en conversant affectueusement avec un père missionnaire en Inde – qui autorise chez elle tous les espoirs de victoire définitive. Elle s'emploiera plus tard à persuader ses lecteurs que Burton entourait de beaucoup d'égards l'extrême piété de son épouse, et que jamais il ne s'opposa à ce qu'elle fît construire un autel dans l'une ou l'autre des multiples demeures qu'ils avaient habitées. Pourtant, jamais dans aucun de ses livres, il ne déguisera le mépris dans lequel il tenait l'Église, et la question se pose de savoir si, dans le privé, il s'abstenait aussi de le faire. En tout cas, dans ses lettres adressées à Monckton Milnes, il parlait du « monstrueux charlatanisme » des missionnaires chrétiens en Afrique, et en 1863, c'est publiquement qu'il décerne des louanges à *De l'origine des espèces* de Darwin, « le meilleur et le plus pertinent des livres de notre époque ou peut-être de toutes les époques » [2], écrit-il, alors que l'ouvrage scandalisait toute l'Angleterre. Mais ce sont les commentaires qu'il inclut dans ses lettres à Milnes qui sont les plus révélateurs du jugement qu'il portait sur la foi de son épouse. Par exemple, lorsqu'il narre à son correspondant les vacances qu'il vient de passer à Madère avec Isabel en 1862, il lui fait cette confession : « Ma femme court les églises,

1. *Life*, I, 348.
2. *The Prairie Traveller, a Handbook for Overland Expeditions*, Londres, 1863, 140 *n*.

chapelles, couvents, et autres abominables lieux d'idolâtrie avec trop de frénésie pour faire quoi que ce soit d'autre [...] Le seul danger, c'est qu'un jour on l'envoie au bûcher pour cause de sainteté. » [1]

Alors qu'ils venaient de se marier, il ressentait de l'agacement chaque fois qu'Isabel allait se confesser. Son sentiment d'être laissé pour compte prenant le dessus, il avait décidé d'élucider lui-même les pensées les plus intimes de son épouse, ultimes secrets qu'un esprit aussi passionnément inquisiteur que le sien ne pouvait s'empêcher de tirer au clair. S'achoppant aux défenses d'une femme à qui depuis l'enfance on avait appris à user de faux-semblants, il avait eu recours à l'hypnose, comme le racontera plus tard Isabel :

« Richard était un grand magnétiseur. Il préférait toujours [hypnotiser] les femmes, et plus spécialement les blondes aux yeux bleus. Inutile de dire qu'il commença par moi sitôt que nous fûmes mariés; je n'avais pas aimé cela et au début j'opposais de la résistance, mais une fois que j'ai été totalement sous son pouvoir, passes et contacts n'étaient plus nécessaires. Il lui suffisait de dire : Dors! et je m'endormais. Il pouvait aussi faire la même chose à distance, mais plus difficilement si de l'eau nous séparait, ou encore s'il essayait de mesmériser quelqu'un d'autre et que moi j'étais quelque part à proximité. C'est moi qui absorbais [son flux] à la place de l'autre personne... Il m'hypnotisait à sa guise, sans me contraindre, mais il n'a jamais permis à quiconque – et moi non plus – de me faire la même chose. Une fois que j'étais hypnotisée, il lui suffisait de me dire : Parle! pour que je lui raconte tout ce que je savais, seulement je le suppliais de m'empêcher de lui dire les secrets des autres, et il m'en empêchait car il avait le sens de l'honneur, mais tout ce qui me concernait, je le sortais sans restriction. Mais jamais il ne tira piteusement avantage de ce qu'il apprenait de cette

---

1. Fonds du Trinity College. Cette citation est tirée de deux des lettres de Burton à Milnes.

façon-là, et souvent il déclarait au premier venu, en s'esclaffant, que " c'était la seule façon d'amener une femme à vous dire la vérité ". »

Burton veut tout savoir des secrets d'Isabel, et plus particulièrement, sans doute, des sentiments et sensations que lui inspire et provoque en elle la sexualité. Peut-être l'hypnose donne-t-elle aussi à Isabel l'occasion de parler sans gêne de ces choses-là. Mais la balle étant toujours dans le même camp, Isabel ne peut que nourrir du ressentiment, en sorte que le jeu, fort probablement, ne facilite pas la compréhension mutuelle. Wilfrid Blunt affirmera que Burton se targuait de tenir sa femme sous son pouvoir grâce à l'hypnose. « Je l'ai entendu dire, écrira-t-il, qu'à des centaines de kilomètres de distance il pouvait lui faire faire tout ce qu'il voulait aussi aisément que s'il avait été avec elle dans une même pièce. » [1]

Un jour qu'ils sont les hôtes de lord Amberley, la sœur de lady Amberley, Blanche Stanley, demande instamment à Richard de l'hypnotiser. Tout d'abord il refuse, expliquant que son épouse n'aime guère le voir faire entrer en transe une autre femme. Puis il finit par accepter, à la condition qu'Isabel n'en sache rien. Mais comme il fallait s'y attendre, celle-ci l'apprend bientôt et prend fort mal la chose, ainsi que le raconte lord Amberley dans son journal :

« Mme Burton (et c'est bien naturel) était dans une rage folle [...] On nous a dit ce matin que, alors que nous étions allés nous coucher, une violente altercation avait opposé Burton et son épouse, furieuse d'apprendre qu'il s'était livré à une séance d'hypnotisme alors qu'elle n'était pas là. Elle l'a accusé de vouloir recommencer la même chose avec la première venue. Ce propos l'a mis hors de lui, il a feint de trouver cette idée complètement insensée, et déclaré que si elle-même se faisait hypnotiser par un autre homme, il les

1 *My Diaries*, 2 vol., New York, 1921, II, 128.

tuerait tous les deux, elle et lui. A mon avis, il est tout à fait capable de mettre pareille menace à exécution. »[1]

Tant pour Richard que pour Isabel, à cette époque l'hypnotisme a donc visiblement fini par devenir synonyme de séduction.

Dès qu'il a commencé à courtiser Isabel, Burton a su qu'il aurait affaire à deux redoutables rivales : Mme Arundell et l'Église catholique. Il savait aussi que l'une n'irait pas sans l'autre. A vrai dire, il était autant décidé à soustraire la jeune fille à l'influence du catholicisme qu'elle-même l'était à sauver son âme. Dès l'instant où ils sont devenus mari et femme, il a exigé d'elle qu'elle lise, qu'elle s'instruise, qu'elle recopie et corrige ses manuscrits, illisibles et souvent blessants pour elle. Exigé aussi qu'elle gère les affaires du couple. Plus d'un auteur n'a vu en elle qu'une jeune femme quelque peu niaise, sans même soupçonner qu'elle était douée d'une vive intelligence, d'une grande faculté d'adaptation, qu'elle avait l'esprit d'aventure et aussi une excellente plume.

Mais au fil des années sa foi religieuse, bien loin de diminuer, ne fera que s'affermir, et elle s'entourera ainsi d'une imprenable citadelle contre laquelle Burton – par exaspération et peut-être envie, car lui-même ne disposera jamais de pareil bastion – donnera en vain des coups de boutoir. L'Église offre à Isabel un refuge dans lequel elle trouvera réconfort chaque fois que son mari désertera le foyer ou la traitera brutalement, sera pour elle un cordon d'acier qui la rattachera à son passé, et que Richard ne pourra rompre. Et l'autel qu'elle érigera dans toutes les demeures qu'ils habiteront sera comme le symbole, dirait-on, non seulement des liens étroits qui unissent Isabel à ses parents et à Dieu, mais aussi le rempart qui l'empêchera de se vouer totalement à son époux.

---

1. *The Amberley Papers*, édités par Bertrand Russell (petit-fils de lord Amberley), 2 vol., New York, 1937, I, 349-50, 8-9 janvier 1865.

Bien rares sont les biographes qui ont délibérément examiné cet aspect de leur vie matrimoniale. « Aux yeux des femmes il avait un défaut qu'on ne pardonne pas : celui d'aimer la sienne », écrira Maria-Louise Ouida, qui était l'amie du couple. Les poèmes de Burton montrent d'évidence qu'en se mariant il nourrissait autant qu'elle l'espoir de trouver dans la vie à deux plénitude et affection, et bien des choses laissent à penser qu'une grande tendresse les unissait l'un à l'autre. Très vite ils s'inventent des sobriquets : elle l'appelle Jemmy, et lui Zoo, ou Zookins, ou encore Minou, petit nom qui était le sien lorsqu'elle vivait dans sa famille. Et quand elle écrit : « Je me dis toujours qu'un homme représente un certain personnage pour sa femme, un autre pour sa famille à lui, un autre pour sa famille à elle, et un autre encore pour sa maîtresse s'il en a une... ou pour celle dont il a le béguin – et ainsi de suite, *ad infinitum*. Mais je crois que c'est l'épouse, s'ils sont heureux ensemble et s'ils s'aiment, qui parmi toutes les coquilles d'huîtres est gratifiée de la perle », il est difficile de ne pas croire que cette réflexion est puisée dans une intimité conjugale qu'elle vit pleinement.

Cependant, sept mois après le mariage, lorsque Richard quitte l'Angleterre pour aller occuper ses fonctions de consul à Fernando Poo, il refuse tout net à sa femme de l'accompagner, ne serait-ce que jusqu'à Madère ou aux Canaries, qui accueillent pourtant quantité de touristes européens. Il ne reviendra que dix-huit mois plus tard, et encore, uniquement parce qu'Isabel est allée verser de copieuses larmes au Foreign Office pour lui faire attribuer un généreux congé. Il aura beau répéter inlassablement que Fernando Poo est infesté de parasites et accuse un effroyable taux de mortalité, il n'empêche que sur toute la côte d'Afrique occidentale vivent bon nombre d'Européennes, pour la plupart femmes de négociants ou sœurs missionnaires.

« Je suis surpris par le mélange de folie et de brutalité des hommes mariés originaires d'Europe et civilisés, qui dans leur hâte d'être veufs empoisonnent leur douce moitié, ou encore lui tranchent la gorge ou lui broient le crâne, écrit-il non sans humour. Cela leur arrive d'un coup, tout tranquillement, en toute impunité et respectabilité, après qu'ils ont respiré pendant quelques mois l'air d'Afrique à Zanzibar ou Fernando Poo. » Or, à l'époque de son mariage, le *Times* avait publié une lettre de lui dans laquelle il affirmait que Zanzibar était un lieu très sain, « où des Européens avaient vécu sans être malades durant bien des années »[1]. Il est vrai que le taux de mortalité enregistré à Fernando Poo est effrayant : durant le seul mois de mars 1862 une épidémie de fièvre jaune fera périr soixante-dix-huit soldats espagnols sur les deux cent cinquante que compte la garnison de l'île, et Burton craindra beaucoup pour sa vie. Néanmoins, la longueur de cette première séparation, et le refus catégorique opposé par Burton à sa femme qui entend y séjourner avec lui, laissent place à bien des doutes et laissent à penser que « la félicité suprême et ininterrompue » des sept premiers mois du mariage n'est en quelque sorte que poudre aux yeux, pour lui comme pour elle. Ont-ils alors découvert l'un et l'autre que leur union charnelle n'est qu'un fiasco ? Et cette découverte a-t-elle fait naître, à tout le moins chez Burton, des velléités de séparation et des idées morbides ?

Dans *The City of the Saints*, ouvrage écrit pendant ces sept premiers mois, précisément, Burton fait fugitivement allusion à la « frigidité de constitution » de certaines Britanniques, et lorsqu'il compare, à leur désavantage, les épouses de race blanche aux épouses de race indienne, il parle métaphoriquement de « porcelaine là où on voudrait de la terre cuite ». Peu de temps avant de quitter l'Angleterre pour Fernando Poo, il a écrit à Monckton Milnes : « Ma femme se tracasse fiévreusement, ce qui pour moi ne fait qu'accroître le plaisir de m'en aller. »[2] Néanmoins, la séparation a été fort pénible. Isabel racontera que son mari lui a permis de l'accompagner jusqu'au bateau à la condition « qu'elle ne pleure pas et ne l'accable pas [...] Je descendis avec lui pour défaire ses bagages

---

1. *Zanzibar*, I, 183, et lettre de Burton datée du 25 janvier 1861 (publiée par le *Times* cinq jours plus tard, le 30 janvier).
2. Lettre du 23 août 1861 (Trinity College).

et arranger sa cabine, écrira-t-elle. C'était toute ma vie que je mettais dans ces adieux. Puis je débarquai pour prendre place dans le remorqueur, lequel s'éloigna de plus en plus vite du vapeur. Je vis un mouchoir blanc monter vers son visage ».

Burton est lui aussi attristé, et il le reconnaît. « Un pincement de cœur [...] et tout est fini, écrit-il. Malheureusement je ne suis pas de ces gens qui se suffisent à eux-mêmes et disent : *Il n'y a que le premier pas qui coûte* *. » Le soir du premier jour de mer, l'obscurité qui se fait peu à peu lui semble « le plus triste instant de sa vie de vieux vagabond » et lui fait songer à la complainte du poète persan Saadi :

> *Avec le doux reflux du soir se chagrine le cœur*
> *Que la vaste plaine et les eaux séparent*
> *Des chères images que l'âme cherche*
> *Comme l'aiguille aimantée son pôle.*

Après avoir débarqué à Fernando Poo, « abomination même de la désolation », il se sent « singulièrement suicidaire ». [1]

Son plus beau poème, composé, en partie tout au moins, à cette époque et intitulé la *Kasidah*, révèle la nature obsessive de ses tourments, sa hantise de l'impuissance et sa révolte contre la femme « dompteuse » [2] :

> *A peine avons-nous appris à brandir la lame,*
> *Que déjà le poignet devient gourd et glacé,*
> *A peine avons-nous appris à manier la plume*
> *Que le rêve et l'esprit sont saisis par le froid,*

1. *Wanderings in West Africa, From Liverpool to Fernando Poo*, 2 vol., Londres, 1863, I, 1, 3; II, 295.
2. Isabel Burton écrit que ce poème a été composé en 1852, mais il n'a pas été publié avant 1880, et d'autres indices liés à la mort de ses parents indiquent que ce texte n'a pu être écrit avant 1859. Le succès remporté par le livre d'Edward Fitzgerald, publié en 1859, *Robâ'iyât of Omar Khayyâm*, a très certainement incité Burton à écrire sa Kasidah. Mais aucun moyen ne permet de savoir s'il a retouché ou non ce poème avant sa publication en 1880.

A peine apprenons-nous le chemin de l'amour,
A faire taire le je, *à oublier le* moi,
Que déjà le soupçon nous empoigne le cœur,
Et que l'homme déjà, que l'homme, oui, se meurt.

Aspirer la rosée qui sourd de lèvres pures,
Attoucher le contour d'un sourcil virginal...
Plaisirs charnels que cherche dans Sa créature
Le Créateur. J'ai tout tenté, tout est égal
A tout, si pareil et si morne, si tari
Que le cœur accablé, je me parle et gémis...

Mieux vaut souffrir les mille morts qui font de l'homme
Un homme. Et que ces mots nous soient
Une règle de vie, le guide de nos pas,
Une charte pour toi et moi :
Défends-toi sans merci contre le faux savoir,
Combats ta propre suffisance.
Pire aveugle il n'est que qui ne veut pas voir
Qu'il ignore son ignorance.

Burton, on l'a vu, est possédé par la « manie » de la découverte. Cette manie, il a cherché à la satisfaire en se déguisant, à la satisfaire sans se déguiser, et à la satisfaire enfin par la vie conjugale. Mais la découverte est un puits sans fond. Le voilà donc reparti pour ajouter de nouvelles essences à son jardin secret, toujours aussi avide d'en savoir davantage, mais plus insatisfait encore, car le savoir n'est tout au plus qu'un piètre substitut à la plénitude de l'amour.

XIX

LE PUITS SANS FOND

> *Toutes les petites îles ne sont que de grandes prisons : on n'y peut contempler la mer sans envier à l'engoulevent ses ailes.*
>
> Wanderings in West Africa

Il n'est pas du tout dans les intentions de Burton de rester captif de Fernando Poo et d'y passer son temps à consigner des observations météorologiques. Confiné dans cette île, il se sent comme un « faucon en cage », écrit-il, « un Prométhée à qui le Démon du Désespoir ronge le cœur »[1]. Aussi s'en va-t-il au bout d'une semaine explorer le delta du Niger. Il ne revient qu'en octobre à Fernando Poo, d'où il repart aussitôt pour Abeokuta, la capitale de la Nigeria, où il passe trois semaines. Au mois de novembre 1861, il explore le cours des rivières Brass et Bony, et en décembre il regagne le sud du pays, d'où il organise une petite expédition pour faire l'ascension du mont Victoria, l'un des pics les plus élevés des chaînes camerounaises, dont personne encore n'a tenté l'escalade. « Dans ce genre de chose, c'est tout ou rien, le premier est tout et le second n'est rien », écrit-il avec satisfaction après avoir atteint le sommet. On notera qu'il baptise du vocable d'Isabel l'un des pics secondaires du massif.

De retour à Fernando Poo en février 1862, il reste là six semaines, puis de nouveau repart pour remonter le Gabon dans l'espoir d'y voir des gorilles et des cannibales. Après les quatre mois du congé qu'ensuite il passe à Londres et à Madère, il regagne Fernando Poo pour y rester en poste pendant quinze mois encore, durant lesquels il remonte le Congo

---

1. *Wanderings in West Africa*, I, 65-6.

jusqu'aux rapides de Yalalla, puis fait deux voyages au royaume d'Abomey (l'actuel Dahomey), où l'on immole des humains aux divinités, et dont l'armée est constituée en partie d'amazones. Au cours de ces différents voyages il prend suffisamment de notes pour composer les deux tomes d'une étude totalisant deux mille cinq cents pages, et qu'il intitulera respectivement *Wanderings in West Africa, Abeokuta and the Cameroons Mountains, Two Trips to Gorilla Land and the Cataracts of the Congo*, et *A Mission to Gelele, King of Dahome*. Il trouve aussi le temps de faire un recueil de proverbes indigènes, *Wit and Wisdom in West Africa*, lequel ne compte pas moins de quatre cent cinquante pages. En trois ans il écrira ainsi près de trois mille pages, ce qui constitue un record d'assiduité et de finesse d'observation sans équivalent dans les annales du Bureau des Affaires indiennes, dont il devient le grand pourvoyeur d'informations. Plusieurs de ses biographes affirmeront qu'il buvait beaucoup – fondant sans aucun doute leurs allégations sur les dires de Burton lui-même, car il avouait qu'à Fernando Poo il consommait une bouteille de cognac par jour – mais que l'alcool ne réduisait pas notablement sa capacité de travail.

A l'exception de son recueil de proverbes, les deux livres qu'il écrit sont empreints d'un certain désenchantement. Dans *Abeokuta and the Cameroons* il reconnaîtra que son intention était de « peindre du noir, du noir [...] [sans] faire de sentimentalisme ni [tomber dans le] romanesque »[1]. La lecture des deux ouvrages montre en effet que Burton – beaucoup plus que dans *The Lake Regions of Central Africa* – est d'un cynisme total, et que parfois il porte des jugements parfaitement sectaires. Même les paysages superbes semblent maintenant le laisser indifférent ou ne lui inspirent qu'une manière d'angoisse. Ils lui font « tous broyer du noir, écrit-il, et le soleil et le ciel assombris, les sols vêtus de sombres coloris ont la tristesse d'une terre déshéritée ». Cette impression, admet-il, procède sans doute de la nostalgie – « maladie encore

---

1. *Abeokuta and the Cameroons Mountains*, I, 88.

mal connue », selon lui – à laquelle il porte remède « en s'occupant constamment l'esprit, et si possible le corps ».

A sa surprise, peut-être, il constate qu'Isabel lui manque. « Nulle part on n'a davantage besoin d'une femme que sous les tropiques, écrit-il avec nostalgie. Et c'est bien là le hic, poursuit-il, car comment la garder en vie ? » [1] Pour l'instant Isabel est bien vivante, mais aussi fort affligée de ce que son mari l'ait laissée en Angleterre, chez ses parents... « Ni fille, ni épouse, ni veuve », ainsi qu'elle le dira plus tard. Fermement résolue à vivre aux côtés de son époux, un beau jour elle met un terme à de longs mois de solitude en se rendant au Foreign Office où, en pleurs, elle demande que Richard soit rappelé pour prendre du repos pendant quelque temps. Compatissant, lord Henry accorde immédiatement à Burton un congé de quatre mois.

En décembre 1862, il débarque à Liverpool. « Il fait un froid terrible. Pluie et givre. Pas encore de neige », écrit-il à Frank Wilson, le jeune vice-consul qui le remplace à Fernando Poo. « Aux Affaires étrangères ils ont eu l'impudence de se réjouir pour moi de mon retour en Angleterre – j'en suis resté sans voix et je leur ai désigné la fenêtre, au travers de laquelle on voyait la purée de pois profaner la terre et le ciel, et quand j'ai été en état de parler je leur ai demandé ce qu'ils entendaient par là. Pour ajouter encore à ma félicité, voilà qu'après-demain on va me traîner à la messe de minuit. » [2]

Pendant un mois tout le monde l'invite et il se partage entre la parentèle, Monckton Milnes et d'autres amis. En janvier il collabore avec James Hunt à la fondation de l'Anthropological Society of London, espérant que cette institution deviendra un organe d'édition et publiera bon nombre d'études ethnologiques dont il est l'auteur, lesquelles seraient à coup sûr expurgées par le commun des éditeurs. Au début, cette société, qu'il qualifie de « refuge de la vérité révoquée », et

---

1. *Wanderings in West Africa*, I, 296.
2. Lettre du 22 décembre 1862 (Fonds Quentin Keynes).

qui espère-t-il autorisera « une liberté de pensée et une liberté de parole inconnues des autres sociétés de la Grande-Bretagne »[1], ne compte que onze membres, mais elle est appelée à prendre beaucoup d'importance et à se commuer en une organisation regroupant quelques-uns des explorateurs et ethnographes britanniques les plus doués. Mais il en va ici comme des autres sciences qui n'en sont qu'à leurs balbutiements : la méthodologie est encore primitive, et certains des anthropologues de grand renom n'usent de leurs travaux que pour consolider leurs préjugés raciaux. Ainsi, dans la première communication publiée par la société, James Hunt affirmera que les sutures du crâne se ferment plus tôt chez les noirs que chez les blancs, et que par voie de conséquence le cerveau des premiers est moins volumineux que celui des seconds. Et Burton – qui depuis longtemps a observé un phénomène qu'il ne peut expliquer, à savoir que l'enfant de race noire apprend aussi promptement, voire plus promptement que l'enfant de race blanche, mais qu'il semble accuser un arrêt du développement intellectuel au cours de l'adolescence – n'en prend pas moins pour argent comptant les « mesures céphaliques » de Hunt, bien que celui-ci n'ait fondé sa théorie que sur l'examen de deux crânes.

Au bout de cinq à six semaines de séjour en Angleterre, Burton comprend que jamais il ne terminera la rédaction de ses livres sur l'Afrique s'il reste immergé dans le tourbillon des mondanités qu'Isabel aime tant. Aussi décide-t-il de se retrancher dans la solitude de Madère ou des Canaries. Mais cette fois il accepte que sa femme l'accompagne, et tous les deux vont passer deux mois tantôt à Funchal, tantôt à Ténérife. C'est alors que Burton découvre qu'Isabel a toutes les qualités requises pour s'adapter et résister, pour peu qu'elle le veuille, aux épreuves des voyages. Il en fait la constatation trois jours après l'appareillage de Liverpool, lorsqu'un coup de mer enfonce la porte du grand salon, déverse dans la cale

---

1. « Notes on Certain Matters Connected with the Dahoman », *Anthropological Society of London Memoirs*, 1863-4, 308. La communication de Burton sera l'objet d'une allocution prononcée le 18 novembre 1864.

plus de deux mètres d'eau et emporte par-dessus bord le maître d'équipage, qui périt noyé. Se précipitant hors du salon, où cages à oiseaux, chatons et paquets flottent tandis que les femmes poussent des hurlements, Isabel gagne la cabine du commandant, que celui-ci leur a généreusement cédée pour qu'ils aient un peu d'intimité. Souffrant du mal de mer, terrorisée, elle n'est pas même en état de protester quand un officier pris de boisson pousse la porte et s'écroule sur le plancher. Arrive alors Burton, qui est allé donner la main aux matelots pour armer les pompes. Il relève l'officier, le flanque dehors et s'adresse, tout joyeux, à son épouse prostrée qui ne peut retenir ses larmes.

— Le capitaine dit qu'avec une mer pareille on ne pourra pas tenir plus de deux heures, déclare-t-il.

— Grâce à Dieu tout va bientôt s'arranger, gémit Isabel.

« Jamais je n'oublierai combien je l'ai mis en colère », écrira-t-elle [1]. S'il faut en croire ce qu'elle rapporte, c'est alors qu'elle aurait commencé à prendre sur elle pour ne plus avoir le mal de mer et ne plus pleurnicher. Depuis longtemps elle a appris à craindre le courroux de son mari. « Il est fort dangereux de dire quoi que ce soit à B. Il est trop soupe au lait, écrit-elle à Norton Shaw le 1er décembre 1862, et il peut devenir fort désagréable pour quiconque le contrarie... » [2]

A Madère et aux Canaries, Burton constate que sa femme s'adapte avec bonne humeur aux circonstances, qu'elle sait se taire quand il écrit et qu'elle est toute disposée à le laisser seul pour passer de longues heures à visiter avec ferveur églises, couvents et hauts lieux de la foi catholique. Dans une lettre à Monckton Milnes, il déclare de façon assez sibylline qu'« une petite orgie » ne serait pas mal venue, mais n'ajoute rien qui puisse nous éclairer sur la nature de cette bacchanale. « On me lorgne comme si j'étais Satan, racontera-t-il plus tard. Bien entendu, ici ce sont les curés qui monopolisent tout. » Mais il est fort possible qu'il n'attache guère d'im-

---

1. W.H. Wilkins, *op. cit.*, I, 188.
2. Archives de la Royal Geographical Society.

portance à ce genre de chose, qu'il ne fasse qu'entretenir autour de sa personne un parfum de scandale et se croie tenu de rester fidèle à sa propre et scabreuse image lorsqu'il s'adresse à Monckton Milnes.

Le couple passe un mois parmi des paysans, et Burton admettra plus tard, même devant Milnes, que le séjour à « Ténérife a été merveilleux » [1]. Isabel lui prouve qu'elle sait cuisiner, faire le marché, le ménage et la lessive. Et quand il aura achevé la rédaction d'*Abeokuta and the Cameroons*, c'est un élan du cœur qui lui inspirera cette dédicace : « A ma meilleure amie, ma femme, ces pages écrites avec amour. » Au-dessous figure un quatrain, en latin, tiré d'une élégie de Tibulle, et que la *London Review* traduira ainsi lorsque, dans son numéro du 16 janvier 1864, l'ouvrage fera l'objet d'une critique :

Avec toi je vivrais au cœur de la nature,
  Où jamais pied humain n'a battu de sentier;
Avec toi, ma cité, mon désert, mon phare,
  Dissipant dans mes nuits le tourment de mes jours.

« Merci, mon cher amour », écrira Isabel dans une marge de l'exemplaire du livre qu'elle possédait [2].

Lors des quinze derniers mois que passe Burton à Fernando Poo, Isabel et lui se retrouvent à Ténérife, sans doute plusieurs fois, encore qu'il soit impossible de préciser le nombre de ces retrouvailles. Si, dans un premier temps, Burton a exécré

1. Lettres de Burton à Monckton Milnes datées du 17 février et du 29 mars 1863 (Trinity College). Quand Burton reviendra à Madère en 1881 avec Lovett Cameron alors que tous deux se rendront en Côte-de-l'Or (l'actuel Ghana), il écrira cette phrase nostalgique en se remémorant son premier séjour dans l'île en compagnie d'Isabel : « Je crois inutile de dire que du début à la fin ce fut extraordinaire, et les souvenirs de ce bon vieux temps demeurent intacts en moi. » *To the Gold Coast for Gold*, 2 vol., Londres, 1883, I, 54.
2. Cet exemplaire d'Isabel est aujourd'hui la propriété du Royal Anthropological Institute, ainsi que celui de *A Mission to Gelele, King of Dahome*, dans lequel Burton a écrit « A mon épouse chérie ».

l'Afrique de l'Ouest, tel n'est plus maintenant le cas puisque le premier chapitre de son livre sur le royaume d'Abomey, chose surprenante, a pour titre : « Je tombe amoureux de Fernando Poo. » C'est qu'entre-temps il a quitté le littoral de l'île, horriblement insalubre et infesté de moustiques, pour installer le consulat dans une zone située à deux cent cinquante mètres d'altitude, où il vit entouré d'une abondante domesticité noire, presque, admet-il, comme un planteur d'Amérique au milieu de ses esclaves.

A l'exemple de la plupart des Européens de son époque, il est totalement fermé à l'art nègre, au point de ne pas même mentionner les remarquables bronzes du Bénin. Seules les sculptures indigènes tenues pour pornographiques ont alors les faveurs des Anglais. « J'aurais pu en rapporter assez pour charger un âne, ironise-t-il, si j'avais su que les représentations phalliques prenaient rapidement de plus en plus de valeur marchande pour les collectionneurs d'Europe. »[1]

Ici encore le spectacle des noirs vêtus à l'européenne lui est insupportable. Lui-même déteste se vêtir ainsi, déclarant que porter des vêtements en Afrique « revient à vivre dans un cataplasme ». Autoriser les noirs qui voyagent par bateau à prendre leur repas dans le grand salon, comme les blancs, lui semble « une erreur politique autant que sociale »[2]. Et quand, à Fernando Poo, un noir le traite de façon familière en lui claquant l'épaule, Burton l'expulse de son bureau. Le séjour qu'il fait en Sierra Leone, pays qui pour beaucoup passe pour le plus civilisé de l'Afrique occidentale, lui inspire davantage de consternation que d'admiration. Grâce à l'aide financière de la Grande-Bretagne et à l'instruction qu'elle a dispensée dans le pays, à Freetown des noirs siègent dans les jurys et sont membres du gouvernement. Mais après avoir entendu des Anglais vivant en Sierra Leone lui rapporter avec rancœur qu'ils ont été condamnés à une amende de cinquante livres par le tribunal pour « avoir levé un bâton sur un domestique

---

1. *Anthropological Society of London Memoirs*, 1863-4, I, 320.
2. *Wanderings in West Africa*, II, 136 n, 211.

insolent », Burton déclare que ce mode de juridiction n'est qu'« un appareil de tyrannie », puisque les pires criminels de la tribu akou sont invariablement déclarés innocents et les innocents de race blanche déclarés coupables. Aussi préconise-t-il que les blancs comparaissent devant un jury composé exclusivement de blancs, et les noirs devant un jury de noirs.

En Sierra Leone vivent de nombreux mulâtres, et parmi eux certains ont fait des études en Angleterre. C'est de ceux-là que Burton se méfie le plus. « L'impression qu'il [le mulâtre] a, et qu'il supporte mal, d'être méprisé, écrit-il, le remplit d'un ineffable sentiment de rancœur et d'amertume. » Et il reprend à son compte une curieuse croyance qui à l'époque est également répandue aux États-Unis, à savoir que les individus métissés sont souvent stériles. Seuls les noirs musulmans de Sierra Leone trouvent grâce à ses yeux. « Partout la dignité de l'islam s'affirme d'elle-même, écrit-il, [car] la majesté du monothéisme fait fi des doctrines dégradantes [fondées sur la notion] de péché originel. » Seuls les noirs de confession islamique, ajoute-t-il, maintiennent leurs épouses dans le droit chemin. Et il s'en prend aux noirs christianisés, « voleurs invétérés qui boivent, jouent, agissent par en dessous et ne songent qu'à faire étalage de leurs vêtements [...] Leurs femmes? Aussi perverses que celles d'Égypte [...], le plus ignoble des royaumes »[1]. Ces traits d'animosité immodérée, Burton les paiera par la suite, lorsque William Rainy (un mulâtre ayant fait son droit en Angleterre et devenu l'un des éminents avocats du barreau de Freetown) publiera une violente diatribe intitulée *Le censeur censuré, réfutation des calomnies répandues par le capitaine Burton sur le compte des Africains de Sierra Leone*. En outre, Rainy interviendra plus tard en qualité de conseil juridique dans une affaire opposant trois indigènes à Burton, et il fera en sorte que ce dernier soit reconnu coupable de négligence et condamné à dédommager les plaignants[2].

---

1. *Ibid.*, I, 274, 222, 239, 267.
2. A Freetown, un brick ayant subi des avaries, le *Harriet*, avait été vendu aux enchères à la requête de trois indigènes qui l'avaient hérité après la mort d'un certain William Johnson. Le bateau avait été vendu

Burton aime encore moins les missionnaires chrétiens de l'Afrique occidentale que les Africains christianisés. Il leur reproche d'enseigner l'anglais et non pas les langues indigènes, de briser les unions polygames (Livingstone refusait la communion à tous les noirs qui ne répudiaient pas leurs femmes à l'exception de la première), d'imposer aux natifs le port de vêtements pour cacher leur nudité, et d'ajouter à leurs craintes déjà fort nombreuses celle d'aller en enfer s'ils ne se repentent pas de leurs péchés. Il accuse les jésuites de vendre parfois les Africains qu'ils ont convertis, et de prendre ainsi une part active au trafic des esclaves. Il relève avec humour que les mêmes missionnaires qui proscrivaient l'usage des dents ou des os magiques et celui des amulettes et fétiches de griots, recommandent à présent les vertus rédemptrices de leurs reliques, médailles pieuses et feuilles de palmier bénites. Et il prend un malin plaisir à faire observer qu'en Afrique les esprits du mal sont blancs et horribles, de la même façon qu'en Europe ils sont noirs et tout aussi horribles [1].

Ces commentaires fulminatoires sont peu prisés en Angleterre, car ils scandalisent les congrégations et incitent bien des journaux, qui autrement auraient décerné des louanges

pour deux cent quatre-vingts livres à Burton, qui avait signé l'acte d'acquisition, mais laissé le soin à l'agent consulaire, un négociant anglais, d'effectuer le règlement. L'agent n'avait remis que vingt-neuf livres aux vendeurs, affirmant que le reste de la somme confiée à lui par Burton avait été dépensé en frais. Rainy avait alors porté plainte auprès des Affaires étrangères britanniques, et celles-ci avaient mandé de Londres un officier de marine chargé d'enquêter sur cette affaire. A cette époque, Burton était au Brésil, mais le Foreign Office n'en avait pas moins blâmé dans les règles sa négligence, et retenu sur ses émoluments la somme réclamée par les plaignants. Isabel, qui détestait les noirs plus encore que son mari, publiera dans sa biographie de Burton une grossière caricature de Rainy (I, 355). Dans *A History of Sierra Leone*, Oxford University Press, 1962, p. 342, Christopher Fyfe relate cette affaire de la même façon que William Rainy dans *The Censor Censured, or the Calumnies of Captain Burton on the Africans of Sierra Leone Refuted and his Conduct Relative to the Purchase Money of the Brig Harriet Tested and Examinated*, Londres, 1865.

1. *Two Trips to Gorilla Land and the Cataracts of the Congo*, II, 318, 320; *Abeokuta and the Cameroons Mountains*, II, 172.

à ses livres, à déplorer ses improbations et son manque d'indulgence. Ainsi, le 27 novembre 1875, l'éditorialiste du *Spectator*, dans sa critique de *Gorilla Land*, accusera Burton d'être « agressif, dogmatique et dictatorial », ajoutant que les lecteurs de l'ouvrage sont « partagés entre l'ennui et l'indignation ».

A vrai dire, Burton porte des jugements contradictoires et arbitraires. Par exemple, il dénonce l'impudicité des indigènes de Sierra Leone convertis au christianisme, mais ne condamne pas ceux du Gabon lorsqu'ils proposent, en manière d'hospitalité, leurs épouses ou leurs filles à l'Européen qu'ils accueillent. Il éreinte les mêmes noirs de Sierra Leone, mais affirme que les naturels de la Côte-de-l'Or valent mieux que les Européens vivant dans ce territoire. Il est horrifié par les sévices infligés parfois aux esclaves – ainsi, il a entendu dire que sur une rive de la Bonny un maître (africain) a cloué les mains de l'un de ses esclaves sur une futaille à eau pour le punir d'avoir commis un vol, puis lui a projeté sur les yeux du poivre rouge pulvérisé pour le rendre aveugle – mais le seul remède qu'il propose consiste à transporter ces mêmes esclaves aux Amériques, où, selon lui, ils seront mieux traités.

Pourtant, lorsqu'il est dans sa meilleure veine, il sait se départir de sa condescendance et porter des jugements pertinents. Alors son humour percutant prend le dessus et vaut à ses lecteurs des morceaux de bravoure. « L'Africain vous dira que l'homme blanc est un singe de grande ancienneté, et que son appartenance au genre humain est fort douteuse, écrit-il. Ainsi nous constatons que si l'individu de race blanche doute de l'humanité du Chamite, celui-ci lui retourne le même compliment. »[1] Il se donne beaucoup de mal pour compulser les écrits de missionnaires français et britanniques, et, s'aidant de ses propres notes, pour composer un recueil de deux mille deux cent soixante-huit aphorismes africains, lesquels, relève-t-il, « pour ce qui est de la brièveté et de l'élégance [...] n'ont rien à envier à ceux de n'importe quelle nation de

---

1. *Ibid.*, I, 43-4.

l'ancien temps ou de notre époque ». Sous le titre de *Wit and Wisdom from West Africa* (« Bon sens et sagesse de l'Afrique occidentale »), il publiera en 1865 ce recueil dans lequel figure la transcription phonétique des proverbes africains qu'il énumère et dont il donne des exemples tirés du ouolof, du kanouri, de l'achanti, de l'accra, du yorouba, du fon, de l'isoubou, du douala, de l'efik et des parlers fang. Ces proverbes illustrent de façon frappante le capital de sagesse populaire accumulé par les peuplades africaines, et bon nombre d'entre eux ont une saveur très particulière, comme en témoignent ces quelques exemples : *Quand la langue fourche, c'est pis que de faire un faux pas. L'éparpillement ne fait pas le savoir. L'enfant déteste qui lui passe tous ses caprices. Les gros yeux et le courroux ne prouvent pas qu'on soit un homme. Rappelle-moi ton nom vaut mieux que Je ne te connais pas.* D'autres, tels ces deux-ci, sont d'une grande pertinence : *Mauvais sujet vaut mieux que maison vide. A trop penser on se brise le cœur.*

Chose surprenante, à cette époque de sa vie Burton a des convictions anti-impérialistes. Lorsqu'en 1865, à Londres, il sera convoqué devant une commission parlementaire qui l'interrogera sur les représentations britanniques en Afrique occidentale, il pressera la Grande-Bretagne de se retirer de cette région du monde et de fermer ses consulats de Badagri, Lagos et Palma, pour n'en garder qu'un seul qui soit protégé par un navire de guerre [1]. En effet, selon lui, l'Afrique de l'Ouest traverse une sombre période de son histoire, et trois siècles de traite, qui se pratique toujours, nonobstant le blocus britannique et la guerre de sécession qui vient d'éclater aux États-Unis, l'ont démoralisée. Comme beaucoup de tories, il est persuadé que le Sud l'emportera et que le commerce du bois d'ébène continuera de poser problème. « Quand pensez-vous que les États du Nord demanderont la paix ? » demande-t-il à Milnes dans une lettre datée du 1er décembre 1861 [2].

1. Christopher Fyfe, *A History of Sierra Leone*, 337; C.W. Newbury, *The Western Slave Coast and its Rulers*, Oxford University Press, 1961, 74; et *Parliamentary Papers*, 1865, Q, 294, 512.
2. Trinity College.

Il ne rend qu'en partie responsables les Européens et les Arabes de l'exploitation barbare et de l'inhumanité systématique qui ont corrompu les indigènes d'Afrique et les ont poussés à enlever sur une vaste échelle leurs voisins pour les vendre, anéantissant ainsi l'économie tribale, décimant des collectivités entières et exacerbant l'appétit de férocité. Cette férocité, Burton en a été le témoin, et il la décrit avec un luxe de détails qui confine parfois au voyeurisme. L'extraordinaire complaisance avec laquelle il relate les atrocités à dessein de faire frémir ses lecteurs est fort révélatrice d'un trait de caractère qui chez lui prend une grande importance. On dirait qu'il s'applique à mettre en évidence les pires côtés des Africains à seule fin de conjurer ses propres hantises. Ainsi, non content de rapporter les mises à mort aveugles, suffisamment horribles en elles-mêmes, auxquelles se livrent de temps à autre les tribus du Bénin, il entreprend de mettre sur pied quatre expéditions bien particulières, la première au pays des gorilles (animal que la tradition populaire tient pour l'incarnation même de la sauvagerie), la seconde chez les Fang, peuplade dont il sait qu'elle fait des festins de chair humaine, les deux dernières au royaume d'Abomey, où l'on pratique massivement d'effroyables sacrifices humains et des meurtres rituels.

Avant 1850, Européens et Américains ne savaient à peu près rien des gorilles, mais dans les années soixante – et plus particulièrement après la publication en 1861 d'*Explorations et aventures en Afrique équatoriale, de Paul du Chaillu* – il est devenu de bon ton de chasser le grand singe. Burton, qui connaît bien du Chaillu et qui a pris fait et cause pour lui quand à Londres on a traité de fabulation son témoignage sur les gorilles [1], se rend au Gabon en 1862 pour voir ces

---

1. Lors d'une séance de la London Ethnological Society, T.A. Malone avait traité de menteur du Chaillu, qui avait pris la mouche et l'avait assommé d'un coup de poing. Dans une lettre au *Times* en date du 8 juillet 1861, Burton avait pris le parti du Français et accusé Malone de l'avoir grossièrement insulté. Les spécimens de gorilles empaillés que du Chaillu avait exposés à Londres en 1861-62 avaient fait sensation. En 1847, le

animaux de ses propres yeux. En 1860, il a examiné aux États-Unis les spécimens naturalisés que du Chaillu exposait. De plus, il sait que les indigènes prêtent au cerveau du gorille des propriétés aphrodisiaques, et qu'au Gabon tout le monde croit dur comme fer aux enlèvements et au viol de femmes indigènes par ces anthropoïdes.

Mais son voyage est pour une bonne part un fiasco. Il ne voit qu'un seul et unique gorille, qu'il ne réussit pas à tuer, mais dans son livre il apporte des retouches considérables aux observations extravagantes de du Chaillu. « Le gorille n'est qu'un pauvre diable de singe, écrit-il, et il n'a rien d'une *infernale créature de cauchemar, mi-homme mi-bête*. Ce n'est pas lui le roi de la forêt vierge [...] Son effrayant rugissement ne fait pas trembler toute la jungle. C'est un cri caverneux et simiesque [...], explosif comme l'échappement d'une machine à vapeur et qui, [lorsque l'animal est] en rage, se commue en un aboiement aigu, hargneux [...] le gorille, à tout le moins sur le littoral, est essentiellement un poltron. Son manque de courage n'a rien pour surprendre si l'on considère les difficultés et les circonstances dans lesquelles il passe péniblement ses jours. »[1] Bien qu'il ait nourri l'espoir d'envoyer un gorille au British Museum, il doit se contenter d'expédier à Londres la dépouille d'un chimpanzé rapportée par les indigènes. « La peau a été envoyée en Angleterre, écrit-il à Monckton Milnes le 26 avril 1862, et j'ai également fait suivre la tête et le pénis dans un baril de rhum, pour le professeur Burke. Auriez-vous l'obligeance de l'en avertir ? Je lui avais promis un cerveau de gorille et je vais faire mon possible pour tenir parole, mais cela risque de prendre un certain temps. »[2]

Pour se rendre chez les Fang, que rend tristement célèbres leur anthropophagie, il a dû remonter le cours du Gabon jusqu'en amont du territoire habité par les M'Pongoué, qui

---

Dr Jeffies Wyman, anatomiste de l'université de Harvard, avait été le premier à donner une description scientifique du gorille.
1. *Two Trips...*, 2 vol., Londres, 1876, II, 251-2.
2. Trinity College.

l'ont aidé à trouver son gorille. Ce qui l'étonne, c'est de constater que les Fang sont « bien découplés, peu foncés, et d'aspect résolument inoffensif ». Et pourtant, raconte-t-il, ils vivent « en perpétuel état de belligérance », et les hostilités ne prennent fin que lorsqu'ils ont capturé un ou deux prisonniers, qu'ensuite ils dévorent. Burton découvre que ce festin, auquel seuls les hommes sont conviés, se déroule selon un rite religieux dont les Fang gardent le secret, et qu'après ce festin on brise tous les chaudrons qui ont servi à faire cuire les victimes. Bien que Burton tende à déclarer que ces pratiques ne se distinguent guère, si ce n'est par le secret qui les entoure, des cérémonies similaires qui se déroulent sur le cours du Niger et de la Brass, il ne minimise pas leur importance. Le fait qu'en Afrique le cannibalisme soit si répandu, explique-t-il, prouve qu'il s'agit là d'une étape normale dans le développement des religions de l'humanité.

« La cruauté semble être chez l'Africain une nécessaire manière d'être, écrit-il, et ce qui lui procure ses plus grands plaisirs, c'est de faire souffrir et d'infliger la mort. Ses rites religieux – et à cet égard le contraste avec ceux de l'Hindou contemporain est très marqué – sont toujours gratuitement sanglants [...] Je n'ose croire, conclut-il avec perspicacité, que cette cruauté contre nature soit simplement le résultat d'une absence de civilisation. Elle m'apparaît comme l'effet d'un arrêt du développement, arrêt qui laisse à l'homme toute la férocité du carnivore, toute la cruauté de l'enfant. »[1]

La lecture des ouvrages que Burton consacre à l'Afrique occidentale montre que désormais il juge plus important de recueillir des informations sur les atrocités qui se commettent que de se livrer à l'exploration. Étant donné qu'il n'existe encore aucun relevé du cours supérieur du Congo, il songe sérieusement à remonter le fleuve en amont des rapides d'Isanglia, qu'un officier de la Royal Navy, le capitaine

---

1. *Two Trips...*, I, 217-18.

J.K. Tuckey, a pu atteindre en 1816. L'expédition a coûté la vie à Tuckey et à seize des Européens qui l'accompagnaient, et depuis cette date aucun explorateur n'est plus parvenu à Isanglia. Dans une lettre écrite le 31 mai 1863, Burton annonce à Milnes qu'il va remonter le cours du Congo sur « plusieurs milliers de kilomètres ». C'est dans cette même lettre, nous l'avons vu, qu'il a commencé à se demander « Pourquoi ? » et à réfléchir sur la nature de ce « démon de l'aventure » qui le possédait. De plus, il n'a ni le matériel voulu pour entreprendre une grande expédition, ni non plus l'autorisation du Foreign Office.

Il parcourt les soixante premiers kilomètres en chaloupe, puis remonte le fleuve en pirogue sur une distance de soixante à soixante-dix kilomètres, et marche ensuite pour atteindre les rapides de Yalalla. Puis il rebrousse chemin, apparemment satisfait de cette incursion dans l'intérieur. C'est qu'au mois d'août 1863 il a été autorisé par les Affaires étrangères à faire une visite au roi d'Abomey, et il tient beaucoup à être là-bas en temps opportun pour assister au massacre annuel du Nouvel An. Or, septembre touche à sa fin. Ainsi donc, Burton laisse là l'exploration du cours supérieur du Congo, sans se douter encore que cinq ans auparavant, alors qu'il séjournait sur la rive du lac Tanganyika, il a eu sous les yeux la source de l'émissaire le plus oriental du second fleuve d'Afrique par sa longueur, mais du plus puissant par son débit.

De tous les royaumes africains, aucun n'a une réputation plus sinistre que celui d'Abomey. Les Européens gobent avec avidité les histoires qu'on leur raconte sur les deux mille victimes humaines immolées chaque fois qu'un souverain meurt, et sur le lac de sang que répandent les rites propitiatoires, lac suffisamment vaste, dit-on, pour qu'on puisse pagayer en pirogue à sa surface. Dès sa prise de fonctions à Fernando Poo, Burton a sollicité du Foreign Office la permission de se rendre au royaume d'Abomey, mais cette permission lui a été refusée. Qu'à cela ne tienne, puisqu'en mai

1863 il a tout de même passé cinq jours dans la capitale du roi Glé-Glé. « Je suis ici depuis trois jours et d'une façon générale je suis déçu », a-t-il écrit à Monckton Milnes le 31 mai. Et de poursuivre par ces phrases caractéristiques de la touche d'humour et de bravade qu'il met dans la plupart de ces lettres : « Pas un seul homme mis à mort, ni non plus un seul gaillard torturé. La pirogue flottant sur une mare de sang n'est qu'une légende, une vaste fumisterie. Le pauvre Hankey doit encore attendre sa *peau de femme*... On sacrifie chaque année entre cent et deux cents victimes et non pas des milliers. Au Bénin [...] ils ont crucifié un bonhomme en l'honneur de ma visite – mais ici, rien! Et c'est paraît-il la terre sanglante du Dan-Homé! » [1]

Bien décidé à revenir dans le royaume pour y séjourner plus longuement, Burton a réitéré sa demande à lord James Russell, alléguant cette fois que le roi Glé-Glé ne cesse de guerroyer contre Abeokuta et qu'il vend à des marchands d'esclaves tous les prisonniers que fait son armée. Lord Russell a finalement autorisé le consul à se rendre dans le royaume pour protester, au nom du gouvernement britannique, contre la traite et les sacrifices humains du Nouvel An. Aussi, dès qu'il revient de son voyage sur le Congo, Burton s'apprête-t-il à repartir pour un plus long séjour à la cour d'Abomey.

Fondé au dix-septième siècle, le Dan-Homé avait fait parler de lui deux cents ans plus tard lorsque le roi Guézo (1818-58) avait transformé son armée d'amazones en une redoutable force de combat. Son fils Glé-Glé lui avait succédé après sa mort et, conformément aux anciens usages, avait fait immoler cinq cents indigènes qui seraient dans l'au-delà les serviteurs de son père. Depuis lors, Glé-Glé avait encore accru, périodiquement, la domesticité supraterrestre du roi Guézo. Beaucoup d'Européens avaient séjourné dans le royaume, et au moins sept Anglais avaient publié une relation de leur voyage [2].

1. Trinity College.
2. William Snelgrave (1734), William Smith (1744), Robert Norris (1789), Archibald Dalzel (1793), John M'Leod (1820), John Duncan (1847) et Frederick E. Forbes (1851).

Certes, les atrocités exercent sur Burton une profonde fascination, mais l'intelligence méthodique et inquisitrice qu'il déploiera lors de son voyage restera sans équivalent jusqu'aux années trente de notre siècle, lorsque l'anthropologue américain Melville J. Herskovits passera deux années à étudier les populations du Dahomey.

Burton quitte Fernando Poo en novembre 1863, accompagné d'un chirurgien de marine, John Cruikshank, d'un missionnaire méthodiste de race noire, le révérend Peter W. Bernasko, et d'une considérable escorte indigène. Le roi Glé-Glé fait tirer des coups de feu pour saluer l'arrivée de l'expédition, puis traite courtoisement ses hôtes en les gratifiant d'un spectacle de danses et, en manière de joyeuses libations, leur offre à boire du rhum dans les crânes de captifs récemment ramenés d'Abeokuta. Le roi en impose, ainsi que le raconte Burton. De haute stature, tout en muscles, leste, il est vêtu d'une tunique blanche, d'une culotte courte à fleurs rouges et de sandales écarlates brodées au fil d'or. Derrière son trône se tiennent d'innombrables femmes formant un immense demi-cercle, et derrière elles, également en demi-cercle, toute une escouade de guerrières. Partout s'agitent en signe de bienvenue d'énormes ombrelles dont la couleur symbolise le rang social. Il suffit d'un éternuement du monarque pour que les femmes se jettent à terre et se prosternent en touchant le sol du front.

Burton a apporté divers présents qu'il offre au roi Glé-Glé de la part du gouvernement britannique : une tente circulaire rouge de douze mètres de diamètre, une pipe d'argent, deux ceinturons d'argent, une cotte de maille et des gants à crispins. Mais le roi, qui en 1862 a déclaré à un officier de la marine britannique qu'il lui plairait de recevoir en cadeau un carrosse et un attelage de chevaux, est visiblement déçu. Burton, à titre privé, lui fait alors don de pièces d'étoffe, de liqueurs et de whisky. Lors de sa première visite, a-t-il confié à Monckton Milnes, il a déjà offert au roi « trois gravures libertines en couleurs représentant des femmes blanches en tenue d'Ève. Le monarque s'est montré ravi, a précisé Burton, et il m'a demandé si on pouvait se procurer ces articles-là vivants. J'ai fait (Dieu m'en pardonne) un horrible mensonge et lui ai déclaré que dans mon pays les femmes sont d'une chasteté farouche. » [1]

Glé-Glé traite Burton avec déférence et courtoisie, mais pendant six semaines il refuse de lui accorder une audience privée et de l'écouter lui transmettre le message du gouvernement britannique. Burton s'est installé dans une sommaire case de pisé, et en attendant il prend des notes. L'archiatre du roi, qui se vante d'avoir quatre-vingts épouses, lui demande instamment, plaintivement, pourrait-on dire, s'il n'a pas quelque aphrodisiaque. En échange de quoi il est prêt à lui donner mille et un renseignements. Burton constate que les amazones de l'armée royale sont fort différentes des guerrières qui, s'il faut en croire la légende, auraient assiégé Troie, tué Héraclès, combattu Bacchus, Alexandre le Grand et Pompée. « Avec une prodigieuse curiosité je m'attendais à voir cinq mille vierges noires, mais je n'en ai encore pas vu une seule, a-t-il raconté à Milnes. J'ai découvert que la majorité d'entre elles étaient des femmes prises en flagrant délit d'adultère, et qu'on les a ensuite, plutôt que de les tuer, données au roi pour qu'il en fasse de la chair à fusil. La plupart ont un certain âge et toutes sont hideuses. Celles qui commandent sont incontestablement choisies pour la taille de leurs fesses. » [2]

Néanmoins les guerrières offrent un spectacle haut en couleur. Les unes se drapent le buste dans une pièce d'étoffe rouge, portent un pagne blanc et se tressent les cheveux, d'autres se vêtent de brun chocolat et de bleu marine. Elles battent le tam-tam et sont pourvues de canardières, de mousquets, de tromblons ou d'espingoles, et d'un énorme coutelas dont la lame ressemble à celle d'un rasoir. Leur armée ne compte pas cinq mille guerrières, mais Burton en dénombre tout de même deux mille cinq cents, sur lesquelles mille sept cents constituent les troupes d'assaut

---

1. Lettre du 31 mai 1863. Trinity College.
2. *Ibid.*

proprement dites. Toutes sont officiellement épouses du roi, et celles qui sont prises en flagrant délit d'adultère sont mises à mort avec leur amant, ou bien vendues à un marchand d'esclaves. Cependant, relève Burton, « sous les tropiques il est malaisé de rester chaste », et cent cinquante guerrières sont enceintes. « Elles manœuvrent, écrit-il, avec la précision d'un troupeau de brebis et sont trop frêles pour soutenir la charge de la plus tocarde des troupes européennes [...] Un nombre égal de femmes de ménage britanniques armées de balais [...] les mettrait en déroute en un rien de temps. » Mais lorsqu'il s'est rendu à Abeokuta il a appris que dans le royaume yorouba les guerrières d'Abomey étaient tenues pour de rudes combattantes et qu'on les exerçait à monter nu-pieds à l'assaut à travers des buissons d'acacia hérissés d'épines. Avec galanterie, Burton attribue leurs récentes défaites à la stupidité des hommes qui les encadrent. Il est tout spécialement intrigué par l'insistance que mettent ces amazones à déclarer « qu'elles ne sont plus des femmes, mais des hommes », et il en vient à s'interroger sur leur sexualité d'une façon qui s'apparente remarquablement – ainsi que le soulignera au siècle suivant Melville Herskovits – à celle de nos psychanalystes modernes :

« Le mode de vie qu'on impose à ces femmes augmente indubitablement leur féroce combativité. C'est ainsi même qu'on dresse tous les animaux, du coq de combat au pugiliste, et une soldate mariée n'aurait d'utilité qu'en sa qualité de mère d'enfants mâles [...] toutes les passions sont sœurs. Je crois que l'effusion du sang, le carnage, éveillent chez ces femmes le souvenir de l'AMOUR bien plutôt qu'ils ne leur en apportent l'oubli. En même temps ils comblent les moins barbares, mais en leur procurant des assouvissements déshumanisés tout aussi proches des sensations animales. Le spectacle de cette armée de femmes prenant un plaisir morbide à s'occuper des éclopées et des agonisantes, je ne puis m'empêcher de penser que c'est là le tribut payé à la sexualité par celles à qui on refuse les moyens ordinaires de la satisfaire. » [1]

« Comme les prêtresses de Grewhe, écrit-il ailleurs, elles sont tenues sous peine de mort à la chasteté et au célibat, ce qui naturellement leur met en tête une certaine dose de férocité – les *horreurs* sont, avec les eunuques, leur seul succédané de l'amour. » [2]

Si l'on considère que Burton se contraint lui aussi à la continence, il faut se demander s'il n'a pas découvert en lui des mécanismes psychologiques de même nature.

Ainsi qu'il l'a fait ailleurs en Afrique, Burton s'enquiert des rites de la circoncision, de l'excision et de la scarification, qui tous sont observés dans le royaume d'Abomey. La circoncision ne se pratique que lorsque les adolescents ont vingt ans ou presque, écrit-il, et beaucoup d'entre eux meurent des suites d'une infection. Quant à la scarification, elle consiste en des incisions de l'épiderme dont l'importance est variable : parfois la jeune fille n'est marquée que par quelques coupures au front, parfois par des entailles figurant un motif compliqué sur les joues, le bas des reins et les cuisses [3].

Burton décrit de façon plus explicite qu'Herskovits la mutilation des parties génitales féminines, laquelle, au royaume d'Abomey, consiste non pas en une excision, mais en une élongation. Il n'osera pas exposer les détails de cette pratique dans ses ouvrages sur Abomey, mais il le fait de façon très précise dans une de ses lettres à Milnes, et aussi dans une communication destinée à l'Anthropological Society of Lon-

---

1. *A Mission to Gelele, King of Dahome*, II, 72-3. Voir aussi Melville J. Herskovits, *Dahomey*, 2 vol., New York, 1938, I, 86 *n*.
2. *Abeokuta and the Cameroons Mountains*, I, 121 *n*.
3. Un siècle plus tard ou presque, Herskovits constatera que cette coutume est toujours en usage, quasiment inchangée. La scarification se pratique en la présence du fiancé, écrit-il, et elle consiste à faire jusqu'à quatre-vingts incisions sur l'intérieur de chaque cuisse. La raison de cette mutilation est demeurée la même – une prétendue augmentation du plaisir sexuel. « On raconte que si une femme n'est pas marquée par trois entailles au moins, écrit encore Herskovits, jamais elle ne pourra garder l'amour d'un homme. » (*Dahomey*, I, 293)

don. « Les parties en question, écrit-il, portent ici le nom de *Tou*, et dès le plus jeune âge elles doivent être manipulées par des vieilles femmes expertes en cet art, comme cela se passe en Chine pour le postérieur des futures prostituées. Si on omet de le faire, les autres femmes tourneront en dérision et dénigreront la mère, qu'elles accuseront d'avoir négligé d'élever convenablement sa fille [...] Les étirements très accusés sont, paraît-il, fort prisés par les hommes [...] Impossible de prendre du plaisir avec une femme sans Tou », affirme une croyance populaire. » [1]

Alors qu'approche la date des sacrifices humains, à Abomey la tension monte de façon très perceptible. Burton, à qui on a montré vingt des futures victimes, que l'on garde attachées dans une hutte rudimentaire, fait tout ce qu'il peut pour intercéder en leur faveur et demande instamment qu'aucune exécution n'ait lieu en sa présence. Glé-Glé satisfait en partie à sa requête en libérant dix captifs. Les « coutumes » débutent par des parades, des danses et une libation cérémonielle. La minutie des préparatifs, l'observance d'un protocole complexe et le respect d'un horaire précis étonnent grandement Burton. C'est le roi en personne qui mène les danses rituelles et de plus en plus frénétiques précédant la décapitation des victimes, et il tient absolument à ce que Burton et Cruikshank dansent eux aussi. Burton consent à exécuter un *pas seul* * qui lui vaut une ovation, puis un *pas de deux* * en la compagnie du monarque, que la foule salue d'une bruyante acclamation. Ensuite, Glé-Glé prononce un discours en l'honneur de son hôte, boit dans le crâne d'une victime qu'on vient d'immoler et présente à Burton deux autres crânes.

Burton est le premier voyageur qui ait mis en lumière la nature spécifiquement religieuse des « coutumes » en lesquelles les Européens n'avaient vu jusque-là que les préliminaires d'une nouvelle série d'offensives lancées contre Abeokuta. Les exécutions, raconte-t-il, n'ont pour objet que de transmettre des messages aux défunts. « Si le roi veut faire

---

1. *Anthropological Society of London Memoirs*, 1863-4, I, 319.

savoir quelque chose à son père, il fait venir un prisonnier, le met soigneusement au courant de ce qu'il devra répéter dans l'au-delà [...] puis il lui fait trancher la tête. Si le roi s'aperçoit que par inadvertance il a oublié de confier au messager quelque chose d'important, alors il répète l'opération afin d'ajouter à sa dépêche, si j'ose dire, un post-scriptum. »[1] Au moment de leur mise à mort, toutes les victimes sont droguées, raconte-t-il, « le but étant de les dépêcher vers l'autre monde dans les meilleures dispositions d'esprit ». Ensuite, renonçant à faire de l'humour noir, il fait observer que cette pratique sacrificielle qui « procède de la piété filiale est sanctionnée par un usage et une coutume fort anciens, et qu'elle est très assidûment perpétuée par un clergé puissant et dont c'est l'intérêt de veiller au respect de la tradition ». Il n'est pas davantage possible de mettre brutalement fin à ces pratiques, conclut-il, qu'il ne le serait pour un monarque européen d'abolir les prières à la mémoire des morts. Bon an mal an, estime-t-il, cette tuerie annuelle fait cinq cents victimes.

Par égard pour Burton, en 1863 tous les prisonniers sont exécutés de nuit, à partir du réveillon du Nouvel An. On apprend à Burton que c'est le roi qui a décapité le premier captif de sexe masculin, laissant à ses ministres le soin d'exécuter les autres. Alors qu'il se rend au « palais » au lendemain de la première « nuit de maléfice », il dénombre neuf cadavres d'hommes nus, qui tous ont été émasculés après la mort « par respect pour les épouses royales », écrit-il pudiquement. Un peu plus tard il voit douze têtes, chacune posée devant un poteau emblématique, et plus tard encore deux autres cadavres. Soit au total vingt-trois victimes. Les femmes qui se sont rendues coupables d'un crime, écrit-il, « sont exécutées par des officiers de leur sexe dans l'enceinte du palais, et hors de la présence des hommes ». Se souvenant sans nul doute de la femme qu'on avait guillotinée en France lorsqu'il était enfant,

---

1. Ce texte ne figurera pas dans *A Mission to Gelele, King of Dahome*, mais plus tard dans une note infrapaginale de la traduction, par Burton, de *The Lands of Cazembe, Lacerda's Journey to Cazembe in 1798*, Londres, 1873, 40 *n*.

il ajoutera que « le royaume d'Abomey est donc, sur ce chapitre, plus civilisé que les pays d'Europe, où même les femmes, chose incroyable, sont encore pendues en public [...] et que c'est à peine si on trouve à redire quand des criminels sont mis à mort, comme on l'a fait en l'an de grâce 1864 à Liverpool, lorsqu'on a pendu à un même gibet quatre meurtriers, en présence d'une foule de cent mille personnes qui regardent bouche bée, ou si cinq pirates sont exécutés devant la prison de Newgate à Londres [...] ou encore quand notre dernier roi très chrétien fait exécuter une pauvre diablesse de dix-sept ans, mère d'un enfant qu'elle allaite encore, parce qu'elle a dérobé sur le comptoir d'une boutique une demi-toise de toile de lin ». Trois jours après il voit une nuée de charognards déchiqueter les neuf corps d'hommes décapités et toujours suspendus. Il apprendra par la suite, après qu'il aura posé des questions très précises, qu'en cinq jours quatre-vingts victimes ont été exécutées.

Quand enfin Glé-Glé lui accorde un entretien privé, Burton proteste avec indignation contre ces pratiques barbares et menace son interlocuteur de représailles britanniques s'il continue de prendre une part active au trafic des esclaves. Il déclare au roi qu'Abomey a bien davantage besoin de naissances que de décès, que cette tuerie annuelle est révoltante, et que le spectacle et la puanteur des corps mutilés qui se décomposent sont répugnants et insupportables. Le roi « à qui jamais encore on n'avait dit tant de vérités, raconte-t-il, était visiblement agacé, mais il réussit à se contenir et me répondit qu'il ne faisait mettre à mort que des criminels et des prisonniers de guerre, et que s'il ne vendait pas ces derniers il serait bien obligé de les tuer, ce qui plairait encore moins aux Britanniques ».

Éprouvant alors « un sentiment d'irrémédiable [...] comme de parler aux quatre vents », Burton fait ses adieux à Glé-Glé. « Vous êtes un brave homme, mais trop porté à la colère », lui déclare le roi en lui serrant la main.

De retour à Fernando Poo, Burton rédige avec fièvre un acte d'accusation sans complaisance. « Le royaume d'Abomey, affirme-t-il, est un mélange d'horreurs et d'inhumanité [...] de puérilité et de bestialité, de férocité et de courtoisie. [Ses habitants appartiennent à] une race abâtardie, et de la pire espèce qui soit. Ce sont des menteurs invétérés, des *crétins* * incapables d'apprendre quoi que ce soit, des lâches qui par voie de conséquence sont cruels et assoiffés de sang; ils aiment le jeu et donc ils trichent; ils sont brutaux, bruyants, tapageurs, envieux, désobéissants, et ils ne respectent rien. Ils estiment qu'il est de leur " devoir envers les dieux " de s'enivrer. Un ramassis de barbares vaniteux et bouffis d'orgueil qui tentent d'humilier tous ceux à qui ils ont affaire. A vrai dire, une race d'esclaves [...] de racaille déshumanisée. » [1]

1. *A Mission to Gelele, King of Dahome*, II, 20-1, 279, 285, 250.

XX

SEPTEMBRE 1864 : LA TRAGÉDIE

> *Speke, il faut le prendre doucement, car sa géographie est d'une grande minceur. Burton, il faut le prendre précautionneusement, car il est fait à l'image du hérisson. D'année en année ses piquants durcissent et, s'ils ne sont pas le moins du monde venimeux, ils peuvent blesser une main nue. Ils sont faits pour ça.*
>
> « *Dishonour est at Nilo* », Saturday Review, Londres, 2 juillet 1864.

Speke et Burton ont l'un comme l'autre quitté l'Angleterre en avril 1860, Burton pour aller en Amérique, Speke en Afrique avec James Grant. Au début d'avril 1863, ces deux derniers ont pris un retard de dix-huit mois par rapport à leurs prévisions, et nombreux sont ceux qui craignent le pire. John Petherick, marchand d'ivoire et consul de Grande-Bretagne à Khartoum, a accepté de transporter le ravitaillement requis par la dernière étape de l'expédition, et pour cela de remonter le cours du Nil jusqu'à Gondokoro. A cet effet, une généreuse souscription londonienne l'a pourvu de mille livres. Mais à présent on est persuadé que Petherick et sa femme sont morts. D'autre part, un explorateur et sportif fortuné, Samuel Baker, a lui aussi remonté le fleuve en compagnie de son épouse, une Hongroise de grande beauté, en partie pour retrouver Speke et Grant, en partie pour découvrir les prudes fontaines. C'est alors, à la mi-avril, que les secrétaires de la Royal Geographical Society reçoivent d'Alexandrie cette dépêche qui les galvanise : « Vous prie informer sir Roderick Murchison que tout va bien : sommes par 14° 30′ latitude nord sur le fleuve et la question du Nil est réglée. » Le câble est signé John Hanning Speke.

Speke et Grant ont réussi un exploit extraordinaire en

parcourant avec deux cents porteurs la piste qu'avait suivie Burton pour gagner Kazeh, puis en prenant vers le nord, en direction de l'Ouganda, encore inexploré, et enfin en redescendant le cours du Nil dans son entièreté, terrible épreuve qui les a conduits sur le littoral méditerranéen. Depuis le début de leur voyage, les désertions, les chapardages et les exigences exorbitantes des Africains les ont exaspérés. Burton, lors du premier voyage, n'avait pas rétribué comme il convenait les porteurs recrutés à Zanzibar. C'est la raison pour laquelle les deux hommes l'ont rendu responsable des désertions; mais leurs ennuis ont persisté lorsqu'ils ont engagé de nouveaux porteurs.

Au royaume de Karagwé, Speke a trouvé un excellent terrain de chasse. Il a tué des éléphants, des rhinocéros, des girafes, des buffles, des zèbres, des lions, des hyènes et une grande variété d'antilopes. Le roi Roumanika s'est montré fort hospitalier, et ses épouses ont été pour Speke d'étonnants objets de curiosité. Constamment obligées de manger sous la menace ou sous les coups, elles se sont transformées en de phénoménales boules de suif quasiment incapables de se mouvoir. Speke a réussi à convaincre l'une d'entre elles de le laisser prendre ses mensurations, et il a pu constater qu'elle avait un tour de poitrine de quatre pieds quatre pouces (un mètre trente-deux), un tour de cuisse de deux pieds sept pouces (soixante-dix-huit centimètres) et un tour de mollet de huit pouces (vingt centimètres). Auprès d'elle était assise, entièrement nue, sa petite-fille âgée de seize ans, s'occupant à siroter du lait contenu dans une cruche. Speke, que d'ordinaire la nudité embarrasse, semble cette fois s'en accommoder sans trop de gêne. « J'ai conté fleurette à Missi, écrit-il, et obtenu d'elle qu'elle se lève pour me serrer la main. Elle avait un très joli visage, mais son corps avait la rondeur d'une boule. » [1]

Au Karagwé, une vilaine infection à la jambe contraint Grant à s'allonger. Alors que depuis deux mois ils attendent

---

1. *Journal of the Discovery of the Source of the Nile*, 231.

en vain que la plaie guérisse, Speke et lui apprennent des indigènes que dans le nord du pays on a vu un blanc. A cette nouvelle, Speke ne tient plus en place. Mais au lieu de faire transporter Grant dans un hamac, comme il l'a fait avec Burton, il part seul pour Buganda, persuadé que l'homme blanc dont on a signalé l'arrivée ne peut être que Petherick, et que celui-ci cherche à gagner Gondokoro. Les rumeurs qu'on rapportait à ce sujet « nous avaient rendus fous de joie », écrira-t-il. On peut cependant se demander si Speke ne craint pas de voir Petherick le coiffer au poteau et apporter le premier la preuve que le lac Victoria déverse bien ses eaux dans le Nil. Speke a découvert que Buganda constituait un îlot territorial où s'était épanouie une culture bien particulière, où les indigènes vivaient dans de magnifiques maisons coniques, montaient des pirogues de guerre d'une longueur supérieure à vingt mètres et fabriquaient des pièces de vannerie d'une grande beauté. Mais aussi que sur le pays règne un souverain de vingt ans, Moutesa, qui en matière de cruauté n'a rien à envier à Glé-Glé, le roi d'Abomey. On apprend à Speke que Moutesa, pour son couronnement, a fait brûler vifs trente de ses frères et que chaque jour ou presque il fait exécuter l'une ou l'autre des trois cents femmes de son harem. Craignant pour son sort, Speke s'empresse d'en imposer au roi par son adresse à tirer les oiseaux en plein vol. Moutesa le laisse en vie, mais le garde en captivité tout en continuant à le traiter comme un hôte de choix. Speke n'entend plus parler de Petherick. Pourtant, il lui semble que celui-ci ne peut être loin, et il confie à des indigènes qui se rendent dans le nord une lettre invitant le consul de Grande-Bretagne à venir le rejoindre sans plus de délai, et à se munir de tout un chargement de cadeaux pour le roi [1].

La reine mère, qui s'intéresse vivement à Speke, lui

---

[1]. Une copie de cette lettre, que Petherick ne reçut jamais, sera publiée dans les comptes rendus de séances de la Royal Geographical Society, VII, 235.

demande des remèdes pour soigner ses maux d'estomac et, nous l'avons déjà dit plus haut, lui propose d'épouser deux de ses filles. Et quand il renvoie la plus jeune au palais – elle a douze ans – et donne l'autre à son domestique, la mère du roi veut absolument qu'il en prenne une troisième. « Après cela, pendant une éternité j'ai redouté d'aller la voir », écrira-t-il.

Le palais de Moutesa n'est guère éloigné du lac Victoria, et là, Speke recueille des renseignements précis sur la grande rivière qui en sort pour couler vers le nord. Lorsque Grant arrive à son tour, claudiquant, mais enfin capable de se mouvoir après une séparation qui a duré trois mois, Speke sollicite de Moutesa la permission de quitter son royaume. Le 17 juillet 1862, les deux hommes partent en direction du nord, et c'est deux jours plus tard que Speke prend une décision dont les conséquences seront d'une extrême importance. L'estime qu'il témoigne à son lieutenant le convainc d'envoyer Grant sur la piste de Bunyoro, manifestement « pour faire rapidement la liaison avec Petherick » tandis que lui-même se dirige vers l'est, en direction d'Ourondogani et du Nil. Après avoir traversé une région de hautes herbes et de forêt dense, il arrive enfin, le 28 juillet 1862, à l'endroit où le lac Victoria déverse ses eaux dans le fleuve. Là, il voit une chute de six à sept cents mètres de largeur. Au-dessous, paressent des hippopotames et des crocodiles. Perchés sur les rochers, des indigènes de Wasoga et Waganda pêchent à la ligne, espérant attraper les poissons migrateurs qui par milliers bondissent pour franchir la cataracte. « Nous étions amplement récompensés, écrira-t-il. Sans nul doute, c'était l'antique Père des Eaux que je voyais naître dans le Victoria-Nyanza, et, comme on me l'avait fait présumer, ce lac est bien la principale source du fleuve saint qui a sauvé le premier artisan de notre foi religieuse. »

Si grande sa hâte de faire partager son exaltation qu'il invite ses hommes à se raser le crâne et à se baigner dans les eaux sacrées, « berceau de Moïse ». Mais Sidi Bombay le regarde d'un œil amusé. « Nous autres, on ne voit pas ces choses-là d'une façon aussi extravagante que vous » [1], déclare-t-il. Speke baptise le lieu – sans beaucoup d'imagination, mais non sans arrière-pensées – Ripon Falls, du nom de lord Ripon, qui à cette époque est président de la Royal Geographical Society.

Speke n'expliquera jamais par écrit la décision qu'il a prise d'écarter Grant de sa route, mais quand il sera de retour en Angleterre il sera harcelé de reproches. Le géographe James Macqueen l'accusera d'avoir traité Grant comme « un simple numéro », et Burton ne lui ménagera pas non plus ses reproches, considérant qu'avoir agi comme l'a fait Speke est contraire à l'idée que se font les Britanniques de la sportivité, et que Speke n'avait nullement besoin de prendre pareille précaution pour être bien sûr d'être le premier, puisque sa qualité de chef de l'expédition lui garantissait l'honneur de la découverte. Pour beaucoup, ces accusations répandront un éclairage neuf sur la piteuse attitude de Speke à l'égard de Burton après la première expédition. Speke voulait à tout prix écarter ses rivaux, surtout ceux qui en quelque sorte étaient ses frères, et plus particulièrement encore ses frères aînés – que d'ailleurs il qualifie avec mépris de « hobereaux désœuvrés » [2] – comme il l'a fait au bout de six ans avec Burton, et de trois semaines avec Grant.

Autant qu'on puisse en juger par les écrits des deux hommes, Grant s'est plié à la décision de Speke avec une passivité quasiment féminine, et sans protester il est parti pour Bunyoro. Jamais par la suite il ne reprochera ouvertement à Speke de l'avoir éloigné, mais à la lecture de la page de son journal remplie le 19 juin 1862 – c'est-à-dire deux jours après qu'il a reçu l'ordre péremptoire de marcher vers l'ouest – on devine entre les lignes l'amertume qu'il ressent. En effet, ce jour-là il rapporte en détail l'altercation qui oppose l'un à l'autre

---

1. *Journal of the Discovery of the Source of the Nile*, 373, 458, 461, 466 et suiv.
2. Lettre de Speke à William Blackwood en date du 1ᵉʳ février 1861. M. Alexander Maitland m'a fort obligeamment communiqué une copie de cette lettre. C'est Speke qui souligne.

deux de ses porteurs, altercation qui, dans les circonstances que l'on sait, prend d'évidence allure de parabole. « Manova, qui était chargé de s'occuper du bétail, est venu me voir en pleurant, ensanglanté, car il avait reçu sur l'arrière du crâne un coup qui lui avait déchiré le cuir chevelu, écrit-il. Un sidi deux fois plus grand que lui l'avait frappé d'un coup de gourdin parce qu'il refusait de lui céder sa case. C'est pas là que j'ai mal, me dit en geignant l'indigène, c'est là, là. Et il tambourinait du poing sur l'emplacement de son cœur. Le pauvre! ajoute Grant, on avait attenté à son honneur, et il se jurait d'ôter la vie à l'autre, mais l'affaire en est restée là. »[1] Pour Grant, sans doute en est-il allé pareillement.

Au bout d'un mois de séparation, Speke retrouve Grant à Bunyoro, où les deux hommes passent six semaines à la cour du roi Kamrasi, qui les retient plus ou moins captifs. Ils sont encore accompagnés de soixante-dix hommes et de quatre femmes qui, depuis le début de l'expédition, ont cheminé avec eux. De nouveau on leur rapporte qu'un homme blanc a été aperçu dans la région, mais Petherick ne se montre toujours pas, et l'espoir de recevoir du secours leur paraît maintenant bien mince[2]. Enfin ils retrouvent leur liberté et repartent vers le nord. A Bunyoro ils ont appris l'existence d'un lac situé à l'ouest, le Luta Nzigé – le « criquet mort », en langue indigène, lequel prendra plus tard le nom de lac Albert –, que le Nil traverse pour en ressortir pas très loin, leur a-t-on dit. Bien qu'il leur semble à tous les deux s'agir peut-être là d'une autre et importante source du grand fleuve, et que si, fâcheusement, ce lac communique avec le Tanganyika, toute leur expédition devient désormais sans objet, Speke décide de ne pas suivre le cours du Nil vers l'ouest pour vérifier cette hypothèse, mais au contraire de couper direc-

1. *A Walk Across Africa*, 248.
2. Effectivement, un blanc avait séjourné dans le pays, en l'occurrence l'explorateur italien Giovanni Miani. Après avoir pénétré dans la région totalement inexplorée située au sud de Gondokoro, il avait rebroussé chemin, ne laissant que son nom gravé sur un arbre proche du Nil, afin de prouver tout au moins qu'il avait atteint l'Ouganda.

tement en direction du nord. Cette décision de ne pas couvrir une distance représentant dix jours de marche rappelle singulièrement celle que Burton a prise de ne pas pousser lui-même jusqu'au Victoria-Nyanza. En outre, l'attitude de Speke donnera dans l'avenir à Burton des armes totalement inespérées. Speke se fait déjà une idée si peu claire de l'hydrographie de la région, tant il a franchi de cours d'eau secondaires, qu'il en vient à conclure que le lac Victoria compte au moins quatre effluents qui se rejoignent pour constituer le Nil. Cette naïveté lui vaudra d'être ridiculisé par les géographes les plus savants d'Angleterre.

Les deux hommes retrouvent le Nil plus au nord et tentent de poursuivre leur voyage en descendant son cours, mais des cataractes et l'hostilité des indigènes les obligent à marcher à pied en suivant ses rives. Ils traversent un pays de plus en plus aride, accablé par la disette, pour arriver à Gondokoro le 13 février 1863.

C'est alors Samuel Baker et non pas Petherick qui se précipite à leur rencontre. Passé les effusions, Baker les interroge. « Il ne me reste donc pas la moindre feuille de laurier? » Dans sa voix perce la déception. Sur quoi Speke lui tend avec superbe la carte du Luta Nzigé qu'il a tracée d'après ce que les indigènes lui ont déclaré [1]. Loin d'être sot, il comprend tout de suite en examinant la carte que les dimensions de ce lac inconnu sont si grandes qu'il lui reste encore une chance de porter à son crédit la découverte des sources du grand fleuve. Speke, qui déjà regrette de ne pas être allé voir de près ce lac, prévoit – et sur ce point, il ne se trompe pas – qu'à Londres les géographes en chambre ne manqueront pas de le tenir sur la sellette.

Mais où a bien pu passer Petherick? Cette question, il la pose à Baker. Il ne cessera de la reposer après son retour à Londres, dans ses allocutions comme dans son livre, intitulé

---

[1]. Il se révélera que cette carte de Speke était fort exacte, infiniment plus que celle que dessinera Samuel Baker après avoir gagné par le sud le Luta Nzigé, dont il exagérera considérablement la surface, tant il souhaitait s'attribuer la découverte des sources du Nil.

Journal of the Discovery of the Source of the Nile (1863), jusqu'à ce que toute la presse britannique prenne fait et cause pour lui et entre dans la même fureur qu'il a ressentie, lui, en constatant qu'on ne lui envoyait aucun secours. En réalité, quatre embarcations chargées d'un abondant ravitaillement attendaient Speke à Gondokoro. Petherick les avait expédiées vers l'amont du Nil bien des mois auparavant. Mais sa femme et lui se trouvaient à une centaine de kilomètres à l'ouest de Gondokoro (pour acheter de l'ivoire) lorsque Speke est arrivé là, et ils ne l'y rejoignent que cinq jours plus tard. Quand ils expliquent à Speke les raisons de leur retard, celui-ci ne les croit pas et leur témoigne de l'animosité.

Petherick lui raconte pourtant qu'il a tenu, et en temps voulu, sa promesse de ravitailler l'expédition, et que si lui-même est arrivé à Gondokoro avec une année de retard, c'est parce que son embarcation a chaviré et qu'il lui a fallu revenir à son point de départ pour en trouver une autre. Étant donné que le Nil n'est navigable que durant deux mois de l'année, sa femme et lui ne sont arrivés à Gondokoro que depuis quelques semaines. Constatant que le ravitaillement destiné à Speke était intact, sa femme et lui en ont conclu que les deux explorateurs avaient péri, ou encore qu'ils avaient regagné Zanzibar. Aucun des marchands arabes qui avaient remonté le Nil en amont de Gondokoro n'avaient eu vent du passage de Speke et Grant. De plus, comme le fait discrètement remarquer Petherick, la Royal Geographical Society leur a bien spécifié, à sa femme et à lui, qu'ils n'étaient nullement tenus de rester à Gondokoro passé le mois de juin 1862, ni d'aller plus au sud. Pour toute réponse, Speke ne lui cache pas qu'il a le sentiment d'avoir été grugé et abandonné.

De retour à Londres, Speke deviendra du même coup héros national, et on l'entourera partout d'une admiration proche de l'idolâtrie. Ce qui ne l'empêchera pas de se donner beaucoup de mal pour discréditer Petherick, et l'acharnement qu'il y mettra relève pour ainsi dire de la pathologie. En privé, il l'accusera d'avoir vendu des marchandises dont il était, lui, le légitime propriétaire. En public, et sans la moindre justification, il déclarera que Petherick prenait part au trafic des esclaves. Et quand Petherick regagnera Londres à son tour, il sera consterné d'apprendre qu'on l'a démis de ses fonctions de consul et qu'il est désormais l'objet de la vindicte publique. Aussi poursuivra-t-il sans plus tarder Speke pour diffamation [1].

Speke s'en prend aussi à Burton. Le 23 juin 1863, à l'occasion de la première allocution qu'il prononce devant la Royal Geographical Society, il déclare en effet : « Si, lors de la première expédition, j'avais été seul, j'aurais dès 1859 réglé cette affaire du Nil en allant d'Unyanyembi jusqu'à l'Ouganda en compagnie d'un marchand hindou [...] mais mon dessein ayant été découragé par le chef de l'expédition, qui à cette époque était souffrant et lassé du voyage, j'ai dû revenir en Angleterre. » [2] Tant de vanité n'est guère à son avantage.

Lors d'un dîner donné en son honneur à Taunton vers la fin du mois de décembre 1863, il déclare encore, mais cette fois c'est en quelque sorte pour se défendre : « On m'a publiquement accusé dans la presse d'avoir manqué de générosité. » L'allusion à Burton est claire. Plus tard il écrira ces quelques lignes dans une lettre adressée à l'*Athenæum* : « Je souhaite ne rien dire du capitaine Burton. A sa demande je lui ai décrit la géographie du pays que nous avions traversé, et depuis lors il s'est servi de mes propos pour me nuire. » [3]

1. Lettre de Speke à Norton Shaw datée du 19 février 1864 (Archives de la Royal Geographical Society) et allocution prononcée par Speke à Taunton vers la fin du mois de décembre 1863. Pour ce qui est de la rencontre Speke-Petherick à Gondokoro, le lecteur pourra se reporter à l'ouvrage de John Petherick, *Travels in Central Africa*, 2 vol., Londres, 1869, aux articles de James Macqueen dans le *Morning Advertiser* (que reproduira Richard Burton dans *The Nile Basin*, 169), et aussi au *Journal of the Discovery of the Source of the Nile*, de Speke. Dans *The Nile Quest*, New York, 1903, 100, Harry Johnston lave Petherick de tout soupçon de s'être fait complice du trafic d'esclaves, rappelant que c'étaient ses activités anti-esclavagistes qui avaient poussé les trafiquants arabes à monter contre lui une cabale, laquelle, conjointement avec les accusations portées contre lui par Speke, sera cause de la révocation de sa charge consulaire.
2. *Royal Geographical Society Proceedings*, 22 juin 1863, VII, 218.
3. Citant le *Taunton Courier*, qui publiait le discours prononcé par Speke le 23 décembre 1863, Charles Beke relevait cette phrase de Speke : On m'a

Bien des membres de la Royal Geographical Society commencent à se demander si Speke, qui alors est à l'apogée de son succès, ne se conduit pas comme un fieffé goujat. Ce soupçon deviendra certitude lorsqu'il publiera son *Journal of the Discovery of the Source of the Nile*, où il avouera lui-même qu'il a pipé les dés pour empêcher Grant de voir la source du Nil.

Toujours en poste à Fernando Poo, Burton affirme avoir tenté de restaurer la vieille amitié qui le liait à Speke. « Sa magnifique marche m'a conduit à exprimer, en dépit de toutes les divergences qui avaient surgi entre nous, l'opinion la plus favorable sur ses aptitudes de chef [d'expédition], écrit-il. De nouveau pourtant, soit parce que de vieilles et imaginaires blessures lui restaient sur le cœur, soit parce qu'il ne pouvait pardonner à celui qu'il avait blessé [...] les méchantes langues de ses bons amis l'ont poussé à rouvrir les hostilités, et les voies de la réconciliation ont été à tout jamais barrées. »[1] A vrai dire, Speke a déclenché une guerre sans merci, et dans ses lettres de Fernando Poo, désormais Burton clamera ouvertement que le lac Tanganyika est bien « la source principale » du Nil.

En récompense de son succès, Speke a été autorisé à faire figurer dans son blason l'inscription : *Honour est a Nilo*, et le vicomte de Strangford, écrivant sans signer de son nom dans le *Saturday Review* du 2 juillet 1864, prend un malin plaisir à intituler par antonyme son article « Dishonour est a Nilo » et à fustiger les deux antagonistes. « Burton et Speke, déclare-t-il, sont si aveuglés par la fureur et l'amertume qu'ils s'empoignent comme des portefaix. Si, sur le continent, Burton s'était doté de tact et d'empire sur soi-même, et non pas de cette fâcheuse manière de faire étalage et d'user mal à propos de son intelligence [...], son nom aurait retenti dans

---

accusé [...] de manquer de générosité, dans une lettre adressée à l'*Athenæum* le 28 décembre 1863 et publiée par cette revue le 2 janvier 1864, p. 22-3. La lettre de Speke à l'*Athenæum* a été publiée le 23 janvier de la même année. Elle était datée du 14 janvier.

1. *Zanzibar*, II, 395.

le monde entier. » Pourtant, c'est résolument le parti de Burton que prend Strangford lorsqu'il conclut : « Pour autant qu'il soit possible de discerner le point litigieux à travers le voile de sarcasmes et d'invectives dont ils s'entourent, nous sommes persuadés que c'est lui [Burton] qui est en grande partie dans le vrai. »

Dans le camp de Burton se sont également rangés le géographe Charles Beke et James Macqueen, l'auteur de *A Geographical Survey of Africa*. Ce dernier a signé dans le *Morning Advertiser* une série d'articles peu complaisants pour Speke, qu'il accuse d'avoir fait n'importe comment ses relevés altimétriques, ajoutant que, s'il fallait en croire sa cartographie, sur une distance de plus de cent trente kilomètres le Nil remonterait son cours [1]. Macqueen a insinué aussi que Speke s'est diverti, dans le plus simple appareil, avec la corpulente reine de Roumanika, qu'il a pris part à des beuveries orgiaques en compagnie de la mère du roi Moutesa, s'est débauché avec les petites indigènes et a même eu une aventure avec le cuisinier de Petherick.

Les articles de Macqueen étaient sans nul doute malveillants et diffamatoires, et Speke, qui s'est donné bien du mal pour accréditer sa chasteté, est devenu du même coup la risée du Tout-Londres. Mais plutôt que d'intenter une action contre Macqueen, il a préféré garder le silence en attendant que l'orage passe. Au cours du printemps 1864 il s'est rendu à

1. Si Speke avait revisé sa première estimation de l'altitude du lac Victoria, faisant passer celle-ci de 3 550 pieds, ou 1 021 m, à 3 745, soit 1 141 m, mesure remarquablement proche de l'altitude réelle, qui est de 3 720 pieds ou 1 133 m, en revanche il attribuait au Nil, en aval de Ripon Falls, une hauteur de 3 308 pieds (1 008 m) au-dessus du niveau de la mer. Pour que cette altitude fût la bonne, il eût fallu que le fleuve chutât de plusieurs centaines de pieds. Or, la dénivellation à Ripon Falls n'était que de 12 pieds soit la valeur de 3,65 m, ainsi que Macqueen s'empressait de le faire observer. Speke avait alors fait valoir que le seul et unique thermomètre dont il disposait n'accusait aucune variation inférieure à trois cents pieds (91 m), et dans son texte il avait accolé un point d'interrogation à l'altitude estimée de Ripon Falls et pris soin de faire remarquer que ses relevés altimétriques du Nil n'étaient pas dignes de foi. Voir Macqueen, *The Nile Basin*, 67-195.

Paris, en la compagnie de Laurence Oliphant [1], pour tenter d'obtenir du gouvernement français des subsides à l'effet de lancer de nouvelles explorations. Nul, mieux qu'Oliphant, n'aurait pu attiser la querelle qui opposait l'un à l'autre les deux explorateurs, ou inciter Speke à douter de sa masculinité.

Entre-temps, un autre grand de l'exploration est intervenu dans la question des sources du Nil. En effet, David Livingstone a regagné Londres au mois d'avril 1864, après six années de séjour dans la région du lac Nyassa et du Zambèze. Ne pouvant se consoler de la mort récente de sa femme dans la forêt vierge, mort dont il s'estime responsable, il s'est juré de ne jamais plus repartir. Mais presque immédiatement il a été entraîné dans la controverse soulevée par les sources du Nil. Jamais Livingstone n'avait rencontré Burton, mais il ne prisait guère ses livres et penchait pour Speke, avec qui il avait entretenu une cordiale correspondance. Néanmoins, il a décidé d'user de son immense prestige pour soutenir Burton, car Speke a tant fait pour prouver que le Nil ne prenait pas sa source principale dans le Tanganyika qu'il a soutenu que la rivière située à l'extrémité sud de ce lac – rivière que ni lui ni Burton n'ont vue, mais qui, selon les dires des indigènes, déversait ses eaux dans le lac – était au contraire un émissaire qui coulait du Tanganyika vers le Nyassa, dans lequel il se jetait [2]. La seule raison qui l'a poussé à inverser le sens de ce cours d'eau était purement sémantique, car, déclarait-il, il avait appris que lorsqu'un Africain affirmait qu'une rivière entrait dans un lac, il voulait dire qu'elle en sortait et vice versa. Cette méthode d'interprétation farfelue fera perdre à Speke la caution de Livingstone. Car bien que celui-ci n'eût jamais vu le Tanganyika, il connaissait le réseau hydrographique de la région du lac Nyassa et soutenait qu'aucune rivière en provenance du Tanganyika ne s'y déversait.

1. Philip Henderson, *The Life of Laurence Oliphant*, 125.
2. Speke avait soutenu son propre point de vue avant même de regagner l'Angleterre, dans une dépêche adressée à sir Roderick Murchison (*Royal Geographical Society Proceedings*, 25 mai 1863, VI, 185-7. Compte rendu de la séance durant laquelle lord Roderick a donné lecture de la dépêche de Speke).

Les Britanniques révéraient Livingstone. Patient, endurant, optimiste, résolu, cet Écossais d'humble origine avait la trempe d'un héros. Il était l'unique explorateur qui eût parcouru seul l'Afrique centrale pendant de longues périodes et qui en était revenu sain et sauf. Les indigènes, qui l'avaient surnommé « Celui qui fait le bien », lui avaient procuré des vivres, des remèdes, et épargné la vie. Bien qu'un défaut d'élocution fît de lui un piètre orateur, des foules entières se pressaient pour l'écouter lorsqu'il prenait la parole à Londres, transportées par son humour narquois, ses astuces et une sincérité qui s'imposait d'elle-même. On contemplait bouche bée son épaule, privée de sa liberté de mouvement depuis qu'un lion la lui avait déchirée alors qu'il était jeune missionnaire, et on s'indignait en l'écoutant raconter ses terribles histoires de traite du bois d'ébène. On l'aimait surtout parce qu'il ne prisait guère les honneurs et craignait qu'on le soupçonnât d'explorer l'Afrique davantage par curiosité que pour y répandre la parole de Dieu. A la différence de Burton, il croyait fermement que le christianisme pouvait apporter aux Africains l'instruction, faire d'eux des êtres industrieux et développer leur sens moral.

Burton revient de Fernando Poo en août 1864, un mois après que Livingstone a regagné Londres, et pour la première fois les trois explorateurs de l'Afrique sont simultanément présents dans la capitale. Quelqu'un considère alors que si Burton acceptait de participer, ainsi que Speke, à un débat public lors de la réunion annuelle, à Bath, de l'association britannique pour le progrès de la science, débat dans lequel Livingstone jouerait un rôle d'arbitre impartial, ce serait une excellente idée. Tout d'abord Burton hésite. Mais Oliphant, qui cette fois encore ne peut s'empêcher de verser dans ce qu'Isabel appelle son inclination à « faire se battre entre elles les montagnes », rapporte à Burton ce propos qu'aurait tenu Speke : « Si à Bath Burton monte sur l'estrade, je le flanque en bas. »

– Parfait, lui répond Burton. Voilà qui règle la question. Qu'il essaie, nom de Dieu !

Et Burton de se rendre à Bath [1].

L'animosité que ressent chacun des deux explorateurs envers l'autre est à présent si exacerbée que Burton, en préparant son intervention, en vient à écarter les informations qu'il a lui-même recueillies auprès des Arabes de Kazeh. Le lac Victoria que décrit Speke, décide-t-il péremptoirement, n'est pas un lac à proprement parler mais une région lacustre. Et il dessine une carte de laquelle le lac Victoria est pratiquement éliminé [2].

En revanche, le Tanganyika y figure en tant que véritable source du Nil, que Burton fait couler en direction du Luta Nzigé, et de là directement vers Gondokoro, plus au sud. Prenant totalement le contre-pied de ses premières allégations, Burton soutient que la Rusizi sort du Tanganyika pour couler vers le nord. Certains Arabes lui ont déclaré que ce cours d'eau était un tributaire, d'autres un émissaire du Tanganyika, explique-t-il. Alors, qui peut affirmer qu'il est dans le vrai, considérant qu'à l'époque où il s'est rendu là-bas, Speke était quasiment sourd et aveugle, et lui-même privé de l'usage de ses jambes? Ainsi, Burton commet la même faute que Speke en se prononçant au petit bonheur, et par écrit, sur la géographie africaine. Jongler ainsi avec les affluents et les effluents est devenu une manière de jeu de qui perd gagne où la logique s'efface devant la volonté de battre à tout prix l'autre.

Que sait Speke par avance des détails sur lesquels Burton fonde son argumentation? Impossible de le dire. Il n'a pas révélé à Burton que le thermomètre dont ils se sont servis lors de la première exploration ne donnait que des relevés d'une grossière inexactitude, ni non plus que l'altitude du

---

1. *Life*, II, 426.
2. Pour sa défense Burton admettra, lors d'une allocution prononcée le 29 novembre 1875 devant la Royal Geographical Society, que, d'après ce que lui avaient dit les Arabes en 1858, « il avait établi que le lac s'étendait sur deux cent quarante milles (environ 390 km) de longueur et quatre-vingts (environ 130 km) de largeur », et que dans ses publications il s'était borné à décrire les seules régions qu'il avait lui-même explorées. *Royal Geographical Society Proceedings*, 1875-6, XX, 49-50.

Tanganyika était vraisemblablement supérieure de mille pieds (305 m) à son estimation [1]. Mais il se doutait bien que Burton en était lui aussi venu à cette conclusion. De plus, il savait que Burton était un redoutable argumentateur, qu'il usait remarquablement du vocabulaire et possédait une vaste culture historique, alors que lui – et c'est bien là un paradoxe, en termes d'onomastique, si l'on considère que la prononciation de son patronyme *(spiik)* est la même en anglais que celle du verbe *to speak* signifiant « parler » – trébuchait sur les mots. Il sait également que si sir Roderick Murchison, Francis Galton et d'autres sont de son bord, il a contre lui Livingstone, Macqueen et Beke, et que Petherick est sur le point de lui intenter un procès en diffamation. Grant, qui pourtant lui est resté inconditionnellement fidèle, a grand-peine à se tenir à l'écart de la controverse, et pour cela va jusqu'à décliner l'invitation qui lui est faite d'assister au débat. Speke n'a certainement pas pu chasser de ses pensées cette phrase assassine d'un éditorial de la *Westminster Review* publié en avril 1864 : « Mais Grant n'aura pas grand-chose à regretter, et Burton sera plus que vengé, s'il est démontré que c'est dans le Tanganyika, et non pas dans le Nyanza, que le Nil prend sa source. »

Ainsi la tragédie que vit cet homme jeune et courageux, à qui l'immense succès de prestige qu'il connaît alors qu'il n'a que trente-sept ans n'apporte que sentiments de faute, de honte et de haine, s'achemine, inexorable, vers son dénouement. Le 15 septembre à Bath, Burton entre dans la salle où va se dérouler la séance inaugurale du congrès. Isabel lui donne le bras. Presque aussitôt le couple se trouve en présence

---

1. Quand on demandera à Burton, lors d'une séance de la Royal Geographical Society (le 11 décembre 1871), de préciser l'altitude du Tanganyika, il répondra que Speke avait estimé celle-ci à 1 800 pieds (548 m), mais que lui-même avait retrouvé par la suite une note, crayonnée par Speke et jamais publiée, selon laquelle la hauteur du lac au-dessus du niveau de la mer était en fait de 2 800 pieds (853 m), c'est-à-dire très supérieure à celle du Luta Nzigé (le lac Nyanza, et plus tard Albert). Il apparaîtra que l'altitude réelle du Tanganyika est de 2 536 pieds (773 m). *Royal Geographical Society Proceedings*, XVI, 131.

de Speke. Burton est stupéfait de constater combien son ancien lieutenant a vieilli, mais il ne réussit pas à prendre suffisamment sur lui-même pour le saluer. Speke regarde Richard et son épouse, marque un moment d'hésitation, l'air interrogateur, perplexe, guettant, dirait-on, un signe de réconciliation. Puis son attitude se durcit et il s'éloigne. Au cours du congrès, visiblement sa nervosité augmente. Puis il n'y tient plus. « Je ne peux supporter cela plus longtemps », s'exclame-t-il à mi-voix durant une séance. Et il se lève.

– Aurez-vous encore besoin de votre fauteuil, monsieur? lui demande un invité qui se tient debout près de lui. Puis-je en disposer? Avez-vous l'intention de revenir?

– J'espère bien que non, lui répond Speke.

Puis il quitte la salle [1].

Le lendemain, alors que Burton se dirige vers la tribune, il remarque que dans une pièce attenante sont rassemblées bon nombre de personnes, parmi lesquelles les membres les plus éminents du Conseil. Constatant que beaucoup de visages sont compassés, il n'entre pas. D'ailleurs, nul ne l'invite à le faire. Vingt-cinq longues minutes s'écoulent. Burton attend toujours. Dans la pièce, une feuille circule de main en main. Enfin, l'un de ses amis vient vers lui pour lui chuchoter le contenu de la déclaration que bientôt le président de séance va lire au public, et que plus tard Burton reconstituera en ces termes : « Hier, à quatre heures de l'après-midi, le capitaine Speke a perdu la vie alors qu'il chassait sur les terres d'un de ses cousins. Ne le voyant plus, des parents à lui sont allés à sa recherche et l'ont trouvé étendu dans la bruyère, blessé par une décharge qui lui a traversé la poitrine à proximité du cœur. Il n'a expiré qu'au bout de quelques minutes, et il a prononcé ses dernières paroles pour demander qu'on ne le bouge pas. »

Selon une rumeur persistante, Burton se serait alors affaissé, chancelant, dans un fauteuil, pour murmurer « Mon Dieu, il a mis fin à ses jours! » Quand on l'appelle pour qu'il prenne

---

1. *Life*, II, 426.

la parole, il renonce à prononcer le discours qu'il a préparé d'avance, et c'est d'une voix hésitante, entrecoupée de tremblements, qu'il expose la situation du royaume d'Abomey. Et très vite il regagne son siège [1].

En quittant Bath la veille, Speke s'était rendu à Neston Park, le domaine que possède à proximité de Box, dans le Wiltshire, son oncle John Fuller. Et là, ainsi qu'il l'avait fait maintes fois dans ses moments d'extrême tension, il était allé tirer la perdrix. L'accompagnaient son cousin George Fuller, Daniel Davis, le garde-chasse, et un chirurgien du nom de Thomas Fitzherbert Snow. Speke s'était muni d'un fusil se chargeant par la culasse et dépourvu de cran d'arrêt. Comme à l'ordinaire les chasseurs s'étaient dispersés, et peu après ils avaient entendu Speke vider les deux magasins de son fusil. Quelque temps plus tard, aux environs de quatre heures, Speke avait tiré un troisième coup de feu, et George Fuller, qui ne s'était guère éloigné de lui, l'avait vu tomber lourdement du muret de pierre sur lequel il se tenait. Se précipitant vers son cousin, il l'avait trouvé couvert de sang, la poitrine percée d'un grand trou. « Ne me bouge pas », lui avait soufflé Speke dans un murmure. George Fuller avait alors appelé à l'aide Davis, le garde-chasse, puis il avait couru pour aller chercher le chirurgien, lequel s'était considérablement éloigné. Davis, impuissant, n'avait pu que regarder Speke rendre l'âme quinze minutes après. C'était le 15 septembre, jour anniversaire de la mort de son frère, Edward Speke, lors de la révolte des Cipayes six années auparavant.

Le chirurgien avait pensé un peu plus tard que Speke avait grimpé sur le petit mur avant de se retourner pour se baisser et reprendre son fusil, et que le coup était parti accidentellement tandis qu'il tenait le canon dirigé vers sa poitrine. L'une des deux cartouches avait été tirée, l'autre était toujours dans le magasin, et le chien du canon correspondant en position de repos. Le magistrat chargé d'instruire l'affaire avait déclaré au jury qui l'assistait dans son enquête qu'à son

---

1. *Zanzibar*, II, 398; *Life*, II, 426.

avis le décès était accidentel. Telles seront aussi les conclusions du tribunal. Dans sa rubrique nécrologique le *Times* présumera, le 19 septembre, que « l'un des chiens du fusil devait avoir heurté une pierre ou s'être pris dans une branche, et qu'ainsi il s'était soulevé pour retomber ensuite sur le percuteur de la cartouche ». Pourtant le texte de l'obituaire semble témoigner de la perplexité de son rédacteur. « Speke était bien le dernier dont on pouvait supposer qu'un jour il succomberait à un péril si banal. C'était un sportif chevronné [...] les armes à feu n'avaient pas plus de secret pour lui que la plume pour l'écrivain ou la brosse pour le peintre. Sans doute faut-il porter ce manque d'attention momentané au compte d'une trop grande habitude. » C'est là déguiser sous un honorable camouflage la question que tout le monde se pose.

De nos jours, on considère d'une façon générale que le suicide est la manifestation extrême d'une haine souvent dirigée contre un être qu'on a aimé. Qui connaît la vie intime de la victime peut parfois discerner clairement le cheminement d'un dessein meurtrier qui finit par se retourner contre soi [1].

Étant donné que les proches du suicidé s'en veulent très vraisemblablement de ne pas avoir su prévenir l'irréparable en lui témoignant de la compréhension ou de l'affection, ils ne peuvent que ressentir une rancune énorme et inavouée à l'égard du défunt. Il s'ensuit qu'ils se trouveront délivrés de la culpabilité engendrée par le suicide, dans toute la mesure du possible, par l'invention d'artifices compliqués ayant pour objet de protéger l'être toujours en vie. Nous ignorons ce qui s'est produit ce jour-là sur le muret de pierre, d'abord parce que le témoin le plus proche de la tragédie était le cousin de Speke, et que même si ce témoin a eu la conviction d'assister à un acte suicidaire, il avait de bonnes raisons de ne pas ternir la réputation de son distingué parent, de bonnes raisons aussi de s'escamoter, et par là même de réduire à ses

1. Dr Karl Menninger, *Man Against Himself*, New York, 1938.

propres yeux son horrible sentiment d'avoir failli. Certes, nous n'avons pas la preuve que Speke s'est tué de façon délibérée, encore que le fait d'avoir tenu le canon de son fusil contre sa poitrine le laisse fortement à penser. Mais en admettant même qu'il se soit agi d'un « accident », commettre pareil geste d'inattention alors que depuis vingt ans Speke était rompu à prendre toutes les précautions voulues en manipulant des armes de chasse dénote dans son inconscient une solide propension au suicide. Il se peut fort bien qu'il craignît de voir Burton le « détruire » lors du débat. Son acte d'autodestruction scellerait donc à tout jamais les lèvres de son contradicteur, autrement dit le détruirait, lui.

Bien qu'un peu plus tard Burton écrive au *Times* qu'après « le triste événement [...] il se doit de taire bien des choses », il se sent néanmoins obligé de plaider sa propre cause. Thomas Wright racontera que même à Bath « Burton exprima son opinion, et [que] bientôt circulèrent des rumeurs selon lesquelles Speke se serait suicidé pour s'épargner « la révélation publique des inexactitudes qu'il avait répandues à propos des sources du Nil » [1]. Cinq jours après la tragédie, Burton écrit à Frank Wilson, qui le remplace à Fernando Poo : « Le capitaine Speke a fini affreusement, mais nul ne sait rien de cette affaire. » Plus tard, alors qu'il constate avec amertume que les rumeurs l'incriminant font leur chemin, il se confie de nouveau à Wilson. « On ne sait rien de la mort de Speke. Je l'ai vu à une heure trente et à quatre heures il n'était plus. Les âmes charitables disent qu'il s'est tué, et celles qui ne le sont pas que c'est moi qui l'ai tué. » [2]

Huit ans plus tard encore, dans son *Zanzibar*, cette fois avec davantage de prudence, Burton qualifiera la mort de Speke d'« accident incompréhensible. Cette calamité, ajoutera-t-il, était des plus inattendues, car il [Speke] prenait de remarquables précautions lorsqu'il tenait une arme. J'ai tou-

1. *Life of Sir Richard Burton*, I, 192.
2. La première lettre, écrite à Bath, est datée du 21 septembre 1864 (Fonds Quentin Keynes); la seconde est citée par Byron Farwell dans *Burton*, 241.

jours attaché une grande importance aux habitudes de mes compagnons de voyage à cet égard, et j'ai pu constater, alors même que notre pirogue avait été retournée par un hippopotame, que Speke prenait grand soin de ne pas diriger son arme vers lui-même ou vers les autres ». [1]

La mort de Speke consterne et afflige tous ceux qui l'ont connu, et Burton est du nombre. D'autres s'en veulent de n'avoir pas su intervenir à temps. « [...] Si j'avais été là, près de l'ami qu'il était pour moi, écrit Grant, ce malheur aurait peut-être été évité [...] Je me suis bien souvent reproché d'avoir supporté en silence les sarcasmes et les contestations soulevés par sa grande découverte. » [2] Grant dédiera *A Walk across Africa* à la mémoire de Speke, dont il ne dira que du bien, tant dans les pages du livre que jusqu'à la fin de sa vie.

Quant à Burton, il ne peut taire son ressentiment ni s'abstenir d'élever la voix pour se défendre publiquement, tant il est courroucé par les rumeurs qui circulent, et tout d'abord par la notice nécrologique du *Times*, dont voici un extrait :

« Le capitaine Speke et le capitaine Burton ne pourront plus descendre dans l'arène pour se mesurer l'un à l'autre en combat singulier, tels des gladiateurs. Il doit être fort pénible au capitaine Burton, qui a glané tant de lauriers, de se dire qu'un jour, alors qu'il s'était assoupi à l'ombre de la récompense suprême, une autre main que la sienne, et moins experte, s'est tendue au-dessus de lui pour cueillir le fruit [...] A vrai dire, le malheureux Burton était souffrant et Speke en pleine forme. Speke tirait l'oie d'Égypte et attrapait les perches du lac pendant que Burton gisait dans son hamac. De plus, Speke s'est par bonheur montré assez clairvoyant pour pressentir l'importance énorme de la découverte qu'il a mise en lumière. Burton était à deux doigts de gagner le ruban bleu des géographes, mais il ne l'a pas gagné. Cependant, il devra se satisfaire de ses autres exploits. Dans les

---

1. *Zanzibar*, II, 398.
2. James A. Grant, *A Walk Across Africa*, 347.

temps futurs, on se souviendra du capitaine Speke, dont nous déplorons la perte, comme étant l'homme qui a découvert la source du Nil. »

Si Burton estime qu'il n'a plus le droit de s'en prendre à Speke à présent qu'il a disparu, il n'en déclare pas moins que la question des sources du Nil n'est pas du tout résolue, et qu'elle ne le sera pas avant qu'on sache si un bras d'eau relie le Tanganyika au Luta Nzigé [1]. En cela il a parfaitement raison. Plus tard, le 14 novembre, il prononcera devant la Royal Geographical Society le discours qu'il avait eu l'intention de prononcer à Bath. C'est ce même discours qu'il s'empressera de faire publier avant la fin de l'année, sous la forme d'une mince brochure intitulée *The Nile Basin*, dans laquelle figure aussi une réimpression des articles diffamatoires que Macqueen avait fait paraître dans le *Morning Advertiser*.

« Qu'il soit clairement entendu que [...] je ne me pose pas en ennemi du disparu, écrit Burton dans son avant-propos, et que nul ne peut mieux juger des nobles qualités de vaillance, de courage et de persévérance qu'il possédait à un si haut degré, que moi qui l'ai connu pendant tant d'années, ai voyagé avec lui comme s'il était mon frère jusqu'à ce que la question posée par les sources du Nil, tel un brandon de discorde, ne nous oppose l'un à l'autre et ne soit attisée par l'inimitié et l'ambition de certains. » Ce démenti n'abuse personne, et les critiques seront unanimes à ne voir dans *The Nile Basin* qu'une grossière attaque. Le *Blackwood's* taxera Burton de rival jaloux et sans scrupules, et affirmera que le voyage qui l'a conduit jusqu'au Tanganyika n'était que « simple passe-temps dominical » en comparaison de la deuxième expédition de Speke [2].

---

1. L'obituaire du *Times* a été publié dans le numéro du 19 septembre 1864, et la lettre de mise au point de Burton le 23 septembre.
2. *Blackwood's Magazine*, janvier 1865, Vol. 97, 100, 104, 116. Voir aussi l'exemplaire de *The Nile Basin* que possédait Burton, lequel contient de nombreuses critiques découpées dans la presse (Bibliothèque du Royal Anthropological Institute).

Empêtré dans l'entrelacs de la justification-attaque-justification, Burton ne se résout pas au silence. « Pourquoi faudrait-il laisser la vraie controverse s'assoupir sous prétexte que le vaillant Speke a été victime d'une fatale bévue ? » écrit-il dans l'*Athenæum* du 14 janvier 1865. Et il continue de déformer les faits et de rabaisser les mérites de son défunt rival. Apparemment, sa femme est la seule qui sache combien cette affaire du Nil le chagrine. « Longtemps il a versé des larmes amères, écrira Isabel, et pendant bien des jours j'ai tenté de le consoler. »[1]

Au mois de février 1869 le *Fraser's Magazine* publiera cette étonnante histoire, manifestement écrite par Isabel Burton : au cours de l'hiver qui a suivi la mort de Speke, le couple est un jour invité dans l'atelier du sculpteur Edgar G. Papworth, alors que celui-ci exécute le buste de l'explorateur décédé. Désignant le masque mortuaire posé sur le plancher, Papworth demande à Burton de lui faciliter la tâche. « Je n'ai pris le moulage qu'après sa mort, lui dit-il, et je ne l'ai jamais vu de son vivant. Mais vous qui avez si longtemps vécu avec lui pourrez certainement me donner les indications voulues. » Alors Burton, qui du temps de son enfance avait fait un peu de sculpture en Italie, prend l'outil des mains de Papworth pour retoucher l'argile durant quelque temps, façonnant ainsi un visage étonnamment ressemblant à celui de Speke.

Peu de temps après la publication de ce récit paraît dans la même revue un poème composé de vingt-trois sixains, et à tous égards extraordinaire. La pièce débute par une strophe dans laquelle Richard Burton, s'exprimant à la première personne, contemple dans un atelier le masque mortuaire de Speke, puis elle prend le tour d'une grave et intime élégie, dans laquelle abondent des allusions que seul Burton peut comprendre et avoir façonnées. Par sa facture rythmique, ce poème s'apparente étrangement à celui qu'avait composé Burton, du temps qu'il séjournait en Inde, après la mort de la jeune Persane, et le ton général de l'œuvre rappelle celui de

---

1. *Life*, II, 426.

sa *Kasidah.* Nul ne semble se douter que c'est Burton, presque à coup sûr, et non pas sa femme, qui est l'auteur de ce poème. Ce qui est surprenant, c'est qu'il ait persuadé Isabel de le publier sous son nom dans le *Fraser's Magazine.* Il est donc fort probable qu'il tient à ce que soit publié ce poème de lui, mais qu'il se refuse à le signer tant le texte met à nu ses sentiments les plus profonds [1].

L'élégie débute par la découverte du masque mortuaire :

> *Bouche affaissée, orbites caves,*
> *Inerte, plus encor que le marbre à l'entour...*
> *Mort, oui mort parmi les contrefaçons de vie :*
> *Je l'ai pris dans ma main et je n'ai plus songé*
> *Qu'à la terre d'Afrique et à l'eau de ses lacs...*

A cette première strophe fait suite l'évocation précise des maux dont ils ont souffert l'un et l'autre en Afrique :

> *Fébrilité, maigreur, ictère et cachexie,*
> *Ongles bleuis, lèvres livides;*
> *Orbes ensanglantés qui sans répit vous hantent*
> *Au grand jour le cerveau, et dans la nuit les yeux;*
> *Fièvre en habits de deuil moisis dans le sépulcre,*
> *Qui allait et venait autour de nos grabats...*

Vient ici une définition de l'amitié liant un homme à un autre, et, tout aussitôt après, une strophe dans laquelle Burton livre, avec une franchise dont il ne témoigne nulle part ailleurs, les sentiments que lui inspirent ses attaches conjugales :

1. Par le style et la puissance de l'invention poétique, cette élégie est fort différente de la seule pièce en vers que nous connaissions d'Isabel Burton, un poème à la gloire de son mari qu'elle publiera, craintivement semble-t-il, dans l'appendice de son premier livre, *The Inner Life of Syria, Palestine and the Holy Land*, 2 vol., Londres, 1876, II, 307-8. L'élégie reproduite ici a paru en février 1869 dans le *Fraser's Magazine*, p. 165-6, sous le titre « Who Last Wins ». Isabel y décrit, en manière d'introduction, les circonstances de la visite à l'atelier du sculpteur. Burton reproduira et l'introduction et le poème dans son *Zanzibar*, II, 399-404.

Le Destin a écrit sur l'éternelle stèle
Que pour chaque homme né son double aussi naîtra,
Pour aimer son amour et détester sa haine,
Glorifier son orgueil, mépriser son dédain,
Tout endurer de lui jusqu'à l'amère fin,
Alors l'alter ego prendra pour nom l'ami...

Entre l'homme et la femme ont bien souvent grandi
Les misérables faux-semblants de la tendresse.
Le pain que l'on partage et la tiédeur du lit
Avec la glu du temps les soudent l'un à l'autre.
Et quand l'amour n'est plus parfois il apparaît
Qu'on a aimé pour vivre ou vécu pour aimer.

Est-ce à dire que cet amour-là est enfin venu embellir une alliance qui a débuté sans beaucoup d'amour de sa part? Burton définit ensuite, poétiquement parlant, tout du moins, ce qui distingue l'authentique amitié entre hommes et ce qu'ont été ses relations avec Speke :

Mais entre l'homme et l'homme il n'en va pas ainsi;
Chacun est soi, sa propre sphère :
Parfois, et par bonheur, les méridiens se croisent,
Les opposés s'excluent et les pôles s'attirent.
A moins que par effet de réciprocité
Deux amitiés fusionnent et n'en fassent plus qu'une.

Mais lui et moi n'avions qu'un seul point de tangence,
Celui des esprits du commun.
L'intérêt de commande est une piètre attache.
Il unit sans jamais nouer de durables liens.
Le sort aura voulu que nos pas se séparent
Quel chemin ai-je pris? Et quel chemin le sien?

Pourtant, bien des années nous fûmes camarades
Contre vents et marées, ma foi.

Jamais propos cinglant ne naquit sur nos lèvres,
Jamais dessein fielleux ne mûrit dans nos cœurs.
Jusqu'au jour où le sort – le sort ? – nous désunit.

Huit ans après la mort de Speke, Burton inclura ce poème, précédé d'une introduction d'Isabel, dans son *Zanzibar*, où il s'étend longuement sur ses relations avec Speke. C'est sur cette pièce de vers que se termine le livre et, semble-t-il aussi, que Burton clôt le chapitre de sa propre existence dans lequel Speke aura joué un si grand rôle.

Pourtant le chapitre n'est pas définitivement clos. Car si Speke est mort, la question controversée des sources du Nil n'en est pas pour autant résolue. A partir de 1864, c'est presque chaque année que d'autres explorateurs remplissent peu à peu les vides de la carte d'Afrique, en sorte que Burton finira par se murer de plus en plus dans le silence et par se retirer du débat. En mars 1864, Samuel Baker atteint le Luta Nzigé, convaincu d'avoir découvert la source occidentale du fleuve, la seule et unique selon lui qui nourrit « tout le Nil ». Mais l'hostilité des indigènes l'empêche de faire en pirogue le tour du lac, qu'il a baptisé lac Albert, mais dont il a considérablement exagéré les dimensions. La relation de son voyage conforte Burton dans l'espoir qu'il existe une voie de communication fluviale entre le Luta Nzigé et le Tanganyika. Et puis, en 1871, Livingstone et Stanley lui portent un rude coup lorsque, après avoir opéré leur fameuse jonction à Ujiji, ils explorent ensemble le Tanganyika et prouvent de façon indiscutable que la Rusizi est un tributaire et non pas un émissaire du lac. Cependant, ils n'établissent pas l'existence de l'émissaire occidental du Tanganyika, lequel traverse une vaste région marécageuse avant d'aller nourrir, plus à l'ouest, le Congo.

Livingstone, que désormais le mystère du Nil obsède davantage encore qu'il n'a obsédé Burton, Speke ou Baker, soutient que le lac Tanganyika s'écoule dans la rivière Loualaba, et que celle-ci court vers le nord, en direction du Nil. « Il a entendu dire qu'il existe quatre fontaines [sources], écrit Stanley. Deux d'entre elles donnent naissance à une rivière qui coule vers le nord [...], la Loualaba, et les deux autres à une rivière du nom de Zambèze, laquelle coule vers le sud. Bien souvent les indigènes lui ont parlé de ces fontaines, et bien souvent il s'est rendu à moins d'une centaine de milles de leurs cours [...] mais chaque fois quelque chose l'a empêché d'aller les voir de près [...] Elles jaillissent sur les deux versants d'une éminence [...] qui n'est pas rocailleuse. » Longtemps après le départ de Stanley, Livingstone poursuit ses recherches, mais le 25 avril 1873 les indigènes de Chitambos, sur la Loulimala, le trouvent mort, agenouillé devant son lit comme s'il priait. « Connaissez-vous une colline d'où sortent quatre fontaines ? » leur avait-il demandé deux ou trois jours auparavant. Cette même question, Livingstone n'avait cessé de la poser jusqu'à la fin de ses jours [1].

Un ami de Burton, le lieutenant V.L. Cameron, finit par découvrir en 1874 qu'à la saison des pluies le Tanganyika déverse son trop-plein dans l'indolente Lukuga, et par-delà, dans la Loualaba. Puis en 1875 Stanley explore en bateau tout le pourtour du Victoria, démontrant ainsi que Speke avait raison d'affirmer qu'il s'agissait d'un immense lac. Le 29 novembre 1875, Burton fait amende honorable devant la Royal Geographical Society, mais il s'accroche obstinément à l'espoir qu'un bras d'eau relie le Tanganyika au lac Albert découvert par Baker [2]. L'année suivante il avance hypothétiquement, dans *Two Trips to Gorilla Land*, que le Tanganyika nourrit deux effluents, l'un se dirigeant vers l'ouest et dont le cours se gonfle à la saison des pluies, l'autre coulant vers le nord. Mais à la différence de Livingstone et de Stanley, il ne croit pas que la Loualaba constitue le cours supérieur du Nil. En effet, on découvrira plus tard que cette rivière représente la ramification la plus septentrionale du fleuve

---

1. Henry Stanley, *How I Found Livingstone*, New York, 1887, 455. Voir aussi George Seaver, *David Livingstone : His Life and Letters*, 606, 625.
2. *Royal Geographical Society Proceedings*, 1875-6, XX, 50.

Congo [1]. C'est finalement Stanley qui, lors de la plus importante de ses explorations, entreprend de faire la preuve que Livingstone était dans le vrai lorsqu'il affirmait que la Loualaba se jetait dans le Nil. Mais après avoir descendu cette rivière sur une grande distance il constate qu'elle s'infléchit vers l'ouest selon un arc très ouvert, et à sa grande consternation il comprend que ce n'est pas le cours supérieur du Nil qu'il est en train de suivre, mais celui du redoutable Congo, et qu'au terme de son voyage il ne va pas retrouver la Méditerranée, mais l'Atlantique.

Après que Stanley a effectivement gagné l'océan, puis fait connaître à l'opinion publique le résultat de son exploration, Burton doit bon gré mal gré admettre que le Tanganyika est « le principal réservoir non pas du Nil, mais du puissant Congo ». Dans une lettre à l'*Athenæum*, il proclame qu'en 1858, ni lui ni Speke n'ont eu conscience de contempler la ligne de partage des eaux la plus considérable du continent africain, puisqu'elle sépare « le géant de l'Égypte du géant de l'Angola. Nous étions, poursuit-il, voués par le destin à voir le Nil petit. » Burton a raison, certes, mais seulement dans le sens où les plus minces tributaires de la rivière Kagera – le principal cours d'eau alimentant le lac Victoria – prennent bien leur source dans les massifs de six mille pieds situés au nord du lac Tanganyika, et aussi dans le sens où il a vu, sinon ces ruisseaux eux-mêmes, mais à tout le moins les montagnes d'où ils jaillissent. Pourtant ces allégations de Burton confinent à l'absurde et ne font que souligner une fois de plus combien il souhaite à tout prix se faire décerner des lauriers qu'en aucun cas il n'a mérités.

Il attendra 1881 pour reconnaître par écrit sa totale défaite. « Je suis formellement contraint d'abandonner une théorie

---

1. *Supplementary Papers to the Mwátá Cazembe*. Quelques exemplaires de cette étude sur le Nil, que l'éditeur de Burton avait négligé d'insérer dans *Lands of the Cazembe*, seront tirés en 1873. L'un de ces exemplaires appartient aujourd'hui à la bibliothèque du Royal Anthropological Institute. Voir plus spécialement la page XIII. Cet opuscule est d'une extrême rareté.

qui m'était chère, écrira-t-il [d'après laquelle] le Tanganyika alimentait le Nil par l'intermédiaire du Luta Nzigé. » Ensuite, il énumérera les explorations qui ont prouvé qu'il était dans l'erreur, avant de conclure non pas sur la disparition de Speke, mais en rappelant que la recherche des sources du Nil a coûté la vie à Livingstone. « Vient un moment où il faut [savoir] quitter le continent noir, écrit-il avec tristesse, et c'est quand celui-ci accapare l'esprit au point de devenir une *idée fixe* * qui se nourrit d'elle-même. La folie [nous] vient de l'Afrique... » [1]

1. *Athenæum* du 3 novembre 1877, 568-9; Richard Burton, *Camõens: His Life and his Lusiads*, 2 vol., Londres, 1881, II, 514-17 *n*.

XXI

LE DRESSAGE

> *J'ai un peu domestiqué et dressé Richard, et il faudra bien qu'il cesse de s'inventer des excuses dans l'espoir de redevenir le vagabond qu'il a été. Il lui faut la douceur d'un foyer, et une main ferme pour tenir les cordons de sa bourse.*
>
> Isabel Burton à sa mère, 2 septembre 1866 [1]

L'année 1864 marque un tournant décisif dans la vie de Burton, non seulement parce que la mort de Speke met un point final aux relations compliquées des deux hommes, mais aussi parce que c'est à partir de cette année-là que Burton renonce pour un bon bout de temps à l'exploration. L'intérêt qu'il a toujours porté aux peuples du Moyen-Orient ou de l'Afrique semble totalement éteint pour l'instant. De plus en plus il se consacre à la poésie, et se préoccupe de régler les problèmes d'ordre pratique que lui pose son dessein de mener avec son épouse une existence confortable. Pour la première fois on constate qu'il devient dépendant d'Isabel, bien que ses poèmes témoignent du ressentiment qu'il nourrit vis-à-vis d'elle et de la vie conjugale. Justin McCarthy, qui a connu Burton avant son mariage et a continué de le fréquenter par la suite, affirme que la tendresse et le dévouement de sa femme ont fait de lui un homme courtois, considéré, attentif aux opinions des autres et d'une étonnante tolérance à l'égard des motifs qui les déterminent [2]. Faut-il attribuer cet « embourgeoisement » à l'affection d'Isabel ? Est-ce plutôt la mort de Speke et tous les événements liés à cette disparition qui l'ont angoissé au point de le déposséder d'une bonne part

---

1. W.H. Wilkins, *op. cit.*, I, 264.
2. *Portraits of the Sixties*, Londres, 1903, 174.

de sa fougue ? Ou bien l'aliénation mentale de son frère ? Ou encore le sentiment d'être fautif et d'avoir échoué ? Nul n'en peut rien dire. Quoi qu'il en ait été, ce n'est pas du jour au lendemain qu'Isabel l'a en quelque sorte mis au pas, et il ne lui est pas soumis au point d'abdiquer totalement. Il renonce à entreprendre de nouvelles explorations, certes, mais sa curiosité n'est pas complètement émoussée, ni ses préoccupations ethnologiques éteintes pour de bon. Simplement, elles ont changé de nature et de direction.

Il faut bien constater aussi que c'est très exactement lorsqu'il met fin à ses activités d'exploration et à ses travaux ethnologiques que Burton se décide enfin à mener aux côtés de son épouse une existence rangée. En 1864, il a déjà écrit ses principaux ouvrages, à l'exception de deux, dont la rédaction est fort avancée, mais qui ne sont pas encore publiés : *Zanzibar*, dont le manuscrit, égaré, puis retrouvé, sera mis sous presse en 1872, et *Gorilla Land and the Cataracts of the Congo*, dont la plus grande partie a été écrite en 1862, mais qui ne paraîtra qu'en 1876. Bien que sa réputation d'explorateur soit solidement établie – nul ne peut, de bonne foi, refuser de porter à son crédit La Mecque, Harar et le Tanganyika –, sa gloire est passablement ternie par le « suicide » de Speke et par la question, toujours sujette à controverse, des sources du Nil. Seuls les rares Anglais qui commencent tout juste à se prévaloir du nom d'anthropologues savent que Burton mérite une égale notoriété pour ses travaux sur les sociétés indigènes. Outre son célèbre *Pilgrimage* et *The City of the Saints*, il est l'auteur de neuf études sur l'Afrique (treize volumes, quatre mille six cents pages au total). Il est fort probable qu'à cette époque il en sache plus que quiconque en Angleterre sur le continent noir. De plus, il compte à quarante-trois ans parmi les grands linguistes européens.

Pourtant, il ne trouve sa place nulle part. On ne lui propose un poste d'enseignant ni à Cambridge ni à Oxford, et on ne lui en proposerait pas davantage à supposer qu'une chaire d'anthropologie ou d'études africaines ne fût pas occupée par un titulaire. Cela tout bonnement parce qu'il n'a pas les diplômes requis. Aux Affaires étrangères, personne ne semble considérer que Burton mérite une promotion particulière en raison de ses explorations ou de la fantastique somme de ses connaissances sur les sociétés indigènes. Dans les milieux diplomatiques anglais, on a plutôt tendance à penser que l'érudition fait obstacle plutôt qu'elle n'aide au gouvernement des hommes.

Tout comme de nos jours, les consuls ne jouent qu'un rôle modeste. Ainsi, le *British Consul's Manual* publié en 1856 nous apprend que les activités consulaires les plus importantes « consistent à être là, autant que possible, lors du naufrage d'un vaisseau monté par des compatriotes, pour veiller à ce que soient évitées les déprédations et le pillage qui généralement se produisent en pareil cas ». Quant à « toutes les questions relatives aux artisanats, aux arts, aux sciences, au commerce et à la navigation », elles n'ont qu'une importance secondaire. A dire vrai, et Burton le sait parfaitement, son vrai rôle consiste à faciliter les opérations commerciales britanniques et à épargner les ennuis de toute nature à ses compatriotes. A part cela on n'attend pas grand-chose de lui. S'intéresser aux rites indigènes liés à la naissance, l'allaitement, la sexualité et la mort passe pour une excentricité, voire une inquiétante manie.

De plus, c'est la naissance bien plus que le mérite qui est prise en considération lorsque le Foreign Office attribue un poste de réelle importance, une ambassade, par exemple. Burton ne peut guère espérer qu'une charge consulaire à Damas, Tripoli ou Téhéran, et là encore on préfère nommer – car tels sont les critères de la diplomatie britannique – des hommes ternes et dépourvus de personnalité. Burton répugne à importuner les Affaires étrangères pour obtenir de l'avancement ou une mutation, considérant que pareilles démarches sont avilissantes. Il espère que ses livres plaideront en sa faveur. Mais le Foreign Office étant ce qu'il est, ses ouvrages ne servent en rien ses ambitions.

En revanche, Isabel, qu'aucun scrupule ne retient de solliciter des faveurs pour son époux, écrit plusieurs fois à lord

Russell en lui demandant d'attribuer un poste plus reluisant à Richard. Le 6 octobre 1863, lord Russell lui répond par ces quelques lignes, entre lesquelles perce son exaspération : « Je sais que le climat sous lequel votre époux œuvre avec tant de zèle et d'application n'est pas des plus salubres, mais il est contraire à la vérité d'affirmer que le poste consulaire qui lui a été attribué est le plus humble et qu'il est situé dans la pire des régions du monde [...] Cependant, si un poste lui garantissant un salaire égal et une position plus favorable devenait vacant, je n'oublierais pas les services rendus par votre époux. » [1]

Et lord Russell tient sa promesse, puisqu'en septembre 1864 il mute Burton à Santos, mais sans augmenter son salaire, qui se monte à sept cents livres par an. « J'ai envie de voir l'Amérique du Sud. Bien des voyages en perspective là-bas », écrit-il avec chaleur à Franck Wilson (toujours en poste à Fernando Poo) le 21 septembre 1864. Voyez du pays vous aussi ! » ajoute-t-il affectueusement [2].

Avant de partir pour le Brésil, les Burton passent quelques jours de vacances en Irlande, puis au Portugal. La London Anthropological Society donne en son honneur un dîner d'adieu, et par faveur spéciale cette assemblée composée exclusivement d'hommes accorde à Isabel la permission d'assister à l'une de ses séances, à la condition qu'elle se cache derrière un rideau. Le couple est convié à d'innombrables réceptions où, comme elle le notera, « nous fîmes la connaissance d'une immense quantité de personnes distinguées ». Bien qu'elle affirme que ces réunions mondaines la remplissent d'une sainte terreur à l'idée que son mari puisse froisser des gens bien placés, il est visible qu'elle prend un secret plaisir, tout comme jadis en prenait la mère de Richard, à voir celui-ci jouer son rôle de *gamin* * incorrigible ou de « sale Français », comme il lui arrive de l'appeler lorsqu'elle est hors d'elle. « Il adorait scandaliser les gens un peu crédules, écrira-t-elle,

---

1. W.H. Wilkins, *op. cit.*, I, 227.
2. Fonds Quentin Keynes.

pour voir la tête qu'ils faisaient en gobant ses paroles, et jamais il ne se souciait des conséquences que pouvaient avoir, mondainement parlant, ses mystifications. Alors que je dînais dans la compagnie de personnes de ce genre-là, souvent je lui faisais des signes pour qu'il s'arrête, mais il était transporté d'allégresse. Il ne trouvait rien de plus drôle, disait-il, que d'être cru sur parole quand on raconte n'importe quoi, alors qu'on ne vous croit jamais si vous dites la vérité. » [1]

Dans ses mémoires, lord Redesdale racontera qu'un jour, alors qu'avec Burton il s'était retiré au fumoir pour parler de sabres, celui-ci l'interrompit, comme si brusquement la conversation lui rappelait un vieux souvenir, pour lui narrer cette histoire :

« Vous savez, j'ai toujours regretté de ne jamais avoir réussi à couper un homme en deux. Une fois pourtant, j'ai bien failli réussir à le faire. J'étais seul dans le désert et je me suis aperçu que trois hommes me poursuivaient. Mon cheval était fatigué et mes poursuivants gagnaient du terrain. Quand celui qui galopait en tête est arrivé à ma hauteur, j'ai dégainé mon sabre et je lui ai donné un terrible coup sur l'épaule qui l'a fendu de haut en bas, jusqu'à la ceinture. Malheureusement je ne l'ai pas complètement tranché en deux, si bien que son cheval a continué à galoper avec la moitié du corps du bonhomme qui pendait de la selle. »

Cependant, ajoutera lord Redesdale, Burton prit un air entendu pour lui laisser clairement à entendre que cette histoire était inventée de toutes pièces. Et l'un des meilleurs amis de Burton, Lovett Cameron, déclarera que « par ses mots d'esprit il ne voulait à vrai dire blesser personne, sinon lui » [2].

Peu de temps avant de quitter l'Angleterre pour le Brésil, Burton publie à l'insu de sa femme deux cents exemplaires d'un poème satirique de cent vingt et une pages, intitulé *Stone*

---

1. *Life*, I, 395-7.
2. Redesdale, *Memories*, II, 562-4; V. Lovett Cameron, « Burton as I knew him », *Fortnightly Review*, LIV, 878-84, décembre 1890.

Talk, qu'il signe Frank Baker, pseudonyme dérivé de son second prénom et du nom de jeune fille de sa mère. Un poème qu'il qualifie lui-même, dans une inscription gribouillée dans une marge de l'exemplaire qu'il en possède, de « pestilentielle diatribe ». Assurément, de tout ce qu'il a écrit, rien n'exprime tant le désenchantement, le fiel et la mélancolie. Il donne à Isabel un exemplaire de l'œuvre, lui disant qu'il l'a acheté. Elle commence à le lire, raconte-t-elle, « avec des bouffées de rire », jusqu'à ce que quelque chose dans l'attitude de son mari lui mette la puce à l'oreille. « Personne d'autre que toi ne peut avoir écrit ça », lui lance-t-elle d'un ton accusateur, l'obligeant ainsi à dire la vérité. Puis elle relit plus attentivement le texte, cette fois avec consternation.

Le poème consiste en un dialogue énigmatique et profus entre un savant pris de boisson, le Dr Polyglott, et un pavé d'une rue de Londres qui sous la pâle clarté d'un réverbère a pris l'aspect d'un Oriental. En fait, c'est entre Burton et lui-même que s'établit cette conversation dont les répliques sont d'une part sardoniques, amères, réfrigérantes, désillusionnées, et d'autre part très vives, protestataires, spirituelles et réconfortantes. Le poème est bien sûr un pamphlet politique dans lequel Burton s'en prend aux héros de la colonisation de l'Inde – les Clive, Hastings, Dalhousie et Napier – qu'il traite de bandits et accuse de n'avoir apporté que « mort et ruine » dans un pays bienheureux. En deux vers lapidaires il résume la guerre de Crimée :

> *Cent milliers d'âmes sont mortes*
> *Pour glorifier deux despotes.*

Proclamant à haute voix son athéisme et son darwinisme fervent, il fait de l'homme « une humble vermine née de la fange », se gausse de la Genèse et qualifie Adam d'« hermaphrodite ». Vient ensuite la poignante évocation de ses amours de jadis, et en particulier de sa passion pour Louisa, la cousine d'Isabel, dont il brosse un rayonnant portrait avant de formuler le mécompte que lui inspirent « les femmes corsetées » en général, et le mariage en particulier :

> *Catin empaquetée, emballée, enroulée,*
> *Momie putride entortillée*
> *Dans les anses de ses bandelettes de lin,*
> *Je lui préfère un plein couffin*
> *De carne ou sinon la Mauresque la plus grasse*
> *Que jamais ait porté le verdoyant Atlas* [...]
>
> *Votre foyer si doux n'est souvent que géhenne*
> *Hantée par le dépit, le dégoût et la haine,*
> *Et où le triste chagrin que l'ennui répand*
> *Donne le sentiment d'être enterré vivant.*

Burton a envoyé son poème aux principaux journaux, et sur l'original, qu'il a conservé, il a noté au crayon de nombreuses modifications, comme s'il envisageait de faire à nouveau imprimer son texte. Mais Isabel fait lire le poème à Monckton Milnes, à qui elle confie ses craintes de voir le Foreign Office prendre des mesures de rétorsion contre Richard si l'identité de l'auteur du pamphlet finit par être révélée. Milnes lui conseille alors d'acquérir la totalité des exemplaires mis en vente et de les faire disparaître. Ce qu'elle fait [1].

Avec l'accord de Burton? A son insu, plutôt? Nous n'en savons rien. Quoi qu'il en soit, cette affaire prouve qu'il peut et veut infliger des blessures... que sa femme peut et veut effacer.

Burton quitte l'Angleterre pour le Brésil avant Isabel, à qui il laisse le soin, comme cela se produira maintes et maintes fois, de « payer les arriérés et faire les bagages avant d'aller le rejoindre ». Puis pendant une semaine elle fait une retraite au couvent de l'Assomption, à Londres. « Je supporterai tout

---

1. *Life*, I, 392-5. Seuls quelques exemplaires de ce texte ont été préservés. Ce poème a été réédité en novembre 1940 par la bibliothèque de l'Etat de Californie, en même temps que divers textes de Burton, sous le titre d'*Occasional Papers*, Reprint Series n° 24. L'exemplaire personnel de Burton est la propriété de la bibliothèque du Royal Anthropological Institute.

d'un cœur léger, pour expier et sauver Richard, confie-t-elle alors à son livre d'Heures. Je lui en ai fait voir de rudes, mais j'espère qu'il m'a été beaucoup pardonné. »[1] C'est donc réconfortée et pleine de bonnes intentions qu'elle quitte l'Angleterre, en août 1865, bien décidée à mener, pour la première fois depuis son mariage, une véritable vie de foyer.

Situé à moins de quatre cents kilomètres au sud de Rio de Janeiro, le grand port d'exportation du café brésilien qu'est aujourd'hui Santos n'était alors guère plus qu'une bourgade proche de l'océan, entourée d'une zone marécageuse envahie par les palétuviers, infestée d'insectes et aussi insalubre que Fernando Poo. « Je hais Santos, écrira le 15 décembre Isabel à sa mère. Le climat est atroce, les gens avachis, les odeurs nauséabondes, la vermine, la nourriture, les nègres, tout est du même acabit. Impossible de se promener nulle part. D'un côté on s'enfonce jusqu'aux genoux dans la mangrove, de l'autre on est couvert de simulies. » D'autres lettres d'Isabel prouvent qu'elle est restée très proche de sa mère. « En pensant à vous la semaine passée, ma chère mère, j'ai fondu en larmes comme je l'avais fait à Lisbonne, écrit-elle le 9 mars 1866. En pleine nuit je me suis réveillée en sursaut pour me mettre à hurler en pensant que vous étiez morte. Cela m'arrive chaque fois que je suis exténuée et que je me sens faible. La crainte de vous perdre est ce qui me pèse le plus sur l'esprit. Le même cauchemar me revient sitôt que je perds de mes forces. »

Bientôt Isabel tombe malade, prise d'une forte fièvre et Richard, alarmé par son délire, que vainement il a tenté de calmer en recourant à l'hypnose, prend la décision d'aller vivre dans un endroit moins malsain, en l'occurrence à São Paulo, dont l'altitude au-dessus du niveau de la mer est de sept cent cinquante mètres, où le climat est plus clément et le paludisme moins fréquent. Là, Isabel découvre un couvent abandonné, quelque peu délabré, mais spacieux, d'où la vue sur la campagne environnante est splendide. Enchantée elle

---

1. W.H. Wilkins, *op. cit.*, I, 242-3.

entreprend, en se faisant aider par deux domestiques, de tapisser, peindre et boucher les trous creusés par les rats dans le plancher. Elle s'y emploie comme une forcenée. « Imaginez-vous, écrit-elle à sa mère, que les Brésiliens sont affreusement scandalisés de me voir travailler ! » Le bâtiment est assez vaste et elle entend y agencer un bureau de douze mètres de long pour Richard, une chapelle et plusieurs chambres. « J'ai déménagé les rudimentaires châlits pleins de punaises, raconte-t-elle, pour mettre à leur place nos petits lits de fer anglais et nos matelas à ressorts. Pour la première fois depuis que mon petit lit douillet a quitté ma chambre de Montagu Place (la chambre qui est maintenant celle de Dilly), hier soir j'ai couché dedans. Je lui ai fait un baiser avant de m'aliter, tant j'étais ravie. J'en ai également acheté un à Londres pour Richard. » [1] Elle peint elle-même la chapelle : blanc cerné de bordures bleues pour les murs, et bleu ornementé de dorures pour le plafond en coupole. Bientôt cette chapelle servira de lieu de baptême car Isabel, bien qu'elle ne parle que très imparfaitement le portugais, fait bon accueil à tout le voisinage.

Elle se procure un excellent coursier, sur lequel elle caracole partout, prenant souvent en croupe Chico, le nain qu'elle a engagé à son service. Sitôt qu'elle est en pleine nature elle chevauche comme un homme, regrettant que São Paulo soit trop policé pour qu'elle puisse se donner ainsi en spectacle. Un jour elle fait sensation en rapportant de sa promenade, attachées au pommeau de sa selle, quatre oies vivantes qui s'égosillent.

Burton semble tout d'abord heureux au Brésil, heureux de voir sa femme exulter en usant de sa liberté toute neuve. Il lui apprend l'art de croiser l'épée, celui de manier les massues comme le font les gymnastes en Inde, et aussi celui, plus ardu, de recopier ses manuscrits. Il prend même plaisir, dirait-on, à se laisser quelque peu dominer, mais sans pour autant

1. Lettres d'Isabel Burton à sa mère datées du 15 décembre 1865, des 17 janvier et 14 mai 1866, et du 13 avril 1867, citées par W.H. Wilkins, *op. cit.*, I, 251-2, 257, 270.

se sentir enchaîné, car il partage son temps entre São Paulo et Santos. Prenant très à cœur ses fonctions, il envoie à Londres des rapports étoffés sur la culture du coton, la géographie et le commerce en général. De temps en temps Isabel et lui se rendent à Rio de Janeiro et à Petrópolis, lieu de séjour estival du corps diplomatique, où ils sont conviés à de joyeuses réceptions.

L'empereur Pierre II est un souverain lettré, éclairé, qui depuis son couronnement en 1841 a fait du Brésil un pays doté d'un gouvernement stable. Ayant appris l'arabe et le sanscrit, il admire grandement Burton, qu'il traite avec la courtoisie qu'il estime être due à sa réputation et son érudition. Sans tenir compte du protocole, il lui accorde de nombreux entretiens, assiste à deux de ses conférences et, lors d'un dîner, fait fi des préséances et leur donne le pas, à Isabel et à lui, sur les ambassadeurs, dérogation qui suscitera bien des jalousies parmi les supérieurs hiérarchiques de Burton. L'impératrice fait présent à Isabel d'un bracelet de diamants. Rien de surprenant, donc, si en retrouvant Santos et São Paulo le quotidien leur paraît morne.

Burton compose une grammaire – elle ne sera jamais publiée – du groupe linguistique tupi-guarani et, tâche de beaucoup plus grande importance pour lui, il s'attelle à une traduction qui va pendant plusieurs années occuper tout son temps, celle des œuvres complètes de Camões, le plus grand des poètes portugais. De plus, il trouve le loisir de traduire tout un volume de contes populaires hindous. Bien que la plus grande partie de ses manuscrits sur l'Inde aient été brûlés à Londres, peu après son mariage, lors de l'incendie d'un entrepôt, il s'est mis ensuite à les reconstituer et à recomposer l'un d'eux dans son intégralité, le *Vétála-pancha-Vinshati* (« Vingt-cinq contes démoniaques »), recueil faisant partie d'une somme de littérature populaire du nom de *Katha Sarit Sagara*, originellement écrite en sanscrit au onzième siècle. S'aidant du texte adapté en hindou par Lalualal en 1799, Burton traduit en anglais onze des vingt-cinq contes. Il sera le premier à rendre accessible au public anglais ces histoires et légendes drolatiques et amorales qui annoncent déjà les *Mille et Une Nuits* et le *Pentamerone*.

Le narrateur des contes est un vampire que finit par capturer Vikram, personnage de légende qui pour les Hindous est l'équivalent de notre roi Arthur ou de l'Haroun al-Rashid des Arabes. Les titres de ces contes, « Où l'on voit un homme tromper sa femme »; « De la vilenie relative des hommes et des femmes »; « La femme qui disait la vérité »; « Où il est démontré qu'une femme n'appartient pas au corps de son mari, mais à sa tête », sont en eux-mêmes aguichants. Dans le conte qui porte ce dernier titre, il est question d'une femme qui, recourant à un malencontreux tour de magie, assujettit la tête de son mari au corps d'un ancien prétendant et vice versa. La question se pose alors de savoir « à qui appartient cette femme. A la tête de son mari ou plutôt à son corps ? » Question qui demeure irrésolue, comme peut-être cela se produit, au sens le plus alambiqué, dans le mariage de Burton.

Ces contes, il les publiera en 1870 sous le titre de *Vikram and the Vampire, or Tales of Hindu Devilry* (« Vikram et le vampire : contes maléfiques de l'Inde »). Le livre se soldera par un fiasco qui retardera le projet, nourri par Burton, de faire une traduction non expurgée des *Mille et Une Nuits*. Il est curieux de constater que de tous les textes hindous et arabes qu'il a bien pu traduire, il ait choisi tout d'abord cette suite d'histoires très particulières dont le narrateur – qui dans la légende est comme lui une manière de chevalier errant – est dépeint sous les traits d'un monstre qui se repaît de cadavres et suce le sang des vivants.

Au tout premier de ces contes, *The Vampire First Story*, Burton ajoute un paragraphe entièrement de son cru, où l'on voit le fils d'un ministre épouser une femme qui ressemble étrangement à Isabel Arundell :

« Le fils du ministre haïssait tout particulièrement les femmes de talent, les intellectuelles et celles qui avaient du caractère [...] Ce qu'il prisait par-dessus tout dans le genre féminin – de façon toute théorique, comme il sied au philosophe –, c'étaient les femmes petites, rondelettes, gaies et jacassantes comme des pinsons, dépourvues d'esprit et attachées aux choses matérielles. Et pourtant – pardonnez-moi cette digression, Radja Vikram – il prit pour épouse une virago d'âge avancé, blondasse, convenable et tout, réfrigérante, bavarde et tirant grand orgueil de sa spiritualité. Et voyez comme vont les choses, après l'avoir épousée il se mit à l'aimer – qu'à cet égard l'homme est donc un être insaisissable! » [1]

Nulle part dans ses écrits Burton n'a laissé à entendre de façon aussi précise qu'à son propre étonnement il aimait sa femme.

Manquant toujours d'argent, au Brésil il spécule sur les cours du coton, du café, du plomb, de l'or et des diamants. Le Foreign Office a édicté des règlements très stricts pour interdire aux consuls de Grande-Bretagne de se livrer à des opérations commerciales, et il s'en faudra d'un cheveu que Burton ne soit démis de ses fonctions et rappelé en Angleterre. Seule le sauvera de la disgrâce l'intercession de lord Stanley, son ami « anthropologue », qui à l'époque est le chef de la diplomatie britannique [2]. Les espoirs qu'il place dans les mines de diamants – qui seuls lui seront de quelque profit – l'appellent de plus en plus fréquemment dans l'intérieur du Brésil, et c'est alors qu'il s'adonne immodérément à la boisson. Ce qui explique sans doute cette phrase : « Le brandy, a déclaré le Dr Johnson, est le breuvage des héros. Ici c'est héroïquement que les hommes boivent leur *cachaça*. Le résultat, c'est la cirrhose, l'hydropisie et la mort. » [3]

---

1. *Vikram and the Vampire, or Tales of Hindu Devilry*, Londres, 1870, 71. Tiré du conte intitulé « Où l'on voit un homme tromper sa femme », ce paragraphe ne figure pas dans *Twenty-Two Goblins*, Londres, 1917, dont le texte a été directement traduit du sanscrit par Arthur W. Ryder, ni non plus dans le *Jambhaladatta's Version of the Vetalapañcavimsáti* adapté par M.B. Emeneau, American Oriental Society series, IV, New Haven, 1934.
2. *Life*, I, 425.
3. *The Highlands of Brazil*, I, 189.

Après qu'il a passé à Santos « dix-huit mois ternes », il sollicite un congé de trois mois pour se donner tout le temps de voyager dans la riche province de Minas Gerais. L'objet de ce voyage est manifestement d'étudier les ressources minières de la région et de déterminer quel serait le meilleur tracé d'une future voie ferrée. Mais Burton cherche aussi à satisfaire un vieux rêve, celui d'explorer le cours d'un grand fleuve. A la différence du Nil, le rio São Francisco ne cèle aucun mystère. De grandes exploitations rurales, les *fazendas* sont disséminées sur ses rives, mais dans son bassin n'est née aucune civilisation, contrairement à celui de l'Indus, et la nature n'a rien de sauvage, comme c'était le cas sur le Congo. Reste que personne encore n'a réussi, en bateau ou en radeau, à descendre le cours du São Francisco entre Sabara et les grandes chutes de Paulo Afonso, là où se succèdent sur une longue distance de très nombreux rapides. C'est précisément cette descente que Burton veut tenter.

Isabel le supplie de l'emmener — n'a-t-il pas écrit admirativement qu'elle n'hésiterait pas à voyager n'importe où ? — et il accepte de le faire. Ils cheminent à dos de cheval, accueillis tantôt par le propriétaire d'une fazenda, tantôt faisant halte pour la nuit dans quelque gîte d'étape, où pour éviter les piqûres d'insectes ils dorment dans des hamacs. Ils se font descendre au fond de la mine d'or de Morro Velho dans des nacelles d'osier suspendues à une chaîne dont la solidité est douteuse. « Nous avons vu remonter de pauvres nègres qui s'étaient écrasés au fond, écrit Isabel, et elle [la chaîne] s'est rompue le lendemain, mais notre heure n'était pas encore venue. » De la mine, Burton dira qu'elle était « absolument dantesque, [et que] l'obscurité dense, les éclats de lumière intermittents et les psalmodies primitives des mineurs, au bas de cette paroi suspendue au-dessus de nos têtes comme un rocher de Sisyphe, une épée de Damoclès, faisaient songer à une matérialisation de l'enfer de Swedenborg »[1].

---

1. *Life*, I, 445.

A Morro Velho, Isabel se foule la cheville, et ils attendent pendant dix jours qu'elle puisse de nouveau marcher. Alors ils tentent ensemble de descendre le São Francisco, de Sabara à Santo Antonio. Entre les deux, le cours du fleuve est brisé par deux rapides, mais Isabel boite encore trop pour couvrir une si grande distance. Aussi bénissent-ils certainement cette foulure qui donne à Isabel prétexte à renoncer à l'expédition. Au terme de quelques semaines de repos, accompagnée de plusieurs domestiques, elle regagne en quinze jours Rio, d'où elle écrit alors à sa mère que la ville lui semble un paradis. Ses bottes sont râpées, sa robe compte « quarante accrocs », sa peau a pris la couleur de l'acajou. Elle-même « a grossi, pris l'air d'une rustaude et d'une femme vulgaire »[1].

Pendant ce temps Burton est reparti avec trois Indiens, dans l'espoir de descendre le cours du fleuve sur une distance de deux mille quatre cents kilomètres, grâce à un radeau constitué de deux pirogues de dix mètres liées l'une à l'autre. « J'avoue que lorsque les visages bienveillants se sont effacés dans le lointain, écrit-il, j'ai éprouvé un inhabituel sentiment de solitude. » Et il ajoute, quelque peu étonné : « Qu'était-ce donc qui me rappelait le Nil [...] ? Cet homme blanc que transportaient des pagayeurs amazoniens au teint bistré, adornés de grossières peintures dorées? » Bien qu'il tienne minutieusement un journal tandis qu'il parcourt, selon ses propres termes, « le sein de ce glorieux courant », il apparaît clairement que le fleuve n'est pas ce qu'il avait imaginé et le déçoit grandement. Tout comme le déçoivent les travaux de prospection effectués sur ses rives pour y chercher des diamants. Seules les grandes chutes, le Niagara brésilien, incroyable *quebrada* de quatre-vingts mètres de dénivellation, ravivent en lui l'exaltation dont il a soif. Alors que les pirogues se rapprochent de la chute, il met pied à terre, gagne une saillie rocheuse et grimpe à un tronc d'arbre pour

---

1. W.H. Wilkins, *op. cit.*, I, 340, 348. Wilkins a pu puiser la substance de son texte dans le manuscrit, jamais publié, dans lequel Isabel relate ce voyage.

contempler, envoûté, la « furie des eaux bouillonnant au-dessous de [lui] ».

« Et l'extraordinaire chaos n'est qu'un désordre parfaitement ordonné : course et trébuchement, contorsions et frémissements, tout concourt à libérer le captif de sa prison de murailles [...] L'effet d'ensemble [...] est l'idée accomplie de la puissance, d'une puissance effrayante, inexorable, irrésistible. L'œil est fasciné par le contraste que fait cette impétueuse fuite, cette furieuse et prodigieuse hâte à s'échapper, avec la frêle immobilité des fragments d'arc-en-ciel qui trémulent au-dessus [...] L'imagination est comme galvanisée par l'aspect de cette Durgâ de la Nature, ce démon du bien, cette vie dans la mort, cette création et cette construction procédant de la destruction [...] J'étais là, dominant cette quebrada, convaincu de l'impossibilité de " ne faire qu'un avec les eaux " : ce qui au premier abord m'avait semblé grandiose et sublime finissait par m'emplir d'un sentiment d'effroi trop intense pour me ravir de quelque façon que ce fût, et j'ai dû quitter cet endroit pour que s'apaisent mon bouleversement et mon émotion. »

« J'avais accompli ma tâche, gagné ma récompense, et j'étais vidé de mes forces », écrira-t-il plus loin [1].

A Rio, Isabel attendra son mari pendant plus de quatre mois. Wilfrid Scawen Blunt, un jeune journaliste qui a écrit des textes sur le Proche-Orient avant de devenir attaché d'ambassade, et plus tard de s'illustrer dans la poésie, fait sa connaissance au cours de cette période, et il la dépeindra sous les traits d'une femme « très sociable et très loquace, intelligente, mais par certains côtés ridicule, car elle débitait à jet continu des histoires où son époux tenait toujours le rôle de héros. Son dévouement pour lui n'avait pas de bornes, et elle était bien entendu totalement sous sa domination, une

---

1. *The Highlands of Brazil*, II, 444-6, 457.

domination hypnotique dont il avait pour habitude de s'enorgueillir. »[1] Mais pour l'instant elle est folle d'angoisse. « J'ai peur que Richard soit tombé malade, ou qu'on l'ait fait prisonnier, ou qu'on lui ait dérobé son argent, écrit-elle à sa mère. Je ne redoute rien tant que les Indiens sauvages, les fièvres, le paludisme et un poisson venimeux que fort heureusement on peut aisément éviter. » Elle se rend au port chaque fois qu'un vapeur arrive de Bahia. « Quand je ne le trouvais pas, écrira-t-elle, j'en devenais folle et je fondais en larmes [...] Enfin, lorsque pour la première fois je ne me précipitai pas sur le quai parce qu'un bateau accostait, il est arrivé, et je m'en voulus terriblement de ne pas avoir été là pour l'accueillir à bord. »[2]

Le voyage fluvial de Burton ne le mènera à rien. Les deux volumes qu'il écrira pour le narrer seront d'une grande platitude – « une simple compilation », déclarera l'*Athenæum* – et il aurait dû s'en douter. La perspective d'avoir de l'avancement et d'être muté se fait plus lointaine que jamais. Au mois d'avril 1868 il tombe malade, victime, selon Isabel, d'une « congestion du foie », mais plus vraisemblablement de son intempérance. L'hépatite se complique d'une affection pulmonaire qui manque lui coûter la vie. Un médecin de Rio lui prescrit des remèdes qui de nos jours semblent inimaginables. « Il [le médecin] lui appliqua douze sangsues sur la partie droite du torse, lui fit vingt-huit saignées à la lancette et lui posa un vésicatoire sur tout ce côté-là, raconte Isabel. Richard perdit une grande quantité de sang noir coagulé [...] Le supplice était atroce [...] Le pauvre ne pouvait pas même bouger la main ou le pied, ni non plus parler, avaler ou respirer sans endurer des souffrances paroxystiques. »

« Il semblait à l'agonie et je ne savais que faire », poursuit-elle. Finalement, elle lui apporte de sa chapelle un scapulaire et de l'eau bénite. « Le médecin a essayé tous ses remèdes. Laisse-moi maintenant essayer le mien, déclare-t-elle à son

1. *My Diaries*, II, 128.
2. W.H. Wilkins, *op. cit.*, I, 343; *Life*, I, 449.

mari, rongée par l'inquiétude. Je lui mis de l'eau bénite sur la tête, m'agenouillai pour dire mes prières et lui appliquai le scapulaire consacré [...] Il est resté sans bouger pendant une heure environ, puis il a murmuré dans un souffle : Zoo, je me sens un petit peu mieux... Ensuite, il n'eut plus jamais de douleurs paroxystiques. » [1]

Jusqu'à la fin de sa vie, Isabel évoquera avec ferveur ce souvenir, convaincue d'avoir ce jour-là accompli un miracle. Car Burton guérit. Mais la maladie l'a amaigri, lui a grisé le teint. Il a quarante-sept ans, mais on lui en donnerait soixante, et pendant des mois sa voix demeurera rocailleuse. Peut-être a-t-il été touché par les prières de sa femme et par les huit semaines qu'elle a passées à son chevet, mais pas au point de se convertir au catholicisme ou de mettre un terme aux attaques que dans ses livres il porte contre l'Église, puisque moins d'un an après il daubera sur les jésuites du Paraguay : « Ils pressent le citron des gens pour faire d'eux des anges et ils les réduisent à l'esclavage pour mieux les préparer au royaume des cieux. » [2]

Revenue seule à Londres, quand plus tard elle aura vent par les journaux de la prochaine sortie du livre de son mari, *The Highlands of Brazil*, elle s'indignera des traits décochés par lui contre l'Église catholique, qui pour elle est sacrée. Car dans cet ouvrage il accuse les écoles religieuses du Brésil d'avoir « cinquante ans de retard sur le siècle » et révèle que l'Église y « accorde encore, contre rétribution, des dispenses pour consommer l'inceste » [3]. L'allègre plaidoyer en faveur de la polygamie qu'il introduit dans ce même ouvrage la scandalise grandement aussi. En sorte que, sans rien en dire à Richard, elle publiera une vigoureuse lettre de protestation en manière de préface à l'ouvrage. Affirmant qu'elle n'a pas changé un seul mot dans le texte, elle n'en déclarera pas moins qu'elle souhaite « montrer d'un doigt indigné tout ce

---

1. Lettre d'Isabel à sa mère datée du 3 mai 1868. Citée dans Wilkins, *op. cit.*, I, 345.
2. *Letters from the Battle-fields of Paraguay*, Londres, 1870, 32.
3. *The Highlands of Brazil*, I, 332, 397.

qui donne une fausse image de notre sainte Église catholique, romaine et apostolique, et s'élever contre ce qui glorifie cette loi contre nature et répugnante, à savoir la polygamie, à laquelle l'auteur du livre se garde bien de se conformer lui-même, mais qu'il place sur le piédestal de la moralité, et qu'il prêche aux ignorants en les persuadant que c'est là un moyen de peupler les pays neufs ». Pour conclure, elle condamnera sans appel l'ouvrage, conseillant aux lecteurs et aux lectrices de « se tenir autant que possible à l'écart de ces bancs de sable anthropologiques et de ces traîtres écueils que la surface dissimule ».

Le texte fera le bonheur des critiques, et Burton comprendra, peut-être avec stupéfaction, qu'en apprenant à sa femme à tirer l'épée, à manier les massues orientales et à chevaucher comme un homme, il lui a aussi insufflé le courage de le réduire à quia d'un trait de plume. Il laissera donc passer la tourmente, tiendra bon comme a tenu bon leur mariage, et, qui sait? en tirera peut-être la leçon.

Burton n'est pas totalement remis de la maladie qu'il a contractée en avril 1868 lorsqu'il a décidé soudain de se démettre de ses fonctions à Santos. « Richard m'a dit qu'il n'en pouvait plus et m'a demandé de rentrer en Angleterre pour voir si je ne pouvais pas décider [les Affaires étrangères] à lui accorder un autre poste », écrit Isabel. Mais cette démission de son mari a été pour elle un déchirement, car c'en était fini de São Paulo où, raconte-t-elle, « j'avais trouvé le seul foyer qui était véritablement le mien et où j'avais vécu paisiblement avec Richard ». Mais elle s'est pliée à sa volonté, a vendu tous leurs biens, pris congé de ses nombreux amis et quitté le Brésil pour l'Angleterre le 24 juillet 1868, emportant tout un chargement de manuscrits que son mari lui a confiés en lui demandant de trouver à Londres un éditeur [1].

---

1. Isabel emportait les deux tomes de son livre intitulé *The Highlands of Brazil*, les contes hindous *(Vikram and the Vampire)*, un manuscrit sur l'Uruguay (encore inédit, ce manuscrit appartient aujourd'hui à la Bibliothèque Huntington), et deux traductions en anglais de textes brésiliens (elle était l'auteur de l'une d'entre elles, intitulée *Iracema, the Honey-lips, a Legend of Brasil*, écrite par J. De Alencar, alors que l'autre, *Manuel De*

Une fois de plus Burton a donc pris ses distances par rapport à sa femme, l'a fuie, même si c'est lui qui l'a renvoyée en Angleterre. Plus d'un an s'écoulera avant qu'Isabel ne revoie son mari.

Burton a obtenu du Foreign Office un congé de maladie qu'il a eu l'intention de passer à Buenos Aires. Mais après le départ d'Isabel, et bien qu'il fût émacié et « pris de frissons », il est parti pour Montevideo et, de là, pour le rio Paraná, tout à sa hâte de voir les champs de bataille où depuis le mois d'octobre 1864 les armées brésilienne, argentine et uruguayenne combattaient celle du Paraguay. On ne sait trop s'il a été mandaté officiellement pour faire ce voyage ou s'il a agi de son propre chef.

Les hostilités se sont ouvertes à la suite d'un litige opposant le gouvernement brésilien à Francisco Solano Lopez, l'ombrageux dictateur paraguayen. L'armée brésilienne a envahi le Paraguay, et par représailles Lopez a lancé ses troupes à travers le territoire argentin pour envahir le Brésil. L'Argentine et l'Uruguay se sont alors alliés au Brésil pour attaquer le Paraguay. Aux yeux de Burton, ce pays n'est qu'« une obscure nation grignotée [...] par ses voisins », et la guerre

Moraes, A Chronicle of the Seventeenth Century, œuvre de J.M. Pereira Da Silva, avait été traduite par Burton et elle, et sera publiée en 1886). De plus, elle emportait le manuscrit dans lequel son mari puisera la substance de *Lacerda's Journey to Cazembe* (c'est l'histoire des aventures d'un explorateur portugais en Afrique centrale), que Burton avait adaptée et annotée, ainsi que son *Guide-book, A Pictorial Pilgrimage to Mecca and Medina, Including some of the More Remarkable Incidents in the Life of Mohammed, the Arab Lawgiver* (cet opuscule de cinquante-huit pages résumant son voyage à La Mecque compte aujourd'hui parmi les plus rares publications de Burton), et aussi ses « Lowlands of Brazil », manuscrit qui ne sera jamais édité, et que Norman Penzer qualifie d'inachevé, alors que Burton, dans une lettre à Albert Tootal qui aujourd'hui appartient au fonds Edwards Metcalf, affirme que cette œuvre est « prête pour l'impression ». Burton espérait également confier à sa femme un manuscrit traitant d'une affaire de cannibalisme survenue sur la côte du Brésil *(The Captivity of Hans Stade of Hesse, in A.D. 1547-1555, among the Wilds of Eastern Brazil)*, laquelle sera traduite par Albert Tootal, et que Burton voulait publier et commenter. Mais le récit n'était pas encore terminé au moment du départ d'Isabel, et Burton le rapportera lui-même en Angleterre en 1869 pour l'y faire éditer en 1874.

qu'il livre « une lutte stoïque [...] contre des forces infiniment supérieures qui d'un moment à l'autre menacent de l'anéantir ». Le Paraguay, ajoute-t-il, a « la ténacité d'un bouledogue et l'héroïsme forcené d'une Sparte indienne » défendant ses frontières occidentales « avec une âpre détermination, une sauvage vaillance et une énergie du désespoir comme on en relève peu dans les annales du genre humain ». A vrai dire, ces propos de Burton s'appliquent à l'une des guerres les plus sanglantes de l'histoire.

Il prend des notes tel un vieux soldat s'intéressant aux armes et sachant quel usage tactique on peut en faire [1]. Il relève le contraste que font les Brown Bess et les vieux mousquets à pierre des soldats paraguayens avec les Brown Spencer et les fusils Enfield des Alliés, et aussi les bachots que montent les premiers sur les rivières avec les embarcations blindées des seconds. Il note aussi que Lopez, en déployant ses troupes le long d'une ligne de front très longue, a commis la même erreur que les Confédérés lors de la guerre de Sécession. Bien qu'il laisse vaguement entendre qu'en sa qualité de consul au Brésil ses sympathies vont aux Alliés, il n'en critique pas moins ouvertement l'Angleterre, qu'il accuse de faire durer « une guerre désastreuse et qui n'a rien d'honorable ». Il affirme, et à juste titre, qu'à moins que Lopez ne soit tué, toute la population mâle du Paraguay risque de disparaître. A juste titre assurément, car quand la guerre s'achèvera en 1870, les quatre cinquièmes des habitants auront été massacrés : il ne restera plus que 221 000 rescapés sur une population de 1 337 000 personnes, et seulement 28 700 survivants de sexe masculin [2].

Burton est stupéfait par la sauvagerie des Paraguayens, qu'il qualifie d'« humanité paléozoïque », et il met leur arriération

1. Il s'intéresse tant aux particularités des combats livrés par la cavalerie qu'il dessine un modèle de fusil avec lequel on peut tirer à cheval sans épauler, en l'occurrence un fusil Albini à canon court dont le fût est solidaire de la selle. De retour à Londres, il demandera à un armurier d'en exécuter un prototype, qu'il fera breveter. Mais il ne réussira pas à commercialiser son nouveau modèle d'arme à feu.
2. *Letters from the Battle-fields of Paraguay*, Londres, 1870, 32.

sur le compte de l'isolement imposé au pays par les jésuites avant qu'ils ne soient expulsés en 1769. Isabel n'a pu qu'être peinée à la lecture du texte de son mari, lequel qualifie la présence des jésuites de « despotisme religieux brutal et feutré » ayant abouti à une culture « dont l'histoire se résume à une soumission absolue, au fanatisme, à l'obéissance aveugle, à un dévouement barbare au tyran qui gouverne, le tout doublé d'une ignorance crasse et d'un sentiment de haine ou de mépris à l'égard de l'étranger »[1]. Dans ses notes il décrit aussi Montevideo, Buenos Aires, Rosario, Corrientes, Humaita et le Gran Chaco, et il rapporte les entretiens qu'il a eus avec des généraux et des hommes politiques, en particulier avec Bartolomé Mitre, président de l'Argentine de 1862 à 1868. Mitre, qui était tout à la fois érudit, soldat et homme d'État, a reçu Burton comme on reçoit une vieille connaissance. Domingo Faustino Sarmiento, le nouveau président argentin, l'a lui aussi reçu. Bien que Burton n'ait jamais rencontré Lopez, qui à l'époque battait en retraite vers le nord, il brosse de lui un portrait peu flatteur dans lequel il reprend à son compte les rumeurs qui circulent à propos de la maîtresse irlandaise du dictateur, Mme Lynch.

C'est du 15 août au 5 septembre 1868 que Burton a séjourné pour la première fois sur le front. Puis il est revenu à Buenos Aires, amaigri, l'œil égaré, en loques, et s'adonnant toujours à la boisson. Wilfrid Blunt, qui alors se trouve dans la capitale argentine, le rencontre peu de temps après son retour, et plus tard le dépeindra de façon saisissante dans ses mémoires :

« A cette époque, Burton était au plus bas. Jamais au cours de toute sa carrière, je pense, il n'avait ainsi touché le fond ni perdu à ce point sa respectabilité. Dépourvues de tout intérêt, ses fonctions consulaires à Santos n'avaient offert aucun exutoire à sa vitalité et l'avaient fait verser dans la boisson, habitude dont il se départira plus tard, mais qui pour le moment le dépossédait de son empire sur lui-même

---

1. *Ibid.*, 31, 27.

au point qu'il se mettait rarement au lit dans l'état de sobriété [...]

» Sa vêture, son aspect, étaient de ceux qui font penser à un forçat qu'on vient de relâcher [...] un manteau couleur de rouille dont les revers de soie noire étaient tout fripés, pas de col, un complet que sa charpente musclée et son vaste torse rendaient singulièrement et incongrûment hideux, et surtout la mine la plus sinistre qu'il m'ait été donné de voir, sombre, cruelle, traîtresse, et des yeux de bête sauvage. Il me faisait songer à une panthère noire en cage, impitoyable [...]

» Nous avons conversé de la façon la plus intime, parlé de religion, de philosophie, de voyages et de politique [...] Dans ses propos il affectait la plus grande dureté, et si quelqu'un avait pris pour argent comptant tout ce qu'il racontait, il en aurait conclu que Burton avait tous les vices et s'était livré à tous les crimes. Mais bientôt j'ai constaté que la plupart de ces morceaux de bravoure n'avaient pour objet que d'*épater le bourgeois* * et que son inhumanité était plus simulée que réelle. Jusqu'à la férocité de sa contenance qui laissait place de temps en temps à des expressions plus gentilles, et j'ai compris le pourquoi de l'affection que lui portait sa femme, car en dépit de sa laideur il était le plus séduisant des hommes [...]

» Alors je l'ai enfin vu tel qu'il était, moins dangereux qu'il n'y paraissait, et j'ai compris que par diverses tournures de son esprit c'était un agneau habillé en loup. Mais sa tenue était en soi un complet déguisement, et comme je l'ai dit, il n'était pas très plaisant de rester en sa compagnie jusqu'à une heure avancée de la nuit [...] après sa deuxième bouteille, il devenait inquiétant, avec sa navaja de gaucho toujours à portée de la main [...] »[1]

Blunt rapporte qu'on voit souvent Burton dans la compagnie d'un certain « Tichborne Claimant » (Tichborne le Prétendant), personnage bizarre qui proclamait qu'on l'avait dépossédé du titre de baron et des riches domaines qu'il avait

1. *My Diaries*, II, 129-31.

hérités en Angleterre, et qui plus tard fera parler de lui lorsqu'on découvrira qu'il compte parmi les plus célèbres imposteurs de l'histoire britannique. Étant donné que la prétendue fortune de Tichborne était intimement liée à celle des Arundell, Burton avait été intrigué par l'histoire que lui avait contée le Prétendant, et pendant un certain temps il avait cru celui-ci sur parole. Par la suite il cessera de se laisser abuser et refusera de lui venir en aide quand à Londres il sera cité à comparaître pour témoigner en sa faveur [1].

S'il faut en croire Blunt, Burton envisageait avec enthousiasme d'explorer la Patagonie et l'ouest de la pampa, tout comme d'escalader les plus hauts sommets des Andes, et plus particulièrement l'Aconcagua, « pic encore vierge » à cette époque. Mais pour Blunt, Burton était « un homme physiquement brisé », dont les amis riaient sous cape lorsqu'il leur parlait de ses futures expéditions. Or, si Blunt dit vrai, il semble incroyable que cet homme fini, désabusé, ivrogne, ait pu s'obstiner à donner de lui l'image d'un pervers et d'un débauché, parler fiévreusement d'escalader des cimes vierges, tout en voyageant partout sans s'effondrer, et en prenant continuellement des notes. Car par on ne sait trop quel miracle il s'arrache à Buenos Aires pour traverser tout le nord de l'Argentine et gagner successivement Córdoba et Mendoza. Empruntant à partir de là un chemin, infesté de bandits, qui

1. Tichborne Claimant était vraisemblablement le fils d'un boucher londonien du nom d'Arthur Orton. Le véritable Roger Tichborne s'était noyé au large de la côte sud-américaine en 1854. Sa mère, qui se refusait à croire qu'il était mort, s'était aisément laissé abuser par l'usurpation d'identité d'Orton. Pendant sept ans Orton fera valoir ses prétentions avec un stupéfiant succès, avant d'être condamné en 1874 à quatorze années d'emprisonnement. Byron Farwell pourra se procurer une ampliation du témoignage de Burton lors du procès opposant Tichborne à Lushington. Voir *Burton*, 293-4. A la barre, Burton déclarera n'avoir passé qu'une seule soirée en la compagnie du Prétendant, mais Isabel affirme que les deux hommes ont voyagé ensemble pendant toute une semaine. Blunt, on l'a lu, écrit qu'à Buenos Aires il a souvent vu Burton en la compagnie du faux Tichborne, mais il ajoute – ce qui est faux – que tous deux ont traversé ensemble la pampa pour gagner la côte pacifique. Voir aussi *Life*, I, 453, 593, 596, et Douglas Woodruff, *The Tichborne Claimant, a Victorian Mystery*, Londres, 1957.

franchit les hautes Andes au col d'Uspallata, il passe au Chili. Selon Luke Ionidès [1], Burton aurait été grièvement blessé et il aurait tué quatre hommes au cours de ce voyage, mais considérant que ni lui ni sa femme ne font mention de ces faits, il convient de les tenir pour l'une des mystifications dont Burton était coutumier lorsqu'on le conviait à l'une de ces soirées où « seule la vérité était mise en doute ».

De ce rude voyage transcontinental nous ne savons à peu près rien, sinon que Burton a cheminé en la compagnie d'un certain William Constable Maxwell et du commandant Ignacio Richard, et aussi que le jour de Noël 1868 il a dû fuir dans la montagne pour se soustraire à l'hostilité des Indiens. Mais manifestement il n'escalade aucun pic vierge et s'estime déjà tout heureux de sortir vivant de la Cordillère [2]. Et s'il tient un journal de route, jamais il ne le remaniera pour en faire un livre, ce qui laisse à penser qu'il a même cessé de prendre des notes, preuve qu'il se laisse gagner par une singulière apathie. Sa veine ethnologique semble épuisée. On dirait que les innombrables peuplements indiens de l'Amérique du Sud n'éveillent en lui aucune curiosité. Et il qualifie dédaigneusement les aborigènes du Nouveau-Monde de « sauvages qui n'ont d'intérêt que dans le récit de Fenimore Cooper [*le Dernier des Mohicans*] » [3].

A sa femme, il ne donne plus de nouvelles. En février 1869, alors qu'un jour à Lima il est assis dans un café, l'une de ses relations s'approche de lui pour le féliciter de sa bonne fortune. Burton, éberlué, regarde son interlocuteur. L'ambassade de Grande-Bretagne au Pérou vient d'apprendre que les Affaires étrangères ont attribué à Burton le poste de consul à Damas [4]. A l'exception d'Isabel, nul ne peut deviner ce que

---

1. « Memories of Richard Burton », *Transatlantic Review*, mars 1924.
2. *Letters from the Battle-fields of Paraguay*, 414. Interrogé, lors du procès Tichborne, sur sa traversée des Andes, Burton usera de l'expression « il s'en est fallu de peu » en évoquant cette échauffourée qui l'a mis aux prises avec les Indiens. Voir Byron Farwell, *Burton*, 294.
3. *Unexplored Syria*, 2 vol., Londres, 1872, I, 3.
4. *Life*, I, 455. Burton, qui a franchi les Andes à dos de mulet, a ensuite gagné Valparaiso, où il s'est embarqué pour Callao. Puis il est allé à Lima.

signifie cette nouvelle pour Richard Burton : l'accomplissement d'un vieux rêve. Il s'embarque sans plus tarder pour Buenos Aires, ce qui lui fait franchir le détroit de Magellan.

Sollicité à répétition par Isabel, et jugeant aussi, sans aucun doute, que son mari présentait tous les attributs requis pour occuper ce poste, lord Stanley a réussi à circonvenir toutes les protestations élevées par les ennemis de Burton (celles des missionnaires, entre autres), qu'il a nommé à Damas trois mois auparavant, en décembre 1868, lui demandant de « rejoindre son poste toute affaire cessante ». Isabel, qui a écrit maintes et maintes fois à son mari, dont elle ne sait rien puisqu'il ne lui donne plus signe de vie, pour le mettre au fait de sa promotion, ne peut qu'avoir enduré un calvaire. D'autant plus qu'entre-temps lord Stanley a cessé d'exercer ses fonctions au Foreign Office pour être remplacé par lord Clarendon, car un nouveau gouvernement est venu au pouvoir, avec pour Premier Ministre Gladstone. Isabel a donc envoyé une nouvelle lettre à Buenos Aires, dans laquelle elle exprime cette fois une réelle inquiétude. « Le nouveau gouvernement a tenté de revenir sur certaines nominations décidées par l'ancien, a-t-elle écrit. La tienne n'a pas peu suscité de jalousies. D'autres voulaient [ce poste], même à raison de sept cents livres par an, et on le leur a refusé. Lord Stanley est d'avis, et moi aussi, que tu ferais bien d'être sur le terrain le plus vite possible. » [1]

Burton prend connaissance de tout ce courrier après son retour à Buenos Aires au mois de mars 1869. Mais au lieu de regagner immédiatement Londres, il fait quelque chose de surprenant : de nouveau il se rend sur les champs de bataille du Paraguay, où il séjourne du 4 au 18 avril, puis va voir la capitale, Asunción, que viennent d'occuper les armées alliées. Là, il prend minutieusement des notes, suffisamment pour

---

1. Lettre d'Isabel à Richard Burton datée du 7 janvier 1869 et citée par W.H. Wilkins, *op. cit.*, I, 352. Lord Stanley (Edward Henry Stanley, quinzième comte de Derby) avait été ministre des Affaires étrangères de 1866 à 1868, fonction qu'il retrouvera de 1874 à 1878 dans le gouvernement Disraeli.

composer quatre-vingts pages de texte imprimé. Ensuite seulement il revient à Londres — huit mois après sa nomination à Damas — avec de quoi écrire un ouvrage complet sur la guerre du Paraguay. En dépit de son manque de rigueur et de la rédaction peu soignée de certains passages, ce livre est l'un des meilleurs de Burton. Publié en 1870, après la mort de Lopez, il apportera au public anglais des informations d'une extrême précision et l'analyse la plus pertinente de la situation en Amérique du Sud. Pourtant, en s'attardant au Paraguay il s'est délibérément exposé à un blâme, et il a même risqué de perdre le poste consulaire de Damas que sa femme a remporté pour lui de haute lutte. Mais au Paraguay il avait quelque chose de fort important à reconquérir : l'estime de soi.

XXII

DAMAS

> *Nous vivons de façon fantasque, romanesque et solennelle.*
>
> *Isabel Burton évoquant leur séjour à Damas* [1]

Lorsque Burton débarque à Southampton le 1ᵉʳ juin 1869, l'air égaré, la mine défaite, Isabel s'empresse de l'entraîner chez un confectionneur pour que personne à Londres ne le voie en si piètre état. C'est donc toiletté et vêtu de neuf qu'il se présente au Foreign Office, où il apprend de lord Clarendon qu'à Constantinople sa nomination est vue d'un mauvais œil par les musulmans, eu égard au voyage qu'il a fait naguère à La Mecque. Il s'engage donc à n'agir qu'« avec la plus extrême circonspection », ce qui satisfait le ministre. Bien que Burton ait quasiment recouvré la santé, son hépatite le fait toujours souffrir, et il sollicite six semaines supplémentaires de congé. Clarendon les lui accorde, sachant que Burton mettra à profit cette période de loisir pour faire de ses notes sur la guerre du Paraguay un livre qu'il est opportun de publier.

Byron Farwell donne à entendre que si Burton sollicite continuellement des congés, c'est qu'il se désintéresse de plus en plus de ses obligations consulaires et tente par tous les moyens de s'en dispenser. Pourtant, le Foreign Office entend lui laisser des libertés qu'on n'accorderait pas au commun des mortels, car si Burton n'est pas un consul malléable, sa veine est généreuse, et on sait que durant son congé de maladie, et en demi-solde, il en fera bien davantage que beaucoup d'hommes en pleine santé pendant leurs heures de travail.

1. *Life*, I, 485.

Burton se rend d'abord à Boulogne en compagnie d'Isabel, et ensuite à Vichy, mais seul, cette fois, pour y retrouver Swinburne. Se rappelant les beuveries passées des deux hommes, elle part elle aussi pour Vichy. « L'arrivée ici de Mme Burton n'a rien pour me réjouir, bien que nous soyons, elle et moi, d'excellents amis, écrit Swinburne à sa sœur Alice le 10 août 1869, et j'oserai dire que je n'aurai plus guère l'occasion de le voir [...] Il me semble avoir découvert pour la première fois ce que signifie avoir un grand frère. Il est pour moi l'ami le plus cordial, le plus attentionné et le plus sympathique, et c'est merveille de l'avoir pour moi seul au lieu de le partager, comme à Londres, avec tout le monde... »

Ces lignes, Swinburne les écrit alors qu'il vient de passer presque quatre semaines avec Burton, s'occupant à voir du pays sans ménager leurs forces. Ils ont escaladé jusqu'au sommet les 1 465 m du Puy-de-Dôme, et leur escalade a été si exténuante, écrit le 6 août Swinburne à Whistler, que « même Burton, qui pourtant est bâti à chaux et à sable, avouait lui-même n'en plus pouvoir et tomber de sommeil à la fin de la journée ». Des années plus tard, dans une élégie dédiée à Burton, Swinburne évoquera la terreur qu'il a éprouvée sur les hauts replats noyés dans le brouillard :

> *Le pied suivant le pied sur le mince ressaut*
> *Où le cabri n'aurait pu poser son sabot,*
> *Nous nous sommes assis, les jambes dans le vide*
> *Où semblait nous pousser la camarde livide...* [1]

A lady Jane Henrietta Swinburne, il écrit ces quelques lignes le 13 août 1869 :

« Si vous l'aviez vu, lui, alors que la chaleur, l'escalade et la corvée du voyage étaient plus que je ne pouvais endurer... lui qui dans la fournaise me réconfortait, me venait en aide,

---

1. Cette élégie fut publiée pour la première fois par *Fortnightly Review* le 1ᵉʳ juillet 1892 (LVIII, 1-5). Les lettres adressées à Alice Swinburne et James McNeil Whistler sont citées dans *The Swinburne Letters* (II, 23, 21).

m'attendait... lui qui partait acheter des livres pour que je puisse lire au lit... toujours attentionné, courtois, serviable, et toujours si vif et plein d'allant que seul le lézard (je suppose que c'est la créature la plus insensible qui soit) aurait pu ne pas succomber à son charme – je suis certain qu'il vous plairait à vous aussi (vous avez dit le contraire, rappelez-vous), et ensuite que vous l'aimeriez autant que moi. Voilà maintenant presque un mois que je suis seul avec lui, et je puis vous assurer qu'il est si bon, si vrai, si aimable, noble et brave que j'ai bien peur de ne plus jamais le revoir tel qu'il est à présent – mais j'espère bien le revoir... » [1]

A cette époque, Swinburne écrit de très beaux poèmes, mais qui pour la plupart, outre qu'ils expriment une exubérante impiété, ont une odeur de soufre qui scandalise les Anglais. La publication de ses *Poèmes et Ballades* en 1866 lui a valu bien des insultes, en public comme dans le privé. Le 4 août de la même année, le *Saturday Review* l'a qualifié de « répugnante et malfaisante créature sortie de l'enfer [...] [de] chantre libidineux d'une bande de satyres », et *Punch* a donné à son nom une connotation porcine en l'orthographiant *Swineburne*, mot dont les cinq premières lettres désignent en anglais le cochon, le verrat, et par extension l'individu immonde. Le 11 janvier 1867, il a écrit ces lignes à Burton, qui séjournait encore au Brésil : « Une lettre anonyme postée à Dublin m'a mis en demeure de retirer de la circulation mon livre dans les six semaines à venir, me menaçant de castration si je n'obtempérais pas. L'auteur de la lettre *m'attaquera au moment où je m'y attendrai le moins pour m'enfourner la tête dans un sac et m'ôter les parties honteuses, comme il l'a vu faire à des chats par un garde-chasse.* » [2]

Cet « esprit fougueux et inquiet », pour reprendre les termes d'Edward Fitzgerald, professe pour Richard Burton une véritable idolâtrie, et même si, après ce mois qu'ils passent

1. *Ibid.*, II, 24.
2. *Ibid.*, I, 223-4.

ensemble, ils ne se reverront qu'épisodiquement à Londres, le plus souvent lors d'un dîner, l'affection et l'admiration de Swinburne ne se démentiront jamais. C'est à Burton qu'il dédiera en 1878 le second recueil de ses *Poèmes et Ballades*, tout comme plus tard, en 1884, Burton lui dédiera sa traduction des *Lusiades*, le poème épique de Camões. A la mort de Burton, Swinburne écrira deux élégies à sa mémoire, dont l'une contient ces vers à rimes assonancées :

> *Ame plus vaste encor que le vaste univers*
> *Qui glorifia sa gloire et qui aima d'amour...*
> *Celui qui traversa comme un dieu peut le faire*
> *Le champ clos de la vie avec morgue et bravoure.* [1]

C'est lors de ce séjour à Vichy en 1869 que Burton a très vraisemblablement pris conscience du naufrage qui guettait le poète s'il continuait à boire immodérément. Aussi Burton a-t-il tenté de prêcher la tempérance à son compagnon, mais sans grand succès, car si lui-même a eu suffisamment de volonté pour se contraindre à la sobriété, Swinburne, lui, n'en a rien fait, et il continuera de s'enivrer, comme en témoigneront ses amis et aussi Edmund Gosse, son biographe, « jusqu'à ce qu'on l'enferme à [l'asile de] Putney en 1879, lorsque l'alcoolisme aura fait de lui une loque désormais incapable de faire bonne figure en société » [2]. Et s'il ne meurt pas d'inanition, ce sera parce que Theodore Watts-Dunton, qui tout à la fois est devenu son compagnon, son infirmier et son confident, s'occupera de lui jusqu'à la fin de son existence, laquelle, chose surprenante, se prolongera encore pendant trente ans.

Isabel relate son séjour à Vichy avec son habituelle bonne humeur, mentionnant le fait que parmi les amis du couple, outre Swinburne, figuraient aussi un peintre, sir Frederick Leighton, et une chanteuse d'opéra, Adélaïde Kemble Sartoris.

---

1. « Verses on the Death of Richard Burton », *New Review*, IV, 97-9, février 1891.
2. *The Swinburne Letters*, VI, 235.

« Ce fut une heureuse époque, écrit-elle. Pendant la journée nous faisions des excursions, et le soir, est-il besoin de le dire? la conversation était éblouissante [...] Swinburne déclamait des poèmes et Mme Sartoris interprétait pour nous un morceau de son répertoire. »[1] Après le départ de Swinburne pour l'Angleterre, les Burton font du tourisme dans les Alpes, qu'ils franchissent pour se rendre à Turin, d'où Richard repart pour Damas. Alors Isabel regagne Londres pour faire les malles. Il lui faudra pour cela deux mois et demi.

Alors qu'il se rend en Syrie, Burton nourrit de grands espoirs. Le désert, il en est persuadé, va lui restituer ce que la forêt brésilienne a été impuissante à revigorer : son vieux démon de l'aventure. Et de fait, jamais encore sa vie n'a été si remplie qu'elle va l'être durant les deux années de son séjour à Damas. La Syrie est alors sous la domination turque, et sa capitale, qui se pique d'être la plus ancienne ville du monde, donne asile à tous les fanatismes religieux. Une multitude de sectes y coexistent. Les musulmans se partagent entre quatre orthodoxies, pour ne rien dire des schismatiques : chiites, zoroastriens, soufis, Persans et bédouins. Y vivent aussi des juifs, séfarades et ashkénazes, ces derniers se répartissant entre les trois sectes peroushim, hassidim et khabad. Quant aux chrétiens, ils se réclament d'Églises dont les rites sont distincts : maronite, grecque orthodoxe et grecque schismatique, arménienne, catholique romaine, copte, abyssinienne, chaldéenne orthodoxe et chaldéenne schismatique, nestorienne... Sans compter les protestants et les druzes qui vivent dans la montagne environnante et dont la foi procède de l'ésotérisme gnostique.

La ville est ceinturée par un mur dans lequel s'ouvrent treize portes. A l'intérieur de l'enceinte, chrétiens, juifs et musulmans vivent séparés les uns des autres dans des quartiers eux aussi cloisonnés par des murailles intérieures.

---

1. *Life*, I, 459.

Complots, assassinats et tueries sont monnaie courante. « Un despotisme tempéré par le meurtre », écrira Burton du gouvernement qui asservit tout le Moyen-Orient [1]. En juillet 1860, les musulmans de Damas ont un jour assassiné trois mille chrétiens et il n'est resté du quartier des victimes que des ruines calcinées.

Burton a pour mission de protéger les intérêts des trente et quelques ressortissants britanniques expatriés en Syrie, de faciliter les choses à ses compatriotes touristes et négociants, d'harmoniser les transactions commerciales et de tenir sir Henry Elliot, l'ambassadeur de la Grande-Bretagne auprès de la Sublime Porte, au courant des micmacs ourdis par les Turcs, et dont lui-même pourrait avoir connaissance. Mais toutes ses dépêches doivent être en premier lieu communiquées à Jackson Eldridge, le consul général britannique en poste à Beyrouth, lequel traite ses obligations par-dessus la jambe, au point que pas une seule fois il ne s'est rendu dans la capitale syrienne. « Eldridge ne fait strictement rien, et il est très fier de ce qu'il fait », écrit avec mépris Burton dans son journal [2].

En un rien de temps il noue des liens d'amitié avec tout ce que les environs peuvent bien compter de cheikhs et de chefs religieux, et il commence à se faire une petite idée des intrigues — religieuses et politiques — qui se fomentent en Syrie. En bon Samaritain, et nonobstant son cynisme de surface, il se fait aussi un devoir, comme nous le verrons plus loin, de faire justice aux opprimés. De temps à autre, tel Haroun al-Rashid prenant nuitamment le pouls du petit peuple, Burton se déguise, comme il le faisait naguère, mais avec une exaltation accrue, car pour la première fois de sa vie il détient un véritable pouvoir politique. En 1869, le *ouali* turc qui gouverne la Syrie, Mohammed Rachid Pacha, est un potentat corrompu dont l'impéritie et les exactions sont si notoires qu'en 1871, et en dépit de la déliquescence de l'Em-

---

1. *Arabian Nights*, VI, 206 *n.*
2. Cité dans *Life*, I, 507.

pire ottoman, il sera ramené à Constantinople dans les chaînes, et plus tard opportunément assassiné. Il n'a pas la moindre envie de voir séjourner à Damas un consul de Grande-Bretagne qui met son nez partout, parle arabe comme un Arabe et a la réputation d'être un excellent espion. Burton ne tarde guère en effet à fournir des preuves de la vénalité du gouverneur, et à presser discrètement le Foreign Office de faire le nécessaire auprès de la Sublime Porte pour rappeler Rachid Pacha. Mais ce que Burton ne sait pas, c'est qu'en la personne de l'ambassadeur britannique à Constantinople il a lui aussi un ennemi, et que celui-ci, probablement par crainte de perdre son poste et d'être remplacé par Burton, s'est employé dès le début à saper son autorité auprès des Turcs. Avant même l'arrivée de Burton à Damas, Elliot a gracieusement fait savoir à Rachid Pacha que le nouveau consul a reçu pour consigne de « se garder soigneusement de faire délibérément quoi que ce soit qui puisse froisser » [1].

Durant la première année de son mandat consulaire, Burton évite tout incident et s'emploie à se faire partout des amis. Pourtant, les nombreux détails que nous savons sur ce qu'est sa vie à cette époque ne nous sont pas livrés par lui, car il écrit fort peu sur ce sujet, mais par Isabel, qui publiera une relation alerte et quelque peu ingénue, en deux tomes, de leur séjour à Damas. « J'ai écrit ce livre sans consulter mon mari », déclare-t-elle avec un brin de suffisance [2]. *The Inner Life of Syria* (« La vie intérieure de la Syrie »), ouvrage que pour plus de pertinence elle eût mieux fait d'intituler *My Inner Life in Syria* (*Ma* vie intérieure...) est pourtant bien

---

1. Burton ne saura rien du rôle joué par Elliot avant que le Foreign Office ne rende public en mars 1872 *The Case of Captain Burton, late H.B.M.'s Consul of Damas*, document qui contient la plus grande partie de la correspondance officielle se rapportant aux tribulations de Burton du temps de son consulat en Syrie.
2. *The Inner Life of Syria*, II, 305. Isabel composa cet ouvrage alors que Richard s'était absenté longuement pour se rendre en Islande. Lui aussi écrira une brève relation de son séjour à Damas, laquelle ne sera publiée qu'après sa mort (en 1901, par W.H. Wilkins) dans *Wanderings in Three Continents*. Cette relation sera intitulée « Through Syria to Palmyra ».

plus qu'un banal, bavard et énième « Proche-Orient vu par une femme », car il nous décrit avec une grande abondance de détails l'existence au quotidien du couple Burton.

Isabel est arrivée en Syrie le 31 décembre 1869, apportant de Londres un monceau de bagages et cinq chiens. Elle espérait trouver à Damas, ainsi qu'elle l'avait confié à son journal le jour de son départ d'Angleterre, « ma perle, mon jardin d'Éden, ma Terre promise, ma superbe cité blanche surmontée de bulbeuses coupoles, de minarets fuselés, où sur le vert de chaque recoin d'ombre étincelle un croissant d'or ». Mais à son arrivée elle n'a vu que des monts arides et ocrés, des arbustes rabougris, des chiens errants et des détritus dans les rues. Les premières ondes du choc culturel lui ont donné le sentiment d'être « six fois plus éloignée de son pays natal que du temps où elle vivait au Brésil ». Supportant mal d'être enfermé la nuit dans Damas après la fermeture des portes, Burton a décidé de vivre à Salihiyay, un village kurde situé au nord de la ville, au bord d'un oued et sur les premiers contreforts de la montagne. La maison qu'habite le couple est spacieuse et un jardin l'entoure, où poussent des abricotiers, des citronniers et des orangers. Dans le patio jaillit une fontaine et sur le toit plat de la bâtisse s'alignent des quantités de fleurs en pots.

Aux cinq chiens – un saint-bernard, deux bull-terriers tachetés et deux yarboroughs – sont venus s'ajouter un chiot kurde, un chameau, un âne blanc, trois chèvres, un agneau, un chat persan, et aussi des poules, des dindes, des canards, des oies et des pigeons. Plus tard, un chef religieux leur fera don d'un petit léopard capturé dans le désert, et qui bientôt sera leur animal de compagnie préféré. « Il dormait près de notre lit, écrira Isabel, et ses yeux noirs, effrontés, semblaient dire : Méfiez-vous de moi. » Pendant un certain temps elle doit passer le plus clair de ses journées à empêcher les bêtes de s'entre-dévorer.

Plus que tout autre animal, Isabel aime ses chevaux. Ils en ont douze dans l'écurie, sur laquelle Burton laisse sa femme régner en maîtresse absolue, et les serviteurs ont vite appris à craindre ses foudres quand d'aventure elle les surprend à injurier ou à maltraiter une bête. « Je sais tout ce qu'ils disent, pensent et ressentent, affirme-t-elle, de la même façon qu'ils comprennent très bien ce que je leur dis. » Elle ne possède que des trois-quarts et des demi-sang, car avoir des pur-sang, explique-t-elle, ferait chuchoter que le couple a versé dans la corruption, étant donné qu'on cherche fréquemment à les soudoyer, elle et son mari, et d'une façon plus générale tous les diplomates en poste au Moyen-Orient. On ira jusqu'à proposer un jour vingt mille livres à Burton. « Refuser pareil cadeau les laisse pantois, écrira Isabel. J'ai beau être une femme, les bijoux ne me tentent pas [...] Je pourrais en porter autant qu'une grande dame de Londres si j'avais accepté tous ceux qu'on m'a proposés. Mais quand on m'amenait un cheval, c'était une tout autre affaire. Il me fallait rassembler tout mon courage — pour refuser. » [1]

Les Burton créent un précédent en donnant des réceptions auxquelles ils convient des gens de toutes races, parlant les langues les plus diverses et appartenant à toutes les confessions. Ils doivent cependant, comme le veut la coutume, séparer les hommes des femmes, et donc servir la citronnade et les sorbets dans une pièce distincte de celle où ils présentent à leurs invités les chibouques, les narguilés et les cigarettes. Par effet de réciprocité on les convie à des mariages, des cérémonies funéraires, des fêtes données à l'occasion d'une circoncision, et aussi à des danses de derviches. Isabel s'émerveille de la beauté et du luxe des demeures de la société fortunée, qui cache son opulence derrière de trompeuses façades que délibérément les propriétaires laissent se couvrir de crasse et se délabrer. Sa meilleure amie, Jane Digby El-Mezrab, est une femme qui a fait parler d'elle, car du temps où elle était encore lady Ellenborough elle a quitté son époux, alors gouverneur général de l'Inde, pour prendre, dans différents pays d'Europe et successivement, une demi-douzaine de nouveaux « maris » avant d'épouser finalement un chef de

---

[1]. *Life*, I, 572; *The Inner Life of Syria*, II, 248.

tribu nomade en Syrie. Elle peint et sculpte avec talent, s'exprime avec aisance dans plusieurs langues, et à soixante et un ans elle est encore très belle. Burton la tient pour la femme la plus intelligente qu'il ait connue.

Quand elle accompagne Richard lors de ses expéditions dans les montagnes, Isabel chevauche vêtue comme un homme. Il l'« amuse et lui plaît beaucoup » qu'on la prenne alors pour le fils de Burton. « Cela peut paraître inconvenant, écrit-elle en manière d'excuse, mais les tenues arabes sont toutes fripées et pendillent tellement qu'il est sans importance de s'habiller en homme ou en femme. » Oubliant parfois sa vêture masculine, elle pénètre dans un harem, où les jeunes épouses sont étonnées et envieuses de la liberté dont elle jouit, alors que les plus âgées l'observent avec un mépris qu'elles ont du mal à déguiser. « Regardez-moi ça! C'est ni homme ni femme, marmonnent-elles. Allah nous préserve de pareil fléau! »

Souvent les femmes lui demandent pourquoi elle n'a pas d'enfants. « Jamais t'en as eu? Oh la pauvre! Espérons qu'Allah sera miséricordieux et lavera ta honte [...] Et le sidi Beg [...] il va pas te renvoyer pour prendre une autre femme? T'as pas peur de perdre ta place, ya sitti? »

Et elle de leur répondre que « le mari anglais ne me renverra jamais comme ça. Non, je n'ai pas peur de perdre ma place. Le sidi Beg pourra prendre une autre épouse, mais seulement après ma mort, pas avant. »[1]

Un missionnaire protestant de Damas, père d'un petit garçon de cinq ans, observe que Burton adore l'enfant, mais qu'il prend grand soin d'en rien laisser paraître. Quand il l'emmène faire des promenades, sitôt qu'il sait que plus personne ne les observe il joue avec lui dans une totale insouciance. Maria-Louise Ouida affirme que Richard, au contraire de sa femme, regrettait de ne pas avoir d'enfant. « Oui, j'ai douze neveux et nièces, cinq garçons et sept filles, écrit Isabel à l'une de ses amies, et cela me suffit amplement. Grâce à Dieu nous n'en avons pas eu. » Mais le dévouement qu'elle

---

1. *The Inner Life of Syria*, I, 223, 165, 154.

prodigue à ses bêtes et qui la pousse à s'apitoyer sur le sort des chiens affamés et des ânes brutalisés donne à entendre qu'elle souffre profondément de ne pas être mère. La mort d'un de leurs chiens est toujours pour elle un déchirement. Et quand un fellah empoisonnera leur léopard à demi adulte, elle sera au désespoir. « Je me suis assise par terre pour le prendre dans mes bras comme un enfant, écrit-elle. Il a posé sa tête sur mon épaule et m'a entouré la taille de ses deux pattes. Il a mis environ une demi-heure à mourir. Richard et moi étions terriblement peinés. » Alors qu'un jour elle s'est rendue dans un campement de bédouins où une épidémie fait nombre de victimes, elle distribue de la quinine et des pilules Warburg. Mais elle constate que ces remèdes sont inopérants et que les enfants meurent toujours. Alors, raconte-t-elle, « j'ai fait tout ce qui était en mon pouvoir. Je les ai baptisés. » [1]

Isabel dispense régulièrement des soins aux malades du village où vit le couple, à quelque distance de Damas. Parfois elle en visite cinquante par jour, administrant calomel et dragées de toute nature, pansant les entailles provoquées lors d'une rixe par un coup de sabre et ne craignant pas de pénétrer dans les endroits où le choléra fait rage pour y distribuer de chiches doses d'opium. On peut se demander si Richard, en la regardant faire, ne songe pas à cette réflexion qui lui est venue jadis en Afrique : « A voir le bataillon de femmes qui prennent un plaisir morbide à s'occuper des estropiés et des mourants, je ne puis faire autrement que penser qu'il s'agit là d'un tribut payé à la sexualité par celles qui se refusent à la satisfaire par les moyens ordinaires. » [2] Quoi qu'il en soit, on pressent que dans le couple les moments d'intimité sexuelle se sont faits extrêmement rares. Dans un texte datant de cette période, Burton écrit que « dans les climats chauds et débilitants l'homme qui devient adulte [perd] de bonne heure les pouvoirs dont il est tenté d'abuser par l'effet d'agents tout autant moraux que physiques », et il

1. *Ibid.*, I, 365; *Life*, I, 506.
2. *A Mission to Gelele, King of Dahome*, II, 73.

en conclut que sans la polygamie aucun homme ne pourrait élever une famille nombreuse [1]. Mais Isabel a raison lorsqu'elle affirme que Burton ne la répudiera jamais. Malade, il avait été reconnaissant à sa femme – comme naguère à sa mère – de le soigner, et sa femme se flatte d'être sa « meilleure amie ».

A Damas, Burton s'est découvert une nouvelle passion : l'archéologie. Et il s'est mis à interroger les morts de jadis avec la même curiosité qu'il a manifestée en Inde et en Afrique lorsqu'il voulait tout savoir des vivants. Il a passé des semaines dans le djebel Aamsarîyé, à la recherche de crânes, d'ossements et d'inscriptions rupestres, portant sur la carte les vestiges de monuments antiques et corrigeant les erreurs des relevés.

La Syrie, écrit-il, est une « luxuriance de ruines [...] Il n'en existe pas une seule dans le pays qui après examen ne révèle pas qu'elle procède de ruines encore plus anciennes [...] Ce passé muet commence à parler; ce qui est disparu ne l'est pas complètement; ce qui s'en est allé n'est pas parti à tout jamais. » [2]

Bien qu'elle n'aime pas du tout faire des fouilles et que parfois elle n'en puisse plus tant cette activité l'éprouve, souvent Isabel accompagne son mari. Elle a eu beau lui affirmer qu'elle adorait ça, il raconte pourtant qu'un jour il a eu un peu honte, sur un parcours difficile, de la voir « tanguer sur sa selle en pleurant à chaudes larmes ». Mais c'est ensemble qu'ils visitent les ruines les plus célèbres de Syrie : celles des temples de Baalbek, des sanctuaires et de l'arche monumentale de Palmyre. Par la suite, Burton tentera vainement de collecter de l'argent à Damas et à Londres pour sauver de l'effondrement ces vestiges, et en particulier les énormes piliers de Baalbek.

Un excellent orientaliste du Trinity College de Cambridge, Edward Henry Palmer, et un jeune archéologue du nom de

---

1. Richard Burton, *The Jew, the Gypsy, and El Islam*, œuvre posthume éditée par W.H. Wilkins, Londres, 1898, p. 327.
2. *Unexplored Syria*, I, 3; II, 258.

Charles F. Tyrwhitt-Drake, l'un et l'autre envoyés en Syrie par le Palestine Exploration Fund, se joignent à eux lors de diverses expéditions et dispensent à Burton leur savoir. Tyrwhitt-Drake est un grand et sympathique rouquin qui n'a guère plus de vingt ans, et quand il est à court d'argent le couple Burton, qu'il adore, lui offre l'hospitalité pendant de longues périodes et le traite comme un enfant adoptif. Quand trois ans plus tard il mourra en Palestine des suites d'une maladie, Richard et Isabel ressentiront la même affliction que s'il était leur fils [1].

Pour se soustraire à l'éprouvante chaleur estivale de Damas, tous les trois s'en vont séjourner à Bludan, village de rite grec orthodoxe perché à flanc de montagne et surplombant la vallée comprise entre la capitale et Baalbek. Là, ils occupent à quinze cents mètres au-dessus du niveau de la mer une rudimentaire bâtisse de pierre d'où la vue porte sur six chaînes montagneuses. « Nous cuisions nous-mêmes notre pain et achetions aux Bédaoui le beurre et le lait, écrira Isabel. Nous nous levions dès l'aube [...] et, armés de nos fusils, nous faisions de longues randonnées dans les montagnes. » Lorsqu'ils partent pour une expédition plus longue, Burton se fait toujours accompagner d'une solide escorte. Lorsqu'ils marchent, Isabel se tient derrière son mari, à distance respectueuse, comme il sied, et à l'étape c'est avec grand plaisir qu'elle se restaure de lait caillé, d'oignons crus et d'œufs frits au beurre. Elle apprend aussi à ne rien craindre des « bandes de chacals qui gambadent au clair de lune, et dont les jappements lointains font songer au cri de guerre des Bédaoui ».

« Jamais je n'oublierai ces merveilleuses nuits du désert [...] [quand] mules, ânes, chameaux, chevaux et juments au

---

1. Quant à E.H. Palmer, il sera pris dans une embuscade et assassiné au mois d'août 1882 lors d'une mission dans le Sinaï, où l'avait envoyé le gouvernement britannique. Pendant un certain temps on pensera qu'il a réussi à s'échapper, et on demandera à Burton de le rechercher. Mais sa mort sera confirmée par Charles Warren alors que Burton n'aura pas été plus loin que Gaza. Pour ce qui concerne ces recherches menées par Burton et le panégyrique de Palmer qu'il rédigera, voir *Life*, II, 242 et 591-616.

piquet braient, blatèrent, hennissent, ruent, ni les charges entassées à terre, les grands feux, les tentes noires, les soldats turcs, les personnages pittoresques portant les vêtures les plus diverses, ni les hommes aux traits sauvages, féroces, habillés d'extraordinaires costumes et se réunissant çà ou là pour chanter et exécuter des danses barbares [...] [Je revois] Richard réciter les *Mille et Une Nuits*, l'infortuné Palmer déclamer des poésies arabes, ou Charley Drake faisant des tours de magie pour éberluer les Maugrabins [...]

» J'ai vu les cheikhs les plus austères et les plus vénérables laisser là leur gravité tout orientale pour se rouler par terre en hurlant de rire. On eût dit qu'ils ne voudraient jamais laisser mon mari repartir. »

Les bédouins appelaient Richard « Frère du lion », raconte-t-elle, et ils avaient composé ce chant en son honneur :

> *M'sallah! M'sallah! Qu'enfin voilà un homme!*
> *En lui sont les vertus de notre propre cheikh...*
> *Allons-y, suivons-les jusqu'au bout de la terre!* [1]

Mais si, pour Isabel, la vie en Syrie est « fantasque, romanesque et solennelle », le ouali turc, lui, ne voit partout qu'espions et complots, et les soupçons qu'il nourrit à l'égard de Burton se fortifient quand il apprend que celui-ci a renvoyé tous les gens de son personnel convaincus d'avoir accepté des pots-de-vin. Jusqu'au mois d'août 1870 pourtant, le gouverneur n'a pas motif à dénoncer au gouvernement de Constantinople la conduite du consul de Grande-Bretagne. Or, le 26 de ce mois, un messager arrive à Bludan, où réside Burton durant l'été, pour lui apprendre qu'une succession de petits incidents inquiète vivement la communauté des chrétiens de Damas. Un musulman a frappé un catholique venu lui réclamer son dû. Ce dernier s'est plaint auprès du patriarche, qui a fait incarcérer le débiteur. L'affaire a soulevé une vive

---

1. *Life*, I, 478, 505, 511; *The Inner Life of Syria*, I, 133.

indignation chez les musulmans. De plus, deux jeunes juifs, âgés respectivement de dix et douze ans, ont été pris sur le fait alors qu'ils traçaient des signes de la croix dans les latrines attenantes à une mosquée. Cet acte tenu pour blasphématoire, tant par les chrétiens que par les musulmans, a pris des proportions énormes, au point qu'on le compare en gravité aux incidents qui ont provoqué le massacre de 1860. On rapporte que les soldats turcs se proposent de perpétrer une nouvelle tuerie dont la date, selon les rumeurs, serait fixée au 27 août. Bon nombre de chrétiens fuient la capitale.

Sitôt qu'il apprend ces nouvelles, Burton fait seller ses chevaux et fourbir ses armes. Puis il s'entretient avec sa femme.

« Jamais nous n'avons connu d'émeute à Damas, mais s'il en éclate une, tout se passera comme durant la fameuse affaire de 1860. Je ne t'emmène pas là-bas, car j'ai l'intention de protéger [les chrétiens de] Damas, et de ton côté tu protégeras [ceux de] Bludan et [de] Zébédani. Je prendrai la moitié des hommes et te laisserai l'autre moitié. Ce soir tu descendras avec moi jusque dans la plaine et là, nous nous serrerons les mains comme si nous étions frères, et ensuite nous nous séparerons. Des larmes ou une démonstration d'affection en présence de nos gens trahiraient le secret. »

Isabel hisse l'Union Jack sur le toit, enferme à double tour sa jolie servante syrienne, regroupe toutes les armes qu'elle peut trouver, remet à chaque homme un fusil, un revolver ou un couteau de chasse et poste tout son monde aux points stratégiques de la maison. Deux hommes sont envoyés sur le toit, armés des carabines dont usait Burton en Afrique pour chasser l'éléphant. Isabel occupe la terrasse avec, à portée de la main, des bouteilles d'eau de Seltz remplies de poudre à fusil et pourvues d'un détonateur, qu'elle est prête à lancer sur le village que surplombe la bâtisse. Puis elle fait dire aux chrétiens d'en bas qu'ils sont invités à se retrancher dans sa forteresse.

Pendant ce temps, Richard a gagné au grand galop Damas, où il avertit les membres du corps municipal de l'imminence d'un massacre.
— Lequel d'entre vous sera pendu si rien n'est fait pour l'éviter? leur demande-t-il tout crûment. Cela va vous coûter la Syrie, et si vous ne prenez pas immédiatement les mesures qui s'imposent, je télégraphie à Constantinople.
— Que voulez-vous qu'on y fasse?
— Postez dans toutes les rues un peloton d'hommes en armes; envoyez des troupes patrouiller pendant toute la nuit. Je ferai moi-même des rondes avec Holo Pacha. Donnez des ordres pour qu'on harangue les soldats dans les casernes... et pour que les juifs et les chrétiens ne sortent pas de chez eux avant que le calme soit revenu.

« A dix heures, toutes ces mesures étaient prises, et elles furent maintenues pendant trois jours, écrit Isabel. Pas une goutte de sang ne fut versée, et les chrétiens qui dans leur affolement avaient fui dans les montagnes revinrent peu à peu [dans la capitale]. »[1]

A prévenir la violence on ne tire pas grand-gloire, et le récit d'Isabel témoigne d'une ostentation de bravoure quelque peu cocasse. Il n'empêche qu'à dater de ce jour les chrétiens de Damas tiennent Burton pour un héros, et que dans leur grande majorité les missionnaires lui donnent leur appui. Quelques-uns lui gardent cependant une vieille rancune. Témoin ce jugement porté sur lui par l'un d'eux : « Burton ne pouvait s'empêcher de tenir de ces propos qui épouvantent les vieilles femmes et font rougir les servantes [...] Il ne pouvait supporter la bêtise des autres.[2] »

Mais si beaucoup de musulmans, et des plus éminents, applaudissaient à l'initiative de Burton, le ouali, lui, la juge

1. *Life*, I, 503-4.
2. *Life*, I, 577. Isabel cite ici un article écrit par un missionnaire de Damas qui désirait garder l'incognito, et qui écrivait de Burton qu'il était « un ami intrépide et intègre ». Un autre missionnaire qui dirigeait l'école anglaise de Beyrouth, le révérend Mentor Mott, ne pardonna jamais à Burton de lui avoir interdit de distribuer à Damas des tracts qu'il jugeait dangereux et incendiaires.

inadmissible. Les juifs de Damas sont eux aussi outrés, plus particulièrement parce qu'il a convoqué, pour les interroger, les deux garçons qui ont dessiné le signe de la croix dans les lieux d'aisance de la mosquée. Un flot de racontars a submergé le quartier juif, où l'on affirme que Burton a fait torturer les gamins pour leur extorquer des aveux, ou encore qu'Isabel, lors d'une réception, a arraché les bijoux d'une invitée juive pour les piétiner en prétendant qu'ils étaient faits du sang des pauvres [1].

Burton — nous verrons plus tard quels sentiments partagés il nourrissait à l'endroit des Israélites — a depuis quelque temps pris en aversion trois usuriers juifs qui, administrativement parlant, sont sous la protection du consulat britannique. Quand un débiteur syrien est insolvable, son créancier a pouvoir de le faire emprisonner, et si ce créancier est sous protection britannique, il peut légalement exiger du consul de Grande-Bretagne qu'il défende ses intérêts devant une juridiction syrienne. Selon ce qu'en disent les missionnaires, les prédécesseurs de Burton n'ont à cet égard pas eu la partie belle. De sorte que lorsqu'un prêteur sur gages, qui d'après Burton « a ruiné et rongé jusqu'à l'os quarante et un villages », est venu le voir pour lui demander de l'aider à recouvrer des créances dont le total se montait à soixante mille livres, il l'a éconduit avec froideur. « On ne m'a pas envoyé ici pour y jouer le rôle d'un huissier et saigner à blanc les paysans dans les affaires de ce genre », lui a-t-il répliqué. Puis il a fait placarder sur la porte du consulat une notification pour annoncer aux créanciers qu'il ne leur apporterait pas de concours officiel s'ils poursuivaient un débiteur, et régulièrement il s'est rendu dans les prisons damascènes pour voir si des sujets bénéficiant de la protection britannique n'ont pas « fait incarcérer de leur propre chef des musulmans ou des chrétiens indigents ». Et chaque fois qu'il a trouvé là un débiteur insolvable, il l'a fait libérer.

Par mesure de représailles, les usuriers ont envoyé aux

1. Isabel Burton, *The Inner Life of Syria*, I, 143 ; II, 8.

juifs les plus puissants de Londres des lettres dans lesquelles ils accusent Burton et son épouse d'être antisémites. Sir Moses Montefiore, un Israélite philanthrope qui a fait beaucoup pour garantir leurs droits civiques à ses coreligionnaires du Moyen-Orient, s'en est ému et a protesté auprès des Affaires étrangères, appuyé en cela par le grand rabbin de Londres, Francis Goldsmid. « D'après ce que j'ai cru comprendre, a déclaré ce dernier, la dame dont le capitaine Burton est l'époux serait une catholique forcenée et elle influencerait son mari en lui faisant partager ses préventions contre les juifs. »

A Londres, Isabel fait déjà l'objet de fâcheuses rumeurs. Sir Henry Elliot a fait circuler sur son compte une histoire malveillante, selon laquelle à Damas elle aurait frappé au visage un jeune musulman d'un coup de cravache dans un accès de colère. En réalité, ce garçon avait craché vers elle en tentant de la faire tomber de son cheval, et plus tard elle s'était prise d'amitié pour lui et l'avait engagé comme domestique. Mais à Londres on n'a rapporté que les faits, sans mentionner la suite de l'affaire. Une histoire encore plus extravagante s'y répand de bouche à oreille : Isabel aurait tué deux hommes et en aurait blessé un troisième parce qu'ils ne l'avaient pas saluée [1].

Rendu furieux par ces accusations gratuites, Burton en attribue la responsabilité aux prêteurs sur gages et sollicite pour sa femme, de façon officielle, la permission de se défendre. Les juifs damascènes, écrit-il au Foreign Office, sont dans leur grande majorité « travailleurs, inoffensifs, intègres dans les affaires de négoce, et comptent parmi eux une solide proportion de gens pieux, charitables et innocents ». Mais il refuse de cautionner les quelques usuriers qui « ruinent des villages entiers et font jeter en prison des débiteurs sans ressources en se fondant sur des accusations inventées de toutes pièces ». Eldridge, le consul général à Beyrouth, est persuadé que Burton se bat contre des moulins à vent, et il se lave les mains de l'affaire en déclarant, dans une lettre au

---

1. *Life*, I, 534, 600-1.

Foreign Office, que ces pratiques « ont toujours fait partie du mode de gouvernement des Turcs » [1].

En avril 1871, les Burton décident d'aller en Palestine à l'époque de Pâques. Placée sous la férule turque, « la Terre Sainte » est alors le théâtre d'une âpre rivalité opposant les différentes religions, qui toutes entendent accaparer les lieux saints. Pour se rendre à Jérusalem, Burton et Tyrwhitt-Drake suivent la route côtière, et ce voyage prend pour eux l'allure d'une expédition archéologique. Mais Isabel s'est embarquée à Beyrouth, et elle a le sentiment d'accomplir le grand pèlerinage de son existence. « D'une éminence je contemple les trois lieux saints pour méditer, écrit-elle, et je m'agenouille dans l'herbe pour tour à tour prier et sangloter, non point parce que je suis triste, mais parce que je ne puis contenir mes larmes [...] Je ne saurais vous dire combien il m'est étrange de regarder ces lieux et ces monuments dont on apprend l'existence dès le plus jeune âge, étrange d'y réfléchir et de prier tout près d'eux. »

Mais il lui est souvent pénible de visiter les lieux saints en compagnie de son époux iconoclaste et de leurs compagnons de voyage — Tyrwhitt-Drake et l'orientaliste français Clermont-Ganneau, qui l'un comme l'autre sont agnostiques. « Il n'y a que les Anglais pour douter [de l'authenticité] de ces lieux consacrés, écrit-elle avec une pointe d'exaspération. J'ai vu des chrétiens de toutes confessions s'agenouiller devant le tombeau de notre Sauveur, poursuit-elle, à l'exception de mes compatriotes, qui restent plantés là dans l'église, à regarder la chapelle qui l'entoure [le Saint-Sépulcre] et les gens qui par trois fois se mettent à genoux en s'approchant de lui, plantés là comme s'ils assistaient à quelque bizarre pratique hindoue. » Nulle part ailleurs dans ses œuvres on ne perçoit autant sa rage à l'égard de l'univers scientifique, qu'à son grand chagrin son mari a rallié avec tant de ferveur. C'est alors la foi d'Isabel qui marque de son empreinte l'entièreté

---

1. *Life*, I, 537; *The Case of Captain Burton, late H.B.M.'s Consul at Damascus*, 23. La lettre d'Edridge est datée du 30 novembre 1870.

de son journal. Une foi omniprésente, miséricordieuse et rédemptrice. « Nous devons pleurer sur nous-mêmes, écrit-elle, pleurer sur tous ceux qui Le trahissent encore, prendre en pitié les injures des méchants, déplorer qu'Il ait souffert en vain pour tant d'entre nous, pleurer pour qu'Il pardonne à Ses enfants renégats, à ceux qui Le trahissent en secret ou L'abandonnent comme l'ont fait les disciples. » [1]

Un jour qu'elle visite les vieilles carrières du mont Bezetha, proches de Jérusalem, elle entre dans l'une d'elles pour y prendre un peu de repos et s'endort, épuisée. « Je fis un merveilleux rêve, raconte-t-elle, que peut-être j'aurais dû m'abstenir de rapporter en détail, bien qu'une voix intérieure m'eût commandé de le faire – un long rêve criant de vérité, que j'ai confié au papier. » Cette confession occupe la bagatelle de cinquante pages de son livre, et entre autres la description d'une scène édifiante que seul peut relater un esprit ingénu, voire orgueilleux, mais qu'Isabel tient pour absolument véridique, comme on en jugera par cette mise à nu de sa « vie intérieure ».

Elle était en paradis, écrit-elle, devant Jésus qui resplendissait de lumière, « tremblante et mortifiée de son propre néant ». Alors, poursuit-elle, « je Le vis en rêve poser Sa main sur ma tête pour me bénir, et je sentis comme un flot de grâce et de bonheur envahir mon âme et me libérer de mes souffrances et mes émois ». Ayant reçu de son Sauveur mission de redresser toutes les injustices du monde, elle s'élève dans les airs en compagnie d'un ange pour aller de place en place exercer les pouvoirs qui lui sont conférés, partagée entre le mépris et la haine de ses semblables, mais aussi possédée par une véritable extase. « Je ne vis rien de plus pitoyable et de plus inconséquent que l'attitude des hommes de science [...] Ils m'apparaissaient comme des objets minuscules, des moucherons s'affairant à étudier un grain de poussière, une infime particule de cette énorme mosaïque qu'est la Création, et pas même capables de comprendre l'agencement de ce dérisoire

---

1. *The Inner Life of Syria*, II, 29-30, 76.

fragment d'univers. » Puis elle fait pendre trois hommes pour haute trahison (trois hommes « que depuis j'ai reconnus », précise-t-elle) et condamne à la flagellation tout individu reconnu coupable de cruauté à l'égard d'une femme, d'un enfant ou d'un animal. Puis elle marie d'autorité toutes les créatures de mauvaise vie à « un certain genre d'hommes efféminés qui semblent se faire plus nombreux depuis quelque temps », et elle relègue tout ce monde-là dans l'île de Pitcairn.

Son mandat ne s'arrête pas là, puisqu'elle construit à Jérusalem un splendide palais où le pape pourra désormais vivre, en sorte que tous les juifs, estime-t-elle, seront instantanément convertis. Ensuite, la voilà qui survole les champs de bataille sur lesquels s'affrontent les armées françaises et prussiennes, car à l'époque la guerre déchire l'Europe, et là, elle voit fort bien que c'est « Lucifer et sa cour qui commandent les forces françaises ». Après quoi elle s'en va plaider devant le trône de la reine Victoria la cause de son époux, réclamant qu'on lui fasse justice. Son plaidoyer est si riche en détails que dans son livre elle est forcée de déclarer sans ambages que ce n'est pas pour ses lecteurs qu'elle compose quelque partie que ce soit de son récit. Toujours est-il qu'elle demande à la reine de restituer à Richard les privilèges dus à son grade dans l'armée, de le nommer ministre plénipotentiaire chargé de mission auprès d'une cour d'Orient et de l'anoblir en lui octroyant le titre de chevalier. « Tel un ange, j'implorerai justice jusqu'à obtenir satisfaction, déclare-t-elle à la reine. Oui, Majesté, jusqu'à ma mort j'implorerai ! » [1]

Au bout de deux heures de rêve, elle est tirée de son sommeil par un gardien de chèvres qui, l'ayant découverte dans l'anfractuosité de la colline, l'a crue morte et l'a secouée.

Ce qu'Isabel ne dit pas, c'est quelle réaction provoque chez son mari le récit de son rêve ou sa publication. Car si Burton ne mésestime pas la part que prend l'onirique dans l'existence, il lui dénie tout pouvoir de révélation mystique. Il comprend que les rêves apportent certains messages, mais

---

1. *Ibid.*, II, 112-63.

c'est en vain qu'il a tenté de percer le mystère de ce langage plus obscur que tous les autres. Sans doute ne peut-il pas flétrir les pages que sa femme a écrites pour lui tresser une glorieuse couronne, mais il est aussi trop sensible pour ne pas avoir perçu l'indignation qui habite Isabel, ni son mépris et sa soif de pouvoir.

Le 5 mai 1871 à Nazareth, les Burton sont témoins, et en un certain sens protagonistes, d'une affaire qui manque mal tourner, après qu'un mendiant copte s'introduit dans la tente d'Isabel alors que celle-ci est encore au lit. Jeté dehors par les serviteurs, le mendiant riposte par des jets de pierres. Les serviteurs le brutalisent, mais aussitôt ils sont pris à partie par plusieurs hommes qui surgissent de l'église orthodoxe toute proche. Burton et Tyrwhitt-Drake essaient vainement de mettre un terme à l'empoignade, mais on leur lance des pierres. Voyant l'un de ses domestiques jeté à terre se faire piétiner, Burton tire un pistolet de sa ceinture et fait feu en l'air, attirant ainsi les pèlerins anglais et américains qui campent dans le voisinage, ce qui met en fuite les orthodoxes grecs.

Qu'on ait ainsi malmené ses domestiques a mis Burton dans une folle colère. Il a reçu lui-même une blessure au bras au cours de la rixe, et il est sans doute plus ulcéré encore à l'idée que le copte s'est glissé dans la tente avec l'intention d'abuser de sa femme. Aussi va-t-il se plaindre à la police et demander la mise en état d'arrestation de plusieurs orthodoxes grecs. Mais le métropolite de Nazareth, persuadé que Burton est un adversaire de sa doctrine, réplique en exploitant l'échauffourée à des fins politiques. Si bien que plusieurs orthodoxes grecs viennent affirmer devant la police que Burton a tiré sur un groupe d'enfants innocents, puis qu'il est entré avec sa femme dans l'église, où de nouveau il a tiré, sur un prêtre cette fois, cependant qu'Isabel, en chemise de nuit, a jeté à terre pour les piétiner tous les objets à sa portée. Burton commet alors l'erreur de ne pas rendre compte immédiatement de l'incident à Elliot, l'ambassadeur britannique en poste à Constantinople. Et quand enfin il se décide à le faire, le diplomate laisse à son tour passer plusieurs semaines avant de transmettre le rapport à Londres. Pendant ce temps, une ahurissante histoire inventée de toutes pièces par les orthodoxes grecs a été portée à la connaissance du Foreign Office, où elle a semé la consternation. Les procédures judiciaires qui se dérouleront à Nazareth – elles dureront neuf mois – laveront les Burton de tout soupçon et aboutiront à condamner trois orthodoxes grecs à une peine d'emprisonnement de trois mois, mais le verdict sera prononcé trop tard pour conjurer le mal. A Damas, le ouali turc a déjà demandé à Londres de rappeler Burton, et Elliot, au lieu de prendre fait et cause pour le consul, tentera de le discréditer auprès de lord Granville en écrivant que « [...] sa présence tend à perturber l'opinion publique ». Le 25 mai 1871, Granville écrit à Elliot qu'il peut, s'il le juge opportun, faire savoir au gouvernement turc qu'un autre poste sera attribué au consul de Grande-Bretagne. « Il est certain, estimera Byron Farwell, que sir Henry Elliot est plus que tout autre responsable de la disgrâce de Burton. »[1]

A présent on chuchote à Damas que le consul britannique sera bientôt rappelé. Mais Granville, dans sa lettre à Elliot, n'a fait état que de l'attribution d'un nouveau poste et non pas d'un rappel, en sorte que Rachid Pacha craint manifestement de voir Burton séjourner à Damas pendant plusieurs mois encore. C'est alors que le ouali décide – pour autant que les preuves apportées par Burton de cette décision soient conformes à la vérité – de le faire assassiner. Quand Burton sollicite de lui l'autorisation officielle de se rendre chez les Druzes, secte de montagnards notoirement hostiles à la domination turque, le ouali accède en bonne et due forme à sa demande, le 24 mai 1871. Seulement, il fait falsifier la lettre de Burton avant de la transmettre à Constantinople, afin que le texte du document laisse à entendre que le signataire est impliqué dans un vague complot dirigé contre le gouvernement turc. De plus, le ouali fait tenir à Isabel, qui ne se sent

1. *Burton*, 279; Isabel Burton, *The Inner Life of Syria*, II, 219-27.

pas bien, elle est restée chez elle, une lettre comminatoire. Grandement alarmée par cette lettre et par les questions pressantes qu'on lui pose à propos de la date de retour de Richard et de la route qu'il suivra pour regagner Damas, elle confie à un serviteur, avec mission de le porter à son époux, un message codé de mise en garde contenu dans une fiole de remède.

Inquiets, Burton et Tyrwhitt-Drake envoient des hommes en éclaireurs, dissimulent leurs chevaux dans une grotte à flanc de montagne et surveillent la piste du haut d'une éminence rocheuse. « Au bout de quelques heures, écrit Burton, nous vîmes une centaine de cavaliers et environ deux cents hommes montés à dos de chameau battre la campagne et chercher quelqu'un dans la plaine. » Trouvant le *drogman* de Burton, Azar, ils le menacent de mort s'il ne leur dit pas où est son maître, et, se heurtant à un refus, mettent à sac son village. « Ainsi nous pûmes regagner Damas à cheval, raconte Burton, en échappant par une insigne bonne fortune à cent cavaliers et deux cents méharistes qu'on avait envoyés là dans le dessein de m'assassiner. Jamais de ma vie je n'ai été davantage flatté que par cette idée qu'il ne faudrait pas moins de trois cents hommes pour me tuer. Cependant, cet acte criminel se solda par un échec. »[1]

Burton est de retour à Damas le 7 juin 1871. Le 14, un câble de Londres l'avise de ce que le gouvernement turc a émis de graves réserves à son égard, et lui enjoint de ne quitter en aucun cas son poste de Damas. Il se défend avec vigueur – bien qu'il ne sache pas encore que le ouali a falsifié sa lettre –, taxant Rachid Pacha de « dangereux autocrate dénué de tout scrupule »[2]. Sans doute pourrait-il prolonger son séjour à Damas jusqu'à ce qu'on lui trouve un poste d'égal

---

1. *Life*, I, 517-20. Dans l'ouvrage, Isabel produit ici l'original de la lettre de Burton au ouali, ainsi que le double du document falsifié par celui-ci, que lui avait remis à Londres le Foreign Office. Voir aussi Burton, *Unexplored Syria*, I, 252.

2. L'ensemble de cette correspondance figure dans *The Case of Captain Burton, late H.B.M.'s Consul at Damascus*, 99 et suiv.

prestige et aussi bien rémunéré s'il tenait compte des avertissements de Londres et s'il agissait avec circonspection. Mais bientôt il s'engage dans une fâcheuse affaire, entraîné cette fois par sa femme.

Isabel a pour directeur de conscience à Damas un franciscain d'origine espagnole, le fray Emanuel Förner, lequel est devenu le confesseur et jouit de toute la confiance de plusieurs centaines de membres de la secte néo-platonicienne des *chazli* (ou *chadili*), qu'il a convertis secrètement au christianisme dans le cours du printemps 1870. Ces nouveaux convertis sont désormais témoins de ce qu'Isabel n'hésite pas à qualifier de miracles, puisque plusieurs d'entre eux sont visités par Jésus et Marie. Perpétuellement curieux d'en savoir davantage sur toutes les manifestations du mysticisme, Burton, sous un déguisement, a passé plus d'une soirée avec les chazli, à observer leur zèle évangélique. Le frère Förner a demandé à Isabel d'intervenir auprès de son mari pour que le groupe de ses prosélytes obtienne protection du gouvernement britannique, car il ne fait aucun doute que ces gens seront persécutés par les musulmans sitôt que ces derniers auront vent de leur conversion massive, même si dernièrement le pouvoir turc a promis d'accorder à tous ses sujets la liberté de culte. Dans un premier temps, Burton a catégoriquement refusé. Mais à son retour de Palestine le couple a appris que l'autorité damascène avait découvert l'ampleur de la catéchisation de fray Förner – on cite le chiffre, très exagéré, de vingt-cinq mille catéchumènes –, et elle a condamné à mort, pour faire un exemple, douze chazli qui se sont dérobés à leurs obligations militaires. Après les vives protestations élevées par Burton, la sentence a été commuée en une peine de déportation à Tripoli. Entre-temps, le frère Förner est mystérieusement décédé.

A présent les chazli voient en Burton une manière de sauveur et Isabel, encore habitée par la grâce de son pèlerinage en Palestine et saisie d'une exaltation quelque peu hystérique, se voit déjà marraine d'une armée – entre quatre cents et quatre mille, dit-on – de nouveaux combattants de la foi catholique. Il ne fait aucun doute que c'est elle qui pousse son mari à commettre une folie. Car dorénavant il songe très sérieusement à faire l'acquisition d'une étendue de terre pour y établir les chazli récemment convertis en les dispensant de toute redevance foncière. « C'est à lui qu'eût appartenu le village », écrira avantageusement Isabel. Ainsi, Burton serait le garant de la sécurité des prosélytes, que le patriarche Valerga viendrait baptiser de Jérusalem. Le fait est que Burton écrit alors à lord Granville pour le mettre au fait de cette conversion de masse, des persécutions dont les chazli font l'objet, de la déportation de dix d'entre eux, et qu'il propose la création éventuelle d'un établissement situé à quelque distance de Damas et placé sous la protection de la Grande-Bretagne. De plus, il presse Granville de se mettre en relation épistolaire avec le patriarche de Jérusalem. Isabel est aux anges, persuadée que son mari approche lui aussi à grands pas du baptistère. « C'est à cette époque que Richard fut le plus près de se proclamer publiquement catholique », écrit-elle.

Lorsque Granville reçoit la lettre de Burton, il pense que tout compte fait c'est Elliot, l'ambassadeur à Constantinople, qui est dans le vrai, et que le consul n'est certes pas le représentant idéal – patient, effacé, doué d'un sens analytique de l'observation – que souhaite avoir la Grande-Bretagne à Damas, mais au contraire qu'il s'attribue les pouvoirs et le rôle d'un chef de tribu. Néanmoins, lord Granville avise de la situation des chazli damascènes le patriarche de Jérusalem, qui naïvement tentera de négocier en leur nom avec les autorités turques. Les violentes protestations que provoquera son intervention donneront le coup de grâce au consul britannique à Damas [1].

Richard, Isabel et Tyrwhitt-Drake sont à Bludan lorsque le 16 août 1871 un messager couvert de poussière accourt de

---

1. Cette affaire est rapportée de façon détaillée dans *Life*, I, 546-65, 597-8.

la capitale pour leur apprendre que Thomas Jago, le vice-consul à Beyrouth, vient d'arriver à Damas, mandaté par le Foreign Office pour y remplacer Burton. Désormais, la Grande-Bretagne ne serait plus représentée en Syrie que par un vice-consul, dont les émoluments seront beaucoup plus modestes. Incrédule, Burton saute en selle et, en compagnie de Tyrwhitt-Drake gagne la plaine pour galoper vers Damas, où il prend connaissance de la dépêche glaciale de lord Granville : « J'ai le regret de vous informer que les plaintes formulées contre vous par le gouvernement turc en raison de votre conduite et de vos agissements récents font qu'il m'est impossible de vous autoriser à continuer d'exercer en Syrie quelque fonction consulaire que ce soit. »

Burton griffonne alors le texte d'un bref message, qu'il charge Tyrwhitt-Drake de porter à Isabel : « Ne t'affole pas. Je suis rappelé. Paie tout, fais les malles et viens me rejoindre quand tu le peux. » Puis il part sur-le-champ pour Beyrouth. Dans son journal il écrit ces quelques lignes :

« 18 août. Quitté Damas à tout jamais; départ à trois heures du matin, dans la nuit, muni d'une grosse lanterne; tout mon monde en larmes; seul dans le *coupé* * de la diligence, grâce aux cochons (*sic*). Ému de tout regarder pour la dernière fois. Tout me semble lugubre; quelques gémissements. Au loin les montagnes de Bludan au lever du soleil. Là j'ai laissé ma femme. *Jamais plus?* Me sens tout flasque. Renvoi ignominieux à l'âge de cinquante ans, sans même de notification un mois à l'avance, d'émoluments ou de quitus. »

Après avoir lu le message de son mari à Bludan, « je ne m'affolai pas, écrira Isabel. Simplement, je n'aime pas me rappeler ce que je pensai ou ressentis [à cet instant-là] ». La nuit suivante, elle est tourmentée par un rêve répétitif dans lequel on cherche à la tirer de son lit en lui disant : Votre mari a besoin de vous – levez-vous et allez le retrouver! Au bout de trois injonctions elle interprète ce rêve comme un ordre, s'habille, fait seller son cheval et, en dépit des protestations de ses domestiques, s'élance au galop dans la nuit, espérant arriver à temps pour être sur la route quand passera la prochaine diligence de Beyrouth. Après cinq heures de chevauchée, elle gagne le relais situé à mi-distance des deux villes et pousse un soupir de soulagement. La voiture est là. Sur son siège, déjà le postillon brandit son fouet pour repartir. Poussant son cheval exténué, elle coupe la route à la diligence et lève le bras pour l'arrêter.

A Beyrouth, elle découvre Richard, marchant seul dans une rue.

« On ne lui avait pas même offert un *gahwa* [un café] par déférence avant de prendre congé de lui en lui témoignant un peu de considération ou de respect [...] Les chacals sont toujours prompts à humilier un lion à l'agonie. Mais moi j'étais là (grâce à Dieu!), à ma place, et il fut tout surpris et heureux de me voir! Je me sentais amplement récompensée de ma rude chevauchée, car lorsqu'il m'aperçut, tout son visage s'illumina.

» – Merci, me dit-il, *bon sang ne peut mentir* *.

» Tout le monde nous invita et tout le monde nous témoigna de la sympathie. »

Sauf Eldridge, le consul général, qui leur bat froid. Moins d'un mois après l'embarquement de Burton pour l'Angleterre, Rachid Pacha sera ramené à Constantinople dans les fers. Mais pour Burton, il est trop tard.

Isabel a regagné tristement Damas pour faire les malles. Bon nombre de musulmans, de chrétiens et de juifs lui adressent des messages, que pour la plupart elle rapportera pieusement à Londres, exprimant leur regret de voir les Burton partir. Pendant quelque temps il lui semble que tous les pauvres bougres à qui elle a porté secours en leur administrant des pastilles Warburg et de la quinine accourent vers elle pour lui faire leurs adieux. Mais ce qui la mine, c'est la crainte d'avoir provoqué le rappel de Richard par l'insistance qu'elle a mise à le presser d'intervenir en faveur des chazli. Plus tard, après son retour à Londres, elle se rend elle-même au Foreign Office pour exiger des explications officielles. Là,

« treize différents commis de l'État » lui donnent « treize bonnes raisons » de la disgrâce de son époux. Enfin, c'est lord Granville en personne qui la reçoit, et quand prend fin l'entretien, elle est convaincue du bien-fondé des craintes qu'elle a nourries. « Lord Granville n'a pas *compris* la lettre dans laquelle Richard exprimait le souhait de voir les chazli baptisés, écrira-t-elle. Il [lord Granville] redoutait que cela ne dégénérât en *djihad* [guerre sainte] [...] *La vraie raison de son rappel, c'était cela* [...] Cette affaire a brisé sa carrière, ruiné sa vie, lui a fait prendre en grippe la religion ; il n'a obtenu ni Téhéran, ni le Maroc, ni Constantinople. »[1]

Mais à Damas elle n'a pu, après le départ de Richard, que faire l'amer bilan de la situation : jamais son mari ne serait le cheikh éclairé régnant sur une cité de nouveaux convertis, et jamais elle ne serait non plus la marraine de quiconque en Syrie. Hantée par le souvenir d'un jeune fils de bédouin qu'elle a soigné naguère lorsqu'il avait la fièvre, elle est retournée à cheval dans le désert pour retrouver sa tribu et le revoir. L'enfant allait mourir.

« – Tu serais content de voir Allah ? lui a-t-elle demandé.

» – Oui, je serais content. Je vais Le voir ?

» – Tu Lui demandes pardon pour les fois où tu as été méchant, où tu as dit des gros mots ?

» – Oui. Et si je vais mieux, je ne recommencerai plus, et je serai plus gentil avec ma grand-mère.

» Je me sentais comblée. Alors j'ai écarté de son front ses épais cheveux en broussaille et, m'agenouillant près de lui, je l'ai baptisé avec l'eau bénite dont je garde toujours un flacon à portée de la main. »[2]

Pour Isabel, c'était là transposer dans le réel un instant dont elle avait souvent rêvé : celui où c'était à Richard qu'elle administrait le sacrement du baptême.

---

1. Les détails du congédiement de Burton sont exposés en détail dans *Life*, 548, 568-9, 597, et dans *The Inner Life of Syria*, II, 277-8.
2. *The Inner Life of Syria*, II, 282-3.

XXIII

« CET ÉRUDIT INVÉTÉRÉ »

> *Je suis moi aussi « un vieux grimoire rongé par les mites, un torrent qu'engorge la vase », par Phalaris enfourné, sans raison particulière, dans la panse du taureau d'airain.*
>
> Burton se comparant à Ovide en exil, 1872 [1]

De retour à Londres, Burton se rend directement chez sa sœur, Maria Stisted. « Jamais nous ne l'avions vu si démoralisé, si abattu, écrira plus tard sa nièce. Sa main tremblait, un rien l'irritait, toute cette faculté de priser la drôlerie et l'humour qui faisait de lui un joyeux compagnon pour les vieux comme pour les jeunes avait disparu d'un coup. Il ne pouvait fixer son attention sur rien et ne tenait pas en place, mais il ne se décidait pas à quitter la maison. Mal en point, il ne voulait entendre aucun conseil [...] » La visite qu'il fait à « ce pauvre Edward » – c'est ainsi que dans ses lettres il appelait son frère, toujours interné dans l'asile de fous du comté de Surrey – ne fait qu'aggraver sa mélancolie.

Maria Stisted et sa fille ne tardent guère à rendre Isabel responsable du rappel de Burton. « Il savait que du fait de l'imprudence et du prosélytisme forcené de sa femme, écrit Georgiana, tout espoir d'avancement était désormais à exclure – Le Maroc, Constantinople ne seraient jamais pour lui. Sa carrière était anéantie. » [2] Dans un premier mouvement de rage et de fuite instinctives, il laisse Isabel sans un sou, et pour regagner Londres elle doit emprunter de l'argent à un oncle fortuné, lord Gerard. A son arrivée elle trouve Richard occupant la chambre qu'il a louée dans un tout petit hôtel;

---

1. Cité par Thomas Wright dans *Life of Sir Richard Burton*, I, 249.
2. Stisted, *op. cit.*, I, 249.

et son accablement la consterne. « Il n'avait rien fait pour se défendre, raconte-t-elle, et il avait pris les choses de haut », c'est-à-dire avec le plus extrême mépris [1]. Durant les quelques semaines qui viennent de s'écouler depuis son retour en Angleterre, Burton n'a pas cessé pourtant de travailler, mais en se réfugiant totalement dans le passé. Malencontreusement égaré, son manuscrit sur Zanzibar lui a été envoyé de l'Inde, et il l'a revu pour le publier, ce qui n'a pu que lui rappeler son cuisant échec lors de sa quête des sources du Nil. Mais pour la première fois il a écrit sereinement sur la personnalité de Speke, et aussi sur sa mort. Le premier paragraphe du livre exprime tout entier la vanité des choses et le désespoir :

« Si je ne l'avais appris d'expérience, jamais je n'aurais soupçonné la tristesse et la gravité du moment où un homme prend le temps de réfléchir et faire le récit de ce qu'il est advenu antérieurement aux dix dernières années de son existence. Que de pensées et de souvenirs lui envahissent l'esprit! Que de spectres et de fantômes naissent de son cerveau : lambeaux d'espoirs anéantis et d'ambitions devenues vaines, de desseins accomplis et de prix remportés; revers et succès pareillement estompés par l'oubli. Que d'amours et d'amitiés déliées par de nouvelles attaches! Que de tombes refermées sur les morts durant ces dix années fugaces qui sont comme l'épitomé du passé!

Quand la tête apprend la leçon
Le cœur las n'est plus que glaçon. »

Burton vient tout juste de boucler les mille trente-quatre pages de *Zanzibar* quand Isabel arrive de Damas le 14 octobre 1871. Le 15, il rédige l'avant-propos, ce qui semble refermer à tout jamais la cuisante blessure ouverte dans sa vie par l'insuccès de son expédition vers les sources du Nil. Quoi qu'il en soit, Isabel – de retour avec une montagne de bagages et

1. *Life*, I, 589.

sa jolie servante syrienne, Khamour, qu'elle n'a pas pu se résoudre à laisser derrière elle et que dorénavant elle traite quasiment comme sa propre fille – se charge de le ramener dans le présent. Elle a aussi rapporté un copieux paquet de lettres écrites par leurs amis damascènes qu'indignait le rappel de son mari, dont ils louaient l'honnêteté et l'indépendance d'esprit, et qui souhaitaient ardemment son retour en qualité de consul. Le lendemain de l'arrivée d'Isabel, Burton écrit une longue lettre à lord Granville pour justifier ses actes et solliciter la permission de prendre connaissance de la correspondance ayant abouti à sa destitution.

Puis sa femme rameute tous ses amis et connaissances du Foreign Office pour demander des explications et quémander des excuses officielles, soumettant s'il le faut leurs épouses à un intense pilonnage. Laura Friswell Myall, qui n'est alors âgée que de neuf ans, n'oubliera jamais la visite faite par Isabel à sa mère. « Il me semblait, écrira-t-elle, que cette belle femme pouvait parler toute une journée d'affilée d'un seul et unique sujet : Ce cher Richard et le gouvernement. » Et de poursuivre en citant ce passage d'une lettre d'Isabel à sa mère : « Oui, ils sont en train de faire de ce pauvre homme [Burton] un véritable souffre-douleur, et il est incapable de se défendre tout seul. M. Friswell et vous pensez probablement qu'il n'a que ce qu'il mérite après avoir dit le bien qu'il pensait de la polygamie. Mais il n'a épousé qu'une seule et unique femme, et de plus il affectionne son foyer, qui lui manque sitôt qu'il s'en éloigne. »

« Je compatissais à sa peine, racontera Laura Myall, et j'avais envie de tuer tout le gouvernement. »[1]

Depuis qu'à Damas le ouali turc a été remplacé par un gouverneur plus ouvert et plus libéral, les lettres de louanges envoyées en Angleterre sont encore plus nombreuses. Persuadés que Burton a été pour quelque chose dans la chute de Rachid Pacha, qu'ils haïssaient, beaucoup de musulmans

1. Laura Friswell Myall, *In the Sixties and Seventies, Impressions of Literary People and Others*, Boston, 1906, 44. La lettre d'Isabel Burton à Mme Friswell appartient aujourd'hui au fonds Edwards Metcalf.

prient maintenant tous ensemble pour demander à Allah le retour du consul. Des missionnaires protestants écrivent pour déclarer que s'ils nourrissaient contre lui de solides préjugés au début de son mandat, ils en étaient venus ensuite à admirer sa « ligne de conduite résolue, ferme et droite ». Des religieux et des marchands musulmans – huit au total – ont signé une lettre dans laquelle on peut lire ces phrases : « Et nous n'avons point vu le mal en lui, et il aimait les mahométans aussi bien que ceux qui étaient sous ses ordres. Et de lui ne venait rien que la vérité, et toujours il allait avec justice et n'abominait rien tant que les menteurs. » La presse britannique prend maintenant fait et cause pour Burton, en sorte que, pour se justifier, le Foreign Office publie en mars 1872 un livre blanc intitulé *The Case of Captain Burton, late H.B.M.'s Consul at Damascus* (L'affaire du capitaine Burton, ex-consul de Sa Majesté britannique à Damas), lequel regroupe la correspondance officielle échangée lors de l'affaire, ainsi que le plaidoyer de Burton et bon nombre de lettres de protestation émanant de particuliers. Mais si, par ce livre blanc, le Foreign Office explique les choses, il n'y fait pas pour autant amende honorable.

Entre-temps, lord Granville a proposé à Burton le consulat de Pará, dans le nord du Brésil. Mais Burton a décliné la proposition, estimant qu'accepter ce poste d'importance secondaire reviendrait à approuver une rétrogradation manifeste. Et quand on attribue à un autre le poste de Téhéran, vacant depuis quelque temps, il ressent à bon droit cette décision comme un camouflet. « Vous savez pourquoi les âniers égyptiens aiment tant les Anglais ? » demande-t-il à ses amis, les invitant à trouver la réponse à cette devinette dont l'énoncé témoigne de son amertume. « Parce que ce sont les Anglais qui attachent le plus d'ânes à leur service », s'empresse-t-il d'ajouter [1].

Durant ces mois d'attente, Burton fréquente assidûment le British Museum, où il s'isole pour composer une diatribe

1. Thomas Wright, *Life of Sir Richard Burton*, I, 249.

contre les juifs. « Si je pouvais choisir ma race, a-t-il pourtant écrit dans *The Highlands of Brazil*, il n'en est aucune à laquelle je voudrais davantage appartenir, en toute connaissance de cause, qu'à celle des juifs... » [1] De plus, il a longtemps compté parmi les admirateurs de Disraeli. Mais désormais, à l'exemple de beaucoup de ceux qui englobent tout à coup dans une vindicte l'entièreté d'une race parce que leurs relations avec tel ou tel de ses représentants ont été exécrables, c'est sur tout le peuple hébreu qu'il déverse sa hargne. Néanmoins il attribue aux juifs des qualités particulières dont il est lui-même, et il le sait, amplement pourvu, ce qui fait de son texte non pas un libelle antisémite stéréotypé, mais une réflexion sur les traits de son caractère qui l'apparentent aux juifs, sur l'ambivalence de sa propre personnalité.

Parmi les juifs, écrit-il, il en est qui ont « l'œil féroce, le front buté, les joues creuses, le regard perçant et inquisiteur, et qui affichent une détermination frisant l'audace ». Des passions violentes, de la pugnacité, l'amour du mysticisme, du symbolisme et des pratiques occultes, et aussi « une capacité de mensonge peu commune [et] un optimisme excessif » sont les principaux traits qu'il prête à toute la race. Les juifs, dit-il encore, sont intrépides et résolus, opiniâtres et courageux, mais également rusés et dénués de scrupules. On peut leur reprocher leur « âpreté au gain et leur astuce », mais « bien rarement les soupçonner de faiblesse, et jamais de stupidité ». Au Moyen-Orient, poursuit-il, les deux grandes familles d'Israélites se distinguent notablement l'une de l'autre. Burton estime que les séfarades, en dépit de leur intellectualisme et de leur érudition, sont poltrons et efféminés. Quant aux ashkénazes, ils ont apporté du nord une virilité dans le maintien, une force de caractère et une endurance physique qui, « en un mot [font d'eux] des *hommes*, au contraire des séfarades ». Burton, nous le verrons, en est venu de plus en plus à se juger ambivalent, nanti de composantes antagoniques, masculines et féminines, qui s'opposent l'une à l'autre pour domi-

---

1. *The Highlands of Brazil*, I, 403 *n*.

ner sa personnalité. De plus, c'est à la féminité qu'il associe l'érudition.

Aux yeux de Burton cependant, les juifs possèdent un trait de caractère dont il est lui-même dépourvu : un sens exacerbé de leur identité. En outre, ils sont doués selon lui « d'une vigueur, de forces vitales indestructibles, irrépressibles, de forces vitales prodigieusement supérieures, sans lesquelles ils eussent totalement disparu ». Au contraire, Burton s'estime, à tout le moins lorsqu'il essuie des revers, « mou » et privé de ressort. « Les Gentils, écrit-il, sont naturellement enclins à couler bas – voyez comme je donne de la bande –, alors que [...] le Peuple Élu a tout naturellement tendance à surnager. »

Ensuite, Burton se pose la question de savoir pourquoi le juif, nonobstant toutes ses vertus, a été implacablement persécuté tout au long des siècles, et là, il se rabat sur toutes les croyances antisémites héritées de l'époque médiévale. Le juif, déclare-t-il, est coupable de meurtres rituels (Burton énumère une vingtaine de crimes, tous imputés à des juifs entre l'an 1010 et 1840, mais son propos n'est fondé sur aucun fait historiquement attesté. Il se contente ici de reprendre à son compte la liste des atrocités commises par les juifs, telles que colportées par les pamphlets antisémites de génération en génération. [1])

Le juif civilisé des temps modernes, poursuit Burton, est tout autant capable de perpétrer « de terribles destructions, [car] c'est un lion assoupi [...] prêt à s'éveiller à la première occasion », tant la longue succession de défaites et d'oppressions subies par son peuple au cours de l'histoire le prédispose au meurtre. Réduite à l'essentiel, l'argumentation de Burton est la suivante : si le juif est persécuté, c'est parce qu'il est

---

1. Dans cette liste figurait le prétendu meurtre d'un enfant de deux ans, Simon de Trente, canonisé plus tard par l'Église catholique. Cependant, en octobre 1965, le pape Paul VI, sur la foi d'une analyse serrée des preuves retenues à l'époque du procès en canonisation, réhabilitera pleinement les juifs de Trente exécutés à la suite de ce présumé meurtre rituel. Il les déclarera innocents, et il interdira aux catholiques de prier pour le béatifié.

un meurtrier en puissance. Or, le juif a tué par le passé, donc, il est juste de le persécuter. Tout se passe comme si Burton – à qui souvent sa femme donne le qualificatif de « lion » – suivait inconsciemment la même démarche syllogistique pour se juger lui-même : Si on me persécute, c'est parce que je suis capable de meurtre. Donc, on est en droit de me persécuter. Ainsi se dessine le sentiment de faute qui le paralyse, lequel nous fait comprendre pourquoi il n'a rien tenté pour se défendre devant le Foreign Office avant que sa femme ne le presse avec insistance de le faire.

Après avoir fini d'écrire « Les juifs », et à l'exemple de beaucoup d'auteurs qui assouvissent par la diatribe leurs instincts meurtriers exacerbés par une défaite, Burton range son manuscrit dans sa bibliothèque. Par deux fois il l'en sortira pour tenter sans conviction de le publier, mais jamais l'ouvrage ne paraîtra. Après sa mort, sa femme déclarera vouloir le publier à son tour, en même temps que d'autres manuscrits, mais elle décédera avant de mettre ce projet à exécution. C'est finalement le biographe d'Isabel, W.H. Wilkins, qui fera éditer cet ouvrage en 1898, en pleine affaire Dreyfus, et alors qu'une vague d'antisémitisme déferle sur toute l'Europe [1].

Voilà maintenant des mois que Burton est désœuvré, et l'argent vient fâcheusement à lui manquer. Or, il a un solide

1. Edwards Metcalf possède une lettre adressée le 12 mai 1877 à un éditeur du nom de Grattan Geary, dans laquelle Burton annonce à ce dernier que son manuscrit sur les juifs est terminé. « Dites-moi si vous le voulez, ajoute-t-il, ou plutôt s'il ne vous fait pas peur. » Cet essai, qui finalement sera publié en 1898 dans *The Jew, The Gypsy, and El Islam*, a toujours gêné les biographes de Burton, qui d'une façon générale s'appliquent à escamoter son antisémitisme ou à en réduire l'importance dans le dessein de mettre en évidence son sentiment de culpabilité et son manque d'estime de soi. Même Wilkins ne peut se résoudre à publier les fragments les plus virulents de *The Jew...*, et en particulier le passage qui traite du meurtre rituel chez les juifs séfarades de Damas et de l'assassinat d'un certain Pedro Tomaso en 1840. La partie du manuscrit contenant ce passage sera « vendue » en 1908 à Manners Sutton, qui essaiera de la publier. Mais un procès intenté par l'héritier littéraire désigné par Isabel Burton, D.L. Alexander (qui fera valoir que ce manuscrit a simplement été prêté à Wilkins) interdira cette publication. Voir le *Times* du 28 mars 1911.

coup de fourchette et aime les plats raffinés, en sorte que sa mise à l'écart lui pèse grandement. Au point qu'un soir dans son journal il raconte que depuis un certain temps il a fort envie d'huîtres, mais qu'il a délibérément allongé le pas pour se détourner d'un étal d'écailler. « Elles étaient à trois shillings la douzaine [...] épouvantable. Un luxe qui m'est interdit », écrit-il [1]. Seules les familles respectives de Richard et Isabel sont au courant de leur impécuniosité, et sir Gerard leur épargne une humiliation publique ou les sauve d'un lourd endettement en les invitant à venir passer plusieurs mois dans son domaine de Garswood. A cette époque (au mois de décembre 1871), il ne leur reste exactement que quinze livres. Mais dans le train qui les emmène à Garswood, l'une des précieuses pièces d'or qu'ils possèdent tombe du sac à main d'Isabel et glisse entre le plancher du wagon et la porte. C'est vainement qu'elle tente de la récupérer. « J'étais assise sur les planches, racontera-t-elle, et il était assis près de moi, son bras autour de ma taille, pour essayer de me consoler. »

Pourtant ils partagent des moments heureux et on continue de les inviter à de grandes réceptions. Lord Houghton et lord Strangford sont pour eux des hôtes chaleureux, ainsi que lady Marian Alford. On les présente au prince de Galles, à Disraeli et à Gladstone, et plus tard Disraeli en personne les conviera à souper. Sachant que Burton n'aime pas les femmes âgées et disgracieuses – n'a-t-il pas écrit que « rien ne distingue une vieille d'une guenon, si ce n'est la civilité » ? – les Disraeli s'amusent à le confondre. Assise près d'un miroir, Mme Disraeli, qui a tout à la fois de l'âge et un physique ingrat, désigne à Burton sa propre image réfléchie et lui pose cette question :

– Il me semble voir un être simiesque dans la glace. Pas vous ?

Burton sauve adroitement la situation :
– Si, Madame, fait-il. Je me vois très bien. [2]

---

1. Cité dans *Life*, I, 591.
2. Thomas Wright, *Life of Sir Richard Burton*, II, 47.

Dans le cours du printemps 1872, un financier qui spécule sur les valeurs minières propose à Burton de couvrir tous ses frais s'il se rend en Islande pour y prospecter les ressources naturelles en sulfures. De plus, il s'engage à lui verser ultérieurement une somme de deux mille livres s'il découvre là-bas des dépôts exploitables. Burton part immédiatement pour Reykjavik, où il débarque le 8 juin. Mais si le rapport qu'il établit est prometteur, il semble bien que les espoirs qu'il nourrit de voir mettre en exploitation les soufrières qu'il a situées sur la carte seront finalement déçus, car plus tard une lettre signée du pseudonyme *Brimstone* (« le soufre ») et publiée par le *Mining Journal* l'accusera d'incompétence. « J'ai la plus grande admiration pour le voyageur qu'est le capitaine Burton, écrit l'auteur de la lettre, mais ses capacités de prospecteur minier me semblent absolument inexistantes. »

A quoi Burton se fera un malin plaisir de répondre :
« Je ne sais pas le moins du monde qui est M. Brimstone, mais je dois dire qu'il mérite qu'on lui administre une dose du principe actif du même nom [...] en fusion, j'entends. »[1]

En définitive, au bilan de cet été-là, il mettra l'écriture d'une étude en deux volumes qui, à l'exemple de son ouvrage sur le Brésil, est mièvre et passablement pédante. Bien qu'*Ultima Thule* regroupe tout ce qui se rapporte à l'Islande – histoire, géographie, géologie, peuplement, particularités fiscales, industrie de la pêche, économie, et aussi un exposé des relations politiques de l'île avec le Danemark –, la lecture de l'ouvrage donne l'impression que pour la première fois de sa vie Burton n'écrit que par un reste d'habitude, pour garder la main. Il se refuse, lui qui a vu l'Himalaya et les Andes, à s'extasier sur les montagnes d'Islande, et il qualifie les geysers d'attrape-nigauds. Les Islandais, nous dit-il, sont sales et le plus souvent inamicaux. Et comme naguère lorsqu'il partait

---

1. Deux lettres signées Brimstone furent publiées les 29 août et 19 septembre 1874, en réponse au rapport établi par Burton sur les dépôts de sulfure islandais et publié dans la même revue, *Mining Standard*, le 1ᵉʳ novembre 1872. Burton reprendra en partie cette correspondance dans *Ultima Thule; or, a Summer in Iceland*, II, 300.

en expédition, il a quitté l'Angleterre la tête pleine d'images affriolantes et nostalgiques. « Lumineuses visions de ces filles de Vikings qui baisent l'étranger sur la bouche, le débarrassent de ses ultimes vêtements, placent un flacon de brandy sous son oreiller et une jatte de lait ou de crème à côté de son lit – qu'en reste-t-il ? » écrit Burton. Les Islandaises ? « Des Nordiques réfrigérantes que ne guide que leur tête [...] Gorgones qui vous changent en statues de pierre. »[1]

Pendant que Burton était en Islande, le poste consulaire de Trieste est devenu vacant et lord Granville a écrit à Isabel pour l'inviter à presser son mari de l'accepter. Trieste était alors le seul débouché maritime de l'empire austro-hongrois, mais si le consulat britannique n'y était pas des moindres, les émoluments du consul n'avaient rien de comparable avec ceux que percevait Burton à Damas (six cents livres annuelles au lieu de mille). Mais Burton a accepté, déclarant à Isabel que c'était là une solution d'attente, et qu'il n'avait pas perdu tout espoir d'obtenir un jour le Maroc. Pourtant, Maria-Louise Ouida affirme qu'il détestait la fonction consulaire, sachant fort bien qu'il n'était pas diplomate de carrière, et qu'il n'accepta le poste de Trieste que pour complaire à sa femme.

Après son retour d'Islande, Burton ne s'embarque, seul, pour Trieste que le 24 octobre 1872, car à Londres il s'est donné le temps de se faire exciser une tumeur de la région dorsale consécutive à une ancienne meurtrissure. Isabel, qui comme à l'ordinaire est chargée de faire les bagages, ira le rejoindre un peu plus tard, par voie de terre. Mais le voyage de Burton dure plus longtemps que prévu, et c'est à Venise qu'Isabel, sans nouvelles de lui, le retrouve. Occupé à écrire dans le salon du vapeur en attendant l'appareillage pour Trieste, Burton a la surprise, en levant la tête, de voir sa femme surgir en compagnie du consul de Grande-Bretagne à Venise.

– Mais... que fais-tu ici ?

---

1. *Ibid.*, II, 160 ; I, 353.

— La même chose que toi! lui réplique-t-elle d'un ton un peu acerbe.

Plus tard, le consul à Venise racontera l'anecdote, qui, répercutée de proche en proche, finira par revenir aux oreilles des Burton passablement déformée, puisqu'Isabel affirmera qu'on la lui a rapportée de la façon suivante : Richard et elle voyageaient en Europe, chacun de son côté, et, par hasard ils s'étaient rencontrés à Venise sur la piazza San Marco. Là, ils s'étaient serré la main « en frères », puis séparés pour regagner leurs hôtels respectifs, où chacun s'était remis à la rédaction de son ouvrage, comme si pareille coïncidence était pour eux monnaie courante [1]. En réalité, tous les deux usent de cette même expression — « en frères » ou « comme deux frères » — sans même se rendre compte, semble-t-il, que cette formulation sous-entend implicitement que ce qui unit le plus étroitement un couple a pour eux cessé d'être. Pourtant ils ne peuvent plus se passer l'un de l'autre. « Je suis un jumeau dépareillé, et elle est le complément qui me manque », déclare un jour Burton de façon sibylline [2]. Et bien qu'il continue de se soustraire pendant de longues périodes à la présence de cette « nordique » — cinq mois en 1875, sept en 77-78, six en 1880 —, il est manifeste qu'il dépend de plus en plus d'elle au fur et à mesure qu'il prend de l'âge.

Le poste consulaire de Trieste est à vrai dire une sinécure. « Vous me semblez avoir toutes les qualités requises pour percevoir six cents livres par an à ne rien faire », a déclaré lord Derby à Charles Lever, le prédécesseur de Burton. Si Trieste est de dimensions modestes, c'est aussi une ville cosmopolite où se côtoient Autrichiens, Italiens, Slaves, Grecs et juifs. Les Burton y vivent au dernier étage d'un hôtel, dans un spacieux appartement de dix pièces, auxquelles ils en annexeront peu à peu de nouvelles, tant qu'au bout d'un certain temps ils en occuperont vingt-sept. Plus tard, après qu'ils seront entrés en possession de plusieurs héritages, ils seront assez fortunés pour acquérir un « palazzo ».

1. *Life*, II, 3.
2. Thomas Wright, *Life of Sir Richard Burton*, I, 251.

L'appartement qu'ils occupent tout d'abord, rapporte un journaliste du *World* en 1877, est placé sous le double signe de la croix et du croissant. Dans les pièces placées sous le signe de la croix (parmi lesquelles une chambre comportant un autel et transformée en chapelle), Isabel a disposé les collections d'objets pieux qu'elle révère. Les autres pièces abritent la bibliothèque de Burton (huit mille volumes), et ce n'est partout que gravures orientales, plateaux d'or et d'argent, *kilims* de nomades, émaux persans et divans couverts d'étoffes damascènes. Dans les coins s'entassent des fusils, des défenses de sanglier, des armes blanches de toutes provenances et de toutes factures, et d'innombrables instruments scientifiques. Et aussi tout un panthéon de divinités, relate ce même journaliste, où côte à côte siègent Vichnou et un Goupâti à trompe d'éléphant. Au contraire, les chambres à coucher, « d'une simplicité toute spartiate, sont meublées de petits lits de fer recouverts de peaux d'ours ».

Burton écrit chacun de ses livres sur une table distincte, se déplaçant de table en table lorsque la fatigue le gagne. Le reporter du *World* n'en dénombre pas moins de onze, toutes encombrées de manuscrits, de plumes et d'encriers. « Voyez-vous, lui confie Burton, ma femme et moi sommes comme deux frères qui vivent *en garçons* *. Nous nous partageons le travail. Je me charge de ce qui est pénible et scientifique, et elle de tout le reste. Quand nous avons travaillé toute une journée et nous sommes dit tout ce que nous avons à nous dire, nous avons besoin de nous détendre. Alors on fait popote avec une quinzaine d'amis qu'on retrouve autour de la table d'hôte du restaurant, et on ripaille en buvant du vin de pays produit sur les coteaux, à un florin et demi la pinte. De cette façon-là on coupe à la monotonie de la vie casanière, que nous détestons l'un comme l'autre. »[1]

Burton souffre affreusement d'insomnies, et chaque matin Isabel se lève entre trois et quatre heures pour lui faire infuser

---

1. Isabel reproduira l'article du *World*, intitulé « Captain Richard Burton at Trieste », dans *Life*, II, 4 et suiv. Voir aussi *Life of Sir Richard Burton*, II, 17.

du thé. A cinq heures il prend une collation – pain, thé, fruits – et il écrit ou travaille sur ses livres jusqu'au repas de midi. Ensuite, Isabel et lui font une heure d'escrime, ou encore, lorsque l'été tire à sa fin, vont se baigner dans l'Adriatique. C'est à cette heure seulement que Burton se rend au consulat. Pour fuir la chaleur estivale ils vont souvent à Opçina, un village slovène situé à trois cents mètres au-dessus du niveau de la mer, d'où l'on jouit d'une vue admirable sur les Alpes juliennes. Lors des longues randonnées qu'ils font dans la montagne, Burton se munit invariablement d'une canne de marche en fer, aussi pesante qu'un fusil, afin de garder à ses muscles leur vigueur. Rien d'étonnant, fera observer Edwin De Leon, si « un coup de poing de lui faisait l'effet d'une ruade de cheval »[1].

Tout d'abord le Foreign Office n'est guère sourcilleux sur le chapitre des congés, et les Burton se rendent fréquemment à Venise, et de temps en temps à Rome, Londres, ou dans quelqu'une des stations thermales allemandes qu'ils affectionnent particulièrement. Et si, à Trieste, Burton a l'impression d'être enfermé dans une aimable prison, en revanche Isabel s'y sent tout à fait chez elle. « Mon foyer de prédilection [...] ma bien-aimée Trieste », écrira-t-elle. Le vendredi, elle reçoit ses amies. Souvent Burton s'impatiente de leurs bavardages, au point qu'un jour il interrompt leur réunion en faisant brusquement irruption dans la pièce où elles prennent le thé pour jeter un manuscrit sur la table et ressortir sans un mot. « Piquées par la curiosité, rapportera Seaton Dearden, plusieurs d'entres elles se penchèrent en babillant sur le manuscrit gisant au milieu des tasses de thé. Il était intitulé *Le Pet à travers l'histoire.* »[2]

Pour Burton, s'astreindre quotidiennement à un travail de rédaction, c'est « élever le plancher de son savoir ». Au cours des huit années qui suivent son rappel de Damas – de 1872 à 1880 –, il publiera huit nouveaux ouvrages, soit treize

1. *Life*, 269, citation empruntée à un article sur Burton publié dans l'*Argonaut* par Edwin de Leon.
2. Seaton Dearden, *Burton of Arabia*, New York, 1937, 313.

volumes totalisant plus de cinq mille pages, sans compter huit cents pages d'articles destinés à des revues. Et si aucune de ces œuvres n'égale les remarquables parutions antérieures à son mariage, leur ensemble éclaire singulièrement les cheminements de pensée tourmentés de leur auteur, dont la curiosité ne s'est en rien émoussée.

Les deux meilleurs ouvrages qu'il publie durant cette période – *Zanzibar* (1872) et *Two Trips to Gorilla Land and the Cataracts of the Congo* (1876) – sont des remaniements de notes prises en Afrique plusieurs années auparavant. Quant à son séjour au Brésil, il nous vaut deux traductions : *Lands of the Cazembe in 1798*, œuvre de l'explorateur portugais Lacerda (l'adaptation paraît à Londres en 1873), et *The Captivity of Hans Stade of Hesse* (1874), dont la traduction est due à Albert Tootal, mais pour laquelle Burton a écrit une préface de quatre-vingt-quatorze pages. Fruit des années qu'il a passées à Damas, *Unexplored Syria* est un ouvrage décevant, car il s'agit d'une simple compilation dont une bonne partie a été rédigée par sa femme et par Charles Tyrwhitt-Drake alors que lui-même était en Islande. Dans ce livre, rien n'est dit de l'affaire ayant abouti à la destitution de Burton. De plus, si l'on excepte la partie constituant un recueil de proverbes syriens, on n'y trouve à peu près rien qui se rapporte à la vie quotidienne, l'essentiel du texte étant consacré aux fouilles effectuées par Burton parmi les vestiges d'un passé disparu. *Unexplored Syria* rebutera bon nombre de critiques peu intéressés par l'archéologie, et qui ne percevront pas que l'ouvrage pourtant, par certains côtés, n'est pas dépourvu d'importance et d'originalité.

C'est en effet lors de son séjour en Syrie que Burton a eu connaissance de la découverte par Johann L. Burckhart, en 1812, de quatre stèles de basalte noir couvertes de mystérieuses inscriptions, et intégrées dans l'appareillage d'un mur de la ville de Hamath, et que, pressentant leur intérêt archéologique, il en a fait prendre le calque par un dessinateur syrien. Étant donné que depuis des siècles la boue avait encroûté les pierres, les calques étaient défectueux, mais quelque chose d'instinctif lui avait commandé de ne pas en faire nettoyer la surface. Pourtant, les reproductions de ces calques, bien qu'approximatives, qu'il publiera dans *Unexplored Syria*, attireront l'attention des archéologues britanniques, et après que Burton a quitté depuis un certain temps la Syrie, le Dr William Wright a obtenu du nouveau ouali turc, qui lui-même est érudit et collectionneur d'objets d'art, permission de démanteler le mur, de desceller les blocs de basalte et de les nettoyer pour en prendre des moulages soigneux et les envoyer à Londres. Quant aux stèles elles-mêmes, elles ont été expédiées au musée de Constantinople. Burton et Wright feront sourire plus d'un scientifique lorsqu'ils se diront convaincus de l'origine hittite des inscriptions, mais par la suite A.H. Sayce confirmera leur hypothèse en établissant que l'empire des Hittites était fort étendu et que les « pierres de Hamath » témoignaient bien de la même civilisation que les monumentales sculptures de Kara-Bel, dans la partie occidentale de l'Asie Mineure. Burton tentera de déchiffrer les inscriptions des quatre stèles, mais en vain. Pour qu'elles livrent leur secret, il faudra attendre la seconde décennie du vingtième siècle [1].

Dans *Unexplored Syria*, Burton relate aussi une étape de grande importance dans l'histoire de l'archéologie, celle que représente la découverte dans le village arabe de Dhiban, sur la rive orientale de la mer Morte, d'une dalle de basalte couverte elle aussi d'inscriptions et connue sous l'appellation de pierre de Moab, dont l'existence a été révélée en 1868 par un missionnaire. Charles Simon Clermont-Ganneau – l'orientaliste et diplomate français en poste à Jérusalem qui s'est joint aux Burton et à Tyrwhitt-Drake lors de leur visite aux lieux saints en 1871 – a eu l'intention de reproduire les ins-

---

1. Voir A.H. Sayce, *The Hittites, the Story of a Forgotten Empire*, Londres, 1890; Curt W. Marek, *The Secret of the Hittites*, New York, 1956, 17; William Wright, *The Empire of the Hittites*, New York, 1884. Dans son livre intitulé *Explorations in Bible Lands During the Nineteenth Century*, Philadelphie, 1903, Hilprecht porte au crédit de Burton la première publication des inscriptions de Hamath (p. 756).

criptions de façon scientifique, mais avant même de pouvoir mettre son projet à exécution, les Arabes ont brisé la pierre et en ont distribué les fragments aux habitants du lieu, en manière de talismans destinés à préserver les récoltes du mildiou. Clermont-Ganneau a pu néanmoins récupérer ensuite deux grands fragments et dix-huit petits et reconstituer ainsi une partie de l'inscription, dont il a publié en 1870 des photographies et une traduction qui ont ébranlé le monde scientifique, comme le fera au siècle suivant la découverte des manuscrits de la mer Morte.

Cette pierre, qui plus tard sera envoyée au Louvre, était le premier témoignage archéologique d'un événement rapporté par la Bible. Elle relatait la victoire remportée au neuvième siècle avant notre ère par Mescha, roi de Moab, sur Omri, roi d'Israël, haut fait que narre aussi le Livre des Rois, à cette différence près que dans le récit biblique ce sont les Hébreux qui triomphent. Burton souligne l'importance de cette découverte avec une satisfaction qu'il a peine à déguiser : « Il est évident, écrit-il, que dans le Livre des Rois nous foulons du pied une terre enchantée, alors qu'avec la stèle nous tenons une chronique réaliste, localisée, et contemporaine des faits évoqués. Le premier récit nous propose, en un seul chapitre, un *prophète*, un miracle et un phénomène si inexplicable qu'il relève quasiment du surnaturel, alors que le second traite de bout en bout du monde tel que nous le connaissons encore aujourd'hui. Et quiconque sera sans parti pris pourra aisément trouver la réponse à cette question : où est l'histoire authentique, et où l'histoire romancée ? »[1]

A Trieste, Burton n'a rien perdu de sa passion pour l'archéologie. Tout d'abord il fera des fouilles dans la péninsule istrienne, dont il rendra compte en octobre 1874 dans la revue britannique *Anthropologia*, de création toute récente. Plus tard le comte Gozzadini l'invitera à faire des excavations dans

---

1. *Unexplored Syria*, II, 329-30; *Athenæum* du 13 avril 1872, 464-7; James B. Pritchard, *Ancient Near Eastern, Texts Relating to the Old Testament*, Princeton, 1955, 320 et suiv., et *Archaeology of the Old Testament*, Princeton, 1958, 103-6.

la nécropole découverte dans la propriété qu'il possède près de Bologne. A cette époque, les mystérieuses civilisations préromaines échauffent les esprits, et on met littéralement au pillage les tombeaux étrusques et villanoviens. Pourtant, les archéologues italiens s'efforcent de procéder aux fouilles avec davantage de rigueur et de consigner scientifiquement leurs découvertes. Burton se lie bientôt d'amitié avec certains d'entre eux – en particulier avec les Prs Calori et Fabretti, ainsi qu'avec le recteur de l'université de Bologne, Capellini – et en 1876 il publiera le résultat de leurs recherches sous la forme d'un guide intitulé *Etruscan Bologna*. Et à l'exemple de ces hommes de science il tentera de percer l'énigme de la langue étrusque (laquelle attend toujours sa pierre de Rosette et son Champollion), mais en pure perte.

Ce qui le frappe, c'est ce qu'il appelle la « pudeur » et la « respectabilité » de la statuaire et des hauts-reliefs funéraires; il sait parfaitement voir que l'art étrusque est influencé par les autres expressions esthétiques du Moyen-Orient, et qu'à son tour il influencera profondément l'art de la Rome antique. Ce qui est extraordinaire, c'est qu'en écrivant comme il le fait sur une civilisation disparue, dont la statuaire profuse et merveilleuse exalte avec tant d'allégresse et d'exubérance la vitalité et l'érotisme naïf, il compose un livre si morne et si exsangue. On dirait que Burton, constatant qu'il ne peut comprendre ces Étrusques par le truchement de leur langage, reste bouche cousue. Quoi qu'il en soit, en l'occurrence il n'est plus, comme il le dit lui-même, qu'« un torrent qu'engorge la vase ».

En Angleterre, la critique fait mauvais accueil à *Unexplored Syria*, bien que divers archéologues, entre autres Sayce, Arthur Evans et Heinrich Schliemann, celui qui a identifié le site de Troie, viennent voir Burton à Trieste. Le *Scotsman*, le *Standard* et le *John Bull* jugent le livre superficiel, inconsistant et fantaisiste. Même l'*Athenæum*, pourtant bien disposé à l'égard de Burton, analyse son ouvrage sans complaisance. Seule la *Gazette* prend fait et cause pour lui : « C'est assurément une nouveauté, écrit son critique littéraire, que de voir *cet érudit invétéré (c'est moi qui souligne)*, taxé d'inconsistance, d'inexactitude et d'approximation hâtive... Il serait plaisant d'observer les pygmées s'affairant à livrer assaut à ce Gulliver lettré des temps modernes. » [1]

The Inner Life of Syria, Palestine and the Holy Land, le livre d'Isabel, est publié la même année – 1876 – qu'*Etruscan Bologna*. Les critiques l'encensent et il se vend fort bien. Ainsi donc, outre les déboires que lui ont valus ses fonctions consulaires, Burton doit se faire à l'idée que sa femme est à présent une rivale dont même un vieil ennemi à lui, le rédacteur en chef de l'*Edinburgh Review*, porte aux nues « les superbes et talentueuses descriptions de scènes saisies sur le vif ». Jusque-là il a considéré avec bonhomie le talent de plus en plus affirmé de sa femme, estimant qu'il en est le promoteur et qu'à bon droit il peut en tirer fierté. Mais de la voir maintenant triompher ne peut que raviver en lui l'amertume de son propre échec et corrompre leurs relations conjugales.

Un jour, en la présence d'un ami, Isabel ne peut se retenir, pour agacer son mari, de se targuer de son propre succès.

– Tu me fais penser à une machine de fer, lui dit-elle, mais les traits d'esprit, l'éclat viennent de moi.

– L'éclat d'un ver luisant sur le retour, j'imagine, lui réplique-t-il avec aigreur [2].

Cruelle métaphore, si l'on songe que le ver luisant émet notoirement une lumière froide. Le fait qu'Isabel relatera beaucoup plus tard cette anecdote donne à entendre aussi que la repartie l'a profondément meurtrie.

Démoralisé par la sévérité de la critique autant que déçu

---

1. Une collection de ces revues de presse est annexée à l'exemplaire du livre que possédait Burton (Bibliothèque du Royal Anthropological Institute). Une note de l'éditeur nous apprend que le 6 février 1877, seuls 230 exemplaires de l'ouvrage avaient été vendus (pour un tirage de 1 500). Aux termes du contrat, Burton devait recevoir trois shillings par exemplaire à partir du 750ᵉ exemplaire vendu. A vrai dire, *Etruscan Bologna* pâtit grandement du succès de librairie remporté par *Cities and Cemeteries of Western Etruria*, œuvre élégamment tournée de George Dennis, consul de Grande-Bretagne en Italie, laquelle consistait en une histoire des découvertes archéologiques faites entre 1842 et 1847.

2. *Life*, II, 255.

de ne pouvoir percer les secrets de la langue d'une civilisation éteinte, Burton renonce à l'archéologie. Pendant un certain temps il se consacre à l'histoire des Tsiganes – ces ultimes errants du monde moderne – avec lesquels il se sent des affinités particulières. Mais le plaisir qu'il prend à l'écriture de son essai de cent cinquante pages sur le sujet est assombri par l'âpre querelle qui l'oppose à un érudit français, Paul Bataillard, qui affirme avoir été le premier à découvrir que les Tsiganes sont originaires de l'Inde. Se fondant sur ce qu'il a écrit en 1851, Burton revendique la paternité de cette découverte [1].

En 1875, après que de nouveau il a sollicité en vain une mutation, Burton demande un congé de six mois pour retourner en Inde. Isabel est aux anges, car il lui a promis de l'y emmener. Entrepris le 31 décembre 1875, ce voyage signifie pour lui beaucoup de choses, sans nul doute, puisque c'est durant cette excursion dans son passé qu'il va entreprendre la rédaction de son autobiographie. A Djeddah, il se met à la recherche de vieilles connaissances, et à Aden il tente de revoir tous les Arabes qui l'ont accompagné jadis en Somalie. Il va même jusqu'à s'embarquer avec sa femme pour l'Inde à bord d'un navire bourré de hadji qui s'en reviennent de La Mecque, comme s'il espérait retrouver à bord les sons et les odeurs du bateau de pèlerins qui l'a transporté sur la mer Rouge au temps où lui aussi se rendait aux lieux saints de l'islam. Pour Isabel, cette traversée est une extraordinaire aventure vécue :

« Imaginez huit cents musulmans qui pour le pittoresque couvrent toute la palette des couleurs, du jaune citron au noir lustré de votre fourneau en passant par le *café au lait* *; des races de toutes les parties du monde occupant chaque pied carré du pont et de la cale, de l'avant à l'arrière [...] des

1. Burton avait émis diverses hypothèses sur l'origine ethnique des Tsiganes dans *Sindh, and the Races that Inhabit the Valley of the Indus*. Son essai sur les Tsiganes ne sera publié qu'après sa mort, dans *The Jew, The Gypsy, and El Islam* (1898).

hommes, des femmes et des enfants en bas âge, sales, sentant l'huile de palme. [Imaginez] la monotonie des jours qui s'étirent, l'air lourd et stagnant, chargé des relents de cette huile; le mal de mer, les corps non lavés, couverts de plaies, les morts et les mourants, la popote qu'on prépare sans jamais bouger – sauf pour se pencher au-dessus de la gamelle, aller chercher un peu d'eau ou s'agenouiller pour la prière – d'un espace tout petit ni quitter la place occupée au début de la traversée [...] Ce n'est pas la maladie qui les fait périr, mais l'inanition, l'épuisement, la faim, la soif, et l'opium [...] ils meurent de vermine et de misère [...] Nul ne peut imaginer pareil tableau s'il n'a vu lui-même cette crasse et respiré les immondes effluves qui émanent d'eux. » [1]

Pendant que Burton, un encrier dans une main et une plume dans l'autre, prend des notes à dessein d'écrire ses mémoires, mal assurée sur ses jambes car le bateau roule, elle parcourt le pont en distribuant sorbets, vivres et remèdes pour traiter les fièvres et les dysenteries. « Durant mes courtes périodes de sommeil je rêvais d'horreurs, écrira-t-elle. Plusieurs [pèlerins] venaient me voir chaque jour, me réclamant de l'eau pour se laver, des onguents, ou me demandant de bander leurs pieds couverts d'inflammations et de parasites. » Au cours des douze premières journées de mer, vingt-trois personnes trépassent. Jamais, où qu'ils eussent voyagé par le passé, Burton ne semble avoir désapprouvé le dévouement de sa femme. Mais cette fois, à Aden, il s'emporte violemment en apprenant qu'Isabel, qui croyait soigner un noir à l'agonie, a ensuite constaté qu'il n'était qu'ivre mort.

Outre les notices autobiographiques dans lesquelles il raconte sa vie jusqu'en 1847, l'année qui a marqué la fin de sa carrière militaire, Burton écrira aussi un livre, *Sind Revisited*, relatant ce voyage qu'il fait en compagnie de sa femme. L'ouvrage n'a rien de neuf, car il y reprend en grande partie *Scinde; or, The Unhappy Valley*, qu'il a publié en 1851, tout

1. Isabel Burton, *A.E.I., Arabia, Egypt, India*, 95.

en le remaniant pour y décrire les changements qui se sont opérés dans le pays au cours des trente-deux dernières années écoulées. Vieux souvenirs et impressions neuves s'imbriquent dans le texte, mais la plupart du temps Burton ne tente pas d'établir une chronologie de ce qui a changé. De temps à autre il se détourne de ses réminiscences pour dévoiler ses émotions du moment. C'est ainsi qu'en revoyant les vieux bâtiments du service d'Arpentage, qui lui remettent en mémoire les jours heureux de son insouciante jeunesse, il écrit : « Si j'étais une femme, je ne pourrais pas m'empêcher de m'asseoir pour pleurer un bon coup! » Quant à la ville de Karachi, elle est à ses yeux devenue, « extérieurement tout du moins, infiniment respectable et terne ». Entend-il par là qu'elle est à l'image de sa propre vie? Sans doute, si l'on en juge par cette phrase de son livre : « Qu'il est donc déplaisant de se revoir, soi, soi désormais défunt, tel qu'on était lorsqu'on avait trente ans de moins! »[1]

Isabel tient elle aussi un journal de ce voyage, dans lequel elle puisera lorsqu'elle publiera plus tard son second livre, *A.E.I., Arabia, Egypt, India*, où pour la première fois elle fera état de l'activité à laquelle depuis quelque temps elle se livre et consacre ses passions. A Trieste, au lieu de soigner les malades comme elle le faisait en Syrie, elle a organisé une S.P.A., du nom de Société pour la prévention de la cruauté envers les animaux, et à cet effet, elle a décerné des prix destinés à récompenser les actes de bonté les plus remarquables, et aussi usé alternativement de la menace et de la persuasion auprès des pires brutes, en sorte que dans la ville plus un seul ânier ne peut ignorer désormais le dessein qu'elle poursuit. Aussi est-elle enthousiasmée de découvrir en Inde des organisations de même nature que la sienne, et de visiter à Bombay un immense hôpital où l'on soigne les animaux malades, estropiés, mutilés. Alors qu'un jour dans cette ville elle se promène seule en calèche, elle voit un Hindou tordre la queue d'un bouvillon pour le faire avancer plus vite. Alors

---

1. *Sind Revisited*, I, 47, 257.

son sang ne fait qu'un tour : « Je me suis jetée hors de la calèche, écrit-elle, et tous les noirs [les Hindous] se sont serrés les uns contre les autres comme une compagnie de perdreaux effrayés [...] J'ai bondi sur le bonhomme, celui qu'il me semblait avoir vu brutaliser la bête, et je l'ai fait emmener par un policier. » Plus tard cependant, craignant de ne pas avoir fait appréhender le vrai coupable, elle fera relâcher celui qui a été arrêté, sans porter plainte contre lui, « à la condition qu'il promette de ne plus tirer sur la queue d'une vache ». Et de conclure sa narration d'un ton contrit en ajoutant : « Si mon mari ne m'avait pas modérée, j'aurais constamment été sous les verrous pour coups et blessures, car des spectacles de ce genre me font oublier que je suis une dame. »[1]

On serait tenté de penser d'une femme si décidée à porter un coup d'arrêt aux mauvais traitements infligés à des animaux qu'elle doit se sentir elle aussi brutalisée. Pourtant, elle s'applique à nous persuader que Richard est la gentillesse même :

« Il n'était pas seulement le meilleur des époux, mais le plus agréable et le plus facile à vivre [...] Je l'ai très rarement vu s'emporter, sauf, comme je l'ai dit, lorsqu'il était témoin d'un acte cruel, ou injuste, ou indigne, ou immoral [...] jamais de toute notre existence nous ne nous sommes querellés, ni même n'avons échangé des mots un peu vifs [...] quand il m'arrivait de le voir agacé par quelque chose et de sentir que l'irritation me gagnait, je sortais de la pièce sous un prétexte quelconque jusqu'à ce que cela passe [...] Je me souviens d'avoir un jour claqué la porte en sortant, et de l'avoir entendu éclater de rire [...]

» Je me flatte de pouvoir dire que dans la maison il n'y avait qu'une seule et unique volonté, la sienne [...] Je n'étais que trop heureuse d'avoir trouvé mon maître. »[2]

---

1. *A.E.I., Arabia, Egypt, India*, 235. En 1879, elle fera publier à Londres une brochure de trente et une pages intitulée « Prevention of Cruelty and Anti-Vivisection », dont la plus grande partie figurait déjà dans *A.E.I.*
2. *Life*, II, 258-9.

Une femme qui jamais ne se prend de querelle avec un mari capable de fureurs extrêmes, et qui ne sort en claquant la porte qu'une seule fois durant toute sa vie conjugale, nourrit assurément à l'égard du « meilleur des époux » une profusion de rancune vengeresse, même si son désir de prendre sa revanche est enfoui en elle si profondément qu'il n'affleure pas à sa conscience. A son retour de l'Inde, c'est avec un renouveau de ferveur qu'Isabel se remettra à œuvrer pour la Société de prévention de la cruauté envers les animaux, et qu'elle placardera sur les murs de Trieste des affiches promettant de nouvelles récompenses aux amis des bêtes et en appelant à la cessation des brutalités. Le texte de l'une de ces affiches sera celui d'une lettre imaginaire adressée à leurs maîtres par les chevaux de calèche et les bœufs de trait. Nous n'irons pas jusqu'à dire que cette lettre est de celles qu'aurait pu écrire Isabel à Burton, mais les résonances qu'elle éveille sont à cet égard significatives :

« Hé ! là ! Dieu m'a créé pour ton service. Il m'a aussi recommandé à ta bienveillance. Je n'ai qu'un seul désir, c'est de t'aimer et d'obéir à ta volonté. Alors, ne m'accable pas de mauvais traitements. J'ai de l'esprit, de la mémoire, de l'affection et de la gratitude. Seulement, je ne sais pas le dire. Je voudrais te comprendre, mais tu me fais si peur que je ne sais plus très bien ce que tu attends de moi. J'ai la tête qui bourdonne des coups que tu me donnes sur le museau [...] Traite-moi bien, et tu verras que je peux faire le double de besogne [...] Toi et moi serons contents et fiers d'avoir accompli notre tâche [...] »

C'était signé : « La plus fourbue des haridelles, au nom de tous les chevaux et de tous les bœufs triestins maltraités. »[1]

---

1. *A.E.I.*, 248-9.

XXIV

BURTON, L'HOMME AUX DEUX VISAGES

> *Mais ce n'est pas de propos délibéré qu'il est irrévérencieux [...] il dit les choses que les autres pensent et dissimulent.*
>
> Burton se jugeant à travers le personnage de Hadji Abdou, Avant-propos de The Kasidah

Vers la fin de sa vie, quand Burton doit se résigner à porter des lunettes pour lire, il est tout fier d'apprendre que sa fonction visuelle est inégalement affectée, et que la convexité des verres correcteurs qu'on lui prescrit n'est pas la même pour l'œil gauche que pour le droit. « Je t'ai toujours dit que j'avais une double personnalité, déclare-t-il alors à sa femme, et je crois bien que c'est un avantage quand je divague. »[1]

C'est là une allusion, fréquente chez lui, à la redoutable maladie qui l'a frappé en Afrique et au Brésil, durant laquelle il avait l'impression, dans les phases évolutives les plus aiguës, d'être partagé entre deux personnalités. Pendant des années il a eu la conviction d'avoir une nature duelle, de porter sur les choses deux regards différents, d'être perpétuellement en guerre avec lui-même, une guerre qui dans ses aspects les plus visibles opposait en lui l'homme d'action au lettré, l'homme d'épée au poète, le bretteur paillard et libertin au chercheur que tourmentent les secrets de la verdeur sexuelle. Lorsque Disraeli mourra en 1881, Burton établira un parallèle entre le défunt et lord Byron, qu'il admirait aussi grandement, faisant observer que l'un comme l'autre étaient doués de « cette sensibilité exacerbée, cette bonté de cœur féminine (mais certes pas efféminée) qui se referme sur soi pour s'abri-

---

1. *Life*, II, 268.

ter de la grossièreté, de la rudesse et de la cruauté du monde environnant »[1].

Burton se donne un mal infini pour dissimuler ce qui lui semble être le côté poétique ou « féminin » de sa nature, et c'est sous un pseudonyme qu'il publie en 1880, à compte d'auteur, les deux cents exemplaires de son premier poème, *The Kasidah of Haji Abdu El-Yezdi, a Lay of the Higher Law* (« la Kasidah de Hadji Abdou de Yazd, ou le Lai de la loi suprême »).

A la différence de bon nombre de ses écrits, cette œuvre soigneusement polie, peaufinée, exprime avec subtilité la philosophie de l'existence qui est celle de son auteur. Mais ce chant d'une poignante mélancolie, il l'attribue à l'un de ses vieux amis persans de Dâràb, qui prétendument lui en aurait donné le manuscrit pour le traduire au temps où il séjournait en Inde. Burton va même jusqu'à dissimuler le fait qu'il en est le traducteur et l'éditeur, se contentant de signer l'ouvrage F.B., initiales du nom d'emprunt – Frank Baker – dont il a usé jadis en publiant *Stone Talk*. Il brouille encore les cartes en ajoutant au poème des commentaires analytiques inclinant le lecteur à penser que commentateur et poète sont deux personnes distinctes, et aussi des notes infrapaginales expliquant le sens de diverses métaphores empruntées à la tradition islamique. Jamais Burton ne reconnaîtra publiquement être l'auteur de *The Kasidah*.

Publiée anonymement par Edward Fitzgerald en 1856, la première édition des *Robâ'iyât* d'Omar Khayyâm s'était attirée les louanges les plus flatteuses de Swinburne, Rossetti, lord Houghton et Burton lui-même, et grâce à l'astucieuse publicité de Schütz Wilson, l'œuvre avait pris rang parmi les poèmes de langue anglaise les plus connus. Burton espérait secrètement que sa *Kasidah* bénéficierait du même engoue-

---

1. *Lord Beaconsfield, A Sketch by Captain Richard F. Burton*, 12 p. (1881), 7. Dans *Life*, II, 212, Isabel Burton déclare de façon indirecte que cet écrit est postérieur à la mort de Disraeli. Norman Penzer se dit incertain de la date de sa rédaction.

ment et avait demandé à ses amis d'en soumettre le texte à Wilson.

« J'ai montré le *Lai* à Schütz Wilson, lui écrit un ami en réponse à sa démarche. Il m'a paru obnubilé par Omar Khayyâm et m'a dit : Vous savez, grâce à moi il en est à sa cinquième édition. J'ai eu beau essayer de lui faire comprendre que la *Kasidah* était encore plus vigoureuse que Khayyâm, il n'a pas semblé pouvoir se faire à cette idée-là ! »[1]

Éditée vingt-quatre ans après les *Robâ'iyât*, la *Kasidah* ne déchaîne pas l'enthousiasme. Cent exemplaires seulement trouvent acquéreur, et les invendus, selon toute vraisemblance, sont distribués gracieusement aux amis de Burton, qui pour la plupart croient de bonne foi qu'il n'est, à l'exemple de Fitzgerald, que le traducteur et adaptateur de l'œuvre. La revue de presse est indigente. « Nous sommes quasiment certains, écrit le *Scotsman* le 8 février 1881, que son ingénieux auteur cherche à nous mystifier. » Et le critique d'affirmer qu'à son avis le poème est dû à une certaine Mme Harris[2]. Burton, n'en doutons pas, ne peut être que mortifié en constatant qu'on attribue son œuvre à une illustre inconnue, ce qui ne peut que le fortifier dans sa résolution de ne pas en revendiquer la paternité. « La *Kasidah* est de moi si l'on peut dire », confie-t-il en privé dans une lettre adressée à Leonard Smithers le 2 août 1888, « mais je ne veux pas me l'attribuer au grand jour, car [l'œuvre] n'est pas mûrie et ne représente que la moitié du tout. »[3]

Quand plus tard Isabel reproduira la *Kasidah* dans sa biographie de son mari, elle prendra grand soin de dissiper toute équivoque donnant à penser que ce texte était une imitation des quatrains magiques de Fitzgerald, affirmant que l'œuvre avait été écrite en 1858, après que Burton était revenu de La Mecque, c'est-à-dire trois ans avant la parution des *Robâ'iyât*. Mais bien des aspects intrinsèques de la *Kasidah*, et aussi les

1. Thomas Wright, *Life of Sir Richard Burton*, II, 23.
2. M. Quentin Keynes possède un duplicata de cette critique, qu'à l'époque Burton avait classée dans ses papiers.
3. Fonds Edwards Metcalf.

nombreuses allusions au vieillissement et à la décrépitude qu'on y relève, prouvent que ce poème a été composé pour une bonne part lorsque Burton avait largement dépassé la cinquantaine. Les notes, tout particulièrement, sont à cet égard révélatrices, car c'est sa propre existence qu'elles résument :

« Je connaissais Hadji Abdou depuis bien trop d'années pour me souvenir de notre première rencontre [...] A son agilité d'esprit naturelle, à son don inné pour les langues s'ajoutait l'enseignement qu'il avait tiré de lectures des plus diverses et des plus éclectiques : bribes de chinois et d'égyptien ancien, d'hébreu et de syriaque, de sanscrit et de prâkrit, de slave (et plus spécialement de lituanien), de latin et de grec, de roman, de berbère, de dialecte nubien, de zend et d'akkadien, sans compter le persan, sa langue natale, et l'arabe classique, qu'il avait appris à l'école [...] Bref, sa mémoire était bien ordonnée, et il avait tous les talents, sauf celui de tirer parti d'eux [...] Il est aujourd'hui las d'errer de par le monde et de constater que tant de races médiocres s'en tiennent chichement à leurs opinions bien arrêtées, lui qui proclame le monopole de la Vérité [...] Il aspire, bien sûr, à prêcher la foi qui lui est propre, une sorte d'humanitarisme à l'orientale teinté de scepticisme, ou, comme on le dit de nos jours, d'habitudes de pensée nourries de scientisme [...] Certains taxeront mon Hadji d'irrévérence, le tiendront pour un *tissu de complaisances et de perniciosités d'un lieutenant de Satan* [...] Mais ce n'est pas de propos délibéré qu'il est irrévérencieux [...] il dit les choses que les autres pensent et dissimulent. »

Puis Burton explicite la philosophie de Hadji Abdou, qu'il assimile à un « fatalisme évolué », un refus d'expliquer « toute croyance populaire et tout mythe par la chute d'Adam, par la dépravation originelle de la nature humaine et l'absolue perfection de certaines Incarnations se prévalant de leur divinité. Il [Hadji Abdou] ne peut que déplorer le triomphe du mal, lequel ne sera vaincu que si l'on extirpe l'ignorance qui le conforte et le nourrit ». Pour lui, déclare Burton, l'âme n'est qu'« un mot commode pour désigner la conscience que nous avons de notre personnalité, de notre identité », conscience, affirme-t-il, qui est en soi modelée par la géographie et par l'époque. En outre, la conception que se font du paradis musulman et chrétien n'est qu'une transposition idéalisée de la réalité présente.

La *Kasidah* s'ouvre sur une description de l'aube qui point sur le désert :

Proche est l'heure. Déjà la Reine évanescente
Marche vers son déclin en dissipant le voile
De la nuit, couronnée par l'éclat d'une étoile,
Trônant dans la clarté de son orbe de cendres :

Le jour point, embrasant la pâleur du Levant,
Laissant derrière lui, plus ténébreux encore,
L'enténébré. Ne dirait-on pas que l'aurore
Au front de braise geint, comme un souffle de vent ?

Empreintes de la conscience de l'irrémédiable, les strophes suivantes, en forme de lamento, expriment combien la durée s'accélère au fur et à mesure que l'existence s'achemine vers son aboutissement et que s'affirment les stigmates de la décrépitude :

Le chagrin m'accable l'esprit, m'étreint le cœur,
Me noie les yeux. Tout en moi n'est plus que chagrin.
Tout lasse et change et passe et tout court à sa fin.
Las ! Que le poids des ans inflige de douleurs...

Ce corps dont le bâti est de chair et d'os, corps
Au mortier de sang, appareillé de peau,
Hanté par le grand âge et miné par les maux,
Corps exhibant sa lèpre et celant son ichor...

Corridor incertain, tunnel énigmatique,
Dont le bout fut ouvert avant que d'excaver,
Qui s'enfle, s'étrécit, étiré, disloqué...
Improbable automate aux desseins mécaniques...

Oui, paisible est la vie dans sa crue de printemps
Et la sérénité du flot de l'âge d'homme;
Mais quand vient le temps du jusant, alors vois comme
Vers l'abysse les eaux refluent hâtivement.

Mort d'autrui, mort de soi, duplice est le destin.
Vent d'automne emportant les feuilles d'une vie,
Mais notre mort à nous... mondes anéantis,
Univers effondrés, ultime fin des fins.

Après ces considérations métaphysiques, le ton change et le poète condamne toute conception dogmatique de l'au-delà, et plus particulièrement l'eschatologie chrétienne :

L'accablant credo de la faute originelle
Jette sur l'univers un maléfique sort.
L'homme n'y voit que tombes, et sous les tombes encor
L'infernal rougeoiement de flammes éternelles...

Toute foi est erreur, et toute certitude.
Vérité... ce miroir en mille éclats brisé
Quand chacun croit que sa minuscule entité
Est article de foi pour une multitude...

Point n'est de paradis, et point d'enfer non plus,
Chimériques visions pour esprits infantiles,
Providentiels outils du féticheur habile
A exploiter la peur des âmes ingénues.

Le poème, de deux cent soixante-huit strophes, se conclut cependant par une apologétique profane et constructive :

Ne te ronge le cœur, dit l'antique sagesse,
Ne te lamente pas sur le passé défunt,
Fais ce que tu dois, sois brave et fort, va ton chemin,
Tel un astre serein, sans fougue ni paresse.

Fais ce que te prescrit la voix qui parle en toi.
Attendre les vivats n'est qu'insigne faiblesse
Seul vit et meurt avec la plus grande noblesse
Qui édicte et sait honorer ses propres lois.

Ce qui est paradoxal, c'est que cet ouvrage poétique publié par Burton avec un si profond manque de foi – et en s'attribuant un double pseudonyme, l'un en sa qualité d'auteur, l'autre en celle de « traducteur » et d'éditeur – finira par emporter le succès le plus durable. En quarante ans, la *Kasidah* sera rééditée quinze fois, et de nos jours on la publie encore. Reste qu'on la tiendra pour inférieure aux *Robâ'iyât*, ainsi que vraisemblablement le craignait Burton.

Bien qu'il doute de la force de sa poésie, Burton se flatte de savoir habilement traduire en anglais celle des autres, et surtout de savoir trouver la juste ligne de partage entre « l'inacceptable imprécision et l'intolérable servilité ». Mais ses prédilections le portent invariablement vers les poètes avec qui il se sent d'immédiates affinités : Camões d'abord, puis Catulle et les chantres, inconnus, des *Mille et Une Nuits*. Traduire, c'est porter le masque d'un autre, à tout le moins provisoirement, et c'est avec un soin extrême qu'il choisit les masques dont il va se parer. Comme Burton, Luis de Camões a mené une vie en tout point digne d'un personnage de roman. Né à Lisbonne en 1524, il est devenu un élégant et magnifique poète-soldat aux multiples amours, qui, entre autres emportements du cœur, s'est épris d'une esclave chinoise avec laquelle il a fait naufrage alors qu'il revenait de Macao. Il avait perdu l'œil droit, avait purgé une peine de prison pour avoir blessé un magistrat lors d'une rixe, et par deux fois on l'avait exilé du Portugal. Soldat, il avait servi dans les colonies d'Afrique et les comptoirs du Moyen-Orient, de l'Inde et de la Chine, et c'est alors qu'il séjournait à Goa qu'il avait composé son poème épique, *les Lusiades* (mot tiré du latin *Lusitania*, et désignant les Portugais), inspiré des aventures de Vasco de Gama. De retour dans son pays à l'âge de quarante ans, alors que sa grande œuvre était achevée, une sorte d'apathie l'avait éteint et il était tombé dans la misère. « L'infortune, disait-il, avait paralysé son génie. » A cinquante-six ans il était mort de la peste.

Burton commence sa biographie de Camões par un paragraphe qui pourrait tout autant s'appliquer à lui-même :

« Débutant dans l'existence sous les auspices les plus favorables et les plus prometteurs; partagé à l'âge d'homme entre les vicissitudes les plus extrêmes, plaisirs dépassant la mesure ordinaire et *terribles abîmes;* accablé, au milieu de sa vie, par le désenchantement des espérances bafouées; versant enfin, à une saison relativement précoce, dans le profond chagrin de l'amertume, de la détresse et de la disgrâce, c'est dans l'espace d'une seule trajectoire que l'érudit, le soldat, le voyageur, le patriote, le poète et l'incomparable homme de génie, a déployé des efforts, nourri des ambitions et vécu des événements qui d'ordinaire remplissent une demi-douzaine d'existences. »

Au temps où le jeune lieutenant Burton avait été envoyé à Goa pour y passer sa convalescence, il y avait traduit un certain nombre de strophes d'*Os Lusiadas*, qui ensuite avaient paru dans le *Bombay Times*. Au Brésil, il avait repris son adaptation de l'épopée de Camões, et une partie du Premier Chant avait été publiée, mais la relecture de sa traduction après impression l'avait tant consterné qu'il avait déchiré le reste de son manuscrit. Plus tard, une émulation toute littéraire l'opposera à son ami Jean-Jacques Aubertin, qui pendant quelques années avait vécu au Brésil et publié en 1878 sa traduction des *Lusiades*, laquelle lui avait valu une critique élogieuse. L'adaptation de Burton paraîtra en 1880, suivie deux ans plus tard par ses deux volumes de commentaires constitués d'une biographie de Camões, d'une analyse comparée des six traductions en anglais des deux premières stances des *Lusiades*, d'un résumé de l'histoire du Portugal et d'une superbe relation des voyages de Vasco de Gama, accompagnée d'observations fondées sur ce qu'il avait lui-même appris en séjournant dans les mêmes régions du monde. Enfin, Burton publiera en 1884 les *Poèmes lyriques* de Camões. L'ensemble de cette adaptation témoigne chez Burton d'une stupéfiante connaissance de la vie et de l'époque de celui qui de nos jours est devenu le poète national du Portugal. Cependant, les critiques, dans leur grande majorité, seront prompts à estimer que la fibre poétique de Burton n'égale pas celle d'Aubertin.

Pour n'importe quel traducteur, les textes de Camões sont d'une extrême difficulté. Burton dit de lui qu'il a l'exubérance, la vivacité et la fougue d'un Robert Burns, et que ses chants d'amour coulent comme « une lave en fusion de l'âme du chantre ». Tous les adaptateurs anglais du poète lusitanien ont constaté qu'il était horriblement ardu de transposer dans leur langue ses harmonies. Dans sa critique, publiée le 25 juin 1881, de la traduction des *Lusiades* signée par Burton, Oswald Crawfurd qualifie le poème épique de « méli-mélo d'aventure, de géographie, de revendication patriotique, d'histoire approximative et de classicisme discutable. L'attitude des spécialistes de la littérature étrangère, ajoute-t-il, a consisté pour une bonne part à déclarer : C'est assurément bon, puisque les Portugais l'affirment et qu'ils sont qualifiés pour le savoir. La vérité, c'est que Camões a écrit une invraisemblable épopée, mais qu'en grand poète et en magnifique styliste il a marqué ses strophes de l'empreinte de son génie ». Pour Crawfurd, la traduction de Burton est « la plus fidèle, la plus souple et la plus poétique des versions publiées jusqu'ici », et il en conclut avec générosité que Burton est lui-même un authentique poète.

D'autres critiques n'ont pas la même bienveillance. Étant

donné que *les Lusiades* ont été composées sur le modèle de l'*Énéide*, et qu'elles contiennent bon nombre de périodes grecques et latines, pour conserver à ces emprunts leur saveur originale, Burton a dû recourir à d'innombrables archaïsmes empruntés au classicisme ou au moyen-français, lesquels ont grandement indisposé ses lecteurs. Le *Scotsman* du 21 février 1881 juge *les Lusiades* « très prolixes et souvent ternes à l'excès, ses épithètes fastidieuses et sa construction pénible ». Et le critique d'ajouter sans ambages : « Le capitaine Burton n'est pas un poète, et sa traduction est de loin la plus insupportable qui soit. » Quant au *Manchester Examiner* du 17 janvier 1881, il déclare tout net que « le capitaine Burton ne sait pas écrire l'anglais d'aujourd'hui, ni non plus, manifestement, l'anglais tel qu'on l'a écrit ou parlé à telle ou telle époque particulière ». [1]

Bien qu'exaspéré par ces critiques sans complaisance, Burton reconnaîtra lui-même que ses *Lusiades* étaient « œuvre ciselée dans le bois, non pas dans le bronze, ni non plus de celles qui résistent mieux que le bronze à l'épreuve du temps ». Pourtant ce bois, ajoutera-t-il avec mélancolie, « a su gagner la sympathie et l'affection du sculpteur, et ce n'est pas sans regret que j'ai achevé mon œuvre » [2].

« J'étais née pour être riche, et lui aimait se faire passer pour riche », écrit Isabel de son mari. Mais il a beau réprouver son père, qui a dilapidé ses biens, avec l'âge Burton fait preuve

---

1. En revanche, d'autres, qui par la suite traduiront à leur tour Camões, rendront hommage à Burton. Ainsi, Audrey F.G. Bell estimera que « Burton a fait de sa traduction un superbe poème, dans lequel peut-être il a mis davantage de lui-même que de Camões ». Voir à ce propos *Luis de Camões*, Oxford University Press, 1923, IX. Jeremiah D.M. Ford écrit pour sa part que Burton « occupe une place de premier plan parmi ceux qui ont versifié en anglais *les Lusiades* ». Voir son introduction à *The Lusiads by Luis de Camoeens* traduits par sir Richard Fanshawe, Harvard, 1946, XXVII. Leonard Bacon, qui a traduit en 1950 *les Lusiades* pour l'Hispanic Society of America, et Geoffrey Bullough, l'éditeur de la traduction de sir Richard Fanshawe publiée en 1963 (et aussi l'auteur de la préface de l'ouvrage), ont proclamé l'un comme l'autre que l'adaptation de Burton leur a été d'une aide précieuse.
2. *Camoeens : His Life and His Lusiads*, II, 677.

d'une égale inconséquence. Nul ne sait combien il a perdu au Brésil lorsqu'il a spéculé sur les ressources minières, mais ce qui est certain, c'est qu'il ne plaçait son argent que pour satisfaire à son goût du risque. « Mieux vaut l'or que la géographie », écrit-il. Toujours est-il qu'entre 1877 et 1882 il se lance dans trois aventures ambitieuses qui en réalité ne sont que de mirifiques chasses au trésor.

Lors de son retour de l'Inde en 1876, le spectacle de la côte d'Arabie ravive en lui d'anciens souvenirs. Hadji Ouali, son vieil ami cairote, ne lui a-t-il pas raconté un jour qu'il avait découvert par hasard, dans le désert du Médian, un gisement aurifère que jamais il n'avait pu exploiter ? Stimulé par cette réminiscence, et aussi par la certitude, qu'il a puisée dans la Bible et la littérature arabe, que le Médian était jadis une région minière active, Burton s'arrête au Caire dans l'espoir de convaincre Ismâ'îl Pacha, le khédive d'Égypte, de l'autoriser à entreprendre une expédition de prospection dans le nord-ouest de la péninsule arabique, considérant que les techniques d'extraction modernes doivent permettre de révéler l'existence, sous les ouvrages d'excavation primitifs, de gisements d'une richesse considérable.

Sachant ce qu'était l'Égypte par le passé, Ismâ'îl Pacha est un monarque éclairé. Il a institué bon nombre de réformes éducatives et économiques, a réussi à obtenir des Turcs une indépendance de fait pour son pays, et a encouragé le percement du canal de Suez. Ambitionnant de rivaliser d'éclat avec les capitales des monarchies européennes, il a fait construire au Caire un opéra, pour l'inauguration duquel il a commandé à Verdi un drame lyrique en quatre actes, en l'occurrence *Aïda*. Se déclarant résolu à mettre un terme à la traite, il a convaincu de sa sincérité les gouvernements de l'Europe, et rares sont ceux qui savent que dans toute l'histoire de l'Égypte jamais le trafic des esclaves n'a été aussi florissant. Bien entendu, les banquiers européens n'ignorent pas qu'Ismâ'îl Pacha est incapable de rembourser ses emprunts, ni non plus que les grands travaux qu'il fait mettre en chantier, que ses extravagances et ses grandioses projets d'annexion du Haut-Soudan n'ont fait que saigner davantage un peuple déjà exsangue. Au début de l'année 1876, lorsque Burton sollicite une audience, les caisses du khédive sont quasiment vides et son crédit épuisé. Bien qu'il refuse de recevoir en personne Burton, Ismâ'îl Pacha ne décourage pas ses ambitions, et à la fin de l'hiver suivant il l'invitera à revenir au Caire pour lui accorder une audience privée.

Burton quitte à cet effet Trieste le 3 mars 1877, et son pouvoir de conviction est tel que le khédive fait mettre immédiatement à sa disposition un bateau et une escorte militaire [1]. Entre-temps, Burton a retrouvé la trace de Hadji Ouali, qui maintenant est âgé de quatre-vingt-deux ans et père d'une kyrielle d'enfants – le dernier vient de naître – que lui ont donnés ses nombreuses épouses. Accompagné de Georges Maria, un ingénieur des Mines français, et de trois autres Européens, Burton s'embarque le 25 mars 1877, avec bien entendu Hadji Ouali. Son journal témoigne de son exultation :

« Enfin ! Une fois de plus mes destinées me font échapper à la prison de l'Europe civilisée, et me régénérer le corps et l'esprit en étudiant la nature dans sa manifestation la plus noble et la plus admirable : la nudité. De nouveau je vais jouir du spectacle du " glorieux désert ", inhaler le souffle doux et pur du ciel transparent où les étoiles rougeoient à l'orée même de l'horizon, et me fortifier par une brève visite à l'Homme brut dans son foyer millénaire. » [2]

Bien que cette expédition, qui durera trois semaines, n'ait pour objet que d'effectuer une reconnaissance préliminaire, il ne fait aucun doute que Burton espère bien trouver le filon dans cet oued dont lui a parlé Hadji Ouali voilà bien des années. Seulement, le vieillard a tout de la caricature du prospecteur parti chercher fortune dans l'eldorado califor-

---

1. M. Edwards Metcalf possède une lettre – simplement signée Ismâ'îl – dans laquelle le khédive promet à Burton des concessions dans le Médian.
2. *The Gold-Mines of Midian and the Ruined Midianite Cities*, Londres, 1878, 1.

nien, et le moins qu'on puisse dire est qu'il prend ses désirs pour des réalités. L'expédition découvre bien d'anciennes excavations et rapporte au Caire des échantillons de sols contenant du quartz, du porphyre, de la néphrite et du basalte, et des analyses ultérieures prouveront que ces échantillons contiennent de l'or et de l'argent, mais en quantités infinitésimales, en sorte que leur extraction ne suffirait pas à couvrir les frais d'exploitation. Burton a également découvert la présence de gisements bitumineux, et eût-il prospecté au vingtième siècle et non pas au dix-neuvième, peut-être fût-il devenu le Crésus qu'il ambitionnait d'être.

Il faut attendre plusieurs mois les résultats des analyses d'échantillons, effectuées à Londres et à Paris. Pendant ce temps Burton persuade le monarque égyptien de souscrire à une deuxième expédition. Il a maintenant toute la confiance du khédive, qui publiquement le traite en hôte de marque et l'invite aux fêtes du palais, ainsi qu'Isabel, venue rejoindre son mari au Caire. Durant quatre mois, du 19 décembre 1877 au 20 avril 1878, Burton et son équipe d'ingénieurs, ayant établi leur base arrière à Muwaïla, procèdent à la cartographie et à l'exploration d'une zone de près de mille kilomètres de long, identifiant les sites de dix-huit villes en ruines dans le Médian septentrional, de treize autres dans le Médian méridional et envoyant des relevés topographiques à la Royal Geographical Society. « Nous rapportions, écrira-t-il, des observations détaillées sur des territoires tout à la fois anciens et nouveaux dont le monde civilisé avait totalement oublié l'existence. »[1]

D'un point de vue strictement géographique, le deuxième voyage de Burton dans le Médian a davantage d'importance que son pèlerinage à La Mecque. Mais pour sa part il considère que son expédition s'est soldée par un échec, car il n'a pas trouvé d'or en quantité suffisante pour envisager une exploitation profitable. De plus, le khédive refuse à présent, contrai-

1. *Land of the Midian* (Revisited), 2 vol., Londres, 1879, I, IX. Pour ce qui concerne les itinéraires décrits par Burton, voir le *Royal Geographical Society Journal*, 1878-9, XLIX, 1-150.

rement à ce qu'il avait promis, de lui rembourser les sommes, considérables, qu'il a personnellement engagées dans l'affaire. Si le premier des deux livres qu'il écrit sur le pays, *The Gold Mines of the Midian*, témoigne allègrement des espoirs qu'il nourrit, le second, *The Land of Midian (Revisited)*, exprime son désenchantement. Le « glorieux désert » s'y transforme en « une horreur hideuse et stérile », et les enchanteresses montagnes de la côte du Sinaï en « d'énormes entassements de décombres immondes qui ne dissimulent même pas par de la couleur leur indécente nudité, et qui tous rivalisent avec leurs voisins pour emporter le prix de la laideur répulsive ». Les vallées, déclare-t-il, ne sont « que des déversoirs vomissant, tels des torrents de lave, leurs débris de pierraille, de roches détritiques et de sable en un flot compact [...] Voilà le véritable aspect, lorsqu'on le voit de près, de ce qui de Makna apparaît comme une vision de pays enchanté. »

Les connotations sexuelles de ce vocabulaire laissent à entendre que le revirement d'attitude de Burton, sa répudiation du désert, traduisent chez lui un profond ressentiment. Et quand il quitte Le Caire, ville « d'intrigues, de rumeurs malveillantes colportées par les envieux [...] où on s'use à force d'attendre, écrira-t-il, un grand repos m'a submergé l'esprit : c'était comme de glisser sur les eaux calmes d'un havre après une tempête en mer ». A Trieste, racontera-t-il encore, « les visages amis m'accueillirent en souriant, et après une absence de quelque sept mois je me retrouvai dans la bonne ville qui nous avait donné asile durant les cinq dernières années »[1].

De temps à autre la presse britannique fait reproche au Foreign Office de prolonger l'exil de Burton à Trieste. Un journaliste fait de lui un homme « enchaîné à son poste [...] condamné par un destin pervers à un isolement qui doit lui peser presque autant qu'à Napoléon le rocher de Sainte-

---

1. *Land of the Midian* (Revisited), II, 260.

Hélène »[1]. Pourtant, tout semble prouver que la douillette sécurité que lui procurent ses fonctions consulaires prend pour lui de plus en plus d'importance. Bonne chère, bons crus, bonne compagnie, voyages fréquents [...] à tout cela s'ajoute cette vie de café un peu bohème dont il a été le témoin et qu'il a tant enviée du temps de son adolescence. Isabel nous rapporte le menu d'un de leurs dîners à Milan : truite mayonnaise, assiette de charcuterie, aspic de truffes et de pistaches, poisson au court-bouillon, filet de bœuf ravioli, terrine de gibier, bombe glacée, fromages, desserts, le tout arrosé de Gattinara de Lombardie et de Barolo piémontais. Londres n'offre rien de comparable.

Mais Burton a continuellement la bougeotte, et sa femme ne sait jamais si le désert — le désert et l'univers viril qu'il symbolise — ne vont pas un beau jour lui tourner de nouveau la tête. La tentation de repartir se présente à lui en 1877-1878 lorsque Charles George Gordon, général britannique, lui fait miroiter les avantages d'un changement de fonctions. Gordon vient d'accepter d'être placé sous les ordres du khédive et d'occuper le poste de gouverneur général du Haut-Soudan, avec mission de pacifier les tribus peuplant ce territoire et d'annexer les deux millions et demi de kilomètres carrés qui s'étendent de la frontière égyptienne aux grands lacs nilotiques. Gordon, qui de 1874 à 1876 a lui-même ajouté aux relevés cartographiques et à l'exploration du cours supérieur du Nil, écrit à Burton ces lignes le 21 juin 1877 :

« Voyez-vous, je sais que vous jouissez de six cents livres annuelles, d'un excellent climat, d'une vie paisible, d'une bonne table et de tout ce qui s'ensuit, et que vous vous consacrez à vos travaux littéraires, etc. Je ne doute pas un instant que vous en soyez satisfait, mais je ne puis croire que la petite sphère qui est maintenant la vôtre vous suffise entièrement. J'ai donc écrit au khédive pour lui demander de vous

---

1. Extrait d'un article de *West African Mines*, cité dans *Life*, II, 229.

nommer gouverneur général du Darfour, à raison de mille six cents livres par an, et de vous attribuer deux secrétaires à trois cents livres chacun [...] Il est temps pour vous de laisser maintenant une marque indélébile sur le monde et sur ces territoires. »

Le Darfour est une région montagneuse de trois cent mille kilomètres carrés située dans le Soudan occidental, où vivent des tribus que décime la traite des esclaves et qui haïssent autant les Égyptiens que les Turcs. Burton, qui à cette époque, tout à son aventure dans le Médian, est en proie à la fièvre de l'or, répond poliment à Gordon pour décliner son offre, alléguant l'insuffisance des émoluments proposés. « Seize cents livres, ou seize mille, peu importe, ne seront jamais une juste récompense pour un homme qui se dépense au Darfour durant un an », lui réplique avec une pointe d'irritation Gordon le 19 octobre 1877. « Mais je vous croyais suffisamment détaché, vous qui représentez ce que la nature fait de plus noble, pour ne pas donner tant d'importance à l'argent. Excusez ma méprise [...] pour autant que je me méprenne. »

Un peu plus tard, Gordon s'entretient avec Isabel alors qu'elle séjourne au Caire, et il la presse de convaincre son mari d'accepter le gouvernement général du Darfour, à raison de trois mille livres annuelles. Mais grisée elle aussi par le pactole que lui fait entrevoir l'or d'Arabie, elle décline en riant l'offre du général, à qui elle déclare que si l'affaire des mines du Médian prend la tournure espérée, trois mille livres suffiront à peine à payer les gants que s'offrira Richard. Gordon s'obstine, et de nouveau il écrit à Burton le 8 août 1878. « Je vous donne cinq mille livres [par an] si vous lâchez Trieste », Trieste, où à présent Burton est de retour, effondré, amer, car le khédive ne lui a pas remboursé un sou de ce qu'il a mis de sa poche. Et pourtant il refuse. « Nous sommes vous et moi trop semblables, écrit-il à Gordon. Il me serait aussi impossible de servir sous vos ordres que vous sous les miens. Le Soudan ne représente pas pour moi le nec plus ultra. Je n'ai pour vivre que mon salaire, mais j'ai une femme, et vous non. » [1]

Bien lui en prend, car Gordon attribue le poste du Darfour à Rudolf Carl von Slatin, un jeune officier autrichien, et peu après il prend sa retraite, laissant les mains libres à un indigène fanatique et révolutionnaire, mi-guerrier mi-ascète, Mohammed Ahmed Ibn as-Saïd, plus connu sous l'appellation de *Mahdi* (le Messie musulman), qui bientôt conquerra le Soudan et défera l'armée anglo-égyptienne. Lors de cette reconquête, von Slatin sera fait prisonnier en 1884 et ne sauvera sa vie que par un simulacre de conversion à l'islam. Pendant quatorze ans le Mahdi fera ensuite de lui son esclave. Quant à Gordon, il sera rappelé en Égypte pour prendre la tête du corps expéditionnaire britannique et périra en janvier 1885, lors de l'héroïque défense de Khartoum.

C'est avec incrédulité que Burton apprendra la mort de Gordon, et pendant longtemps, se refusant à y croire totalement, il affirmera que le général en chef a pu échapper au massacre. Et quand plus tard on publiera le journal de Gordon, Burton en fera une critique d'une grande sensibilité, rendant hommage à l'intégrité morale du disparu et à son prodigieux désintéressement, tout en rappelant aussi qu'il était parfois la proie de ces « hallucinations [...] auxquelles succombent après un certain temps tous ceux qui voyagent en Afrique » [2]. Étant donné que Gordon ne parlait pas l'arabe, Burton incline à penser qu'il aurait lui-même été mieux en mesure de contrôler la situation s'il avait été à sa place. « L'arabe est pour moi comme une langue natale, déclare-t-il à Frank Harris. Je le connais aussi bien que l'anglais. Je connais aussi le caractère arabe. On aurait pu régler cette affaire du Mahdi sans qu'un seul coup de feu soit tiré. Si Gordon avait bien connu les Arabes, il aurait pu se gagner l'amitié du Mahdi. » Dans les lettres qu'il adresse à la revue *Academy*, il déplore que les troupes britanniques aient tué

---

1. Ces lettres de Gordon à Burton sont citées par W.H. Wilkins, *op. cit.*, II, 645-75. Voir aussi *Life*, II, 43.

2. *Academy*, 11 juillet 1885, 19.

tant de noirs soudanais. Pour le bien de l'Égypte il préconise le démembrement des « immenses domaines du khédive », leur distribution aux paysans, ainsi que l'adoption de méthodes modernes d'exploitation des sols et l'industrialisation du pays. Construire des barrages sur le Nil, estime-t-il, permettrait de nourrir dix millions de bouches. Il considère encore que durant dix ans la Grande-Bretagne devrait faire du pays un protectorat, mais qu'ensuite l'Égypte pourrait être gouvernée par des citoyens instruits que seuls leurs mérites auraient fait accéder aux postes de commande de l'État [1].

Que serait-il advenu si Burton, en 1878, avait accepté ce poste qu'on lui proposait au Soudan ? Eût-il changé le cours de l'histoire égyptienne ? Ou au contraire connu le sort tragique du général Gordon ? Sur ce point, tout est conjecture, mais on peut tenir pour certain que jamais, comme Rudolf Carl von Slatin, le Mahdi n'eût fait de lui, pendant quatorze ans, un coreligionnaire réduit en esclavage au Darfour.

« Autant qu'il m'en souvienne, jamais je n'ai connu vie plus paisible et heureuse », écrit Isabel en évoquant sa vie conjugale entre 1879 et 1883 [2]. A cette époque, Burton se consacre à l'écriture de plusieurs livres – huit ou dix – et pendant de longues périodes il semble pleinement satisfait de son activité littéraire. Pourtant, c'est à cette même époque que sa femme est victime de divers accidents et que sa santé lui donne de graves inquiétudes. En avril 1879, elle a fait une chute à Paris dans un escalier qu'on venait d'encaustiquer, et depuis lors elle souffre, dans une jambe et dans la région lombaire, de douleurs qui depuis des mois la paralysent presque. Des séances de massage, puis des bains de vapeur et des cures d'eau sulfureuse à Vienne et à Marienbad l'ont quelque peu soulagée, mais un « rebouteux » qui a entrepris de la traiter n'a fait qu'empirer ses maux. De plus, le

---

1. Frank Harris, *Contemporary Portraits*, 194. Burton expose ces idées dans deux critiques de livres signées de lui dans la revue *Academy* (numéros du 19 janvier 1884, p. 46, et du 2 octobre 1888, p. 249-50).
2. *Life*, II, 181.

médecin qui l'a examinée en 1881 a diagnostiqué une tumeur ovarienne et, craignant d'avoir affaire à une affection maligne, lui a conseillé une intervention chirurgicale. Mais elle a tout à la fois refusé de se faire opérer et juré de ne rien dire à son mari de ce diagnostic.

Au cours de l'automne 1879, Burton décide de retourner en Égypte pour tenter de se faire rembourser les frais qu'il a engagés lors de ses infructueuses expéditions dans le Médian. Ismâ'îl Pacha a été contraint d'abdiquer, au mois de juin de la même année, en faveur de son fils, Toufik Pacha, que Burton espère convaincre soit de commanditer une troisième expédition, soit d'honorer les promesses de remboursement de son père. Mais Ismâ'îl avait vidé les caisses de l'État et, emportant les trois millions de livres du solde, s'était enfui à bord de son yacht pour chercher asile dans un palais sur le Bosphore.

Toufik ne prête pas la moindre attention à Burton, qu'il laisse « se ronger les sangs, fou de rage, réduit à l'impuissance et dégoûté de son infortune »[1], écrit Isabel. Au cours des six mois qu'il passe en Égypte, pendant plusieurs semaines il visite les ruines ptolémaïques de Médine et el-Fayoum ainsi que les lacs de sel de la région du Caire en compagnie de William Robertson Smith[2], exégète biblique et archéologue en quête d'anciens manuscrits. C'est à l'occasion d'une de leurs randonnées qu'ils rencontrent une caravane d'esclaves capturés au Soudan et acheminés d'oasis en oasis, en descendant le cours du Nil, manifestement au vu et au su du gouvernement égyptien. Des missionnaires britanniques ont déjà sauvé quatre-vingts captifs (sur mille), principalement des enfants, et Burton est épouvanté par le misérable spectacle qu'offrent ces jeunes garçons dont beaucoup sont destinés aux harems de Turquie et d'Arabie, et qu'à cet effet on a castrés.

Romulo Gessi, un explorateur du Nil qui avait participé à plusieurs expéditions sous les ordres de Gordon, a estimé que

1. *Life*, II, 177.
2. En 1913, dans *Totem et Tabou*, Freud rendra hommage à l'analyse minutieuse que Smith donne du « repas totémique » et du rituel sacrificiel.

de 1860 à 1876 – bien que la guerre de Sécession américaine eût pratiquement mis un terme à la déportation transatlantique des noirs – quatre cent mille indigènes originaires du Bahr el-Ghazal, du Darfour et du Kordofan ont été enlevés de leur pays et vendus comme esclaves. Les renseignements que recueille Burton au Caire et à Alexandrie le persuadent que les trois quarts des habitants du Darfour ont disparu et ont été conduits en Égypte, en Turquie et dans la péninsule arabique par des caravanes de négriers arabes. Il estime que chaque année huit mille de ces malheureux subissent ce qu'il qualifie pudiquement de « mutilation ». « La nature du sujet m'interdit de donner des détails dans des pages qui seront portées à la connaissance du public, écrit-il dans un article [1], mais en relatant les faits à mon gouvernement j'ai été aussi explicite que le permet la décence, et ma relation a de quoi vous glacer le sang. » Le rasoir tue environ le quart des garçons qu'on opère avant l'âge de cinq ans, déclare-t-il. A partir de dix ans, ce pourcentage s'élève à soixante-dix pour cent. La castration augmente la valeur marchande d'un esclave de dix, vingt-cinq et même quatre-vingts livres, selon l'âge du sujet. Plus tard, Burton sera plus précis : « [...] les parties sont tranchées d'un seul coup de rasoir, puis un tuyau (de métal ou de bois) est placé dans l'urètre, la blessure est cautérisée à l'aide d'huile bouillante et on applique dessus du fumier frais. Ensuite, on nourrit le patient de lait. S'il n'est pas encore pubère, souvent il en réchappe... » [2]

C'est alors que Burton demande à lord Granville de le nommer, à titre temporaire, commissaire chargé de réprimer la traite en mer Rouge. A cet effet il sollicite des canonnières en nombre suffisant, un salaire annuel de mille six cents à deux mille livres, et la garantie d'être réintégré au bout de deux ans dans ses fonctions de consul à Trieste. Qualifiant l'esclavage d'« insulte à l'humanité... de partie liée avec la mort et de pacte avec l'enfer », il réclame « une émancipation

1. « Comment mettre fin au scandale de l'esclavage en Égypte », reproduit dans *Life*, II, 195-210, avec plusieurs de ses lettres à lord Granville.
2. *Supplemental Nights*, I, 70-2 *n.*

générale et absolue » et la promulgation d'« un décret abolissant totalement et à tout jamais le commerce des êtres humains ». Lord Granville s'étonne probablement de constater que Burton cite William Lloyd Garrison, car il sait qu'il ne partage pas les idées des abolitionnistes les plus résolus, qu'ils soient anglais ou américains. Mais Gladstone, qui maintenant renonce à toute forme d'engagement britannique en Égypte et reste sourd à tous les anathèmes proférés contre la traite, refuse de donner satisfaction à Burton, considérant qu'il serait inopportun d'intervenir en mer Rouge. C'est en 1882 seulement que le Premier Ministre, à son corps défendant, imposera à l'Égypte une occupation militaire.

En mai 1880, peu de temps avant de regagner l'Europe, Burton est victime d'une agression nocturne dans une rue d'Alexandrie. Il riposte, ensanglantant ses poings, mais un coup sur la tête le fait chuter à terre et le laisse sans connaissance. Retrouvant ses esprits, il regagne en titubant son hôtel. Sa chevalière a disparu, et aussi la baguette de sourcier dont il se munit toujours quand il se déplace en Égypte. Mais ses agresseurs ne l'ont dépouillé ni de sa montre, ni de son portefeuille. Il ne révèle rien de sa mésaventure à la police et s'embarque pour Trieste, afin d'y trouver réconfort auprès de sa femme.

Mais quelque temps plus tard sa fièvre de l'or le reprend. En dépit d'un sévère avertissement qui lui a été signifié par les Affaires étrangères en mars 1881 – on lui a interdit de « se rendre dans un pays étranger à l'effet d'y promouvoir une entreprise commerciale ou industrielle, quelle qu'elle soit, ou d'obtenir une concession quelconque d'un gouvernement étranger » [1], en novembre de la même année il part pour la Côte-de-l'Or. James Irvine, qui dirige une société minière, lui a promis de couvrir tous ses frais et de lui donner une part des bénéfices s'il procède à une étude sur les concessions que pourrait obtenir la Guinea Gold Coast Mining Company dans les monts Kong et négocier des accords avec

---

1. Cité par Francis Hitchman dans *Richard F. Burton*, II, 402.

les chefs de tribus de la région. Un jeune explorateur qui a été le premier à traverser l'Afrique équatoriale d'un océan à l'autre, Verney Lovett Cameron, l'accompagne pour procéder aux travaux de prospection, alors que lui-même se chargera de traiter avec les indigènes. Au bout de deux mois de voyage, tous les deux rebroussent chemin, gravement malades. Cameron, qui a vingt-huit ans, recouvre promptement la santé, mais Burton, qui en a maintenant soixante et un, est forcé de gagner Madère pour y reprendre des forces. C'est de là qu'il écrit au Foreign Office pour demander qu'on le nomme gouverneur de la Côte-de-l'Or et qu'on place sous ses ordres un régiment composé de troupes recrutées dans les Caraïbes, lequel aurait pour mission de garder et protéger les exploitations minières. Pour toute réponse, Londres lui donne l'ordre péremptoire de s'abstenir de toute initiative visant à obtenir des concessions et à les exploiter [1]. L'aventure se conclura par un embrouillamini judiciaire, et Burton devra verser à la partie adverse jusqu'aux sommes avancées par lui pour couvrir ses propres frais... et comme toujours, il se retrouvera Gros-Jean comme devant.

Pourtant, il y avait de l'or dans ce territoire devenu aujourd'hui le Ghana, et, à la génération d'après, plus d'un Anglais s'y enrichira en appliquant les méthodes d'orpaillage énergiquement recommandées par Burton en 1882. On ne peut s'empêcher de se demander pourquoi, là encore, cette aventure minière de Burton, à l'exemple de toutes les autres, s'est achevée par un fiasco. Isabel prétendra que son mari a toujours été grugé par des gens sans scrupules, mais il semble bien que quelque chose chez Burton attire les catastrophes financières. A l'exemple des joueurs invétérés, on dirait qu'il éprouve un certain soulagement lorsqu'il est perdant. Même ses livres sont maintenant pour lui occasions de ruminer ses déconfitures. Alors que naguère ils étaient vivants, plaisants, et lucratifs aussi pour leur auteur, ils se sont désormais commués en compilations mornes qui la plupart du temps

---

1. *Ibid.*, II, 427.

ont exigé un travail de Titan, mais qui rebutent le lecteur. Après sa malheureuse aventure en Côte-de-l'Or, il publie un ouvrage en deux volumes, *To the Gold Coast for Gold*, dans lequel il raille – mais son rire sonne faux – ses précédents livres sur l'Afrique, « cannibalisant » en quelque sorte *Wanderings in West Africa* et *Two Trips to Gorilla Land*. Lovett Cameron a beau dire de Burton qu'il est la gentillesse même à l'égard des candides indigènes [1], il reste que les préventions foncières que de tout temps il a nourries contre les noirs transparaissent dans son texte, que la critique accueille fraîchement. Ainsi, le *Spectator* du 19 mai 1883 l'accuse-t-il vertement de « distribuer à tort et à travers des coups de gourdin avec la bonne conscience d'un homme sûr d'appliquer la bonne méthode ».

A présent, Burton doit souffrir le martyre tant il l'humilie d'aller d'éditeur en éditeur pour placer ses manuscrits. Néanmoins il continue d'écrire. De retour à Trieste en 1882, il se met à l'ouvrage pour reprendre un livre que jusque-là il n'a pu faire publier nulle part : son *Book of the Sword*, première partie d'un essai sur le sabre à travers l'histoire, essai qu'il compte faire paraître en trois volumes [2]. Aucune œuvre de Burton n'exprime de façon aussi symbolique sa « double personnalité ». Car c'est ici en sabreur qu'il écrit sur le sabre, en soldat sur l'histoire des armes blanches, et en explorateur que patiemment il passe en revue les chroniques de vingtaines d'explorations accomplies par d'autres. Pour Burton, le sabre est l'arme suprême, « la continuation de sa personne, le prolongement de son bras ». Il décèle en lui un symbole phallique et emprunte cette phrase au rituel funéraire des Égyptiens : « Il m'a engendré de son sabre. » Il relève aussi que « lors des mariages c'était le sabre qui représentait l'époux en son

1. « Burton as I Knew him », *Fortnightly Review*, décembre 1890, LIV, 878-84.
2. Burton a publié en 1876 une brochure de 59 pages intitulée *A New System of Sword Exercise for Infantry*, qu'il considérait comme le premier traité scientifique consacré au maniement du sabre. Par rapport aux autres écrits traitant de cette question, la brochure présentait deux innovations : la méthode Manchette et le coup de revers.

absence ». Traitant de l'infibulation chez les Africains, il rappelle encore que l'époux « [...] capable d'ouvrir l'épouse avec l'arme que lui a donnée la nature est un sabreur auquel pas une femme de la tribu ne pourra se refuser ». Mais ce symbolisme-là est en quelque sorte accessoire.

« L'histoire du sabre, c'est l'histoire de l'humanité », déclare-t-il. Le sabre a été « créateur autant que destructeur; [il a] sculpté l'histoire, formé les nations et modelé le monde. [Il a été] l'arme héroïque [...] celle que les dieux et les demi-dieux ont inventée et privilégiée [...] un personnage investi de pouvoirs tout à la fois humains et surhumains [...] Céder devant le sabre était faire acte de soumission; briser le sabre d'un autre, c'était lui infliger une dégradation. »[1] Pour Burton, le sabre et l'homme ne font qu'un.

Son premier volume a pour sous-titre « Naissance, origine et premiers accomplissements du sabre », et ses chapitres traitent de son usage dans l'antiquité – tant en Grèce qu'en Inde, en Égypte, en Perse, dans l'empire romain et l'Asie mineure – aussi bien que dans l'Afrique contemporaine. Pour qui s'intéresse à l'histoire des armes, de l'anthropologie, de l'art militaire et de la science, *The Book of the Sword* est un ouvrage de référence témoignant d'une stupéfiante érudition. Mais quasiment personne ne l'achète. Aussi Burton n'écrira-t-il jamais le second volume, ni le troisième, qu'il voulait intituler respectivement *The Sword Fully Grown* (« Le sabre dans sa plénitude », ou, si l'on préfère, « l'Age d'or du sabre ») et *Memoirs of the Sword, which after long declining revives once more in our day* (« Mémorial du sabre : long déclin et renouveau »).

Burton lui aussi amorce un « long déclin », et il le sait parfaitement. En 1884, peu après la publication de *The Book of the Sword*, une première crise cardiaque le terrasse. Déjà aux mois de janvier et février de cette même année des attaques de goutte l'ont fait horriblement souffrir. Le 14 mars, un domestique accourt vers Isabel pour lui dire que son mari

---

1. *The Book of the Sword*, XIII, XV, XVIII, 184; *Arabian Nights*, X, 108.

vient de tomber en syncope. « Je me précipitai, écrit-elle, et le trouvant au plus mal, je fis appeler deux médecins. Ils lui administrèrent trois fois vingt-cinq gouttes de digitale, à intervalles de cinquante minutes, et pendant deux jours et deux nuits pas un instant je ne le quittai. Les médecins craignaient qu'un caillot de sang ne lui montât au cœur, et jamais je n'oublierai ces instants d'angoisse. »[1]

Après cet accident cardiaque, qui aurait pu prédire que Burton, pour reprendre la formulation du titre qu'il entendait donner à son troisième volume sur le sabre, allait lui aussi connaître un « renouveau »? Et un renouveau qui dans sa vie prendrait le tour d'un long et surprenant chapitre.

---

1. *Life*, II, 273.

XXV

L'ESPRIT DÉSINVOLTE

> *Sache que huit choses donnent vigueur à l'éjaculation et l'activent. Ce sont la santé du corps, l'absence de tout souci et tourment, l'esprit désinvolte, la belle humeur naturelle, la bonne chère, l'aisance, la diversité des visages de femmes et la variété de leurs caractères.*
>
> The Perfumed Garden
> of the Shaykh Nefzawi [1]

« Esprit désinvolte » à l'extrême, Burton est un homme tout en secrets. Et de ces secrets, il en est qu'il ne peut s'empêcher de révéler. C'est là motif à se ronger les sangs pour Isabel, qui durant les dernières années de la vie de son époux vivra dans la terreur de le voir inculpé d'infraction à l'Obscene Publications Act (loi frappant d'interdit les publications à caractère pornographique) promulguée en 1857. De 1876 à sa mort en 1890, Burton éditera en effet, clandestinement, six ouvrages érotiques, et tomber sous le coup de la loi l'eût exposé automatiquement à des poursuites fort préjudiciables, voire catastrophiques, puisque le délit eût été vraisemblablement sanctionné par une peine d'emprisonnement. En effet, cette loi de 1857 donne pouvoir aux magistrats britanniques de faire procéder à la destruction de tous les ouvrages imprimés qu'ils jugent outrageants pour les bonnes mœurs et de délivrer à la police mandat de perquisitionner aux domiciles des personnes soupçonnées de contrevenir à l'Obscene Publications Act. Des cent cinquante-neuf poursuites antérieurement engagées par la Société pour la suppression du vice contre des éditeurs d'ouvrages présumés obscènes, cinq en tout et

---

1. Tiré du texte édité par Burton en 1886 et réédité, Londres, 1963, avec une introduction et des commentaires d'Alan Hull Walton, 230.

pour tout ont abouti à des inculpations, mais le tiers des imprimeurs de Holywell Street a dû fermer boutique, et les autres se sont reconvertis dans l'impression d'ouvrages pieux.

Et si, en 1857, on a joué à Covent Garden *la Traviata*, le roman d'où est tirée l'œuvre de Verdi a été interdit en Angleterre, et on est même allé jusqu'à mettre à l'index, par un habile détour, la traduction en anglais du livret de l'opéra, puisqu'en lisant le programme les spectateurs ont appris que l'opuscule était « épuisé ». En 1877, l'application de la loi est devenue encore plus stricte : cette année-là Charles Bradlaugh et Annie Besant ont fait l'objet de poursuites judiciaires pour avoir réédité une brochure plaidant pour la limitation des naissances, brochure dont les précédentes éditions étaient en vente libre depuis quarante ans. Bien que le chef d'inculpation eût été abandonné, cette affaire a donné à Burton un avant-goût de ce qui le guettait. D'ailleurs, en 1888, un éditeur âgé de soixante-dix ans, Henry Vizetelly, sera condamné à une forte amende et à trois mois d'emprisonnement pour avoir publié une traduction de *la Terre* d'Émile Zola. Il mourra dans la misère [1].

Si jusque-là le public anglais a toléré les écrits de Burton consacrés à la vie sexuelle des Dahoméens et des Sioux, que même les femmes ont lus sans s'effaroucher, c'est qu'il s'agissait d'ouvrages que l'on tenait pour des traités sur les « sauvages ». De plus, même lorsqu'il décrivait les mœurs de peuples primitifs, Burton ne s'est jamais aventuré à outrepasser certaines limites, à savoir celles qui départageaient la relation des faits de la discussion de l'acte sexuel en soi. Bien que les Anglais, ainsi qu'il le relève, tolèrent les « spirituelles paillardises » de Rabelais, ils tiennent Balzac pour un auteur qui choque la bienséance et interdisent à leur femme de lire ses romans, et aussi ceux de tous les écrivains français de l'époque. Le Dr William Acton, honorable praticien dont l'ouvrage, qui a pour titre *Fonction et*

---

1. Norman St. John-Stevas, *Obscenity and the Law*, Londres, 1956, et Alec Craig, *The Banned Books of England*, Londres, 1937, p. 46.

désordres des organes reproducteurs, a été six fois édité entre 1857 et 1875, note de façon catégorique que « la plupart des femmes (et c'est heureux pour la société) ne sont guère sujettes à des émois sexuels, quels qu'ils soient », et ce docte personnage a persuadé toute une génération de médecins britanniques que la masturbation provoquait la folie, la tuberculose et les cardiopathies, que les « excès conjugaux » étaient cause de graves dérèglements, et que la gonorrhée était d'origine féminine [1].

Burton, écrivant et traduisant à l'époque où la censure morale, la pudibonderie et la répression atteignaient à un sommet, et dont la femme était à tous égards un pur produit de cette trinité, a déclaré un jour ne « jamais avoir eu la prétention de comprendre les femmes ». Mais ce n'était là qu'une clause de style, car il en savait probablement beaucoup plus long sur la psychologie féminine que bien des éminents médecins britanniques. Il avait parfaitement perçu que d'une façon générale les Anglaises de bonne éducation, loin d'être dépourvues d'appétits sexuels décelables, vivaient « dans un frou-frou d'imaginaire copulation », mais qu'incapables, à l'exemple de la femme primitive, de « trouver dans leur corps un soulagement de l'esprit », elles s'adonnaient, par compensation, à la lecture de romans français, à la fantasmagorie et à d'« érotiques et anacréontiques visions ». Bon nombre d'entre elles, écrit-il encore, s'en remettent à « quelque antidote comme la religion, la morgue ou la frigidité. [Mais] plus d'une femme *comme il faut*, lorsqu'elle est affligée par l'aliénation de l'esprit ou la fièvre puerpérale, se répand alors en propos qui feraient rougir les bas quartiers et amènent ceux qui l'écoutent à se demander où elle a bien pu apprendre pareil vocabulaire. Et plus d'une vieille fille que l'on tient pour froide comme un glaçon, d'une mère de famille dont le plus beau titre de gloire est de ne jamais avoir donné prise à la moindre rumeur scandaleuse, d'épouse qui fièrement revendique le titre d'*univira*, doit trouver un exutoire aux

---

1. Wayland Young, *Eros Denied*, Londres, 1937, p. 46.

pensées qu'elle réprime dans ce qu'on peut qualifier de prostitution mentale ». [1]

L'exécration dont l'époque victorienne entourait toute expression de ce qui touche à la sexualité sera amplement dénoncée plus tard, exemples à l'appui, par la génération qui se révoltera contre cette féroce pudibonderie. Et l'histoire que se plaira à raconter Burton fera florès, du « mari qui le soir des noces trouve épinglé sur l'oreiller de sa femme résignée un billet portant cette phrase : Maman m'a dit de te laisser faire tout ce qu'il te plaira » [2]. Ce que l'on sait moins, c'est le harcèlement dont furent victimes, en France comme en Angleterre, les auteurs qui bravaient les interdits omniprésents. Ici, c'est George Eliot que le *Saturday Review* du 26 février 1859 rappelle à la décence, simplement parce qu'il s'est longuement étendu, dans *Adam Bede*, sur l'état de grossesse. Là, c'est Flaubert qui fait l'objet de poursuites judiciaires parce qu'il a publié *Madame Bovary*, et Baudelaire condamné en 1857 pour avoir rendu publiques ses *Fleurs du mal*. Leurs prédécesseurs sont nombreux, Tennyson, par exemple, qu'un critique a cloué au pilori en ces termes après la parution de *Maud* en 1855 : « A partir du moment où un auteur se fait le chantre de l'adultère, de la fornication, du meurtre et du suicide, qu'on l'inculpe en qualité d'instigateur de ces mêmes crimes. » A quoi Tennyson s'est contenté de répliquer : « Adultère, peut-être ; fornicateur, sans doute ; suicidé, pas encore. » [3]

Nous l'avons vu, bon nombre des notes infrapaginales de Burton ont été biffées par des éditeurs prudes ou pusillanimes. Et s'il a contribué en 1863 à fonder l'Anthropological Society of London, devenue plus tard l'Anthropological Institute of Great Britain and Ireland, c'était dans l'espoir que cette institution serait un organe scientifique permettant de publier de façon discrète des textes que les autres périodiques refuseraient très probablement. La Société a déjà publié ses « Notes

1. *Supplemental Nights*, VII, 404, 439.
2. *Ibid.*, V, 42 *n.*
3. Norman St. John-Stevas, *op. cit.*, 59.

sur un hermaphrodite », dans lesquelles il décrit les anomalies des organes génitaux qu'il a observées chez un enfant des îles du Cap-Vert, que les indigènes disaient bisexué, et que ses parents tenaient pour un garçon. Après examen, Burton avait conclu qu'il s'agissait d'une fille présentant « simplement une hypertrophie du clitoris »[1]. Dans sa communication, il usait d'une terminologie de clinicien, et nul n'y eût trouvé à redire s'il l'avait publiée dans une revue médicale. Mais les choses étant ce qu'elles étaient, cet article, et ceux qu'il rédigera plus tard, avaient donné des sueurs froides aux éditeurs de la publication.

« A peine venions-nous de commencer, écrit-il, que la *Respectabilité*, ce sépulcre blanchi rempli d'immondices, se dressa contre nous. *La Bienséance* nous accabla de ses vociférations impudentes et cyniques, et le frêle édifice de la confrérie se disloqua. » C'est alors qu'il persuade plusieurs membres de la société de faire scission pour constituer la London Anthropological Society, et de publier un journal ayant pour titre *Anthropologia*. Mais au bout de trois ans les deux sociétés ont de nouveau fusionné. « L'ombre implacable de l'honorabilité est sur eux, tortueuse comme la trace du serpent de verre. »[2]

Au cours de ses années en Inde, Burton avait constitué une collection de textes érotiques, qui tous ont été détruits peu après son mariage par l'incendie de l'entrepôt de Grindlay. S'il faut en croire Isabel, sur le moment il n'a pas accordé une importance excessive à la chose et déclaré que « le monde ne s'en porterait que mieux »[3]. En fait, il s'est mis à reconstituer le plus fidèlement possible ses manuscrits perdus, et dans les dernières années de sa vie il se mettra dans l'idée que le monde ne s'en porterait que mieux, certes, mais si lesdits textes, au contraire, étaient publiés. A vrai dire, sa bibliothèque a pris l'allure d'un véritable conservatoire de la sapience amoureuse de l'Orient, d'un répertoire des traditions

---

1. *Anthropological Society of London Memoirs*, 1865-6, II, 262-3.
2. Cité par E.W. Braybrook dans le *Royal Anthropological Journal*, 1891, XX, 295-8. Voir aussi Burton, avant-propos d'*Arabian Nights*.
3. *Life*, II, 439-40.

populaires et des œuvres littéraires qui jettent un éclairage particulier sur les plus importantes cultures de l'Asie [1]. Trop longtemps Burton a été ce « torrent engorgé par la vase », et pendant les huit dernières années de sa vie il libère le flot qu'il a eu tant de mal à contenir.

L'opiniâtreté avec laquelle il défend les textes qu'il édite à compte d'auteur procède peut-être du supplice qu'il a enduré. Les tribus les plus barbares d'Afrique, d'Amérique et d'Australie, observe-t-il, font instruire par des précepteurs, dès la puberté et pendant des mois, les garçons dans « la théorie et la pratique des relations sociales et sexuelles; alors que dans nos civilisations, où le fruit de ce savoir ne s'acquiert qu'au prix d'une douloureuse expérience, notre ignorance de ces choses-là entraîne des conséquences particulièrement cruelles » [2].

Chez la femme occidentale, estime-t-il, le bilan est encore plus catastrophique :

« Que de fois nous entendons des femmes de la bonne société se lamenter parce qu'elles ignorent tout de leur propre physiologie. Et de quel prix prohibitif les jeunes filles qui entrent dans la vie ne doivent-elles pas payer ces fruits de l'arbre du savoir. Allons-nous un jour nous décider enfin à comprendre qu'ignorance n'est pas synonyme d'innocence? [...] Car si [la femme] a des pieds, la décence lui interdit de parler de ses " orteils ". Pareillement, elle a des chevilles, mais pas de " mollets ", des genoux mais pas de " cuisses ", un estomac mais pas de " ventre " ni d'" intestins ", une taille mais pas de " hanches ", un buste mais pas de " chute de reins " ni de " fesses ". Un monstre, à vrai dire, un épouvantail à corbeaux [...] La bienséance défait ce qu'a fait la nature [...]

» D'une façon générale, musulmans et Orientaux appren-

1. Dans *Arabian Nights*, x, 201, Burton cite neuf ou dix œuvres communément tenues pour pornographiques, et qui à ses yeux ne sont que d'austères traités de médecine orientale.
2. Introduction d'*Arabian Nights*.

nent, et apprennent intelligemment, l'art mystérieux de réjouir les sens de la femme [...] Un simulacre d'honorabilité, tout ce que l'Angleterre et les États-Unis brandissent d'impudique fausse pudeur proclament ce chapitre immoral et répugnant : les détails de la chose donnent à la société comme il faut des haut-le-cœur. Voilà pourquoi les étrangers disent des Anglais qu'ils ont les plus charmantes femmes qui soient en Europe mais qu'ils sont les derniers à les satisfaire. Dans tous les pays d'Orient, d'innombrables volumes, qui pour beaucoup sont écrits par des physiologistes avertis, des hommes occupant un certain rang dans la société et des chefs religieux respectés, facilitent ce nécessaire apprentissage [...] »[1]

A présent, c'est à la publication discrète de plusieurs ouvrages de ce genre, sur la nature desquels on trouve des allusions voilées dans *Sindh, and the Races that Inhabit the Valley of the Indus*[2], qu'il a édité voilà bien longtemps, que Burton se consacre. En Chine et au Japon, il est fort courant d'offrir en présent aux jeunes époux ces livres de chevet d'ordinaire abondamment illustrés. Et chez les Hindous, qui exècrent le célibat sous toutes ses formes, l'apprentissage de l'art amoureux est non seulement considéré comme une chose normale, mais revêt aussi un caractère quasi sacramentel. Pas un temple dont le sanctuaire ne possède des emblèmes phalliques. Et souvent la statuaire des lieux de culte, à l'exemple de celle de Khajurâho, représente un ballet inspiré de l'acte d'amour.

Parmi les manuels érotiques hindous, l'un des plus célèbres est l'*Ananga Ranga*, œuvre composée en sanscrit au quinzième ou au seizième siècle par le poète Kalyânamâlla. Burton en possède trois traductions, respectivement en hindi, mahrati et gujarati. Il en existe d'autres en arabe, en persan et en turc. Burton et Foster Fitzgerald Arbuthnot – ce jeune fonc-

1. *Supplemental Nights*, VII, 438; *Arabian Nights*, X, 200.
2. P. 158-9.

tionnaire qui a servi en Inde est lui aussi excellent linguiste et collectionneur d'ouvrages érotiques – ont nourri conjointement le redoutable projet de publier l'*Ananga Ranga* dans une traduction anglaise. Arbuthnot a été lui aussi séduit par l'audace et la fougue de Burton, tout comme l'ont été avant lui six hommes – John Speke, Charles Tyrwhitt-Drake, Lovett Cameron, Albert Tootal, W.F. Kirby et Leonard Smithers – qui à des degrés divers ont collaboré à l'écriture d'au moins un livre publié par lui. Speke a été le seul qu'une querelle ait brouillé avec Burton, dont Arbuthnot est à présent le meilleur ami et le plus proche collaborateur.

Fils de sir Robert Arbuthnot, chef du service d'administration de l'Inde anglaise, Foster Fitzgerald Arbuthnot est né près de Bombay en 1833 et est entré à son tour dans le service en 1862. A l'exception des trois congés de longue durée qu'il est venu passer à Londres, il a continuellement vécu en Inde jusqu'en 1879, l'année où il a définitivement regagné l'Angleterre. Burton l'a rencontré à plusieurs reprises, d'abord en Inde, durant le peu de temps qu'il y a passé en 1854 entre ses deux voyages à La Mecque et Harar, ensuite en 1859-1860 à Londres, où Arbuthnot était en congé. Leur réciproque amitié s'est rapidement affermie, et pendant des années ils n'ont cessé de correspondre. Calme, effacé, tenace, admirateur de Balzac, amateur de peinture et de musique, mais, bizarrement, fermé à la poésie, Arbuthnot a très vraisemblablement fait part à Burton de son engouement pour l'*Ananga Ranga*, et Burton l'a encouragé à en traduire le texte. Arbuthnot s'est alors attelé à la tâche en se faisant aider par des lettrés hindous, puis il a rapporté son manuscrit à Londres, où il a séjourné de 1872 à 1874 et profité de son congé pour trouver un mode de financement à l'ouvrage et prendre bouche avec un imprimeur. Burton, qui lui aussi a passé une partie de l'année 1872 à Londres, a repris le manuscrit, dont il a considérablement amélioré l'élégance du style. Il a aussi rédigé la préface du livre.

Comme en hindoustani et en arabe, sous un titre en soi explicite – *les Plaisirs des femmes* –, *The Ananga Ranga*,

Stage of the Bodiless One, or the Hindu Art of Love (que l'on pourrait traduire par « l'Ananga Ranga, accession à la béatitude suprême, ou l'*Ars amoris* hindou ») est un recueil de recettes destinées à prévenir l'affadissement des rapports conjugaux. « Ainsi donc, vous tous qui lirez ce livre, écrit par le poète Kalyânamâlla, apprendrez que la femme est un instrument ô combien délicat, mais qui sait, lorsqu'on en joue artistement, produire les harmonies les plus exquises, exécuter les variations les plus compliquées et prodiguer les plaisirs les plus divins [...] J'ai montré dans ce livre que l'époux, en diversifiant les plaisirs de son épouse, peut vivre avec elle comme si elle était à elle seule trente-deux femmes différentes [...] ce qui rend impossible la satiété. »

De ce texte irradient une certitude, une exubérante candeur et une exaltation contagieuse des joies du corps. Parangon de toute féminité, « la femme-lotus » y est décrite sous les traits d'une créature « aussi charmante que la pleine lune [...] Son sein est ferme, plein, orgueilleux. Ses yeux, nettement ciselés et nimbés de grenat aux commissures, ont la splendeur des courbes graciles du faon [...] Son yoni ressemble au bouton de lotus qui éclôt, et sa semence d'amour (*kam-salila*, l'eau de la Vie) a le parfum du muguet qui vient de s'épanouir ». Le poète tient pour une évidence ce qui pour une bonne part ne sera pas admis par le monde occidental avant le vingtième siècle, à savoir que les mésententes conjugales et bien d'autres rancœurs qui font problème dans le couple et peuvent parfois pousser les conjoints au meurtre, ont pour origine l'insatisfaction sexuelle. Kalyânamâlla propose des moyens pratiques et plusieurs recettes proprement médicales de retarder l'orgasme chez l'homme – en particulier une méthode dont nous avons déjà parlé et qu'il désigne du nom d'Ismác – et de hâter sa venue chez la femme.

Bien que l'essentiel de l'*Ananga Ranga* consiste en conseils explicites ayant pour finalité de magnifier les relations conjugales, dans le dernier chapitre de l'œuvre le poète admet, de façon réaliste, que certaines unions sont irrémédiablement vouées à l'échec, et il expose aux conjoints les moyens de séduction dont ils doivent user, dans les cas semblables, pour changer de partenaire. Il donne aussi, comme il faut s'y attendre dans un ouvrage qui en fait est un guide pratique, des recettes de filtres d'amour et d'aphrodisiaques. « Les Européens raillent les prescriptions de ce genre, écrit Burton, mais les Orientaux sont infiniment plus avisés. Ils savent que diverses substances stimulent l'imagination, autrement dit agissent sur le cerveau, et que souvent elles ont pour effet de guérir temporairement l'impuissance. Les recettes permettant de traiter ce mal, qui n'est incurable que lorsqu'il procède des affections cardiaques [1], sont en Orient innombrables, et la moitié environ des ouvrages médicaux leur est consacrée. »

Il est cependant curieux qu'Arbuthnot, qui en 1873 est un placide célibataire dans la quarantaine (il ne se mariera pas avant l'âge de quarante-six ans) ait délibérément bravé des poursuites judiciaires à seule fin de voir publier l'*Ananga Ranga*. Il s'en explique avec conviction et subtilité :

« La première impression, lorsqu'on parcourt sans s'attarder sur les détails les écrits des sages de l'Inde, c'est que d'une façon générale les Européens et les sociétés modernes auraient grand avantage à tirer la leçon de plusieurs de ces traités [...] Bien des vies ont été gâchées, et les plus nobles sentiments de plus d'une jeune femme outragés par le brutal exercice de ce qui, disons-le, est devenu pour l'époux un " droit ". La sensibilité la plus intime et les illusions de celle qui vient au mariage à l'état de virginité sont cruellement piétinées lorsque les rideaux sont tirés autour de la couche nuptiale lors de ce qu'il est convenu d'appeler vulgairement la " nuit de noces ". Ou bien le maître fond sur sa proie tel un vautour, ou bien, ce qui ne vaut guère mieux, il pèche par ignorance. Il donne ainsi à la créature timorée qui est

---

1. Burton désigne ainsi les crises cardiaques. Sachant qu'il a écrit ce texte après l'attaque dont il a été lui-même victime, cette note au bas d'une page des *Arabian Nights*, IV, 32, témoigne de l'importance particulière que prennent pour lui ces questions.

devenue sa femme le sentiment d'être le jouet d'une brute féroce ou d'un crétin empoté. » [1]

Pour prévenir les tracasseries judiciaires, Burton et Arbuthnot décident de faire tirer l'ouvrage à leur compte, ne laissant à deviner qu'ils en sont les traducteurs qu'en usant de leurs initiales inversées. Ainsi peut-on lire sur la page de garde du livre : « Traduit du sanscrit et annoté par A.F.F. et B.F.R. Tirage limité à l'usage des traducteurs, à dessein exclusif de contribuer à l'étude de l'hindouisme et des us et coutumes des Hindous. » Le titre a également été modifié pour devenir *Kamasastra* (cette expression désignant en hindi l'amour et l'écriture, au sens spirituel et doctrinal du terme). Mais si les deux hommes sont décidés à braver les foudres de la censure, l'imprimeur, lui, ne l'est assurément pas, car après avoir tiré quatre (peut-être six) exemplaires des épreuves, il refuse d'aller plus avant. Pendant un certain temps Burton garde secrète cette fâcheuse mésaventure, dont Arbuthnot et lui relateront cependant les détails à leur excellent ami Ashbee, qui en 1877 inclura leur texte dans son *Index Librorum Prohibitorum*, ouvrage extrêmement fouillé consacré aux livres interdits en France et en Angleterre et fourmillant d'extraits croustillants rédigés en anglais, et non pas en latin comme son titre le donne à entendre. Ashbee, nous rapportent ses contemporains, était « un solide et corpulent gaillard plein d'affabilité, fasciné comme l'était Maupassant par les dessous de l'existence, la paillardise et les faiblesses qu'elle abrite ». C'était de plus un bibliophile passionné. Il usait du pseudonyme de Pisanus Fraxi, et il est probablement l'auteur d'un extraordinaire ouvrage anonyme en onze tomes intitulé *My Secret Life*, dans lequel sont décrites les aventures amoureuses d'un homme qui a pour maîtresses mille deux cent cinquante femmes au moins [2].

---

1. C'est Henry S. Ashbee, qui sous le pseudonyme de Pisanus Fraxi, publiera ce texte dans *Catena librorum tacendorum*, Londres, 1885, 462-3, édité à compte d'auteur.
2. Thomas Wright, *Life of John Payne*, 96. Voir aussi l'introduction de Gerhson Legman à *My Secret Life*, 1966, ouvrage publié par Grove Press.

De retour en Inde, Arbuthnot entreprend, sur le conseil de Burton, de traduire un ouvrage érotique plus célèbre encore, le *Kamasutra* de Vatsayana. Pour ce faire il requiert la collaboration de deux érudits hindous, Bhugwuntlal Indraji et Shivaram Parshuram Bhaïdi, en sorte que la traduction est prête lorsque Burton et sa femme débarquent à Bombay en 1876. Arbuthnot s'efforcera plus tard (par un texte publié en 1885 dans *Catena librorum tacendorum*, le second ouvrage d'Ashbee) de déjouer le flair des censeurs en affirmant que l'adaptation de l'œuvre est entièrement due à des pandits, mais la vigueur de l'expression anglaise indique sans équivoque possible que le texte définitif est le fruit de la collaboration des deux Anglais [1]. C'est vraisemblablement durant les vacances qu'il passe dans la demeure campagnarde que possède Arbuthnot, à proximité de Bombay, que Burton donne au manuscrit la hardiesse et la vigueur qui distinguent ses traductions de toutes les autres.

Mais ce n'est qu'en 1882 que les deux hommes, vraisemblablement avec l'appui de Monckton Milnes, résolvent le problème que pose l'impression de l'ouvrage par le détour d'un ingénieux subterfuge, dont la nature exacte sera tenue secrète pendant bon nombre d'années. En effet, ils fondent une maison d'édition fictive, la Kama Shastra Society of London and Benares, laquelle traite prétendument avec des typographes de Bénarès (la ville sainte de l'hindouisme, dans l'Inde septentrionale), ou encore de Cosmopoli (ancienne appellation de Portoferraio, ville principale de l'île d'Elbe). Comme Burton l'explique à John Payne dans des lettres datées du 23 décembre 1882 et du 15 janvier 1883, « Mon ami Arbuthnot [...] a fondé une société se résumant à lui et moi [...] Avec l'imprimeur nous avons tous deux lancé l'Hindu Kama Shastra *(Ars amoris)* Society. Voilà qui va faire écarquiller les yeux du public anglais. » [2]

---

1. W.G. Archer, à qui sont dues la première édition anglaise du Kâma sûtra destinée au grand public, et aussi sa superbe introduction, soutient qu'Arbuthnot « a dégrossi l'original et façonné la traduction », dont par la suite Burton a grandement amélioré le rythme et le style.
2. Thomas Wright, *Life of Sir Richard Burton*, II, 62, 66.

Leur première édition ne fait pas précisément écarquiller les yeux du public anglais, mais elle sera suivie de deux autres, et bientôt le texte comptera parmi ceux de langue anglaise qui seront le plus reproduits clandestinement. Il en sera ainsi pendant quatre-vingts ans. Œuvre d'un lettré célèbre qu'on pourrait qualifier d'« innocent de métier », le *Kamasutra* a toujours été considéré en Inde comme un livre éminemment respectable. « Composé entre le premier et le quatrième siècle de notre ère, il s'agit d'un condensé de plusieurs écrits dus à des érudits ayant vécu plus anciennement encore, condensé qui à son tour a inspiré au moins cinq commentaires. »[1]

C'est un livre tendre, recueil de sagesse et guide à usage familial où l'auteur, fidèle à la tradition réglant la composition des shastra, ou corps de doctrine, s'est senti obligé, à l'exemple de ses prédécesseurs, d'énumérer et de décrire toutes les positions amoureuses, fussent-elles acrobatiques ou absurdes. Il affirme aussi que l'éducation bien comprise d'une jeune fille doit inclure les « soixante-quatre pratiques », depuis l'art de tirer des sons harmonieux des « verres musicaux » (verres que l'on emplit d'une plus ou moins grande quantité d'eau) jusqu'à l'art de la guerre en passant par l'étude de la chimie, de la minéralogie et de l'architecture.

Certains chapitres, en particulier celui qui a pour titre « Mettre la jeune fille en confiance », sont d'une sensibilité extrême. L'auteur y recommande d'attendre que dix jours du moins se soient écoulés après le mariage pour consommer l'union charnelle, conseil de grande importance dans un pays où, pour la plupart, les époux n'ont jamais échangé un regard avant la cérémonie nuptiale. « Étant d'une nature tendre, la femme a envie de préliminaires qui soient tendres eux aussi, écrit l'auteur, et quand elle n'acquiesce que du bout des lèvres, parfois ces préliminaires lui rendent haïssable la fusion

---

[1]. Introduction de John W. Spellman au *Kâma sûtra* édité à New York en 1962 avec un avant-propos de Santha Râma Ran. L'expression « innocent de métier » est de Robert J. Clements et figure dans un article de *Saturday Review* (25 août 1962, 23) intitulé « More Wisdom from the Orient ».

amoureuse, et haïssable aussi, parfois, le sexe masculin. Un jeune époux ne doit pas avoir honte de faire preuve d'humilité devant son épouse, ajoute-t-il [...] car aussi pudique ou courroucée que puisse être une femme, jamais elle n'a de mépris, et c'est là une règle universelle, pour l'homme qui s'agenouille à ses pieds. »

Si l'auteur est fondamentalement moraliste, il est aussi réaliste, et avant tout infiniment soucieux d'aller au fond des choses et de prodiguer des conseils circonstanciés. Ainsi, il apprend à la courtisane comment s'y prendre pour soutirer de l'argent à son amant, ou pour se débarrasser de lui (par exemple en ne témoignant qu'une piètre admiration pour ce qu'il lui enseigne). A l'épouse recluse dans le zénana il expose l'art et la manière d'éliminer la favorite de son mari. A l'usage des homosexuels et des eunuques, il énumère les différentes « pratiques buccales du déduit ». Et aux hommes qui recherchent les aventures faciles il conseille de tenter leur chance soit auprès des « femmes qui font le pied de grue devant chez elles » soit auprès de celles qui « manifestent à leur mari une affection ostentatoire ». Avec un indéniable bon sens il recommande encore aux hommes de se tenir à l'écart des lépreuses, des folles, des mystiques, de celles qui dévoilent les secrets, ou bien qui sentent parce qu'elles se négligent, et enfin des épouses de leurs amis et connaissances autant que de celles des doctes brahmanes ou du roi.

En traduisant les passages les plus crus, Burton et Arbuthnot ont habilement réussi à ne jamais tomber dans l'obscène ou le trivial. Les mots dont ils usent sont toujours neutres, élégants et du début à la fin les deux adaptateurs recourent aux substantifs hindi – lingam et yoni – pour désigner les organes sexuels masculin et féminin. En 1962, quand l'ouvrage sera publié au grand jour en Angleterre et aux États-Unis, les critiques se déclareront presque unanimement surpris de ce que le *Kamasutra* ait pu être tenu pour une œuvre pornographique pendant tant de générations. Le public devrait ressentir de la gratitude, écrira Francis Watson, en se disant

« que tant de forêts auront été abattues pour que tout un chacun sache que les temps modernes ont redécouvert l'orgasme féminin, alors qu'il suffit d'une dissertation classique en six pages pour faire le tour de la question » [1].

Enhardis par le succès de la publication et de la diffusion sous le manteau du *Kamasutra*, en 1883 Burton et Arbuthnot dépoussièrent les épreuves de l'*Ananga Ranga*, vieilles maintenant de dix ans, pour en faire établir le texte sous le même titre, toujours en le faisant précéder de leurs initiales inversées, B.F.R. et A.F.F. Nous verrons dans le chapitre suivant que Burton usera de l'appareil éditorial de la Kama Shastra Society pour publier à compte d'auteur, mais cette fois à visage découvert, sa traduction du texte intégral des *Mille et Une Nuits*. Il aura à peine fini le tirage des dix premiers volumes de cette œuvre qu'un autre manuel érotique lui tombera entre les mains. Il se hâtera de le traduire et de le mettre sous presse. De cette troisième opération clandestine de la Kama Shastra Society naîtra ainsi *The Perfumed Garden of the Shaykh Nefzawi*. Écrite en arabe, probablement au quinzième siècle, l'œuvre a été traduite en français en 1850, puis imprimée clandestinement en 1876, et ensuite recopiée telle quelle et rééditée en 1886 par Isidore Lisieux. C'est le texte de cette dernière édition que Burton traduira en anglais. Le *Jardin parfumé* est un livre guilleret, composé de quelques histoires égrillardes et pour l'essentiel de conseils avisés, précis, mais qui jamais ne sont assortis de ces considérations cliniques et fastidieuses qui deviendront la règle dans les guides des jeunes époux publiés au vingtième siècle. Les organes sexuels de l'homme et de la femme y sont désignés sous une vingtaine de qualificatifs arabes accompagnés de définitions concises, amusantes, et qui parlent à l'imagination. L'ouvrage passe en revue les remèdes usuellement recommandés contre l'impuissance, entre autres l'ingestion

---

1. « Must We Burn Vatsayana » (« Faut-il brûler Vâtsâyana ? »), *Encounter*, mars 1964, 70.

d'œufs en grande quantité, ce qui donne à Burton l'occasion de rappeler que c'était là le mets de prédilection de Brigham Young. Souverain aussi le « verre de miel très visqueux contenant vingt amandes et une centaine de pignes de pin ». On trouve de plus dans le *Jardin parfumé* des recettes abortives, tantôt inopérantes et tantôt fort dangereuses, ce que Burton prend grand soin de préciser. Eu égard aux critères de moralité qui sont ceux de l'ère victorienne, le livre revêt un caractère encore plus pornographique que l'*Ananga Ranga* ou le *Kamasutra*. De nos jours, on ne verrait dans ce texte que réalisme érotique. Burton prévient le lecteur de ce que le dernier chapitre de l'original, incomplet, a été pour la plus grande part expurgé du fait qu'il traite de la pédérastie. Plus tard il se mettra en quête de la partie éliminée du texte, et, l'ayant trouvée, il la traduira [1].

Il est une question que d'une façon générale les biographes de Burton se gardent de soulever : celle de savoir s'il a ou non mis sa femme dans la confidence en lui révélant qu'il éditait clandestinement des manuels érotiques. « Pour me sauver la face, écrira Isabel après la mort de son époux, auprès de ses amis Richard a toujours fait comme si je ne savais rien de ces livres, et ceux qui aujourd'hui veulent se faire passer pour bien informés se croient autorisés à déclarer la même chose. Mais Richard m'a bel et bien tout dit. Simplement, il ne voulait pas que je lise ces ouvrages [2]. Mais il est

---

1. Pourtant, Burton avait déjà eu entre les mains l'original arabe, auquel il fait allusion dans *Pilgrimage to El-Medinah and Mecca* (II, 19-20) et qu'il attribue au cheikh al-Nafzawi. L'histoire de l'impression de ce texte est rapportée en détail par Alan Hull Walton dans son Introduction (1963) au *Perfumed Garden of Shaykh Nefzawi* traduit par Burton. Cependant, Walton modifiera l'orthographe du titre original et expurgera quelque peu le texte de l'ouvrage anglais. Burton a également supervisé l'impression de deux autres livres clandestinement édités par la Kama Shastra Society, *The Beharistan* (1887) et *The Gulistan* (1888). L'un comme l'autre avaient été traduits par Edward Rehatsek, un spécialiste des traditions populaires hindoues, qui avait passé en Inde la plus grande partie de son existence. Voir F.F. Arbuthnot, « Life and Labours of Mr Rehatsek », *Journal of the Royal Asiatic Society*, juillet 1892, et aussi Norman M. Penzer, *An Annotated Bibliography of Sir Richard Francis Burton*, 162.
2. *Life*, II, 443 n.

vrai qu'Isabel pouvait mentir de façon désarmante, et avec le plus parfait détachement, dès lors qu'il s'agissait de sauver la mise à son " cher Richard ". Nous le verrons, elle se défendra d'avoir jamais lu l'édition non expurgée des *Mille et Une Nuits*, déclarant que son mari lui avait expressément interdit de le faire. Mais pareilles allégations sont aussi fausses l'une que l'autre. Dans la collection Quentin Keynes figure en effet un manuscrit rédigé de la main d'Isabel (" My Deposition Regarding the Scented Garden "), dans laquelle elle affirme sans ambages que la Kama Shastra Society n'était qu'« un trompe-l'œil inventé par son mari pour jeter de la poudre aux yeux du public pendant l'impression de ses *Nuits*. J'étais là au moment où [cette société] fut créée, et plus d'une fois nous en avons bien ri. »

Isabel a-t-elle lu le *Kamasutra*, l'*Ananga Ranga* et le premier tirage du *Jardin parfumé* ? Nul ne peut l'affirmer avec certitude. Il est possible que Burton ait totalement mis sa femme dans la confidence, lui laissant tout loisir de lire ses manuscrits – n'avait-il pas jadis, de la même façon, raconté à sa propre mère d'horribles histoires pour la scandaliser ? – s'attendant bien sûr à des rouspétances indignées, mais très conscient aussi d'être le dispensateur de plaisirs coupables. Néanmoins, en admettant qu'Isabel ait puisé dans cette lecture une trouble délectation, comme en procure une potion aphrodisiaque, il eût assurément fallu la soumettre à la question pour le lui faire avouer. Pourtant, l'application systématique avec laquelle elle détruira les manuscrits de Richard quand il sera mort donne à entendre que si elle les a lus, c'est avec le sentiment de pécher bien plus qu'avec celui de se libérer. S'il en est bien ainsi, l'attitude d'Isabel n'aura fait que conforter la triste conviction de Burton, à savoir qu'en matière amoureuse le franc-parler ne résout pas tout. En 1877, il confiera à son journal intime deux phrases qui témoignent de son état d'esprit à cet égard sans pour autant nous le rendre parfaitement explicite. Ces deux phrases comptent parmi les rares extraits de son journal qui ont échappé à l'autodafé d'Isabel :

« C'est une sensation curieuse, et pas le moins du monde déplaisante, que de ne pas être cru lorsqu'on dit la vérité. Je me suis donné bien du mal pour amener ma femme à aimer cela [...] »[1]

---

1. *Ibid.*, II, 348.

XXVI

LES NUITS

> *A quelque période ou tournant de son existence, tout homme a rêvé d'être investi de pouvoirs surnaturels et d'entrevoir le pays des merveilles. Il est ici au cœur même de ce pays. Il y voit de puissants esprits obéir sur un signe aux volontés, aussi fantasques soient-elles, de l'homuncule, se mettre à son service pour le transporter en un clin d'œil, où qu'il souhaite aller, ruiner des cités et bâtir des palais d'or, de pierres précieuses et de jacinthes, lui servir des mets raffinés et de délicieux breuvages dans des plats précieux et de fabuleuses coupes, et lui apporter les plus beaux fruits du plus lointain Orient. Il y voit des mages et des magiciens qui font de ses amis des rois, défont les armées de ses ennemis et poussent dans ses bras autant de bien-aimées qu'il peut en convoiter.*
>
> *Introduction des* Mille et Une Nuits

En Arabie et en Afrique orientale, Burton a plus d'une fois pris place autour d'un feu de camp pour écouter l'histoire et les exploits de Shéhérazade, de Sindbad le marin et d'Aladin, qu'on lui avait narrés du temps de son enfance, et qu'il avait appris plus tard à narrer en arabe avec toute la faconde et la truculence d'un conteur musulman. Ces histoires sont pour lui, écrit-il, « une source intarissable de réconfort et de satisfaction [...] un charme, un talisman qui dissipe l'ennui et le découragement ». Les *Nuits* sont tout à la fois le refuge du romantique, un creuset fantasmagorique où se fondent les chimères de l'adulte et les rêves de l'enfant, un labyrinthe où s'exaucent tous les vœux et où le débonnaire tyran Haroun al-Rashid, l'empereur à la barbe fleurie de l'Orient, règne en héros et maître. Burton a très vite appris que dans leur intégralité les *Nuits* contenaient des récits qui eussent fait rougir ses gouvernantes. Car outre les contes romanesques et magiques, l'œuvre contient aussi des histoires d'homosexualité, de zoophilie, et des passages de la plus grasse obscénité. Même les aventures amoureuses les plus éthérées y sont assorties d'épisodes franchement graveleux.

« Le romancier européen, écrit Burton, fait convoler en justes noces son héros et son héroïne et les laisse consommer le mariage dans l'intimité. Jusqu'à Tom Jones qui a la décence de verrouiller la porte derrière lui. Tandis que le conteur oriental se doit de vous introduire, avec toute la mise en scène voulue, dans la chambre nuptiale pour vous y commenter, avec un luxe de détails, tout ce qu'il y voit et entend. » Dans le monde arabe, on tient les *Nuits* non pas pour une œuvre littéraire de bon ton, mais pour un divertissement de caravansérail, et même si les Turcs ont fait d'elles les piliers de leur théâtre national, la plupart des érudits arabes sont plutôt portés à les considérer comme une œuvre tout juste bonne à réjouir les ignares.

C'est un orientaliste français, Antoine Galland (1646-1715), qui a le premier adapté l'œuvre dans une langue occidentale, et de la traduction qu'il en a faite rayonne un tel enchantement qu'on n'a cessé depuis de la copier, de la piller à travers toute l'Europe, et même en Inde [1]. Mais comme le fait remarquer Burton, Galland « a été obligé d'expurger l'original et d'en faire disparaître tout ce qui est ouvertement scabreux, de le dépouiller de ses obscénités puériles et de ses descriptions licencieuses, pour n'en garder que les passages hauts en couleur, édifiants et didactiques. Il manque à son texte l'odeur de stupre qui pollue les senteurs parfumées du harem, et aussi l'humour gaillard, rabelaisien, qui détourne et délivre l'esprit de la splendeur de l'Empire et des ravages du temps ». Quant à la traduction de Jonathan Scott, Burton la juge « terne, fade et insipide », et il qualifie de « confuse et

---

1. Dans *Academy*, Burton écrit le 23 octobre 1886 qu'il a découvert trois traductions en hindoustani dérivées du texte de Galland, lequel a été publié entre 1704 et 1717.

mutilée, asexuée et sans âme » celles, plus tardives, de Henry Torrens et Edward Lane [1].

Qu'on puisse pratiquer des coupes sombres dans un livre ou l'expurger est aussi intolérable à Burton que la mutilation d'un homme, et l'idée de restaurer dans son intégrité ce que d'autres ont amputé lui procure une énorme satisfaction. Dès 1852 il a résolu de publier « une édition complète et qui ne serait ni châtrée ni édulcorée du grand original ». Cette résolution, il la défend dans un superbe et spirituel essai sur la pornographie, qu'il inclura plus tard dans le *Terminal Essay* du dixième volume des *Nuits* :

« [...] les naïves inconvenances du texte relèvent davantage de la gaudisserie * [on dirait de nos jours : de la grivoiserie] que de l'indécence, et quand elles sont formulées avec allégresse et humour on les taxera bien plus volontiers d'" excréments de l'esprit " que d'objets de perversion pour l'âme. En dépit de leur crudité, de leur grossièreté proprement infantiles, souvent lourdes et parfois " sales " dans leur terrible ingénuité, on ne peut leur reprocher de corrompre en suggérant ou instillant insidieusement des sentiments pervers. Car si le langage est grossier, l'esprit de l'œuvre ne l'est pas. Inconvenant, certes, mais pas dépravé. Et le pur et parfait naturel avec lequel ces contes s'exhibent dans leur nudité semble en quelque sorte les purifier en montrant que tout est dans la façon de dire et non pas dans la moralité de l'histoire. Car c'est ainsi qu'en Orient tout le monde s'exprime, hommes, femmes, enfants, princes et paysans, mères de famille et prostituées [...]

» Aux critiques qui s'offusquent de cette basse vulgarité et de ces puériles indécences qu'ils relèvent dans les *Nuits*, je ne puis répondre qu'en citant ce propos que l'on prête au Dr Johnson, à qui un jour une femme du meilleur monde dénonçait avec indignation les gros mots du dictionnaire dont

---

1. *Arabian Nights*, X, 110-11; *Supplemental Nights*, VII, 422.

il était l'auteur : Alors, c'est que vous avez dû les chercher, Madame ! » [1]

Raillant l'un des traducteurs des *Nuits*, Edward M. Lane, pour qui l'œuvre est celle d'un seul et unique auteur arabe qui l'aurait écrite entre 1475 et 1525, Burton soutient au contraire que l'Alf Layla wa layla (littéralement : « mille et une nuits ») est en réalité la version arabisée d'une ancienne œuvre persane, *Hafâr Afsánah* (« les Mille contes ») [2]. Selon lui, les plus vieux contes, comme celui de Sindbad, remontent au VIIIe siècle, les treize contes que l'on retrouve dans tous les recueils au Xe, et les plus tardifs au XVIe. Et c'est avec le plus grand sérieux qu'il rapporte à ses lecteurs une superstition très ancienne, selon laquelle nul ne peut lire les *Nuits* dans leur intégralité sans mourir. « La moindre des honnêtetés commandait d'en avertir le lecteur », écrit-il [3].

Burton croit dur comme fer qu'il sera le premier érudit à publier une traduction complète des *Nuits* [4].

Mais jusque-là il n'a travaillé à sa traduction qu'« épiso-

1. *Arabian Nights*, X, 203-4.
2. Parfois orthographié *Hesâr efsâneh*. Voir l'article « Alf Laila Wa-Laila » (*Mille et Une Nuits*) par J. Oestrop dans *Encyclopaedia of Islam*.
3. *Arabian Nights*, X, 166.
4. Il avait tout d'abord songé à faire cette traduction avec la collaboration du Dr John Steinhäuser. Dans son esprit, ce dernier traduirait la prose de l'œuvre, et lui-même son contenu poétique. Telle était du moins la façon dont il avait vu les choses en 1852. Mais après la mort prématurée de Steinhäuser, Burton n'était entré en possession que d'une faible partie de ses documents. Dans une lettre adressée à l'*Athenæum* le 26 novembre 1881, il déclarera n'avoir travaillé à sa traduction qu'« épisodiquement [...] [contrarié par] d'innombrables obstacles, [et qu'] au printemps 1879 il a entrepris la fastidieuse tâche de réécrire le livre, lequel commençait à prendre une forme achevée ». Mais pour le terminer il lui faudrait encore, ajoutera-t-il, « une année de dur labeur ». Pourtant Thomas Wright, l'un de ses biographes, affirme que Burton a déclaré à Payne, lorsque les deux hommes se sont rencontrés à Londres au mois de mai 1882, qu'il ne disposait pas encore du moindre manuscrit, exception faite d'« un ou deux feuillets de notes » (Wright, *Life of Sir Richard Burton*, II, 37). Ce n'était probablement pas la vérité, puisqu'en 1871 à Damas il avait déjà montré à lord Redesdale « les deux ou trois premiers chapitres » de sa traduction (Redesdale, *Memories*, II, 573).

diquement », et c'est avec consternation qu'il apprend par l'*Athenæum* du 5 novembre 1881 qu'un poète de trente-neuf ans, qui de surcroît est orientaliste et a traduit François Villon, John Payne, a l'intention d'éditer l'année suivante, à compte d'auteur, cinq cents exemplaires d'une traduction intégrale des premiers volumes des *Nuits*. Aussitôt il écrit à Payne pour le féliciter, lui laisser « priorité d'occuper le terrain », et aussi lui proposer ses services s'il le juge souhaitable. Payne, qui admire grandement Burton, lui propose immédiatement de collaborer avec lui et de lui abandonner une part de ses droits d'auteur. « La proposition que vous me faites de me donner des droits d'auteur est des plus généreuses, répond Burton. Mais je ne saurais l'accepter, sauf si je fais ma part du travail, et il reste à voir de quel temps je puis disposer [...] car sachez que je ne tiens pas en place. » [1] Mais en l'occurrence Burton n'acceptera jamais la moindre rémunération.

En lisant les épreuves de Payne, Burton comprend tout de suite qu'il a affaire à un rival de taille. Payne est un lettré méticuleux, et il a un don tout particulier pour traduire les textes poétiques. Mais c'est un timoré, et dans ses lettres Burton l'exhorte à traduire de façon plus littérale. « Le pauvre Abou Nouwas est châtré (le fait est là) », lui écrit-il un jour. « Allez-y hardiment, ayez de l'*audace* * » [2]. Célibataire, vivant volontiers reclus, Payne est persuadé, ainsi qu'il le déclare, « que presque tous les malheurs qui se sont abattus sur les empires ont résulté de l'amour immodéré d'une femme ». Jusqu'à son biographe, Thomas Wright, qui professe pour lui une grande admiration, soulignera avec étonnement que lorsque Payne voyageait en compagnie de ses deux sœurs sur le continent, il tenait à se faire attribuer dans les hôtels une chambre dans laquelle il ne pouvait entrer qu'en passant par celle des jeunes filles. Payne et Burton ont en commun bon nombre d'amis, en particulier Arbuthnot et Ashbee, et plus

1. Thomas Wright, *op. cit.*, II, 35.
2. *Ibid.*, II, 42.

d'une fois ils se rencontrent chez tel ou tel autour d'une table à l'occasion des nombreux voyages que fait Burton à Londres. Bien que Payne se déclare « tout bonnement écœuré » par les publications de la Kama Shastra Society et qu'il engage Burton à ne pas faire imprimer *le Jardin parfumé*, qui à ses yeux est « un livre répugnant dépourvu de toute valeur littéraire [...] un simple recueil d'histoires grivoises »[1], il n'en traduit pas moins lui-même dans les *Nuits* plus d'un récit en tout point comparable, tant par le contenu que par le style, et plus tard il adaptera Boccace.

Son édition des *Nuits* fait tout à la fois l'objet de louanges et d'une réprobation sévère, mais Payne n'est pas poursuivi, et les collectionneurs seront prompts à s'arracher ses ouvrages. Perspicace, Burton en conclut que le terrain n'est nullement conquis, et au cours de l'automne 1882 il commence à mettre en forme ce qu'il appelle ses « vieux bouts de traduction » et à rassembler « une vaste collection hétérogène de notes [...] Je me consacre à la collation de notes qui n'entrent pas dans l'agencement de votre plan de travail, écrit-il à Payne, et je ferai du livre un parfait répertoire du savoir oriental dans sa manifestation la plus ésotérique ».[2] Lorsque Burton apprend que l'éditeur à qui il a soumis sa traduction ne lui en propose chichement que cinq cents livres, dégoûté il décide de prendre à sa charge les coûts de publication et de faire imprimer lui-même l'ouvrage sous la bannière de la Kama Shastra Society. C'est là une sérieuse gageure.

Tout d'abord inquiète, Isabel finit par emboîter le pas à son mari, et c'est avec une détermination de forcenée qu'elle poste trente-quatre mille circulaires pour annoncer en ces termes la parution des dix volumes de l'œuvre : *Traduction intégrale et littérale des Nuits arabes, pièces de divertissement désormais intitulées les Mille et Une Nuits, édition augmentée de notes d'introduction et d'explications sur les us et coutumes du musulman et d'un additif en forme d'essai sur l'histoire*

1. Thomas Wright, *Life of John Payne*, 102.
2. Thomas Wright, *Life of Sir Richard Burton*, II, 53. Voir aussi *Supplemental Nights*, VII, 390.

des Nuits. Le tirage serait de deux mille exemplaires vendus par souscription, à raison d'une guinée le volume. On garantissait au lecteur qu'on ne procéderait à aucun tirage supplémentaire. On engage alors une collaboratrice, Mme Virginia Maylor, qui se chargera de la préparation des copies, afin qu'Isabel puisse se consacrer exclusivement à la publicité. Les Burton craignent tout d'abord que la liste des souscripteurs n'excède pas cinq cents noms, mais à leur grand soulagement ils constatent bientôt que ce chiffre est multiplié par deux. Par la suite ils dénombreront près de deux mille souscriptions, ce qui leur fera regretter amèrement de ne pas avoir décidé d'un tirage plus important dès le départ.

L'état de santé de Burton durant l'hiver 1882, et plus tard le dramatique épisode de sa crise cardiaque en février 1883, le tiennent huit mois alité, ce qui ne l'empêche pas de travailler assidûment à sa traduction. A cet effet il use du texte des *Nuits* qu'il tient pour le plus fidèle à l'original – l'édition Macnaghten, dite de Calcutta – et aussi des éditions de Boulaq et de Breslau. Plus tard, à Londres, il recourra au manuscrit de Wortley Montagu [1] et se reportera à l'adaptation anglaise,

1. Burton détestait travailler à la bibliothèque bodléienne. Aussi avait-il demandé que ce manuscrit de Wortley Montagu lui soit prêté, par le canal du Bureau des Affaires indiennes de Londres. Mais les conservateurs avaient refusé, et Burton avait dû faire reproduire photographiquement l'ouvrage. Il se vengera de ce refus en publiant la lettre suivante dans le sixième volume de *Supplemental Nights* : « A MM. les conservateurs de la Bibliothèque bodléienne à Oxford, et plus particulièrement aux révérends B. Price et Max Muller. Messieurs, Je prends la liberté de mentionner vos noms en tête de ce volume qui doit ses meilleurs et plus savoureux passages à votre courtois refus de laisser sortir de votre plaisante bibliothèque le manuscrit Wortley Montagu pour l'expédier au Dr Rost, chef bibliothécaire du Bureau des affaires indiennes. Soucieux de ne pas effaroucher la bigoterie et la vertu, et aussi de complaire aux scribes et pharisiens, il était dans mes intentions, pour le cas où l'ouvrage m'eût été prêté, de m'abstenir de traduire les récits et passages qui risquaient de vous exposer, vous les conservateurs, à des commentaires peu indulgents. Mais imaginant par avance, sans doute, la mutilation qui en résulterait pour l'ouvrage et le chagrin qu'en éprouveraient mes souscripteurs, vous avez eu la bonté de ne pas autoriser cette expédition – que par deux fois vous avez refusée –, ce dont ma *clientèle* * vous sera (ou devrait vous être) infiniment reconnaissante. Veuillez croire, Messieurs, en ma respectueuse considération. Richard F. Burton. »

récemment publiée, de John Payne. C'est à Londres qu'il rédigera la plus grande partie de sa traduction, passant de longues heures soit au club *Athénée*, soit au Bureau des Affaires indiennes, éternellement vêtu d'un pantalon, d'une veste de lin blanc et d'un chapeau de même couleur en peau de castor râpée. Il y travaillait souvent toute la journée sans même s'alimenter, ne s'accordant que peu de répit pour boire du café ou renifler une prise.

Entre 1882 et 1884, John Payne publie neuf volumes. Il en publiera trois autres, intitulés *Tales from the Arabic*, en 1884. Quant à Burton, c'est en 1885 qu'il fera paraître les dix volumes de ses *Nuits*, et de 1886 à 1888 les six volumes de *Supplemental Nights*. Au total, sa traduction comprend soixante-dix-huit contes de plus que celle de Payne. La question des « emprunts » que Burton a pu faire à son rival fera l'objet d'une vive controverse entre les admirateurs de l'un et de l'autre. D'une façon générale, tout le monde estimera que l'adaptation de Burton est la plus fidèle et la plus littérale, mais la question de savoir dans quelle mesure elle s'inspire de celle de Payne demande à être examinée avec soin, car on a considérablement exagéré les choses. Étant donné que porter un jugement autorisé sur cette question est affaire de spécialistes, ce n'est que dans l'appendice de cet ouvrage que nous la discuterons.

Sur le chapitre de la hardiesse et de l'exactitude de la traduction, nul n'a jamais surpassé Burton, et, à cet égard, rares sont les émules qui n'ont pas craint de se mesurer à lui. Mais le succès de ses *Nuits* tient en grande partie à l'« Essai » qui conclut l'œuvre et aux centaines de notes infrapaginales ajoutées au texte proprement dit. Et si ces commentaires font de l'ouvrage l'un des plus célèbres dans l'histoire de la littérature anglaise, c'est que leur auteur a finalement trouvé par là un moyen de publier son énorme et secrète collection de curiosités anthropologiques et sexuelles. Mises en valeur, tels de précieux ornements, aux endroits les mieux choisis, ces notes répondent au dessein d'enjoliver le corps des récits. De cette façon, Burton peut aborder tous les sujets que son public pourrait juger un tantinet scandaleux.

A propos de la parturition chez les musulmanes de Wadi, dans l'Inde, il explique qu'« on accroche une corde au sommet de la hutte et que la femme en travail s'y cramponne, jambes écartées, jusqu'à ce que la matrone la délivre ». Il relève ailleurs qu'en Somalie, avoir un opulent fessier est un critère de beauté féminine. Ailleurs encore il décrit l'inspection du drap nuptial (pour y trouver la preuve que le mariage a bien été consommé) chez les Persans et les Hébreux. Là, c'est du traitement appliqué aux fous dans les monastères syriens qu'il nous parle. L'hermaphrodisme authentique, déclare-t-il ailleurs, est chose impossible, bien qu'il admette les centaines de cas indéniables de changement de sexe mentionnés dans certains traités de médecine. Mais si des hommes se sont parfois physiologiquement féminisés, estime-t-il, le phénomène inverse « n'est qu'apparent ». Il donne prudemment à entendre que le saphisme et le tribadisme sont monnaie courante dans les harems, et il écrit tout de go que l'inceste « n'est physiologiquement dommageable que si les parents ont des tares de constitution [...] Il existe plusieurs façons de faire un castrat, écrit-il dans une autre note, mais la passion animale persiste, car à la différence des autres animaux, c'est dans le cerveau que siège chez l'homme la *fons Veneris* ».

Il consacre trois pages pleines à la circoncision et expose de façon détaillée l'invention du préservatif. Parlant de la défloraison il déclare : « Plusieurs femmes m'ont dit que la douleur est très comparable à celle que provoque l'extraction d'une dent. » Plus loin il retrace brièvement l'histoire des maladies vénériennes en Europe, et plus loin encore il avance, non sans sagacité, l'idée que la possession démoniaque a pour origine les rêves érotiques. Dessoûler un ivrogne ? Facile. Burton nous décrit à cet effet une méthode en usage chez les Persans : « On suspend [le pochard] par les pieds, comme on le faisait chez nous avec les noyés, et on lui enfourne dans la bouche des excréments humains, lesquels exercent à tout coup un effet émétique. » Dans une longue note traitant des présumés accouplements entre humains et anthropoïdes, il a cette réflexion : « Durant mes quatre années de service [consulaire] sur la côte d'Afrique, j'en ai entendu assez pour me persuader que ces puissantes bêtes tuent des hommes et violent des femmes assez fréquemment. Mais je doute fort qu'ils aient jamais pris des femmes pour concubines. »

Dans ces commentaires on trouve aussi divers modes d'emploi du haschisch et une classification des aphrodisiaques selon qu'ils sont pharmacodynamiques, mécaniques ou magiques, ainsi que les façons d'en user. Viol, infanticide, euthanasie, suicide, adultère, meurtre... autant de rubriques qui tour à tour font l'objet d'un exposé succinct, et à propos du meurtre Burton rapporte une pratique en usage chez les Égyptiennes, laquelle consiste à tuer leur époux en lui arrachant les testicules. Burton donne aussi ses habituels coups de patte au christianisme, dont il dénonce « l'égoïsme » et qu'il accuse de « dégrader l'humanité ». Dans cette pléthore de notes on trouve aussi un long essai sur la pornographie, magnifiquement tourné. S'en prenant à la législation britannique réprimant les écrits jugés contraires aux bonnes mœurs, il estime qu'elle ne fait guère qu'« offrir une prime aux éditeurs cupides et dénués de scrupules », ajoutant à ce propos qu'on devrait publier *Fanny Hill*, étant donné que l'œuvre ne vaut pas pipette. Enfin, il recommande la lecture d'un traité arabe sur la limitation volontaire des naissances, intitulé *Kitab al-Bah*, livre qui à son jugement est fort « utile au genre humain ».

Mais tout cela est plus facétieux et croustillant que véritablement scandaleux et sacrilège. Il n'y a pas là matière à ruiner une réputation, et ces notes en bas de page ne nous en apprennent guère plus sur l'inépuisable curiosité de Burton que celles qu'on peut lire dans ses grands livres de voyage. Pourtant, dans la dernière partie des *Nuits*, il traite longuement de deux sujets qu'il n'a jamais osé encore aborder dans aucun de ses ouvrages. Il s'agit pour l'un de l'éducation sexuelle de la femme, dont nous avons dit quelques mots dans le précédent chapitre, et pour l'autre de l'homosexualité. Le texte en dix-huit mille mots qu'il consacre à la « Pédérastie » – c'est le titre de l'essai – fait de Burton l'un des premiers auteurs de langue anglaise qui ait tenté de défricher ce sujet avec un recul pour ainsi dire clinique. Rappelons-nous que Havelock Ellis ne publiera qu'en 1898, treize ans après, le livre sur l'inversion sexuelle qui lui vaudra aussitôt des poursuites judiciaires, et à son imprimeur une lourde amende.

« Je me propose de discuter la question *sérieusement, honnêtement, historiquement* *, écrit-il, afin d'exposer les choses dans une décente nudité et non pas de les masquer de façon suggestive par une feuille de vigne. » C'est donc avec une étonnante franchise qu'il expose les tracas qu'il a dû naguère endurer du fait de l'enquête menée par lui en 1845 dans les établissements de plaisir de Karachi. Ses recherches ultérieures, raconte-t-il, l'ont convaincu de l'existence d'une immense aire géographique – qu'il appelle la zone sotadique (qualificatif dérivé du nom du poète grec, Sotadès, qui au troisième siècle avant notre ère s'est illustré par des vers notoirement licencieux), zone dans laquelle « *le vice contre nature* * » est de pratique courante. Selon lui, cette aire comprend tout ou partie des pays méditerranéens, s'étend de la France méridionale aux territoires du Levant et du Moyen-Orient, englobe la Mésopotamie et l'Afghanistan, et, par-delà, le Sind, le Penjab et le Cachemire, puis la péninsule indochinoise, la Chine, le Japon et le Turkestan. Sont également incluses dans cette aire les îles des mers du Sud, mais en sont exclues l'Europe septentrionale, l'Australie, la Sibérie, l'Inde méridionale et la plus grande partie de l'Afrique. A l'intérieur de la zone sotadique, écrit-il, « le vice [l'homosexualité] est un phénomène répandu, endémique, et on l'y tient dans le pire des cas pour une simple peccadille, alors qu'au contraire les races vivant au nord et au sud de la frontière ci-dessus définie ne s'y adonnent que de façon sporadique, et ceux qui sont convaincus de pédérastie s'attirent l'opprobre de leurs congénères, qui d'une façon générale sont physiquement incapables de se livrer à cette pratique, pour laquelle ils ressentent la plus vive répulsion ».

Parfois perce dans le langage de Burton un dégoût discret. Çà et là il qualifie la pédérastie de vice, de pratique dégradante, d'amour pathologique, d'« effroyable fléau portant un préjudice sans cesse accru à la natalité », et il relève que dans les pays où elle est la plus répandue, comme la Perse, elle est cause perpétuelle de mortification pour la femme. Il distingue deux types d'homosexuels : les hommes dotés de tous les attributs extérieurs de la féminité, que dénoncent d'emblée leur démarche et leurs attitudes efféminées, et à ce propos il cite le portrait brossé par Walt Whitman du « pédéraste déclaré [...] aux traits boursouflés, d'aspect malsain, et dont l'expression cachectique est révélatrice ». A ce type, Burton oppose de façon très tranchée « le jeune prêtre qui fait de son mieux pour contenir ses appétits et se tenir à l'écart des femmes et de leurs substituts ». Dépeignant les homosexuels qui recourent à des signes de reconnaissance, il use de l'adjectif « débauchés ». Mais dans sa plus grande partie son discours n'est ni péjoratif ni condamnatoire, et la lecture de ses pages donne à penser qu'il est bien peu d'aspects de la question que Burton ignore.

De plus, lorsqu'il récapitule les attitudes de pensée qui à travers l'histoire ont été celles des sociétés vis-à-vis de l'homosexualité, les détails qu'il apporte montrent là encore que bien peu de chose lui a échappé des allusions faites à cet égard dans les œuvres de la littérature classique. Les Grecs, déclare-t-il, proclamaient qu'à leurs yeux les jeunes garçons étaient « les objets les plus salubres et les plus beaux de ce monde phénoménal ». Il relève que si Mahomet professait à l'égard de la sodomie une indifférence toute philosophique, il ne s'en est pas moins donné, dans le Coran, la peine de la proscrire formellement. Et Burton tient pour « vicieuse » l'idée que « les ghilmán, ou wouldán, les éphèbes du paradis islamique [...] seront en toute légitimité les gitons du vrai croyant lorsqu'il aura atteint à la béatitude suprême ». A preuve, ajoute-t-il, les lettrés tiennent cette idée pour scandaleuse. Mais il fait aussi remarquer que « les musulmans, même ceux qui enseignent dans les établissements d'études coraniques, ont toute liberté d'entretenir des mignons sans pour autant que leurs disciples considèrent que pareille licence entache leur sainteté ». « Race de pédérastes », dit-il des Turcs, alors que les Hindous ont en horreur l'homosexualité et que les noirs, grâce à l'apprentissage, à un âge précoce, des choses touchant à la sexualité, ne sont « quasiment pas gâtés par la sodomie et le tribadisme ».

Bien que la plupart du temps Burton adopte un ton docte pour aborder ces sujets – ainsi, pour éviter de choquer ses lecteurs, c'est à des formulations latines qu'il recourt pour donner la définition des vingt-cinq termes qui reviennent fréquemment sous sa plume lorsqu'il traite de la pédérastie –, il lui arrive aussi de se laisser aller, et ceci dans le langage le plus cru, au récit de ces histoires qu'on ne raconte qu'« entre hommes » :

« Quand des étrangers se font prendre dans un harem ou un gynécée alors qu'ils n'ont rien à y faire, écrit-il, le châtiment de prédilection que leur infligent les Persans consiste à les dévêtir pour les livrer aux étreintes des valets et des esclaves nègres. J'ai un jour demandé à un Chirazi comment pouvait s'accomplir la pénétration lorsque le malheureux s'y opposait de toute la force de son sphincter anal. Ma question l'a fait sourire :

» – Vous savez, m'a-t-il dit, en Perse on connaît un truc infaillible pour arranger ça : on lui applique sur le coccyx un piquet de tente et on appuie jusqu'à ce que ça s'ouvre. »

En revanche, Burton élude habilement la question de l'homosexualité en Angleterre. « Dans nos capitales modernes, Londres, Berlin et Paris, par exemple, le vice semble se manifester par des flambées périodiques. De plus, pendant bien des années l'Angleterre a expédié ses pédérastes en Italie, à Naples, plus particulièrement, d'où l'origine de l'expression *Il vizio inglese*. Berlin, poursuit-il, n'est à cet égard pas mieux nantie que ses voisines [...] Paris n'est en rien plus dépravée que Berlin et Londres. Simplement, chez nous on étouffe le scandale, ce que ne font pas les Français. C'est pourquoi [en France] beaucoup plus d'histoires de cette nature sont portées à la connaissance de l'opinion publique. »

« L'un de mes amis fort averti de ces questions, écrit-il encore, m'a révélé que par le passé bon nombre de personnages célèbres étaient homosexuels. Il m'a cité Alexandre le Grand, Jules César, Napoléon et Shakespeare, et parmi les monarques Henri III le Noir, Louis XIII, Louis XVIII, Frédéric le Grand, Pierre le Grand et Guillaume II de Hollande. » Cet ami dont il parle, c'est Henry Ashbee, qui dans *Catena Librorum Tacendorum* (1885), donne à peu près la même liste de noms et qui, à l'exemple de Burton, ne fonde ses allégations sur aucun fait historiquement attesté.

Dans une discussion théorique sur la causalité du phénomène, Burton fait observer que les Persans attribuent la fréquence élevée de la sodomie dans leur pays à la sévérité des attitudes parentales. « A l'âge de la puberté, les adolescents ne disposent d'aucun des moyens qui permettent aux jeunes gens de jeter leur gourme », écrit-il, étant donné qu'en Perse les lupanars sont pratiquement inconnus. Il n'est donc pas surprenant, lorsque ces habitudes homosexuelles sont acquises de bonne heure, que plus tard dans la vie, « après qu'il s'est marié, qu'il a engendré des enfants, le paterfamilias renoue avec Ganymède ». Puis il examine et rejette la théorie selon laquelle l'homosexualité a pour origine une structure anatomique anormale des terminaisons nerveuses du rectum et de l'appareil génital. De la même façon il conteste Platon, pour qui l'humanité se subdivise en trois groupes : les hommes, les femmes et les individus associant des caractères masculins et féminins, autrement dit les androgynes. Et s'il évoque un instant l'idée que la fréquence élevée de la pédérastie dans certains pays s'explique peut-être par le climat, finalement il avance l'hypothèse qui selon lui – et là, il révèle de façon tout à fait inhabituelle sa propre façon de penser – est la plus plausible, à savoir que chez l'homme comme chez la femme l'homosexualité résulte d'« un mélange des tempéraments masculin et féminin ».

Dans ses notes et commentaires, Burton fait aussi le sinistre inventaire des châtiments que depuis l'aube des temps l'homme a infligés aux invertis. Or, il sait parfaitement que le simple fait d'aborder ces questions dans une publication l'expose ipso facto à des poursuites judiciaires, du fait que l'incendie de Sodome, tel que rapporté dans l'Ancien Testament, a eu à travers les siècles un tel retentissement culturel sur la psychologie des juifs et des chrétiens qu'ils ont fait de la sodomie – dans l'absolu, à tout le moins – un crime passible de la peine capitale. Les zoroastriens jugeaient avec une égale et impitoyable sévérité la pédérastie. En Angleterre, Henri VIII a soustrait en 1533 les affaires de « vice contre nature » à la compétence des tribunaux ecclésiastiques en décrétant ce forfait punissable de mort, en sorte que désormais seules les juridictions civiles auront à en connaître. Cette loi restera en vigueur, avec quelques aménagements de détail, pendant deux cent soixante-quinze ans. Elle ne s'appliquait cependant qu'aux « actes immoraux accomplis en public » et, d'une façon générale, les contrevenants n'étaient pas inculpés, même s'ils reconnaissaient les faits, dès lors qu'ils avaient agi en privé et de leur plein consentement. En 1861, la peine capitale sera commuée en peine d'emprisonnement de dix ans à perpétuité. Puis en 1885 sera adoptée une loi qui pour la première fois fera de l'homosexualité active, en privé aussi bien qu'en public, un délit de droit commun passible d'une peine d'emprisonnement de deux ans maximum. Toute forme de racolage dans la rue sera ainsi assimilée à une incitation à la débauche et tombera sous le coup de cette loi, ce qui ouvrira toute grande la porte au chantage.[1]

L'essai sur la pédérastie paraît l'année même où cette loi est adoptée, et si la coïncidence n'a rien d'intentionnel, il reste que ce texte se pose en docte protestation, puisque Burton y soutient que l'homosexualité n'est ni un péché ni un délit, mais tout simplement une maladie. « Cet amour pathologique, cette perversion du sens érotique, l'une des étonnantes déviations de la fantaisie amoureuse, écrit-il, ne mérite pas une inculpation, mais [relève] des soins apitoyés du médecin et de l'étude du psychologue. »

[1]. Derrick S. Bailey, *Homosexuality and the Western Christian Tradition*, Londres, 1955, 152.

Sachant que son texte sur l'homosexualité et les histoires gaillardes qu'il a contées dans les *Nuits* risquent pareillement de le faire comparaître devant un tribunal, il écrit : « Je me soucie comme d'une guigne d'être poursuivi, et si jamais ils en viennent là j'entrerai dans le prétoire avec ma Bible, mon Shakespeare et mon Rabelais sous le bras et, avant qu'ils me condamnent, je leur prouverai qu'ils feraient bien d'en retrancher la moitié. »[1] Il avait d'ailleurs coché soigneusement dans ces classiques tous les passages qu'un public anglais trouverait choquants, y compris celui de l'Ancien Testament où Jéhovah ordonne aux Hébreux de mélanger à leur farine des excréments humains (Ézéchiel, IV, 12-15). On ne peut qu'imaginer combien Burton se serait délecté en faisant sa démonstration devant le tribunal[2].

Mais il ne fait l'objet d'aucune inculpation, et on apprend aussi que la rumeur selon laquelle les autorités américaines auraient interdit l'introduction des *Nuits* aux États-Unis se révèle totalement fausse. Bien au contraire, le livre provoque outre-Atlantique un déluge de louanges. « Singulièrement sain et robuste », écrit le *Continental Times*. Et cette appréciation chaleureuse vient sous la plume du critique d'*Academy* : « [...] nul, je crois, ne s'attendait à cette vigueur raffinée, à cette saveur du style racé que pour l'occasion il a épanouies à son propre usage, ni non plus à cette richesse, cette variété et cette originalité du vocabulaire ». L'œuvre est partout saluée dans les rubriques littéraires par des formulations telles que « merci et félicitations », « tout simplement superbe », « magistral », « vigoureux, vivace, haut en couleur ». La *St. James Gazette* voit en l'œuvre « l'une des plus importantes traductions à laquelle se soit consacré un grand érudit anglais », et le *New York Tribune* du

---

1. *Life*, II, 284. En 1898, l'imprimeur de l'ouvrage de Havelock Ellis sur l'inversion sexuelle sera poursuivi et condamné à une lourde amende. Ellis espérait pouvoir défendre son livre – jugé « lubrique, pernicieux, graveleux, scandaleux et obscène » – devant le tribunal, mais l'imprimeur capitulera sans même se battre. Alec Craig, *The Banned Books of England*, 61.

2. Se reporter à sa longue note infrapaginale sur l'immoralité de l'Ancien Testament, *Arabian Nights*, X, 180-1 *n*.

2 novembre 1891 « un monument de savoir et de hardiesse »[1].

Mais certains rubriqueurs, en petit nombre il est vrai, se voilent la face. L'*Echo* qualifie les *Nuits* de « livre moralement ordurier... absolument inacceptable pour la population chrétienne du dix-neuvième siècle ». Pour sa part la *Pall Mall Gazette* leur consacre deux articles venimeux, respectivement intitulés « Pantagruélisme et pornographie », et « l'Éthique de l'obscène ». Et le *Daily Advertiser* de Boston en date du 28 janvier 1898 juge l'ensemble de l'ouvrage « offensant, et pas seulement offensant, mais grossièrement et gratuitement offensant ». Ce ne sont que « rebuts de maison close », écrit un autre critique.

En Angleterre, nul n'attaque plus fielleusement les *Nuits* qu'Henry Reeve, vieil ennemi de Burton et rédacteur en chef de l'*Edinburgh Review*. « Gageons qu'aucun Européen n'a jamais exhibé collection si effroyable de coutumes dégradantes et de statistiques du vice, écrit-il. C'est une œuvre qu'aucun homme de qualité n'acceptera de garder sur ses étagères. [...] Galland est [fait] pour la chambre des enfants, Lane pour la bibliothèque, Payne pour le cabinet de travail, et Burton [bon] pour la sentine. »[2]

Quasiment mis en demeure de rendre coup pour coup, Burton assène au critique cette allègre réplique : « Je dirai [pour ma défense] que la puérile inconvenance et le vice contre nature de l'original n'ont rien qui puissent dépraver un esprit, sauf celui qui est parfaitement prédisposé à la dépravation [...] Il faut vraiment qu'un homme soit lubrique et libidineux comme un cynocéphale en rut pour que ses élans amoureux, que je sache, soient stimulés par l'une ou l'autre. »[3]

Non seulement les *Nuits* connaissent un succès critique, mais de plus leur publication se révèle très rentable. L'im-

---

1. Dans *Supplemental Nights*, VII, 457-500, Burton citera des extraits de soixante-dix-huit critiques, dont le contenu échelonné varie du favorable au délirant.
2. *Edinburgh Review*, Vol. 164, 166 et suiv., juillet 1886.
3. *Supplemental Nights*, VII, 431.

pression des seize volumes de l'ouvrage a coûté six mille guinées à Burton, et le profit qu'il retire de l'opération est de dix mille guinées. « Pendant quarante-sept ans je me suis battu, écrit-il avec une satisfaction amusée. Je me suis honorablement distingué partout où j'ai pu le faire, et jamais cela ne m'a valu un compliment, un merci ou un traître sou. Dans mon vieil âge j'ai traduit un livre douteux qui en un rien de temps s'est vendu seize mille guinées. A présent que je connais les goûts de l'Angleterre, nous ne manquerons plus jamais d'argent. » [1]

Jusqu'à la fin Burton soutiendra que les *Nuits* n'étaient destinées qu'à un public d'hommes, et plus particulièrement de lettrés. Mais dès le début il savait fort bien qui chercherait à se procurer l'ouvrage. « En Angleterre, j'en suis convaincu, toutes les femmes le liront et un lecteur masculin sur deux en censurera la moitié », écrit-il le 9 septembre 1884 à John Payne [2].

Les deux quatrains d'un anonyme qui, très vite après la parution de l'ouvrage, circulent à Londres, font sa délectation :

> *Y t'a dit quoi, ma tante?*
> *Ça, j'aim'rais bien l'savoir.*
> *Y t'a dit quoi, ma tante?*
> *Qu'on va voir c'qu'on va voir.*
>
> *Un vieux sidi sorti des Nuits,*
> *Un vrai Burton, d'après sa mise...*
> *Dis à pépé d'dire à mamy*
> *Comment qu'ça s'dit pour qu'elle me l'dise.* [3]

Burton a toujours soutenu qu'Isabel n'avait jamais lu les *Nuits*. Ce que pour sa part elle s'empresse de confirmer : « A

1. *Life*, II, 442.
2. Thomas Wright, *Life of Sir Richard Burton*, II, 54.
3. *Life*, II, 262.

sa demande, et pour tenir la promesse que je lui avais faite, jamais je n'ai lu, ni n'ai l'intention de jamais lire les *Mille et Une Nuits* de mon mari », écrit-elle. Pourtant, quand elle déclare qu'elle persuade Richard de la laisser publier toute seule une édition des dix premiers volumes de l'œuvre, expurgés et remaniés de telle sorte que toute mère de famille anglaise pourra les donner à lire à sa fille, il convient de se demander comment elle entend s'y prendre pour éliminer du texte les passages scabreux sans les avoir lus elle-même. N'étant pas de celles qui supportent de se faire prendre en flagrant délit de mensonge, Isabel explique les choses de la façon suivante : « Richard m'avait interdit de les lire avant qu'il eût effacé à l'encre tous les termes les plus osés, auxquels il voulait que je substitue des termes convenables, non pas en anglais, mais en arabe, ce que je fis à sa complète satisfaction [...] M. Justin Huntley McCarthy m'a quelque peu aidée, si bien que des trois mille deux cent quinze pages de l'original, je pus en déposer trois mille. »[1] Burton raconte les choses d'une façon quelque peu différente. « M. Justin Huntley McCarthy a transformé le vieux forban en un homme de bonne famille qu'on pouvait recevoir dans les meilleurs cercles. Après l'expurgation souhaitée, il a remis les épreuves à ma femme qui, je dois le dire, n'a jamais lu l'original, et elle a rayé tout ce qui lui a paru un peu trop leste... »[2]

A vrai dire, c'est avec tout l'empressement d'une militante de la Société pour la suppression du vice qu'Isabel coupe et taille vaillamment dans les *Nuits*. Ces volumes qu'elle couvre de parenthèses vindicatives, de rageuses notes marginales, de modifications péremptoires, on peut les voir aujourd'hui au Royal Anthropological Institute. On peut également y constater que Burton n'a strictement rien effacé dans son texte. Là où Burton a écrit « assouvir leur lubricité », Isabel a marqué « enlacer » dans la marge. De même, la phrase « Le roi entra en érection et dépucela son épouse » devient « Le roi étreignit

---

[1]. *Life*, II, 285-290.
[2]. *Supplemental Nights*, VII, 452.

sa femme ». Ailleurs, une longue scène de séduction amoureuse est résumée en une seule phrase, et ailleurs encore le mot « concubine » est remplacé par « épouse adjointe ». Quant aux commentaires les plus explicites figurant dans l'original en bas de page, tous ont été biffés.

Des annotations marginales montrent clairement que Burton a surveillé avec minutie les coupures pratiquées par sa femme et parfois, jugeant qu'elle s'effarouchait à l'excès, il a écrit d'un trait de plume résolu en regard du texte, « A maintenir » ou « Bon », en sorte que çà et là ce petit jeu consistant à tirer chacun sur la corde pour faire perdre pied à l'autre devient un fort intéressant dialogue conjugal. Ainsi, Isabel entendait biffer la note infrapaginale dans laquelle Richard avait dénoncé « l'égoïsme et la cruauté abominables de la mère de famille anglaise, qui contrarie les ambitions conjugales de sa fille à seule fin de garder celle-ci près d'elle pour sa propre commodité », considérant, sans nul doute à bon escient, que cette phrase était un camouflet infligé à sa mère. D'un *Bon* catégorique, Burton a rétabli cet élément dans son texte.

Le plus significatif, dans ce dialogue, ce sont les coupures pratiquées par Isabel dans les passages traitant de l'homosexualité, ainsi que les corrections qu'elle a apportées à leur formulation originale. Nous en voulons pour exemple le conte de la deux cent cinquante-cinquième nuit, dans lequel on voit un homme d'un certain âge tenter de séduire le héros, Ala ad-Dîn ash-Shamat. Dans le texte de Burton, le jeune homme repousse les avances du libertin par cette réplique : « Par ma foi il n'en sera pas ainsi [...] reprends tes habits et remonte sur ta mule [...] » Or, Isabel a supprimé la plus grande partie de la scène de séduction et fait prononcer au jeune homme cette phrase qui exprime sa propre détestation : « Ô homme de péché, je ne puis souffrir ta présence. » [1]

---

1. Pour les modifications apportées par Isabel au texte original, on se reportera à l'exemplaire des *Nuits* devenu la propriété du Royal Anthropological Institute. En fait, elle a remanié si profondément ce conte que l'homme d'un certain âge décrit dans le texte de son mari tente non pas

Ce dialogue informulé n'en demeura pas là. Un manuscrit du fonds Quentin Keynes nous révèle que Burton collationna tous les passages censurés par sa femme, et qu'il la menaça d'en faire éditer à compte d'auteur un recueil intitulé *le Livre noir des Mille et Une Nuits*. Dans ce manuscrit, qui à son idée servirait de préface au Livre noir, Burton écrit qu'« un livre expurgé perd la moitié de son pouvoir de conviction et qu'il est à l'original ce qu'est le hongre à l'étalon ». Il est persuadé, déclare-t-il, que le public anglais va « s'émanciper lentement mais sûrement du carcan qui refrène sa sensualité et de la prude et immorale pudibonderie des débuts du XIXe siècle ». Entre-temps, Burton a suivi attentivement les « six jolis volumes » édités par sa femme, et il relèvera dans ses *Supplemental Nights*, avec une jubilation qu'il a grand-peine à déguiser, qu'il « n'en est parti » que quatre cent cinquante-sept exemplaires en deux ans [1]. « Le public a fait la fine bouche, écrira-t-il. Même les pures jeunes filles ont repoussé dédaigneusement les chastes volumes, et pour rien au monde elles ne condescendraient à lire autre chose que la chose, toute la chose et rien que la chose, ni expurgée ni châtrée. »

---

de séduire Ala Al-Dîn al-Shamat, mais de l'assassiner. A cet égard, on comparera l'édition d'Isabel (II, 456) à celle de Burton (IV, 45). Après la mort de son mari, elle publiera une « édition de bibliothèque » des *Arabian Nights* de laquelle auront été éliminés tous les passages traitant de l'homosexualité, mais très peu de choses par ailleurs. Voir *The Book of the Thousand Nights and a Night, Lady Burton's Edition of her Husband's Arabian Nights...*, 6 vol., Londres, 1886-8 (?).

1. Contrairement aux vœux de Burton, *le Livre noir des Mille et Une nuits* ne sera pas publié de son vivant. Mais en 1964 un ouvrage regroupant des textes à peu près identiques sera édité par D. Kenneth Walker sous le titre de *Love, War and Fancy, the Social and Sexual Customs of the East*.

XXVII

CETTE ULTIME FUGACITÉ,
CETTE AFFLIGEANTE ÉCLIPSE

Le succès promptement remporté par les premiers volumes des *Nuits* a valu à Burton un prestige international qui l'a grandement réconforté et a ravivé ses espoirs, passablement déçus jusque-là, d'obtenir des Affaires étrangères un poste de plus grand lustre que le sien. Ayant appris que sir John Drummond-Hay, l'ambassadeur au Maroc, prendrait bientôt sa retraite, il a fait acte de candidature pour lui succéder. Le 21 novembre 1885, il s'embarque pour Tanger à dessein de se faire une idée du pays et aussi – car il n'a rien perdu de son incorrigible optimisme – d'en savoir plus long sur le fameux trésor des galions coulés jadis dans la ria de Vigo, sur la côte nord-ouest de l'Espagne, par la flotte anglo-hollandaise. Il s'est bien remis de sa première attaque cardiaque, puisque le 12 décembre 1885 il écrit de Gibraltar à William Forrell Kirby : « Je fais chaque jour mes huit kilomètres à pied et j'espère en faire bientôt le double. »[1] Peu après, Isabel vient le retrouver, juste à temps pour qu'ils fêtent ensemble leurs noces d'argent le 22 janvier 1886.

Le 5 février, un messager vient lui remettre un télégramme, adressé non pas à Monsieur Burton, mais à Sir Richard Burton. « Quelqu'un veut me faire une sale blague, déclare-t-il à sa femme en lui montrant la dépêche, ou alors c'est une erreur. Je ne veux pas l'ouvrir. Tu ferais bien d'agiter la sonnette [pour rappeler le messager] et de la lui

1. Fonds Edwards Metcalf.

rendre. » Néanmoins il ouvre l'enveloppe. C'est lord Salisbury qui a expédié le message, pour lui faire savoir que sur sa recommandation la reine l'a fait chevalier commandeur de l'ordre de Saint-Michel et de Saint-George en récompense des multiples services qu'il a rendus à la Couronne.

– Je n'accepterai pas une chose pareille, déclare-t-il avec gêne.

– Tu ferais mieux d'accepter, Jemmy. C'est signe qu'on va te donner Tanger [1], s'empresse de lui répondre Isabel.

On est en droit de se demander pourquoi Burton n'accepte pas sans malaise une récompense si justement méritée. « D'honneur et non d'honneurs », telle était la devise qu'il s'était donnée pour règle de vie, devise qui témoigne éloquemment de sa soif d'être reconnu. Il sait qu'Isabel, se languissant de porter un jour le titre de lady Burton, rêvait de le voir promu à la dignité de K.C.M.G. (Knight Commander of the Order of St. Michel and St. George) et qu'elle a écrit par le passé une multitude de lettres à tous les amis influents qui sont les leurs en Angleterre pour qu'ils interviennent en faveur de son époux auprès de la souveraine. Aussi la jubilation de Burton est-elle gâtée par le soupçon de ne pas devoir l'honneur qu'on lui fait à ses propres mérites, mais aux insistantes sollicitations d'Isabel. Peut-être cette distinction qui lui échoit ne fait-elle qu'accroître sa gratitude envers sa femme, mais il est douteux que son estime de soi s'en trouve magnifiée.

Pour Burton, Tanger est « une ville portuaire fétide [...] un haut lieu de l'ennui », et Isabel est consternée d'y découvrir que le quartier des ambassades est autrement moins séduisant que celui des demeures palatiales qui est le leur à Trieste. Ce qui ne fera pas peu pour leur faire digérer la pilule quand plus tard le Foreign Office refusera d'attribuer le poste à Burton. « Nous ne souhaitons pas annexer le Maroc, leur écrira l'un de leurs amis ministre, et nous ne vous eussions

---

1. *Life*, II, 311.

pas donné six mois pour devenir tous les deux empereur et impératrice. » [1]

Sur le *Saragossa* qui les ramène à Trieste, après escale à Gênes et à Naples, ils subissent pendant vingt-quatre heures une violente tempête. La mer est si forte que la cuisine est inondée et que la cargaison, désarrimée dans la cale, fait dangereusement gîter le navire sur tribord. « Richard fut assommé en chutant sur la tête, et il fut blessé au front et aux tibias, écrit Isabel. La soute à charbon prit feu et l'eau embarqua dans le salon [...] Jamais je n'oublierai la gentillesse qu'il me prodigua lors de ce coup de mer. »

Quand revient l'accalmie, Burton grimpe sur le pont supérieur, bientôt suivi d'Isabel, qui le cherche sans savoir que la mer a emporté l'échelle descendant vers l'entrepont. « J'ai vu quelque chose que j'ai pris pour un grand oreiller de plumes qui tombait en roulant mollement. Plusieurs personnes se sont précipitées pour le ramasser, et avec épouvante j'ai constaté qu'il s'agissait de ma femme. Pendant quelques instants elle m'a semblé tout étourdie, et ensuite elle a eu si peur de me voir m'inquiéter qu'elle s'est secouée et m'a dit que tout allait bien. » Mais Isabel a fait une mauvaise chute alors que « déjà elle n'était pas en état de supporter un ébranlement », notera-t-il encore dans son journal [2]. Aussi, à Naples, la met-il dans le train pour Trieste, où il arrive lui-même trois jours plus tard, après avoir terminé seul le voyage par mer. Entre-temps, elle s'est suffisamment remise pour venir l'accueillir à bord.

Qu'il ait ainsi laissé sa femme « se débrouiller » seule après sa chute est pour Byron Farwell la preuve du peu de cas que Burton faisait d'elle et de la dureté avec laquelle il la traitait. Il est vrai que si Burton a jadis prodigué de bon cœur des soins attentifs à Speke en Afrique orientale, puis à Cameron en Afrique occidentale alors qu'ils étaient effroyablement malades, au contraire il a délaissé Isabel chaque fois qu'elle

---

1. *Life*, II, 324.
2. *Life*, II, 313.

avait des ennuis de santé ou était la victime d'un accident. A cet égard, il adopte la conduite du petit garçon qui ne sait que faire pour réconforter sa mère dans les moments de danger, mais qui, lorsqu'elle est malade, est incapable de surmonter une angoisse qu'il n'exprime que par de l'impatience et de l'irritation. Et bien qu'Isabel confie dans une lettre qu'elle n'est qu'« une pauvre diablesse ayant une tumeur à l'ovaire droit » [1], elle continue de n'en rien dire à Richard, pressentant fort bien qu'à présent la vie de son mari est plus fragile que la sienne.

De fait, sa goutte empire et le tient parfois alité pendant plusieurs semaines d'affilée. La peur de mourir l'obsède de plus en plus, et c'est avec douleur qu'il consigne dans son journal la disparition de ses amis. Une crise cardiaque a emporté Monckton Milnes le 11 août 1885, à l'âge de soixante-seize ans. Depuis quelques mois il était souffrant et il se savait condamné. « Qu'est-ce qui vous tracasse tant ? » lui avait demandé un proche. « La mort, avait-il répondu. Voilà ce qui me tracasse. Je vais mourir. Je vais grossir les rangs de la majorité, et voyez-vous, j'ai toujours préféré la minorité. » [2] Burton a refusé de rédiger pour *Academy* l'obituaire de Milnes, alléguant de la cruauté de son affliction, mais plus tard il déclarera que tout au long d'une vie longue et bien remplie « jamais [Milnes] ne prononça une parole désobligeante ni ne fit rien de malveillant ». Et plus tard il écrira dans *Academy* : « C'est une des rançons de l'âge que de voir ce qui vous entoure hanté par les spectres des disparus, de poser partout le pied sur la pierre tombale d'un ami cher, et, en un mot, de voir le monde qui est le vôtre – le seul monde que connaisse l'homme – tomber en ruines. » [3]

Sachant que Richard peut mourir à tout instant, Isabel vit dans une frayeur permanente, et de plus en plus elle se

---

1. Lettre du 28 juillet 1885 à Mme Friswell (Fonds Edwards Metcalf). Voir aussi W.H. Wilkins, *op. cit.*, II, 634.
2. James Pope-Hennessy, *Monckton Milnes : The Flight of Youth, 1851-1885*, 253.
3. *Academy*, 22 août 1885, 118 ; également, 27 mars 1886, 212.

désespère à l'idée qu'il puisse aller à la tombe sans avoir été baptisé dans la religion catholique. Elle ne cesse de se lamenter, comme le rapporte ironiquement Maria-Louise Ouida, et de répéter : « Si seulement je pouvais sauver son âme ! » Assurément elle se rappelle, et elle en a pris bonne note, ce qu'il a déclaré en 1865 à la London Anthropological Society : « Mes opinions religieuses n'ont d'importance pour nul autre que moi. Personne ne sait ce que je pense à cet égard. Je m'oppose à la confession et je ne me confesserai pas. La Vérité, pour autant qu'il en existe une en moi, je suis seul à la connaître. Tel est mon point de vue, et j'espère ne jamais en changer. » Un jour où, parlant de sa propre mort, il déclare à sa femme qu'il ne veut pas être incinéré, elle ne trouve pas drôle du tout qu'il ajoute, fidèle à « son habitude de tourner en dérision les choses sérieuses : Pour qu'on me brûle, il faudra attendre que je refroidisse. »[1] Isabel avait pourtant réussi à le persuader d'acheter une concession dans le cimetière catholique de Mortlake, une banlieue de Londres, où sont enterrés bien des gens de sa parenté à elle. Après avoir examiné les lieux il avait accepté, mais sans pouvoir se retenir d'exprimer cette macabre cocasserie : « Jolie petite pension de famille, en somme. »

Comme presque tout un chacun dans les classes supérieures de la société britannique, les Burton s'adonnent volontiers au spiritisme, fort en vogue à cette époque, et ils prennent part à de nombreuses séances. Les tables tournantes, les « esprits frappeurs » et autres phénomènes du même ordre exercent sur Richard une véritable fascination, bien qu'il ait toujours soupçonné le leurre d'être pour beaucoup dans l'affaire et qu'il se soit toujours refusé à croire que les médiums sont d'authentiques intermédiaires avec le monde des esprits, « ne serait-ce que pour une seule et unique raison, c'est que les esprits, immanquablement, sont aussi ignares que ceux qui les invoquent ». Dans une lettre adressée au *Times* le 13 novembre 1876, il a catégoriquement accusé les médiums

---

1. *Life*, II, 448, 267.

d'être des charlatans habiles à mystifier par des tours de passe-passe et de prestidigitation. Mais en Inde il avait été le témoin de bien trop de phénomènes indubitables de voyance, de somnambulisme, d'hypnotisme et autres manifestations occultes liées aux pouvoirs de ceux qu'il appelait les « Jogis » pour considérer que l'entièreté du spiritisme ne reposait que sur la supercherie [1].

Dans une allocution prononcée le 2 décembre 1878 devant la British National Association of Spiritualists, il a déclaré que selon lui la perception pouvait s'effectuer hors des voies sensorielles ordinaires, mais il s'est empressé d'ajouter : « Le surnaturel, c'est le naturel incompris ou mal compris [...] aucun homme – irréfutablement, absolument aucun homme – qu'il soit dieu ou diable, ange ou esprit, spectre ou farfadet, n'a jamais erré par-delà les étroites limites de ce monde, ne nous a jamais rapporté une seule idée, un seul concept appartenant à un monde autre et différent [...] Je dois donc me contenter, ainsi que me l'a dit un ami facétieux, d'être *un spirite qui ne croit pas aux esprits* [...] Pour ce qui me concerne j'ignore tout de l'existence de l'âme et de l'esprit immatériel, ne ressens pas le besoin d'une entité dans l'entité, d'un moi dans le moi. » Il s'en tient mordicus, a-t-il déclaré, à l'évangile du doute et du rejet. Et d'ajouter : « Lord Beaconsfield s'est totalement rangé au côté des anges. Quant à moi, je ne puis que m'en tenir fermement à celui des singes. »

Pour Burton, certains phénomènes miraculeux tels que les stigmates de saint François d'Assise pourraient parfaitement s'expliquer par la « suggestion », exactement comme en Arabie des gens guérissent en avalant un bout de papier sur lequel est écrit un verset du Coran [2]. « Plus j'étudie les religions,

---

1. Burton a exprimé dans une allocution – reproduite dans *Life* (II, 137-59) sous le titre de « Spiritualism in Eastern Lands » – son interprétation du yoga. Norman Penzer a lui aussi reproduit cette allocution dans *Selected Papers and Anthropology, Travel and Exploration, by Sir Richard Burton*, Londres, 1924, 184-210. Les commentaires ironiques de Burton sur le spiritisme sont rapportés dans *Life*, II, 137.
2. Lettre de Burton au Dr Charles Tuckey en date du 24 avril 1889, citée par Thomas Wright dans *Life of Sir Richard Burton*, II, 208; *Life*, 139-142.

écrit-il dans l'essai final des *Nuits*, et plus je me convaincs que l'homme n'a jamais adoré que lui-même. »

Le séjour qu'ont fait en 1880 les Burton à Oberammergau à l'occasion des célèbres représentations théâtrales populaires de la Passion du Christ, séjour qui a fortement exalté la piété religieuse d'Isabel, n'a nullement ému Richard. L'un comme l'autre ont longuement décrit cette dramaturgie, et plus tard Burton a proposé à sa femme de publier leurs deux essais en un seul et unique opuscule qui aurait pour titre *Ober-Ammergau as Seen by Four Eyes* (« Oberammergau : deux regards »). Mais il s'est trouvé que l'éditeur n'a pas accepté le texte satirique et caustique de Burton, que celui-ci a publié en 1881 sous le titre de *A Glance at the Passion Play* (« Coup d'œil sur le *Jeu de la Passion* »). Quant au récit qu'a fait Isabel de son pèlerinage, il ne sera publié qu'en 1900, après sa mort, par W.H. Wilkins, qui l'intitulera *The Passion Play at Ober-Ammergau* (La Représentation de la Passion d'Oberammergau). Mais Isabel n'a pu que se tordre les mains de désespoir tant son mari a traité le sujet d'un ton désinvolte et railleur. Toute idée de ciel, de purgatoire et d'enfer, écrit-il, toute notion d'anges et de démons, ne font qu'« insulter le Créateur et avilir l'homme ». Et à propos de la condamnation de Jésus par Pilate il écrit avec irrévérence :

« Je ne peux pas m'empêcher de penser que ce pauvre " païen " a fait exactement ce qu'aurait fait à la dernière génération un officier de l'armée des Indes si un violent conflit religieux avait éclaté parmi les bienveillants Hindous, et que chaque faction eût accusé l'autre de commettre des atrocités. Foncièrement incapable de jauger les mérites et démérites des uns et des autres, il se serait dit : Voyons, ça risque de tourner mal si je n'interviens pas. Déjà que le Père Charlie (le commandant en chef) ne me porte pas dans son cœur! Pas envie de perdre ma solde. Alors, après tout, quelle importance? Laissons les négros faire comme ça leur chante! » [1]

1. *A Glance at the Passion Play*, Londres, 1881, 166, 139.

En 1887, sur la fin du mois de février, Burton est frappé par une deuxième et sévère crise cardiaque alors que sa femme et lui sont en vacances à Cannes. Très inquiet, le médecin prévient Isabel : le malade peut mourir d'un instant à l'autre. « Je fus saisie d'une peur panique à l'idée qu'il pût passer de vie à trépas sans avoir été congrûment baptisé, écrira-t-elle, et je demandai au Dr Frank si je pouvais lui administrer moi-même ce sacrement. – Faites comme vous l'entendez, me dit-il. Alors j'allai chercher de l'eau, je m'agenouillai pour dire des prières et je le baptisai. » Ainsi finit-elle par satisfaire à ses vœux [1].

C'est ce jeune médecin anglais appelé en consultation, le Dr Grenfell Baker, lui-même venu passer sa convalescence à Cannes au terme d'une grave maladie, qui est chargé de dire à Burton qu'il n'en a plus pour très longtemps. Ce praticien nous révèle que sir Richard accueille la nouvelle avec fatalisme. « Bah, puisqu'il faut y passer », déclare-t-il. Puis il se lance dans une histoire tirée des *Mille et Une Nuits*. Le jeune médecin souffreteux est fort impressionné. Et quand un peu plus tard Isabel, pleinement consciente de la gravité de l'état de son mari, demande au Dr Baker de ne plus quitter le malade, de voyager partout avec eux et de vivre sous leur toit à Trieste, celui-ci accepte. Tout d'abord, Burton s'insurge contre l'idée d'attacher en permanence un médecin à sa personne, s'opposant à l'intrusion dans sa vie privée d'un tiers qui, selon lui, « va probablement nous compliquer l'existence, nous prendre l'un ou l'autre en grippe, ou l'un et l'autre, et nous faire un mauvais coup ». Mais il apparaît bientôt que le frêle et gentil praticien est discret et fort capable, et il devient bientôt pour son client le plus dévoué des amis. Exception faite d'une brève période durant laquelle il sera remplacé par le Dr Ralph Leslie, il vivra près du couple jusqu'à la mort de Burton [2].

1. *Life*, II, 337.
2. F. Grenfell Baker, « Sir Richard Burton as I Knew him », *Cornhill Magazine*, N° 304, octobre 1921, 411-23; *Life*, II, 338.

Mais lentement la goutte, les troubles circulatoires et les douleurs angiospasmodiques corrodent la constitution de fer de sir Richard, et désormais c'en est quasiment fini des longues périodes, naguère si fréquentes, qu'il avait accoutumé de passer seul loin d'Isabel. De plus en plus il se réfugiera près d'elle comme si elle était source de vie. « Sans ma femme, je serais mort d'inanition », écrira-t-il. Mais si avec le temps il prit en grande affection leur demeure de Trieste, il a horreur d'y passer l'hiver. « La nuit dernière nous avons eu une guilée de tous les diables, accompagnée de grêle, qui a brisé la moitié des vitres de la maison, écrit-il le 22 septembre 1889 à Leonard Smithers. Aujourd'hui Trieste a retrouvé son sourire — telle une putain à un baptême. »[1] En 1889-1890, il voyage continuellement ou presque avec son épouse et son médecin, se partageant entre les stations thermales et les lieux de villégiature d'Europe et d'Afrique du Nord, comme l'avait fait avant lui son père, s'efforçant d'y retrouver sa vitalité de jadis. Genève, Vevey, Montreux, Berne, Venise, Neuberg, Brindisi, Malte, Tunis, Alger, Cannes, Innsbruck, Ragatz, Maloïa... la liste s'allonge au fur et à mesure qu'il s'affaiblit davantage. Le Foreign Office rejette catégoriquement toutes les requêtes qu'il peut formuler pour obtenir, après trente années de service à l'étranger, une retraite anticipée sans réduction d'émoluments (officiellement, sa retraite ne doit prendre effet qu'à compter du mois de mars 1891).

Bien qu'ils logent avec une insouciante prodigalité dans les meilleurs hôtels, Burton ne peut séjourner nulle part pendant plus de trois semaines. « Il rongeait jusqu'à l'os tout ce qui l'entourait, écrira Isabel, qu'il s'agît d'un lieu, d'un paysage, d'individus, de faits concrets, et cela avant même que nous eussions pris le temps de savoir si l'endroit nous plaisait ou non. Quand nous en étions là, pour lui tout s'était déjà affadi et il nous déclarait d'un air inquiet : Vous croyez que je vais vivre assez longtemps pour repartir d'ici et aller voir ailleurs ? » Elle voudrait lui rendre les choses moins

---

1. Fonds Edwards Metcalf. Voir aussi *Life*, II, 339.

pénibles en allant seule acheter les billets et faire enregistrer les bagages à l'avance, mais jamais il n'accepte de la laisser faire et il tient absolument à se hisser dans la même calèche qu'elle.

– Je suis très mal en point, lui déclare-t-il un jour. J'en suis venu à détester tout le monde, sauf toi et moi, et cela me fait peur, parce que je sais parfaitement que l'an prochain c'est toi que j'en viendrai à détester, et que l'année d'après ce sera moi que je prendrai en aversion, et alors je ne sais pas ce qu'il adviendra de moi. On ne tient pas en place, et chaque fois qu'un lieu t'enchante je me dis à moi-même : C'est moche!, et la fois d'après : C'est hideux!, et la fois d'après : C'est horrible!, et *da capo*, ça n'en finit plus. [1]

Pourtant ils s'efforcent de paraître jeunes, pleins d'allant. Pendant quelque temps Burton fait teindre en brun ses cheveux grisonnants et sa femme se met à porter une perruque blonde et bouclée. Mais si sir Richard dépense de fortes sommes pour acquérir des vêtements de bonne coupe, rares sont ceux dont il s'habille. De plus, il ne regarde pas à la dépense quand il s'agit de satisfaire le curieux engouement qui est le sien pour les bottes, en sorte que sur ses vieux jours il n'en possède pas moins d'une centaine de paires. Partout où ils vont il s'intéresse aux sabres, examinant, inventoriant, prenant des notes à dessein de composer ses deuxième et troisième volumes sur le sujet.

A Maloïa ils rencontrent Henry Stanley, qui à l'âge de quarante-neuf ans a fini par prendre femme et se trouve là en voyage de noces avec sa splendide épouse artiste peintre, Dorothy Tennant Stanley. « Sa santé [celle de Burton] semble brisée, écrit Stanley. Je lui ai conseillé d'écrire ses mémoires, et il m'a répondu qu'il ne pouvait le faire, car il devrait pour cela dire trop de choses sur trop de gens. Alors, soyez charitable et ne parlez que de leurs qualités, lui ai-je dit. La charité, je n'en ai que faire, m'a-t-il répondu. Si jamais j'écris, je m'en tiendrai à la vérité et je dirai tout

1. *Life*, II, 364, 401.

ce que je sais. » Burton déclare aux Stanley qu'il est en train d'écrire un livre sur l'« anthropologie de l'homme et de la femme » [1].

Une lettre d'Isabel nous apprend qu'elle presse Richard de mettre une dernière main au récit, jamais terminé, du voyage qu'en 1875 il a fait en Inde. Certains passages de ce qu'il en a déjà écrit la choquent. « Je lui ai demandé, raconte-t-elle dans cette lettre, de me laisser biffer diverses petites choses purement biographiques, et pour toute réponse il m'a dit : " Je n'en changerai rien. Si on écrit un texte biographique, ce doit être une photographie reproduisant fidèlement les bons et les mauvais côtés de la vie " [...] » [2] Pourtant, quand un inconnu, Francis Hitchman, fait auprès d'elle une démarche en lui expliquant le projet qui est le sien d'écrire une biographie de son mari, Isabel persuade Richard de prêter au solliciteur le manuscrit, inachevé, de son récit autobiographique. Plagiaire éhonté, Hitchman se contente ensuite de recopier tel quel le texte en usant de la troisième personne, n'attribuant à Burton que la paternité d'un seul et unique chapitre (intitulé « Le Cheval de Beatson »), et sans plus de vergogne il reproduit divers extraits de ses ouvrages.

Pareil pillage littéraire démoralise Burton et lui ôte toute envie de s'atteler à son autobiographie. Isabel explique à Leonard Smithers, en battant sa coulpe, les raisons de son initiative. Hitchman, déclare-t-elle, « s'est joué de mes bons sentiments en me racontant qu'il était pauvre, malade, chargé d'une nombreuse famille, et il m'a demandé de convaincre mon mari de l'autoriser à écrire sa biographie, dont il espérait tirer cent cinquante livres » [3]. Pis encore, puisque la publication de ce texte vaut à Burton d'être

---

1. Si telle est bien la vérité, l'ouvrage sera brûlé plus tard par Isabel. Voir l'*Autobiography* de Stanley éditée par Dorothy Stanley, Londres, 1912, 423-4.
2. Lettre d'Isabel Burton à Leonard Smithers, 18 février 1888, Bibliothèque Huntington.
3. *Ibid.*

personnellement pris à parti par la *Saturday Review*. Il en suffoque de fureur. Le critique de la revue qualifie en effet la biographie de « fâcheuse », et Burton « d'irrévérencieux et d'ingrat [...] vis-à-vis de ses supérieurs hiérarchiques, de mécontent de son sort [...] [qui] perpétuellement pleurniche pour obtenir davantage de récompenses, d'honneurs, et de postes plus lucratifs [...] On est en droit de se demander quel autre consul ou fonctionnaire du Foreign Office s'est jamais signalé par des congés si fréquents ou des absences si longues et a passé si peu de temps à son poste (tout en percevant continuellement son salaire, ainsi qu'on peut le penser), à l'exemple de sir Richard Burton ». Quant à ses *Mille et Une Nuits*, l'auteur de l'article les qualifie de « livre qu'au jugement des gens honnêtes mieux eût valu ne pas traduire » [1].

« La meilleure conduite qu'il convient selon moi d'adopter, écrit Isabel à leur ami Leonard Smithers, c'est de garder le silence complet et de rester digne en attendant que l'ouragan s'apaise. Je ne crois pas que la *Saturday Review* [...] ait fait grand tort à mon mari. » [2]

Cependant, sur le chapitre des congés qu'il s'accorde, Burton prête depuis longtemps le flanc aux réprimandes. Déjà au début de 1886 lord Rosebury l'a rappelé à l'ordre, lui reprochant de s'éloigner trop fréquemment et trop longtemps de Trieste, mais quand il est devenu Premier Ministre au mois de juin de la même année, considérant à bon escient qu'on avait attribué un poste à Burton en récompense des services qu'il avait rendus à la couronne, lord Rosebury a donné des directives aux Affaires étrangères pour qu'à l'avenir on n'importune plus le consul de Grande-Bretagne en exigeant de lui qu'il s'acquitte pointilleusement de ses tâches administratives de routine. En revanche, le Premier Ministre a refusé et refuse toujours de lui accorder une retraite anticipée assortie de son plein traitement. Le seul à subir les conséquences de cet état

1. *Saturday Review*, LXV, 110-11, 28 juin 1888.
2. Lettre d'Isabel Burton à Leonard Smithers, 18 février 1888, Bibliothèque Huntington.

de choses, c'est l'attaché consulaire, qui durant les dernières années de Burton se charge de la plus grande partie de son travail tout en ne percevant qu'un supplément de salaire égal à la moitié de celui de son supérieur.

En 1888, les Burton retournent en Angleterre pour y faire un court séjour, et bien qu'« on les réclame partout dans la haute société » (chose intéressante, cette formulation est de Burton et non pas d'Isabel), sir Richard est trop souffrant pour accepter toute invitation passé huit heures du soir. Sa nièce Georgiana, qui l'a toujours tenu pour un dieu que rien ne saurait abattre, est proprement effrayée par son aspect. « Il avait dans les yeux cette expression d'épuisement qui accompagne la respiration pénible, ses lèvres étaient d'une pâleur bleuâtre, ses joues livides, la moindre fatigue lui coupait le souffle et parfois il haletait alors qu'il était tranquillement assis dans son fauteuil. »[1]

Toujours possédé par son démon intérieur, il continue de traduire à jet continu, passant d'un « livre sale » à un autre. Après avoir terminé les six volumes des *Supplemental Nights* en 1888, il s'attaque à la traduction intégrale du *Décaméron* de Boccace, mais apprenant que John Payne l'a devancé il change son fusil d'épaule et entreprend l'adaptation en anglais d'un recueil de vigoureux contes populaires napolitains, *Il Pentamerone; or, the Tale of Tales*, œuvre de Giovanni Battista Basile, dont la première édition remonte à 1637. La traduction que donne Burton des passages les plus lestes montre qu'il n'a rien oublié de l'argot des rues qu'il a appris dans sa jeunesse à Naples. Décrivant une querelle opposant une vieille femme au galopin qui d'un jet de pierre a brisé sa cruche, il nous propose ce dialogue :

« – Hé, maudit chenapan ! Tête-en-l'air, pisse-au-lit, baladin, tire-jupon, graine de pendu, avorton de mulet, gredin joli ! Gare à toi si j'te secoue les puces ! Va où c'que t'attraperas

---

1. Georgiana Stisted, *op. cit.*, 409, *Life*, II, 364.

la danse de saint Guy! Attends un peu que j'le dise à ta mère! Crapule! Maquereau! Enfant d'putain!

» Entendant ce flot d'injures, le garnement, qui n'avait que trois poils au menton et pas du tout froid aux yeux, lui rendit la monnaie de sa pièce

» — Vas-tu bientôt tenir ta langue, tison d'enfer, va-du-corps, étouffe-bougre, raclure d'étron, pet de bique? » [1]

Burton veut maintenant se consacrer à un groupe de poètes latins et italiens de renom, et qui tous ont écrit des textes poétiques jugés jusqu'alors trop lestes, paillards ou pervers pour les délicates oreilles anglaises. Il envisage de traduire le *Roland furieux* de l'Arioste, poète de la Renaissance italienne (1474-1533); les *Epigrammata* du poète latin Ausone, né et mort à Bordeaux (310-395); *la Métamorphose* (connue aussi dans l'antiquité sous le nom de *l'Ane d'or*) du philosophe et rhétoricien Apulée; les *Carmina* de Catulle, contemporain de Jules César; et enfin les *Satires* de Juvénal, poète satirique né vers l'an 60 et mort à un âge très avancé, vraisemblablement après 140.

Mais tout d'abord il collabore avec un jeune avocat anglais du nom de Leonard Smithers pour éditer à compte d'auteurs la première traduction en anglais de la *Priapée*, recueil de poèmes plus qu'explicites ayant tous pour thème Priape, dieu de la génération et fils de Dionysos et d'Aphrodite, sinon d'une nymphe. Il personnifiait la virilité, l'amour physique, et on le représentait souvent dans l'antiquité sous les traits d'un personnage d'une laideur grotesque pourvu d'un énorme phallus. Burton n'a jamais rencontré Smithers. Ils n'ont fait qu'échanger des lettres qui éclairent parfaitement la nature de leur collaboration. Amateur de littérature érotique, Smi-

1. Cette traduction de Burton ne sera éditée qu'après sa mort, en 1893, et manifestement Isabel ne tenta pas d'en modifier le manuscrit. Le 12 décembre de cette même année elle écrira en effet à Leonard Smithers : « Que vous n'ayez pas vu la moindre raison de changer quoi que ce soit dans le Pentamerone me réjouit. » (Fonds Edwards Metcalf.) Une nouvelle édition de l'ouvrage paraîtra en 1943, avec un avant-propos de William A. Drake.

thers est passionné par les manifestations pathologiques de la sexualité – il a pour ambition de devenir un « érospécialiste » distingué – et c'est lui qui a pris l'initiative de solliciter Burton, se proposant de faire toutes les recherches nécessaires aux annotations de la *Priapée*. Il a traduit l'œuvre en prose et attend de Burton qu'il la recompose en vers. C'est sous des pseudonymes – Outinados et Neaniskos – que les deux hommes publient en 1884 les trois textes (latin, prose et mètres anglais) en un seul volume, que Smithers a fait imprimer pour le compte d'une édition de façade, l'Erotica Biblion Society, prétendument domiciliée à Athènes [1].

Burton n'a pas caché à Smithers le risque auquel ils s'exposent l'un comme l'autre de voir la police frapper à leurs portes, munie de mandats de perquisition, l'éventualité de poursuites judiciaires et la difficulté de tenir secrète l'identité de l'imprimeur. Il note à ce propos que « les prêcheurs de vertu sont habiles à se laisser corrompre ». Mais Smithers, que ces perspectives n'effraient pas, presse Burton de collaborer de nouveau avec lui à une seconde édition de la *Priapée*, qui cette fois serait abondamment annotée et illustrée par des gravures croustillantes. Il cherche aussi à le convaincre de révéler sur la page de garde, de façon plus ou moins voilée, qui est véritablement l'auteur de la traduction, à l'effet d'augmenter les ventes de l'ouvrage. Tout d'abord, Burton ne s'oppose pas à cette idée, et il rédige un projet de frontispice dont l'énoncé est le suivant :

« La partie métrique est due au traducteur du *Livre des Mille et Une Nuits*, et la partie prosodique à Jurand, qui a également ajouté au texte des notes explicatives et des digressions traitant de l'homosexualité masculine et féminine, de la zoophilie, de la masturbation, du *cunnilingus* [...] de la

---

1. Au British Museum, on peut voir aujourd'hui parmi les manuscrits de Burton une brochure de l'Erotica Biblion Society annonçant la sortie de la *Priapée* dont le prix public serait de deux livres douze shillings, et de deux livres deux shillings seulement si le paiement était effectué avant le 1er décembre 1888.

danse au temps des Romains, du tribadisme chez les Romaines, du *doigt fripon* et ainsi de suite. » [1]

Apprenant cela, Isabel, se rongeant d'inquiétude, écrit à l'insu de Richard plusieurs lettres à Smithers pour lui dire que la censure a eu vent de la première édition de la *Priapée*, et que la police va incessamment venir perquisitionner à son domicile. Le 16 mai 1890, elle est dans tous ses émois :

« Mon mari est en train de faire une chose des plus donquichottesques et des plus dangereuses pour lui, car son identité est totalement dévoilée [...] C'est sa dernière année de service. En mars il sera libéré de tout engagement. Sa carrière aura officiellement pris fin. C'est entre mars et août que sera réglée la question de sa pension et que nous quitterons Trieste pour Londres [...] Si un scandale éclate, la pension qui doit le faire vivre jusqu'à la fin de ses jours, au terme d'une honorable carrière de quarante-neuf ans, lui sera très vraisemblablement retirée, ou bien on la réduira au minimum. Et tout cela pourquoi? La folie qui le possède, je n'ose y songer – risquer ainsi tout son avenir [...] et rendre service en prêtant son nom à un homme qu'il n'a jamais vu me paraît tout autant ridicule [...] Il ne faut pas que vous parliez de cette lettre à mon mari quand vous lui écrirez. »

Smithers répond en tentant de la rassurer, et de nouveau elle lui écrit le 27 mai 1890 :

« Vous vous trompez totalement si vous pensez que sir Richard ne sera pas poursuivi au même titre que vous. Nous avons eu les pires ennuis du début à la fin [de la publication] des seize volumes des *Nuits*, et seul *Bénarès* nous a sauvés. Sir Richard a de chaleureux amis et beaucoup de notoriété, mais aussi quelques ennemis coriaces qui lui en veulent de

---

1. Lettres de Burton datées des 12 et 19 mai 1890 (Bibliothèque Huntington). La dernière citation est extraite d'une lettre non datée (Bibliothèque Huntington).

les avoir autrefois mis le dos au mur et critiqués. Ces gens-là sont proches du trône et ne cessent de prévenir la reine contre lui [...] J'ai passé toute ma vie à essayer de contrebalancer ces fâcheuses circonstances et de l'empêcher de ruiner ses propres intérêts [...] Vous n'avez pas idée du " pétrin " dans lequel je me suis trouvée. La semaine passée sir Richard voulait envoyer promener le consulat et vendre la charmante demeure que j'ai ici, tout cela parce qu'il ne pouvait pas faire autrement s'il voulait tenir les engagements qu'il a pris avec vous [...] Je n'ose pas dire à mon mari que je vous ai écrit. Il m'en voudrait terriblement [...] Ne m'écrivez plus, car votre lettre pourrait tomber entre ses mains. » [1]

On ne peut que ressentir de la compassion pour la malheureuse lady Burton aux prises avec pareille adversité. Pourtant, Arbuthnot vole à son secours, et en 1890 la *Priapée* est publiée sous les deux pseudonymes choisis à l'origine. Ni Burton ni Smithers ne feront l'objet de poursuites judiciaires.

Puis sir Richard se consacre à la traduction de Caius Valerius Catullus, dont la célébrité est principalement due aux pièces lyriques inspirées par la passion que lui inspirait sa maîtresse, Clodia (la Lesbie de ses poèmes), la spirituelle et influente épouse du proconsul Metellus Celer. Mais Catulle a également écrit des poèmes dédiés à des éphèbes, et des satires, œuvres jugées obscènes du fait de la crudité de leurs expressions anatomiques. L'édition anglaise du texte intégral de *Carmina* regroupe l'original latin, sa traduction en prose par Smithers et l'adaptation versifiée de Burton [2].

---

1. Ces différentes lettres sont aujourd'hui la propriété de la bibliothèque Huntington. M. Edwards Metcalf possède l'exemplaire de la *Priapée* que pendant un certain temps Burton et Smithers avaient envisagé de publier. Dans l'ouvrage sont collées de nombreuses illustrations qu'Isabel Burton eût assurément jugées bassement pornographiques. Aucune d'entre elles n'est reproduite dans l'édition de 1890.
2. A propos des poèmes inspirés à Catulle par des jeunes garçons, E.A. Havelock écrit dans *The Lyric Genius of Catullus*, Oxford, 1939, p. 117, qu'« il est totalement abusif d'appliquer l'adjectif homosexuel à l'expression

« Pour moi, découvrir est essentiellement une manie », écrit Burton dans la préface. Et d'admettre, quelque peu restrictivement, qu'il ressent le besoin « irrésistible et pervers » de publier les découvertes qu'il fait hors des sentiers battus. Mais s'il achève la traduction de *Catullus*, il ne vivra pas assez longtemps pour la voir sortir des presses. Et quand après sa mort Isabel s'emparera du manuscrit, c'est cette terrible phrase griffonnée sur la première page qui d'abord arrêtera son regard : « Ne montre jamais aux femmes et aux imbéciles une œuvre à moitié finie. » Elle fera une copie du texte – fourmillant d'erreurs, s'il faut en croire Smithers – dont elle éliminera bon nombre de passages qu'elle estime vulgaires pour les remplacer par des astérisques. Puis elle brûlera l'original [1].

Avant de mourir Burton aura traduit quatre chants de l'Arioste et commencé à travailler sur les textes d'Ausone et d'Apulée. Mais pour l'instant il a temporairement interrompu cette entreprise pour s'attaquer à une nouvelle traduction du *Jardin parfumé*, dont les deux premières éditions de 1886 se sont bien vendues et sont à présent épuisées. Cette fois, c'est de l'original arabe que part Burton, qui a l'intention de modifier le titre de l'ouvrage *(The Perfumed Garden* devenant *The Scented Garden)* et d'ajouter au texte le chapitre sur l'homosexualité qui ne figurait pas dans les précédentes éditions. Il entend annoter et commenter tout le livre, dans lequel il veut aussi intégrer un résumé de la pensée de Karl Heinrich Ulrichs, un érudit allemand qui sous le pseudonyme

---

de sentiments de cette nature ». Burton semble en avoir jugé autrement, puisque Smithers déclare dans sa préface que « sir Richard souligna fortement la nécessité d'annoter avec soin toute traduction de caractère érotique (et plus particulièrement pédérastique), mais des circonstances ultérieures le firent renoncer à cette intention ». *Catullus* sera édité à compte d'auteur, accompagné de préfaces d'Isabel, de Smithers et de Burton.

1. Le fonds Edwards Metcalf contient de nombreuses lettres échangées par Isabel Burton et Leonard Smithers à propos de la publication du *Catullus*. En dépit de toute sa persuasion, Smithers ne réussit pas à prévenir la mutilation du texte par Isabel, bien qu'à cette époque elle l'ait pris pour avocat et agent littéraire. La bibliothèque Huntington possède elle aussi une partie de la correspondance Isabel Burton-Leonard Smithers.

de Numa Numantius a écrit sur les amours homosexuelles et les a exaltées. Enfin, Burton a pour dessein de parler dans son ouvrage des eunuques chinois [1].

Ainsi donc, à la grande consternation d'Isabel, Burton en revient aux thèmes de l'homosexualité et de la castration, comme si accumuler des détails et encore des détails sur ces thèmes exorcisait en quelque sorte les angoisses et les frustrations qui manifestement continuent de l'accabler. Au mois de décembre 1889, il séjourne avec Isabel à Tunis et Alger pour y trouver un climat plus clément que celui de Trieste, et aussi dans l'espoir de s'y faire aider par des lettrés arabes à traduire et rédiger pertinemment ses notes.

« Être à nouveau parmi des musulmans m'est une manière de repos, écrit-il à Smithers le 10 décembre. L'atmosphère de la chrétienté me démoralise et me chagrine. » Mais sa quête se révèle décevante. « A Tunis, où j'espérais tant, j'ai fait peu de choses pour le *Jardin* [parfumé] », annonce-t-il à Smithers le 5 janvier 1890. Et avant de repartir, dans une lettre à John Payne il déclare tout net que « le monde devient de plus en plus vil et de plus en plus *bête* * » [2].

Au début, il n'attache pas une très grande importance au *Scented Garden*, et il ne s'illusionne guère sur sa réussite financière, étant donné que l'ouvrage a déjà été par deux fois édité sous un autre titre. Le 31 janvier 1890, il fait part à Smithers de son intention d'en faire tirer mille exemplaires. « Mais, ajoute-t-il, le public est volage [...] et un manuel d'érotologie ne saurait avoir le même intérêt que les *Nuits*. » [3] Dans son journal, il écrit le 21 mars 1890 : « Commencé ou plutôt repris le *Scented Garden*, sans trop de conviction, mais cela fera bouillir la marmite. » Pourtant, il travaille considérablement le texte, auquel il s'attache de plus en plus au

1. *Journal* de la Royal Asiatic Society (Section de la Chine septentrionale), Nouvelle série, XI, 1877, p. 143-84.
2. Les lettres de Burton à Smithers appartiennent à la bibliothèque Huntington; celle qu'il adresse le 28 janvier 1890 à John Payne est citée par Thomas Wright dans *Life of John Payne*, 103.
3. Bibliothèque Huntington. Une édition-pirate du *Jardin*, presque identique à quelques détails près, avait également été publiée en 1886.

fur et à mesure qu'il développe son sujet, transformant ainsi un ouvrage d'importance plutôt modeste en un manuscrit de mille deux cent quatre-vingt-deux pages [1]. « J'ai mis toute ma vie et tout mon sang vital dans ce *Scented Garden*, déclare-t-il au Dr Grenfell Baker. C'est le grand espoir qui soutiendra mes jours, le couronnement de mon existence. » [2]

Il a pris toutes les dispositions nécessaires, dit-il à Isabel lorsqu'elle se tourmente, pour que les bénéfices provenant de la vente de l'ouvrage, mis de côté, lui soient versés après sa mort sous forme de rente [3]. Ce n'est là pour elle qu'une piètre consolation. Pressentant mieux que sir Richard combien sa femme est hostile à ce projet d'édition, le Dr Baker déclare à son malade que s'il meurt avant d'achever son manuscrit, celui-ci risque fort de finir dans les flammes. « Vraiment, vous croyez ? fait Burton, incrédule. Alors je vais écrire tout de suite à Arbuthnot pour lui dire que si je venais à disparaître, c'est à lui que reviendra le manuscrit. » Et l'avenir donnera raison à Baker [4].

Mais la méfiance que Burton éprouve à l'égard de sa femme n'est que momentanée, et c'est elle dont il fait sa seule et unique exécutrice testamentaire. Au fil des ans il l'a façonnée pour la transformer en une créature autonome. A présent elle n'est plus l'épouse de sir Richard Burton − « celle qui se contente d'actionner le soufflet pour l'organiste », comme elle

1. M. Quentin Keynes possède un document d'Isabel Burton dactylographié en quatre pages et intitulé « Mes volontés concernant le Scented Garden », par lequel elle menace de poursuites quiconque publierait l'ouvrage en attribuant sa traduction à son mari. A ce document est annexée une déclaration d'un imprimeur, qui conteste les assertions d'Isabel, celle-ci soutenant que le manuscrit qu'elle a détruit par le feu était quasiment achevé. L'imprimeur lui réclame, outre les 882 pages du texte principal, les 100 pages de la préface, les 50 pages d'une « parodie de sermons », 200 pages de digressions et 50 pages supplémentaires qu'il désigne sous l'appellation de « La loi et les prophètes ». La phrase de Burton écrite dans son journal le 21 mars 1890 est citée dans *Life*, II, 441.
2. Thomas Wright, *Life of Sir Richard Burton*, II, 217.
3. Lettre adressée par Isabel Burton au *Morning Post* le 19 janvier 1891 et citée par W.H. Wilkins, *op. cit.*, II, 723.
4. Thomas Wright, *Life of Sir Richard Burton*, II, 217. Wright affirme qu'Arbuthnot reçut cette lettre, dont Isabel avait connaissance.

se plaisait à le dire naguère lorsqu'elle se rabaissait –, mais un être affranchi de plein droit. Elle est l'auteur de deux relations de voyage à succès et de nombreux articles qui lui ont fait un nom, et elle a traduit et publié un manuscrit portugais. Elle parle le français, l'arabe, l'italien, le portugais, et elle a des notions d'allemand et de yiddish. « Je considère que pour ainsi dire il m'a faite », reconnaît-elle avec bonne humeur. Quant à Isabel, elle l'a fait vivre, ainsi que l'écrit André Maurois à propos du couple Disraeli, « dans un paradis où flotte une adoration un peu comique ». Ce paradis qu'elle a créé pour Richard, est fait de continuelle et inlassable tendresse.

Alors qu'ils séjournaient à Cannes en 1887, un tremblement de terre « à vous décheviller l'âme du corps », écrit Burton, ébranla si violemment leur hôtel qu'il « lézarda plusieurs murs et terrorisa les clients au point de leur faire perdre la tête ». Regardant de la fenêtre les touristes affolés se masser dans la rue en vêtements de nuit, Isabel l'avait pressé de sortir du lit pour fuir l'hôtel.

– Non, ma fille, lui avait-il dit, toi et moi avons connu trop de séismes pour faire voir à notre âge qu'on a la frousse.

– Comme tu voudras.

« Alors, raconte Burton pour conclure le récit qu'il fait dans son journal de l'événement, je me suis retourné dans le lit pour me rendormir »[1]. Nulle part ailleurs sous sa plume on ne trouve proclamation plus explicite du sentiment profond – et exigeant, aussi – qui le lie à sa femme.

De retour à Trieste en août 1890, Burton, qui a maintenant soixante-neuf ans et dont la santé est de plus en plus fragile, voit avec appréhension la belle saison tirer à sa fin. Le départ des hirondelles en septembre l'emplit de tristesse. « Nous espérons passer l'été prochain en Angleterre, écrit-il à W.F. Kirby le 16 août, mais le temps est long et la destinée

---

1. *Life*, II, 335.

maligne. »[1] Ce qu'il a jadis écrit des dernières années de Camões – « cette ultime fugacité, cette affligeante éclipse » – est devenu à présent le fidèle constat de sa propre existence. Tel jour, avec Isabel, il achète sur un marché de Trieste des oiseaux en cage, qu'il rapporte chez lui pour leur rendre la liberté dans son jardin. Tel autre, alors qu'il voit en passant un singe, lui aussi en cage, devant la maison d'un voisin, il s'arrête pour parler à l'animal d'un ton morose pendant qu'Isabel lui donne des bouts de fruits et de gâteaux. « Quel crime as-tu donc commis dans l'autre monde, Jocko, pour qu'aujourd'hui on t'emprisonne et te tourmente? C'est au purgatoire qu'on t'a condamné? » Et tandis qu'ils s'éloignent il ne cesse de murmurer : « Je me demande ce qu'il a bien pu faire... je me le demande. »

Trois jours avant sa mort il raconte à Isabel qu'un oiseau est venu taper à sa fenêtre pendant toute la matinée. « C'est un mauvais présage, tu sais », lui dit-il. Et quand pour le rassurer elle lui rappelle que tous les matins à sept heures il nourrit les oiseaux et qu'ils ont pris l'habitude de réclamer, il lui répond que « Non, [que] ce n'était pas cette fenêtre-là, mais une autre. » Plus tard elle trouvera ces quelques vers qu'il griffonne ce même jour dans la marge de son journal :

Oiseau Saint-Martin, oiseau pèlerin
Oiseau joli, plumes pourpres
A ma croisée chaque matin
Tu viens pousser quand le jour point

Ta lugubre chansonnette.
Piailles et piailles et t'égosilles
Hirondelle, gentille hirondelle,
Que viens-tu dire à ma fenêtre
Quand le jour point? [2]

1. Fonds Edwards Metcalf.
2. *Life*, II, 378 *n.*, 408.

Le lendemain, dimanche 19 octobre, dans le jardin il sauve de la noyade un rouge-gorge tombé dans un réservoir, puis il le réchauffe entre ses mains et le garde sous son manteau de fourrure jusqu'à ce qu'il soit certain qu'il va rester en vie. Ce soir-là il ne fait qu'un repas frugal, mais il rit, parle beaucoup et plaisante. A neuf heures et demie sa femme et son médecin l'aident à s'aliter. A minuit il se plaint du « mal de goutte » qui lui donne des élancements dans le pied. Ensuite il somnole pendant un petit moment, puis de nouveau s'éveille. « J'ai vu en rêve notre petit appartement de Londres, et il y avait une vaste et belle pièce », déclare-t-il. A quatre heures du matin les douleurs le reprennent, que le Dr Baker ne juge pas alarmantes.

Mais à quatre heures trente, Burton s'inquiète brusquement et déclare qu'il suffoque. Sa femme se précipite une fois de plus pour aller quérir le médecin, qui tout de suite se rend compte que son malade est à l'agonie. Affolée, Isabel réveille les domestiques, qu'elle envoie en toute hâte, et dans toutes les directions, chercher un prêtre.

— Vite, Minou! gémit Burton peu après. Du chloroforme... de l'éther... sinon je vais mourir!

« Seigneur! J'aurais donné tout le sang de mes veines pour le sauver », écrira-t-elle. Elle le tient dans ses bras, assis sur son séant, tandis qu'il se fait de plus en plus pesant et perd peu à peu connaissance. Enfin le Dr Baker l'aide à soutenir le moribond, qu'il étend sur le dos pour lui appliquer une batterie électrique contre la région précordiale. Agenouillée à sa gauche, Isabel, folle d'angoisse, prend le pouls de son mari « priant Dieu de tout son cœur de garder là son âme (bien qu'il fût peut-être déjà mort) jusqu'à l'arrivée du prêtre ».

Burton rendit son dernier soupir à cinq heures. Le P. Pietro Martelani se présenta deux heures plus tard. Il prit à part Isabel pour lui dire qu'il ne pouvait administrer les derniers sacrements à son mari, qui jamais ne s'était déclaré catholique. En larmes, elle le supplia de ne pas perdre un instant

pour le faire, assurant qu'elle avait la preuve que sir Richard s'était secrètement converti. Le prêtre regarda sévèrement le corps étendu sur le lit.
— Est-il mort? demanda-t-il.
— Non, affirma-t-elle d'un ton catégorique.
Alors le prêtre donna sur-le-champ l'extrême-onction à Burton, puis il pria pour son âme qu'allait bientôt rappeler Dieu. « A la crispation de sa main et au minuscule filet de sang qui lui courait sous le doigt, écrira-t-elle, jusqu'à sept heures je m'étais dit qu'il lui restait un souffle de vie, et ensuite j'ai compris que [...] j'étais à tout jamais seule et désespérée. » [1]

---

1. *Life*, II, 413-14.

XXVIII

L'ŒUVRE DU FEU

Peut-être l'épouse d'un homme en sait-elle trop sur lui.

« Ce furent de somptueuses funérailles militaires », écrit Isabel sur le ton de la satisfaction et « Monseigneur l'évêque voulut bien l'honorer de toute la pompe des solennités de l'Église ». La Diète de Trieste avait ajourné ses séances en signe de deuil, et l'équipage d'un navire anglais qui faisait escale dans le port était venu grossir les rangs du cortège funèbre. Des cent cinquante mille citoyens de Trieste, « tout ce qui pouvait se déplacer à pied ou en voiture était là, écrit-elle, des plus indigents aux plus hauts dignitaires [...] et tous les drapeaux de la ville et du port étaient en berne ». Et quand le pasteur protestant s'est récrié auprès du Dr Grenfell Baker, du fait que Burton n'était pas de religion catholique, le médecin l'a fermement écarté en le priant de laisser lady Burton à son chagrin.

« Perdre l'homme qui pendant trente-cinq ans avait été mon Dieu sur terre me fit l'effet d'un coup sur la tête, écrit-elle, et pendant fort longtemps j'en demeurai totalement assommée. » Mais une dépêche de Londres interrompt brusquement, à tout le moins pour un temps, ses protestations de douleur. Le câble lui est adressé par un éditeur qui propose de lui acheter pour six mille guinées le manuscrit du *Scented Garden*.

« Pendant trois jours je fus à la torture, ne sachant quelle décision prendre [...] Brûlez-le, me conseillait-on [...]
» – Je ne peux pas satisfaire tout le monde, répondais-je,

mais je ne peux pas non plus tromper le Tout-Puissant, qui tient entre Ses mains l'âme de mon mari [...]

» Et je me disais à moi-même : Sur quinze cents personnes, quinze vont probablement le lire avec l'esprit scientifique dans lequel il a été écrit, mais les quatorze cent quatre-vingt-cinq autres vont le lire par pur vice, et le faire lire à leurs amis, et le dommage sera peut-être incalculable [...]

» Ce qu'un homme bien né, un homme du monde et un érudit peut écrire durant sa vie, il ne le juge pas de la même façon que le pauvre pécheur en pleine détresse qui se tient nu devant son Dieu pour répondre du bien et du mal qu'il a faits ici-bas [...] Je suis allée chercher le manuscrit pour l'étaler par terre devant moi [...] de quoi remplir deux gros volumes [...] C'était son magnum opus, sa dernière œuvre, et dont il tirait tant d'orgueil, celle qu'il voulait finir à tout prix – jusqu'à cet affreux matin-là [...]

» Et alors je me suis dit : Pour six mille guinées, non, ni même pour six millions, jamais je ne ferai une chose pareille. »

Ainsi brûle-t-elle l'œuvre « avec tristesse et révération ». Ce n'est que plus tard qu'elle se demandera : « Va-t-il se lever dans sa tombe pour me maudire ou bien me bénir ? Cette pensée me hantera jusqu'à ma mort. »

Tout ce qui précède, Isabel l'écrit dans une lettre au *Morning Post*, publiée le 19 juin 1891. Par la suite elle déclarera à plusieurs de ses amis qu'elle n'a pas osé révéler à la presse qu'un jour, alors qu'elle était assise devant le feu, Richard lui était apparu pour lui dire avec fermeté, en désignant le manuscrit : « Brûle-le ! » Comme elle hésitait, de nouveau il était venu lui donner le même ordre, puis avait disparu dans l'ombre. C'est la troisième apparition de son mari qui l'avait décidée à accomplir ses volontés. Et pendant qu'elle jetait les feuillets dans les flammes, Richard s'était tenu près d'elle pour la regarder faire, le visage illuminé, racontera-t-elle, « par un éclatant rayon de lumière et de paix ». En revanche, lorsque son amie, Daisy Letchford, lui reprochera cet autodafé, elle lui répliquera sèchement : « Je voulais que son nom vive à tout jamais sans souillure et sans tache. » [1]

Isabel estime que son mari doit être enterré à l'abbaye de Westminster, comme l'a été le 18 avril 1874 David Livingstone, dont le corps, sommairement embaumé, avait été ramené le long des rives de la Lulimala par ses dévoués porteurs indigènes. On lui avait fait à Londres de grandioses funérailles, et Henry Stanley et James Grant avaient été de ceux qui tenaient les cordons du poêle. Réconfortée par les louanges chaleureusement décernées à son mari dans les nécrologies de la presse britannique – le *Times* a fait de lui « l'un des hommes les plus remarquables de son temps » –, lady Burton écrit au doyen de Westminster « pour sonder ses intentions ». Mais aux yeux du doyen, Livingstone, tout à la fois ascète, missionnaire et explorateur, n'appartenait pas à la même race de héros que le sardonique et agnostique Burton, et il répond à Isabel par une lettre polie dont les termes, dans leur acception sinon dans leur formulation, reviennent à dire qu'il n'y a pas de place.

Vexée, elle ne se laisse pas démonter pour autant et décide de faire ériger pour son défunt mari un monument funéraire dont elle serait l'architecte. « J'aimerais qu'on repose tous les deux dans une tente, côte à côte », lui a dit un jour Richard alors qu'ils parlaient des lieux où ils souhaitaient qu'on les enterrât. Se souvenant de ce propos, Isabel dresse les plans d'un extravagant caveau évoquant une tente de bédouins de cinq mètres cinquante de haut sur près de quatre mètres au carré à la base, qu'elle entend faire construire à Londres, au milieu des croix tombales du cimetière catholique de Mortlake. Le monument sera fait de pierres de la forêt de Dean, sculptées pour créer une illusion d'étoffe drapée, et la porte sera taillée dans du marbre de Carrare, matériau qui servira aussi à revêtir l'intérieur. Sur le faîtage, deux étoiles islamiques, et au-dessus de la porte, un crucifix. Dans le caveau elle fera construire un autel, et aussi suspendre des lanternes

---

1. Thomas Wright, *Life of Sir Richard Burton*, II, 252-5.

arabes et des clochettes pour chameaux qui tinteront quand on ouvrira la porte. Sur l'arrière, un petit vitrail portant les armoiries de Burton laissera entrer une douce lumière. Isabel passe commande de son monument, dont la construction se révèle fort coûteuse. De fidèles amis contribuent pour six cent quatre-vingt-huit livres à la dépense, mais étant donné que l'ouvrage ne sera pas achevé avant quelques mois, Isabel reste à Trieste, où le corps embaumé de Burton repose dans une *chapelle ardente* *. Chaque jour elle va s'y recueillir.

Le 7 février 1891, quatre mois après le décès de son mari, lady Burton regagne Londres. Mais le caveau n'est toujours pas terminé, et c'est dans la crypte de la chapelle Sainte-Marie-Madeleine, à Mortlake, qu'est provisoirement déposé le corps du défunt. Le service funèbre, le second, a finalement lieu le 15 juin 1891. Isabel a envoyé des faire-part à huit cent cinquante personnes. Quatre cents expriment leurs regrets de ne pouvoir assister à la cérémonie, « à cause de la grippe », écrit-elle avec un peu de légèreté [1]. En réalité, les amis protestants de Burton, scandalisés par le spectacle ostentatoire de ce pompeux enterrement catholique qui se déroule à Londres huit mois après celui, tout aussi pompeux, de Trieste, préfèrent rester chez eux. Un seul des proches parents de Burton, en l'occurrence un cousin, s'y manifeste. Et de tous les géographes britanniques, trois font acte de présence. Parmi eux, Francis Galton, qui nonobstant son calme apparent, bout d'indignation aux côtés de lord Northbrook, l'ex-président de la Royal Geographical Society. « Il n'y avait là aucun des anciens compagnons de Burton, écrira Galton. C'était une cérémonie aux antipodes de tout ce qui à mon jugement aurait pu avoir la moindre importance pour lui. » Et la nièce du défunt dresse ce constat glacial dans la biographie de son

---

1. *Life*, II, 416-21, 426-33. Les funérailles triestines et londoniennes de Burton sont décrites de façon détaillée dans les pages de ce livre. En 1952, à la suite de rumeurs selon lesquelles le cercueil était ornementé d'or et de pierres précieuses, des vandales fractureront la porte du caveau, dont Mgr Gibney fera ensuite murer par des briques et du ciment l'ouverture pour empêcher de nouvelles profanations.

oncle : « Rome avait officiellement pris possession de son corps et entendait, qui plus est, prendre avec une insupportable insolence son âme sous sa protection. » [1]

Dans l'élégie qu'il compose à la mémoire de Burton, Swinburne inclut ces deux strophes d'une cinglante férocité pour Isabel :

> *Prêtres et séides asservis,*
> *Avec vos clameurs de vautours*
> *Vous pouvez bien grouiller autour*
> *De ses cendres à peine tiédies,*
> *Hurlant vos mensonges et vos fables*
> *A la mort qui se joue de vous*
> *Comme l'éclat du jour bafoue*
> *Vos yeux aveugles et misérables.*
>
> *Ce divin spectre de faux-Dieu*
> *Vous pouvez bien nous le brandir,*
> *Nous sommer de nous repentir.*
> *Enfer ou royaume des cieux,*
> *Ces cris de charognards infâmes*
> *Ne les entendons guère, nous.*
> *Narguez le corps, faites joujou,*
> *Il est tout à vous. Libre est l'âme.*

« Il ne m'appartient pas de stigmatiser ni de fustiger les impostures papistes de cette pitoyable menteuse de lady Burton, écrira le poète dans une lettre à Eliza Lynn Linton. Bien entendu elle a souillé la mémoire de Richard Burton comme une harpie. » [2] Entre-temps, Eliza Lynn Linton, qu'Isabel tenait pour une amie fidèle, a écrit en mars 1892 dans *Nineteenth Century* : « Il venait à peine de mourir que déjà sa veuve avait

---

1. Francis Galton, *Memories of My Life*, 202 ; Georgiana Stisted, *The True Life of Captain Sir Richard F. Burton*, 414.
2. Lettre du 24 novembre 1892, *The Swinburne Letters*, VI, 45. L'élégie du poète fut publiée le 1er juillet de la même année dans *Fortnightly Review*, LVIII, 1-5.

déployé autour de lui tous les emblèmes et rites de sa propre foi – qui pourtant n'était pas celle du défunt [...] Elle n'a pas eu le moindre égard pour l'intégrité de la vie qu'elle a ainsi bafouée, pas le moindre pour la grandeur de l'intellect ainsi humilié. » [1] Mais l'humiliation qu'Isabel a infligée à l'intellect de son époux ne lui cause pas l'ombre d'un remords à présent qu'elle estime avoir fait ce qu'il convenait pour sauver l'âme du disparu. Tous les dimanches elle se rend sur sa tombe, et bientôt elle acquiert un petit pavillon à proximité du cimetière pour ne plus avoir à se déplacer tant. Elle tiendra même quatre séances de spiritisme dans la tente de pierre, espérant tristement que celui qui s'était introduit dans tant de lieux saints et avait réussi à en ressortir trouverait un moyen de quitter l'au-delà pour revenir vers elle [2].

Le tollé qui s'est élevé lors des funérailles catholiques n'était rien en comparaison des invectives que vaut à lady Burton l'initiative qu'elle a prise de détruire par le feu *The Scented Garden*. On la traite d'hystérique, d'ignare, on l'accuse d'être « aussi sectaire que Torquemada et iconoclaste que John Knox ». Jamais, déclare Maria-Louise Ouida, « je ne lui ai plus parlé ni écrit après cet acte irréparable ». Nombreux sont ceux qui croient qu'Isabel a brûlé l'œuvre pour obéir aux directives de son « curé paysan » de Trieste, et visiblement cette accusation est bien loin de la laisser insensible, puisque dans un texte qu'elle rédige pour s'en défendre, intitulé « My Deposition Regarding the Scented Garden », texte qui ne sera jamais publié, elle écrit : « Bien que catholique, je ne consulte pas de prêtre pour me guider dans mes affaires temporelles, et pas encore non plus [pour me guider] dans mes [affaires] spirituelles, sauf quand je suis dans le doute et ne sais si

---

1. Isabel publiera une réponse indignée à ce propos dans « Sir Richard Burton : an Explanation and a Defence », *New Review*, VII, 562-78, novembre 1892.
2. *Journal of the Society for Psychical Research*, 1897-98, VIII, 3-7. Dans le jardin de sa maison de Mortlake, elle avait aussi fait dresser une vraie tente, dans laquelle en été elle recevait ses amis, et où de la même façon elle s'adonnait à des séances de spiritisme.

j'agis bien ou mal. Mais dans ce cas particulier [la destruction par le feu du *Jardin*], je n'ai eu besoin du conseil de personne. » [1]

Il faut croire pourtant qu'elle ressent la nécessité de se justifier publiquement, sinon elle n'aurait pas envoyé au *Morning Post* sa lettre en forme de plaidoyer *pro domo*, lettre curieusement tournée, d'ailleurs, ainsi qu'on pourra en juger par ce passage :

« Pendant quatorze ans, mon mari avait recueilli des renseignements et constitué une documentation se rapportant à certain sujet. Le 13 novembre 1888 il avait mis un point final au dernier volume de ses *Supplemental Nights*. Ensuite il s'est totalement consacré à l'écriture de ce livre, qu'il avait appelé *The Scented Garden* et traduisait de l'arabe. L'ouvrage traitait d'une certaine passion. N'allez pas imaginer un seul instant que Richard Burton ait jamais rien écrit qu'on puisse tenir pour impur. Il disséquait une passion [qu'il examinait] de tous les points de vue, comme un médecin dissèque un corps pour montrer d'où il provient, ses origines, ses défauts et ses qualités, ses propres fonctions, un corps tel que l'ont conçu la Providence et la nature. Il [Burton] était dans son particulier l'homme le plus pur, le plus raffiné et le plus pudique qui puisse avoir existé, et il était d'une telle candeur qu'il ne lui fût pas même venu à l'esprit que d'autres hommes pussent dire ou faire des choses

---

1. Fonds Quentin Keynes. Dans ses dernières années Isabel Burton écrira un document intitulé « Les Divines mains de notre Sauveur », qu'elle enverra à deux ecclésiastiques de Londres, le cardinal Vaughan et le père Cafferata, en leur demandant d'apporter à son texte d'éventuelles corrections. L'existence de ce document nous est révélée par la correspondance Isabel Burton-Leonard Smithers, devenue de nos jours la propriété du fonds Edwards Metcalf. D'après diverses lettres, il apparaît que mille exemplaires des « Divines mains » ont été tirés en 1893. Chose curieuse, il n'est fait nulle part ailleurs allusion à cette publication, dont la nature demeure pour nous tout autant mystérieuse que la destination de ces exemplaires.

qu'il désapprouvait. En tant que femme, moi, je pense différemment [...] » [1]

Cette déclaration ne comprend pas une ligne, ou quasiment, qui s'en tienne rigoureusement aux faits. En effet, durant les quatorze dernières années de sa vie, si Burton a bien « recueilli des renseignements et constitué une documentation se rapportant à certain sujet », il a aussi écrit et traduit des textes sur des conduites humaines dont le registre est aussi vaste que l'existence et aussi bigarré que l'histoire. Au contraire de ce qu'affirme Isabel, *The Scented Garden* n'était pas une œuvre traitant d'une seule et unique passion, l'amour homosexuel, mais bel et bien un manuel d'érotisme au sens le plus large, dont le dernier chapitre et diverses notes, exclusivement, avaient pour thème la pédérastie. Et quand elle proteste de la pureté, du raffinement, de la pudicité et de la candeur de son mari, on ne peut s'empêcher de penser qu'elle ne fait ainsi que proclamer sa propre hantise d'accepter le fait qu'il ne se parait d'aucune de ces vertus-là. De la même façon, l'insistance qu'elle met à souligner que Burton ne portait aux comportements homosexuels qu'une curiosité scientifique de disséqueur n'aboutit qu'à trahir chez elle une secrète crainte qu'il n'en ait pas été tout à fait ainsi.

Le flot d'invectives, et aussi les nombreuses lettres obscènes et anonymes, que vaut à lady Burton la publication de cette épître dans le *Morning Post*, lui font prendre brutalement conscience de la tache indélébile dont elle a souillé la réputation de son mari. W.H. Wilkins, son biographe et ami, nous révèle qu'elle n'ignorait rien des « malveillantes rumeurs » qui avaient circulé sur Burton après son séjour en Inde au temps de sa jeunesse. « Quand l'a-t-elle appris, je ne saurais le dire, et de quelle façon, je ne saurais le dire non plus, écrit-il, mais le fait est que tôt ou tard, indéniablement, elle en a eu connaissance. Comment s'en est-elle accommodée,

---

1. Le texte d'Isabel est reproduit intégralement par W.H. Wilkins, *op cit.*, II, 722-6.

elle seule aurait pu l'expliquer. Elle avait suffisamment de caractère pour braver les vexations et combattre de front ses détracteurs, mais ces rumeurs qui ne s'appuyaient sur rien de précis, ces rumeurs vagues, insidieuses, insaisissables, se dérobaient constamment à elle lorsqu'elle leur faisait face, et ne se dérobaient que pour mieux revenir à la charge. Elle était impuissante à vider cet abcès [...] à la fin la calomnie s'éteignit d'elle-même, comme s'éteignent toutes les calomnies, par manque de substance nutritive. »[1] Cette fois pourtant, c'est elle qui s'est attiré la charge. Mais aurait-elle avoué franchement la nature du *Scented Garden* que cet aveu fût revenu pour elle à confesser publiquement qu'elle avait brûlé de propos délibéré un manuscrit consacré essentiellement à instruire les lecteurs de l'art amoureux tel que pratiqué par l'homme et la femme, et il est fort probable qu'elle n'aurait pas supporté qu'on la soupçonnât d'avoir tiré elle-même la leçon de cet enseignement, fût-ce dans l'intimité de l'alcôve conjugale.

Tout d'abord elle se lance dans des explications qui témoignent d'une déchirante contrition. « Je comprends maintenant quelle erreur j'ai commise en confessant cela, et en croyant qu'il était de mon devoir de le confesser comme je l'ai fait. Je savais qu'il ne voulait pas que cela soit publié après sa mort. Mais alors, pourquoi me l'a-t-il laissé? »[2] Pourtant, au collaborateur de Burton, Leonard Smithers, elle envoie cette lettre d'une extraordinaire franchise, et dans laquelle elle ne cherche nullement à invoquer de fausses excuses :

« Je souhaite que vous m'éclairiez sur un point. Pourquoi voulait-il que le sujet du crime contre nature soit si largement étalé et exposé, lui qui avait un mépris sans borne pour le vice et ses adeptes ? Malheureusement, je ne lui ai jamais posé cette question. Si une dissection de ce genre peut être sans

---

1. W.H. Wilkins, *Ibid.*, II, 731-2.
2. *Ibid.*, II, 759.

fâcheuses conséquences pour un homme qui l'entreprend de son vivant, je crois qu'elle peut porter un grave préjudice à la mémoire d'un disparu, qui n'est pas en mesure de se défendre dès lors que ses véritables raisons n'ont pas été comprises [...]

» Le monde et moi sommes à couteaux tirés. Je suis sur un minuscule îlot entouré d'une mer bouillonnante et déchaînée, et le point de vue que je soutiens est uniquement celui de Richard Burton. Je ne pense qu'à la façon dont cela peut lui nuire à lui et ne me soucie nullement de l'opinion publique. Je me dis que si on doit disséquer une carcasse pourrie pour le plaisir du public, mieux vaut que ce soit un vivant (ayant besoin de gagner sa vie grâce à sa plume) qui s'y attaque avec son couteau et son scalpel à lui, plutôt que mon défunt mari. » [1]

« Crime contre nature », « carcasse pourrie », voilà des termes qui en disent long sur les sentiments outragés que provoque chez Isabel la simple évocation de ce qui pour elle constitue « le vice ». En traitant de l'étendue de la pédérastie en Perse, Burton a qualifié cette pratique de « perpétuelle mortification » des femmes. Et pour la première fois Isabel semble avoir compris qu'en confessant la vérité elle a gravement compromis sa réputation d'épouse. Remarquable démonstration d'une force de caractère que rien ne saurait abattre (considérons en effet qu'elle se meurt lentement d'un cancer), pendant huit mois elle se consacre à l'écriture d'une biographie de son mari en mille deux cents pages qu'elle dédie « A celui qui fut mon maître sur terre et m'attend sur les confins du paradis ». Cette biographie, elle l'espère, va clore à tout jamais l'affaire [2].

1. Lettre d'Isabel Burton à Leonard Smithers, 17 juillet 1892, Bibliothèque Huntington.
2. Le contrat signé par Isabel avec la maison d'édition Chapman et Hall est aujourd'hui la propriété du fonds Edwards Metcalf. Isabel perçut une somme globale de mille cinq cents livres pour un tirage de deux mille cinq cents exemplaires. Plus tard elle percevra cinq shillings de droits d'auteur par exemplaire vendu de l'édition américaine.

Dans cet ouvrage, elle façonne de Burton une image d'aventurier rabelaisien conforme non pas à la personnalité de l'homme tel qu'il fut et tel qu'elle l'a aimé, mais d'un homme tel qu'Isabel aurait souhaité qu'il fût, à savoir bon catholique, époux dévot en pensées comme en actes, pudique et pur. Bien qu'elle affirme avoir admiré en lui sa « franchise à l'emporte-pièce », elle s'en tient rigoureusement à la règle qu'elle s'est donnée jadis en l'épousant : « Cache ses défauts à tout le monde. » Pourtant son récit fourmille de détails intimes, et les preuves de son dévouement pour son mari s'y déversent avec l'impétuosité d'un torrent. Mais on trouve aussi dans l'ouvrage maint et maint témoignage de l'affection que Burton nourrissait pour sa femme, et que lui-même ne révèle dans aucun de ses écrits. « On écrira sur lui quantité de livres, déclare-t-elle avec assurance, et chacun sera différent des autres. Et quitte à faire preuve d'outrecuidance, j'ose dire que le mien sera le plus véridique. » La publication ultérieure de dix biographies de Richard Burton démontrera que sa femme ne fait nullement preuve d'outrecuidance en écrivant cette phrase, car son livre, où abondent des confessions qui parfois trahissent à l'insu d'Isabel bien des vérités sur sa vie conjugale, demeure le principal ouvrage de référence jamais paru sur son mari. En 1893, lecteurs et critiques seront captivés par son récit, et le portrait qu'elle brosse de Burton aura satisfait à toutes leurs exigences bien avant qu'ils n'en arrivent au vibrant hommage de la conclusion :

« J'ai été pour lui une épouse, une mère, une camarade, une secrétaire, un aide de camp, une déléguée, et de tout cela j'ai tiré fierté, bonheur et joie, sans jamais en éprouver de lassitude, ni le jour ni la nuit, pendant trente ans. Si c'était à refaire, je préférerais partager avec lui une croûte de pain et une tente plutôt qu'être reine hors de sa présence. Au moment de sa mort j'ai fait tout ce qui était en mon pouvoir pour soulager son corps, et ensuite je me suis efforcée de rester proche de son âme. Je sais qu'elle m'est proche et qu'avant longtemps je la rejoindrai [...] Ce serait opprobre si l'histoire pouvait dire un jour que le seul honneur accordé à Richard Burton par l'Angleterre, à qui dans cette vie on n'a pas fait justice, a été d'éclabousser de boue sa femme après qu'il a disparu, et de ne rien faire pour la défendre [...]

» Je pars. Paie les factures, fais les valises et viens me retrouver, n'a-t-il cessé de me dire. Lecteur, sache que j'ai payé, empaqueté et souffert. Je m'apprête à rejoindre sa caravane. Je n'attends plus que le bienheureux signe du départ : qu'il fasse tinter la cloche du chameau. »

Pourtant, elle ne s'estime pas quitte. L'énorme pile de carnets de route et de journaux, pour leur plus grande part inexploités, l'emplit manifestement de terreur, non point parce qu'elle redoute d'y découvrir des confessions qui ne feraient que confirmer ses pires appréhensions – car si tel était le cas il serait inconcevable que son mari les lui eût légués par testament écrit –, mais pour des raisons autres, et au premier chef à cause de l'excès de franchise dont faisait preuve Burton. Norman Penzer, qui sera l'héritier du seul et unique journal ayant échappé au feu, écrira plus tard : « A vrai dire, la vérité avait pour lui quelque chose d'une obsession. » [1] Isabel écrit par ailleurs de son mari qu'« il voyait et connaissait tous les recoins des actes et des pensées de l'homme » [2]. Nous l'avons

1. *An Annotated Bibliography of Sir Richard Francis Burton*, IX. Ce journal légué qui brûlera lorsque la maison des Penzer sera détruite par un raid allemand sur Londres durant la Seconde Guerre mondiale, a semble-t-il été écrit en 1876. Falstaff Press avait reproduit quatre pages du texte (« Pages of the only remaining Burton Note-Book ») dans un opuscule de 95 feuillets intitulé « Anthropological Notes on the Sotadic Zone of Sexual Inversion Throughout the World, including some observations on Social and Sexual Relations of the Mohammedan Empire, by Sir Richard Burton ». Cette brochure (sans date de publication) était extraite du « Terminal Essay » d'*Arabian Nights*. La rareté de cette publication tient essentiellement à ses illustrations, en l'occurrence des photographies tirées d'un ouvrage intitulé *Dr Magnus Hirschfeld's Institute of Sexual Science and Rare Burton Collectanea*. Une note accompagnant les reproductions photographiques des pages de journal écrites par Burton en 1876 précise : « Collection particulière de l'auteur. Offerte par Mme Nicastro, sœur d'Albert Letchford. » Ce qui donne à penser que l'éditeur de la brochure est Norman Penzer lui-même.
2. *Life*, II, 409.

déjà dit, outre leur franchise et leur spontanéité, qu'on ne retrouve pas dans les livres de Burton, ses journaux sont parsemés d'observations et de réflexions très personnelles. Nous n'en voulons pour exemple que ce passage, inséré par Isabel dans la biographie de son mari :

« Quand je vois un homme essayer de me prouver qu'une femme boit, qu'elle déraisonne, ou qu'elle est hystérique, ou encore qu'elle ment, s'il me le dit une fois il se peut fort que je l'oublie, mais s'il me le dit deux fois je sais que cet homme a quelque chose de grave à cacher, et que cette femme connaît son secret. Si l'homme est efféminé, ou taré, ou futile, morbide, ou s'il a grand besoin qu'on s'intéresse à lui et le prenne en sympathie, soyez certain que c'est son propre état qu'il décrit et non celui de la femme qu'il cherche à dénigrer, laquelle lui a infligé une rebuffade et sait ce qu'il veut dissimuler. » [1]

Les citations d'Isabel nous apprennent aussi qu'il était souvent question d'elle dans les journaux de son mari. Il parle dans les *Nuits* de « la méchanceté de la bonne épouse » [2], et tout laisse à penser que dans ses écrits intimes il exprimait sans détours, sinon sans complaisance, ce qu'il pensait de sa femme. S'il en est bien ainsi, Isabel a une bonne raison de brûler ces textes, crainte qu'ils ne fassent mentir grossièrement l'idyllique portrait qu'elle a fait de leur existence conjugale.

Burton croyait, bien à tort, que les hommes étaient infiniment plus portés à la destruction que les femmes, ou à tout le moins qu'il était, lui, infiniment plus destructeur que la sienne. Lui, qui naguère était passé maître en l'art du déguisement, n'avait jamais vraiment compris qu'il avait épousé une femme pour qui la dissimulation était une manière d'être. Beaucoup mieux que la majorité des hommes de son temps,

---

1. *Ibid.*, II, 261.
2. *Arabian Nights*, X, 156.

il savait quels effets coercitifs peuvent exercer sur une femme la frustration et la frigidité, mais il n'avait pas de lumières particulières sur les représailles dont est capable une femme dont la vie sexuelle a été gâchée. Pas un instant il n'a pressenti l'autodafé qui a suivi sa mort, sans quoi il n'eût jamais légué ses manuscrits à Isabel. Que sa propre épouse puisse perpétrer un acte pareil lui eût paru inconcevable. Lorsqu'elle dicte ses dernières volontés, elle nomme deux curateurs chargés de veiller à ce que pas « un seul mot impudique » ne soit imprimé quand plus tard on publiera les œuvres posthumes de son mari. Les deux exécuteurs testamentaires qu'elle désigne pour garants de cet assainissement littéraire sont respectivement l'une de ses amies de confiance, Minnie Grace Plowman, et l'autre un membre de la Société nationale de vigilance, W.A. Coote. Pour tout dire, elle est passée à l'ennemi [1].

---

1. Une coupure de presse provenant de la *Westminster Gazette* nous apprend que ce testament est daté du 28 décembre 1895. (Fonds Quentin Keynes.) Lady Burton exige également que, conformément à ses propres volontés, soient détruits par le feu la plus grande partie de ce qu'il reste des écrits intimes de son mari.

XXIX

BURTON

Dresser le bilan complet de ce qu'accomplit Richard Burton dans bien des domaines tient un peu de la gageure. Non seulement il compte parmi les cinq grands découvreurs anglais de l'Afrique – avec Livingstone, Stanley, Baker, et Speke –, mais sa stature d'explorateur érudit lui fait dominer tous les autres. Aucun d'entre eux n'avait sa curiosité, ses connaissances, ses dons pour les langues et son aisance de plume. Aucun n'a décrit avec autant d'attrait, d'exactitude et de méticulosité les rites cérémoniels de la naissance, du mariage et de la mort, ou encore les pratiques fétichistes accompagnant la préparation de la guerre. Mais si depuis longtemps c'est le voyageur qu'on a salué et consacré en Burton, il aura fallu attendre une époque relativement récente pour qu'on le compte parmi les grands pionniers de l'anthropologie culturelle, tant ses réalisations dans ce domaine ont été occultées par sa renommée d'explorateur. C'est ainsi que la témérité de son voyage à La Mecque a éclipsé les vertus de ce classique de l'ethnologie qu'est le *Pilgrimage*, et aujourd'hui encore on se souvient davantage de l'exploit en lui-même que de ses descriptions de la vie quotidienne des bédouins d'Arabie ou du portrait, hors de pair, qu'il nous a laissé de la massive catharsis que représente le pèlerinage annuel.

Cette aptitude particulière de Burton, Melville Herskovits sera le premier anthropologue du vingtième siècle à la discerner alors que, séjournant durant deux ans au Dahomey, il aura loisir de comparer *Mission to Gelele* aux indigentes relations de voyage de ceux qui avaient précédé et qui suivront au royaume des amazones le consul de Fernando Poo. Herskovits sera fortement impressionné non seulement par la fidélité de la traduction et de la transcription phonétique des mots dahoméens par Burton, mais aussi et d'une façon plus générale, par la pertinence et la finesse de ses observations. De plus, à la différence de bon nombre de ses contemporains qui se paraient du titre d'anthropologue et qui pour la plupart échafaudaient des spéculations spécieuses sur la nature, l'origine et les spécificités des races constitutives du genre humain, Burton ne s'en est jamais tenu aux interprétations théoriques. Empiriste et, dirait-on de nos jours, authentique homme de terrain, il tenait le fétichisme africain pour un stade naturel et universel de la religion, concept neuf et sans nul doute barbare au jugement de la plupart de ses compatriotes anglais, pour qui les enseignements de la Bible tenaient lieu de suprême vérité. Quand on les compare aux monographies disciplinées, mais quelque peu circonspectes aussi, des ethnologues d'aujourd'hui, ses écrits peuvent sembler moins judicieux, et bien souvent sectaires et dogmatiques, mais il s'en dégage une grande autorité, et c'est l'un après l'autre qu'on les réédite aujourd'hui.

Burton a écrit au total quarante-trois volumes de relations de voyages et d'explorations. Parmi ces ouvrages, *Pilgrimage to El-Medinah and Meccah* et *The Lake Regions of Central Africa* sont considérés comme des classiques. *First Footsteps in East Africa* et *Zanzibar* valent tout autant la peine d'être lus. Quant à *The City of the Saints*, c'est assurément le meilleur livre écrit au dix-neuvième siècle sur les mormons, et si *Sindh, and the Races that Inhabit the Valley of the Indus*, ne connaît toujours pas la notoriété qu'il mérite, il reste que par son caractère innovateur l'ouvrage compte parmi les grandes études consacrées à la population de l'Inde septentrionale.

En matière d'archéologie, Burton fait preuve d'un dilettantisme indéniable, mais il n'en a pas moins réalisé une « première » en révélant par ses calques l'existence des pierres de Hamath, dont les inscriptions hittites sont de grande importance. En revanche, ses ouvrages sur les ruines syriennes et les nécropoles de l'Italie du nord ne sont pour une large part que les résumés de découvertes dues à d'autres que lui. Certes, il a enrichi de crânes, d'outils, de coquillages et de fossiles les salles d'exposition du British Museum, mais c'est à des spécialistes plus avertis que lui qu'il a laissé le soin d'interpréter ses trouvailles.

Burton s'est acquis une extraordinaire réputation de linguiste et de traducteur. Mais s'il a appris vingt-cinq langues et maints dialectes, ce qui au total porte à quarante le nombre des idiomes qu'il connaissait, sa démarche n'était pas celle du lexicologue ou du sémanticien, mais essentiellement du voyageur qui veut se doter d'instruments de communication. Partout où il allait il composait des glossaires à l'usage de ceux qui viendraient là plus tard. Il est l'auteur d'une grammaire jakati (un parler dialectal de l'Inde) et de recueils de proverbes adaptés de dix langues ouest-africaines. Vers la fin de ses jours, c'est la traduction qui l'occupe presque exclusivement et lui apporte les plus grandes satisfactions. Mais Burton n'est pas un traducteur ordinaire. L'inflexible fidélité de ses textes, leur brio et leur vigueur sont à l'image de l'homme. On est stupéfait de l'aisance avec laquelle il traduit de l'hindoustani les *Fables* de Pilpay et *Vikram et le Vampire*, du portugais son *Camõens* et son *Lacerda*, de l'arabe ses *Nuits* et son *Jardin parfumé*, du napolitain *Il Pentamerone*, du sanscrit le *Kamasutra* et l'*Ananga Ranga*, et du latin sa *Priapée* et son *Catulle*.

Pourtant, comme tous les traducteurs, Burton savait que chaque fois qu'il révélait au public anglais une œuvre étrangère il ne faisait dans le meilleur des cas qu'endosser l'habit de l'auteur, et qu'au fil des ouvrages il interprétait un nouveau rôle sous un nouveau déguisement. Il avait toujours rêvé d'être un grand écrivain, et plus encore un grand poète. Mais de ses deux longues gestes en vers, la première, *Stone Talk*, est tombée dans l'oubli, et la seconde, la *Kasidah*, bien qu'elle ait fait l'objet de nouvelles éditions depuis plus de cent ans, n'atteint pas à la grandeur des *Robâ'iyât* d'Omar Khayyâm, auxquelles elle s'apparente par sa facture. De plus, comme s'il se sentait obligé de cacher ce qu'il avait en lui de plus original, c'est sous un pseudonyme qu'il a publié ces poèmes.

Pour lui qui à l'âge de seize ans vêtait les frusques des *croque-morts* * de Naples pour les aider à mettre en terre les victimes du choléra, se déguiser est une seconde nature. Sous un costume d'emprunt – celui d'un négociant persan du temps qu'il séjournait en Inde, d'un médecin hindou en Égypte et en Arabie, d'un marchand musulman en Somalie – ou bien vêtu comme à l'ordinaire, toute sa vie Burton n'a cessé, et jusqu'à sa mort il ne cessera, de changer de personnage. Tour à tour soldat, escrimeur, explorateur, anthropologue, archéologue, spéculateur que séduit la prospection minière, honorable consul, homme du tout-Londres ou « sale Français », cheikh arabe ou époux attentionné, partout c'est le meilleur de lui-même – son courage, son enthousiasme, son panache, sa franchise et sa probité, son application érudite – qu'il prodigue sans compter. Mais l'extravagante diversité de ces rôles qu'il interprète avec tant de conviction brouille aussi l'image réelle de l'homme et la nature du « démon » qui le pousse à transmuer sans répit sa personnalité.

Dans ses jeunes années il a ouvertement cherché la gloire. Plus tard il se ralliera aux positivistes britanniques qui, dans leur première bouffée d'exultation et libérés des liens du fidéisme, embrassent une foi touchante en la science, persuadés, pour que la perfection soit de ce monde, qu'il suffit de vaincre l'ignorance. Burton s'est toujours efforcé systématiquement d'« élever la plate-forme de son savoir ». Ainsi a-t-il appris une quantité phénoménale de langues, cherché à percer le mystère de la Ka'aba et celui du Nil, essayé de comprendre la nature de l'inhumanité des gens d'Abomey, et vainement entrepris de déchiffrer les énigmatiques langages gravés sur la pierre par nos lointains prédécesseurs. Pourtant l'accablaient l'angoisse et le sentiment de faute. Pour finir il s'est consacré aux très vieilles traditions populaires de l'amour. Mais là encore il n'a rien perdu de sa foi de collectionneur. Tout consiste pour lui à recueillir des faits et les juxtaposer, y compris les plus secrets et les plus choquants. Tout se passe comme si dans son esprit le recensement pléthorique de tout ce qui a trait aux particularités positionnelles de la fornication, aux permutations, aux aphrodisiaques et à une multitude de détails connexes tenait lieu d'acte d'amour ou compensait le fiasco sexuel de sa propre vie conjugale. Uni à une femme qui savait habilement tenir son rôle d'épouse, il avait fini par accepter pour substitut de leur complicité sexuelle inexistante l'adoration ostentatoire et débordante qu'Isabel lui vouait. Mais il ne pouvait s'aveugler sur la vérité de ce grand naufrage, ni non plus sur la part de responsabilité qui était la sienne dans ce naufrage... sinon il n'eût pas si souvent déserté son foyer.

« Plus grand l'homme et plus brûlantes ses passions », a-t-il écrit un jour. Pourtant, ailleurs il déclarera : « Je ne suis pas un obsédé de la chose. » Burton était homme de grandes passions qui pour une bonne part s'épanchaient dans la curiosité intellectuelle et dans l'érudition. Cette application forcenée qu'il mettait à apprendre sublimait et désamorçait aussi ses élans de violence, encore que de temps à autre on voie son agressivité exploser sous forme d'une querelle littéraire ou d'un brutal emportement. Mais par-delà ces manifestations visibles de mal-être, il est manifeste que dans sa vie intime quelque chose l'a profondément meurtri. D'abord et surtout sa mère – et par la suite sa femme – ont discrètement stimulé et approuvé ses extravagances et son esprit d'aventure tout en désapprouvant et flétrissant sa sexualité. Et il n'avait point trouvé en son père, homme faible, hypocondriaque et nonchalant que seule semblait émouvoir la chasse au sanglier, un modèle d'identification flatteur et exaltant.

Son besoin profond d'aimer, c'est parmi de lointaines peuplades que Burton lui a cherché un exutoire et donné sa forme d'expression la plus libre. C'est ainsi qu'en examinant sa vie nous découvrons qu'il a eu pour maîtresse une Hindoue, s'est follement épris d'une Persane, a tenté de séduire une jeune nonne, assouvi ses désirs tant avec des femmes d'Afrique et du Moyen-Orient qu'avec les prostituées d'un genre particulier qu'à Paris lui faisait rencontrer Fred Hankey. Perpétuellement porté à braver les interdits, homme, il satisfait ses appétits tout comme l'enfant glouton qu'il avait été s'empiffrait de ces mets défendus qu'étaient le sucre et la crème, ou les pâtisseries de Mme Fisterre. Et quand enfin il se marie, il prend pour épouse une femme qui à divers égards – son inclination à le régenter, entre autres – est fort semblable à sa propre mère, ce qui peut-être explique en partie pourquoi, ainsi qu'il advient fréquemment dans les cas semblables, il fera d'elle, sexuellement parlant, à tout le moins, une laissée-pour-compte.

Isabel écrira un jour que Richard et elle appartenaient à deux époques distinctes, lui au vingtième siècle, elle aux temps médiévaux [1]. Le fait est qu'en matière de convictions religieuses et de conceptions intellectuelles ils avaient bien peu de choses en commun. Il en allait de même dans leur existence privée, ou alors on imagine mal pourquoi l'un comme l'autre auraient pris la peine de proclamer qu'ils vivaient ensemble à la façon d'un grand frère et de son cadet. Et pourtant leur union, si elle est bien loin d'être le « poème » dont nous parle W.H. Wilkins, a tous les attributs d'un tortueux mais solide compagnonnage dont ni l'un ni l'autre ne peuvent se passer. Isabel trouve en Richard l'être qui assouvit les instincts qu'elle-même n'ose assouvir. Il fait tout ce qu'elle se retient de faire, se livre à toutes les extravagances qui la hantent et l'offusquent. Elle vit, en quelque sorte par procuration, les aventures de son mari, partage ses griseries, ses exultations, son sentiment d'échec et de honte. A l'inverse, Isabel occupe une place privilégiée dans l'imaginaire de Burton. Elle est tout à la fois pour lui le parangon de l'Anglaise vierge, chaste et pure, la mère houspilleuse mais néanmoins tout amour, sans reproche et par là même exaspérante, cible de tous les ressentiments, celle qu'on délaisse à merci et vers laquelle on revient tou-

---

1. Isabel Burton, « The Reviewer Reviewed », *Camões : His Life and his Lusiads*, II, 719-20.

jours. Elle est pour lui le stabilisateur, le balancier sans lequel, il le sait, ses pires instincts se débrideraient. Quand il écrit énigmatiquement « Je suis un jumeau dépareillé, et elle le complément qui me manque [...] », il trouve là les mots qui disent, avec une pertinence qu'on ne retrouve nulle part ailleurs sous sa plume combien il dépend profondément de sa femme. Car à la différence des couples ordinaires les Burton ne vivent pas l'un près de l'autre, mais l'un par l'autre, chacun apportant à leur existence commune un élément dont la perte serait insupportable. La force et la solidité de ces liens essentiels frappent profondément bon nombre de leurs amis, qui voient là d'extraordinaires marques d'amour conjugal. Cet attachement profond transparaît tout autant dans la biographie de Burton par sa femme, au travers des exagérations et de la sentimentalité du texte.

Sans nul doute renforcé par des tendances intrinsèques de sa propre nature, l'attrait passionné qu'exerçait sur lui le défendu ne pouvait manquer d'éveiller son intérêt pour l'homosexualité. Nous avons parlé de la rumeur qui s'attachera à lui, comme un spectre maléfique, selon laquelle il aurait commencé à s'adonner aux pratiques homosexuelles lors de son enquête sur les maisons closes de Karachi. Les relations épisodiques, mais étroites, qu'il entretenait avec des personnages efféminés tels que Swinburne ou des pervers notoires tels que Hankey, de même que les écrits explicites qu'il a consacrés à cette question et sa traduction de poèmes comme ceux de Catulle, ne pouvaient qu'entretenir et raviver pareil soupçon. L'inquiétude et la répugnance dont faisait preuve sa femme à cet égard ne nous sont d'aucun secours pour éclairer cette zone d'ombre. Pourtant, les preuves de l'homosexualité active de Burton sont des plus fragmentaires et des plus indirectes. Elles tiennent au premier chef à cette affaire de Karachi, car il paraît douteux qu'un jeune homme de vingt-quatre ans puisse se livrer, en simple et attentif observateur, à une étude approfondie des pratiques propres aux établissements spécialisés dans la prostitution masculine, alors que la plupart des hommes, par pur dégoût, eussent été incapables de mener avec application et à bonne fin une enquête de ce genre.

Nous l'avons vu aussi, certains passages de lettres adressées à Monckton Milnes, ainsi que d'autres lettres reçues de Swinburne, laissent à entendre qu'un épisode homosexuel fortuit s'est déroulé dans la vie de Burton peu de temps après son mariage. Mais d'autre part, considérant l'extrême assiduité, ou pour mieux dire le caractère quasiment frénétique de ses recherches, plus particulièrement en matière de sexualité, on serait tenté de penser que durant toute son existence il a tenté de trouver ainsi des expédients pour combler ses propres pulsions inassouvies. De plus, n'oublions pas que toutes les formes de la sexualité – y compris celles que la plupart des homosexuels tiennent pour absolument répugnantes – exerçaient sur lui une véritable fascination et qu'il a consacré une extraordinaire somme de travail tant à recueillir des renseignements de première main qu'à traduire des ouvrages traitant de ces questions. Ses talents d'escrimeur, sport à cet égard symbolique par excellence, et plus spécialement ses immenses connaissances sur l'histoire du sabre, inclinent à pencher pour une homosexualité latente et non pas active, car les homosexuels actifs ne se satisfont pas d'un symbole du phallus, mais recherchent la chose en soi. Bien que nous puissions tenir pour certain qu'une solide composante homosexuelle entrait dans sa personnalité, il apparaît clairement aussi que la recherche effrénée qui a rempli son existence n'était en quelque sorte, et pour une bonne part, qu'un continuel mécanisme d'auto-défense contre cette tendance.

Nous avons de bonnes raisons de penser que nonobstant cette prodigieuse curiosité pour tout ce qui se rapporte à la sexualité, sa vie conjugale était passablement asexuée. Qu'il ait été attiré par une femme que cet état de choses satisfaisait nous en apprend beaucoup sur lui comme sur elle. Pourtant, ses états dépressifs et ses escapades épisodiques témoignent chez lui d'un certain malaise récursif, tout comme ses inéluctables retours au foyer témoignent de son profond assujettissement à sa femme. Quant à savoir comment il pouvait bien, durant ces escapades, employer son temps lorsqu'il ne se consacrait pas à la consignation frénétique de notes pour quelque ouvrage à venir... mystère.

L'importance accordée par Burton aux mutilations des organes génitaux, qu'il s'agisse de castration, de circoncision ou d'excision du clitoris, échappe aussi à l'analyse élémentaire. Cherchait-il à exorciser quelque inconsciente terreur en se plongeant dans l'examen méticuleux de ces questions – de la même façon qu'il exorcisait sa peur de mourir en s'exposant à la mort – ou au contraire satisfaisait-il à ses pulsions sadiques ? Là encore, on ne peut que se perdre en conjectures.

Mais l'aspect le plus saisissant et le plus significatif de Burton, c'est son incessante quête d'identité, laquelle se manifeste par une fuite hors de soi, une projection empruntant de multiples voies, depuis les mensonges de l'âge tendre, le refuge, à l'âge mûr dans les langues étrangères, le déguisement et la traduction, et pour finir dans la prodigieuse accumulation d'un savoir très spécialisé. Jamais il n'eut de foyer, et jamais de pays. Et pas davantage de racines. Jamais il ne s'établit dans une profession, ni même ne se prévalut ou tira gloire de sa nationalité. Bien au contraire. Sur ses vieux jours, à Frank Harris qui lui demandait si naguère il eût préféré être vice-roi des Indes plutôt que consul général en Égypte, il fit avec feu cette réponse : « L'Égypte ! L'Égypte ! En Inde il m'aurait fallu supporter les fonctionnaires anglais, les préjugés anglais, la raideur anglaise, la bêtise anglaise, l'ignorance anglaise. En Inde on m'aurait tué, mis des bâtons dans les roues, attaqué, on aurait comploté contre moi, on m'aurait assassiné. » A croire que dans son esprit Angleterre et Anglais étaient synonymes de tracas, de châtiment, et que toute une vie – une vie durant laquelle il s'était signalé par plus d'un acte d'héroïsme – passée au service de son pays n'avait rien effacé de sa défiance envers ses compatriotes. Car s'il avait grandi en France, l'Angleterre demeurait dans son esprit son sol natal, mais un sol sur lequel il ne se sentait pas chez lui. Certes, parmi ses compatriotes il n'était plus « l'enfant perdu, l'animal égaré », qu'il avait eu le sentiment d'être dans son enfance, mais il continuait de s'y sentir comme « un éclat de lumière sans foyer ».

A cet égard, et en dépit de tous les lauriers qu'elle lui tresse, Isabel n'aura pas été pour lui la compagne à qui rien ne ferait renier son compagnon. En 1878, Burton avait déclaré lors d'une allocution qu'à son jugement jamais une femme ne devrait écrire la biographie de son mari. « *Peut-être l'épouse d'un homme en sait-elle trop sur lui*, avait-il dit. D'avoir son propre personnage portraituré par sa femme me semble quelque peu déloyal. Je conçois mal qu'un homme s'intéresse à sa femme, ou une femme à son mari, dans le seul dessein de savoir exactement qui est l'autre. »[1] Ce que n'a pas compris Burton, c'est que peut-être Isabel n'en savait pas trop sur lui, mais au contraire bien trop peu. Nous n'en voulons pour preuve que la destruction par le feu du *Scented Garden*, geste par lequel non seulement elle repousse le dernier don qu'il lui fait, celui de percevoir des droits d'auteur sur l'ouvrage, mais aussi son ultime appel à la compréhension, son ultime tentative d'affirmer et de revendiquer sa propre identité. Faute d'avoir été poète ou philosophe, il voulait à tout le moins se parer pour un temps de toute l'autorité que lui conférait son talent de traducteur, et par ce truchement se doter d'une identité mise en partage. Dans les dernières semaines qui ont précédé sa mort, il serait ainsi devenu Cheikh Nefzawi, érudit sagace et charitable, mais toujours vert et nullement détaché des plaisirs de ce monde, prodiguant dans son *Jardin* l'enseignement de l'art d'amour. Mais cette identité-là, Isabel la lui a refusée avec grandiloquence.

Plus encore, puisqu'en s'empressant de brûler aussi, pêle-mêle, ses carnets de route et ses journaux intimes, c'est Richard Burton en personne qu'elle envoyait au bûcher pour ne garder de lui, dans sa biographie, qu'un portrait mutilé. « Ma récompense suprême, écrira-t-elle, je l'ai trouvée dans une critique

---

[1] « Spiritualism in Eastern Lands », reproduit dans *Life*, II, 154. Les italiques sont d'Isabel Burton.

où il était écrit que la veuve de Richard Burton pouvait se consoler, puisque l'Angleterre n'ignorait plus rien de l'homme depuis qu'elle avait dissipé jusqu'au dernier nuage obscurcissant sa mémoire, et puisque la renommée du défunt brillerait comme un phare sur tous les temps à venir. »[1] Mais bien au contraire, c'est la complexité de ce diable d'homme, son esprit torturé, ses doutes, sa quête effrénée, et aussi sa hardiesse, l'éclat de son intelligence, l'ampleur de son érudition qui donnent à sa vie plus de grandeur encore que n'en ont tous ses livres et toutes ses aventures, et qui paradoxalement nous la rendent autrement plus digne d'intérêt que celles de bon nombre de ses contemporains moins tourmentés par leur démon.

---

1. Lettre adressée le 31 octobre à lady Guendolen Ramsden, citée par W.H. Wilkins, *op. cit.*, 759-60.

NOTICE BIBLIOGRAPHIQUE

En hommage à Burton, Norman M. Penzer a publié en 1923 une remarquable bibliographie commentée des œuvres de cet auteur, travail qui pour de nombreuses années a rendu superflue toute compilation de même nature. L'ouvrage mentionne l'ensemble des éditions et rééditions jusqu'à l'année 1923, de livres écrits ou bien traduits par Burton, et il récapitule aussi tous ses opuscules, articles, critiques et lettres adressées aux journaux. Penzer inclut aussi dans cet ouvrage une analyse critique des six premières biographies de Burton, de même que les références des nombreuses critiques consacrées à ses livres. Cette bibliographie, qui à certains égards est de nos jours dépassée, n'est cependant pas exempte d'erreurs et d'omissions. Aussi les admirateurs de Burton se réjouiront-ils de la publication prochaine d'une nouvelle bibliographie revue et corrigée due à Mlle B.J. Kirkpatrick, bibliothécaire du Royal Anthropological Institute.

Déposée naguère à la Kensington Library, la bibliothèque personnelle de Burton a pour une bonne part été détériorée lorsque le sous-sol de cet établissement a été accidentellement inondé. Responsable de cette collection cédée ultérieurement au Royal Anthropological Institute, Mlle Kirkpatrick a fait procéder à une restauration méticuleuse des ouvrages endommagés, lesquels ont désormais retrouvé leur état d'origine. De plus, Mlle Kirkpatrick est à peu près seule à pouvoir lire sans difficulté l'écriture désordonnée de Burton, et seule aussi à disposer de tous les éléments nécessaires à la compilation d'une bibliographie exhaustive. Celle qu'à mon tour je propose ici n'a donc pour ambition ni de reproduire l'ouvrage de Norman Penzer, ni en aucune façon de devancer celui de Mlle Kirkpatrick. La bibliographie que le lecteur pourra consulter ci-après n'a pour objet que d'enrichir les références que je donne dans les notes infrapaginales de ce livre.

Chose curieuse, aucune des biographies de Burton – dont l'érudition était remarquable et les commentaires percutants – ne contient davantage qu'un très petit nombre de notes en bas de page. La meilleure de ces biographies, à savoir le Burton de Byron Farwell, n'en contient pas même une seule. Pourtant Burton prenait grand soin de mentionner l'origine de ses informations. C'est donc lui faire justice que de lui consacrer des annotations.

Qu'on ait vu récemment rééditer bon nombre de ses ouvrages témoigne du renouveau de l'intérêt qu'on lui porte et de l'hommage rendu à son génie. J'en veux pour preuves la réédition de *The Lake Regions of Central Africa* par Alan Moorehead en 1961, ma propre réédition de *The City of the Saints* en 1963, celle de *First Footsteps in East Africa* par Gordon Waterfield en 1966, de *Pilgrimage to El-Medinah and Meccah* en 1965, de *The Perfumed Garden of the Shaykh Nefzawi* par Alan Hull Walton en 1963, ainsi que les deux rééditions de la traduction du *Kama Sutra* de Burton, l'une par W.G. Archer, l'autre par John W. Spellman, et pour finir la nouvelle édition en trois volumes de ses *Nuits*.

ŒUVRES, TRADUCTIONS ET PUBLICATIONS DE RICHARD BURTON

LISTE CHRONOLOGIQUE DE SES OUVRAGES

1851 – *Goa and the Blue Mountains; or, Six Months of Sick Leave*, Londres.
1851 – *Scinde; or, The Unhappy Valley*, 2 vol., Londres.
1851 – *Sindh, and the Races that Inhabit the Valley of the Indus; With Notices of the Topography and History of the Province*, Londres.
1852 – *Falconry in the Valley of the Indus*, Londres.
1853 – *A Complete System of Bayonet Exercise*, Londres.
1855-56 – *Personal Narrative of a Pilgrimage to El-Medinah and Meccah*, 3 vol., Londres. Sauf mention particulière, toutes les citations de cet ouvrage figurant dans cette biographie sont tirées

de l'édition commémorative publiée en 1893 à Londres et augmentée de huit appendices.

1856 – *First Footsteps in East Africa; or, An Exploration of Harar*, Londres.

1860 – *The Lake Regions of Central Africa, A Picture of Exploration*, 2 vol., Londres.

1861 – *The City of the Saints and Across the Rocky Mountains to California*, Londres.

1863 – *The Prairie Traveller, a Hand-book for Overland Expeditions...* par Randolph B. Marcy... Édité et commenté par Richard F. Burton, Londres.

1863 – *Abeokuta and the Cameroons Mountains. An Exploration*, 2 vol., Londres.

1863 – *Wanderings in West Africa, From Liverpool to Fernando Poo* (Anonyme, par F.R.G.S.), 2 vol., Londres.

1864 – *A Mission to Gelele, King of Dahome, With Notices of the So-called « Amazons », the Grand Customs, the Yearly Customs, the Human Sacrifices, the Present State of the Slave Trade, and the Negro's Place in Nature*, 2 vol., Londres.

1864 – *The Nile Basin. Part I. Showing Tanganyika to the Ptolemy's Western Lake Reservoir. A Memoir read before the Royal Geographical Society, November 24, 1864. With Prefatory Remarks, by Richard F. Burton. Part II. Captain Speke's Discovery of the Source of the Nile. A Review. By James M'Queen* (plus communément orthographié Macqueen), Londres.

1865 – *Wit and Wisdom from West Africa; or, A Book of Proverbial Philosophy, Idioms, Enigmas, and Laconisms. Compiled by Richard F. Burton*, Londres.

1865 – *The Guide-book. A Pictorial Pilgrimage to Mecca and Medina. Including Some of the More Remarkable Incidents in the Life of Mohammed, the Arab Lawgiver*, Londres.

1865 – *Stone Talk... Being Some of the Marvellous Sayings of a Petral Portion Fleet Street, London, to One Doctor Polyglott, Ph.D., By Frank Baker, D.O.N.* (Baker est le pseudonyme choisi par Burton), Londres.

1869 – *The Highlands of Brazil*, 2 vol., Londres.

1870 – *Vikram and the Vampire, or Tales of Hindu Devilry. Adapted by Richard F. Burton*, Londres.

1870 – *Letters from the Battle-fields of Paraguay*, Londres.

1871 – *Unexplored Syria, Visits to The Libanus, The Tulúl el Safá*,

The Anti-Libanus, The Northern Libanus, and The Alah, par Richard F. Burton et Charles Tyrwhitt-Drake, 2 vol., Londres.

1872 – *Zanzibar; City, Island, and Coast*, 2 vol., Londres.

1873 – *The Lands of Cazembe, Lacerda's Journey to Cazembe in 1798. Translated and Annotated by Captain R.F. Burton*, Londres.

1874 – *The Captivity of Hans Stade of Hesse, in A.D. 1547-1555, Among the Wild Tribes of Eastern Brazil. Translated by Albert Tootal... and Annotated by Richard F. Burton*, Londres.

1875 – *Ultima Thule; or A Summer in Iceland*, 2 vol., Londres.

1876 – *Etruscan Bologna : A Study*, Londres.

1876 – *A New System of Sword Exercise for Infantry*, Londres.

1876 – *Two Trips to Gorilla Land and the Cataracts of the Congo*, 2 vol., Londres.

1877 – *Sind Revisited; With Notices of the Anglo-Indian Army; Railroads; Past, Present, and Future, etc.*, 2 vol., Londres.

1878 – *The Gold-Mines of Midian and the Ruined Midianite Cities. A Fortnight Tour in Northwestern Arabia*, Londres.

1879 – *The Land of Midian (revisited)*, 2 vol., Londres.

1880 – *The Kasidah of Hâjî Abdû El-Yezdî, a Lay of the Higher Law Translated and Annotated by His Friend and Pupil F.B.*, Londres. Édition à compte d'auteur. (Le poème et les commentaires sont de Burton.)

1880 – *Os Lusiadas (The Lusiads) : Englished by Richard Francis Burton : (Edited by His Wife, Isabel Burton)*, 2 vol., Londres.

1881 – *Camoens : His Life and his Lusiads. A Commentary By Richard F. Burton*, 2 vol., Londres.

1881 – *A Glance at the « Passion-Play »*, Londres.

1883 – *To the Gold Coast for Gold. A Personal Narrative by Richard F. Burton and Verney Lovett Cameron*, 2 vol., Londres.

1883 – *The Kama Sutra of Vatsyayana... With a Preface and Introduction.* Imprimé pour le compte de la Hindoo Kama Shastra Society, Londres et Bénarès. (L'ouvrage a été traduit par Richard Burton et F.F. Arbuthnot.)

1884 – *Camoëns, The Lyricks. Part I, Part II (Sonnets, Canzons, Odes, and Sextines). Englished by Richard F. Burton*, Londres.

1884 – *The Book of the Sword*, Londres.

1885 – *Ananga Ranga (Stage of the Bodiless One) or, The Hindu Art of Love (Ars Amoris Indica). Translated from the Sanskrit, and Annotated by A.F.F. & B.F.R.*, Cosmopoli. Imprimé pour le compte de la Kama Shastra Society, Londres et Bénarès. Tirage strictement limité. (Traduit par Richard Burton et F.F. Arbuthnot, cet ouvrage a d'abord été tiré à compte d'auteur en 1873 sous le titre de *Kâma-Shâstra or The Hindoo Art of Love (Ars Amoris Indica)*, mais après le tirage de cinq ou six jeux d'épreuves les imprimeurs, redoutant des poursuites judiciaires, ont refusé d'aller plus loin.)

1885 – *A Plain and Literal Translation of The Thousand Nights and a Night. With Introduction, Explanatory Notes on the Manners and Customs of Moslem Men and a Terminal Essay upon the History of the Nights*, par Richard F. Burton. Imprimé pour le compte de la Kama Shastra Society et exclusivement réservé aux souscripteurs. 10 vol.

1886-1888 – *Supplemental Nights to the Book of The Thousand Nights and a Night, With Notes Anthropological and Explanatory By Richard F. Burton*. Imprimé pour le compte de la Kama Shastra Society et exclusivement réservé aux souscripteurs. 6 vol.

1886 – *Iracéma, The Honey-lips*, par J. De Alencar, traduit par Isabel Burton, et *Manuel de Moraes, A Chronicle of the Seventeenth Century*, par J.M. Pereira Da Silva, traduit par Richard et Isabel Burton, Londres.

1886 – *The Perfumed Garden of the Cheikh Nefzaoui, A Manual of Arabian Erotology* (XVIe siècle). Traduction revue et corrigée, Cosmopoli, 1886. Imprimé pour le compte de la Kama Shastra Society et exclusivement réservé aux souscripteurs. (L'ouvrage a été traduit du français par Richard Burton. En 1886, les deux premiers tirages étaient épuisés. A sa mort, Burton travaillait à une nouvelle traduction, cette fois à partir de l'original arabe, traduction qu'il comptait augmenter et commenter. C'est ce texte que sa femme détruira par le feu.)

1887 – *The Behâristân (Abode of Spring) By Jâmi, A Literal Translation from the Persian*. Imprimé pour le compte de la Kama Shastra Society et exclusivement réservé aux souscripteurs, Bénarès. (L'ouvrage a été traduit par Edward Rehatsek, mais Burton en a très probablement revu et corrigé le texte.)

1888 – *The Gulistân or Rose Garden of Sa'di. Faithfully Translated Into English*. Imprimé pour le compte de la Kama Shastra Society et exclusivement réservé aux souscripteurs, Bénarès. (Ce livre a lui aussi été traduit par Edward Rehatsek, puis revu et corrigé par Burton.)

1890 – *Priapeia or the Sportive Epigrams of divers Poets on Priapus* :

the Latin Text now for the first time Englished in Verse and Prose (the Metrical Version by « Outidanos ») with Introduction, Notes Explanatory and Illustrative, and Excursus, by « Neaniskos », Cosmopoli. Exclusivement réservé aux souscripteurs. (La traduction versifiée de l'ouvrage est due à Burton, et le reste du texte pour une large part à son collaborateur Leonard Smithers.)

ŒUVRES POSTHUMES DE RICHARD BURTON

- 1891 – *Marocco and the Moors : Being an Account of Travels, with a General Description of the Country and Its People*, par Arthur Leared. Deuxième édition revue et corrigée par sir Richard Burton, Londres.
- 1893 – *Il Pentamerone; or, the Tale of Tales, Being a Translation by the Late Sir Richard Burton*, Londres.
- 1894 – *The Carmina of Gaius Valerius Catullus, Now first completely Englished into Verse and Prose, the Metrical Part by Capt. Sir Richard F. Burton... and the Prose Portion, Introduction, and Notes Explanatory and Illustrative by Leonard C. Smithers*, Londres.
- 1898 – *The Jew, The Gypsy, and El Islam, By the Late Captain Sir Richard Burton*, édition préfacée et brièvement commentée par W.H. Wilkins, Londres.
- 1901 – *Wanderings in Three Continents, By the Late Captain Sir Richard F. Burton*, édition préfacée par W.H. Wilkins, Londres.

INDEX

Abdullah (Mirza, pseudonyme de Burton), 109.
Abeokuta, 352, 362, 363, 367, 377, 378, 380, 382.
Abomey, 25, 347, 363, 368, 373, 376, 377, 380-382, 384, 388, 402, 597.
Academy, 28, 508, 550, 559.
Acton (Dr William), 518.
Adams (Henry), 341, 349.
Aden, 187, 192, 194, 195, 199, 201, 205-207, 210, 215, 219, 220, 222, 294, 295, 301, 314, 320, 487, 488.
Ahmed ben Sultan Aboubakr, 199.
Albert (lac), 248, 391, 410, 411, 413.
Alexandre le Grand, 106, 211, 379, 548.
Alexandrie, 162, 164, 167, 386, 511, 512.
Alf Layla wa layla, 538.
Alford (lady Marian), 476.
Ali agha, 167.
amazones, 363, 377, 379, 380.
Amberley (J. Russell, lord), 356.
Ananga Ranga, 523.
Anthropologia, 484, 521.
aphrodisiaques, 136, 162, 374, 526, 544, 598.
Apulée, 569, 573.
Arafat, 178, 179.
Arbuthnot (Foster Fitzgerald), 523, 524, 526-528, 530, 531, 539, 572, 575.
Archer (W.G.), 136.
Arioste (l'), 569, 573.
Arundel, 146.
Arundell, 145, 436.
Arundell (baron Henry), 145.
Arundell (Henry Raymond, père d'Isabel), 145.
Arundell (sir Thomas), 145.
Ashbee (H.S.), 527, 548.
Athenæum, 135, 189, 333, 394, 407, 412, 429, 485, 539.
Aubertin (J.J.), 499.
Auchmuty (général), 120.
Ausone, 569, 573.

Baalbek, 451.
bachi-bouzouks, 225, 231.
Baker (Dr Grenfell), 563, 575.
Baker (Frank, pseudonyme pris par Burton), 96, 419, 493.
Baker (nom de la mère de Burton), 54.
Baker (Richard, grand-père de Burton), 35.
Baker (Sarah, sa grand-mère), 56.
Baker (sir Samuel), 28, 248, 386, 392, 410, 594.
Bangwéoulou (lac), 313.
Baroda, 84, 87, 89.

Barth (Dr Heinrich), 347.
Basile (Giovanni Battista, auteur du *Pentamerone*), 64, 424, 568.
Bataillard (Paul), 487.
Baudelaire, 520.
bédouins, 161, 172, 181, 183, 190, 195, 444, 450, 453, 582, 594.
Beke (Charles), 396, 400.
Bénin, 368, 373.
Berbera, 191, 193, 201, 205, 215, 216, 220, 290, 314, 339.
Bernasko (révérend Peter W.), 378.
Besant (Annie), 518.
Beyrouth, 445, 457.
Bird (Dr George), 336, 339.
Blackwood's, 296, 298, 406.
Bludan, 452-454, 465, 466.
Blunt (Wilfrid), 356, 428, 434, 436.
Bombay, 83, 85, 86, 101, 103, 115, 117, 118, 120-126, 131, 184, 188, 247, 252, 292, 293, 489, 528.
Bombay (Sidi Moubarak), 258, 268, 312, 389.
Bombay Times, 499.
Bonny, 371.
Boulogne, 126, 139, 141, 147-153, 222, 236-239, 243, 311, 441.
Bradlaugh, 518.
Brenchley (Julius), 323.
British Consul's Manual, 416.
British Museum, 33, 100, 318, 374, 472, 596.
British National Association of Spiritualists, 561.
Brontë (Patrick Branwell), 34.
Bruce (James), 212-215.
Buenos Aires, 432, 434, 436, 438.
Bunyoro, 389.
Burckhart (John Ludwig), 155, 160, 162, 170, 482.
Burke (sir Bernard), 52.
Burnand (sir Francis), 344.
Burnes (James), 135.

Burton (Edward, frère de), 37, 44, 48, 54, 58, 61, 62, 66-69, 77, 126, 191, 222, 226, 282, 305, 310, 469.
Burton (Hagar), 149, 236, 240.
Burton (Joseph Netterville, père de), 46, 49, 52, 56, 58, 61, 82, 127.
Burton (Maria, sœur de), 47, 54, 57, 62, 125, 127, 310, 311.
Burton (Martha, née Baker, mère de), 36, 127.
Burton (Samuel, cousin de Richard), 353.
Burton (Sarah, cousine de), 123.
Burton (sir Edward), 46.
Burton (sir Thomas), 47.
Byron (lord), 492.

Caire (Le), 160, 164-167, 183, 184, 209, 224, 310, 502-507, 510, 511.
Calori, 485.
Cameron (lieutenant V.L.), 411, 418, 513, 514, 524, 558.
Camões, 423, 443, 498-500, 577, 596.
Cannes, 563, 564, 576.
cannibalisme, 375.
Capellini (G.), 485.
Carlyle (Thomas), 29, 345.
Catulle, 498.
César, 211, 548, 569.
Chaillu (Paul du), 373.
Charles X, 56.
Chesterfield (lord), 45.
Chitambos, 411.
Churchill (sir Winston), 225.
Clarendon (lord), 438, 440.
Clermont-Ganneau (Charles Simon), 458, 483.
Congo (fleuve), 281, 362, 375, 376, 377, 410, 412, 426.
Constable (sir Clifford), 336.
Constantin (M., maître d'escrime français de Burton), 153.
Constantinople, 227, 228, 230, 236,

440, 446, 453, 455, 461, 462, 465-469, 483.
Contentinal Times, 550.
Coote (W.A.), 593.
Corsellis (Henry), 116, 120.
Cotton (J.S.), 28.
Crawfurd (Oswald), 500.
Crimée (guerre de), 154, 189, 215, 221-224, 231, 232, 235, 236, 348.
Cruikshank (John), 378, 382.
Cumming (Alfred), 330.

Dalhousie (lord, Gouverneur général de l'Inde), 220.
Damas, 30, 173, 239, 241, 342, 416, 437-439, 444-457, 462-472, 478, 481, 482.
Dana (lieutenant J.), 319.
Darfour, 507-509, 511.
Darwin (Charles), 28.
Davis (Daniel), 402.
Delafosse (révérend Charles), 56.
Dinarzade, 194, 203.
Diogène (marchand grec), 211.
Disraeli (Benjamin), 148, 237, 473, 476, 492.
Djeddah, 182, 343, 487.
Doughty (Charles M., géologue et archéologue), 190.
Drummond-Hay (sir John, ambassadeur au Maroc), 556.
Druzes, 462.
Dunraven (comte de), 26.
DuPré (H.R.), 63, 66, 74.

Edinburgh Review, 31, 345, 486, 551.
Eldridge (S. Jackson), 445, 457, 467.
Eliot (George), 520.
Elliot (sir Henry), 445, 446, 457, 461, 462, 465.
Elphinstone (général W.G.K.), 81.
eunuques, 35, 115, 381, 530, 574.
Evans (Arthur), 28, 485.
excision, 195, 348, 381, 602.

Fabretti, 485.
Fanati (Giovanni), 159.
Fang, 373-374.
Fanny Hill, 544.
Farwell (Byron, biographe de Burton), 92, 250, 440, 462, 558.
Fernando Poo, 343, 346, 358-364, 367, 368, 376, 378, 384, 395, 398, 404, 417, 421, 595.
fétichisme, 25, 266, 595.
Fisterre (Mme), 38, 39, 51.
Flaubert, 520.
Forbes (Duncan), 82.
Fraser's Magazine, 407.
Frazer (James), 28.

Gabon (fleuve), 362, 374.
Galton (Francis), 28.
Gayangos (Don Pascual de), 75.
gitans, 144, 240, 487.
Glé-Glé, 377-382, 384, 388.
Goncourt (les frères), 310, 347.
Gran Chaco (le), 434.
Grant (James A., compagnon de voyage de Speke), 258, 315, 316, 386-391, 393, 395, 400, 405, 582.
Granville (lord), 462.

Hadji Ouali, 167-168.
Hamath (pierres de), 482, 596.
Hamerton (lieutenant-colonel Atkins), 252, 292, 294, 299.
Hankey (Fred), 310, 346, 347, 599.
Harar, 27, 188-191, 194, 198-203, 209, 210, 213, 215, 222, 235, 415, 524.
Haroun al-Rashid, 175, 424, 445, 535.
Harris (Frank, biographe de Burton), 29, 508, 602.
Harris (Thomas Lake), 296.
Hitchman (Francis, biographe de Burton), 232, 566.
homosexualité, 114, 123, 187, 296,

536, 544-550, 554, 570, 573, 574, 600, 601.
Huxley (Thomas), 28.
hypnotisme, 134, 240, 356, 357, 561.

impuissance, 256, 360, 526, 531.
infanticide, 111, 328.
infibulation, 195.
Isabel (Burton, née Arundell), 31-34, 52, 80, 87, 96, 138-151, 178, 189, 232-245, 257, 281, 283, 298-309, 311, 316-322, 328, 329, 336-367, 398, 400, 407-410, 414-432, 437, 440-470, 475-481, 486-501, 506, 509, 513, 517, 532, 533, 540, 553-567, 573-584, 587-603.
Ionidès (Luke), 350, 437.
islam, 46, 119, 131-133, 157, 160, 178, 186, 195, 369, 487, 508.

juifs, 159, 444, 454-457, 460, 467, 473-475, 479, 549.

Kagera (rivière), 412.
Kamasutra, 35, 528-533, 596.
Karachee Advertiser, 108.
Karachi, 93, 96, 99, 101-103, 112, 115, 120, 299, 310, 344, 489, 545, 600.
Kazeh (aujourd'hui Tabora), 260, 261, 272, 273, 283, 284, 289, 312, 313, 315, 387, 399.
Keynes (Quentin), 302, 533, 555.
Kivira (rivière), 312.

Lacerda (Francisco José Maria de), 313, 482.
La Mecque, 27, 29, 35, 44, 68, 125, 155-157, 159, 160, 162, 165, 171, 175-181, 186, 188-190, 207, 235, 310, 326, 345, 415, 440, 487, 494, 504, 524, 594.
Lane (Edward M.), 537-538.
Lang (Cecil Y.), 351.
Larking (John), 162.
Lawrence (T.E.), 183-186.
Layard (sir Austen Henry), 364.
Leblich (Domingo Badia y), 160.
Leighton (sir Frederick), 33, 48, 443.
Leon (Edwin DE), 481.
Lever (Charles), 479.
Linton (Eliza Lynn), 584.
Livingstone (David), 28, 213, 248, 274, 281, 298, 312, 316, 370, 397, 398, 400, 410-413, 582, 594.
Lobo (le père, voyageur), 212, 214, 215.
Locke, 53.
London Review, 367.
Lopez (Francisco Solano), 432-434, 439.
Loualaba (rivière), 410.
Louis XIV, 52.
Louisa (cousine d'Isabel, future Mme Segrave), 139, 142, 237, 241, 419.
Lucan (lord), 224.
Ludlow (Fritz Hugh), 323.
Lumsden (James Grant), 188, 200.
Lusiades (*les*, poème épique voir Camões), 443.
Luta Nzigé (lac, voir Albert).
Lyell (sir Charles), 28, 34.

Maclaren (Archibald, maître d'armes), 72.
Madère, 354, 358, 362, 365, 366, 513.
Maizan (explorateur français), 252.
Malinowski, 136.
Marcy (Randolph B.), 323.
Martelani (P. Pietro), 578.
Maurois (André), 576.
Maxwell (William Constable), 437.
Maylor (Virginia), 541.
McCarthy (Justin Huntley), 414, 553.
Médian, 502, 504, 507, 510.

Médine, 27, 42, 155, 156, 159, 160, 170-175, 189, 326, 510.
Midian (nom anglais du Médian), 505.
Mille et Une Nuits, 31, 45, 93, 107, 123, 194, 197, 346, 498, 540, 567.
Milnes (Richard Monckton, lord Houghton), 20, 25, 243, 296, 310, 311, 341, 342-352, 354, 359, 364, 366, 367, 372, 374, 376-379, 381, 420, 528, 559, 601.
Mitre (Bartolomé), 434.
Mohammed Ahmed Ibn as-Saïd (le Mahdi), 508.
Mohammed (cheikh), 164.
Mohammed Rachid pacha, 445.
Mohammed (serviteur de Burton), 170-171, 176, 178, 180, 183.
Mohammed Soumounter, 205, 216.
Montefiore (sir Moses), 457.
Montevideo, 432, 434.
Morning Advertiser, 72, 396, 406.
Morning Post, 581, 586, 587.

Napier (sir Charles), 98-101, 104, 107, 108, 110-116, 118, 120, 121, 188, 226, 419.
Neil (général de brigade), 228.
Nicolson (Harold), 48.
Nil
 crues du Nil, 288, 393.
 légendes du Nil, 209, 211.
 Nil Blanc, 27, 209, 210, 214, 215, 286, 288, 300.
 Nil Bleu, 214, 215.
 sources du Nil, 160, 210-214, 220, 238, 240, 241, 247-249, 262, 273, 280, 286, 288, 289, 304, 314, 386, 392, 395, 397, 399, 406, 410, 412, 413, 415, 470.
Nyanza Victoria (lac, voir Victoria).
Nyassa (lac), 282, 312, 316, 397.

Oliphant (Laurence), 296 et suiv., 397-8.

Ouida (Maria-Louise La Ramée), 29, 32, 48, 358, 449, 478, 560, 585.
Outram (général James), 108.

Paéz (le père, voyageur), 214-215.
Pall Mall Gazette, 31, 551.
Payne (John), 32, 528, 539, 540, 542, 551, 552, 568, 574.
Pentamerone (voir Basile).
Petrie (Flinders), 28.
Pilpay, 54, 119, 596.
Pincherle, 240.
polygamie, 256, 269, 327-330, 430, 431, 451, 471.
Punch, 442.

Redesdale (lord), 29, 32, 173, 418.
Reeve (Henry), 31, 551.
Richards (Alfred Bates, éditeur), 72.
Rigby (Christopher Palmer, officier), 86, 292-294, 298, 299, 314, 315, 343.
Rosario, 434.

Sade, 345, 348.
Salvador (guide portugais de Burton), 91.
Sarmiento (Domingo Faustino), 434.
Saturday Review, 395, 442, 520, 567.
Sayce (Archibald Henry), 28, 483, 485.
Sayyid Hassan Ali (auteur d'un « livre de mariées »), 136.
Schamyl (« le bandit du Caucase »), 230.
Schonfield (Hugh J., biographe de Burton), 92.
Shaw (Dr Norton), 155, 209, 210, 227, 249-251, 284, 292, 301, 303, 313, 315, 330, 334, 366.
Sikhs, 113, 116, 121.
Smith (général), 231.
Smithers (Leonard), 108, 494, 524, 564, 566, 567, 569, 571, 572, 574, 588.

Snay ben Emir, 262, 272.
Sohrabdji (Dosabhaï), 85.
Spectator, 514.
Speke Edward (frère de John Hanning), 193, 282.
Speke (John Hanning), 27, 28, 191, 192, 193, 198, 205-207, 216-219, 226, 238, 249-253, 257-261, 265, 268-270, 272-282-316, 341, 343, 386-400, 402, 404-407, 410, 413-415, 470, 524, 558, 594.
Stanhope (lady Hester), 113, 239.
Stanley (Edward H., lord), 438.
Stanley (Henry Morton), 28, 247, 258, 274, 312, 410-412, 425, 565, 582, 594.
Steinhäuser (Dr John), 107, 238, 253, 294, 295, 320.
Stisted (Elizabeth, cousine de Burton), 126, 138, 169.
Stisted (Georgiana, nièce et biographe de Burton), 32, 39, 49, 94, 95, 126, 127, 139, 141, 207, 305, 340, 469, 568.
Stisted (Maria, voir Maria Burton), 469.
Stisted (sir William), 125.
Stocks (J.E.), 120, 191, 193.
Stoker (Bram), 28, 173.
Stone Talk, 96, 139, 418, 493, 596.
Symons (Arthur), 48.

Tanganyika (lac), 27, 249, 259, 273, 278, 280, 282, 284, 286, 288, 298, 301, 309, 312-314, 376, 391, 395, 397, 399, 400, 406, 410, 411, 412, 415.
Tchama (lac), 313.
Tichborne Claimant (Tichborne le Prétendant), 435.
Times, 223, 231, 324, 344, 359, 403, 404, 405, 560, 582.
Trinity College (Oxford), 70.
Tsiganes (voir gitans).

Ujiji, 274, 278, 279, 281, 313, 410.
Ujiji (mer d'), 238, 273.

Vans-Kennedy (général), 85, 86.
Victoria (lac), 27, 288, 297, 298, 312, 313, 388, 389, 392, 399, 411, 412.
Victoria (mont), 362.

Wellington, 50.
Westminster Review, 400.
Wilkins (W.H.), 32, 298, 299, 353, 475, 562, 587, 599.
Wood (Stonymoore, diseuse de bonne aventure), 142.
World, 344, 480.
Wright (Thomas), 32, 139, 305, 348, 404, 483, 539.

Zanzibar, 35, 191, 252-257, 262, 268, 281, 282, 284, 289, 291-293, 298, 299, 307, 343, 359, 387, 393, 470.

TABLE

	Quand Satan conduit le bal..., *par Michel Le Bris*	9
	Remerciements	19
I	*Le démon de l'aventure*	25
II	*Les moindres vétilles*	35
III	*L'empreinte de la France*	55
IV	*Oxford*	69
V	*L'Inde : la vérité et la fiction*	81
VI	*Le Sind*	98
VII	*Premiers écrits*	125
VIII	*Burton songe à prendre femme*	138
IX	*Le vagabond patenté*	158
X	*Briser le maléfice*	182
XI	*Premiers pas vers le Nil*	203
XII	*La Crimée*	222
XIII	*La promesse*	234
XIV	*Le choc de l'Afrique*	247
XV	*Le Tanganyika*	272
XVI	*Trahison et diatribes*	296
XVII	*Salt Lake City*	318
XVIII	*Les sept premiers mois*	336
XIX	*Le puits sans fond*	362
XX	*Septembre 1864 : la tragédie*	386
XXI	*Le dressage*	414
XXII	*Damas*	440
XXIII	*« Cet érudit invétéré »*	469
XXIV	*Burton, l'homme aux deux visages*	492
XXV	*L'esprit désinvolte*	517
XXVI	*Les nuits*	535
XXVII	*Cette ultime fugacité, cette affligeante éclipse*	556

| XXVIII | *L'œuvre du feu* | 580 |
| XXIX | *Burton* | 594 |

| Notice bibliographique | 605 |
| Index | 611 |

ISBN 2-228-88614-9

IMPRIMERIE S.E.P.C. À SAINT-AMAND (CHER)
N° D'IMPRESSION : 2595
DÉPÔT LÉGAL : JANVIER 1993
Imprimé en France